2025

招标采购人员

专业能力评价辅导教材

招标采购项目管理

中国招标投标协会　编著

《招标采购项目管理》是招标采购人员专业能力评价测试的专业理论科目，系统介绍了项目管理的基本原理、任务及工具，以及工程建设项目过程管理、工程建设项目要素管理、货物与服务项目管理的主要内容，同时以招标采购活动为项目管理对象，系统阐述了招标采购项目化管理的特点、过程，以及招标采购的各阶段管理、风险管理、数字化管理、绩效评价等内容。

图书在版编目（CIP）数据

招标采购项目管理 / 中国招标投标协会编著.
北京 ：机械工业出版社，2025. 5. -- ISBN 978 - 7 - 111
- 78298 - 8

Ⅰ. F284

中国国家版本馆 CIP 数据核字第 2025L9N263 号

机械工业出版社（北京市百万庄大街 22 号　邮政编码 100037）
策划编辑：李　浩　　　　责任编辑：李　浩　章承林
责任校对：龚思文　李小宝　　责任印制：常天培
北京联兴盛业印刷股份有限公司印刷
2025 年 6 月第 1 版第 1 次印刷
184mm×260mm・25.75 印张・1 插页・603 千字
标准书号：ISBN 978-7-111-78298-8
定价：95.00 元

电话服务　　　　　　　　网络服务
客服电话：010-88361066　机　工　官　网：www.cmpbook.com
　　　　　010-88379833　机　工　官　博：weibo.com/cmp1952
　　　　　010-68326294　金　　书　　网：www.golden-book.com
封底无防伪标均为盗版　　机工教育服务网：www.cmpedu.com

《招标采购项目管理》

参编人员

主　　　编：孙　慧

副　主　编：杨飞雪　王大年　肖　艳

主要编写人员：（按姓氏笔画排序）

王大年　王安民　孔　晓　卢梦潇

史凯赫　孙　慧　杨飞雪　肖　艳

肖　健　邹建文　陈杨杨　范志清

柯　洪　娄黎星　高喜珍　郭　宪

梁英子

审　核　人　员：（按姓氏笔画排序）

朱宏亮　任树本　李小林　李　强

陈　琦　岳小川　庞铖铖　袁炳玉

黄　妍　曹　森　谭敬慧

前　言

2022年9月，人力资源和社会保障部会同有关部门联合发布《中华人民共和国职业分类大典（2022年版）》（以下简称《大典》）。其中，第二大类专业技术人员首次列入招标采购专业人员，明确界定了招标采购人员（以下简称招采人员）属于经济系列专业技术职业。依据《大典》对招采人员的职业定位与专业能力要求，结合招标采购体制机制改革发展趋势，中国招标投标协会（以下简称中招协）组织研究制定了包含初、中、高三个等级的招采人员专业能力评价制度，编写了《招标采购人员专业能力测评大纲》。为了鼓励和帮助广大招采人员系统提升专业能力水平并积极响应评价，中招协组织行业专家编写了招采人员专业能力评价辅导教材。

招采人员专业能力评价辅导教材对于全面提升招采人员专业能力水平、帮助招采人员响应专业能力测评、助力创新规范招标采购制度体系，有着以下三个方面的积极作用。

首先，进一步完善招采人员的专业知识能力结构体系。专业知识能力结构是提升招采人员专业水平的重要基础，2007年，国家发展改革委和人事部启动实施招标采购职业水平评价制度。中招协组织行业专家，根据招标采购职业服务能力价值定位，综合市场经济、项目与合同管理、采购技术、经济理论和法律制度基础，研究构建了招采人员专业知识能力结构体系，制定了全国招标师职业水平评价考试大纲，先后编写出版了2009年版和2012年版全国招标师职业水平考试辅导教材。2015年招标师职业水平制度向职业资格制度转轨，中招协又组织编写了2015年版全国招标师职业资格考试大纲与考试辅导教材。经过招标采购行业理论与实践工作者10多年协同研究和持续实践，初步构建形成了以招标采购理论与法律基础、项目管理、合同管理和招标采购实务为主干框架的招采人员专业知识能力结构体系。

近年来，随着国家进一步深化要素市场化改革、建设全国统一大市场和高标准市场体系，招标采购领域的一系列创新政策制度与标准规范相继制定实施，网络化、数字化、智能化技术迅猛发展并深度融合，促进招标采购交易体系全面转向“数智化、专业化、标准化、绿色化、协同化和规范化”发展。由此，迫切要求招采人员加快更新、优化完善专业知识能力结构。本套评价辅导教材旨在帮助广大招采人员实现这个基本要求。

其次，有效提升招采人员的专业实务能力。按照《大典》的职业定位要求，招采人员能够综合应用相关基础理论、专业技术和法律知识，应用电子交易工具，分析理解并按照采购需求目标，完成招标采购工作任务，包括研究策划招标采购方案，编制招标采购文件，协同组织和管控发标、开标、评标、定标、公示、签订和履行合同全过程，以及咨询解答和研究处理相应交易问题的专业实务能力。按照招采人员的职业定位要求，需要清晰定义和匹配适应招标采购不同专业类别和初、中、高三个层级的专业实务能力需求。为此，本套评价辅导教材有望助力优化招标采购行业服务分专业和分层级的职业队伍结构，有效提升招采人员的招标采购专业实务能力。

再次，创新和完善招标采购职业价值理念。秉承依法诚信、廉洁公正、精准专业、创造价值的服务理念，坚持探索招标采购理论引导创新完善制度和分类分层监督体系，规范多元采购方式和组织形式实践；坚持招标采购社会公共属性和自然专业属性的双重价值目标，坚守依法公平竞争的交易程序，兼顾专业个性采购绩效，坚持科学评估和提高项目专业质量、效率与全生命周期成本效益目标；坚持全面融合数智化技术，助力创新完善招标采购交易体制机制；坚持统分结合原则，建立和遵守公共招标采购交易基本共性制度规则，分类适应和精准定制不同主体、不同客体和不同应用场景的专业交易规则和个性需求；协同建设和完善招标采购法律政策制度与标准体系。本套评价辅导教材为普及招标采购职业价值理念有望发挥积极作用。

招采人员专业能力评价辅导教材共分四册，分别为《招标采购专业理论与法律基础》《招标采购项目管理》《招标采购合同管理》《招标采购专业实务》。

《招标采购专业理论与法律基础》是招采人员专业知识能力结构的基础理论课程，系统介绍了招采人员需要具备的经济学、管理学基础理论和法律基础知识，以及招标采购相关主要法律法规。其中，经济学基础理论主要包括市场结构与定价原理、博弈论、委托代理理论、交易成本理论、公共选择理论等。管理学基础理论主要包括战略管理、需求与计划管理、供应链管理等，特别对绿色供应链采购做了专题介绍。法律基础知识包括招标采购法律制度体系，以及与招标采购相关的法律法规。

《招标采购项目管理》是招采人员专业知识能力结构中的管理技术课程，系统介绍了项目管理的基本原理、任务及工具，以及工程建设项目管理、货物项目管理和服务项目管理的主要内容，同时以招标采购活动为项目管理对象，系统阐述了招标采购项目管理的特点、管理流程、风险控制，以及绩效评价。

《招标采购合同管理》是招采人员专业知识能力结构中的商务法律课程，阐述了招标采购合同的法律基础，介绍了建设工程合同、国内外买卖合同、服务合同以及其他相关示范合同文本的主要内容订立和履行管控合同的要素，以及合同风险防范和争议解决等要义。

《招标采购专业实务》是招采人员专业知识能力结构中的核心实务课程，系统阐述招标采购法律制度的基本规则，结合招标采购交易最新政策要求、规范标准、示范文本、案例实务分析，介绍了项目采购需求分析管理，策划编制招标采购方案与招标采购文件，组织发标、投标、开标、评标、定标、公示、签约和履行合同等全过程实务操作、创新实践和监管要点；全面介绍了电子招标采购全流程交易规则特点；非招标方式采购和集中采购组织形式的采购交易流程规则；简述了政府采购和外资项目招标采购相关政策要求和交易规则，期望帮助招采人员提升专业实务操作能力。

招标采购人员专业能力评价四类辅导教材的撰写与出版，得到了国家发展改革委和国务院有关部门的精心指导，得到了相关省市招标投标协会、高等院校、招标采购单位、招标代理机构、行业有关专家学者的大力支持与帮助，在此一并表示衷心感谢！

受作者水平局限，该评价辅导教材难免存在疏漏和不足，真诚希望广大读者给予批评指正，以便我们进一步补充更正和完善。

联系方式：

邮箱：ctba2005@163.com

电话：010-88653342

可扫描下载招采人员评价 APP，查询招采人员能力评价辅导教材、测评资讯等信息。

中国招标投标协会

目　录

第1章　项目管理概论

经过多年的研究与实践，采购管理已经形成了自己的知识领域，但是采购管理知识只是项目管理知识体系的一部分。因此，招标采购专业人士除了需要掌握采购管理的专门知识外，也需要对项目管理的整个知识体系有较为深入的了解。本章作为后续章节的基础，全面介绍了项目及项目管理的概念，以及项目利益相关方、项目目标及绩效管理、项目过程管理、项目管理组织等相关基本知识。

1.1　项目及其生命周期

1.1.1　项目的定义

什么是项目？现代项目管理理论认为：项目是为实现既定目标，在受资源约束的条件下开展的一次性工作。按美国项目管理协会（PMI）的《项目管理知识体系指南》给出的概念，“项目”是“为创建一个独特产品、服务或任务而进行的一种临时性工作”，这样的一次性努力与过程在项目的目标实现后就结束或终止了。国际标准化组织（ISO）关于项目的定义是：“项目是由一系列具有开始和结束日期、相互协调和控制的活动组成的，通过实施活动，满足时间、费用和资源等约束条件，并实现项目目标的独特过程。”上述项目的定义表明，项目是人类的生产活动中一类特有的经济和社会活动，它是为创造特定的产品或服务而开展的一次性的生产活动。

项目的典型例子包括建造一栋大楼、开发信息系统、开发新产品、进行组织改革等。另外，项目还可以是一项特定的服务或一次独特的活动，甚至是一项特殊的工作或任务，如体育比赛、救灾或组织一次文艺演出活动等。在当今的组织和机构里，越来越多的管理工作是以项目的形式进行的。

1.1.2　项目的属性

项目投资可大可小，港珠澳大桥是一个工程建设项目，总投资逾1260亿元，而一个小型商业推介项目可能只需花费几千元。项目周期可长可短，有的可能需要几年甚至十几年才能实现，有的可能只需要几周或几个月就可结束。所以，投资大小、时间长短并不是项目的本质属性，界定一项工作是否为项目需要判断其是否具有如下属性：

（1）临时性与一次性

临时性是指项目有确切的开始时间与结束时间。当项目目标已实现或项目目标不可能实现，或实施项目的需求已不存在时，项目终止。临时性并不意味着项目历时短，而主要是指项目是有始有终的过程。例如，承包商在某时、某地为某业主建造一栋新房子，该承包商的行为一定会有明确的开始时间与结束时间。一旦工作结束，项目即完成，而不会周而复始地进行。需要注意的是，项目的一次性与项目持续的时间长短无关，而是指项目有始有终。例如，装修一座房屋的持续时间较短，而建造一座大桥所用的时间较长，但是这两个项目都会有自己的起点和终点，这就是项目的一次性。项目的一次性也是项目不同于日常运营的关键特性之一。

（2）特定成果与目标的唯一性

因为项目的工作是以前没有人做过的，所以项目的产品必定是独特的。在上例中，承包商为某业主建造新房子时，即使采用了以往用过的老图纸或标准图纸，但是因时间、地点、承包商等因素与以往不同，建造行为交付的成果仍然是特定和唯一的。任何一个项目的目标、交付成果和工作在某些方面总是与其他的项目、产品或服务不同，因为每个项目都在某些方面是全新的和独特的。由于项目具有唯一性，不同的项目在表现内容和形式上，在时间、地点、利益相关方等方面会各具特性。项目所具有的唯一性是项目相互区别的根本特性，项目的唯一性决定了项目管理需要有别于普通企业管理的方法与手段。

（3）不断完善的渐进性

项目从提出到完成，其目标、工作内容、采用的方法手段等均会呈现从概略到具体、从模糊到完善的渐进特点，项目不断完善的渐进性是由项目的临时性和唯一性导致的。因为每个项目都是临时和唯一的，因此，在项目的初期，对项目的理解是笼统的，而随着项目的开发，对项目的理解将会越来越完善，项目的目标和产品的特征也会越来越清晰、明确。项目不断完善的渐进性决定了对项目的管理必须分阶段开展，且贯穿项目的全过程。

（4）风险的不确定性

因为项目存在一次性、唯一性及渐进性，所以与标准化、程序化、规律化的日常运营活动相比，项目存在更大的不确定性，由此具有更大的风险。项目的不确定性是项目决策及实施失误的主要原因之一。

1.1.3 项目与运营的区别和联系

随着人类社会生产活动的不断发展，有组织的活动逐步划分为两种基本类型：一类是临时的、独特性的活动，称为“项目”；另一类则是连续不断、周而复始的规律性活动，称为“运营”。运营活动与项目活动有许多本质的不同，例如，建造一个工厂属于项目活动，而在工程交付后投产则属于运营活动。再如，研发新产品的过程是一个项目，而对研发成功的产品进行批量生产则属于运营。充分认识这些不同之处将有助于加强人们对于项目的本质和项目管理行为的认识与掌握。

项目活动与运营活动的不同之处主要有：

1）项目与运营的结果不同。项目的结果是获得创新性的成果，这种成果是一次性形成的，也可以供日后日常运营使用。例如，每种新产品的研发都能获得独一无二的成果，而对这一新产品进行大规模生产的成果都会是一样的。

2）项目与运营的工作性质与内容不同。针对运营的管理存在着较明显的确定性、程序性、常规性和重复性，而项目则存在较多的创新性、非程序性和不确定性。所以，日常运营工作基本上是常规性和程序化的，而针对项目的许多工作往往是开创性的。

3）项目与运营的工作环境与方式不同。一般而言，日常运营的环境是相对封闭和相对确定的，而项目的环境是相对开放和相对动态的。例如，新产品研发项目主要面对的是外部市场和顾客全新的需求等工作环境，而对产品的生产运营基本上都是在较为封闭的企业内部完成的。

4）项目与运营的组织与管理不同。由于日常运营是重复性的和相对确定的，所以一般开展日常运营的组织是相对稳定的，而项目的组织是相对多变和临时性的，因此项目的组织多数是以团队的形式来实现的。

在社会生产与生活中，人们既利用项目或项目管理进行新产品的研发与创新，满足社会日益发展的个性化需求，又利用运营和运营管理进行有规律的大规模生产，满足社会不可或缺的共性需求，并大大降低社会的成本。所以，项目与运营两者都是社会经济发展所需要的。

需要注意的是，在生产实践活动中，项目与运营不是截然分开的，它们之间也存在联系与交叉。以新产品的研制和生产过程为例，首先，任何产品在技术和管理上的创新都要经过研发试验，随着研发试验的成功，经过工艺设计与试生产，标志着新的技术与管理模式被普遍采用，继而开始大规模的重复性生产运营，为企业产生经济效益和社会效益。

在这个过程中，按“项目”进行管理的研发试验及按“基于项目管理的工作方式”进行的试生产或小批量生产等是创新得以成功的条件。另外，随着社会的进步，人们愈来愈需要个性化的产品和服务，即需要小批量的甚至是单件的产品和单一性的服务，这样的生产和服务多属于“项目管理的工作方式”或“基于项目管理的工作方式”。

由项目管理向运营管理的过渡见图 1-1。

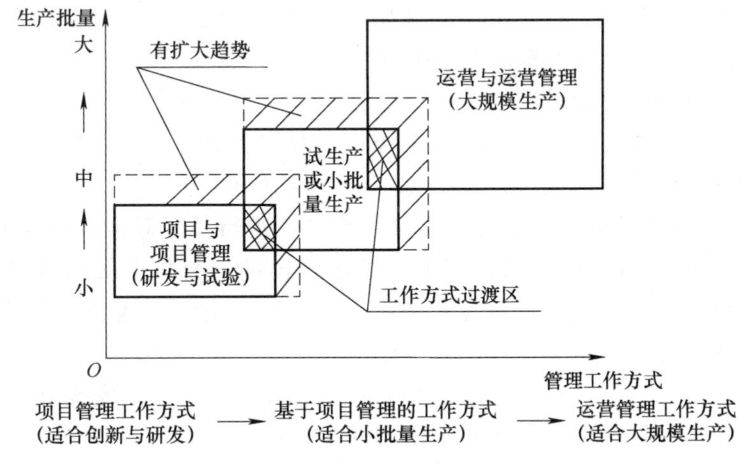

图 1-1　由项目管理向运营管理的过渡

实践中项目及项目管理中往往存在一定的运营管理的因素，而在运营及运营管理中也往往存在一定的项目管理的因素，两者的区分仅仅在于哪种属性和特征占据主导地位，项目及项目管理与运营及运营管理的交叉融合就形成了“基于项目管理的工作方式”这一过渡方式。

1.1.4 项目生命周期及其阶段划分

（1）项目生命周期的概念

项目生命周期就是由项目各个阶段按照一定顺序所构成的整体，项目生命周期有多少个阶段和各阶段的名称取决于项目管理的需要。

因为项目具有一次性和唯一性，任何项目都有属于自己的生命周期。从生命周期的角度来看，一个项目可以划分成一系列不同的项目阶段，这些项目阶段构成了项目的全过程，这些阶段连接起来的项目全过程就构成了项目的生命周期。识别项目生命周期既是一种对项目描述的方法，又是一种对项目进行全过程管理和控制的方法。项目管理实际上是一种基于过程和活动的管理，现代项目管理特别强调项目阶段的划分和控制。项目的生命周期管理要求将一个项目的全过程分解成一系列的项目阶段，然后根据不同项目阶段的内容和工作的特性开展项目的计划、组织、实施和控制等管理活动。项目管理者必须根据项目生命周期及其中各个阶段的特点、性质和关键点做好对项目的管理，这就是在项目管理中识别项目生命周期的作用和意义。

项目生命周期和项目产品的生命周期的概念是不一样的。项目所创造的产品或成果一般不具有临时性，大多数比项目本身更持久。而项目生命周期则仅仅是指项目从立项到成果交付及收尾的这一段一次性的过程。

项目生命周期管理的方法是现代项目管理的主要管理方法之一，要求项目管理者根据具体项目所在行业领域的独特性和项目过程中的具体情况和组织背景划分项目阶段，并按照不同的阶段管理项目的成果和交付。虽然项目生命周期总体上是连续的各个项目阶段的全体，但是具体到阶段划分和描述，由于不同项目所处行业的性质和专业内容具有很大区别，往往项目阶段的数量和名称也不同。例如，软件开发项目的生命周期及其阶段划分就与工程建设项目的生命周期及其阶段划分有很大的不同。

（2）项目生命周期的阶段划分

项目生命周期的阶段可以由项目执行机构的控制需要决定，但一般有一定的规律可以遵循，一个典型项目的生命周期可以概括为若干阶段（见图 1-2）。

1）启动阶段。在这一阶段主要是提出项目概念、进行项目界定、成立项目基本组织。

2）规划决策阶段。在这一阶段根据前一阶段提出的项目概念做出具体研究项目和项目规划，制定项目目标，再由项目发起人和业主对此审核论证、认定。规划决策阶段又分为规划策划与审核论证决策两个子阶段。

3）执行控制阶段。在这一阶段需要进行项目的细节设计，并完成项目的生产。执行控制阶段又分为细节设计与组织生产两个子阶段。

4）收尾阶段。在这一阶段要完成项目成果交付、总结项目执行情况，解散项目管理组织。

从图 1-2 中可以看到，每个项目都有起点和终点，但具体的可交付成果及工作会因项目的不同而有较大差异，不论项目的具体工作是什么，生命周期都可以为管理项目提供基本框架。

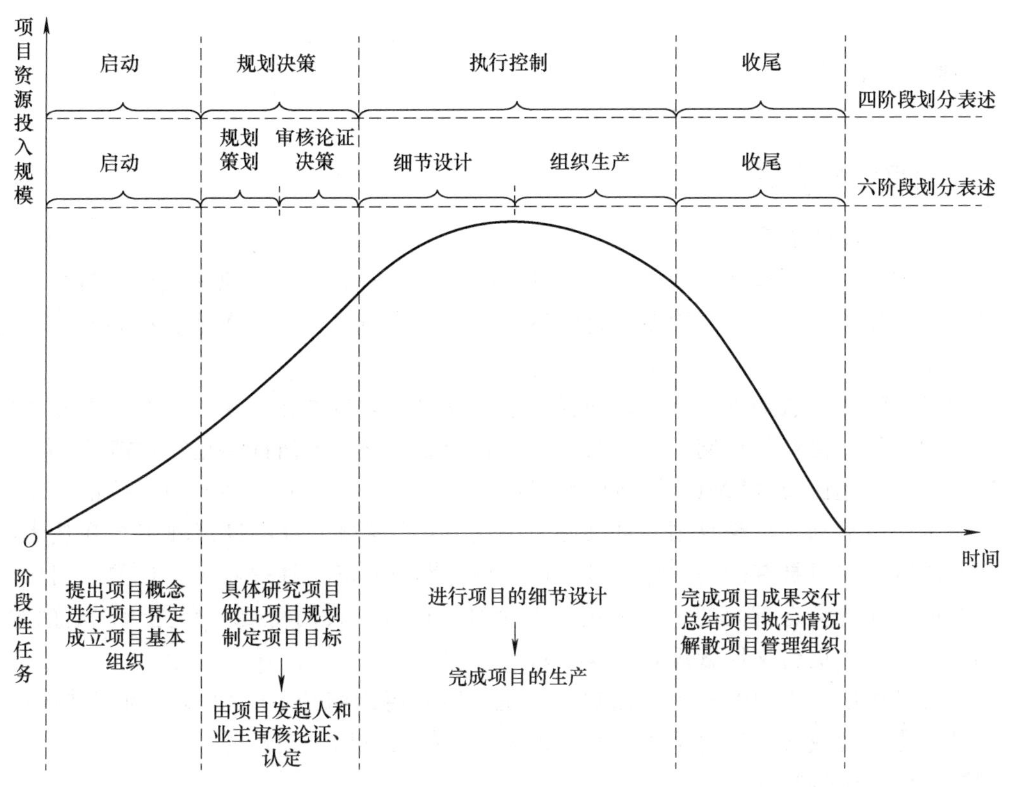

图 1-2　项目生命周期的阶段划分

(3) 项目生命周期的特征及意义

项目生命周期的一个主要特征是：项目资源投入强度在项目开始时较低，此后逐渐提高，进入项目后期接近收尾时又迅速下降。另一个特征则是：随着项目的推进，项目面临的风险和不确定性也在逐渐降低。因此，项目业主在项目的初期对项目成本和项目产品的影响力最高，该影响力随着项目的推进而不断降低。相应地项目的变更成本和纠错成本也随着项目的推进而增加。

在项目生命周期中，项目阶段之间总要涉及某种形式的技术成果转移，以完成某一个或多个可交付成果为标志。可交付成果是指为完成项目或其中某一阶段而必须做出的可测量的、有形的及可验证的任何成果、结果或事项，如工程建设项目中的可行性研究报告、施工图设计等。在项目阶段结束时，通过对项目可交付成果的审查和项目绩效的考核而对项目阶段的结束做出确认。

进行项目生命周期管理的意义在于：项目在需求产生、项目构思、项目计划、项目执行到项目结束的全过程中，各项工作在时间上存在着一种自然的顺序和阶段性，这种顺序和阶段性体现了项目从产生到完成的内在规律。因此，在实施项目时，通过生命周期管理可以对项目的不确定性进行更好的管理和控制，并通过阶段性的成果管理确保项目按照计划交付并保障项目目标得以实现。

1.2 项目管理

1.2.1 项目管理概述

(1) 项目管理的概念

项目管理是指以项目为管理对象，在既定的约束条件下，为实现最优项目目标，根据项目的内在规律，对项目生命周期全过程进行有效的计划、组织、实施、控制和协调的系统管理活动。

英国皇家特许建造师学会认为，项目管理可以被定义为贯穿于项目自开始至完成的过程的一系列计划、协调和控制工作，其目的是在功能与财务方面都满足客户需求。

美国项目管理协会（PMI）将项目管理定义为："项目管理即将知识、技能、工具与技术应用于项目活动，以满足项目的要求。"这一定义强调了对项目管理工具和技术的应用，主要是因为项目具有的一次性、唯一性、渐进性与不确定性等特征，使得项目的实施与一般的运营相比具有更大的风险和更大的困难。所以，人们需要运用更为广泛的知识、技能和工具，以便更科学地管理好具体项目。

项目管理可以在组织的各个层面执行，也可以跨越组织边界，由多个组织共同执行。项目管理作为实现战略目标的手段，对实现组织的战略目标至关重要。

(2) 项目管理的特征

与组织中的日常运营管理相比，项目管理具有以下特征：

1）创新性。项目的一次性特点，决定了不同项目的实施均具有一定的创新性，项目管理的创新性包括两个方面：

①项目管理是对项目所包含的创新的管理。

②项目管理必须通过管理创新来实现对项目的有效管理，因为项目的管理没有一成不变的模式和方法可以直接利用。

2）复杂性。项目一般由多个要素组成，相关工作跨越多个组织、多个学科、多个行业，可供参考的经验很少甚至没有，不确定因素很多，而项目管理要在各种约束条件下实现项目目标。因此，项目管理的复杂性远高于日常的运营管理。

3）需要专门的组织、团队和项目经理。项目一般由多个部分组成，工作涉及多个组织、学科和行业，所以项目管理通常要跨越部门的界限，在工作中将接触许多不同部门的人员。因此，项目经理应在有限的资源和时间的约束下，运用系统的观点、科学合理的方法对与项目相关的所有工作进行有效的管理。

1.2.2 项目管理过程组

在项目生命周期的每个阶段都需要开展项目管理工作，并需要建立至少一个完整的项目管理过程组，项目管理要通过合理运用与整合各个项目管理过程组来实现。一个完整的项目管理过程组通常包含五个管理过程（见图 1-3）。

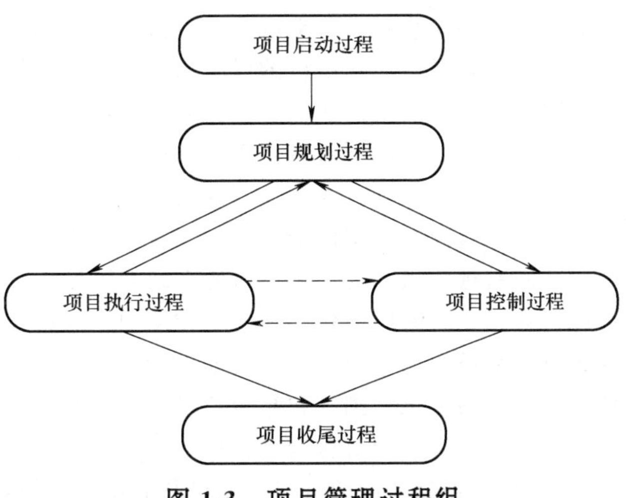

图 1-3　项目管理过程组

1）项目启动过程。项目启动过程是指批准开展项目某一阶段的业务活动和管理工作。项目启动过程是项目管理过程中首要的管理过程，标志着项目阶段的开始。只有在项目启动过程中做出了该阶段的起始决策，后续的各项工作及过程才能够继续进行。

2）项目规划过程。项目规划过程是指确定和细化目标，为实现本阶段要达到的目标而制定具体实施方案。项目规划过程的管理活动包括：确定阶段目标和任务，编制工作方案、资源供应、成本预算等各项计划，以及根据项目所在阶段的风险拟定项目应急措施等。

3）项目执行过程。项目执行过程是指投入资源、实施计划。项目执行过程的管理活动包括：组织和协调人力资源及其他资源，组织和协调各项工作，激励项目团队去完成既定的工作计划。

4）项目控制过程。项目控制过程是指定期测量并监视绩效情况，发现偏差并采取措施纠偏。项目控制过程为项目管理的规划过程和执行过程提供各种反馈信息，使得项目的实施处于受控状态，主要的管理活动包括：制订控制标准，监督和度量实际执行情况，发现并分析问题，提出并采取纠偏措施等。

5）项目收尾过程。项目收尾过程是指正式验收项目阶段的可交付成果，并结束项目阶段。项目收尾过程的管理活动主要有：制订可交付成果的移交与接收条件，完成项目阶段成果的管理终结和合同终结，移交可交付成果等。

与项目生命周期中各个阶段首尾相接的关系不同，项目管理过程之间在时间上不完全是一种前后接续的关系，即项目管理过程之间会有不同程度的时间交叉和重叠。对某些项目而言，在启动过程临近结束时就可以开始规划过程，或者在规划过程的工作达到一定深度后就可以开始进行执行过程的工作。

需要注意的是，项目管理过程与项目生命周期的阶段划分并不是一一对应的关系，那些工作内容繁杂的项目的各个生命周期阶段可能包含多个项目管理过程组，以确保本阶段项目管理目标的实现。

1.3　项目利益相关方

1.3.1　项目利益相关方概述

(1) 项目利益相关方的概念及特点

1）项目利益相关方的概念。项目利益相关方又称项目干系人，是指与项目存在一定利益联系，能够影响项目活动或受项目活动影响的个人或团体。项目利益相关方既可能是项目的受益者，又可能是项目的风险承担者，甚至可能是利益受损者。项目经理如果缺乏对项目利益相关方的全面认识，往往会阻碍项目目标的实现，甚至可能导致项目的失败。

项目利益相关方对项目有自己的要求和期望，但每个利益相关方的要求和期望是不同的。在一个工程建设项目中，业主的要求和期望是以最小的投资获得最大的收益或最佳的项目效用，承包商则希望以最小的成本获得最大的项目承包收入和利润，供应商希望能够获得更多的销售收入和利润，项目所在的社区期望项目能给社区带来好处，不对环境造成破坏或污染，项目政府主管部门要求和期望扩大就业容量和提高社会福利。考虑到不同利益相关方的利益诉求，项目管理要努力使这些不同的要求和期望能很好地得以实现，并最终使项目成果最大化，满足和超越项目各利益相关方的要求和期望。这既是项目管理的关键和难点所在，又是项目管理的作用和职能所在。

2）项目利益相关方的特点。项目利益相关方的特点主要有：

①不同利益相关方在项目中的责任和职权各不相同，并且随项目生命周期的进展而变化。例如，在工程建设项目中，业主在项目全生命周期中全程参与，设计公司主要在设计阶段参与，施工承包商重点在施工阶段参与等。在不同阶段，同一个项目参与者对项目的影响是不同的。

②利益相关方的识别过程是一个持续的过程，一次性完全识别有一定的难度。在项目的初始阶段，难以完全识别出实施阶段的利益相关方。

③利益相关方对项目的利益诉求可能是冲突的。为了响应一个利益相关方的需求，项目经理常常会在无意中违背了另一个利益相关方的意愿，因为不同利益相关方对项目有不同的期望。比如，要求采购新的管理信息系统的部门经理希望功能完善和界面友好，财务部门经理希望成本低廉，开发管理信息系统的承包商希望获得最大利润，项目经理需要权衡不同利益相关方的利益诉求，以实现项目目标。

④利益相关方对项目的影响有正面的，也有负面的。某一类利益相关方预期从一个成功的项目得益，而另一类利益相关方则可能看到项目成功给他们带来的负面影响。对项目抱有积极预期的利益相关方，可以通过帮助项目取得成功，来最大化地实现自己的利益；而对项目抱有消极预期的利益相关方则会通过阻碍项目的进展来保护自己的利益。如果忽视消极的利益相关方，可能会导致项目的失败。

根据项目特点的不同，在项目中可能还存在其他的利益相关方。

（2）项目利益相关方的分类

1）按照影响项目的方式，项目利益相关方分为源生项目利益相关方和衍生项目利益相关方。

①源生项目利益相关方是指那些最终会受到项目影响的人或组织。源生项目利益相关方包括因项目目标而受益于项目的人或组织，或者是受到项目的负面影响的人或组织。源生项目利益相关方与项目之间的纽带，既可以源于项目管理的内容本身，又可以源于法律或组织的社会义务。

②衍生项目利益相关方通常扮演着项目中间人的角色，为源生项目利益相关方提供帮助。对于较大的项目而言，衍生项目利益相关方可能包括工会、银行、财政部门、当地政

府、商业服务提供商等。

2）根据与项目组织的关系，项目利益相关方分为内部项目利益相关方和外部项目利益相关方。

①内部项目利益相关方是指那些在支持或推动项目实施的机构或组织中工作的利益相关方。他们的立场可能是支持，可能是反对，还可能保持中立。

②外部项目利益相关方是指除内部项目利益相关方以外的其他利益相关方。

(3）关键的项目利益相关方

所谓关键的项目利益相关方，是指那些能够对项目产生重要影响的项目利益相关方，在源生项目利益相关方和衍生项目利益相关方中都可能存在关键的项目利益相关方。

常见的关键的项目利益相关方主要有：

1）项目经理。项目经理是最主要的项目利益相关方，是执行组织委派实现项目目标的个人，需要具有极强的适应能力、良好的判断能力、优秀的领导能力和谈判技能，并熟练掌握项目管理知识。项目经理必须从项目全局进行管理，重视与其他利益相关方的沟通，特别是与项目发起人、项目团队和其他关键的项目利益相关方的沟通。

2）业主/客户。业主/客户是使用项目产品、服务或成果的个人或组织，来自项目所在组织的内部或者外部。客户可能是多层次的，例如，针对房屋建筑工程项目，房地产开发公司是施工承包商的客户，买房人是最终的客户。

3）发起（投资）人。发起（投资）人是指以现金或其他形式为项目提供财务资源的个人或团体。早在项目构思阶段，发起人就为项目提供支持，包括游说更高层的管理人员以获得组织的支持，以及宣传项目将给组织带来的利益。在整个项目选择过程中，发起人始终推动项目，直到项目得到正式批准。

4）项目团队。项目团队由项目管理团队和其他执行项目工作但无须参与项目管理的团队成员组成。团队中的个人来自不同的团体，分别掌握某些具体的专业知识技能，并执行项目工作。

5）职能经理。职能经理是在项目所在组织的行政或专业职能领域（如人力资源、财务、会计或采购）承担管理角色的重要人物，全权管理所辖职能领域的所有任务。职能经理可以为项目提供相关领域的专业技术或服务支持。

6）供应商。供应商是为项目提供资源的组织或个人。项目的实施乃至成功，既需要项目所在组织内部资源的支持，又离不开外部资源的投入。

在众多关键的项目利益相关方中，项目的发起人或投资人有权决定项目是否启动并持续进行，所以其既是项目的主要决策方，又是项目总体目标的制定者。发起人在项目的全过程中，应与项目各利益相关方就项目的进展保持必要的沟通，要确保其高层管理者支持项目经理及其管理团队的主要决定和工作方向，防止因本组织目标发生变化产生与项目目标的冲突，还要检查项目经理实现项目目标的情况，并帮助其解决自身无法克服的困难。

由于项目利益相关方对项目具有不同甚至相互冲突的需求与期望，协调项目利益相关方之间的不同意见应该以服从关键的项目利益相关方的需求为主，同时也要兼顾其他项目利益相关方的需求和期望，确保项目管理的行为和效果不超越各方可能的底线，避免发生剧烈的管理冲突。

(4) 项目利益相关方的管理过程

项目利益相关方的管理过程见图 1-4。

1) 识别项目利益相关方。识别所有受项目影响的人员或组织,并记录其利益、参与情况和对项目成功的影响。在项目的早期就识别项目利益相关方,并分析他们的利益、期望、重要性和影响力,对项目成功非常重要。在项目执行期间,应定期对上述分析进行审查,以便做出必要调整。

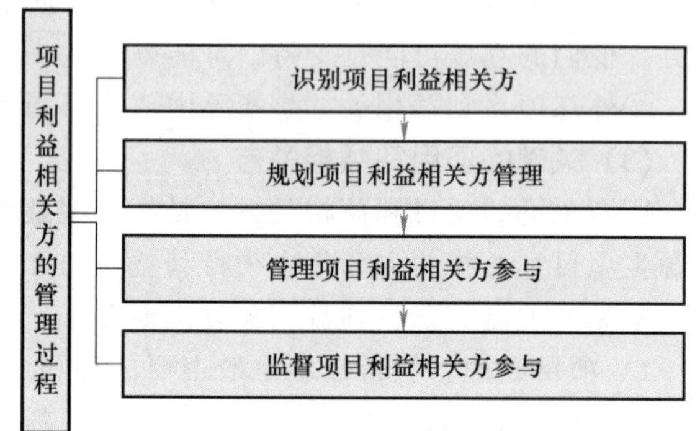

图 1-4 项目利益相关方的管理过程

2) 规划项目利益相关方管理。基于项目利益相关方需求、利益以及对项目成功潜在影响的分析,制定合适的项日利益相关方管理策略,以有效协调其参与项目的全过程。规划项目利益相关方管理能为项目利益相关方的互动提供清晰、可行的计划,以保证项目的顺利实施。

3) 管理项目利益相关方参与。在整个项目生命周期中需要与项目利益相关方进行沟通、协作,以满足其需要与期望,解决实际出现的问题,并促进项目利益相关方合理参与项目活动的过程。管理项目利益相关方参与的主要作用是增强项目利益相关方支持的力度,并把项目利益相关方的抵制降到最低,从而显著提高项目成功的可能性。

4) 监督项目利益相关方参与。该工作是基于对项目利益相关方之间关系的监督,动态调整策略和计划,以调动项目利益相关方参与的过程。监督项目利益相关方参与的工作应该在项目整个过程中开展。

(5) 项目利益相关方分析

项目利益相关方分析是项目利益相关方管理的核心工作。项目利益相关方分析指系统地收集和分析各种定量与定性信息,以便确定在项目中应该考虑哪些利益相关方的利益。通过项目利益相关方分析,识别出他们的利益、期望和影响,并把这些与项目的目标联系起来。项目利益相关方分析有助于了解项目利益相关方之间的关系,建立联盟和伙伴合作,从而提高项目成功的可能性。

项目利益相关方分析的基本步骤如下:

1) 识别潜在项目利益相关方及其相关信息。识别潜在项目利益相关方的角色、部门、利益、知识水平、期望和影响力。通常可以对已经识别出的项目利益相关方进行访谈,来识别其他项目利益相关方,扩充项目利益相关方名单,直至列出全部潜在项目利益相关方。

2) 识别每个项目利益相关方可能产生的影响或提供的支持,并对项目利益相关方分类,以便制定管理策略。在存在很多项目利益相关方的情况下,就必须对关键的项目利益相关方进行排序,以便有效了解和管理关键的项目利益相关方的期望。

3) 评估关键的项目利益相关方对不同情况可能做出的反应或应对,以便策划如何对他们施加影响,增强他们的支持力度,同时减少他们的潜在负面影响。

4）编制项目利益相关方登记册，该登记册包含关于已经识别的项目利益相关方的所有详细信息，包括：

①基本信息。这包括姓名、在组织中的职位、地点、在项目中的角色、联系方式等。

②评估信息。这包括主要需求、主要期望、对项目的潜在影响、与生命周期的哪个阶段最密切相关等。

③利益相关方分类。可从内部或者外部分类，或者按照支持者、中立者、反对者的划分进行分类等。

5）制定项目利益相关方管理策略。项目利益相关方管理策略确定了在整个项目生命周期中，如何增强项目利益相关方的支持力度，减少项目利益相关方的负面影响。

项目管理中经常采用项目利益相关方分析矩阵来表示项目利益相关方管理策略。

表 1-1 所示的是项目利益相关方影响力与利益相关度矩阵，表 1-2 所示的是项目利益相关方分析表，图 1-5 所示的是项目利益相关方权力/利益矩阵。

表 1-1　项目利益相关方影响力和利益相关度矩阵

管理策略		项目利益相关方影响力	
		低	高
利益相关度	低	可以忽略的项目利益相关方	在决策和协调中有参考价值的项目利益相关方
	高	重要的项目利益相关方，需要提高其项目参与度，或通过专门手段维护其利益	关键的项目利益相关方

表 1-2　项目利益相关方分析表

项目利益相关方	利益相关方在项目中的利益	影响力评估	获取支持或减少障碍的潜在策略

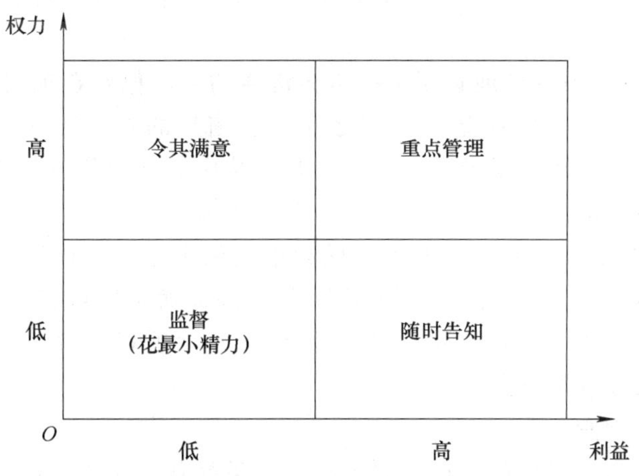

图 1-5　项目利益相关方权力/利益矩阵

1.3.2 项目经理概述

(1) 项目经理的概念及定位

为了保证项目目标的实现和组织的利润，需要成立专门的团队对项目目标进行控制，该团队负责人即项目经理。

项目经理是项目组织管理中起决定作用的要素，是项目组织管理的主要实施者和项目团队的领导者，也是运作项目、保证项目目标实现的负责人。项目启动后，在开展各项具体工作之前，首先要任命项目经理，项目经理的能力、素质、理念和工作水平直接关乎项目成败。

项目经理在项目中的定位如下：

1）项目团队的领导者和决策人。项目经理承担着领导项目团队完成项目任务的重要责任，负责指导项目团队按照正确的方向以适当的方法完成项目工作。同时，项目经理在项目实现过程中还需要做出项目管理方面的各种具体决策，如确定项目及项目各阶段的具体指标、任务和资源配置等。所以项目经理也是项目管理的具体决策人。

2）项目团队的组织者。项目经理需要组织和建设项目团队，包括设计团队构成、分配成员角色、安排人员职责、积极进行授权、组织和协调工作等。同时，项目经理还要促进项目团队成员之间的合作及与项目利益相关方之间的合作。

3）项目的计划者和分析师。项目经理是项目具体计划的主要制订者，通过编制项目计划为团队的工作指明方向。同时，在项目计划的编制和实施过程中，项目经理必须全面地分析项目计划的可行性和项目计划的实施情况，然后根据分析的结果去制定各种具体应对措施。因此，项目经理还承担着项目分析师的角色和职责。

4）项目的协调者。在一个组织中，项目经理的角色和地位不同于职能经理。职能经理往往是他们所在部门的专家，其管理职责是确定任务的完成方法、选择负责该项任务的人员，以及为完成一项任务分配现有的资源。而项目经理需要监督多个领域的工作，每个领域都有自己的专家，因此，项目经理必须具备把一项工作的诸多组成部分整合为一个整体的能力。从这个意义上说，项目经理必须更擅长整合工作，而职能经理更擅长分析工作。

5）项目的沟通者。项目经理必须是一个会沟通的人，他要在项目发起人、项目团队、高级管理层、客户及其他项目利益相关方之间负责信息的相互传递。在项目的实施过程中，当某方发布的信息可能会误导其他方，或与系统中的其他信息发生冲突时，项目经理有责任消除这种沟通混乱。

6）项目的会议召集人。项目经理沟通最频繁的两个方面是向高级管理层汇报工作情况和向项目团队下达指令，项目经理与项目团队的沟通通常以项目团队会议的形式开展。在项目管理中，项目经理首先要做的一件事就是召开“项目会议”。作为会议的召集人，项目经理应保证会议按预定方向前进。

(2) 项目经理的职责

在项目管理中，项目经理负责项目的组织、人员配备、预算、指导和控制工作。其职责可主要归结为三个方面：

1）对项目所在组织的职责。这包括保护项目所在组织投入到项目上的资源，及时、准确地进行沟通，对项目实施精心而有效的管理。项目经理应该做到使组织的高层管理者完全了解项目的现状、成本、时间安排和前景，了解项目未来可能遇到的问题。

2）对项目和客户的职责。不同的项目利益相关方的需求有时是相互冲突的，项目经理一定要保证项目的整体性。当各个项目利益相关方或各个部门间出现矛盾时，项目经理必须能够化解矛盾，平衡利益，迎合客户的需求，同时保证项目按时、按预算、按规范要求完成。

3）对项目团队成员的职责。项目是一个临时性的任务，项目经理必须关心项目团队成员未来的发展。如果项目经理没有考虑如何帮助项目成员回到他们自己的职能部门或进入其他的新项目，那么在项目接近尾声的时候，项目成员将会更多地关注自己的职业前景，而较少关注如何按时完成项目工作。

（3）项目经理的技能要求

项目经理作为项目团队的领头人，不仅是项目运作的负责人，还是项目的总集成者。项目管理的能力主要体现为计划、控制和协调，其核心是项目管理者的计划与控制能力，优秀的项目经理应该具备以下技能：

1）沟通能力。和其他经理人员一样，项目经理的大多数时间都花在了同那些与项目相关的团体进行交流的工作上。运作一个项目需要不断地沟通、再沟通，并且需要把项目解释给旁观者、高层管理者、职能部门、客户和其他许多项目利益相关方，以及项目团队成员本身。项目经理是项目与外界的联络员，必须能够在现场处理危机，能够说服分包商，能够减少项目团队成员之间的冲突。在某种程度上，每个管理者都必须应对这些特殊的要求，但对于一位项目经理来说，沟通能力显得更加重要。

2）决策能力。项目经理必须具备在复杂情况下做出正确决策的能力，这是一种找出解决问题的可行方案并挑选出最佳行动方案的能力，包括收集信息的能力、加工处理信息的能力，以及根据各种信息选择行动方案的能力等。项目经理应能够采用各种手段获得项目决策所需的信息，还要具备对各种数据进行加工处理以辅助决策的能力。另外，项目经理还应具备根据各种信息选择行动方案的能力。项目经理最重要的决策能力就是选择最佳行动方案的能力，这要求项目经理在信息不完备的情况下能够运用自己的判断去选择最佳的行动方案。

3）专业及管理能力。项目经理应具备的知识包括两类，一类是专业技术知识，另一类是项目管理知识。项目经理的大部分工作是协调项目，这不需要具体的专业技能，而是需要对项目成员所从事的工作有一般性的了解，能够对项目成员的工作进行准确的评价。因此，在技术知识上并不要求项目经理通晓项目涉及的所有领域。对于项目管理知识，项目经理应当对整个项目管理的过程有一个总体的了解，这些知识在项目管理工作中会被经常用到。项目管理所使用的工具、技术和思想会不断变化，所以，项目经理应当保持知识的更新，在必要的时候应接受进一步的培训，并在恰当的时候向项目成员传授这些知识。

4）危机处理能力。每个项目都具有自身的独特性，这一特点意味着项目经理将不得不面对并克服一系列危机。从项目的开始直到结束，很多危机都可能毫无预兆地到来，没有任何计划可以全面考虑项目环境可能发生的变化。因此，项目经理需要具备一定的危机处理能力，保证项目的顺利进行。

5）项目目标平衡能力。在项目生命周期的不同阶段，各目标的重要性不同，项目经理必须在项目的成本、时间、绩效等目标之间进行平衡。在项目生命周期的开始阶段，项目还处于筹划之中，此时项目的绩效被认为是最重要的目标，成本和进度目标可以为项目的技术要求做出让步。在接下来的设计阶段，不同方案对项目成本的影响是明显的，所以成本目标优先于项目的绩效和进度目标。在项目实施阶段，进度是决定性的目标，比绩效水平的目标要重要得多。在项目接近结束的时候，按时完工成了应最先考虑的目标。随着项目逐步完成，绩效目标比进度目标更为重要，而不拖工期则比节约成本更为重要。

除了在项目目标之间进行平衡之外，项目经理还会面临平衡项目目标和组织目标的问题。最后，项目经理还必须在项目、组织以及自己的个人职业目标之间找到平衡。

6）影响力和说服力。影响力是利用个人的能量影响、引导或改变特定情况的能力。项目经理往往缺乏正式的职权来获得所需资源，所以影响力对于他们尤其重要。

项目经理的选择是与项目有关的最重要的决策之一。在选择项目经理时，除了要考虑上述能力外，还需要考虑一些其他的因素，如技术背景、管理风格、心理个性、工作经历，以及与高级主管人员的关系等。

1.3.3 项目团队概述

（1）项目团队的概念及特性

1）项目团队的概念。项目团队是由一组个体成员为实现一个具体的项目目标而建立的协同工作队伍，是一个临时性的组织。

项目团队的根本使命是实现具体项目的目标并完成项目所确定的各项任务，与独自工作的个人相比，协同工作的项目团队可以更有效率且更有效果地实现共同的目标。一旦项目完成或者中止，项目团队的使命即告结束，项目团队也将随之解散。

项目管理中十分强调项目团队的组织和建设，以确保项目团队能够独立地完成项目的工作。

2）项目团队的特性。项目团队一般具有下列特性：

①目的性。组建项目团队的目的就是完成某项特定任务（项目），实现组织既定的目标。项目团队具有很高的目的性，只承担与既定项目目标有关的使命或任务，不承担与既定项目目标无关的使命和任务。

②临时性。项目团队在完成特定项目任务后即告解散，在因特殊原因导致项目中止时，项目团队会临时解散或暂停工作。当中止的项目获得解冻或重新开始时，项目团队即重新开展工作。

③协同性。项目团队是按照协同工作的团队作业模式开展项目工作的，这种团队式的作业完全不同于日常运营中基于专业和职能的分工作业模式。项目团队十分强调团队精神与团队合作，团队精神与团队合作是项目成功的保障。

④开放性。项目团队的开放性指根据项目的需要，项目团队成员会在项目实施期间较为自由地流动。项目团队的开放性使得项目团队成员的数量和人选会随着项目的发展与变化而不断调整，这一特性是与组织的日常运营特性完全不同的。由于网络技术和社会的发

展，利用各种虚拟手段形成和组建的虚拟项目团队的开放性更加明显，现在很多创新项目都可以通过网络发布和招标等方式建立虚拟项目团队，最终实现目标。

（2）项目团队发展模型

项目团队发展模型描述了项目团队的建设发展所经历的不同阶段。团队发展模型有多种类型，项目管理中最常用的是四阶段发展模型。

按照四阶段发展模型，项目团队的建设和发展需要经历形成、震荡、规范和辉煌等四个阶段，这四个阶段依次展开，构成了项目团队从创建到发展壮大再到取得成功的全过程。

1）形成阶段。形成阶段是团队的初创和组建阶段。在项目团队的形成阶段，项目团队成员在自己和伙伴的职责、角色和关系等方面还比较茫然，所以在这一阶段中，每个成员都有一个适应新的团队环境和成员关系的问题。在这一阶段，项目经理需要为团队明确方向、目标和任务，为每个成员确定职责和角色，这是形成一个项目团队的奠基性管理工作。项目团队成员在这个阶段会有很多疑惑，项目经理要促使项目团队成员尽快明确目标、方向并梳理人际关系。项目经理要不断地向团队成员说明项目的目标、每个人的角色和职责、项目的任务、可能的利益等，及时公布有关项目范围、质量标准、预算及进度计划的要求，以及相关的标准和约束等。

2）震荡阶段。震荡阶段是项目团队发展的第二阶段。此时项目团队成员开始按分工进行合作，完成自己的任务，而且大家对项目目标和任务等也逐步明确。但在这一阶段项目团队的一些成员会发现和遇到各种各样的问题，有些成员会发现项目工作与当初设定的期望不一致，有些成员会发现团队成员间的关系与自己期望的不同，甚至有些成员会发现项目工作和团队的人际关系存在许多矛盾和问题，这些问题会导致项目团队成员与项目经理和高层管理人员之间的矛盾、冲突。因此，在震荡阶段，项目经理需要应付和解决所出现的各种问题和矛盾，需要容忍一些不满、解决一些冲突、协调一些关系，以此消除团队中的各种震荡因素，引导项目团队成员根据任务和团队情况对各自角色及职责进行调整。在这一阶段，项目经理在必要时应邀请项目团队成员积极参与解决问题和共同做出相关的决策。

3）规范阶段。项目团队在经受了震荡阶段的考验后就会进入规范阶段，此时项目团队成员之间、项目团队成员与项目经理和管理人员之间的关系已经理顺并确立，绝大部分矛盾已得到解决。在规范阶段，项目团队成员接受并熟悉了工作环境，项目管理的各种规程得以改进和规范，项目经理和管理人员逐渐掌握了对项目团队的管理和控制，项目团队的凝聚力开始形成，项目团队全体成员获得了归属感和集体感。经过了震荡阶段，项目团队成员会更加支持项目经理的工作，工作效率得到显著提高。项目经理在这一阶段应积极支持项目团队成员提出的各种建议，鼓励成员参与创新，同时努力规范团队和团队成员的行为，使项目团队不断发展和进步，从而实现项目的目标，完成项目团队的使命。

4）辉煌阶段。这是项目团队发展的第四个阶段，也是项目团队不断取得成就的阶段。此时项目团队成员积极工作，努力为实现项目目标做出贡献。在这一阶段，项目团队成员间的关系更融洽、团队的工作绩效更高、团队成员的集体感和荣誉感更强，项目团队全体成员能开放、坦诚、及时地交换信息和思想。在辉煌阶段，项目团队成员的情绪特点是开放、坦诚、依赖、富有集体感和荣誉感。项目经理在这一阶段应该积极授权从而使项目团队成员更多地进行自我管理和自我激励。在这一阶段，项目经理需要集中精力管理好项目的预算、控制项目的进度计划和项目的各种变更，指导项目团队成员改进作业方法，努力提高工作绩效和项目质量水平，带领项目团队创造更大的辉煌。

项目团队发展模型中的项目团队文化开始于形成阶段，并在其余的发展阶段不断演进。另外，项目团队发展模型仅显示了一个线性进展的过程，而项目团队的发展可能会在这些阶段之间来回反复。此外，并非所有项目团队都能达到辉煌阶段，有些甚至无法达到规范阶段。

(3) 项目团队管理

项目团队管理主要包括冲突管理和激励管理。

1）冲突管理。冲突是人与人之间的观念和利益的不协调状态，所有项目都会发生冲突。项目在动态环境中运行，面临着许多相互排斥的制约因素，包括预算、范围、进度和质量，均可能导致冲突。

多元化的项目团队存在不同的观点，一些团队成员是短期加入项目的，为具体的可交付物开展工作，而其他成员则更长期地参与项目，这些因素都会对项目团队的整合带来极大的挑战。

通常，人们都希望避免冲突，但并非所有冲突都是负面的。处理冲突的方式既可能导致更多的冲突，又可能带来更好的决策和更出色的解决方案。在冲突已超出有益辩论的范畴而升级之前加以解决，会产生更好的效果。

①冲突解决原则。主要包括：

A. 在沟通时要坦诚相待，尊重他人。由于冲突可能引发焦虑，因此必须营造一个安全的环境来探讨冲突的根源。如果没有这样的安全环境，人们的沟通就会受到影响。因此，要确保言语、语调和肢体语言不带有威胁性。

B. 关注问题本身，而非针对个人。冲突的发生是因为不同个体对情况有不同的看法。应该就事论事，而不是针对人。关键在于解决问题，而非指责。

C. 关注当前和未来，而非过去。将注意力集中在当前而不是过去的情况上。如果以前发生过类似的事情，旧事重提并不能解决当前的问题，反而可能加剧当前的冲突。

D. 共同寻求解决方案。冲突带来的伤害可以通过寻找解决办法和替代方案来修复，这也有助于建立更具建设性的关系。这种方法将使冲突进入更有利于解决问题的阶段，通过共同努力，创造出替代方案。

项目团队成员相互尊重的团队文化允许团队内部存在差异，并力图找到有效利用差异的方法，鼓励项目团队成员通过有效的方式管理冲突。

②冲突类型。在项目团队中，可能存在两种冲突：

A. 任务相关冲突（Task-related Conflict）。任务相关冲突实际上是受欢迎的，因为它能促使团队对项目任务或决策有更全面和深入的理解，有研究表明，在项目启动阶段就有冲突的团队最终比始终相处融洽的团队更好地完成了目标（如成本、进度方面）。

B. 人际冲突（Interpersonal Conflict）。人际冲突可能是个性差异或长期敌视的结果，但它也可能是团队存在其他问题的征兆。图 1-6 所示的团队冰山理论指出，表面的人际冲突可能实际上是对项目的目标、角色或过程理解错误的体现。当团队成员对项目目标缺乏清晰理解或未能达成一致时，他们可能会就项目应做什么产生争执。

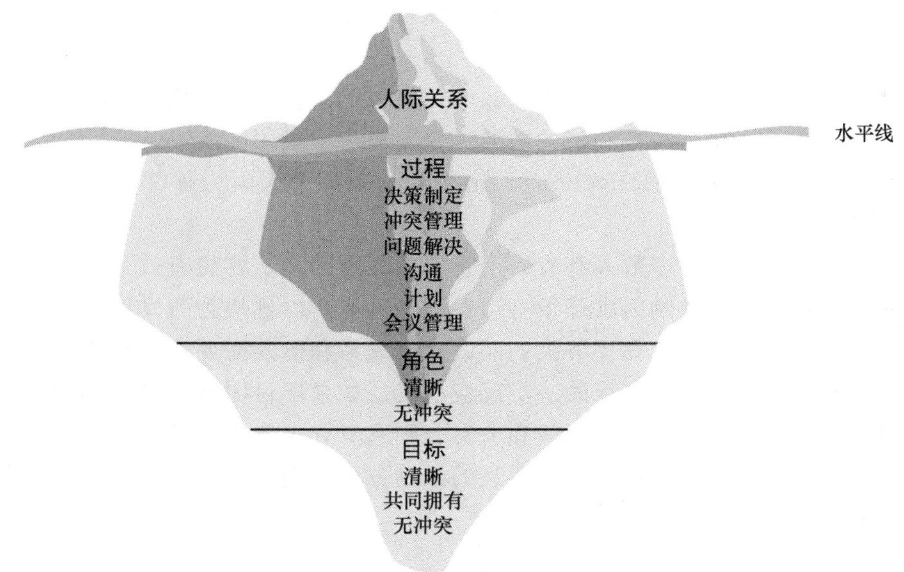

图 1-6　团队冰山理论

③冲突解决方法。解决团队冲突的方法有很多种，包括妥协、缓解、强迫、回避和解决问题等，具体见表 1-3。

表 1-3　冲突解决方法及适用条件

冲突解决方法		项目环境中的适用条件
妥协	涉及给予和接受的意愿。项目经理可与项目团队成员商讨，寻找折中解决方案	在项目能够继续进行的前提下，冲突双方诉求的平衡点可以被找到时，适合采用
缓解	不强调或回避各方的分歧和差异，而强调总体目标的实现	当实现总体目标比消除分歧更重要时，以及个人的相对职权或权力存在差异时，均适合采用
强迫	这是一种命令和控制的方法，在这种情况下，一方会强迫另一方接受自己的意愿。因为强迫的一方比另一方拥有更大的权力	在没有足够的时间进行合作或解决问题，存在需要立即解决的健康和安全方面的冲突时，适合采用
回避	通过忽略问题而回避实际或潜在分歧	在问题的重要性和迫切程度均不高的前提下，在情绪过激而不适合马上进行理性的讨论时，“冷静期”或搁置可以平息冲突时，或者现在讨论该问题有害无益时，适合采用
解决问题	直面冲突，采取方法使得相关各方消除分歧	当冲突双方之间的关系很重要，并且每一方都对另一方解决问题的能力有信心时，适合采用

2）激励管理。建立主人翁精神，加强激励是团队管理中不可或缺的一部分。激励项目团队成员涉及两个方面：第一个方面是了解能激励项目团队成员使其实现绩效的因素；

第二个方面是与项目团队成员合作，使他们始终致力于开展项目并取得成果。

对团队成员表现的激励可以是内在的，也可以是外在的。

①内在激励（Intrinsic Motivation）。这种激励源自个人内心，与在工作中寻找乐趣有关，而不是关注奖励。

内在激励因素的示例包括成就、挑战、对工作的信念、改变现状、自我指导和自主权、责任、个人成长、相互关系和谐的需要，以及成为项目团队的一员等。

②外在激励（Extrinsic Motivation）。这种激励源自个人因为外部奖励（如奖金）而开展工作的意愿。

激励因素并不唯一，但多数人都有一个首要的激励因素。要想有效地激励项目团队成员，了解每位成员的首要激励因素是很有帮助的。例如：以挑战为激励因素的项目团队成员能够很好地应对延伸的目标和要解决的问题；以关系和谐的需要为激励因素的项目团队成员会对成为充满活力的工作小组的一员反应积极。如果项目团队成员能够形成自己的工作方式，甚至能够确立自己的工作时间和节奏，则愿意寻求自主权的项目团队成员将表现得更为出色。因此，根据个人偏好设计适当的激励方法有助于实现最佳的个人和项目团队绩效。

1.4 项目目标及绩效管理

1.4.1 项目需求分析

(1) 项目需求的定义

项目需求是指通过在项目的启动阶段的沟通，项目团队对客户所期望的项目产品具备的用途、功能或潜在需求进行逐渐发掘，将客户心里的模糊需求认识以精确的方式描述并展示出来的过程。

需求是产生项目最主要的原因和驱动因素，项目管理的重点就是管理客户的需求。随着科技发展的日新月异，客户需求呈现出多样性、不确定性和个性化的特点，对客户需求管理的好坏，常常关乎项目最终的成败。

客户的需求往往是多方面的、不确定的，需要项目团队去分析和引导。由于项目往往涉及缺乏先例的新产品或新服务，所以常常会碰到这种情况：客户很少能精确地描述自己需要的产品或服务。具体地说，项目团队在收集客户需求时会发现，当客户站在项目团队面前时，他们往往已经对项目产品有了极大的兴趣，能够对自己所期待的项目产品的功能做出一些描述。但由于客户不熟悉技术，并且对自己的需求认识模糊，因此仍然不知道他们需要的项目产品在项目交付后应该具有什么样的特征。在这种情况下，管理客户需求要注意的重点不是如何无条件地满足客户的需求，而是对客户的需求做出精准的定义，再根据需求定义制定项目的目标和项目产品的功能特性。

如何合理地定义客户需求，明确项目范围，是实施项目管理面临的首要问题。一般情况下，项目产品能否被客户接受取决于客户需求和产品特性的结合度。因此，在进行客户需求分析和管理的时候，项目经理必须理解在项目管理的环境中，项目质量的概念是围绕满足客户的需求而不仅仅是满足某些技术指标产生的。

（2）项目需求分析的基本过程

项目需求分析的基本过程如下：

1）确定和排列客户需求重点。把客户需求转化为项目需求，进而设计项目的技术路线。这是客户需求分析的核心部分，为项目范围的制定奠定了基础。

2）直观描述项目的需求。在与客户进行沟通和调查后，撰写需求分析报告时，尽可能地用直观、简练的语言进行描述，避免使用过于专业化的词汇，这样可以使客户清楚地理解需求的含义，以此保证与项目团队不至于在理解上产生偏差。另外，直观的描述也使得跟踪客户需求更为方便，从而为项目范围的变更管理提供依据。

3）利用示意图形象表达客户需求。利用示意图将采集整理的客户需求信息和即将开始设计的项目产品开发系统联系起来，让整个项目团队能对今后要完成的项目获得跨专业知识领域的直观认识。换言之，就是在项目还没有真正进入开发阶段的时候，项目团队就对工作的结果达成统一的意见，这将十分有利于对项目范围的管理和控制。

4）建立项目需求跟踪系统。虽然项目团队在项目启动前对客户需求进行了尽可能的分析和定义，但由于环境及市场的变化，以及客户因对产品的进一步认识而产生新的需求，会导致之前的需求定义发生变化。因此准确预测环境及市场的变化，预测客户可能产生的需求变化，据此建立项目需求跟踪系统是需求分析及管理中的一项重要工作。

5）评估和审核需求分析报告。需求报告的初稿完成后，应组织项目发起人、客户以及其他利益相关方对报告进行评估和审核，在共同讨论后达成一致意见。

（3）项目需求分析的注意事项

在进行项目需求分析时，应注意以下几个方面的问题：

1）确保项目团队对客户需求的理解与客户的真实需求是一致的。项目团队在客户需求调查中很容易犯的一个错误就是假设性地认为自己理解了客户的需求。很多情况下，项目团队成员在采集客户信息的时候，对客户需求想当然的理解往往导致项目后期大量修改甚至项目交付延期，解决办法是在确认了客户需求后再向客户描述项目团队所理解的客户需求，由客户来确认项目团队的理解是否正确。

2）项目中可能存在尚未确定的客户需求。对这种未确定的需求，可以先实施需求已经确定的部分，对需求没有确定的部分，经过双方协调确定后，可以在项目计划中留出一部分空间，等到客户提出新的需求时再进行计划。

3）建立完整的需求调查文档和记录体系。在整个需求分析的过程中，应该按照一定的规范编写需求分析的相关文档，这样做不但可以帮助项目成员明确需求分析的结果，而且能为以后项目产品的开发提供关于产品特性的文本依据。

4）采用适当的需求分析工具。在项目需求分析阶段，客户和项目团队之间由于需求定义的不明确，往往会导致项目的启动过程很长，或出现项目范围定义不清的现象。选择和运用适当的需求工具能够有效地帮助项目团队和客户高效地解决这一问题。通常，在需求阶段使用的工具和方法包括访谈、焦点小组会议、引导式研讨会、群体创新技术、群体决策技术、问卷调查、工作跟踪和原型法等。

1.4.2 项目目标管理

（1）项目目标的概念

项目目标是项目目的或使命的具体化，是根据项目目的提出的项目在一定时期内要达到的预期成果。

项目目标是对项目所要达到的最终状态的描述，包括满足范围、时间、费用和资源约束条件。因此，项目目标应用时间、成本、产品特性来表示，且尽可能地定量描述。清晰的、可实现的项目目标是项目及其管理团队共同努力的方向。评价一个项目的成功与否往往以项目目标是否实现为依据。

在项目管理中，没有良好的目标定义和目标管理，项目就很难取得成功。项目实施的过程实际上就是一个追求项目目标实现的过程。项目目标反映的是组织优先考虑的事情，如果能够恰当地予以设定，将有助于实现跨部门的合作，从而产生一种协同效应。一个没有目标的项目就是一个没有具体方向的活动集合体，项目的结束将是无法预料的。

项目目标的确定过程同时也是项目各参与方之间的沟通过程，通过项目目标的确定，项目各参与方可获得清晰的个体目标，这使项目目标可以对项目各参与方产生一定的激励作用。项目目标的确定为项目计划的制定打下了基础，并为项目计划指明了方向。项目目标的制定贯穿于项目的全过程，作为项目计划的依据及评价的指标，并决定着项目的组织、计划和控制方法。项目在实施前就必须建立明确的目标系统，并需精心论证、详细设计，寻求目标系统的整体最优化。

（2）项目目标的属性

项目目标具有独特的属性，主要包括：

1）多元性。项目目标的一个主要特点是多元性，实施项目管理的过程就是协调多个目标的过程。项目不论规模大小，无论何种类型，其目标往往不是单一的，至少是在已经明确的项目范围约束下，由项目的投资成本、工期进度、质量技术性能这三个最主要的基本目标构成的一个目标系统，项目的总目标是多维空间中的一个点（见图 1-7）。

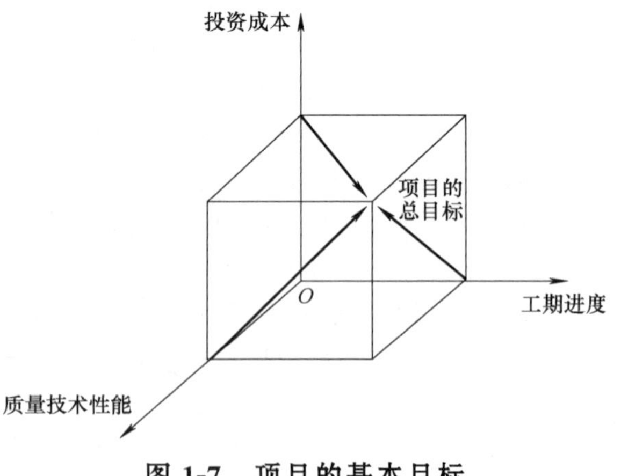

图 1-7 项目的基本目标

2）相关性。项目的各个基本目标之间并非彼此独立，而是一个相互联系、相互制约、既对立又统一的有机整体。例如，在一般情况下，项目工期的缩短往往要以成本的提高为代价，两者是对立的；而项目工期的缩短又可以使项目提前投入使用、缩短项目的投资回收期，提高投资效益，两者又是统一的。又如，提高项目的质量标准会使投资成本增加，两者有对立的一面；然而，如果能较好地控制项目质量，就可以降低项目不必要的成本耗费，两者又有统一的一面。

项目的各具体目标之间也是互相联系、互相影响的，某一方面的变化必然引起其他方面的变化。例如，过于追求缩短工期，必然会损害项目的质量，引起费用的增加。任何单方面考虑工期、质量或者成本因素的目标体系设置都是片面的。项目管理的过程即是从系统的角度对项目基本目标之间的相关关系进行综合管理的过程。

3）层次性。对项目的目标系统需要进行层次描述。位于最高层次的是项目的总目标，它指明了实施该项目的目的、意义，是项目全过程的主导目标。往下依次是项目的策略性目标和可执行目标等，用于表达项目的具体目标、实施计划或措施。上层目标一般表现为抽象的、指导性的，而下层目标则表现为明确的、可测的、具体而可控的。随着项目目标系统自上而下地不断分解、细化、层层深入、层层落实，逐渐形成一个完整的、明确的、具体的、可实施控制的目标体系。目标系统分解为多少个层次，应根据项目的规模、特征以及项目管理的需要确定。

4）动态性。项目的目标是一个完整的体系，但其并不是一成不变的，外部环境的不断变化或不可预见的事件的发生，会导致影响项目目标的因素的变化。故目标系统应随着项目的不断实施进行相应的调整、优化、完善，使其适应不断变化的外部环境，更符合客观实际，具有可行性和可操作性。

根据项目目标的以上属性，在建立项目目标体系的过程中，应该分清目标的主次，明确目标之间的关系，建立结构合理、层次分明、关系协调、指标先进合理的目标体系。

(3) 项目目标制订的基本原则

项目目标制订的基本原则通常称为 SMART 原则，SMART 是由五个英文单词 Specific（明确性）、Measurable（可考核性）、Attainable（可达到性）、Relevant（相关性）和 Time-based（时限性）的首字母组成的，代表了确定项目目标时应遵循的基本原则。

1）明确性原则。项目目标应该是明确的。研究和实践都证明，明确的目标比那些泛泛的“尽最大能力”之类的目标要有效。例如，如果项目的策略性目标是在项目完成后生产线的生产能力得到提高。那么根据这一原则，该目标就应该描述为“项目完成后××生产线的生产能力得到3%～5%的提高”，而“项目完成后××生产线的生产能力得到极大的提高”就是一个不够明确的目标。

2）可考核性原则。项目目标应该是可以考核的。以上面的例子来解释，“项目完成后××生产线的生产能力得到极大的提高”无法考核，而“项目完成后××生产线的生产能力得到3%～5%的提高”就可以考核。项目目标分为定量目标和定性目标，大多数定性目标也是可以考核的。虽然定性目标不可能和定量目标一样考核得那么准确，但任何定性目标都能用详细说明规划或其他目标特征及完成日期的方法来提高其可考核的程度。

3）可达到性原则。目标应该是可达到的。项目团队应该根据自身的能力和资源情况来考虑实现目标的可能性。目标的可达到性一方面要保证确定的目标应该是能够实现的。例如，如果“项目完成后××生产线的生产能力得到10%～20%的提高”这个目标是根本不可能实现的，那么这个目标的设定对于项目来说没有任何意义。另一方面，目标的设定也应该具有一定的挑战性，设定项目目标的管理层或项目经理可以根据实际情况设定具有一定挑战性的目标，这样可以充分发挥目标的激励作用。

4）相关性原则。目标的设定要紧紧围绕项目希望达成的结果，并且应与项目相关，以避免出现虽然实现了项目目标，但“项目效果不好”情况的发生。项目的产生是为了交付某种成果，以满足客户和项目利益相关方的需要，所以对项目工作的布置应该紧紧围绕项目希望实现的最终结果来开展。管理层或项目经理只有通过设立“关注结果”的项目目标，才能保证项目的所有工作都是围绕项目所希望的最终结果来开展的。还以上面的例子来解释，如果项目目标定为“项目完成后××生产线的生产能力得到3%～5%的提高，并且该生产线的产品能够满足广大客户的需求”，在这个项目目标中，“该生产线的产品能够满足广大客户的需求”就不符合目标设定的相关性原则。该产品能否满足广大客户的需求可能是另外一个项目的目标。在本项目中，项目团队只需要关注该生产线生产能力的提高，要尽量避免将项目的资源用到与本项目不相关的工作中去。值得注意的是，在使用目标“相关性原则”来判断项目目标合理性的时候，要注意其与项目目标多元性的区别。

5）时限性原则。对项目目标应该设定一个明确的实现时间，这样才能促使项目团队成员更加集中精力地投入到实现项目目标的工作中去。

（4）项目目标制订的注意事项

除了要考虑上述目标的属性与基本原则之外，制订项目目标时还需注意：

1）制订管理目标需具备一定的技术基础和管理条件。这一基础和条件从初步形成到完善需要时间，所以管理目标的形成也将是由浅入深的。一般来讲，最初制订的粗略目标仅仅作为项目决策的依据，其深度不足以成为项目实施阶段的项目管理依据，但粗略目标形成的框架一方面对决策具有管理意义，另一方面对此后进一步制订具体的管理目标形成了制约，也具有必要性。

2）项目总体管理目标的制订只能由项目发起人承担，其他参与方只能在自己的合同与责任范围内制订子项目或相应部分的分解管理目标，且分解的管理目标不能与项目总体管理目标产生冲突。以上由项目发起人制订的总目标和其他利益相关方据此制订的各自的子目标形成了主从目标关系。

3）项目目标的形成必须具有“目标载体”。一般应是项目标准规范的管理成果文件，项目范围管理任务中的“项目许可证”“工作任务书”“工作分解结构”这三项重要管理成果既是确定目标参数的主要依据，又是表述目标管理的最适宜的载体，还是由浅入深对项目整体及分解目标做出的制约性描述。这三项成果一般需得到项目发起人的批准，并得到其他参与方的认可。

4）项目管理目标体系也是阶段性成果。从项目的初始阶段就有初始目标的形成，随着阶段的推进逐渐细化和日益明确，但项目管理的总体目标明确于“工作任务书”（对于很多项目而言，就是项目的“可行性研究报告”）阶段，因为在此阶段，项目已经形成了方案设计并进行了可行性研究；在此后的管理阶段，进一步的目标管理主要体现在总体管理目标的分解与落实之上。

5）需要区分管理目标的制订者与实现目标的执行者。这两者有着明确的区别。项目各参与方目标的制订者一般是该参与方的决策层，但目标的执行者则是被授权的项目经理及管理团队。因为项目情况是瞬息变化的，除非项目的投资决策层另有规定，管理的执行方法可以随时由项目经理根据项目具体情况自行调整。

（5）项目目标管理

项目目标管理从本质上说就是从全局出发，以项目整体利益最大化为目标，以各种项目专项管理的协调与整合为主要内容而开展的一种综合性管理活动。它的内容包括为达到甚至超过项目利益相关方的期望去协调各方的目标和要求，设计最佳的项目实施方案，集成控制项目的变更，以及协调项目各方工作等内容。项目目标管理的核心是突出一体化的整合思想，追求的不是项目单个目标的最优，而是寻求项目目标之间的协调和平衡，最终实现项目管理活动总体效率的提高。

在进行项目目标管理时，首先应建立科学合理的目标系统，其次对目标的实施过程进行监测、检查、调整应该是一个贯穿项目始终的动态控制过程。

针对项目目标的管理，应该注意以下几个方面的问题：

1）三大目标的集成管理。质量、成本与进度这三大目标是项目目标体系中最根本、最重要的，是其他目标得以实现的基础。因此在对项目进行目标规划时，必须要注意统筹兼顾，合理确定质量、成本、进度的标准。

2）针对整个目标系统实施控制。项目管理目标除了质量、成本、进度三个基本目标之外，根据项目的自身特点还会有其他相关目标。项目的成功必须经过项目参与者和项目利益相关方等各方面的协调一致和努力，包括项目产品的用户、投资者、业主、承包商（包括设计方和供应商）、政府、所在地的周边组织、生产者等。由于项目各目标构成了一个统一的整体目标系统，项目的目标控制就应该将实现项目的整体目标系统作为衡量目标控制效果的标准。追求目标系统整体效果，做到各目标互补，防止项目在实施过程中发生盲目追求单一目标而有损或干扰其他目标的现象。

3）影响因素预测与分析。实施项目目标管理受多种因素的影响，包括人的因素、材料设备因素、技术因素、资金因素、工程水文地质因素、气象因素、环境因素、社会因素等，应事先对影响目标实现的各种因素进行调查研究，预测这些因素对项目目标的影响，在此基础上编制可行的项目计划。

（6）项目目标的控制方法

项目目标的控制方法主要可以分为：

1）主动控制。它是指事先分析目标偏离计划的可能性，并制订各种预防措施，使控制目标按预定计划实现。控制者根据掌握的信息预测出控制目标将要偏离计划目标时，可采取适当的纠正措施。主动控制是对计划目标进行的控制，是在事情发生前按预定计划目标主动采取控制措施的一种方法。

2）被动控制。它是指项目按计划运行时，管理人员对项目进行跟踪，对实施过程中的信息进行收集、加工和整理，使控制人员从中发现问题，找出目标控制的偏差，寻求解决问题的方法，制订纠正偏差的方案，使目标出现的偏差及时得到纠正。

主动控制与被动控制均为实现项目目标所必须采用的控制方式，两者有机地融合在一起，形成一个贯穿项目全过程的动态控制系统。

1.4.3 项目管理方案

(1) 项目管理方案的概念及特点

项目管理方案是为了实现项目管理目标而进行的项目管理规划，是在项目初期根据项目目标转换而来的定义明确、要求清晰、具有指导性的项目整体管理规划文件。

项目管理方案的特点主要有：

1）预见性。初步的项目管理方案是在项目管理实施前期，以法律法规和相关要求为指导，对项目的发展趋势做出科学预测，对管理工作的任务、目标、方法和措施做出预见性安排。

2）针对性。管理方案是根据项目与管理者主客观条件和相应能力制订的，包含为管理过程增加价值的具体方法。因此，从实际出发制订出来的方案必须具有明显的针对性。

3）可操作性。因为不具有操作性的管理方案对管理没有任何意义，可操作性是管理方案的基本需求。

4）指令性。管理方案一经确定和批准，在其所指向的范围内就具有了指令作用，项目的各相关方都必须按方案要求开展工作。指令性体现了项目管理方案的内在本质。

(2) 项目管理方案的内容

项目管理方案一般应包括以下五个方面的内容：

1）项目实施环境和条件、项目定义与项目的目标分析。项目实施环境和条件涉及项目的自然、经济、政策、市场、文化等因素；项目定义是指对未来实现目标、功能、范围的设想与初步界定；项目的目标分析则涉及项目定位与实现目标之间的因果关系和相互联系。项目管理方案必须基于上述分析成果才可以编制。

2）项目管理组织总体规划。项目管理组织总体规划具体包括项目拟采用的管理模式、内部组织方式和重要工作流程。项目管理模式与组织方式反映了项目管理团队与各参与方之间的关系，关乎设置项目团队、指令系统、岗位安排等。要以确定项目管理模式与组织方式为基础，进行管理职能和岗位设定及重要管理工作与项目决策的流程设计。

3）项目总进度规划。项目总进度规划是对项目进度总目标进行预测、论证和做出全局性部署，是项目全过程进度控制的纲领性文件。规划的主要内容包括项目实施的总体进度部署、总进度里程碑计划、进度实现条件和拟采取的必要措施。

4）与项目实施有关的总体技术规划。不同项目具有不同的使用功能，运用不同的技术路径和方法。项目管理方案应针对不同行业的技术体系，对专业技术标准、规范、方法及计价规则、管理规程等条件进行论证和规划。

5）项目的风险管理规划。项目管理方案应针对前期已识别的项目风险，确定风险管理的总体安排及初步风险应对措施。

项目管理方案的制订需要进行不断反馈和调整。在编制初步管理方案并实施后，要随着项目的进展对其不断进行调整、补充和完善，直至形成项目范围、目标、方式、措施等方面的详细综合的工作计划，满足项目进度、质量、成本、风险管理等各方面的不同需求。

1.4.4　项目绩效管理及考核

(1) 绩效、绩效管理与项目绩效管理概述

1）绩效与项目绩效。绩效是指员工围绕职位的应付责任所达到的阶段性结果，以及在达到结果的过程中的行为表现。项目绩效主要关注的是项目的成本、进度、业务目标等核心因素，以及特定项目的某些特殊关键指标。

针对绩效的定义，存在着结果论、行为论和行为结果论共三种不同的观点。依照结果论，绩效被定义为"在特定时间范围内，员工在特定工作职能或活动上生产出的结果记录"；依照行为论，绩效被定义为"一套与组织目标相互关联的行为，主要指有助于组织目标实现的行为"；依照行为结果论，绩效既包括员工工作结果，又包括员工工作行为，不仅要看做什么，还要看如何做。

2）绩效管理与项目绩效管理。绩效管理是管理者和员工通过沟通，共同制订绩效计划、监控绩效、评价绩效、反馈绩效、应用绩效评价结果，以及提升绩效目标的持续循环的过程。项目绩效管理是项目发起人与其任命并授权的项目经理和管理团队依据双方达成的协议实施的、双方互动检查实现项目目标的过程。项目绩效管理中，应对项目经理及管理团队的工作职责、管理目标、管理绩效考核、原则性的工作方式与方法等做出明确的规定。

有效的绩效管理有助于项目管理团队增强管理的责任感，促进团队成员完善工作内容和提高工作效率与质量，及时发现和清除实现管理目标的障碍，是激励管理团队实现项目目标的有力工具。

项目绩效管理是一个完整的系统，它将项目绩效和组织绩效相融合，将项目绩效管理提升到战略管理层面。组织管理者和项目经理需要共同参与，通过持续沟通，传递企业的战略，界定项目管理过程中各参与者的职责，明确工作绩效目标，建立高层管理者与项目经理之间的伙伴关系。在持续不断的沟通过程中，绩效管理体系的建立可以为项目经理消除工作过程中的障碍并提供必要的支持，让他们带领项目团队一起完成项目目标，支持组织战略的实现。

3）项目绩效管理的特点主要有：

①系统性。项目绩效管理系统不仅包含项目发起人、高层管理者、项目经理及其管理团队、承包商、供应商等项目利益相关方，还包含计划、组织、领导和控制等管理职能，以及从绩效计划到绩效结果应用的多个步骤，因此必须系统看待，注重从系统与要素、系统与环境之间的相互联系和相互作用等方面进行综合考察和分析。

②过程性。项目绩效管理是一个在项目团队成员和管理者之间持续进行的循环过程，具体分解为目标管理、考核、激励三个方面。绩效管理的过程也是强调和重视目标管理的过程，重视过程性不仅体现为重视结果，也体现在重视计划、指导、考核、反馈和应用等方面。

③强调沟通。项目绩效管理强调团队成员与管理者之间的双向沟通，有效的沟通可以消除管理中的阻力以及因信息不对称招致的误解和抵制。通过对相关问题进行探讨并最终达成共识，能够实现资源共享、优势互补、激励员工、改善工作绩效。

④以人为本。项目团队成员是项目参与主体的一部分，绩效管理体系必须全员参与，尊重团队成员的主体意识，有利于不断激发团队成员的创新思维、保持组织活力和培养团队精神，促进团队成员和项目的共同发展。

（2）项目绩效管理过程

项目绩效管理的基本过程如下：

1）编制项目绩效管理计划。项目绩效管理计划强调通过互动式的沟通手段，使高层管理者和项目团队成员就如何实现预期绩效达成共识。作为项目绩效管理过程的起点，对外，项目发起人要与项目经理和管理团队达成明确项目管理目标及考核管理目标是否实现的协议；对内，项目经理要与全体团队成员共同研究确定各成员在各个工作阶段该做什么工作，达到什么标准和质量，以及如何进行考核奖惩。

2）项目绩效监控。项目绩效监控强调项目各方平等地沟通项目进展情况，共同寻找影响实现项目目标的障碍，交换项目信息，以便及时处理问题、修订分工和职责、增进相互了解和信任。在项目绩效监控过程中，高层管理者应该根据不同项目经理本身的特色和其他权变因素，积极开展有效的绩效指导。在绩效监控环节中非常重要的是持续、客观、真实地收集、积累项目工作绩效信息，不断调整、修订项目绩效计划，以保证计划的落实，同时，也为项目收尾时的绩效评价提供依据。

3）项目绩效考核与评价。项目绩效考核与评价是指在固定的考核周期内，针对考核指标，高层管理者按照事先确定的管理目标和衡量标准，结合项目经理的工作实际情况，对整个项目团队及每一团队成员完成管理任务的过程与绩效情况进行考核评价，及时提出表彰和批评。

项目绩效考核完成以后，管理者还应当将考核结果反馈给被考核者本人，与被考核者进行面对面的交谈。通过绩效反馈面谈，高层管理者和项目经理就本周期的绩效结果达成共识，项目经理及团队成员了解了在本周期内自己工作中的成就和存在的缺陷并明确高层管理者的期望后，可促进自身绩效水平的不断提高。同时，针对存在的缺陷，共同分析可能存在的原因和相应的改进措施，制订绩效改进计划，共同协商确定下一个绩效管理周期的项目绩效目标和项目绩效计划。

4）项目绩效报告。项目绩效报告是指根据项目执行期间的关键指标、目标、风险和设想等因素的监控结果，对项目的现状及预测情况所做的描述性和分析性报告。项目绩效报告一般根据项目计划和项目工作成果进行编制，能够及时反映某一时点的项目执行状态，提出改进方案，保证项目的顺利实施。

项目绩效报告主要包括项目状态报告、项目进展报告、项目预测和项目变更申请等。

①项目状态报告。它用来描述项目在某一特定时点所处的位置，说明当前项目在质量、进度和成本目标方面所处的状态。

②项目进展报告。它用来描述项目团队在某一特定期间内所完成的工作及可交付成果。

③项目预测。它是指在过去资料和发展趋势的基础上，预测项目未来的状态和进度。

④项目变更申请。它是针对项目发展过程中一些不可避免的因素所引起的项目计划的变化及时提交的变更申请。

(3) 项目绩效考核

1）项目绩效考核指标。不同的项目利益相关方对项目绩效考核的标准不同，因此绩效考核指标也不相同。一般而言，项目利益相关方关心的指标主要有以下几类：

①效益型指标。项目实施所取得的成果，即项目的可交付成果，包括任何可衡量的、有形的或无形的、可证实的或可感知的产出和结果等绩效数据，效益型指标应包含在绩效标准中。典型的效益型指标有：项目里程碑按时完成数、项目成本节约情况、项目进度完成情况等。

②效率型指标。效率是指获得的效益与各项目利益相关方的投入之比，这些投入包括有形的或无形的、可衡量的、可证实的或被评价者认可的投入等。与效益型指标一样，效率型指标也应包含在绩效标准中。对项目管理团队来说，一个重要的原则是既要“做正确的事”，又要“正确地做事”。效率型指标可用于判断项目团队应以何种投入将该做的事做好，对判断项目团队的运作是继续还是中止起着至关重要的作用。典型的效率型指标有：小时工资率、实现某个里程碑的投入、人均产值等。

③递延型指标。该指标用于反映项目团队运作的整个过程及其成果对项目利益相关方未来影响的程度，即项目利益相关方由于项目运作而得到的间接收获，包括任何可衡量的、有形的或无形的绩效数据。递延型指标不一定包含在绩效标准中。典型的递延型指标有：与组织战略的吻合度、品牌提升度、技能提升度等。

④风险型指标。这是用于判断项目运行过程及成果中的风险因子的数量及其对项目利益相关方危害程度的指标。风险型指标一般应在绩效标准中得到体现。

上述指标都是判断项目是否满足项目利益相关方需求的不可或缺的指标，在项目绩效考核时首先要从这几个方面制订相应的指标，然后根据项目的实际情况为这些指标确定相应的标准并进行考核。

在制订绩效考核标准时还需要注意，标准是基于工作而非基于工作者的。绩效考核标准应该依据工作本身来建立，而不管是谁在做这项工作。每项工作的绩效标准应该只有一套，是经过项目团队成员同意后制订的，并且全体成员都应该了解工作绩效标准。绩效考核标准应尽量具体和可衡量，以项目成本指标为例，若希望通过项目实际成本与预算成本的差异进行考核，则可规定绩效考核标准为差异在一定范围以内。

2）项目绩效考核与项目绩效管理的区别。项目绩效考核作为项目绩效管理的重要环节，与项目绩效管理存在着本质上的差异，具体见表 1-4。

表 1-4　项目绩效管理与项目绩效考核的区别

区别	项目绩效管理	项目绩效考核
系统性	是一个全过程的系统	是系统中的局部环节
完整性	注重全过程管理	注重阶段性总结
前瞻性	具备前瞻性	不具备前瞻性
管理手段	具有较为完备的管理手段和方法	仅需提取绩效信息，管理手段较少
侧重点	侧重于持续的信息沟通，强调事前沟通	侧重于评价工作业绩，强调事后考核

1.5 项目过程管理

1.5.1 项目动态管理

项目管理中，过程动态管理的基本形式是 PDCA 循环。

(1) PDCA 循环的基本环节

PDCA 循环又称“戴明循环”，以代表循环过程的四个环节，即计划（Plan）、实施（Do）、检查（Check）和处理（Act）的英文单词的首字母组合命名，所以称为 PDCA 循环。

PDCA 循环的四个环节具体如下：

1）计划。计划环节用于确定本阶段控制的基准，针对项目或过程目标制订相关目标、程序、方法和详细计划，具体又分为四个步骤：

①分析现状，找出问题。

②确定目标，分析产生问题的原因。

③分析主要原因，筛选解决方案。

④制订对策与计划。

在项目的实施中，“计划”还须对其实现预期目标的可行性、有效性、经济合理性进行分析论证，按照规定的程序与权限审批执行。

2）实施。实施环节需要根据之前确立的目标和计划，结合已经获得内外部资料，部署具体的计划内容和工作安排，尽全力达到目标要求，并且在工作实施的同时还不能忽视跟踪检查。实施环节主要是根据措施和计划，组织各方面的力量分别去贯彻执行。

3）检查。检查环节需要对之前确立的工作方案和最终成果进行评估，观察这个方案是否达成了预期效果。通常是在工作进行当中或者在工作完毕之后对实施效果的状况进行审核，根据有无达到预期理想水平来展开评价。同时，在这个过程中应获取今后开展工作需要注意的重点问题，形成最后的结果。检查环节的重点是实施效果和发现问题。

4）处理。处理环节是指对检查结果进行总结和处理，对可能出现的偏差进行分析，持续改进管理工作，通过变更调整计划的处理措施，将本次循环遗留的问题提出来，以便转入下一循环解决。

(2) PDCA 循环的基本特征

PDCA 循环具有两个标志性的特征。

1）循环互嵌。PDCA 循环的每一个环节都保持紧密联系，相互协调配合形成一个互相联系、互相制约的套嵌的整体。在项目管理的实践中，整个项目管理过程必然会包含一个或几个 PDCA 循环，而且这个循环内的每个流程的各个步骤之间又保持着紧密的联系，最终形成了项目内部比较完整的管理体系。在 PDCA 循环自身发挥作用的基础上，项目各个环节之间的融合又得到了进一步加深。

2）阶梯式上升。从计划到实施到检查再到处理，这四个环节构成一个循环的整体，然后在循环的过程中持续前进。在一个完整的 PDCA 循环过程结束后，就需要对该阶段展开归纳总结并且调整出新的目标，然后再进行接下来的循环，整个过程是持续进步、持续改善的。

PDCA 循环的特征见图 1-8。

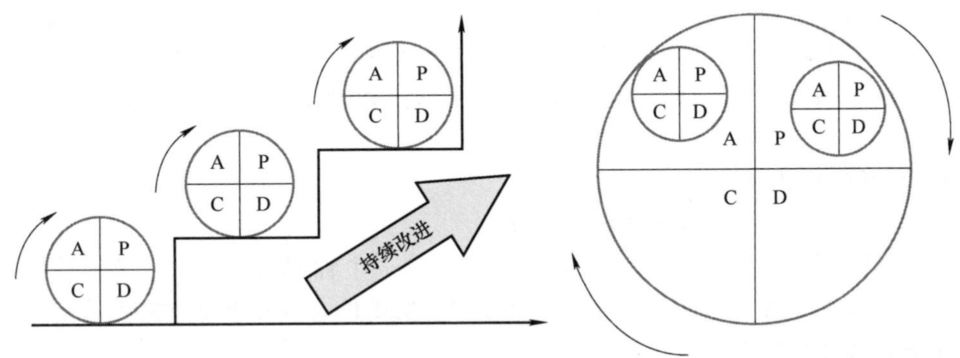

图 1-8　PDCA 循环的特征

（3）PDCA 循环的执行

PDCA 循环的执行分为以下几个阶段：

1）P 阶段包括：

①在对目前情况分析的基础上，明确目前存在的不足。

②针对造成问题的主要原因进行深层次分析。

③明确影响比较显著的主要因素。

④思考应对这些问题的解决方案。

2）D 阶段：实施解决方案。

3）C 阶段：检查解决方案的效果。

4）A 阶段包括：

①检查解决方案的效果。

②明确遗留下来没有得到妥善解决的问题，并进入下一个循环的 P 阶段。

1.5.2　项目流程管理

（1）项目流程的概念

项目流程是指基于对有关项目活动间逻辑关系的准确理解，运用必要的管理工具和技术，使一套预定的输入得到预定的输出。流程的实质是管理工作在同一项目的不同管理团队之间、同一团队在不同部门或岗位之间流转的过程。

如前所述，项目由一系列具有开始和结束时间、相互协调和控制的过程和活动组成，需要不同的项目管理团队、多个部门与不同岗位的参与，他们之间的逻辑关系可能极其复杂，在项目管理实践中常常因逻辑关系判断失误造成工作安排遗漏、重复、混乱甚至造成成果报废。流程管理就是要厘清这些逻辑关系，优化管理协调关系，采用格式化、图表化手段，制成明晰表述相应管理任务工作流转关系的流程图，并提供给有关项目管理团队的全体成员共同遵从。流程管理的作用及所具有的意义是明显的：既可以减少因对工作计划的重复性探索导致的风险与管理资源的浪费，又可以促进管理团队成员的学习和相互合作，还可以在规范化流程图的基础上运用各种管理工具和技术（如项目管理软件），从而进一步有效使用管理资源，提高工作效率与质量。

由于项目活动纷繁复杂，项目流程的划分也呈现出纷繁复杂的多种形式，流程之间相互联系、相互依赖，某些流程的输入就是另一些流程的输出，所有这些集合形成了新的方法论，需要由拥有此方面经验的资深管理人员承担管理工作，这也是项目管理的一大特色。

（2）单一的项目管理流程

单一的项目管理流程一般分为以下两种：

1）瀑布式管理流程，即在一项管理工作中，第一个管理任务包所含工作的完成将构成下一个管理任务包所含工作开始进行的充分和必要条件，以此类推，直至这一项管理工作全部完成，使管理流程呈单线式分布。

2）网络式管理流程，即第一个管理任务包所含工作的完成将构成同一项管理工作所含多个其他管理任务包开始进行的条件或条件之一，或是多个管理任务包所含工作的完成将共同构成某一项后续管理工作开始进行的条件或条件之一，使管理流程呈多线式网络状分布。

1.6 项目管理组织

1.6.1 项目组织与组织结构概述

（1）项目组织的概念

项目组织是指为了完成某个特定的项目任务而由不同部门、不同专业的人员组成的临时性组织，其通过计划、组织、领导、控制等过程，对项目的各种资源进行合理配置，以保证项目目标的成功实现。项目组织具有临时性、灵活性的特点。

在项目管理过程中，项目组织的作用是非常重要的。项目组织不仅是开展项目管理工作的基础，还是项目正常实施的保证体系。项目组织的目的是充分发挥项目管理的功能，提高项目管理的整体效率，最终达到项目目标。

在项目管理环境之下，有两类项目组织在同时运作，它们都会影响项目完成的方式。一类是项目所处的整体组织（即项目的“母”组织），包括对所有参与项目的部门或利益团队的安排；另一类是项目团队的内部组织，包括项目团队成员之间的关系、角色和职责，以及与项目经理的交互方式。本书主要介绍的是第一类项目组织。

组织结构展示的是一个组织系统中各子系统之间或各元素之间的指令关系，是组织运行的基础，合理的组织结构是组织高效运行的先决条件。组织结构设计的内容包括设置职能部门、明确工作岗位分工以及工作部门之间的指令关系。建立合理的组织结构，可确保各个部门高效工作，充分利用资源，实现组织系统的目标。

（2）项目组织的组建过程

项目组织的组建过程如下：

1）确定项目合理的管理目标。确定一个合理的、科学的项目管理目标是项目管理工作开展的基础，同时也是选择组织结构的重要基础。

2）确定项目工作范围。确定项目目标的同时，项目的工作范围也应该得到相应的确认。

3）确定项目组织目标、组织工作内容和组织结构设计。并非所有项目工作都是由项目组织来实施的，有些工作可能由组织外部的部门负责。项目组织结构设计包括组织形式、组织层次、各组织单元间关系框架的设计等。

4）确定工作岗位与工作职责。工作岗位的确定要满足以事定岗原则，岗位的划分要有相对独立性。岗位确定后，就要确定各岗位的工作职责。

5）规划人员配置。人员配置的重要原则是“以事设岗，以岗定人”。项目人员配备不存在冗余，要做到人员精干，以事选人，根据工作需要安排具有不同能力、不同层级的人员。

6）明确工作流程和信息流程。工作岗位与工作职责、人员配置明确之后，需要确定具体的工作流程与组织成员间的信息流程，落实为书面文件，获得团队成员的认可。

7）制定考核标准。对项目组织内各岗位确定考核标准，包括考核内容、考核时间、考核形式等，以保证项目管理目标的实现。

以上各工作环节相互衔接、相互配合，共同保证项目管理目标的实现。

（3）项目组织的结构

任何项目都是在特定的组织结构中运行的，受到该组织结构（包括科层、体制、政策、文化等）的影响。若组织内部存在为有效支持项目而设计的管理制度，项目就能获得所需资源；反之，缺少为项目设计的制度往往会增加项目管理的难度。项目管理者只有认识到不同项目组织的特性对项目团队和项目管理的影响，才能确定应采取的计划以及如何在这种项目组织环境中带领项目团队做好项目管理工作。组织结构对项目的影响主要表现在项目经理与职能部门经理之间的权力划分，以及资源的分配与获取，因此，项目管理的组织环境实际上决定了项目管理团队为实施项目获取所需资源的可能方法与相应的权力。

常见的项目组织结构包括项目式管理组织结构、职能式管理组织结构以及矩阵式管理组织结构。

1.6.2 项目式管理组织结构

（1）项目式管理组织结构的概念及特点

项目式管理组织结构（以下简称项目式组织）又称直线式组织结构，是指在组织中按项目来划分所需全部资源而成立的项目式管理组织。项目式组织自身拥有管理项目所必需的所有资源，各项目具有相对的独立性。项目经理对上接受上级组织主管负责人的领导，对下负责本项目管理资源的使用，直至项目结束。项目式组织的团队成员一般是全职为一个项目工作的人员。

项目式组织是一种模块式的组织结构，是一种专门为开展具有一次性和独特性的项目任务而建立的组织结构。建筑施工企业、系统开发与集成企业、管理咨询企业等大多采用这种组织结构。在项目式组织中，也会有少量专门的职能部门负责整个组织的职能业务管理，并为各类项目提供支持与服务。

在项目式组织中，项目经理是专职的，并且拥有较大的权力和较高的权威性。项目团队是独立从事项目工作的单位，通常由各种职能部门或专业人员组合而成，项目的各种协调就在项目团队内部完成，项目团队不但有自己专职的项目经理和项目管理人员以及专门的工作人员，在需要时还会临时聘用熟悉某一特定行业的专业人员参与项目团队的工作。项目式组织示例见图 1-9。

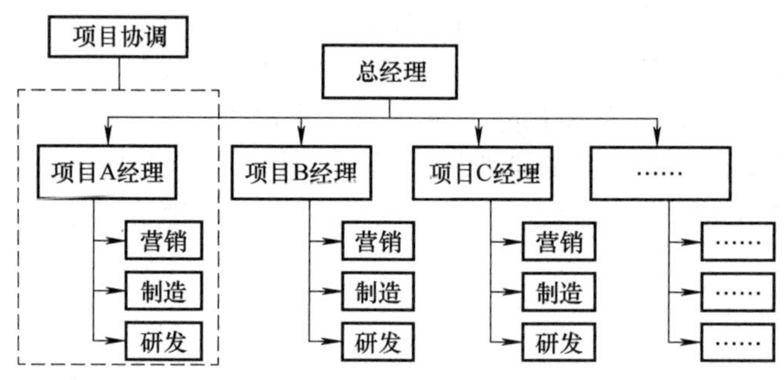

图 1-9　项目式组织示例

（2）项目式组织的优缺点

1）项目式组织的优点主要有：

①项目管理相对简单。虽然项目经理也需要向上级汇报，但是有完整的项目工作团队归其直接领导。项目经理是项目工作真正的领导人。项目管理相对简单，对项目费用、质量及进度等的控制更加容易。

②项目团队内部容易沟通。绕过整个职能结构，项目经理下可以对项目团队成员直接发布指令，上可以直接和公司高层管理者取得联系，这就使得上下级之间的沟通更为快捷，降低了失误发生的概率。

③项目管理层次相对简单。指令一致，权力集中，提高了项目管理的决策速度及响应速度。整个项目组织能够对客户的需求和上级的要求做出更为迅速的反应。

④项目团队的整体性和各类人才的紧密配合，使其更适用于规模较大、技术较复杂的项目。

2）项目式组织的缺点主要有：

①组织成本较高。若组织内同时实施多个项目，横向联系及相互协作少，就容易出现配置重复、资源浪费的问题，组建与维持一定数量的多个项目团队需要花费较高的成本。

②组织形式不稳定。项目式组织是专为项目而建立的，由于项目的临时性特点，组织形式具有不稳定性。

③组织结构相对封闭。上级组织的指令在项目式组织中的贯彻可能遇到阻碍。每个项目都会有自己的项目文化，不同的项目团队之间很难共享知识，不利于项目团队成员技术水平的提高。

④项目团队成员在项目后期没有归属感。项目一旦结束，项目团队成员很可能发现自己不被新的项目需要，从而使项目团队成员缺乏事业上的保障，这可能导致项目收尾工作延迟。

1.6.3　职能式管理组织结构

（1）职能式管理组织结构的概念及特点

职能式管理组织结构（以下简称职能式组织）是指组织按照专业职能以及工作的相似性来设定、划分内部职能部门。组织在进行项目管理工作时，由各职能部门根据需要分别承担本职能范围内的工作，必要时可由专业相近的职能部门派遣人员参加项目管理工作。

职能式组织是一种典型的层级结构，主要适用于日常运营型企业。加工制造类企业多数采用这种组织结构。在职能式组织中，员工基本上是按照专业来划分部门的。例如，供应部门负责原材料的采购与供应，销售部门负责产品或项目的营销和销售，财务部门负责财务管理等，所以这种组织结构中有一系列职能管理部门负责组织中各方面的职能管理工作。在职能式组织中，每个部门及员工都有一个直接上级，以保证组织的指令充分发挥作用。

职能式组织的结构刚性较大，是一种基于职能和部门组织结构的体系。在职能式组织环境下，参与项目管理的成员的专属性质并不十分明确，在项目中承担工作多属兼职，且往往不设立专门的项目经理，而由组织主管负责人或职能部门负责人兼任项目的管理统筹工作。

在职能式组织环境下，项目团队的工作和协调是在职能部门的层面上进行的，项目团队按照一种松散的协调关系建立，项目团队的多数成员仍然分属不同的部门，项目经理的地位是有限的，所以职能式组织对项目团队而言不是一种特别有利的组织环境。职能式组织示例见图 1-10。

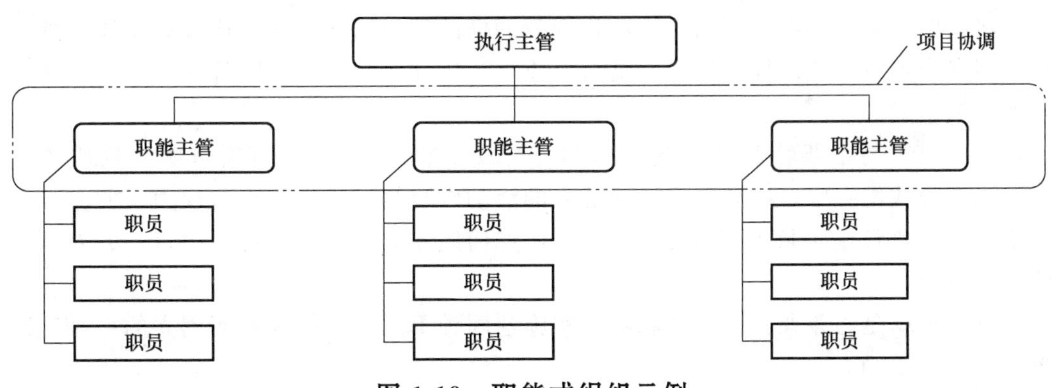

图 1-10　职能式组织示例

（2）职能式组织的优缺点

1）职能式组织的优点主要有：

①人员配备灵活。一旦某个项目成员离职，同部门的其他人员很容易补充进来，职能部门成了保证技术连续性的重要依托。参与项目的职能部门人员很容易得到同部门同事的专业技术支持，这种对知识的深入掌握，将是提出创造性、协调性方案以解决技术性难题的重要保证。

②资源利用率较高。职能部门的专家往往可以同时参与多个项目的管理，资源占用与浪费少，还可以实现知识和经验的共享。当项目由某一职能部门负责实施时，程序、管理

和总体政策的连续性更能得到保证。

③组织结构稳定。各职能部门为本职能领域内的专业人员创造了良好的成长环境和晋升途径。

2）职能式组织的缺点主要有：

①项目目的性不强。项目很难以客户为中心，不能以解决项目问题为出发点。项目和客户之间存在若干管理层次，项目成员对客户需求反应迟钝，解决问题及制订决策进展缓慢，容易相互推诿导致投诉，影响整个组织的工作气氛。

②责任不清。在职能式组织的项目中没有人全面负责整个项目。项目经理是兼职，只对项目的某些部分或阶段负责，责任不清导致决策速度缓慢、合作效率低下和工作局面混乱。

③缺乏激励。对项目参与者的激励作用很弱。职能部门各司其职，项目团队成员往往是兼职的，通常会将自己的职能工作置于项目任务之前，项目任务往往不属于公司主流工作。

④项目整体综合管理较难。职能组织机构内派系庞杂、多头负责，较难在专业上协调和交流。项目的发展空间容易受到限制，每个职能部门只关心自己的业绩。一个职能部门内部的项目不注重与其他部门的团队协作，缺乏有效的沟通。

1.6.4 矩阵式管理组织结构

（1）矩阵式管理组织结构的概念及特点

矩阵式管理组织结构（以下简称矩阵式组织）是项目式组织与职能式组织相结合的产物，是将按职能划分的纵向部门与按项目划分的横向部门结合起来，构成类似矩阵的管理架构。当多个项目对职能部门的专业支持形成广泛的共性需求时，矩阵式组织就成了一种有效的组织方式。

矩阵式组织的主要特色是专业职能部门构成了它的“列”，而项目团队构成了它的“行”。在矩阵式组织中，项目经理对项目内的活动内容和时间安排行使权力，并直接对项目的主管领导负责，而职能部门负责人则决定如何以专业资源支持各个项目，并对自己的主管领导负责。

矩阵式组织是为兼顾日常运营和项目实施这两种不同的工作内容而创立的一种组织结构形式（见图 1-11）。

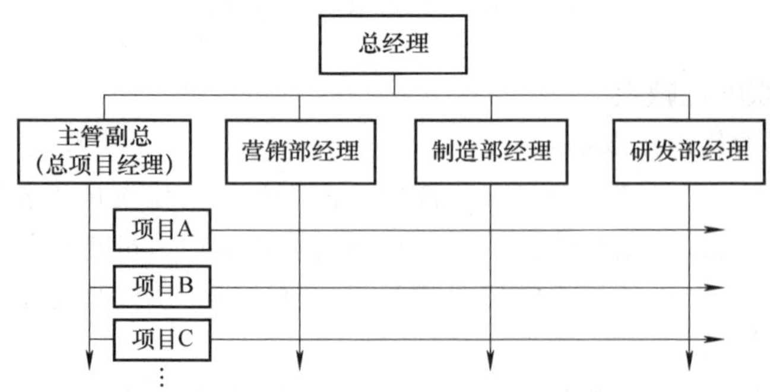

图 1-11 矩阵式组织的结构形式示例

矩阵式组织从不同职能部门抽调专业人员，组成项目团队去开展具体项目工作。项目完成后，项目团队的成员再回到原来所在的职能部门中，所以这种组织方式具有较大的灵活性。例如，一家综合性医院会有内科、外科、脑系科等各种各样的医疗科室，但是在有各种救灾、外援需求的时候，要从不同的科室中抽调各种专业医护人员，任命专门的医疗队长，组成专门的医疗队去完成任务，一旦任务完成，医疗队解散，这些医护人员就各自回到原来的科室。

（2）矩阵式组织的类型

按照整体组织内项目经理和职能经理的相对权威和决策权力大小的不同，矩阵式组织又分为三种类型：

1）弱矩阵式组织。这种矩阵式组织具有较多职能式组织的特征，虽然有自己的项目团队，但这种项目团队多数是松散的，团队中的大部分人都是非全职地从事项目工作的。在这种组织环境中，项目经理和项目管理人员的权力十分有限，并且他们多数是兼职的。

2）均衡矩阵式组织。这是一种职能式组织和项目式组织均衡结合的矩阵式组织，有正式的项目团队，且团队中的大部分人员是专职从事项目工作的。在这种组织环境中，项目团队获取的资源和决策权力介于职能式和项目式组织环境之间。

3）强矩阵式组织。其组织结构与项目式组织的组织结构非常相似，所以在许多方面它与项目式组织十分相近。在这种组织结构中，职能部门相对不太重要，它们所获得的资源和它们所拥有的权力都相对有限，而项目团队的决策权力很大。

与项目式组织和职能式组织相比，矩阵式组织可以更好地利用组织资源。对矩阵式组织而言，其有效运转的关键在于项目部门与职能部门之间的协调，以及明确的职责分工。另外，矩阵式组织对人员的要求较高，需要组织中各个职能部门工作人员的理解。

（3）矩阵式组织的优缺点

1）矩阵式组织的优点主要有：

①项目是关注的核心。由项目经理一人专门承担项目管理的责任，负责在预算范围和合同工期内按照规范要求实施项目。和项目式组织一样，矩阵式组织对于客户需求的反应速度非常快，并具有灵活性。

②资源利用率较高。根据项目需要从各部门临时抽调所需的人员和专家，能够充分利用所有职能部门的技术知识库。职能部门的专家可以为所有的项目提供服务，大大降低了项目型组织对人员的重复需求，避免了资源的囤积与浪费。

③组织资源配置较易。在矩阵式组织结构中，项目中会有职能部门的人员，能够保证组织在政策、实践、程序方面与公司一致，从而赢得公司对项目的信任。另外，各职能部门可根据自己的实际情况来配置资源。当有多个项目同时进行时，组织可以平衡资源以保证各个项目的进度、成本及质量要求。

④团队成员没有危机感。与项目式组织相比，矩阵式组织团队成员不会为项目结束之后个人的去向问题担忧。如果不能在项目中继续干下去，团队成员可以回到职能部门中。

2）矩阵式组织的缺点主要有：

①双重领导易产生冲突。矩阵式组织中存在着纵向的职能部门和横向的项目管理部门，因此对参与项目的成员而言，有两个指令源，它们可能存在交叉与冲突。统一指令的管理原则在矩阵式组织中更难以达成，要确定某一工作的主体负责部门，需要先决定是以纵向管理还是以横向管理为主。

②项目责任不清。职能部门与项目管理部门各自负责的工作和管理的内容往往很难明确。项目经理和职能部门经理权力和责任的平衡非常微妙，常出现责任不清的现象。当项目出了问题，双方倾向于推卸责任；当项目有了成绩，双方又会争名夺利。

③对项目经理能力要求高。对于公司来讲，如何在项目和职能部门之间配置资源，也是一件困难的事情。因此，想要使项目成功，矩阵式组织对项目经理的能力要求更高，项目经理的谈判技能、政治头脑以及关系网的构建是至关重要的。

1.6.5 三种组织结构的比较与选择

（1）三种组织结构的特征及优缺点比较

三种组织结构的特征、优缺点等各有不同，具体比较见表 1-5。

表 1-5 三种组织结构的特征及优缺点比较

比较项目	组织结构		
	项目式组织	职能式组织	矩阵式组织
特征	项目组织设置于职能部门外，项目团队独立负责实施项目主要工作	项目工作分解并交各职能部门完成，项目管理团队没有专职人员和明确的组织界限	项目团队接受项目经理领导，同时接受各职能部门的专业指导
优点	管理层次简单，决策迅速，团队成员目标一致，内部沟通便捷	发挥资源集中优势，专业化程度高，专业人员可同时参与多个项目的管理、资源占用与浪费少	资源利用率高，团队的工作目标与任务明确
缺点	资源重复配置，信息闭塞，管控水平取决于个人能力	跨部门沟通协调困难，不利于调动项目人员积极性	一定程度上接受多头领导，权力平衡有困难
项目经理的权力	很大甚至全权	很小	有限
职能经理的权力	很小，需要服从于项目经理	很大	较小，职能经理起支持作用
主要适用项目	项目规模大、周期长、风险大、技术复杂	专业性强、项目规模小、实施周期短，运行有规律	同期执行多个类似项目，项目规模中等，技术不复杂

（2）三种组织结构影响比较

三种组织结构对组织、项目和项目团队成员的影响不同，具体比较见表 1-6。

表 1-6　三种组织结构影响比较

比较项目	项目式组织	职能式组织	矩阵式组织
对组织的影响	需要增加独立的部门专门负责项目管理。项目团队成员更重视项目，当项目规则和企业规则不一致时，更认同项目规则。因而，这种组织结构对所在组织影响非常大	人员来自某一个职能部门，跨部门沟通比较少，对所在组织本身几乎没有什么影响	增加了大量的跨部门沟通和资源配置，对项目经理能力要求更高。项目经理要和职能部门经理、高层管理者、其他项目经理进行沟通。因为每个项目中都有来自职能部门的人，因此，组织的规章制度可以在项目中得到认同。该组织结构对所在组织的影响中等
对项目的影响	客户和项目是关注的焦点。组织存在的目的就是实现项目要求，能够对客户的要求快速的反应，效率最高，成本也很高	团队成员没有特别的激励，还要专职于自身的职能工作。项目本身难度不会很大。客户和项目不能得到很好的对待	客户和项目是关心的焦点。项目在获得资源方面具有优势，团队成员来自不同职能部门，参与过不同的项目，有利于知识共享。实施项目的效率比较高
对项目团队成员的影响	团队临时组建，成员之间需要时间彼此熟悉，震荡阶段比较长，才能达到规范阶段。项目对团队成员的培训力度降低，要求团队组建后，成员就能快速上手。项目结束之前，团队成员心理变动幅度大，对项目忠诚度减少，倾向于不再投入全部精力。这种组织结构对项目团队成员挑战很大	因为项目团队成员本身都是兼职，责权利不明确，激励有限。团队成员在项目上投入的精力有限，职能部门的工作可能更重要。这种组织结构对项目团队成员的影响很低	团队成员是从各个职能部门抽调过来的，等项目结束团队成员再回到各个职能部门。职能部门为团队成员提供稳定的职业培训和晋升路径。另外，如果职能经理和项目经理权力相当，团队成员也会面临两难的境地。这种组织结构对项目团队成员的要求很高

(3) 项目组织结构选择

项目组织结构的选择通常是由高层领导决策的，很少有项目经理能够对项目与组织的结合方式做出选择。但是，想要实现项目目标，项目组织结构非常重要。不同的项目组织结构各有其适用范围、使用条件和特点，不存在唯一的适用于所有企业或所有情况的最好的项目组织结构，必须具体情况具体分析。

1）选择项目组织结构的影响因素。在选择项目组织结构时，主要应考虑下列因素：

①项目的规模、复杂性、持续时间。通常情况下，规模大，复杂性高，持续时间长，频繁实施的项目要求对市场具有更快的反应，因而更适用于采用项目式组织或者强矩阵式组织。项目团队成员专职服务于该项目，或者在某一时间段专职服务于该项目。若项目规模比较小，复杂性较低，持续时间短，偶尔实施项目，则单一职能部门就拥有完成项目所需要的人员、技术，不需要大量的跨职能部门沟通，因而适合采用职能式组织实施项目，效率也非常高，还能够避免组织结构变革对人员的影响。比如，组织内部想要调查顾客对刚上市的新产品的意见，这种项目通常由营销部门完成即可。营销部门具有完成该项目所需要的资源、技术和人力，只要重视该项目，就能完成该项目的所有工作——准备调查问卷、分发调查问卷、处理数据和撰写调查报告，项目也能够顺利实施。

项目规模、复杂性、持续时间长短，以及组织内是偶尔还是频繁实施项目，对于选择组织结构的影响见图 1-12。现实的组织中，大量存在职能部门做项目的情况，如果项目需要较多的跨部门沟通协调，则会逐步演变为弱矩阵式/强矩阵式组织。相对而言，纯项目式组织在组织内部数量较少。

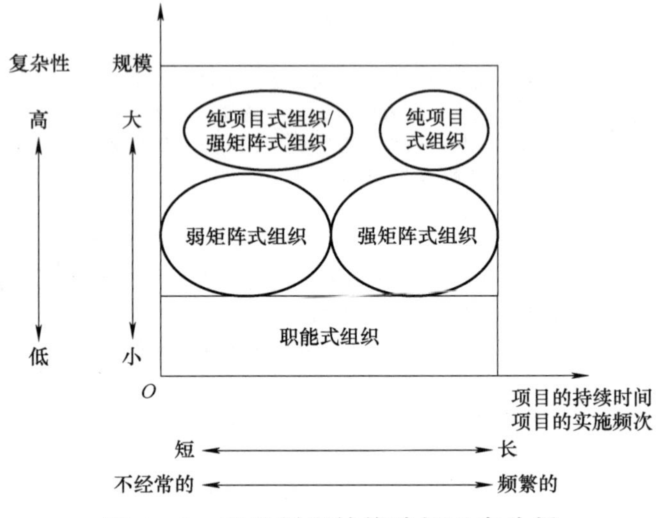

图 1-12　项目组织结构选择因素分析

②项目的创新性。越是创新性的项目，在实施的过程中可能遇到的风险越大，需要的专业知识越多，越强调跨职能部门配合，也越需要自主决策权。因而，更倾向于采取以项目为中心的组织结构。例如，科技研发项目需要各个领域专家的参与，包括工程、生产、材料控制和安全等，如何让这些专家跨职能部门进行交流对技术水平的提高意义重大。为了实现技术整合，应该建立独立的研究与开发课题组，而不是将其并入各个职能部门的日常工作中去。

③项目的优先级。一些特定项目对于组织来说具有重要的战略意义，优先级别比较高，需要较高的项目自由度，在项目组织结构选择上，更适合采用项目式组织结构。

④项目所处的环境。若项目面临复杂的外部环境，比如有些项目受国家宏观经济政策的影响，有些项目受国际政治环境变化的影响等。面对复杂的环境，需要更多地基于项目问题进行决策，在这种情况下，更适合采用以项目为中心的组织结构。

选择什么样的项目组织结构与组织自身的特点和经验有关系。小型组织中很少采用矩阵式组织和项目式组织，是因为组织本身没有足够的资源和管理能力。缺少项目经验的组织应避免使用矩阵式组织，因为矩阵式组织矛盾太多，较难把握。

项目组织结构并不是一成不变的，当一个项目组织变得无效，就应该考虑调整结构。尽管在短期内重新构建组织会导致混乱，但是组织设计要适应项目需求。

2）组织结构形式选择的工作程序。其基本步骤如下：

①通过对项目目标的描述来定义项目的预期产出。

②确定实现项目目标的关键任务和承担这些任务的公司的职能部门。

③将关键任务排序，并按照逻辑关系进行工作分解。

④确定工作的实施部门及协助部门。

⑤列举项目特性和项目条件，如技术水平、持续时间、项目规模、人员需求、部门之间的分歧以及其他相关问题，包括公司在用不同的组织结构管理项目方面的经验。

⑥结合以上各项与各种组织结构的优缺点，综合考虑并做出最后的决定。

1.7　组织层面项目管理方式

1.7.1　项目管理办公室

(1) 项目管理办公室的概念及作用

项目管理办公室是对与项目相关的治理过程进行标准化，并促进资源、方法论、工具和技术共享的一种组织。项目管理办公室的职责范围可大可小，小到提供项目管理支持服务，大到直接管理一个或者多个项目。项目管理办公室可以设置在整体组织内的任何层次，其示例见图 1-13。

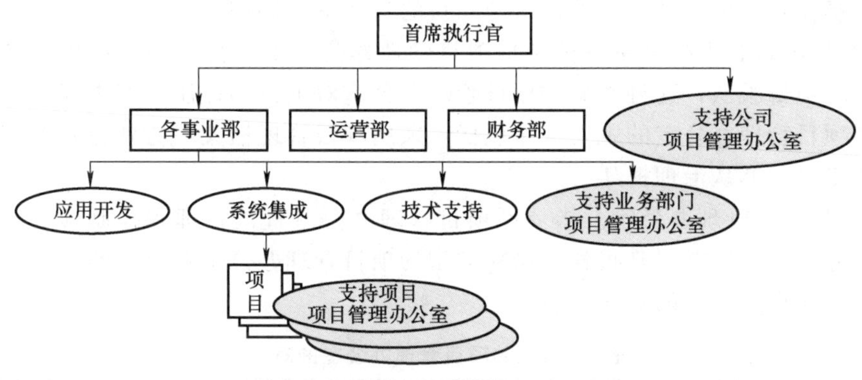

图 1-13　项目管理办公室示例

项目管理办公室的关键作用是支持项目经理和项目团队成员的活动，而不是取代项目经理。在这种条件下，项目管理办公室承担部分管理职责，减轻项目经理的压力，使项目经理可以更自由地关注同等重要的人员问题，包括领导、协商、建立客户关系。各层面的项目管理办公室的作用如下：

1）项目层面的项目管理办公室。项目管理办公室可以分散设置到实际的项目层面，为每个项目提供具体的支持。这适用于处理大型、复杂的项目。这种项目需要多个进度安排，而这些进度以及与此相关的资源和成本都要被整合进一个总体的项目中。该项目经理负责整合所有的进度、资源需求和成本以确保项目集作为一个整体满足最后期限、里程碑和可交付成果等方面的要求。

2）业务单元层面的项目管理办公室。在业务单元层面设立的项目管理办公室面对的挑战是整合大量的、不同规模的多个项目，在组织层面识别项目的相对优先级，让具备更高优先级的项目先获得所需资源，优先级较低的项目将被推迟或被取消，以此整合资源，提高多项目的资源管理效率。

3）公司决策层面的项目管理办公室。在公司决策层面设置项目管理办公室，是因为在这一层级，企业管理层必须选择最能支撑企业战略目标的项目。这些目标包括收益的创造、市场渗透战略、生产线扩大、市场扩张，以及内部信息管理能力升级。这一层级的项目管理办公室要选择项目和项目集、设立项目和项目集的优先级、监督项目和项目集与公司战略的一致性、关注每个项目和项目集对公司和业务单元目标的贡献，以此考虑叠加和整合，最终确保公司战略目标的实现。

(2) 项目管理办公室的类型

根据对项目的控制和影响程度的不同，项目管理办公室分为：

1）支持型项目管理办公室。支持型项目管理办公室充当顾问的角色，向项目提供模板、最佳实践、培训、信息通道，以及来自其他项目的经验教训。这种类型的项目管理办公室就是一个项目资源库，对项目的控制程度最低。

支持型项目管理办公室的主要工作包括：对项目管理办公室所辖的全部项目的共享资源进行管理；识别和制定项目管理方法、最佳实践和标准；指导、辅导、培训和监督；通过项目审计，监督对项目管理标准、政策、程序和模板的遵守程度；制定和管理项目政策、程序、模板和其他共享的文件；对跨项目的沟通进行协调。

2）控制型项目管理办公室。控制型项目管理办公室不仅会对项目提供支持，还通过各种手段要求项目服从，这种类型的项目管理办公室对项目的控制程度中等。

控制型项目管理办公室的主要工作包括：采用项目管理框架或方法论；使用特定的模板、格式或工具；遵从治理框架。

3）指令型项目管理办公室。指令型项目管理办公室直接管理和控制项目，项目经理由项目管理办公室指定并向其报告。这种类型的项目管理办公室对项目的控制程度最高。

三种项目管理办公室的对比见表 1-7。

表 1-7 三种项目管理办公室的对比

	支持型项目管理办公室	控制型项目管理办公室	指令型项目管理办公室
工作内容	提供培训、经验教训、模板等支持性服务	除了提供支持，还建立项目管理框架和方法论，要求项目服从	直接获得项目信息，管理项目，控制项目
控制程度	最低	中等	最高

项目管理办公室可能承担整体组织的职责，在支持战略调整和创造组织价值方面发挥重要的作用。项目管理办公室从组织战略项目中获取数据和信息，进行综合分析，评估高层战略目标的实现情况。项目管理办公室在组织的项目组合、项目集、项目与组织考评体系之间建立联系。除了被集中管理以外，项目管理办公室所支持或管理的项目不一定彼此关联。项目管理办公室的具体形式、职能和结构取决于所在组织的需要。

1.7.2 项目集与项目组合管理

(1) 项目集管理

1）项目集管理的概念及重点。项目集是要求协调管理以便获取单独管理这些项目时无法取得的收益和控制的一组相关联的项目。项目集管理是对一个项目集采取集中式的协调管理，以实现该项目集的战略目标和收益，包括对多个项目进行整合，以实现项目集目标，优化和集成成本、进度和工作等。

与一般的项目管理相比较，项目集管理关注的重点在于：

①对多个项目的收益进行整合和交付。

②协调各个子项目、各项工作以及各个阶段的交付与接口。

③化解项目间的资源制约和冲突。

④采用跨项目的应对措施以缓解风险。

⑤在一个共有的治理结构内解决项目间问题和范围/成本/进度/质量的变更。

通过项目集管理，利用项目之间的资源共享及协同管理，可以取得综合性的收益。如一个软件公司在同一时期承接的管理软件编制业务中，既有大型承包商委托的施工总承包管理软件，又有项目管理组织委托的业主项目管理软件，还有专业工程承包商委托的设计施工一体化工程管理软件，三项委托业务本来均可以单独构成独立项目分别实施，但通过将三个项目集成为一个项目集，共用同一个项目管理师制定三个软件的管理体系框架，共用同一个高级程序员负责制定程序体系，再由不同的编程人员进行各子项目的编程工作，从而在业务流程中的最重要环节利用了三个软件编制过程中的共同点设立共享资源。

2）项目集管理的组织结构。项目集是矩阵式管理组织结构的特殊运用，它并不排除上一级管理组织即职能部门可能提供的对项目的专业性支持，只是根据上一级组织与项目部的分工，在项目集内部将划定在项目部职责范围内的某些管理工作集中起来，由归属于项目集的管理人员负责，其余工作仍由再下一层所属项目部的工作人员承担。所以，项目集管理的组织结构既可以与项目式管理组织结构结合，又可以与矩阵式管理组织结构结合运用。

（2）项目组合管理

1）项目组合管理的概念。项目组合管理是指在可利用的资源和组织战略计划的指导下，根据项目、项目集和其他工作对组织战略和目标的支持程度和贡献程度，进行评价选择、优先级排序、多项目组合优化、监控和管理，对多个项目或项目集进行集中管理，从而确保项目组合符合组织的整体战略目标，实现组织整体收益的最大化。

项目组合管理采取的是自上而下的管理方式，即先确定组织的战略目标，优先选择符合组织战略目标的项目，在组织的资金和资源能力范围内有效执行项目。项目组合管理强调“如何配备项目”，通过多项目组合优化，将项目组合的目标与组织的战略目标结合在一起，获得项目间的恰当平衡和最佳组合，通过为最有价值的项目设定优先级和筹集资金，来最优化项目组合的价值，确保项目的实施和运作与组织的战略目标保持一致，从而实现组织收益的最大化。

2）项目组合管理的特殊性。项目组合管理是组织及其战略层面的管理活动，是进行组织决策的过程，代表着组织的投资意图和投资方向。与一般的项目管理相比，项目组合管理的特殊性主要体现在三个方面：

①评价指标不同。项目组合管理一般采用三个关键评估标准来衡量项目组合的绩效，即项目组合发生的成本、存在的风险以及潜在的收益，项目决策是基于项目组合而不是单个项目的。

②管理特点不同。项目组合管理的特点体现在：信息的不确定性、多目标的战略考虑、项目之间的相互关系以及决策领域的多样性。项目组合决策强调对所有项目组合的评估，然后从组织整体角度出发对每个单体项目做出“继续/中止”的决策。项目组合管理是组织战略决策过程的重要组成部分，是组织战略层面的管理活动，是高层管理者进行组织决策的过程，面向的是多个项目。

③管理要点不同。项目组合管理的要点是如何实现不同类型的项目在项目组合中的平

衡。在项目组合管理中实现平衡包含两个层面的含义，即项目性质之间的平衡和资源配置之间的平衡，通常采用气泡图等方法来表现项目性质和资源配置上的平衡性。

(3) 项目集管理、项目组合管理与项目管理的关系

1）项目集、项目组合与项目的关系。项目集、项目组合与项目的关系见图 1-14，可以看出，项目组合下面还可以有子项目组合，项目集是由多个关注实现规划结果的项目和非项目工作组成的，下面也可以存在子项目集和其他工作。

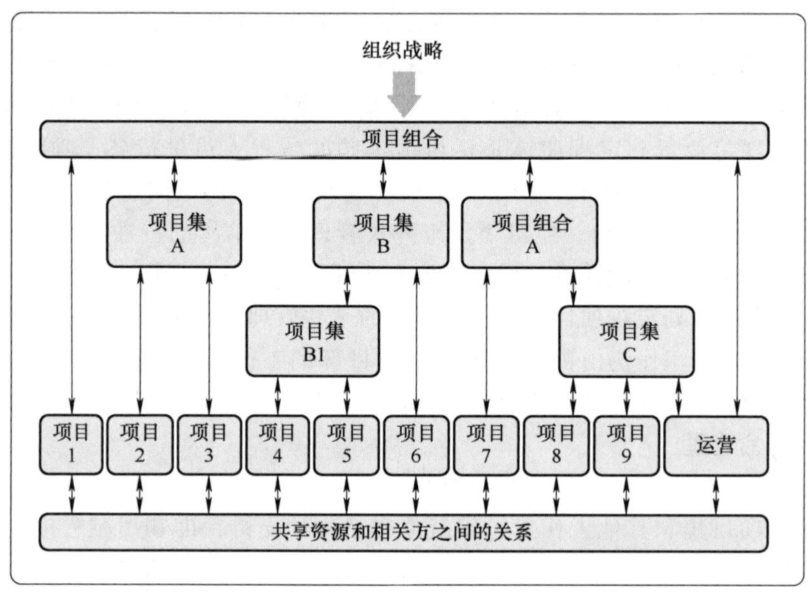

图 1-14 项目集、项目组合与项目的关系

2）项目集、项目组合与项目的区别。项目集和项目组合的范围、变更、规划、管理和监督等都与项目不同，具体见表 1-8。但是，项目组合、项目集、项目和运营通常都涉及相同的利益相关方，还可能需要使用同样的资源，而这可能导致组织内出现冲突。这种情况促使组织增强内部协调，通过项目组合管理、项目集管理和项目管理达成组织内部的有效平衡。

表 1-8 项目、项目集、与项目组合的主要区别

	项目	项目集	项目组合
定义	项目是为创造独特的产品、服务或成果而进行的临时性工作	项目集是一组相互关联且被协调管理的项目、子项目集和项目集活动，以便获得分别管理所无法获得的效益	项目组合是为实现战略目标而组合在一起管理的项目、项目集、子项目组合和运营工作的集合
范围	项目具有明确的目标。范围在整个项目生命周期中是渐进明细的	项目集的范围包括其项目集组件的范围。项目集通过确保各组件的输出和成果协调互补，为组织带来效益	项目组合的范围随着组织战略目标的变化而变化
变更	项目经理对变更和实施过程做出预期，实现对变更的管理和控制	项目集的管理方法是，随着项目集各组件成果和/或输出的交付，在必要时接受和适应变更，优化效益实现	项目组合经理持续监督更广泛的内外部环境的变更

（续）

	项目	项目集	项目组合
规划	在整个项目生命周期中，项目经理渐进明晰高层级信息，将其转化为详细的计划	项目集的管理利用高层级计划，跟踪项目集组件的依赖关系和进展。项目集计划也用于在组件层级指导规划	项目组合经理建立并维护与总体项目组合有关的必要过程和沟通
管理	项目经理为实现项目目标而管理项目团队	项目集由项目集经理管理，其通过协调项目集组件的活动，确保项目集效益按预期实现	项目组合经理可管理或协调项目组合管理人员或对总体项目组合负有报告职责的项目集和项目人员
监督	项目经理监控项目开展中生产产品、提供服务或成果的工作	项目集经理监督项目集组件的进展，确保整体目标、进度计划、预算和项目集效益的实现	项目组合经理监督战略变更以及总体资源分配、绩效成果和项目组合风险
成功	以产品和项目的质量、时间表、预算的依从性以及客户满意度水平来衡量	以项目集向组织交付预期效益的能力以及项目集交付效益的效率和效果来衡量	以项目组合的总体投资效果和实现的效益来衡量

项目集管理、项目组合管理与项目管理均需符合组织战略，或由组织战略驱动。反之，项目集管理、项目组合管理与项目管理又以不同的方式服务于组织战略目标的实现。项目组合管理通过选择正确的项目集或项目，对工作进行优先排序，以及提供所需资源，与组织战略保持一致。

图 1-15 从企业层面揭示了项目、项目集和项目组合之间多层级项目管理体系的联系。

图 1-15　企业层面多层级项目管理体系

1.7.3　项目化管理

（1）项目化管理的概念与应用原因

项目化管理是一种针对动态环境中的组织的管理方式，是以组织的战略目标为导向，在组织内部的不同层面，包括组织战略层面和项目层面，构建面向项目的组织管理体系，利用组织资源的合理配置，通过一系列项目的实施来达到实现组织战略目标的目的。

项目化管理将项目管理的知识和方法与组织中的管理要素相应地关联起来，提升组织的竞争力，支持组织战略目标的实现。

目前，越来越多的组织将项目化管理应用于组织的生产和服务活动，究其原因，主要有以下几个方面：

1）工作特征的多样化。在生产实践中，项目管理与运营管理不是截然分开的，许多工作过程既具有项目的属性，又表现出运营的特征。如招标采购活动，在初期的客户需求分析和市场调研阶段，具有明显的渐进性，在采购活动的后期，则主要体现为具有明显程序性的工作内容。因此，不能仅仅强调应用项目管理技术与工具，也不能单纯采用运营的生产模式，而是应该为适应变化的环境，在组织内部建立以组织战略为导向的组织架构与执行体系，使两类管理方法相互结合起来。

2）工作方式的转变。社会经济的发展导致对个性化产品和服务需求的增加，多批次、小批量、定制化的生产方式逐渐替代了大规模标准化生产，组织由传统的“运营”逐渐转为“基于项目的工作方式”。这种转变不仅需要组织在技术上的改进，还需要的是组织在组织结构、组织文化、组织人力资源等各方面全方位的提升，实现以项目为手段、以组织战略为导向的转变。

3）提高项目管理有效性和效率的需要。组织中开展的项目类型是多种多样的，组织中存在大量具有下列特征的项目：

①项目周期较短，投资额较小。

②项目应用的技术较为简单，涉及的资源有一定的通用性。

对于具有此类特征的项目，如果采用单一项目管理的方式，则管理成本高，资源配置效率低下，特别是在组织内部同时开展多个此类项目的时候，更是会出现资源冲突，项目战术与组织战略矛盾的情况。如何处理好项目之间的资源冲突，成功实现每一个项目对组织的价值贡献，保证项目目标与组织战略的一致性，属于项目化管理的范畴。

（2）项目化管理的工作要点与方法

1）项目化管理的工作要点主要包括：

①构建新型的组织结构和组织文化，以适应外部环境变化和内部创新的需求。

②根据组织发展战略的要求选择项目。组织开展项目的目的是支持组织战略，实现组织目标。项目的选择应该在组织战略的指导下进行，才能避免项目目标与组织目标的冲突。

③根据组织战略目标的要求整合项目资源。开展项目是需要资源的，特别是一些核心资源，在任何组织中都是稀缺的。应该根据项目对组织战略的价值贡献程度配置资源，这样才能保证在项目目标实现的同时，最大化地实现组织的目标。

2）项目化管理中的常用方法主要有：

①项目管理的方法。它是指具体的项目管理技术与工具，目的是为单个项目的顺利完成提供保障。

②项目集管理的方法。它是指通过对同类项目的归类成组，实现项目之间的资源共享及协同管理，提高资源配置效率，降低管理成本。

③项目组合管理的方法。它是指根据项目或项目组合对组织战略目标的支持和贡献程度，通过选择、排序、组合优化、监控和管理，从而确保项目组合符合组织的战略目标。

第2章　项目管理任务及工具

作为招标采购项目管理的基础知识，本章将从项目的整合管理、范围管理、进度管理、质量管理、成本管理、人力资源管理、沟通管理、采购管理、风险管理共9个方面，系统介绍每个知识领域的管理过程和常用方法工具，帮助招标采购专业人士构建系统的项目管理知识体系，学会将知识、工具与技术有效地结合并应用于项目的各项活动中。

2.1　项目管理任务概述

项目管理任务是指将知识、技能、工具与技术应用到项目各项活动中，以达到组织要求。具体的项目管理工作具有很强的专业性与特殊性，需要对工作任务进行区分与识别，以便按项目管理团队的分工，由最合适的小组或人员分别承担，并据此确定项目所需专业人力资源的投入，必要时还可进一步根据细化的专业分工任务在企业或组织中设置新的专业岗位。

项目管理的职能是通过项目管理者的工作实现的，所以也可以将其按知识体系归纳为具体的项目管理任务。项目管理任务主要包括整合管理、范围管理、进度管理、质量管理、成本管理、人力资源管理、沟通管理、采购管理、风险管理等。以上项目管理任务可以分为3个不同的层面：

1）第一层面的管理任务。这一层面的管理任务包括范围管理、质量管理、进度管理以及成本管理，是外在的项目管理任务，其完成的效果直接构成了项目可交付成果及与可交付成果直接相关的管理目标实现的情况。作为项目可交付成果的受益人，客户直接关注的重点正是第一层面的管理任务的完成情况。

2）第二层面的管理任务。这一层面的管理任务包括沟通管理、风险管理、人力资源管理和采购管理，是内在的项目管理任务，它们的管理状态不会直接表现为项目管理目标实现与否，但会影响到第一层面的管理任务的执行，从而间接影响项目管理目标的实现。对第二层面的管理任务，虽然客户一般不直接予以关注，但项目的管理者必须对此予以足够的关注，控制这些管理任务的正常执行，作为顺利完成第一层面的管理任务的保障。

3）第三层面的管理任务。这一层面的管理任务主要是整合管理，集成了上述两个层面各项管理工作及任务执行情况，统一输出为最终的整体管理成果。

上述三个层面管理任务的关系详见图2-1。

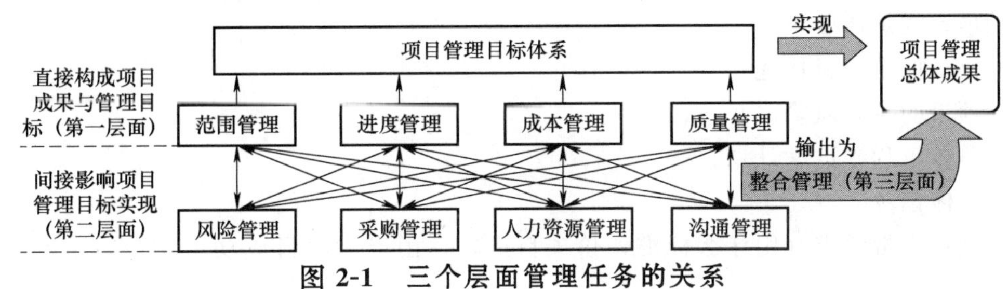

图2-1　三个层面管理任务的关系

2.2 项目整合管理

2.2.1 项目整合管理的概念

项目整合管理包括对隶属于项目管理过程组的各种过程和项目管理活动进行的识别、定义、组合、统一和协调等活动，整合管理兼具统一、合并、沟通和建立联系的性质，这些行动应该贯穿项目始终。

项目整合管理包括：确保产品、服务或成果的交付日期，项目生命周期以及效益管理计划等方面保持一致；编制项目管理计划以实现项目目标；确保创造合适的知识并运用到项目中，并从项目中获取必要的知识；管理项目管理计划中活动的绩效和变更；做出针对影响项目的关键变更的综合决策；测量和监督项目进展，并采取适当措施以实现项目目标；收集关于已达成结果的数据，分析数据以获取信息，并与利益相关方分享信息；完成全部项目工作，正式关闭各个阶段、合同以及整个项目；管理可能需要的阶段过渡。项目越复杂，利益相关方的期望越多样化，就需要越全面的整合方法。

2.2.2 项目整合管理的过程

(1) 制订项目章程

制订项目章程指的是制订一份正式批准项目或阶段的文件，并记录利益相关方的需要和期望的过程。它在项目执行组织与发起组织（或客户，如果是外部项目的话）之间建立起伙伴关系。项目章程的批准，标志着项目的正式启动。在项目中，应尽早确认并任命项目经理，最好在制订项目章程时就任命，最晚也必须在规划开始之前。项目经理应该参与制订项目章程，因为该章程将授权项目经理在项目活动中使用组织资源。项目由项目以外的人员批准，如发起人、项目管理办公室或项目组合指导委员会。项目启动者或发起人应该具有一定的职权，能为项目提供资金。他们亲自编制项目章程，或授权项目经理代为编制。项目章程一经启动者签字，即标志着项目获得批准。因内部经营需要或外部影响，项目批准通常需要编制需求分析、商业论证或情况描述。通过编制项目章程，就可以把项目与组织的战略及日常运营工作联系起来。

项目章程记录业务需要、对客户需求的理解，以及需要交付的新产品、服务或成果，例如：

1）项目目的或批准项目的原因。

2）可测量的项目目标和相关的成功标准。

3）项目的总体要求。

4）概括性的项目描述。

5）项目的主要风险。

6）总体里程碑进度计划。

7）总体预算。

8）项目审批要求（用什么标准评价项目成功，由谁对项目成功下结论，由谁来签署文件结束项目)。

9) 委派的项目经理及其职责和职权。

10) 发起人或其他批准项目章程的人员的姓名和职权。

(2) 制订项目管理计划

制订项目管理计划指的是对定义、编制、整合和协调所有子计划所必需的行动进行记录的过程。项目管理计划确定项目的执行、监控和收尾方式，其内容会因项目的复杂性和所在应用领域而异。编制项目管理计划，需要整合一系列相关过程，而且要持续到项目收尾。项目管理计划可以是概括的或详细的，也可以包括一个或多个子管理计划。每个子管理计划的详细程度取决于具体项目的要求。项目管理计划围绕项目总体目标的实现，系统提出工作、费用、进度、变更控制、采购、资源需求与供应、组织及人员、信息等一系列项目管理任务的分项计划，各分项计划具有密切关联性。综合计划的形式可以是将各个单项管理工作任务汇总为一体的计划，对复杂项目而言更多的仍是一系列分类的单项工作计划，但它们之间不相互脱节，而是形成了紧密的内在联系并具有强逻辑关联。项目管理计划一旦被确定下来，成为基准，就只有在提出变更请求并实施整体变更控制的要求获批后才能变更。项目管理计划在项目管理过程中需要通过不断更新来渐进明晰。

(3) 指导与管理项目执行

指导与管理项目执行是指为实现项目目标而执行项目管理计划所确定的工作的过程。项目经理与项目管理团队一起指导实施已计划好的项目活动，并管理项目内的各种技术接口和组织接口。指导与管理项目执行的过程直接受项目所在应用领域的影响。通过实施相关过程来完成项目管理计划中的工作，产出相应的可交付成果。项目执行时还需收集工作绩效信息，并提交绩效报告。工作绩效信息说明可交付成果的完成情况、进度进展情况以及已发生的成本。指导与管理项目执行还需实施已批准的变更，这包括纠正措施、预防措施和缺陷补救。

(4) 运用及创新项目知识

运用及创新项目知识是利用现有知识并生成新知识以实现项目目标，并帮助组织学习的过程。其目的是利用组织知识创造或改进项目成果，并将项目创造的知识用于支持组织运营和未来项目。

1) 运用及创新项目知识的输入主要包括以下几个方面：

①项目管理计划：项目管理计划的所有组成部分都是管理项目知识过程的输入，为知识管理提供指导和框架。

②项目文件：指经验教训登记册、项目团队派工单、资源分解结构和利益相关方登记册等，这些文件记载了项目团队的能力和经验信息，以及团队成员和利益相关方可能拥有的知识。

③可交付成果：指在项目过程中必须产出的任何独特并可核实的产品、服务或成果，它们是实现项目目标的有形组成部分。

④事业环境因素：指组织文化、利益相关方文化、客户文化、设施和资源的地理分布、组织中的知识专家、法律法规要求等，这些因素影响知识管理的方式和效果。

⑤组织过程资产：涉及组织的标准政策、流程和程序、人事管理制度、组织对沟通的要求、正式的知识分享和信息分享程序等，这些资产为知识管理提供了组织背景和支持。

这些输入内容为运用及创新项目知识提供了必要的信息和资源，帮助项目团队更有效地进行知识管理，确保知识的创造、分享和应用。

运用及创新项目知识的工具与技术包括专家判断、人际交往、实践社区、会议、工作跟随、讨论论坛、知识分享活动、讲故事、创造力管理技术等。

2）运用及创新项目知识的输出主要包括以下几个方面：

①经验教训登记册：指记录项目过程中遇到的挑战、问题、风险和机会的文档。其在项目早期创建，并在整个项目运行期间不断更新，最终成为组织过程资产的一部分。

②项目管理计划更新：在管理项目知识的过程中，项目管理计划的任何变更都以变更请求的形式提出，并通过组织的变更控制过程进行处理。

③组织过程资产更新：项目生成的新知识，包括通过项目程序变更能够解决的常见问题，以及在项目中试用并获得成功的新程序或想法，都可以被编撰并更新到组织过程资产中。

这些输出内容有助于组织从项目中学习和积累知识，为未来的项目和运营提供支持和改进的依据。通过这种方式，组织能够持续优化其项目管理实践，提高项目管理效率和效果。

（5）监控项目工作

监控项目工作指的是跟踪、审查和调整项目进展，以实现项目管理计划中确定的绩效目标的过程。监督是贯穿整个项目周期的项目管理活动之一，它指收集、测量和发布绩效信息，分析测量结果和预测趋势，以便推动过程改进。持续的监督使项目管理团队能洞察项目的健康状况，并识别需要特别关注的任何方面。控制包括制订纠正或预防措施或进行重新规划，并跟踪行动计划的实施过程，以确保它们能有效解决问题。

监控项目工作的过程涉及：

1）将项目的实际绩效与项目管理计划进行比较。

2）评估项目绩效，决定是否需要采取纠正或预防措施，并推荐必要的措施。

3）识别新风险，分析、跟踪和监测已有风险，确保全面识别风险、报告风险状态，并执行适当的风险应对计划。

4）在整个项目运行期间，维护一个准确并及时更新的信息库，来反映项目产品及相关文件的情况。

5）为状态报告、进展测量和预测提供信息。

6）做出预测，以此更新当前的成本与进度信息。

7）在已批准的变更实际发生时，监督其实施情况。

（6）实施整体变更控制

实施整体变更控制指的是审查所有变更请求，批准变更，管理可交付成果、组织过程资产、项目文件和项目管理计划的变更的过程。该过程贯穿项目始终。需要通过谨慎、持续地管理变更，来维护项目管理计划、项目范围说明书和其他可交付成果。变更需要得到正式的否决或批准，确保只有经批准的变更才能纳入修改后的基准中。

项目的任何利益相关方都可以提出变更请求。这些变更请求尽管也可以口头提出，但要保证所有变更请求都必须以书面形式记录，并纳入变更管理和（或）配置管理系统中。变更请求按变更控制系统和配置控制系统中所列的过程进行处理，处理这些变更时需要明确变更对项目时间和成本的影响。每一项记录在案的变更请求都必须由项目管理团队或外部组织加以批准或否决。在很多项目中，根据项目角色与职责文件的规定，项目经理有权批准某些种类的变更请求。必要时，变更请求需由变更控制委员会（Change Control Board，CCB）负责批准或否决。变更控制委员会的角色与职责应该在配置控制程序与变更控制程序中明确规定，并经利益相关方一致同意。很多大型组织会建立多层级的变更控制委员会，分别承担相关职责。如果项目是按合同实施的，那么按照合同要求，某些变更请求还需要经过客户的批准。

变更请求得到批准后，可能需要编制新的（或修订的）成本估算、活动排序、进度日期、资源需求和风险应对方案分析。这些变更可能要求调整项目管理计划或项目的其他管理计划/文件。变更控制的实施水平，取决于项目所在应用领域、项目复杂程度、合同要求以及项目所处的背景与环境。

(7) 结束项目或阶段

结束项目或阶段指的是结束项目管理过程组的所有活动，以正式结束项目或阶段的过程。在结束项目时，项目经理需要审查以前各阶段的收尾信息，确保所有项目工作都已完成，确保项目目标已经实现。由于项目范围是依据项目管理计划来考核的，项目经理需要审查该文件，确保在项目工作全部完成后才宣布项目结束。如果项目在完工前就提前终止，结束项目或阶段还需要运行终止程序，来调查和记录提前终止的原因。在该过程中需要进行项目或阶段行政收尾所需的全部活动，具体包括：为达到阶段或项目的完工或退出标准所必需的行动和活动；为向下一个阶段或向生产和/或运营部门移交项目的产品、服务或成果所必需的行动和活动；为收集项目或阶段记录、审核项目成败、收集经验教训和存档项目信息（供组织未来使用）所必需的活动。

2.2.3 项目整合管理的发展趋势

项目整合管理知识领域要求整合所有其他知识领域的成果。与整合管理过程相关的发展趋势包括（但不限于）：

(1) 使用自动化工具

项目经理需要整合大量的数据和信息，因此有必要使用项目管理信息系统（PMIS）和自动化工具来收集、分析和使用信息，以实现项目目标和项目效益。

(2) 使用可视化管理工具

有些项目团队使用可视化管理工具而不是书面计划和其他文档，来获取和监督关键的项目要素。这样便于整个团队直观地看到项目的实时状态，促进知识转移，并提高团队成员和其他利益相关方识别问题和解决问题的能力。

(3) 项目知识管理

项目人员的流动性和不稳定性越来越高，这就要求采用更严格的过程，在整个项目生命周期中积累知识并传达给目标受众，以防止知识流失。

(4) 增加项目经理的职责

项目经理被要求介入启动和结束项目，例如开展项目商业论证和效益管理。按照以往的惯例，这些事务均由管理层和项目管理办公室负责。现在，项目经理需要频繁地与他们合作处理这些事务，以便更好地实现项目目标以及交付项目成果。项目经理也需要更全面地识别利益相关方，并引导他们参与项目，包括维护管理项目经理与各职能部门、运营部门和高级管理人员之间的接口。

(5) 使用混合型方法

经实践检验的新做法会不断地融入项目管理方法，例如，采用敏捷或其他迭代做法，为开展需求管理而采用商业分析技术，为分析复杂项目而采用相关工具，以及为在组织中应用项目成果而采用组织变革管理方法。

2.3 项目范围管理

2.3.1 项目范围管理的概念

项目范围管理是指对整个项目生命周期所涉及的工作范围进行管理和控制，从而确保项目完成按照规定、计划或要求所必须要做的全部工作，并且只完成那些必须完成的工作的项目管理任务。项目范围管理的关键在于识别和控制哪些工作应该包括在项目之内，哪些工作不应该包括在项目之内。

在项目管理中，“范围”这一术语有两种含义：

1）产品范围——某项产品、服务或成果所具有的特性和功能。

2）项目范围——为交付具有规定特性与功能的产品、服务或成果而必须完成的工作。

管理项目范围所需的各个过程及其工具与技术因应用领域而异，并通常作为项目生命周期的一部分加以确定。经批准的详细项目范围说明书以及相应的工作分解结构、工作分解结构词典等文件明确了项目的范围，可用于在后续的项目运行阶段对该项目范围进行监督、核实和控制。

2.3.2 项目范围管理的过程

(1) 收集需求

收集需求是为实现项目目标而定义并记录利益相关方的需求的过程，收集和管理项目需求与产品需求，对保证项目成功有重要作用。需求是指发起人、客户和其他利益相关方的已量化且记录下来的需要与期望。项目一旦开始，就应该足够详细地探明、分析和记录这些需求，以便日后进行测量。收集需求旨在定义和管理客户期望，需求是创建工作分解结构的基础，成本、进度和质量规划也都要在这些需求的基础上进行。需求分为项目需求和产品需求，项目需求包括商业需求、项目管理需求、交付需求等；产品需求则包括技术需求、安全需求、性能需求等。收集需求过程的主要输出有需求文件和需求跟踪矩阵。

(2) 定义范围

定义范围是制定项目和产品详细描述的过程。定义范围过程的输出成果是项目范围说明书。项目范围说明书记录了整个范围，包括项目和产品范围，详细描述了项目的可交付成果，明确了项目利益相关方之间就项目范围所达成的共识。项目范围说明书使项目团队能开展更详细的规划，可在执行过程中指导项目团队的工作，还为评价变更请求或额外工作是否超出项目边界提供了基准。详细的项目范围说明书的编制对项目的成功至关重要，应该根据项目启动过程中记载的主要可交付成果、假设条件和制约因素来编制项目范围说明书。

(3) 创建工作分解结构

创建工作分解结构就是将项目的可交付成果和项目工作分解为较小的、更易于管理的组成部分的过程。工作分解结构是以可交付成果为导向的工作层级分解，是项目团队为实现项目目标、提交所需的可交付成果而实施的工作。工作分解结构组织并定义项目的总范围，代表着现行项目范围说明书所规定的工作。计划要完成的工作包含在工作分解结构底层的组成部分中，这些组成部分被称为“工作包”。通过工作分解结构可有效提高对费用、资源和时间的估算准确性和对各项工程过程的控制精度，同时也便于组织权限划分及任务分配。工作分解得越细致，对工作的规划、管理和控制就越有利。但是，过于细致的工作分解会造成管理努力的无效耗费、资源使用效率低下以及工作实施效率的降低。创建工作分解结构的输出成果包括工作分解结构、工作分解结构词典、范围基准等。

(4) 核实范围

核实范围是正式验收项目已完成的可交付成果的过程。项目范围确认是指对项目执行过程中完成的各项工作或形成的可交付成果进行核验和接受。例如，工程建设项目的竣工验收、工程地质勘察项目的勘察报告审核确认等。该过程要求对项目在执行过程中完成的各项工作进行及时检查，确保正确、圆满地完成项目范围定义提及的全部工作。范围确认的工作依据包括实际工作成果、项目相关文件、第三方评价等。范围确认的结果是对项目工作完成成果的正式接受。常见的项目范围确认的方法有试验法、专家评定法和第三方评定法。

(5) 控制范围

控制范围是监督项目和产品的范围状态、管理范围基准变更的过程。项目范围变更是指对已经明确的项目范围定义的改变，可能涉及增减项目工作、改变项目成果数量和功能要求等。针对项目范围变更的控制行为包括：

1）争取变更向对自己有利的方向发展。

2）按照程序核实确认已经和将要发生的范围变更，杜绝“范围蔓延”。

3）结合进度、费用、质量控制和合同管理等其他管理任务，妥善处理已经发生的范围变更。

2.3.3 工作分解结构

(1) 工作分解结构的定义

工作分解结构（Work Breakdown Structure，WBS）是一种主要应用于项目范围管理，在项目全范围内分解和定义各层次工作内容的方法。WBS 按照项目发展的规律，依据一定的原则和规定，对项目进行系统化的、相互关联和协调的层次分解，分解的结构层次越低，对项目组成部分的定义越细，可以具体作为组织项目实施的工作依据。

WBS 通常是一种面向成果的树状结构，该树状结构确定了项目的整个范围，其最底层是细化后的“可交付成果”。但 WBS 的结构并不仅限于“树”状，还有多种其他形式。例如，大型工程项目在实施阶段的工作可以分解为六级：一级为工程项目，二级为单项工程，三级为单位工程，四级为任务，五级为工作包，六级为工作或者活动。

（2）创建工作分解结构的步骤

1）明确并识别出项目的各主要组成部分，项目的主要组成部分包括项目的可交付成果和项目管理本身。一般情况下，项目的主要工作是指贯穿项目始终的工作，它在项目分解结构中位于第二层。

2）确定每个可交付成果的详细程度，以满足对其进行成本和时间估计的要求。对每个可交付成果，如果其描述已经足够详细，则直接对其分解结果进行核查，否则需要通过下一个步骤对可交付成果进行进一步的详细分析，这意味着不同的可交付成果可能有不同的分解层次。

3）确定可交付成果的组成元素。组成元素应当用切实的、可验证的结果来描述，以便于进行绩效测量。与主要元素一样，组成元素的定义应该根据项目工作实际上是如何组织和完成的来描述。这一步骤要解决的问题是：要完成上述各组成部分，有哪些更具体的工作要做。对于各组成部分的更小的构成部分，应该说明需要取得哪些可以核实的结果，以及完成这些更小的构成部分的先后顺序。

4）核实分解的正确性。通过对以下问题的回答来检查分解结果的正确性与充分性。

①最底层组成元素对项目分解来说是否必须而且充分？如果不是，则应该添加、删除或重新定义组成元素。

②每项工作的定义是否清晰完整？如果不完整，则需要修改或扩展。

③每项工作是否都能够恰当地编制进度和预算？是否能够被分配到尽职并能够圆满完成这项工作的具体组织单元（例如部门、项目队伍或个人）？如果不能，需要做必要的修改，以便提供合理的管理控制。

（3）决定 WBS 详细程度和层次多少的主要因素

这主要涉及项目参与者的责任能力和对项目的控制能力。

1）责任能力。它是指为完成项目工作任务而分配给每个小组或个人的责任和这些责任者的能力。责任能力越强，分解层次越少；反之，就需要分解得更细、层次更多。

2）控制能力。它是指在项目运行期间对项目的进度、成本以及质量等进行控制的能力。控制能力越强，分解层次越少；反之，就需要分解得更细、层次更多。因为分解得越细，项目就越容易管理，因而要求的能力就相对低一些。

（4）WBS 的两种基本分解方法

1）基于项目活动的分解结构。以采购实施人进行工程招标项目为例，把招标项目生命周期的各阶段作为分解的第二层（见图 2-2）。

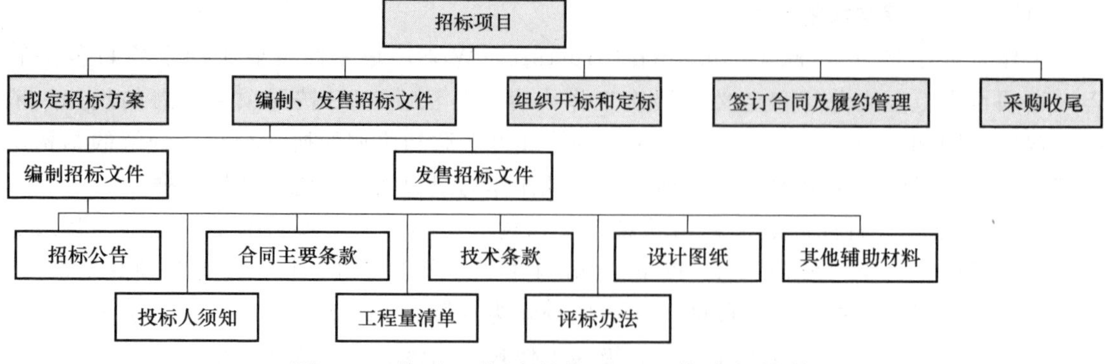

图 2-2　基于工作过程的项目工作分解结构

2）基于主要可交付成果的分解结构。以某飞机系统为例，把项目的主要可交付成果作为分解的第二层（见图 2-3）。

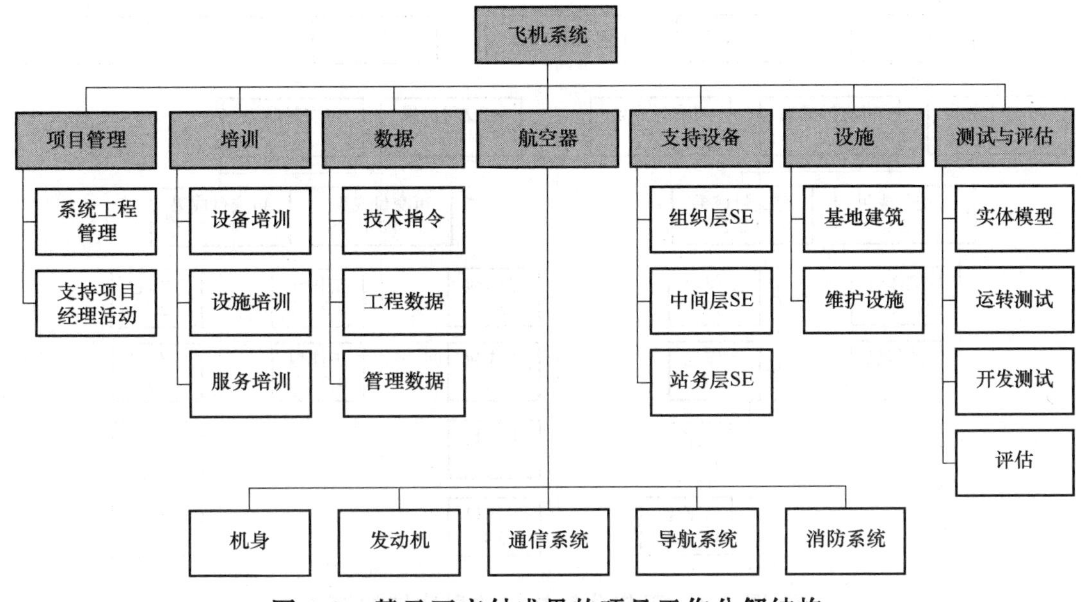

图 2-3　基于可交付成果的项目工作分解结构

（5）WBS 的分解成果及其表达形式

1）WBS 的分解成果。WBS 的分解成果包括工作分解结构和工作分解结构词典。

工作分解结构是以可交付成果为导向的工作层级分解。工作分解结构每向下分解一层，需对项目工作做更详细的定义。在 WBS 中，为工作包建立控制账户，并根据“账户编码”分配标志号，是创建工作分解结构的最后步骤。

工作分解结构词典是在创建工作分解结构过程中产生并用于支持工作分解结构的文件，是对工作分解结构组成部分（包括工作包和控制账户）进行的更详细的描述，其内容包括编码、工作包描述（内容）、成本预算、时间安排、质量标准或要求、责任人或部门或外部单位（委托项目）、资源配置情况、其他属性等。

2）WBS 分解成果的表达形式。常用的 WBS 分解成果的表达形式有层次结构图和列表形式。层次结构图见图 2-4。

相对应的列表形式见表 2-1。

3）WBS 分解时应注意的问题主要有：

①最底层的工作包之间必须有明确的区分，以减少实施过程中的协调工作量。

②最底层的工作包应该描述清晰，以便承担该工作包的组织或个人都能明确自己的任务、努力的目标以及承担的责任，同时有利于监督和业绩考核。

③每个分支并不一定需要分解到相同的层次。

④分解中应包括管理工作的分解。

⑤分解后的任务应该是可管理的、可定量检查的、可分配任务的、可独立的。

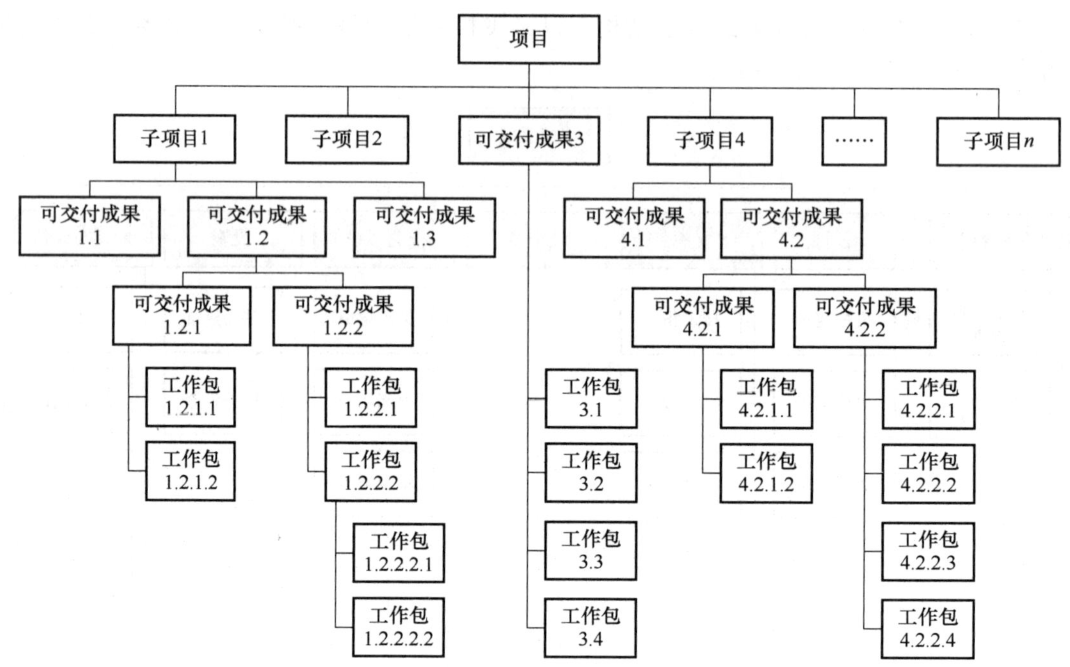

图 2-4 工作分解结构的层次结构图

表 2-1 工作分解结构的列表形式

<table>
<tr><td rowspan="15">项目</td><td rowspan="7">子项目 1</td><td>可交付成果 1.1</td><td></td><td></td><td></td></tr>
<tr><td rowspan="5">可交付成果 1.2</td><td rowspan="2">可交付成果
1.2.1</td><td>工作包
1.2.1.1</td><td></td></tr>
<tr><td>工作包
1.2.1.2</td><td></td></tr>
<tr><td rowspan="3">可交付成果
1.2.2</td><td>工作包
1.2.2.1</td><td></td></tr>
<tr><td rowspan="2">子项目
1.2.2.2</td><td>工作包 1.2.2.2.1</td></tr>
<tr><td>工作包 1.2.2.2.2</td></tr>
<tr><td>可交付成果 1.3</td><td></td><td></td><td></td></tr>
<tr><td>子项目 2</td><td></td><td></td><td></td><td></td></tr>
<tr><td rowspan="4">可交付
成果 3</td><td>工作包 3.1</td><td></td><td></td><td></td></tr>
<tr><td>工作包 3.2</td><td></td><td></td><td></td></tr>
<tr><td>工作包 3.3</td><td></td><td></td><td></td></tr>
<tr><td>工作包 3.4</td><td></td><td></td><td></td></tr>
<tr><td rowspan="3">子项目 4</td><td>可交付成果 4.1</td><td></td><td></td><td></td></tr>
<tr><td rowspan="2">可交付成果 4.2</td><td rowspan="2">可交付成果
4.2.1</td><td>作包
4.2.1.1</td><td></td></tr>
<tr><td>工作包
4.2.1.2</td><td></td></tr>
</table>

（续）

项目	子项目 4	可交付成果 4.2	可交付成果 4.2.2	工作包 4.2.2.1	
				工作包 4.2.2.2	
				工作包 4.2.2.3	
				工作包 4.2.2.4	
	……				
	子项目 n				

2.4　项目进度管理

2.4.1　项目进度管理的概念

项目进度管理是指为确保项目按期完成所有必须完成的工作而进行的管理。项目能否按期完成往往关系重大，项目进度管理既是项目管理的中心任务，又是构成项目目标体系的三大目标之一。

2.4.2　项目进度管理的过程

项目进度管理为确保项目按时完成所需的各个管理过程。包括：

（1）规划进度管理

规划进度管理是为规划、编制、管理、执行和控制项目进度而制定政策、程序和文档的过程。本过程的主要作用是为在整个项目期间管理项目进度提供指南和方向。本过程仅开展一次或仅在项目的预定义节点开展。

（2）定义活动

定义活动是识别为完成项目可交付成果而需采取的具体行动的过程。定义活动结合项目范围定义的可交付成果及其分解结构（一般为工作分解结构），确定为取得分解后的各项可交付成果所需开展的具体工作（活动、作业和工序）。定义活动的成果是具有合适的精细度和层级划分、可完整描述项目全部工作与进度的活动清单以及活动属性描述。

（3）排列活动顺序

排列活动顺序是识别和记录项目活动间逻辑关系的过程。该过程确定各项工作之间的逻辑关系，并形成成果文档。工作之间的逻辑关系（先后顺序关系）主要包括工艺关系和组织关系，具体可表现为平行、顺序和搭接三种形式。其中，工艺关系是由既有的工艺过程和工作程序决定的先后顺序关系，例如房屋建筑工程施工中，土方开挖完成后方可进行基础施工。组织关系则是由组织安排需要或资源（人力、材料、设备和资金等）调配需要决定的先后顺序关系，例如软件开发项目中不同模块的开发顺序可根据人力资源的配备情况灵活确定。工作排序的主要成果是表达项目各工作间逻辑关系的项目网络图。项目网络图按其绘制方式不同，又可分为单代号网络图和双代号网络图两种主要形式。

(4) 估算活动持续时间

估算活动持续时间之前需要先估算活动资源，识别工作包中的每项活动所需的资源类型和数量，进而根据资源估算的结果，估算完成单项活动所需工作时段数的过程。估算活动持续时间需要依据活动工作范围、所需资源类型、所需资源数量以及资源日历等，进行针对活动持续时间的估算。这类估计的准确性主要依赖于对项目工作了解程度和可以参考的历史经验，所以一般由对项目工作最熟悉、经验最丰富的个人和集体承担。对活动持续时间的估算是渐进明细的过程，估算精度取决于输入数据的质和量。例如，随着项目设计工作的推进，可供使用的数据越来越详细、越来越准确，对持续时间的估算的准确性也会越来越高。

(5) 制订进度计划

制订进度计划是分析活动顺序、持续时间、资源需求和进度约束，进而编制项目进度计划的过程。编制项目进度计划需要确定项目各项工作的开始和结束时间。这一工作主要依据工作定义、排序和时间估计的结果，同时兼顾资源配备、外部制约等信息，对于较复杂的项目，则一般需安排出其关键路线。制订进度计划的常用方法包括关键路线法（Critical Path Method，CPM）、资源平衡法等。进度计划的常用表示方法包括里程碑图（Milestone Diagram）、横道图（Bar Chart，也称“甘特图”）和网络图等。

(6) 控制进度

控制进度是指监督项目状态以更新项目进展、管理进度基准变更的过程。进度控制是指在项目执行过程中通过检查和比对实际进度与计划进度，找出并分析偏差，及时采取纠偏措施的活动。项目执行受众多动态因素的影响和干扰，经常会造成实际进度偏离计划，必须实施有效的进度控制，方可确保项目整体进度目标的实现。

2.4.3 横道图

(1) 横道图概念

横道图又称甘特图，是一种用来展示项目计划进度和/或实际进度的工具和方法。横道图是一种二维平面图，纵轴表示工作包（工作任务）内容，一般在图的左方自上而下排列；横轴表示时间，所使用的线条或横道（柱形）用来显示每项工作包（工作任务）的开始时间到结束时间，线条或横道的长度表示该项工作的持续时间。由于横道图常以线条或横道来代表工作包及其持续时间，所以又常称为条形图、棒状图等（见图 2-5）。

工作包（工作任务）名称	工作包（工作任务）描述	持续时间	项目进度计划时间表（单位：天）				
			10	20	30	40	50
1.1	设计	30	■	■	■		
1.1.1	组件1	20	■	■			
1.1.2	组件2	30	■	■	■		
1.2	生产	10				■	
1.3	安装	10					■

图 2-5　横道图示例

（2）横道图的绘制

制作横道图时需要依据定义项目工作的工作分解结构，把计划或者已经完成的工作包（工作任务）标注于横道图格式中。横道图的时间维度决定了项目计划的精确程度，绘制时可根据项目计划和控制的需要，采用小时、日、周、双周、月等为时间计量单位。例如：一个项目的计划完成时间为 1 年及以上时，可采用以月、双周为单位的时间维度；若项目的计划完成时间较短，则可以选择以周或日为单位的时间维度，这将更有助于项目进度的管理。

横道图中还可以标注项目的关键里程碑事件。里程碑计划是项目的框架，以中间产品或阶段性可交付成果为依据，显示了项目为达成最终目标而必须经过的条件或状态序列，描述了在每一个阶段要达到什么状态。编制里程碑计划的依据是可交付成果清单。

绘制横道图时，先估计 WBS 中每项任务的持续时间，按项目实施的逻辑顺序计算每项活动的开始与结束时间。然后，将每项活动的开始时间与结束时间按时间坐标标注在图中，用横道图或线条连接活动的开始点与结束点，这样，一份基础的项目横道图就绘制完成了。

（3）横道图的分类

横道图除了有传统的横道图外，还有带有时差的横道图和具有逻辑关系的横道图，其示例分别见图 2-6 至图 2-7。

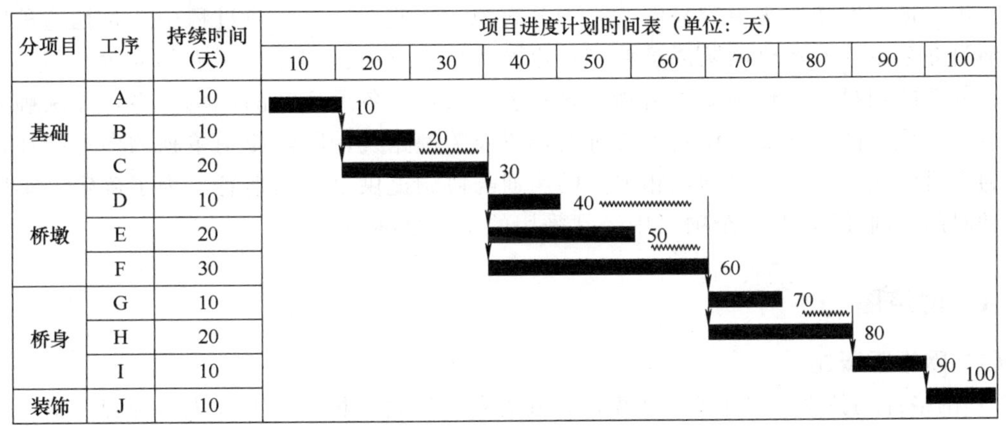

图 2-6　带有时差的横道图示例

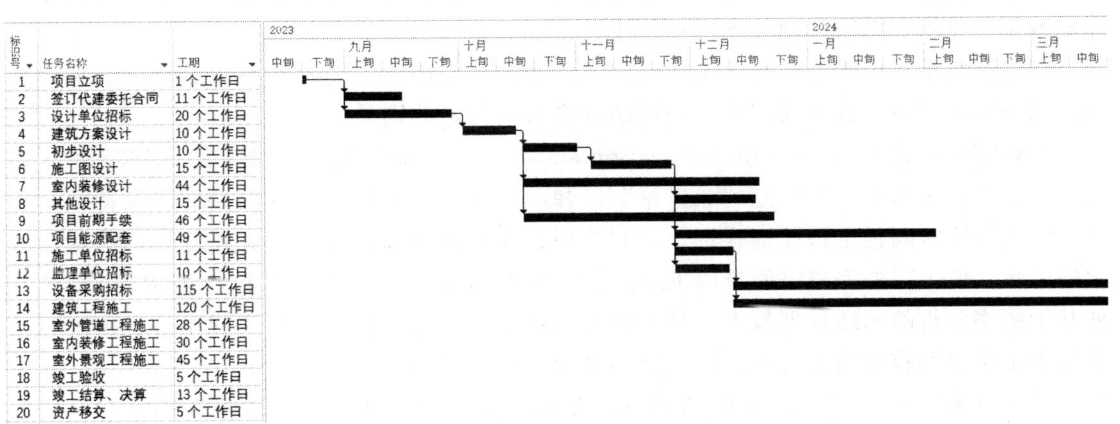

图 2-7　某房地产开发项目进度计划逻辑关系横道图

(4) 横道图的作用

横道图通过代表工作包任务的条形在时间轴上的点位和跨度来直观反映工作包各有关时间参数，通过条形的不同特征（如实心、空心、不同颜色等）来反映工作包任务的不同状态（包括时差、关键路径、计划或实施中的实际进度等），通过带有箭头的连线来反映工作包任务与其他工作之间的逻辑关系。

横道图的主要作用是控制进度，即将项目实施的实际进展情况以条状的形式（包括不同图像特征）画在同一个项目的进度计划横道图中，以此来直观地对比实际进度和计划进度，并作为制订偏差控制计划的依据。

横道图也可以作为项目资源与费用估算曲线的绘制和资源优化的基础。

(5) 横道图的特点

横道图是一种与进度信息有关的图形，与其他反映进度的图形相比，具有直观、简单和易读等特点。目前，横道图可兼有网络图的一些优点，如能较清楚地反映工作任务的开始和结束时间，能表达工作任务的活动时差和彼此间的简单逻辑关系。横道图可用于WBS中任何层次的工作任务，其时间单位可从年、月、周到日，甚至细化到时。另外，除用于进度计划编制外，横道图作为进度控制的工具，也可以方便地用于WBS中的任何层次。由于横道图相对来说容易阅读，十分直观，因此在项目实施过程中总是把这种图张贴于项目办公室或现场供团队成员使用，也经常用于对项目利益相关方的演示。但是，对大型、复杂的项目，横道图无法清晰地显示复杂项目中各项活动的逻辑关系，无法确定整个项目中最重要的、起支配作用的关键工作以及关键路线，所以使用单独的横道图往往并不能为项目团队成员及项目利益相关方的沟通与协调提供足够的信息。为了确定关键路径和浮动时间（时差），在复杂项目中经常采用的工具是网络图。

2.4.4 网络图

(1) 网络图概述

1）网络计划技术。20世纪50年代，随着各类项目规模的不断扩大，项目中的工作数量越来越多，各项工作之间的逻辑关系也越来越复杂，横道图无法清晰表达复杂项目中各项活动之间的逻辑关系，因而无法满足这种发展的需求。为了适应这类较复杂项目的进度计划编制的要求，网络计划技术应运而生。

网络计划是指用网络图表达工作构成、工作顺序并加注工作时间参数的进度计划，主要由网络图和网络参数构成。基本的网络计划有两类，分别是：

①计划评审技术（Program Evaluation and Review Technique，PERT）。1958年，美国军方的工程技术人员在实施“北极星”导弹项目时，由于项目具有很强的研发特征，各项工作的持续时间很难精准地确定，同时该项目涉及的承包商众多，受到各种不确定性因素的影响，使工作的完成时间难以准确估计。针对这种情况，他们开发出PERT，这是一种基于概率分析的网络计划技术，其关注的重点是工作的开始事件和完成事件。PERT经常用于不确定性较强的项目的进度控制和可能性分析。

②关键路径法（Critical Path Method，CPM）。1956年，关键路径法由美国杜邦公司的工程技术人员开发出来。他们在化工厂设备革新项目的进度控制过程中，发现项目的所有工

作应该按照一种定义合理的逻辑关系执行，因此提出用箭线图作为描述工作之间逻辑关系的表达方式，通过对箭线图中最长的路径，即关键路径的控制，大大地缩短了项目的进度。由于 CPM 将项目的进度与成本联系起来，能够更有效地实现进度与资源的均衡以减少赶工，因此关键路径法越来越普遍地被应用在建筑业特别是施工企业的项目管理过程中。

以下主要介绍 CPM（关键路径法）的相关内容。

2）网络图的定义、分类及优点。网络图是指由箭线和节点组成的，表示工作流程的有向、有序的网络图形。网络图以图形的形式显示出项目中工作的发生顺序以及它们之间的逻辑关系。根据网络图中箭线和节点所表达内容的不同，网络图一般分为双代号网络图和单代号网络图两种。

①双代号网络图（Activity-on-arrow Network）。双代号网络图是指以箭线及其两端节点的编号表示工作的网络图。在双代号网络图中，箭线代表工作，箭线的箭尾节点表示该工作的开始，箭头节点表示该工作的结束。节点表示事件，节点的编号顺序应从小到大，禁止重复。双代号网络图示例见图 2-8。

双代号网络图中，各条线路的名称可以采用该线路上节点的编号自小到大依次记述。

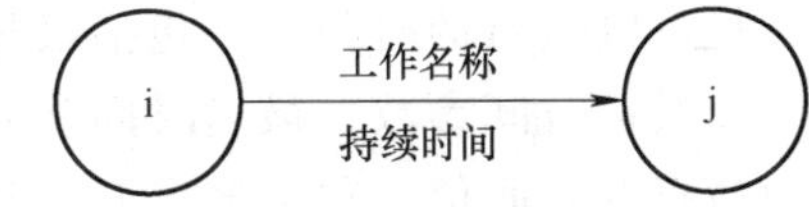

图 2-8　双代号网络图示例

②单代号网络图（Activity-on-node Network）。单代号网络图是指以节点及其编号表示工作，以箭线表示工作之间逻辑关系的网络图。在单代号网络图中，节点表示工作，一般以圆圈或矩形表示，并标注工作代号、工作名称和持续时间，箭线表示相邻工作之间的逻辑关系。单代号网络图示例见图 2-9。

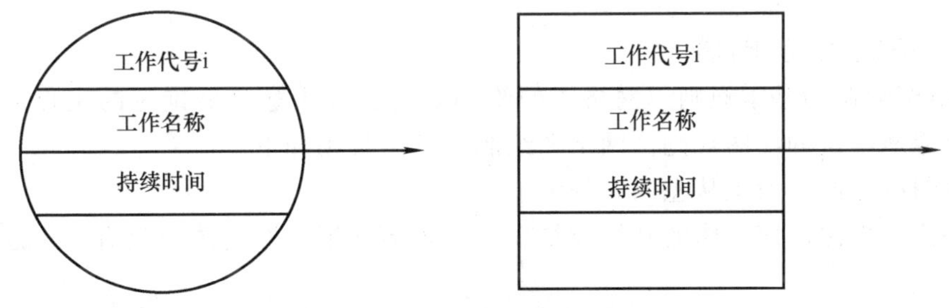

图 2-9　单代号网络图示例

与横道图相比，网络图具有如下优点：

①清晰表达工作之间的逻辑关系。网络图可以帮助进度计划的编制者理顺工作之间的逻辑关系，掌握项目的总体思路。

②明确关键工作和关键路径。通过对网络图中时间参数的计算，可以识别关键工作和关键路径，抓住主要矛盾，保证整个项目的按时完工。

③有利于资源的优化配置。网络图中标明了各项非关键工作的机动时间，可以制订出最经济的资源利用方案，均衡利用资源，达到节约成本的目的。

（2）网络图组成结构的基本概念

1）工作。工作又称活动，是指消耗时间资源的一项任务或一个子项目，一般处于项目工作分解结构的底层。网络图中工作的概念包含：

①紧前工作。若工作 A 紧排在工作 B 之前，则称工作 A 为工作 B 的紧前工作。

②紧后工作。若工作 D 紧跟在工作 C 之后，则称工作 D 为工作 C 的紧后工作。

③汇聚工作。若一个工作存在多个紧前工作，则该工作称为汇聚工作。

④发散工作。若一个工作存在多个紧后工作，则该工作称为发散工作。

2）工作持续时间和工期。工作持续时间是指一项工作从开始到完成的时间，而工期泛指完成一项任务所需要的时间。在网络计划中，工期一般有以下三种：

①计算工期。计算工期是根据网络计划时间参数计算而得到的工期。

②要求工期。要求工期是由任务委托人提出的指令性工期。

③计划工期。计划工期是指根据要求工期和计算工期所确定的作为实施目标的工期。当已经规定了要求工期时，计划工期不应超过要求工期；当未规定要求工期时，可设计划工期等于计算工期。

3）时间参数。时间参数是指网络图中工作或节点具有的时间值，又分为：

①最早时间参数。最早时间参数是指根据工作之间的逻辑关系和进度的限制，一项工作最早可以执行的时间值，包括最早开始时间（ES）和最早完成时间（EF）。

②最迟时间参数。最迟时间参数是指在不影响项目完工时间的前提下，一项工作最迟必须执行的时间值，包括最迟开始时间（LS）和最迟完成时间（LF）。

4）时差。时差是指工作的机动时间，又分为自由时差和总时差。

①自由时差（FF）。自由时差是指在不影响其紧后工作最早开始时间的前提下，本工作可以利用的机动时间。

②总时差（TF）。总时差是指在不影响计划完工工期的前提下，本工作可以利用的机动时间。

（3）网络图的绘制和计算

1）网络图绘制的基本规则。网络图的绘制既要正确表达已经确定的工作之间的逻辑关系，又要遵从一定的绘图规则。网络图绘制的基本规则如下：

①网络图的流向一般是从左向右的。

②节点代表事件，即工作的开始或结束，一般情况下，网络图中只有一个起点节点和一个终点节点。

③箭线代表工作，不允许出现双向箭头或无箭头的连线。网络图双向箭头和无箭头示例见图 2-10。

④一项工作必须等到与它相连的所有紧前工作结束后才能开始。

⑤网络图中不允许出现循环回路。网络图循环回路示例见图 2-11。

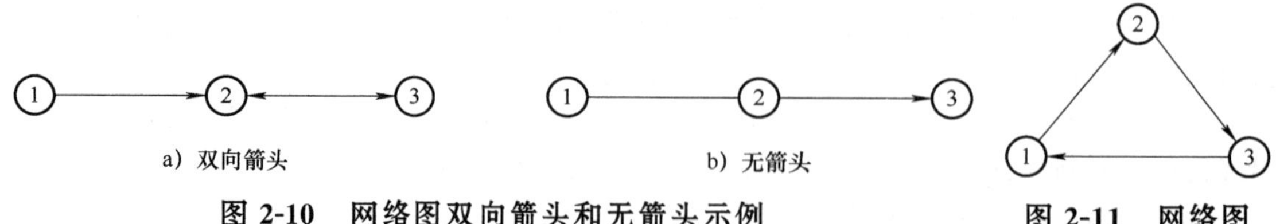

图 2-10　网络图双向箭头和无箭头示例

图 2-11　网络图循环回路

【案例 2-1】 某网络计划的资料见表 2-2，根据表中的资料绘制双代号网络图（见图 2-12）。

表 2-2　某网络计划工作逻辑关系及持续时间表

工作序号	紧前工作	紧后工作	工作持续时间（天）	工作序号	紧前工作	紧后工作	工作持续时间（天）
A	—	B、C、D	2	F	D	H	10
B	A	E	10	G	C、E	I	12
C	A	G	15	H	F	I	10
D	A	F	8	I	G、H	—	2
E	B	G	7	—	—	—	—

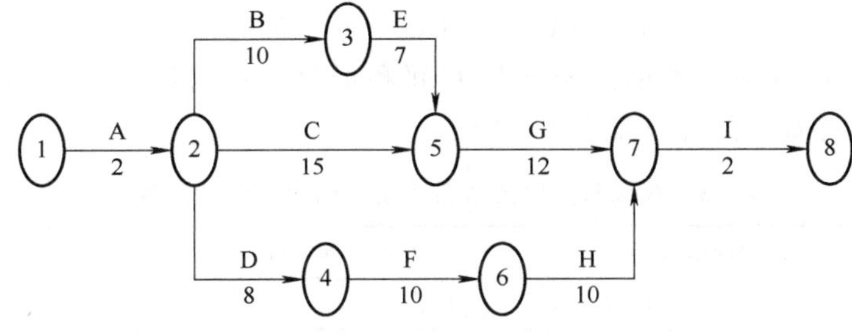

图 2-12　双代号网络图

2）工作持续时间的估计。工作持续时间一般是指在正常工作方式下的正常工作时间，是计算网络时间参数的基础。工作持续时间可以根据类似的项目经验，以历史信息为基础进行估计，也可以采用向专家咨询的方式。这里介绍一种应用概率分析的估计方法，即基于乐观时间与悲观时间的估计方法。

首先对工作的持续时间进行三个估计。

①工作最可能时间。工作最可能时间是指在各项条件均正常的情况下，完成该工作的预计时间长度。

②工作乐观时间。工作乐观时间是指在项目进展最顺利的情况下，完成该工作的预计时间长度。

③工作悲观时间。工作悲观时间是指在项目进展最不顺利的情况下，完成该工作的预计时间长度。

其次，计算这三个工作时间的加权平均值，其计算公式如下：

工作持续时间＝(工作乐观时间＋4×工作最可能时间＋工作悲观时间)/6

采用这种方法估计工作的持续时间时，应注意对每项工作持续时间的估计仅考虑该工作的不确定性，与其紧前工作的不确定性无关。

3）最早与最迟时间参数的计算。网络图中时间参数的计算分正推法和逆推法两个步骤，下面以图 2-12 为例具体介绍。

①正推法。正推法是以网络图的起点节点为起点，逐步正向迭代，计算网络图中各个工作的最早开始时间（ES）和最早完成时间（EF）。其基本规则如下：

A. 起点节点引出的工作，其 ES 为 0，其 EF 等于其 ES 与其工作持续时间（D）之和，在图 2-12 中，即：

$$ES_{1,2}=0$$

$$EF_{1,2}=ES_{1,2}+D_{1,2}=0+2=2$$

B. 某项工作只有一个紧前工作，则该工作的 ES 等于其紧前工作的 EF，在图 2-12 中，即：

$$ES_{2,5}=EF_{1,2}=2$$

C. 某项工作为汇聚工作，即存在有多个紧前工作，则该工作的 ES 等于其所有紧前工作的 EF 中的最大值。例如在图 2-12 中，即：

$$ES_{5,7}=\max〔EF_{3,5}；EF_{2,5}〕=〔19；17〕=19$$

D. 各项工作的 EF 等于该工作的 ES 与持续时间 D 之和。在图 2-12 中，即：

$$EF_{2,5}=ES_{2,5}+D_{2,5}=2+15=17$$

采用正推法计算各项工作的最早开始时间和最早完成时间，计算结果见表 2-3。由表 2-3 可知，该网络计划的计算工期为 33 天。

表 2-3　双代号网络图中各项工作的时间参数计算表

工作序号	最早时间参数		最迟时间参数		时差	
	ES	EF	LS	LF	TF	FF
A	0	2	0	2	0	0
B	2	12	2	12	0	0
C	2	10	3	11	1	0
D	2	17	4	19	2	2
E	12	19	12	19	0	0
F	10	20	11	21	1	0
G	19	31	19	31	0	0
H	20	30	21	31	1	1
I	31	33	31	33	0	0

②逆推法。逆推法是从网络图的终点节点开始，逐步逆向迭代，计算网络图中各个工作的最迟开始时间（LS）和最迟完成时间（LF）。其基本规则如下：

A. 从网络的终点工作开始，其 LF 等于网络的计划工期（在计划工期与计算工期相等的情况下，等于该工作的 EF），工作的 LS 等于 LF 与持续时间 D 之差，在图 2-12 中，即（以下计算均假设计划工期等于计算工期）：

$$LS_{7,8}=LF_{7,8}-D_{7,8}=33-2=31$$

B. 若某项工作只有一个紧后工作，则该工作的 LF 等于紧后工作的 LS。例如在图 2-12中，即：

$$LF_{5,7}=LS_{7,8}=31$$

C. 某项工作为发散工作，即存在多个紧后工作，则该工作的 LF 等于其所有紧后工作的 LS 的最小值。例如在图 2-12 中，即：

$$LF_{1,2}=\min〔LS_{2,3}；LS_{2,5}；LS_{2,4}〕=\min〔2；4；3〕=2$$

D. 各项工作的 LS 等于该工作的 LF 与其持续时间 D 之差。在图 2-12 中，即：

$$LS_{5,7}=LF_{5,7}-D_{5,7}=31-12=19$$

采用逆推法计算各项工作的最迟完成时间和最迟开始时间，计算结果见表 2-3。

4）时差的确定。它包括总时差与自由时差的确定。

①总时差（TF）的确定。

总时差的计算公式：

工作总时差=最迟开始时间−最早开始时间=最迟完成时间−最早完成时间

TF 的计算有两种方式：

$$TF=LS-ES \text{ 或者 } TF=LF-EF$$

例如在图 2-12 中：$TF_{2,5}=LF_{2,5}-EF_{2,5}=19-17=2$，或 $TF_{2,5}=LS_{2,5}-ES_{2,5}=4-2=2$。

工作总时差越大，表明该工作在整个网络中的机动时间就越多，可以在一定范围内将该工作的资源用到关键工作上去，以达到提前结束项目的目的。

②自由时差（FF）的确定。FF 的计算规则包括：

A. 对于无紧后工作的工作，也就是以网络计划终点节点为完成节点的工作，其自由时差等于计划工期与本工作最早完成时间之差。

B. 对于有紧后工作的工作，该工作的 FF 等于其紧后工作的 ES 与本工作的 EF 之差，若某工作为发散工作，则 FF 等于其所有紧后工作中 ES 的最小值与本工作的 EF 之差。例如在图 2-12 中：$FF_{2,5}=ES_{5,7}-EF_{2,5}=19-17=2$。

根据以上计算规则，图 2-12 中各项工作的时间参数计算见表 2-3。

(4) 关键路径的确定

1）关键路径的定义。网络图中从起点节点到终点节点的各条路径中，持续时间最长的路径称为关键路径。在网络图的计算工期等于计划工期的情况下，关键路径的总时差等于零，即该路径上的所有工作的总时差均等于零。

关键路径上的工作称为关键工作。由于关键工作的持续时间相加就是关键路径的持续时间，因此如果某项关键工作未如期完成，处于其后的所有工作活动都要顺延，最终的结果是项目无法按计划完成。反之，如果某项关键工作能够提前完成，那么整个项目也有可能提前完成。由此可知，在编制项目进度计划时，关键工作是企业关注的重点。

2）关键路径的确定方法。确定关键路径一般有两种方法。

①路径最长法。采用列举的方式，分别计算网络图中每条路径的时间长度，以时间长度最大的为关键路径。例如在图 2-12 中，共存在三条路径，分别是：

路径 1：①—②—③—⑤—⑦—⑧，时间长度为 33 天。

路径 2：①—②—⑤—⑦—⑧，时间长度为 31 天。

路径 3：①—②—④—⑥—⑦—⑧，时间长度为 32 天。

这三条路径中时间长度最长的为路径 1，因此路径 1 为关键路径。

②总时差最小法。网络图中总时差最小的路径为关键路径，特别地，当计划工期等于计算工期时，关键路径的总时差为零，开始和结束的时间没有一点机动的余地，因此由总时差等于零的工作组成的路径即为关键路径。用计算工作总时差的方法确定网络图中的关

键工作是确定关键路径的最常用的方法之一。例如在图 2-12 中，总时差为零的工作有：A、B、E、G、I。由这些总时差为零的关键工作组成的路径为关键路径“ABEGI”。

2.5 项目质量管理

2.5.1 项目质量管理的概念

项目质量管理是指为确保项目成果（产品或服务）满足预定的质量要求的管理过程和活动。项目质量管理需要兼顾项目管理与项目产品两个方面，项目质量管理方法适用于所有项目，无论项目的产品具有何种特性。例如，软件产品开发与核电站建设，虽然其质量测量方法和技术截然不同，但项目质量管理对两类项目都适用。现代质量管理与项目管理相辅相成。项目质量管理认同现代质量管理中提出的“预防胜于检查”以及“持续改进”的观点，并认为项目管理的目的是了解、评估、定义和管理期望，以便满足客户的要求，项目的成功需要项目团队全体成员的参与，但是管理层有责任为项目提供所需资源，这些理念与现代质量管理是一致的。

衡量不同项目（产品）质量的指标各有不同，举例如下：

（1）衡量产品项目质量

最终成果是有形产品的项目一般有以下八项质量指标：

①性能。它是指产品的主要特征。例如，汽车的加速度、经济巡航速度、舒适度，电视机的声音质量及画面清晰度等。了解顾客对产品性能的需求，设计满足这些需求的产品或服务是质量竞争的关键要素。

②特点。它是对产品基本功能的补充。产品特点可为客户进行产品选择提供灵活性，而这些可能的选项都起着提升产品或服务质量的作用。

③可靠性。它反映了产品在一段时间内运行和发生故障的可能性，将影响产品维护和停工持续时间内所产生的成本。

④一致性。它反映了产品或服务的设计和运作特征与现有标准的相符程度。

⑤持久性。它可用于衡量产品的经济及技术服务的持续时间，与产品由于经济和技术原因不得不更换前可以使用的次数相关。

⑥可维护性。它反映了代理商维护、修理工作的能力，还包括完成维护、修理的速度及难易程度。产品的可靠性与可维护性是互补的。

⑦美观性。它是一个带有主观偏好的质量绩效指标，与产品的触觉、味觉、视觉或嗅觉特征相关，反映个体的偏好。

⑧感知质量。它是反映产品或服务声誉的又一项主观指标。声誉可能建立在对产品或服务以往的体验和部分信息基础之上，但在许多情况下，消费者的判断基于质量感知，这是由于缺乏关于其他质量绩效指标的确切信息导致的。

（2）衡量服务项目质量

一般对应于不形成有形产品的服务项目，如工程咨询服务、项目融资服务、科技研发服务、物流咨询服务等，有以下四项质量指标：

①全面性。它是指在业主委托的服务范围内，提供服务的一方是否已考虑到全部的工作需求并提供了相应服务。

②科学性。它是指咨询服务的过程是否遵循了项目内在的客观规律，输出的成果是否真实精准。

③先进性。它是指咨询成果是否代表了全行业的先进水平，并具有必要的前瞻性。

④适用性。它是指咨询成果是否符合业主及项目的具体情况，并易于为业主所接受并运用。项目服务质量的好坏往往最终综合表现为业主的接受程度和满意程度。

2.5.2　项目质量管理的过程

项目质量管理包括把组织的质量政策应用于规划、管理、控制项目和产品质量要求方面，以满足利益相关方目标的各个过程。尤其要强调，项目质量管理以执行组织的名义支持过程的持续改进（原理见本书 1.5.1 的 PDCA 循环）。项目质量管理过程包括：

（1）编制质量管理计划

编制质量管理计划是识别项目及其产品的质量要求和/或标准，并书面描述项目将如何达到这些要求和/或标准的过程。编制质量管理计划的主要依据是项目范围、质量方案、技术标准和规范等，计划的主要内容包括质量管理工作涉及的组织结构、职责、程序、流程和所需资源，主要采用的工具包括成本效益分析、质量成本分析、标杆对照、矩阵图等。

（2）实施质量保证

实施质量保证是把组织的质量要求和/或标准用于项目，并将质量管理计划转化为可执行的质量活动单元，确保采用合理的质量标准和操作性定义的过程。质量保证旨在建立必要的质量保证体系，可以满足项目利益相关方的需求和期望。通过质量保证系统的建立和运行，不断检查（审核）项目质量管理计划的实际执行情况，提高项目工作自身及项目可交付成果的效率和质量。实施质量保证过程也为持续改进过程创造了条件。持续改进过程是指不断地改进所有过程的质量。通过持续改进过程，可以减少浪费，消除非增值活动，使各过程在更高的效率与效果水平上运行。实施质量保证主要采用的工具包括因果分析图、矩阵图等。

（3）实施质量控制

实施质量控制是监测并记录执行质量活动的结果，从而评估绩效并建议必要变更的过程。质量控制工作贯穿项目的始终。质量标准既包括项目过程的质量标准，又包括项目产品的质量标准；项目成果既包括可交付成果，又包括项目管理成果，如成本与进度绩效。质量控制是监控项目具体成果以判定其是否符合相关质量标准，并制订相应措施来消除导致质量偏差的原因，以确保项目质量的过程。简单来说，质量控制就是要“确立标准、衡量成效、纠正偏差”。

2.5.3　因果分析图

因果分析图又称石川图或鱼骨图，是一种研究和讨论质量问题的图示方法。因果分析图一般从人员、机器、材料、工艺、环境五个方面进行分析，把各种影响质量的因素与质量问题联系起来。运用因果分析图可以系统地得到产生质量问题的原因，有助于制订决策，解决存在的质量问题，从而达到控制质量的目的。图 2-13 是一个针对混凝土强度不足的质量问题的因果分析图示例。

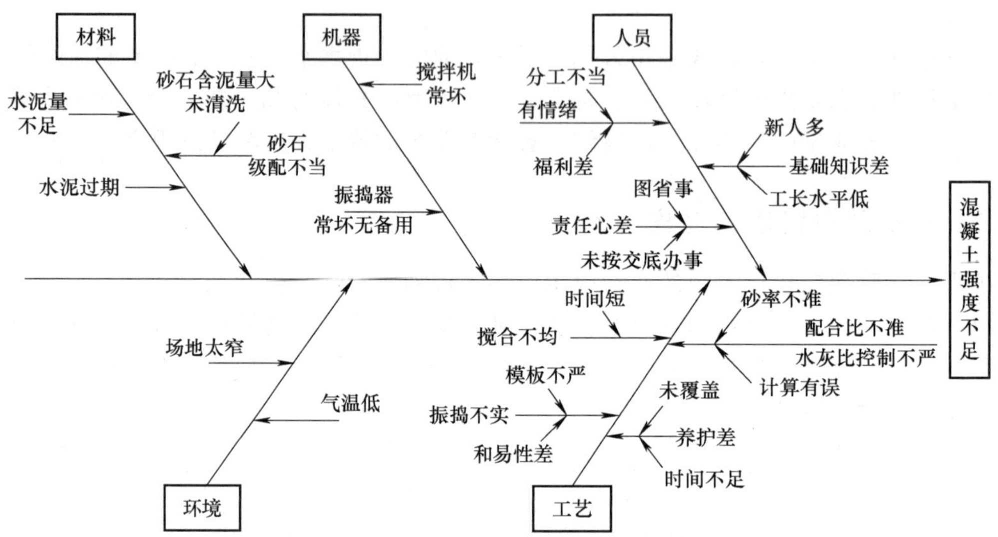

图 2-13　混凝土强度不足的质量问题的因果分析图示例

（1）作图步骤

1）选定质量特性。所谓质量特性，就是需要进行分析的质量问题，用标明箭头方向的主干表示。

2）确定影响质量特性的原因。造成质量问题的原因有大有小，层次不同，分析时应将其分为不同的等级。一级是概括性的原因，用大枝表示，一般包括人员、材料、机器、工艺和环境五个方面。

3）对影响质量的一级原因做进一步分析，找出其中存在的具体原因，并分别标注在各自大枝的分枝上。

4）查漏补遗。对上述五个方面分别逐级分析完成后，应进行全面检查，对有遗漏的地方进行补充和完善。

5）确定关键原因。对找出的影响质量的原因，分析其影响程度，从中选出若干影响较大的关键原因，并在图上做出标记。

6）制订对策。针对选定的关键原因，制订相应的对策，改善质量控制，提高项目的质量。

（2）绘制和使用因果分析图应注意的问题

1）绘制因果分析图时应做到集思广益、互相启发、互相补充、逐步完善，使因果分析更符合实际，从而使采取的对策更加有效。头脑风暴法是这个环节常用的方法。

2）质量特性要具体，才便于分析和寻找原因。

3）对一个质量特性绘制一张因果分析图，不能将两个或两个以上的质量特性放在同一张因果分析图上进行分析。

4）在原因分析时，应该从大到小，按一级、二级、三级原因的顺序逐层次进行分析，直至分解到具体的原因，以便采取对策。

5）各级原因均应按其大小依次用带箭头的分枝标示在图上，使其一目了然。

6）关键原因应该具体、简练而明确，并在图上做出标记。

2.5.4 排列图

排列图亦称帕累托图、主次因素分析图，是一种利用统计的方法对影响质量的因素发生频率进行排序，以寻找影响质量的主要因素的方法。排列图中左侧的纵坐标是频数或件数，右侧的纵坐标是累计频率，横坐标代表因素，通常按频数大小顺序在横坐标上自左而右依次绘出，再根据右侧的纵坐标，画出累计频率曲线。累计频率曲线也称帕累托曲线。

在排列图中，通常将曲线的累计频率分为三级，与之相对应的因素分为 A、B、C 三类：

A 类因素：对应累计频率 0～80%，是影响质量的主要因素。

B 类因素：对应累计频率 80%～90%，是影响质量的次要因素。

C 类因素：对应累计频率 90%～100%，是影响质量的一般因素。

运用排列图，便于找出主次矛盾，有利于针对性地采取对策。

表 2-4 是对某工程建设项目地坪起砂原因调查得到的调查表。根据起砂原因频数从大到小排列并计算累计频率，对于发生频数特别小的原因可以合并为“其他”项，并放到排列图的最后一项，见表 2-5。根据表 2-5 的计算结果绘制排列图（见图 2-14）。

表 2-4 某工程建设项目地坪起砂原因调查表

序号	地坪起砂原因	出现问题房间的数量
1	砂含泥量过大	16
2	砂粒径过细	45
3	后期养护不良	5
4	砂浆配合比不当	7
5	水泥标号太低	2
6	砂浆终凝前压光不足	2
7	其他	3

表 2-5 累计频数、累计频率计算表

序号	地坪起砂原因	出现房间数	累计频数	累计频率（%）
1	砂粒径过细	45	45	56.25
2	砂含泥量过大	16	61	76.25
3	砂浆配合比不当	7	68	85.00
4	后期养护不良	5	73	91.25
5	水泥标号太低	2	75	93.75
6	砂浆终凝前压光不足	2	77	96.25
7	其他	3	80	100

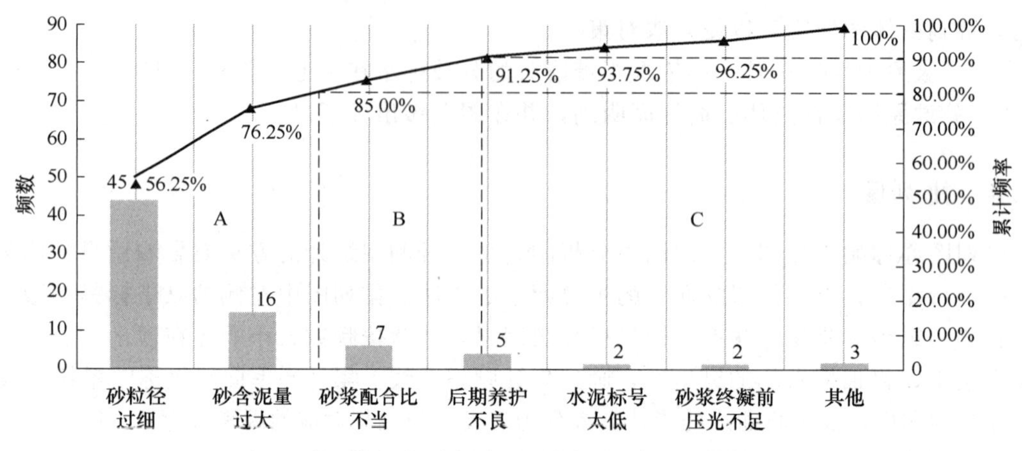

图 2-14　某工程建设项目地坪起砂原因排列图

根据排列图可以得到下列结论：

A 类：0～80%，主要因素包括砂粒径过细、砂含泥量过大。

B 类：80%～90%，次要因素包括砂浆配合比不当。

C 类：90%～100%，一般因素包括后期养护不良、水泥标号太低、砂浆终凝前压光不足和其他因素。

2.6　项目成本管理

2.6.1　项目成本管理的概念

项目成本管理是指为使项目在批准的预算内完成而对成本进行规划、估算、预算、融资、筹资、管理和控制的各个过程，旨在确保项目在批准的预算内完工。

项目成本管理重点关注完成项目活动所需资源的成本，但同时应考虑项目决策对项目产品、服务或成果的使用成本、维护成本和支持成本的影响。例如，限制设计审查的次数可降低项目成本，但可能增加由此带来的产品运营成本。

2.6.2　项目成本管理的过程

项目成本管理一般包括以下三个过程：一是估算成本，二是编制成本预算，三是控制成本。将成本管理分为这三个过程的目的是确定项目范围，根据可获得资金和管理政策及策略制定预算，确保项目在批准的预算范围内完成。

（1）估算成本

估算成本是对完成项目活动所需资金进行近似估算的过程。估算成本的方法有很多，从粗略的匡算到详细的预算，中间还可经过估算与概算。其中，概算和预算必须建立在较详细的技术文件基础之上。在项目生命周期的开始阶段，项目的技术文件尚不确定，对成本只需做出匡算和估算，虽然不够精确，但不失为比较适宜的成本计划方法。估算成本可采用专家判断、类比估算、参数估算、三点估算等工具，估算的成本包括直接人工、材料、设备、服务、设施、信息技术方面的成本，以及考虑到通货膨胀导致的成本增加和应急储备。

（2）编制成本预算

编制成本预算是汇总所有单个活动或工作包的估算成本，建立一个经批准的成本基准的过程。对每项作业活动将产生的成本进行估计，结合作业活动清单和进度计划的安排，又可以进行现金流的预测和统计分析。为了应对未来不确定事件的发生，可以增加一部分资源配置用于管理储备，所得到的预算就成为项目成本控制的基准。

（3）控制成本

控制成本是监督项目状态以更新项目预算、管理成本基准变更的过程。由于项目管理存在不确定性，因此进行成本控制要求及时发现偏差，查找造成偏差的原因，并决定如何使项目回到正常轨道和在预算控制内。当提出变更请求时，成本控制也应做出反应。成本控制系统以绩效衡量指标（如作业活动或可交付成果的实际成本、实际现金流）为基础，每当发生项目范围变更、进度变化时，也要求对基本预算进行调整。控制成本的工具通常采用 S 曲线、类比估算以及挣值分析等。

2.6.3　项目成本管理常用工具

（1）类比估算法

类比估算法是与已完成的类似项目进行类比，估计拟进行项目的费用的方法。缺乏拟进行项目的详细资料时，采用类比估算法行之有效。类比估算法是专家判断的一种形式，通常比其他技术和方法花费少，但是其准确性也较低，只有当类似项目与拟进行项目在形式和实质上很相似时，类比估算法才较为可靠和实用。

（2）自上而下估算法

自上而下估算法多在有类似项目且已完成的情况下应用。自上而下估算的基础是收集高层和中层管理人员的经验和判断，以及可以获得的关于以往类似活动的历史数据。高层和中层管理人员估计项目整体的费用和构成项目的子项目的费用，较低一层的管理人员在此基础上对组成项目和子项目的任务和子任务的费用进行估计，然后继续向下一层传递他们的估计，直到最底层。

（3）自下而上估算法

自下而上估算法通常首先估计项目各个独立工作的费用，然后再从下往上估算出整个项目费用。最初，估算是针对资源进行的，然后转换为所需要的经费。意见的差异通过上层和下层管理人员之间的协商解决。

（4）S 曲线法

S 曲线是指根据计划成本对相应工程活动的成本分配，在时间坐标上绘制出时间-成本累计曲线，因为形状如字母“S”而得名，示例见图 2-15。

S 曲线的绘制步骤如下：

1）编制项目进度计划的横道图。

2）根据每单位时间内完成的工作或者投入的人力、物力和财力，计算单位时间（月、旬或周）的成本，在网络图上按时间编制成本计划。

3）计算规定时间内计划累计支出的成本额。

4）根据累计计划成本，绘制S曲线。

每一条S曲线都对应某个特定的进度计划，因为在进度计划的非关键路线中存在有时差的工序或工作，因而存在着两条S曲线，一条表示全部工作都按照最早开始时间开始，另一条表示全部工作都按照最迟开始时间开始，两条S曲线构成了所谓的“香蕉图”（见图2-16）。项目经理可根据编制的成本支出计划来合理安排资金，也可以根据筹措的资金来调整成本支出计划，即通过调整非关键路线上的工序或工作的最早开始时间或最迟开始时间，力争将实际的成本支出控制在计划的范围内。

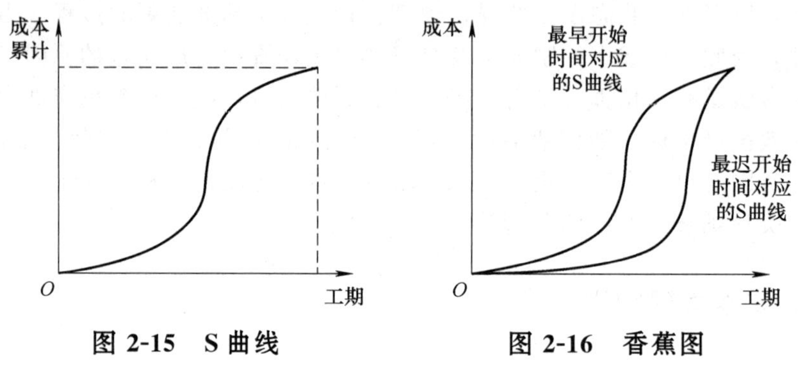

图2-15　S曲线　　**图2-16　香蕉图**

（5）挣值分析法

挣值（Earned Value，EV）也称赢得值。挣值分析法是在工程项目实施中，对项目进度和费用进行综合控制的一种有效方法，其核心是对项目在任一时间的计划指标、完成状况和资源耗费进行综合度量。挣值法有三项基本参数，具体叙述如下：

1）计划工作量的预算费用（Budgeted Cost for Work Scheduled，BCWS）是指项目实施过程中某阶段计划要求完成的工作量所需的预算费用。其计算公式为：

$$\text{BCWS}=\text{计划工作量}\times\text{预算单价}$$

2）已完工作量的预算费用（Budgeted Cost for Work Performed，BCWP）是指项目实施过程中某阶段按实际完成工作量及预算定额计算出来的费用，即挣值（Earned Value）。其计算公式为：

$$\text{BCWP}=\text{已完工作量}\times\text{预算单价}$$

3）已完成工作量的实际费用（Actual Cost for Work Performed，ACWP）是指项目实施过程中某阶段实际完成的工作量实际消耗的费用。其计算公式为：

$$\text{ACWP}=\text{已完成工作量}\times\text{实际单价}$$

挣值原理可以用一幅由三条曲线组成的图形来说明（见图2-17）。第一条曲线为BCWS曲线，即计划值曲线，这条曲线是项目控制的基准曲线；第二条曲线为BCWP曲线，即赢得值曲线；第三条曲线为ACWP曲线，即实耗值曲线。通过图中BCWS、BCWP、ACWP三条曲线的对比，可以更加直观综合地反映项目成本和进度的情况。

挣值法的四个评价指标：

1）费用偏差（Cost Variance，CV）：

$$\text{CV}=\text{BCWP}-\text{ACWP}$$

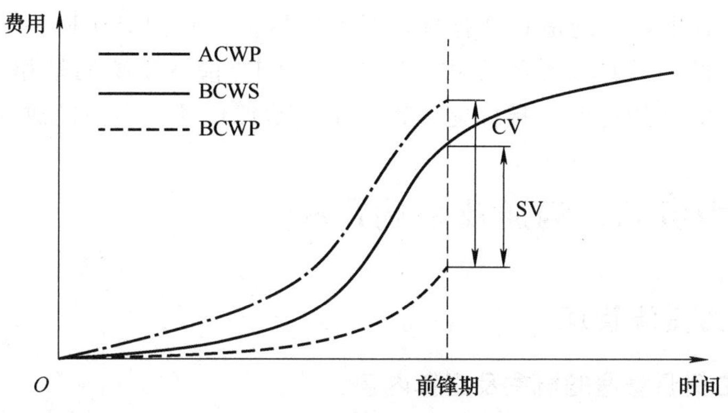

图 2-17　挣值分析原理图

CV 为负数时，即表示项目运行的实际费用超出预算费用；CV 为正数时，表示项目运行节支，实际费用没有超出预算费用。

2）进度偏差（Schedule Variance，SV）：

$$SV = BCWP - BCWS$$

SV 为负数时，表示进度延误；SV 为正数时，表示进度提前。

3）费用绩效指数（Cost Performance Index，CPI）：

$$CPI = BCWP/ACWP$$

CPI＜1，表示超支，即项目实际费用高于预算费用；CPI＞1，表示节支，即项目实际费用低于预算费用；CPI＝1，表示工作效果正常，项目实际费用等于预算费用。

4）进度绩效指数（Schedule Performance Index，SPI）：

$$SPI = BCWP/BCWS$$

SPI＜1，表示进度延误，即项目实际进度比计划进度拖后；SPI＞1，表示进度提前，即项目实际进度比计划进度快；SPI＝1，表示进度正常，即实际进度等于计划进度。

【案例 2-2】 某项目土方工程总挖方量为 4000m^3，计划用 10 天完成，每天挖 400m^3，预算单价为 45 元/m^3，开工后第 7 天，业主项目管理人员前去测量，取得两个数据：已完成挖方 2000m^3，实际成本发生额为 10 万元，试计算该项目的费用偏差（CV）、进度偏差（SV）、成本绩效指数（CPI）、进度绩效指数（SPI），并对成本和进度执行情况进行分析。

已完成工作量的预算费用 BCWP＝已完工作量×预算单价＝2000×45＝90000（元）。

计划工作量的预算费用 BCWS＝计划工作量×预算单价＝400×6×45＝108000（元）。

已完成工作量的实际费用 ACWP＝100000（元）。

费用偏差 CV＝BCWP－ACWP＝90000－100000＝－10000＜0。

进度偏差 SV＝BCWP－BCWS＝90000－108000＝－18000＜0。

费用绩效指数 CPI＝BCWP/ACWP＝90000/100000＝0.9＜1，表示超支；进度绩效指数 SPI＝BCWP/BCWS＝90000/108000＝0.83＜1，表示进度延误。

从 CV 和 SV 可知，本项目成本处于超支状态，项目实际进度落后于计划进度。从 CPI 和 SPI 可知，这两个指标都小于 1，说明该项目目前处于不利状态，必须分析其中存在的原因，并采取相应的措施。

从案例 2-2 可看出，无论是 CPI 指标还是 CV 指标，它们对于同一个项目在同一时点的评价结果是一致的，只是表示的方式不同而已。CPI 指标反映的是相对量，CV 指标反映的是绝对量，同时使用这两个指标能够较为全面地评价项目当前的成本绩效状况。

2.7 项目人力资源、沟通及采购管理

2.7.1 项目人力资源管理

（1）项目人力资源管理的概念及工作内容

项目人力资源管理是指根据项目目标，采用科学方法对项目人力资源进行有效规划、开发、配置、评价和激励等方面的工作。

项目人力资源管理包括两方面工作：

1）对外在因素（即人员数量及其专业构成比例等方面）的管理，目的是通过合理调配人力资源，满足项目目标和具体工作需要。

2）对内在因素（即人员心理和行为等方面）的管理，目的是通过评价、激励等手段，充分调动和发挥人的主观能动性，做到人尽其用。

（2）项目人力资源管理的过程

项目人力资源管理的过程主要包括制订人力资源计划、组建项目团队、建设项目团队、管理项目团队，每个环节的具体内容如下：

1）制订人力资源计划：识别和记录项目角色、职责、所需技能以及汇报关系，编制人员配备管理计划。通过制订人力资源计划，识别和确定那些拥有项目所需技能的人力资源。在人力资源计划中，应该包含项目角色与职责记录、项目组织机构图以及人员招募和遣散时间表。人力资源计划还可能包含培训需求、团队建设策略、认可与奖励计划、合规性考虑、安全问题以及人员配备管理计划对组织的影响等。应该特别关注稀缺人力资源的可得性，充分考虑其他工作对稀缺人力资源的竞争性需求。

2）组建项目团队：确认可用的人力资源并组建项目所需团队。根据人员配备计划，及时通过人员招聘、选拔、录用或谈判等方式选择项目所需人力资源，并根据个人的技能、素质、经验和知识等合理安排和配置人力资源。

3）建设项目团队：提高工作能力，促进团队互动和改善团队氛围，提高项目绩效。团队协作是项目成功的关键因素，通过开放和有效的沟通，在团队成员中建立信任，以建设性方式管理冲突，鼓励合作型的问题解决和决策制订方法，可以实现团队的高效运行。通过项目团队建设，可以改进人际技能、技术能力、团队环境以及项目绩效。在整个项目生命周期中，团队成员之间都要保持明确、及时、有效（包括效果和效率两个方面）的沟通。建设项目团队的目标包括：提高团队成员的知识和技能，增强团队成员之间的信任和认同感，创建富有生气和凝聚力的团队文化。

4）管理项目团队：跟踪团队成员的表现提供反馈，解决问题并管理变更，优化项目绩效。项目经理应该观察团队行为，管理冲突，解决问题，并评估团队成员的绩效。通过管理项目团队，可以提交变更请求，更新人力资源计划，解决问题，为绩效评估提供输

入，以及为组织数据库增加经验教训。进行团队管理需要综合运用各种技能，特别是沟通、冲突管理、谈判和领导力等方面的技能。项目经理应该向团队成员分配富有挑战性的任务，并对绩效优秀者进行表彰。

（3）项目人力资源管理工具——责任矩阵

责任矩阵是把所分解的工作任务落实到项目有关工作人员，并明确表示出他们在组织中的关系、责任和地位的一种方法和工具，是一种在工作分解结构与项目组织结构间建立起对应关系的结构。责任矩阵建立在工作分解结构和项目组织结构确定之后，是项目工作的落实环节，也是项目计划、控制和考核的依据。

责任矩阵以工作元素为行，组织单元为列，矩阵中的符号表示项目工作人员在每个工作单元中承担的角色或责任。责任矩阵的表达方式有多种，表 2-6 所示的责任矩阵是采用 RACI 图的方式制作的，表 2-7 所示的责任矩阵是采用符号的形式制作的。

表 2-6　以 RACI 图表示的责任矩阵

活动	项目成员 1	项目成员 2	项目成员 3	项目成员 4	项目成员 5
定义	A	R	I	I	I
设计	I	A	R	C	C
开发	I	A	R	C	C
测试	A	I	I	R	I

注：R 表示执行（Responsible）；A 表示负责（Accountable）；C 表示咨询（Consulted）；I 表示知情（Informed）。

表 2-7　以符号表示的责任矩阵

活动	项目成员 1	项目成员 2	项目成员 3	项目成员 4	项目成员 5
定义	▲	○	●	○	□
设计	●	▲	○	○	□
开发	●	○	▲	○	□
测试	●	●	○	▲	□

注：▲表示负责；○表示审批；●表示辅助；□表示通知。

用责任矩阵来确定参与项目的组织及人员的责任的做法在项目管理中获得了广泛应用。由于责任矩阵是由线条、符号和简洁文字组成的图表，不但易于制作和解读，而且能够较清楚地反映出项目各工作部门或个人之间的工作责任和相互关系。

责任矩阵可以在 WBS 的任何层次使用，如战略层次的里程碑责任矩阵、项目层次的程序责任矩阵以及战术层次的日常活动责任矩阵。

2.7.2　项目沟通管理

（1）项目沟通管理的概念及组成内容

项目沟通管理是指通过开发工具及执行，旨在有效交换信息的各种活动，确保项目及其相关方的信息需求得到满足的工作。

项目沟通管理由两部分组成：一是制定策略，确保沟通策略对相关方有效；二是执行必要活动，以落实沟通策略。

项目经理的大部分时间都用于与团队成员和其他相关方沟通。其他相关方既包括来自组织内部的各个层级的管理者，也包括组织外部的人员。不同相关方可能有不同的文化和组织背景，以及不同的专业水平、观点和兴趣，而有效的沟通能够在他们之间架起一座桥梁。

（2）项目沟通管理的过程

项目沟通管理过程主要包括：

1）规划沟通。规划沟通是基于每个相关方或者相关方群体的信息需求、可用的组织资产，以及具体项目的需求，为项目沟通活动制订恰当的方法和计划的过程。

为了及时向相关方提供相关信息，引导相关方有效参与项目，编制书面沟通计划是必不可少的。在项目生命周期的早期，应针对项目相关方多样性的信息需求制订有效的沟通管理计划，在项目进行过程中定期审核沟通管理计划，及时进行调整修改，确保其持续适用。

2）管理沟通。管理沟通是确保项目信息能够得到及时且恰当的收集、生成、发布、存储、检索、管理、监督和最终处置的过程，目的在于促进项目团队和项目相关方之间的有效的信息流动。

项目管理沟通的内容主要包括：绩效报告；可交付成果的状态；进度进展；产生的成本以及相关方需要的其他信息。良好的沟通不仅限于发布相关信息，还要设法确保信息以适当的格式正确生成并传达给目标受众，还要求相关方给予反馈，为互动和参与提供机会，并清除妨碍有效沟通的障碍。

3）监督沟通。监督沟通是确保满足项目及其相关方的信息需求的过程，目的在于按照沟通计划和相关方参与计划的要求优化信息传递流程。

通过监督沟通过程可确定规划的沟通工具和沟通活动是否如预期般提高或保持了相关方对项目可交付成果与预计结果的支持力度。评估项目沟通的影响和结果，可确保在正确的时间，通过正确的渠道，将正确的内容（信息的发送方和接收方对其理解一致）传递给正确的受众。监督沟通可能导致规划沟通和管理沟通过程的迭代，以便修改沟通计划，增加沟通活动，提高沟通效率。

（3）项目沟通模型

项目沟通是一个双向、互动的反馈和理解过程，其基本沟通模型见图 2-18。

基本沟通模型的沟通过程如下：

1）编码。发送方把思想或观点转化为编码。

2）传递信息。发送方通过沟通渠道（媒介）发送信息，信息的传递可能受各种因素的干扰，如距离、不熟悉的技术、不合适的基础设施、文化差异和缺乏背景信息等，这些因素统称为噪声。

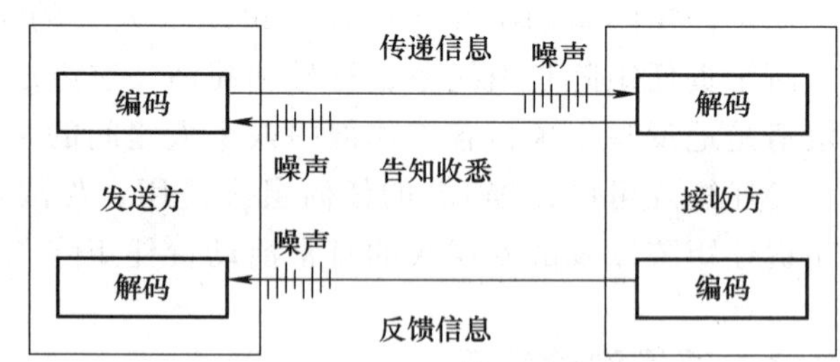

图 2-18　基本沟通模型

3）解码。接收方把信息还原成有意义的思想或观点。

4）告知收悉。接收到信息后，接收方需要通知发送方自己已经收到信息，但这不一定意味着同意或者理解信息的内容。

5）反馈信息。对收到的信息进行解码并理解之后，接收方把还原出来的思想或观点编码成信息，再传递给最初的发送方。

在讨论项目沟通时，需要考虑沟通模型中的各个要素。作为沟通过程的一部分，发送方负责信息的传递，需确保信息的清晰性和完整性，还需要确认信息已经被接收方正确地理解。接收方负责确保完整地接收信息，正确地理解信息，并需要向发送方告知收悉和反馈信息。

（4）项目沟通方式

可以使用多种沟通方式在项目各相关方之间共享信息，主要包括：

1）交互式沟通。是指在两方或者若干方之间进行多向信息交换。这是确保全体参与者对特定话题达成共识的最有效的方法之一，包括会谈、电话、即时通信和视频会议等。在交互式沟通中，沟通主体和沟通客体两者的角色不断变换，且沟通主体是以协商和讨论的态度来对待沟通客体的，信息发出后还要认真听取沟通客体的反馈意见，必要时可以多次沟通，直到双方满意为止。

2）推式沟通。推式沟通是指把信息发送给需要接收这些信息的特定接收方。这种方式可以确保信息的发送，但不能确保信息送达受众或者被目标受众理解。推式沟通包括信件、备忘录、报告、电子邮件、传真、语音邮件、日志、新闻稿等。

3）拉式沟通。拉式沟通用于信息量很大或者受众很多的情况，要求接收者自主地访问信息内容。这种方法包括企业内网、经验教训数据库、知识库等。

推式沟通和拉式沟通传递信息的速度快，但是因为没有反馈，准确性可能较差。

对项目沟通方式的选择主要取决于以下因素：沟通需求、成本和时间的限制、相关工具和资源的可用性以及对相关工具和资源的熟悉程度，项目利益相关方需要就沟通方式的选择取得一致的意见。

2.7.3　项目采购管理

（1）项目采购管理的概念

项目采购管理是指对从项目组织外部获取资源、产品、服务或成果的过程进行管理，旨在确保项目采购的经济性、及时性、质量合格和程序合规。

项目采购管理过程围绕合同进行，所以项目采购管理包括合同签订、合同管理以及合同变更控制过程。通常情况下，由于项目经理无权签署对组织有约束力的法律协议，不必成为采购管理法律法规领域的专家，但是应该对采购过程有足够的了解，以便做出与合同和合同管理有关的相应决策。

（2）项目采购管理的过程

项目采购管理过程主要包括以下工作内容：

1）规划采购。规划采购是记录项目采购决策、明确采购方法、识别潜在卖方的过程。规划采购的主要作用是：确定是否需要从项目外部获取货物和服务，如果需要，确定将在什么时间、以什么方式获取什么样的货物和服务。

规划采购首先要确定是自制还是采购，如果是采购，需要制订采购管理计划并编制采购工作说明书，采购工作说明书应详述拟采购的产品、服务或者成果，以便潜在卖方确定他们是否有能力提供，采购工作说明书还应详述拟采购物品的履约期限、工作地点和其他内容。规划采购还要考虑供方选择标准，如果是很容易从许多合格卖方获得的采购品，则选择标准可以是最低价中标；如果是比较复杂的产品、服务等，还需要确定和记录其他的选择标准，比如卖方对采购工作说明书的响应、全生命周期成本、技术能力、风险、管理方法和技术方案。规划采购中还要考虑即将使用的合同类型。

2）实施采购。实施采购是获取卖方应答、选择卖方并授予合同的过程。

在该过程中，潜在卖方投标，采购团队按照事先确定的选择标准选出一家或者多家有资格履行工作的卖方，以买方和卖方签订合同作为可交付成果。实施采购的过程通常辅以采购谈判，采购谈判是指在合同签署之前，对合同的结构、各方的权利和义务以及其他条款加以澄清，以便双方达成共识。谈判应由采购团队中拥有合同签署职权的成员主导，项目经理和项目管理团队的其他成员可以参加谈判并提供必要的协助。最终的合同应该反映双方达成的一致意见。

3）控制采购。控制采购是管理采购关系，监督合同绩效，实施必要的变更和纠偏，以及关闭合同的过程，旨在确保卖方的绩效达到采购要求，买方也按照合同条款履约。

对于有多个供应商的较大型项目，合同管理的一个重要方面是管理各个供应商之间的界限。在控制采购过程中，应根据合同来审查和记录卖方当时的绩效或截至目前的绩效水平，并在必要时采取纠正措施。如果合同规定基于项目输出及可交付成果来付款，而不是基于项目工时来付款，则可以更有效地开展采购控制。在合同收尾前，经过双方共同协商，可以随时根据合同的变更控制条款对合同进行修改。如果卖方已经按质量技术要求交付了全部可交付成果，没有未决索赔或发票，全部最终款项已经付清，则标志着本次采购活动结束。

(3) 项目采购管理工具——自制与外购分析

自制与外购分析是一种通用的管理技术，用来确定某项工作最好是由项目团队自行完成，还是必须从外部采购。

自制与外购分析决策时通常考虑以下因素：

1）资源的限制。某些情形下，虽然项目组织内部具备相应的能力，但由于相关资源正在从事其他项目，为满足进度要求，也需要从组织外部进行采购。

2）预算制约因素。自制与外购分析应考虑全部相关成本，包括直接成本与间接成本。买方在分析外购的可能性时，既要考虑购买产品本身的实际支出，又要考虑因支持采购过程和维护该产品而产生的间接成本。如果买方选择自制，需要考虑固定资本的投资，以及生产的直接成本和间接成本，还包括将来使用过程所发生的运营维护费用。

3）自制与外购的优缺点。一方面，自制需要较多投资，当市场不确定性较高时可能会造成固定资产的闲置和浪费，由于规模的扩大还会产生额外的管理成本，因此存在较大的经营风险；另一方面，自制能够实现直接控制，能够保证产品质量较好、按时完成，可以利用自身的专有技术实现竞争优势。外购则会产生交易成本，需要间接控制，可能在产品质量保证以及完工时间方面具有风险，但是如果协作企业具有专业化、规模经济和成本优势，那么外购会节省成本，并且外购能够享受专业公司技术进步的好处。

2.8 项目风险管理

2.8.1 项目风险管理的概念

项目风险管理是指通过风险的识别、分析和评价去认识项目可能面临的风险，采取合理的应对措施，有效控制和妥善处理风险事件造成的不利后果，保证项目总体目标的实现。

项目风险管理的指导原则是在风险和机遇之间寻找平衡，其目的是尽量增加有利、积极的事件发生的概率及其影响，减少不利、消极的事件发生的概率及其影响，最大化实现整体项目目标的概率，把项目风险控制在可接受的范围之内。

由于风险会在项目生命周期内持续发生，项目风险管理需要不断迭代开展。在项目规划期间，可通过调整项目策略对风险做初步处理，在项目进展期间，应监督和管理风险，确保项目不偏离正轨，同时突发性风险也能得到及时处理。

2.8.2 项目风险管理的过程

项目风险管理过程通常包括规划风险管理、识别风险、定性风险分析、定量风险分析、规划风险应对、实施风险应对、监督风险共七个步骤，具体内容如下：

(1) 规划风险管理

规划风险管理旨在确定如何计划和实施风险识别、分析、评价、应对和控制等风险管理的具体活动。其主要作用在于确保风险管理的水平、方法和可见度与项目风险程度以及项目对组织和其他利益相关方的重要程度相匹配。规划风险管理在项目的整个生命周期中只开展一次或仅在项目的预定义点开展。

(2) 识别风险

识别风险是指识别单个项目风险以及整体项目风险的来源，并记录风险特征的过程。本过程的主要作用是记录现有的单个项目风险，以及整体项目风险的来源，同时汇集相关信息，以便项目团队恰当应对已识别的风险。该过程需要在整个项目期间开展。

(3) 定性风险分析

定性风险分析是指通过评估单个项目风险发生的概率和影响以及其他特征，对风险进行优先级排序，从而为后续分析或行动提供依据的过程。本过程的主要作用是重点关注高优先级的风险，因此在整个项目期间都要开展。在风险管理中，应首先识别可能对项目产生最严重影响的事件，通过将注意力集中于那些占整体10%～20%的最大的风险，就有可能解决影响项目大约80%的总体风险量。

(4) 定量风险分析

定量风险分析是指就已识别风险的单个项目的风险和不确定性的其他来源对整体项目目标的影响进行定量分析的过程。本过程的主要作用是量化整体项目风险敞口，并提供额外的定量风险信息，以支持风险应对规划。本过程并非每个项目所必需的，但是如果采用，会在整个项目期间持续开展。定量风险分析适用于大型或复杂的项目、具有战略重要性的项目、合同要求进行定量分析的项目，或相关方要求进行定量分析的项目。

（5）规划风险应对

规划风险应对是为处理整体项目风险敞口以及应对单个项目风险，而制订可选方案、选择应对策略并商定应对行动的过程。本过程的主要作用是：制订应对整体项目风险和单个项目风险的适当方法；分配资源，并根据需要将相关活动添加进项目文件和项目管理计划。本过程要在整个项目期间开展。风险应对方案应与风险的重要性相匹配，能经济有效地应对挑战，在当前背景下现实可行，能获得全体相关方同意，并由一名具体责任人负责。风险应对策略包括主要策略和备用策略，如果选定的策略不完全有效，还需要制订应急策略，同时，需要识别次生风险（次生风险是因实施风险应对措施而直接导致的风险），还需要为风险分配时间或成本方面的应急储备，并可能需要说明动用应急储备的条件。

（6）实施风险应对

实施风险应对是执行商定的风险应对计划的过程。其作用是强调风险应对计划实施的重要性，确保按计划执行商定的风险应对措施，来管理整体项目风险敞口，最小化单个项目威胁，以及最大化单个项目机会。

（7）监督风险

在整个项目期间，监督风险包括跟踪已识别的风险、识别和分析新风险，以及评估风险管理的有效性。很多时候项目团队不能控制风险，但是项目团队能够监督风险。本过程的主要作用是确保项目决策基于关于整体项目风险敞口和单个项目风险的当前信息，需要在项目整个生命周期内展开。

2.8.3 项目风险应对措施

如果项目团队或项目发起人认为某威胁不在项目范围内，或提议的应对措施超过了项目经理的权限，就应该采取上报措施。被上报的风险将由上一层级相关部门管理，而不在项目层面。威胁一旦上报，就不再由项目团队进一步监督。

在项目风险管理中可以采用多种风险应对措施，主要包括：

（1）规避风险

规避风险是指改变项目管理计划，以完全消除威胁。在一些项目中，有的风险是可以通过某些手段消除的，例如采用不同的技术路径或者更换产品或服务的提供方，最极端的规避策略是取消整个项目。在项目早期出现的某些风险也可以通过澄清需求、获取信息、改善沟通或取得专有技能加以回避。需要注意的是，规避某一风险有时也可能会产生别的风险，规避风险有时也可能会丧失与这一风险相伴的机会。规避风险策略适用于以下两种情况：一是某种特定风险发生概率和损失程度相当大；二是应用其他风险处理技术的成本超过其产生的经济效益，采用规避风险措施可使项目受损失的可能性降至最低。

（2）减轻风险

如果消除风险的成本太高或者不可能，那么可以设法降低风险事件发生的概率或减少风险所带来的影响，或者同时从这两方面来考虑。提前采取减轻风险的措施通常比风险出现后造成损失再尝试进行弥补更加有效。典型的例子是在研发项目中并行开发两种互斥的技术，以降低研发失败的风险发生的概率，以及减少研发失败可能对项目产生的不利影响。尽管只有一项技术将得到应用，但是并行开发减少了失败的可能性。减轻风险措施是一种积极的风险处理策略。

(3) 转移风险

有的项目可以由利益相关方来分担风险（以及分享利益），这些利益相关方包括供应商、分包商、合伙人、客户等。购买保险以及保证担保则是另一种风险分担的方式。采用风险转移策略，通常需要向承担风险的一方支付风险转移费用。在许多情况下，成本补偿合同可以把风险转移给买方，而固定总价合同可以把风险转移给卖方。

(4) 接受风险

在项目团队决定不为处理某个风险而变更项目管理计划，或者无法找到任何其他经济有效的应对策略，又或者风险发生的概率很低或可能造成的损失很小时，可采用接受风险策略。接受风险策略可以分为主动接受风险和被动接受风险。主动接受风险即建立应急储备，事先预留一定的时间、资金或资源来应对风险；被动接受风险则不会主动采取行动，只是定期对威胁进行审查，确保其状态并未发生重大改变。即使是被动接受风险，风险发生后也应采取有效的措施控制风险的聚集和扩散。

2.8.4　项目风险管理常用工具

按照风险管理过程中的不同任务，风险管理的方法工具也有所不同，常用的项目风险管理工具有风险分解结构、核检表法、头脑风暴法、德尔菲法、情景分析法等，常用的项目风险分析与评估方法有风险概率和影响矩阵法、专家打分法、外推法、风险概率和风险影响评价、风险概率和影响矩阵法、层次分析法、模糊综合评价法等。下面就其中的常用方法展开叙述。

(1) 风险分解结构

风险分解结构是指按照风险类别和子类别来排列已识别的项目风险的层级结构，以显示潜在风险的所属领域和产生原因，是对潜在风险来源的层级展现。风险分解结构有助于项目团队考虑单个项目风险的全部可能来源，对识别风险或为已识别风险归类非常有用。组织可能有适用于所有项目的通用风险分解结构，也可能针对不同类型的项目适用几种不同的风险分解结构框架，或者允许项目量身定制专用的风险分解结构。即使组织并没有使用该种工具，也会有常用的风险分类框架，或者简单的类别清单，或者基于项目目标（工期、预算、质量、范围、相关方满意度）的影响因素清单。

图 2-19 所示的是一个风险分解结构示例，该示例列出了一个典型项目中可能产生的风险类别和子类别，不同的风险分解结构适用于不同类型的项目和组织。

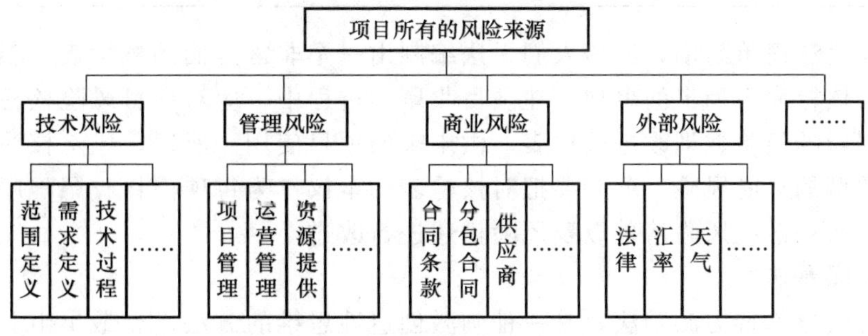

图 2-19　风险分解结构示例

（2）核检表法

核检表法也称为核对表法。核检表是根据以往类似项目或从其他渠道积累的历史信息与知识编制的与项目相关的全部潜在风险的集合。在采用风险分解结构的情况下，也可用风险分解结构的最底层作为风险核检表的基本内容。核检表可以包含多种内容，如以前项目成功或失败的原因、项目其他方面规划的结果（范围、成本、质量、进度、采购与合同、人力资源与沟通等计划成果）、项目产品或服务的说明书、项目团队成员的技能、项目可用资源等。

采用核检表进行风险识别时，将项目可能产生的潜在风险列于一张表上，供风险管理人员进行检查核对，用来判别项目中是否存在表中所列或类似的风险。在复杂工作中，为了避免出现重复或遗漏，可以利用工作核对表，每完成一项任务就要在核对表上标出记号，表示任务结束。表 2-8 所示为项目生命周期内风险因素核检表。

表 2-8　项目生命周期内风险因素核检表

生命周期	可能的风险因素
全过程	（1）对一个或更多阶段的投入时间不够 （2）没有记录下重要信息 （3）尚未结束一个或更多前期阶段就进入了下一阶段
启动	（1）没能书面记录下所有的背景信息与计划 （2）没有进行正式的成本—收益分析 （3）没有进行正式的可行性分析 （4）不知道是谁首先提出了项目创意
计划	（1）准备计划的人过去没有承担过类似项目 （2）没有写下项目计划 （3）遗漏了项目计划的某些部分 （4）项目计划的部分或全部方面没有得到所有关键成员的批准 （5）指定完成项目的人不是准备计划的人 （6）未参与制订项目计划的人没有审查项目计划，也未提出任何疑问
执行	（1）主要客户的需求发生了变化 （2）收集到的有关进度情况和资源消耗的信息不够完整或不够准确 （3）项目进展报告不一致 （4）一个或多个重要的项目支持者分配了新的任务 （5）在实施期间替换了项目团队成员 （6）市场特征或需求发生了变化 （7）做了非正式变更，并且没有对它们带给整个项目的影响进行一致分析
收尾	（1）一个或更多项目驱动者没有正式批准项目成果 （2）在所有项目工作尚未完成的情况下，人员就被分配到了新的项目组织中

虽然核检表法简单易用，但是人们无法编制出一个非常全面的核检表。项目团队应该注意考察未在核检表中列出的事项。在项目收尾的过程中，应对项目风险核检表进行全面审查，并根据新的经验教训改进核检表，供未来的项目使用。所以，风险核检表应逐项列出项目所有类型的可能风险，务必要把对核检表的审议作为每项项目收尾程序的一个正式步骤，以便对所列潜在风险清单以及风险描述进行改进。

（3）头脑风暴法

头脑风暴法也称智力激励法，是一种刺激创造性思维的方法。它最早由美国学者奥斯本于 1939 年提出，并于 1953 年正式发表。它是通过小型会议的形式，让所有参与者在自由愉快、畅所欲言的环境氛围中充分交流、互相启迪，以此激发与会者的创意灵感，围绕各种问题、意见、建议在相互碰撞中激起脑海的创造性风暴。在项目管理过程中，头脑风暴法是一种很常用的风险识别方法，项目组通过头脑风暴会议和成员之间的充分讨论，共同分析、识别并确定项目可能存在的风险，以此为风险评价提供对象，也为项目团队制定风险应对措施提供依据。适用于探讨的项目问题目标明确、单一的情况。

头脑风暴法的步骤如下：

①人员的确定。会议的参与者都应具有较高的联想能力，主要由风险管理专家、风险分析专家、相关领域专家和主持人组成。主持人必须拥有较强的逻辑思维能力、总结分析能力、提问和引导能力，并且能够及时在会议进程中对项目风险识别结果进行总结，使参会人员能够持续发现和识别项目的不同风险和风险影响因素。

②明确中心议题。议题应尽可能具体，例如：如果公司开拓某国家新能源建设市场会遇到哪些风险以及这些风险的危害程度等。

③轮流发言并记录。应尽可能原话记录每条意见，不加以评论。

④对意见进行总结评价。与会人员在完成轮流发言之后，应一起分析每一条发言，最后由主持人总结出几条重要结论，即该项目或该类项目可能遇到的重要风险。总结评价也可能在会后进行。

（4）德尔菲法

德尔菲法也称为专家调查法，是由赫尔默和戈登在 20 世纪 40 年代创立的。它是通过一系列简明的征询表（一般为风险因素列表），用匿名通信的方式，向专家征询意见，经过有控制的反馈，取得一组专家尽可能可靠的统一意见，整理后得到项目风险识别结果。德尔菲法具有广泛的代表性，一般情况下应用该方法得出的结果也较为可靠，适用于项目专业性强、业内专家经验丰富的情况。

德尔菲法的步骤如下：

①准备调查表。例如某项目投标前想要识别风险，承包商可用公司常见风险因素清单或其他来源风险清单作为调查表，让专家根据项目的具体情况进行风险识别。所提问题的含义要具体明确，使回答的人能够正确理解。

②选择被调查专家。按照预测问题涉及的领域与所需专业知识，挑选组织内外部专家形成专家小组，专家之间彼此不碰面。

③第一轮调查。把调查表寄给各个专家，要求他们根据自己的知识和经验回答表中的每一个问题。收集专家意见结果并进行综合整理，把比较集中的、相同的意见汇总成第二轮调查表。

④第二轮调查。要求专家根据新的调查表和新的信息做出新的判断，汇总专家意见结果。

⑤重复步骤④，直至专家意见趋于一致。

（5）情景分析法

情景分析法是风险管理人员通过数字、图表和曲线等，对工程项目未来的某个情景进行模拟，从而识别引起项目风险的关键因素及其影响程度的风险识别方法。该方法适用于需要决策者做出风险相关决策，拓展决策者的视野，帮助决策者分析相关应对措施的可能后果、风险的变化趋势及风险应对措施的选择等情况。

情景分析法的步骤如下：

①明确风险识别目标。根据项目目标、范围、计划等资料，确定在本项目中风险识别的范围和重点。

②识别关键风险因素。考虑在特定的时间和空间范围内什么因素可能会导致风险的发生，进而识别出影响项目目标实现的关键风险因素及其特征。

③分析与预测关键因素。对风险因素进行定性与定量分析，基于假设对风险因素发生的概率及其可能对项目目标造成的影响做出评估。

④情景构建与描述。系统地分析项目内外的相关问题并预测可能面临的情景，采用文字和图表等形式尽可能地描述所有可能的情况。

⑤情景分析与预测。运用其他传统的风险分析与评价技术，模拟各种情景的发展路径，量化各情景下项目可能产生的结果以及风险因素对项目目标的影响。

⑥风险应对与监控。根据预测结果，得出不同情景的风险应对措施。随着项目的实施，风险因素的不确定性逐渐显现，应通过检验主要指标和预测确定情景，采用相应的风险应对策略。

（6）专家打分法

专家打分法是通过专家为项目风险进行打分的方式，对风险进行优先级排序，从而为后续风险管理流程提供参考。该方法是最常用的、最简单的分析方法之一，适用于因项目资料缺乏或数据采集代价太高而不能进行定量分析的情形，但此方法受专家主观因素影响较大，使用该方法时建议根据专家的工作经验、对项目的了解程度以及知识领域等适当赋权。

专家打分法步骤如下：

①根据项目类型选择适合的专家组成专家组。

②确定每个风险因素的权重，以表示该风险因素对项目的影响程度。

③根据风险识别的结果建立风险因素打分表。风险等级一般分为五档，5 表示高风险、4 表示较高风险、3 表示中等风险、2 表示较低风险、1 表示低风险。

④根据专家个人特点（工作经验、知识领域等）确定专家的权重，以显示专家的打分对最终结果的影响程度。

⑤综合计算项目风险水平。将每个风险因素的权重和等级值相乘，求出各风险因素的得分，再将各风险因素得分求和，得到每位专家的工程项目总风险值。考虑专家的权重，将每位专家的风险总分与各自的权重相乘，再除以全部专家的权重值之和，得到工程项目总风险值。总分越高，风险越大。

（7）外推法

外推法是进行评估风险的一种十分有效的方法，它可分为前推法、后推法、旁推法三种类型，适用于对有历史相关资料或者类似项目、事件资料的项目的风险评估。

①前推法。该方法可以根据历史经验和数据判断出未来事件发生的概率及其后果。如果历史数据具有明显的周期性，就可据此直接对风险做出周期性的评价；如果历史数据看不出明显的周期性，就可用一曲线或分布函数来拟合这些数据再进行外推，使用该方法时应注意历史数据的不完整性和主观性。

②后推法。如果没有直接的历史数据可供使用，可以用后推法把未知的想象的事件及

其后果与某一已知的事件及其后果联系起来，把未来的风险事件归结到有数据可查的造成这一风险事件的初始事件上，从而对风险做出评价。

③旁推法。利用类似的项目的数据进行外推，用某一项目的历史记录对新的类似项目可能遇到的风险进行评价，使用该方法时需要充分考虑新的环境的各种变化。

【案例 2-3】 某公司拟评估在东南亚某国的建设项目的经济风险，采用该国的经济数据（GDP）作为主要的参考指标，若该国 GDP 近几年保持稳定增长，则经济风险降低；若该国 GDP 增长速度不稳定或持续下降，则经济风险增加，具体数据见表 2-9。

表 2-9　东南亚某国 2016—2022 年 GDP 数据

时间（年）	GDP（亿美元）
2022	4088
2021	3661
2020	3466
2019	3344
2018	3101
2017	2814
2016	2571

通过观察，该国 GDP 数据呈现明显的规律性，可选择前推法进行 GDP 预测来判断经济风险的大小（受疫情影响，2020 年数据忽略不计）。

经计算，该国 GDP 每年上升的速度为 11.66％、9.48％、7.84％、10.2％、9.45％，平均上升速度为 9.73％。预测 2024 年和 2025 年 GDP 数据为：4922 亿和 5401 亿美元。该国 GDP 保持高速稳定增长，经济风险较小。

（8）风险概率和风险影响评价

风险概率评价研究每个具体风险将要发生的可能性，研究风险对项目进度、质量、成本等方面可能产生的影响。风险概率和风险影响确定后，将二者相乘，得到该因素的风险值，风险值越大，说明该风险因素对项目影响越大。确定每个风险的概率和影响，常采用专家访谈法，专家来源包括行业经验丰富的资深人士和项目组内部的管理人员等。该方法适用于常规项目的风险评估，风险概率及风险影响经计算或经验能够得出对风险的评估。风险值（V）＝风险影响（S）×风险概率（P）。

【例 2-4】 某项目经专家访谈确定风险概率和风险影响数据见表 2-10。

表 2-10　某项目的风险概率和风险影响数据

风险因素	风险概率（P）	风险影响（S）（参考表 2-11）	风险值（V）
自然风险	0.10	0.20	0.02
社会风险	0.30	0.10	0.03
政策风险	0.20	0.30	0.06
经济风险	0.20	0.20	0.04
技术风险	0.30	0.20	0.06
管理风险	0.10	0.10	0.01

结果表明：该项目需密切关注的主要风险是政策风险和技术风险，自然风险、经济风险和社会风险也需关注，管理风险值最低，可以最后考虑。

(9) 风险概率和影响矩阵法

风险概率和影响矩阵是一种简单有效的风险评价方法，它将决定危险事件风险的两种因素，即所有种类的影响严重程度和发生的概率，按其特点划分为相对的等级，形成风险概率和影响矩阵，即多维表格，来定性地衡量风险大小。

对已确定的风险，一般选择影响程度和发生概率两个要素。风险概率和影响矩阵为获得风险水平提供了一个简单、快速和有效的方法。然而，由于该方法受人的主观性影响，它不能为评估风险水平提供高的精确度或重复性。

风险概率和影响矩阵法的基本步骤如下：

①识别项目所有的风险。识别项目所有的风险可以采用风险分解结构和核检表法。

②评估风险概率。评估风险概率旨在调查每个具体风险发生的可能性。项目风险概率及其分布应该根据类似的历史项目信息和资料来确定，可以通过项目数据库或商业化的项目数据公告等获得。当没有足够的类似历史项目的信息和资料时，可以使用主观设定的概率分布模型或理论概率分布模型去确定某个项目风险的发生概率。在度量项目风险的可能性时，采用的方法包括概率分布与数理统计的方法、人工或计算机模拟仿真的方法、专家判断和决策的方法等。项目风险可能性度量的结果一般用“高、中、低”或者“大、中、小”表示。如果采用“高、中、低”三级划分的情况，“高”可以转化成项目风险为“66%以上”，“中”可以转化成项目风险为“33%～66%”，“低”可以转化成项目风险为“33%以下”。当然，也可以把项目风险可能性划分为五个等级，分别以很低、低、中等、高和很高来表示。

③评估风险影响。评估风险影响旨在调查风险对项目目标（如进度、成本、质量或性能）的潜在影响，既包括其造成的消极影响（威胁），又包括其产生的积极影响（机会）。风险是一种不确定的事件或条件，一旦发生，会对项目目标，如范围、成本、进度和质量造成影响，因此可以制订风险对主要项目目标的影响量表（见表 2-11）。

表 2-11 风险对主要项目目标的影响量表

项目目标	很低	低	中等	高	很高
	0.05	0.10	0.20	0.40	0.80
成本	成本增加不显著	成本增加小于 10%	成本增加 10%～20%	成本增加 20%～40%	成本增加大于 40%
进度	进度拖延不显著	进度拖延小于 5%	进度拖延 5%～10%	进度拖延 10%～20%	进度拖延大于 20%
范围	范围减少微不足道	范围的次要方面受到影响	范围的主要方面受到影响	范围缩小到发起人不能接受	项目最终结果没有实际用途
质量	质量下降微不足道	仅有要求极高的部分受到影响	质量下降需要发起人审批	质量降低到发起人不能接受	项目最终结果没有实际用途

注：本表格只是示范性地定义了风险对项目部分目标的影响。在风险管理规划中，项目组成员应根据具体目标的情况以及组织的风险临界值对表格中的定义进行“剪裁”。另外，本表只反映威胁的影响，可以用类似方法对机会的影响进行定义。

④建立风险概率和影响矩阵。在项目开始之前，组织就要制订风险评级规则。在进行风险评估时，应选择熟悉相应风险类别的人员，对他们进行访谈或与召集他们参加会议，对已经识别的每个风险都要进行概率和影响评估。这些人员中应该包括项目团队成员，也可以包括项目外部的经验丰富的人员。通过访谈或者会议，评估每个风险的概率级别及其对每个项目的影响，还应记录相应的说明性细节。例如，确定风险级别所依据的假设条件，对风险的概率和影响进行评级，基于风险评级结果对风险进行优先排序，以便进一步进行定量分析和风险应对。通常用概率影响矩阵来评估每个风险的重要性和所需的关注优先度。根据概率和影响的各种组合，可以把风险分为低、中、高风险。深灰色（数值最大）区域代表高风险；中度灰色（数值最小）区域表示低风险，而白色（数值在最大值和最小值之间）区域代表中等风险。风险概率影响矩阵见表 2-12。

表 2-12　风险概率影响矩阵

概率	风险概率影响矩阵									
0.90	0.05	0.09	0.18	0.36	0.72	0.72	0.36	0.18	0.09	0.05
0.70	0.04	0.07	0.14	0.28	0.56	0.56	0.28	0.14	0.07	0.04
0.50	0.03	0.05	0.10	0.20	0.40	0.40	0.20	0.10	0.05	0.03
0.30	0.02	0.03	0.06	0.12	0.24	0.24	0.12	0.06	0.03	0.02
0.10	0.01	0.01	0.02	0.04	0.08	0.08	0.04	0.02	0.01	0.01
	0.05	0.10	0.20	0.40	0.80	0.80	0.40	0.20	0.10	0.05
	风险对目标（如成本、时间、范围或质量）的影响（相对量表）									

⑤制订应对策略。如果风险处于矩阵的高风险区，就需要采取优先措施和积极的应对策略。如果风险处于低风险区，可能只需将之列入观察清单或为之增加应急储备，而不需要采取积极的管理措施。

第 3 章　工程建设项目过程管理

为了更好地进行工程建设项目管理，通常要把一个工程建设项目划分成若干个工作阶段。阶段划分的数量及每个阶段所需的控制程度取决于项目的规模、复杂程度和潜在影响等。本章将工程建设项目的生命周期划分为投资决策阶段、建设准备阶段、建设实施阶段和建设完成阶段，主要介绍工程建设项目生命周期中的投资决策、设计、施工、试运行、竣工验收及质量保修的管理任务和要求等。

3.1　工程建设项目概述

3.1.1　工程建设项目的概念

在我国投资建设领域中，不同管理部门和项目管理阶段对投资建设活动有不同的称谓，常用的有投资项目、建设项目、工程项目、建设工程项目、工程建设项目等。这些概念之间既有相同的含义，又有一些区别。

投资项目即固定资产投资项目的简称，是指为实现某种特定目的，投入资金和资源，在规定的期限内建造或购置固定资产的一整套活动。2020 年中华人民共和国国家发展和改革委员会（以下简称国家发展改革委）等 18 个部门联合颁布的《固定资产投资项目代码管理规范》中，将固定资产投资项目定义为：在中国境内建设的，有一个主体功能、有一个总体设计、经济上独立核算、按照《政府投资条例》《企业投资项目核准和备案管理条例》管理的建设单位（活动）。投资项目包括两类：一类是兴工动土的建造工程，如铁路、公路、矿山、水电站、工厂等；另一类是单纯设备购置，如购买飞机、车船等。建设项目是通过工程建设活动形成固定资产，并以其为主要物质载体实现投资目的的投资项目，强调的是通过建造活动形成固定资产。中国工程咨询协会主编的《工程项目管理指南》使用了工程项目的概念，认为工程项目是指为形成特定的生产能力或使用效能而进行投资建设的项目，含建筑安装工程和设备购置，并形成固定资产的各类项目。

《建设工程项目管理规范》（GB/T 50326—2017）使用了建设工程项目的概念。建设工程项目是指为完成依法立项的新建、扩建、改建工程而进行的、有起止日期的、达到规定要求的一组相互关联的受控活动，包括策划、勘察、设计、采购、施工、试运行、竣工验收和考核评价等阶段。

本书主要使用工程建设项目一词。工程建设项目是通过工程建设活动形成固定资产，并以其为主要物质载体实现投资目的的投资项目。为了阐述方便，有时会将其简称为投资项目、建设项目等，主要将其限定在项目决策和建设实施范围内，不包括项目运营。

3.1.2　工程建设项目的管理分类

由于工程建设项目种类繁多、规模迥异，不同类型与规模的项目往往在投资主体决策、政府审批、建设监管、交付验收等方面涉及不同决策方式的采用、不同管理模式的运用及不同的项目管理任务与内容。为了适应科学管理的需要，正确反映工程建设的性质、内容和规模，采用正确适当的管理方式，进行必要的计划编制与统计分析等，需要对工程建设项目进行相应的分类。

（1）按照行业领域分类

按照项目行业领域分，可以将项目分为基础设施投资项目、制造业投资项目、房地产投资项目和其他投资项目。

1）基础设施投资项目。基础设施是社会赖以生存和发展的基本条件。所谓基础设施投资项目，是指建造和购置为社会生产和生活提供基础性、大众性服务的工程和设施的投资项目。按照我国现行统计口径，基础设施投资包括交通运输、邮政业，信息传输和相关服务业，水利、环境和公共设施管理业三个主要行业的投资。从广义上看，基础设施投资还包括公用事业领域的投资（电力、热力、燃气及水生产和供应业的投资）。

随着经济社会发展和技术进步，近年来又出现了信息基础设施等新型基础设施项目。关于新型基础设施的范围，目前还没有统一权威的定义，大致可分为信息基础设施、融合基础设施、创新基础设施三类。其中，信息基础设施包括通信网络基础设施、新技术基础设施、算力基础设施等；融合基础设施包括智能交通基础设施、智慧能源基础设施等；创新基础设施则包括重大科技基础设施、科教基础设施、产业技术创新基础设施等。

2）制造业投资项目。原料经物理变化或化学变化后成为新的产品，不论是动力机械制造或手工制作的，也不论产品是批发销售或零售的，均视为制造。在国民经济行业分类和代码中，制造业包括 31 大类，既有黑色金属冶炼和压延加工、金属制品、通用设备制造、仪器仪表制造等传统行业，又有汽车制造、医药制造、计算机、通信等高技术产业，还有食品制造、纺织、家具制造等轻工业。

3）房地产投资项目。通常意义上，房地产投资是以房地产为对象，为获得预期效益而对土地和房屋进行开发建设和经营，以及购置房地产等涉及的投资。房地产投资项目，即房地产开发投资形成的项目。

从房地产投资的用途角度，可以将其分为地产投资、住宅房地产投资、商业房地产投资等。所谓地产投资，即单独地投资于土地，利用土地的买卖差价和进行土地开发后出售或出租经营来获取投资收益。住宅房地产投资，即投资建设商品住宅，既可以直接出售，又可以进行租赁经营。商业房地产投资，主要投资于写字楼、商场、酒店和有关娱乐设施等，以出租经营为主。此外，商业化开发建设的仓储物流设施、工业厂房等，也属于广义的房地产开发投资。

4）其他投资项目。基础设施、制造业、房地产之外的其他行业的投资项目，可统称为其他投资项目，主要包括农、林、牧、渔业项目，采矿业项目，批发和零售业、住宿和餐饮业、金融业、科学研究和技术服务业项目，教育、卫生、文化、体育和娱乐业项目，公共管理、社会保障和社会组织项目等。这些项目类型众多、领域广泛，对经济和社会发展同样发挥着十分重要的作用。

(2) 按投资资金来源分类

按照项目的投资资金来源分，工程建设项目可以分为政府投资项目、企业投资项目和混合（联合）投资项目。

1）政府投资项目。《政府投资条例》规定，政府投资是指在中国境内使用预算安排的资金进行固定资产投资建设活动，包括新建、扩建、改建、技术改造等。所谓政府投资项目，是指政府采取直接投资方式、资本金注入方式投资的项目。这类项目，政府履行投资人角色，由政府直接组织或主导建设，建成后有关资产和产权归属国家，政府对项目决策和实施进行较多的直接管理。

2）企业投资项目。《企业投资项目核准和备案管理条例》规定，企业投资项目是指企业在中国境内投资建设的固定资产投资项目。企业投资项目由企业自主决策、自主建设、自担风险，政府根据不同情况实行核准或备案管理。如果企业投资项目申请使用了政府投资补助、贷款贴息、财政奖补资金等，依然属于企业投资项目，政府侧重于预算资金的管理，不会干预项目的具体决策和实施。

3）混合（联合）投资项目。混合（联合）投资项目是指使用部分政府资源，如由政府提供以政府或事业单位为使用权人的划拨建设用地，并由各类企业利用自筹资金采用PPP/BOT（公共私营合作制/建设—经营—移交）等融资方式建设的项目，企业通过项目建成后的产权移交或特许经营权下的项目运营来收回投资。

此种划分的目的多是进行政府与社会投资资金的筹集计划与统计分析。

(3) 按投资目的分类

按照项目的投资目的分，可以将工程建设项目分为经营性项目、准经营性项目、非经营性项目。

1）经营性项目。经营性项目都是竞争性项目，通过投资以实现所有者权益的市场价值最大化为目标，以竞争性方式向市场销售产品或服务，以投资盈利为行为趋向，由项目法人自负盈亏。生产或流通领域的绝大多数投资项目都属于经营性项目。

2）准经营性项目。准经营性项目一般指项目产出直接为公众提供基本生产或生活服务，本身有生产经营活动和营业收入，但生产经营和产品定价等往往受到一定程度的政府管控、不能单纯通过市场自发竞争的项目。有些准经营性项目通过直接收费可以回收全部投资成本，有些不能回收全部投资成本，需要政府补贴才能维持运营。

准经营性项目的产品或服务的定价一般受政府管控或引导。政府通过制定和调整政府定价目录等方式，间接管理准经营性项目，既使其具有一定的运营和生存能力，又要保障社会公众利益。

准经营性项目主要包括竞争性的基础设施和公益项目，如部分能源（电力、石油）、公用事业（自来水、污水和垃圾处理）、交通运输（公路运输地铁）、成人和职业教育（私立学校）等项目。

3）非经营性项目。非经营性项目旨在实现社会目标和环境目标，为社会公众提供公共产品或服务。非经营性项目不以盈利为目标，不会或者不应收费，包括社会公益事业（如义务教育、公共卫生）项目、某些环境保护与污染治理（如大气和黑臭水体污染治理）

项目、部分公用基础设施（如市政道路、城市绿化）项目，以及政府基础设施、党政机关自身建设等项目。这类项目的投资一般由政府安排，维护运营资金也由政府支出。

按照《政府投资条例》，政府投资资金应当投向市场不能有效配置资源的社会公益服务、公共基础设施、农业农村、生态环境保护、重大科技进步、社会管理、国家安全等公共领域的项目，以非经营性项目为主。

近年来，为了提高公共服务效率，各级政府通过公共产品价格市场化改革、运营期财政补贴或财政奖励等方式，可以将一些具备条件的非经营性项目转为准经营性项目，将部分准经营性项目转为经营性项目。

（4）按建设性质分类

按照建设性质分，工程建设项目可分为新建项目、改建项目、扩建项目、迁建项目、恢复建设项目和修缮保护项目。

1）新建项目。新建项目是指根据国民经济、社会或企业的发展规划，按规定的程序立项，“从无到有、平地起家”的工程建设项目。现有企事业和行政单位需要建设的项目，若新增加的固定资产价值超过原有全部固定资产价值（原值）3 倍以上，也属于新建项目。

2）改建项目。改建项目是指企业在原有场地内或相邻地点，为扩大生产能力或增加经济效益而增建生产车间、独立的生产线或分厂等项目，或是事业和行政单位在原有业务系统基础上为扩充规模或提升社会效益而新增的固定资产投资项目。

3）扩建项目。扩建项目是指由于技术进步、工艺更新、淘汰落后设备装置、提高产品或服务质量，或为改变功能而兴建的工程建设项目。因项目扩建时往往涉及部分改建的内容，有时也可将同时具有这两个性质的项目合并称为改扩建项目进行立项。

4）迁建项目。迁建项目是指原有企业、事业单位根据自身生产经营和事业发展的要求，按照国家调整生产力布局的经济发展战略的需要，或出于环境保护等其他特殊要求，搬迁到异地实施的工程建设项目。

5）恢复建设项目。恢复建设项目是指因在自然灾害或战争中原有固定资产遭受全部或部分报废，需要进行投资重建来恢复原有生产能力、业务工作条件和生活福利设施等的工程建设项目。这类项目不论是按原有规模恢复建设，还是在恢复过程中同时进行扩建，都属于恢复建设项目。但对受到破坏、尚未建成投产的项目，若仍按原设计恢复重建的，原建设性质不变；如果按新设计恢复重建，则根据新设计内容来确定其性质。

6）修缮保护项目。修缮保护项目主要是指现存古建筑以及属于文物及有文物保护价值的建筑构筑物等，因自然与历史原因濒于损毁或已损毁，需要进行加固、翻修、保护等项目。国家和地方现有房产拟进行大规模加固或装修改造因申请建设资金等原因需要单独立项的也属于此类。对于古建筑及有文物保护价值的建筑构筑物主要依“修旧如故、修旧如旧”等原则进行项目建设。修缮保护项目立项的工程中，可能包含遗址复建与保护工程。

一个基本建设项目在立项时必须确定为某一性质，在项目按总体设计全部建成以前，其建设性质始终不变。

（5）按所有制分类

按照项目法人的所有制性质分，工程建设项目可以分为国有投资项目、民营投资项目和外商投资项目。

1）国有投资项目。国有投资项目是指具有国有性质或由国家控股（包括国有绝对控股、国有相对控股和国家实际控制）的单位建造或购置固定资产的投资项目，包括行政机关、事业单位投资的项目，国有企业、国有控股企业投资的项目。国有投资项目主要分布在基础设施和公共服务领域。

2）民营投资项目。民营投资项目是指具有集体、私营、个人性质的内资企事业单位以及由其控股（包括绝对控股和相对控股）的企业单位建造或购置固定资产的投资项目。民营投资项目主要分布在制造业、房地产开发和商业服务领域。

3）外商投资项目。外商投资项目是指境外资本在中华人民共和国境内通过各种形式的投资活动（包括独资、合资经营、合作经营等）建造或购置固定资产的投资项目，包括外国资本投资的项目。外商投资项目主要集中在制造业和服务业领域。

（6）按投资在国民经济中的地位或作用分类

按照投资在国民经济中的地位或作用分，可以将工程建设项目分为生产性建设项目和非生产性建设项目。

1）生产性建设项目。生产性建设项目是指直接用于物质资料生产或直接为物质资料生产服务的工程建设项目，又分为：

①工业建设。它包括工业、国防和能源建设。

②农业建设。它包括农、林、牧、渔、水利建设。

③基础设施建设。它包括交通、邮电、通信建设，地质普查、勘探建设。

④商业建设。它包括商业、饮食、仓储、综合技术服务事业的建设。

2）非生产性建设项目。非生产性建设项目是指用于满足人民物质和文化、福利需要的建设和非物质资料生产部门的建设项目。它主要包括：

①办公用房。它包括国家各级党政机关、社会团体、企业管理机关的办公用房。

②居住建筑。它包括住宅、公寓、别墅等。

③公共建筑。它包括科学、教育、文化艺术、广播电视、卫生、博览、体育、社会福利事业、公共事业、咨询服务、宗教、金融、保险等建设。

（7）按项目建设的管理层级分类

按照项目建设的管理层级分，工程建设项目一般可分为建设项目、单项工程、单位工程、分部工程和分项工程。

1）建设项目。建设项目即一般所称的工程建设项目，是指企事业单位或行政单位按照相应建设管理程序通过立项审批并建设的工程投资项目。建设项目的性质、选址、功能、投资与建设规模等均应清晰表述于投资人决策层批复的项目建议书及可行性研究报告之中，其中有些还要经过政府主管部门的审批或核准。建设项目可以由一个或多个单项工程组成。

2）单项工程。单项工程是具有独立的设计文件，建成后可以独立发挥生产能力、实现效益或使用功能的工程。单项工程的施工条件往往具有相对独立性，因此一般可以单独组织施工和竣工验收。建设项目在全部建成投入使用前，往往陆续建成若干个单项工程。

3）单位工程。单位工程是单项工程的组成部分，一般指具有独立施工条件但不能独立发挥生产能力或形成使用功能的工程，只有若干个有机联系、互为配套的单位工程全部建成竣工后才能提供生产和使用条件。例如，工业车间厂房必须是厂房土建单位工程与工业设备安装单位工程以及室外各单位工程等配套完成后，形成一个单项工程交工系统才能提供生产条件。

4）分部工程。分部工程是单位工程的组成部分，可以按单位工程的各个部分划分。一般工业或民用建筑工程划分为地基与基础工程、主体结构工程、地面与楼面工程、门窗工程、装修工程、屋面工程等基本分部工程，相应的建筑设备安装工程由建筑采暖工程与燃气工程、建筑电气安装工程、通风与空调工程、电梯安装工程等分部工程组成。

5）分项工程。分项工程是对分部工程的再分解，也是建筑施工生产活动的基本元素及形成建筑产品的基本施工过程。例如主体结构工程中的钢筋工程、模板工程、混凝土工程、砌砖工程、木门窗制作等。分项工程也是计量工程用工、用料和机械台班消耗的基本单元，是工程质量形成的直接过程。分项工程既有其作业活动的独立性，又有相互联系、相互制约的整体性。

分部工程、分项工程是编制施工预算、制订检查施工作业计划、核算工/料费的依据，也是计算施工产值和投资完成额的基础。

根据不同管理目的，工程建设项目还可以有其他分类方法，在此不一一列举。

3.1.3　工程建设项目生命周期及阶段划分

工程建设项目的生命周期由依一定次序排列、以项目进度形象或可交付管理成果分割的若干阶段构成。本书以新建工程建设项目为主线，将工程建设项目的全生命周期划分为投资决策阶段、建设准备阶段、建设实施阶段和建设完成阶段（见图 3-1）。

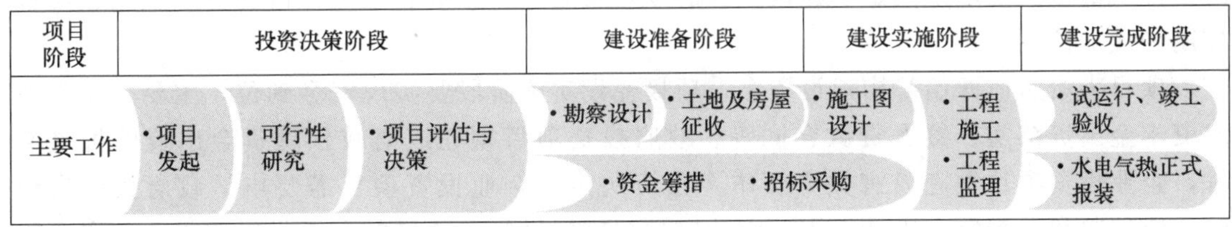

图 3-1　工程建设项目的全生命周期

（1）投资决策阶段

工程建设项目投资决策是指最终做出是否投资建设某个项目的决定。项目目标、项目建设规模和产品（服务）方案、建设场（厂）址、技术和设备方案、项目融资方案、项目收益目标的确定等，都属于投资决策的范畴。投资决策阶段的主要工作包括项目发起、可行性研究、项目评估与决策，以及相应的行政审批手续等。

1）项目发起。项目发起阶段的主要任务是解决项目投资建设的必要性和可能性问题。政府投资项目通常要编制项目建议书（或初步可行性研究报告），对拟建项目提出框架性、总体性设想。如果项目已列入经批准的相关规划，可不再编制项目建议书。企业投资项目通常要开展投资机会研究，编制项目策划报告或商业计划书，也可用企业发展规划等替代。

2）可行性研究。可行性研究是围绕投资项目在技术上和经济上是否可行进行的科学分析和论证。进行可行性研究时，通过市场分析、技术分析、财务分析和国民经济分析，对投资项目的技术可行性与经济合理性进行综合评价，对其投产后的经济效果进行预测，并进行建设方案的论证选择，以便最合理地利用资源，实现预定的社会效益和经济效益。可行性研究工作质量对项目效益的影响很大，可行性研究工作的不足，很可能会导致决策失误，造成重大投资损失。

在可行性研究的基础上，应编制完成项目可行性研究报告；实行核准制的企业投资项目，应编制完成项目申请书。

3）项目评估与决策。项目评估与决策的主要任务是对可行性研究的主要成果进行评估，依据可行性研究报告分析的项目技术经济可行性、经济社会效益、主要建设条件落实情况等，确认项目建设的可行性，对可行性研究提出的方案进行决策。对经济社会发展、社会公众利益有重大影响或者投资规模较大的政府投资项目须委托有相应评估能力的第三方机构实施评估；企业投资项目应由企业自主评估或者委托第三方机构评估。政府投资项目应按照审批权限完成项目决策。企业投资项目应按照公司章程等规定，完成经理层决策、董事会决策、股东大会决策等程序。

在行政审批方面，政府投资项目须完成项目建议书批复、项目可行性研究报告批复。实行核准制的企业投资项目须完成项目核准手续。

（2）建设准备阶段

建设准备阶段的主要任务是落实和准备项目建设实施所需的各项建设条件。本阶段是项目决策的具体化，为落实项目可行性研究提出的指标性目标制订实施计划。建设准备工作包括资金筹措、勘察设计、土地及房屋征收、招标采购等。在这个阶段要编制完成初步设计和概算，签署融资协议，选定工程承包商、设备供应商及监理单位等。建设准备阶段的工作质量很大程度上决定了建设实施的成败及效率，影响着工程建设的进度控制、质量控制和成本控制。

项目决策后应开始筹措建设资金，项目建设实施阶段要实现资金到位，主要工作是完成资本金出资落实、签署贷款合同等。政府投资项目须完成财政预算资金出资的批复文件，企业投资项目须完成有关方资本金出资决定。企业投资项目需要申请政府投资资金的，应编制和上报资金申请报告，由政府相关部门批复。项目融资工作以完成全部资金闭合为结束。

行政审批方面，政府投资项目应按规定完成初步设计的批复；各类投资项目均应按照国家有关管理规定，完成建设用地预审与选址、建设用地规划许可、环境影响评价、节能审查等审批手续。

（3）建设实施阶段

建设实施阶段的主要任务是对建设投入要素进行组合，形成实物形态，实现投资项目的工程目标。通过详细的勘察设计、施工组织等活动，应在规定的工程内容、工期、费用、质量范围内，按设计要求高效率地实现工程。本阶段在投资项目全生命周期中工作量最大，投入的人力、物力和财力最多，项目管理的难度也最大。

本阶段须完成详细勘察、施工图设计等，进行施工组织设计，开展工程施工，履行工程监理等建设管理制度。应取得的行政许可文件包括建设工程施工许可证等，还应按有关规定办理建设工程质量安全监督登记。

(4) 建设完成阶段

建设完成阶段的主要任务是对完工的建设内容进行联动试车、试运行，验证合格后予以竣工，实现工程目标。本阶段应组织竣工验收，编制完成试运行报告、竣工验收报告、工程决算报告等。应取得的行政审批文件包括建设工程竣工规划验收合格证（或规划认可文件），以及消防验收、环保验收等手续，国有投资项目还应按规定取得工程决算报告的认定。

本书后续主要针对上述工程建设项目生命周期阶段中投资决策、设计、施工、试运行、竣工验收及质量保修等环节的管理进行阐述。

3.1.4　工程建设项目利益相关方及其诉求和介入

(1) 工程建设项目利益相关方

工程建设项目利益相关方是指影响项目目标的实现，或者受到项目实施过程影响的所有个体、群体和组织。工程建设项目管理团队必须清楚谁是本工程建设项目的利益相关方，明确他们的诉求和期望是什么，然后对这些诉求和期望进行管理和施加影响，确保工程建设项目获得成功。工程建设项目利益相关方有许多不同的名称和类型，对利益相关方的命名和分组有助于识别主要利益相关方，图 3-2 列出了工程建设项目的主要利益相关方。

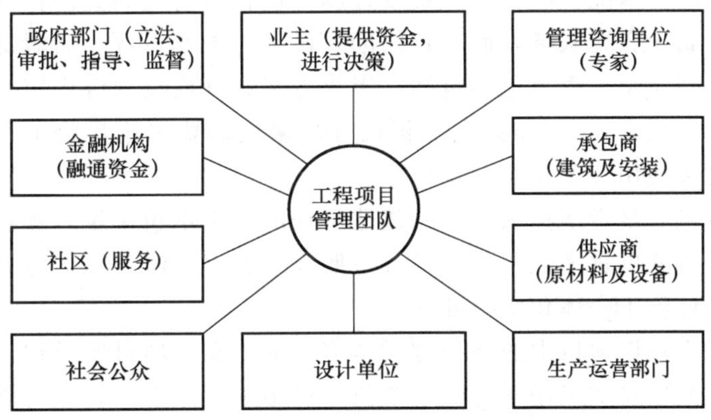

图 3-2　工程建设项目的主要利益相关方

1）工程建设项目直接参与方。工程建设项目直接参与方是在项目内部参与活动的项目利益相关方，主要包括：

①业主。业主是工程建设项目的投资人或投资人专门为项目设立的独立法人。业主可能就是由项目最初的发起人延续而来的投资人，也可能是发起人与其他投资人合资成立的项目法人公司。在项目的质保阶段，业主还可能被业主委员会（由获得了项目产权的买家或小买家群体组成，在国外也被称为“业主法人团”）取代。业主是工程建设项目的出资人和项目权益的所有者，承担项目投资的责任和风险，有权决定项目的功能策划和定位、建设与投资规模的限度、项目的各项总体管理目标、项目运作的模式，并确定项目的其他参与方等。在中国传统的基本建设投资与建设行政管理体系中，业主也被称为“建设单位”。

②管理咨询单位。管理咨询单位是以专业知识和技能为工程建设项目的其他参与方提供高质量的技术与管理服务的一方。对于一些小型、简单或由于采用项目管理模式造成业

主管理任务较为简单的项目，其项目管理完全可由项目业主自行承担。但对于建设规模大、技术构成复杂的工程建设项目，由于参与单位多、管理目标高，使得项目管理的难度很大，造成业主在确定项目后的短时间内筹组可靠有效的管理机构的困难大大增加，管理的风险也随之提高，因而产生了对专业管理咨询服务的市场需求。所以，对现代的大型工程建设项目而言，管理咨询单位已成为项目业主不可或缺的助手，承担着本来由业主实施的大量管理工作。另外，根据国家的监理法规，对必须实施监理的工程建设项目，业主需委托具有相应资质的监理公司承担项目的施工监理工作，这是业主委托管理咨询的一种特例。作为管理咨询单位的招投标代理机构，它的服务对象主要也是工程建设项目的业主。

③设计单位。设计单位是指项目设计工作的承担者，或更确切地说，是业主委托的单纯项目设计任务的承担者，并不包括在同一项目下既承担工程设计任务又承担工程施工任务的设计施工一体化的承包商。按照国家的有关法规和章程，工程建设项目的设计工作一般被划分为方案设计、初步设计及施工图设计三个阶段。根据《中华人民共和国民法典》（以下简称《民法典》）中建设工程合同的分类和界定，“工程勘察、设计、施工”属于“建设工程合同”的范围，定义为“承包人进行工程建设，发包人支付价款”的合同，规范的是发包人与承包人之间的行为关系。由此而来，为工程建设项目提供设计成果在行为上的法律界定分为两种情况：项目的方案设计属于项目可行性研究阶段的工作，未被纳入工程设计的范围，属于咨询服务，而项目的勘察设计与工程设计，后者即一般所说的初步设计＋施工图设计则属于工程承包的范围。提供方案设计或设计咨询服务需要采用适用于一般咨询服务的“委托合同”，而提供工程设计成果则需要采用界定工程承包行为的“建设工程合同”或直接使用“工程设计承包合同”。

④承包商。承包商是指承担项目产品建造责任的施工承包单位，还包括工程建设项目所需部分材料与设备的供货承包单位，以及按照设计施工一体化承包方式同时承担工程设计与施工任务的设计施工一体化承包商。

施工单位在工程建设项目中的参与方式是多样的。在对项目所承担工作的范围与类型层面上，业主可仅就项目施工任务与施工单位签订施工承包合同，也可将工程设计与工程施工任务合一，交由一个单位承担，与其签订设计施工一体化工程承包合同。在后一种情况下，如承包责任范围涵盖项目全部工程或单项工程，则被称为设计—采购—施工总承包（EPC）合同，如承包责任范围仅涉及项目的某一专业工程，则称为专业工程设计施工一体化承包合同，如这种专业工程设计施工一体化承包合同被纳入任何一类（工程或施工）总承包体系之下，则该合同称为专业工程设计施工一体化分包合同。

⑤供应商。供应商为项目提供建筑材料、构配件及项目生产性设备等。供应商可能由施工单位选择，也可能直接由业主选择。供货商与施工单位签订合同，或与业主签订供货合同。供应商的信誉、生产能力、所提供货物的质量和价格、交货准时率等会影响工程建设项目的质量、成本和进度。

2）工程建设项目的其他利益相关方。除上述工程建设项目内部的参与方及在内部参与项目的利益相关方外，还存在项目外部的其他利益相关方，包括与项目有关的政府部门、金融机构、受到项目影响的社区及社会公众等，这些利益相关方并不直接参与项目建设，但其利益均受到项目的影响，与项目存在利害关系，并因此支持或反对项目的进行。

(2) 各类项目利益相关方的诉求

工程建设项目的利益相关方因利益驱动在项目中有着各不相同的诉求，其诉求对各自的行为都具有影响。工程建设项目利益相关方的诉求见表 3-1。

表 3-1　工程建设项目利益相关方的诉求

工程建设项目利益相关方	诉求
业主	投资少，风险小，周期短，收益高，无遗留的质量与法律问题
管理咨询单位设计单位	报酬合理，业主信任，决策迅速，获取信息及时准确
承包商	利润丰厚，及时提供施工图纸，最小限度的变动，原材料和设备及时送达工地，公众无抱怨，可自己选择施工方法，不受其他承包商的干扰，按时支付工程进度款，迅速批准开工
供应商	规格明确，从订货到发货的时间充裕，有较高的利润率，最低限度的非标准件使用量，质量要求合理
政府部门	与整个国家的目标、政策和立法相一致
金融机构	贷款安全，按预定日期支付，项目能提供较高的回报，按期清偿债务
社区及社会公众	良好的社会效益与使用功能，工程质量优良，无污染及环境破坏
生产运营部门	按质量要求、按时或提前形成综合生产能力，提供更好的运营条件，培训了合格的生产人员，建立了合理的操作规程和管理制度，能保证正常运营

项目管理者要想做好管理工作，项目要取得成功，就必须了解并尊重这些项目利益相关方各自的合理诉求，约束其不合理的诉求。其中，业主应掌握协调各参与方的项目管理目标，使之集成在统一的项目总体目标之下。

(3) 工程建设项目参与方的介入

工程建设项目的各参与方介入工程建设项目的时间具有各自的规律性，招标采购专业人员在进行工程建设项目的招标采购时必须遵从这些规律。

1）业主的介入。在市场经济条件下，投资是工程建设项目得以存在并延续的基础，所以作为业主，即工程建设项目的发起人、投资人或投资人为工程建设项目设立的法人，对项目的介入必须是全过程的。在项目的不同阶段，业主身份的表现形式可能有所不同。从提出投资构想到工程建设项目的立项，业主是项目的发起人，此后发起人也可以联合其他投资人合作投资本项目，成立项目法人公司，而发起人则成为本项目投资组合的一部分。在此后的工程建设项目阶段，投资人的股权可能发生交易与变动，但这不影响业主的存在，直至工程建设项目竣工验收，形成资产和产权。在工程建设项目的保修期内，可能会发生产权的交易和交割，如购房人成立了业主委员会，取代了项目决策与建造阶段的原业主，但业主委员会却就此成了新的业主，承继了原业主在本项目中的权利与义务。

2）管理咨询单位的介入。作为业主实施项目管理的代表，管理咨询单位所承担的管理工作是原业主管理工作的一部分，其介入项目的时间依业主委托方式与时间的不同而不同。

①业主在工程建设项目的投资决策阶段就委托管理咨询单位介入项目管理，承担工程建设项目方案设计与可行性研究或更早前的管理工作，并延续至工程建设项目的竣工及保修责任期。由于管理咨询单位介入了工程建设项目全部四个阶段的管理，管理咨询单位所

承担的管理被国际工程管理界称为“项目全过程管理”。

②业主在工程建设项目设计阶段委托管理咨询单位介入项目，管理咨询单位承担设计管理，咨询工作延续至项目的竣工及保修责任期。由于管理咨询单位在此情况下介入了包括设计与和施工的“建造期”或“建设期”的完全管理，管理咨询单位所承担的管理被国际工程管理界称为“建造全过程管理”。

③如业主在施工图设计完全完成后才委托管理咨询单位介入管理，并自然延续到项目竣工及质保期，则管理咨询单位承担的就只是施工期的管理，典型的如国内项目委托的施工监理服务。

④如业主只委托管理咨询单位编制可行性研究报告、技术评估、招标代理、编制标底等专业性的管理咨询工作，这样的工作就是专业性或阶段性咨询服务，这类服务可以随时开始并随时结束。

3）设计单位的介入。设计单位开始介入项目工作的时间，其起始期往往均是在项目方案设计阶段甚至可能更早（如民用建筑项目的概念设计和工业项目的工艺设计）的阶段，但其结束项目设计工作的时间却因项目管理模式的不同而有所不同，并与施工单位开始介入项目的时间相互衔接。

①施工总承包模式下，设计单位参与设计的完整过程，并在施工图设计完成后交付业主用于施工招标，但对其中的设计施工一体化专业工程，设计单位则仅提供招标所需的方案设计图或相应图纸。

②在按国际惯例管理的施工总承包（GC）模式下，因国际工程项目施工承包的惯例是业主一般采用相当于扩大初步设计的招标图纸招标（国外称其为设计扩展/DD），设计单位相应地只需提供此深度的招标图纸即可。

③在EPC总承包模式下，业主委托的设计单位则只需编制用于EPC招标用的方案设计图、可能包括的生产工艺设计图或相当深度的其他图纸即可。在业主委托的设计单位在以此类方式介入项目承担工艺设计与工程方案设计后，往往还要作为业主的设计顾问参与此后对设计施工一体化承包商所承担工程设计的审查管理工作。

4）施工单位的介入。施工单位介入项目的时间特征与设计单位恰恰相反，施工单位介入项目的结束期基本上都是相同或相近的，但其介入项目的开始期却因项目管理模式的不同而有所不同，并与其可以介入项目的前置条件——招标图纸的完备情况相互衔接。

①在按国内方式管理的施工总承包模式下，项目业主以施工图纸作为招标图纸，施工单位在中标后照图施工，介入的只是项目的施工阶段。

②在按国际惯例管理的施工总承包模式下，业主以相当于初步设计或扩大初步设计的图纸招标，施工单位在中标并签约后需自己出具施工图并向监理报批，而后再照图施工，施工单位就已介入了项目的施工图设计阶段。

③在EPC总承包模式下，施工方首先是要根据业主提供招标用的工艺设计与方案设计图，在投标阶段先出具扩大初步设计图纸并据此填制工程数量清单进行投标报价，而在中标后再以经业主认可的投标图纸或业主要求的优化/深化图纸（即初步设计或扩大初步设计图纸）为基础，完成施工图设计并经监理审批后照图施工，所以EPC工程总承包商所介入的是项目建造期的全过程。需要特别说明的是，一些采用设计施工一体化工程方式

进行发包的专业工程，其实施方式与 EPC 工程总承包的实施方式基本相同，应遵循 EPC 工程总承包介入项目的相同步骤，只是这类工程未处于整体项目总承包的层面，而是处于平行的施工承包商或专业分包商的层面。

3.2　工程建设项目管理的依据、模式及工作内容

3.2.1　工程建设项目管理的依据

工程建设项目是一个复杂的系统工程，为规范项目投资与管理行为，2013 年国家发展改革委委托中国工程咨询协会编制了《工程项目管理指南》，作为工程建设项目全过程管理的行业指导。

为规范工程建设项目管理工作，国家建设主管部门组织修订了国家标准《建设工程项目管理规范》（GB/T 50326—2017），编制了《建设项目工程总承包管理规范》（GB/T 50358—2017），作为工程建设项目建造期管理的重要参照依据。

《建设工程项目管理规范》（GB/T 50326—2017）适用于建设工程有关各方的项目管理活动，该规范内容包括总则、术语、基本规定、项目管理责任制度、项目管理策划、采购与投标管理、合同管理、设计与技术管理、进度管理、质量管理、成本管理、安全生产管理、绿色建造与环境管理、资源管理、信息与知识管理、沟通管理、风险管理、收尾管理、管理绩效评价等。

《建设项目工程总承包管理规范》（GB/T 50358—2017）适用于工程总承包企业和项目组织对建设项目的设计、采购、施工和试运行全过程的管理。该规范的内容包括总则、术语、工程总承包管理的组织、项目策划、项目设计管理、项目采购管理、项目施工管理、项目试运行管理，项目风险管理、项目进度管理、项目质量管理、项目费用管理，项目安全、职业健康与环境管理，项目资源管理、项目沟通与信息管理、项目合同管理以及项目收尾等。

3.2.2　工程建设项目管理模式

工程建设项目管理模式确定了工程建设项目管理的总体框架、项目参与各方的职责、义务和风险分担，因而在很大程度上决定了项目的合同管理方式以及建设速度、工程质量和造价。工程建设项目管理模式可以从不同角度进行分类，本书将其分为工程建设项目建设单位管理模式、工程建设项目承发包管理模式以及基础设施和公用事业特许经营模式。

（1）工程建设项目建设单位管理模式

建设单位是项目的总策划者、总组织者和总集成者，其管理模式在很大程度上决定了项目管理的总体框架。根据建设单位的项目管理能力以及项目的复杂程度，建设单位管理模式可分为建设单位自行管理模式和委托第三方管理模式。其中，委托第三方管理模式有代建制模式、项目管理服务模式、全过程工程咨询服务等。

1）建设单位自行管理模式。建设单位自行管理模式是指建设单位主要依靠自身力量进行项目管理。在项目策划及实施过程中，建设单位虽然也经常聘用工程咨询公司、监理

公司、造价咨询公司等协助进行部分管理，但主要的项目管理工作由建设单位自行完成。实行建设单位自行管理模式的前提是建设单位自身拥有能力较强的项目管理团队，充分保障建设单位对项目的控制，随时采取措施以保障建设单位利益的最大化。但是，对于缺少连续性项目的建设单位而言，建设单位自行管理模式具有组织机构庞大、专业力量不足、管理资源利用率低等缺点，也不利于管理经验的积累。

2）委托第三方管理模式，主要包括代建制模式、项目管理服务模式和全过程工程咨询服务。

①代建制模式。代建制即代理建设制度，是一种主要针对非经营性政府投资项目的建设实施组织方式。《国务院关于投资体制改革的决定》要求对非经营性政府投资项目加快推行代建制，选择专业化的项目管理单位负责建设实施，严格控制项目投资、质量和工期。《中央预算内直接投资项目管理办法》要求对于项目单位缺乏相关专业技术人员和建设管理经验的直接投资项目，项目审批部门应当在批复可行性研究报告时要求实行代建制，通过招标等方式选择具备工程建设项目管理资质的工程咨询机构，作为项目管理单位负责组织项目的建设实施。项目管理单位按照与项目单位签订的合同，承担项目建设实施的相关权利与义务，严格执行项目的投资概算、质量标准和建设工期等要求，在项目竣工验收后将项目交付项目单位。

代建单位一般不参与项目前期的策划决策和建成后的运营管理，也不对投资收益负责。在项目建设期间，代建单位与建设单位或政府投资管理机构签订代建合同，收取代理费、咨询费，如果项目建设期间实现了投资节约，可按合同约定提取一部分节约投资作为奖励。项目代建合同生效后，代建单位通常须提交工程概算投资一定比例的履约保函。代建单位未能完全履行代建合同义务，致使工期延长、投资增加或工程质量不合格的，应承担所造成的损失或投资增加额。

②项目管理服务模式。近年来，由于社会分工体系的进一步深化，以及工程建设项目技术含量的不断提高，工程建设项目管理对高质量专业化管理的需求也越来越迫切，委托专业机构进行项目管理成为一种趋势，具体又可以分为如下几种模式。

A. 项目管理（Project Management，PM）服务模式。项目管理服务模式是指从事工程建设项目管理的机构受建设单位委托，按照项目管理服务合同约定，对工程建设项目的组织实施进行全过程或若干阶段、部分内容的管理和服务。

项目管理机构可以在项目决策阶段为建设单位编制可行性研究报告，进行可行性分析和项目策划；在项目准备和实施阶段，为建设单位提供招标代理、设计管理、采购管理、工程监理、施工管理和试运行、竣工验收等服务，代表建设单位对工程建设项目进行质量、安全、进度、投资、合同、信息等方面的管理和控制。项目管理机构不直接与项目的总承包企业或勘察设计、供货、施工企业等签订合同，一般按照合同约定承担相应的管理责任。

该模式由项目管理企业按合同约定的管理内容代替业主进行管理与协调，即代行发包人（业主）的管理职责。该模式的优点有：一般情况下，从项目建设一开始就对项目全过程进行管理，可以充分发挥项目管理企业的专业经验和优势，确保由专业的人做专业的事，且管理思路前后统一，确保项目目标的一致性和有效持续；当业主同时开发多个项目时，可以避免本单位项目管理人员经验不足的缺陷，有效避免失误和损失；业主可以比较方便地提出必要的设计和施工方面的变更要求，通过专业的项目管理人员与设计单位沟通，可提高沟通效率和质量。但该模式也会出现一些问题，例如，没有合约管理经验的业主在签署合同时，往往对项目管理企业的职责不易明确，管理过程中一旦出现问题则难以追究责任。因而，目前项目管理服务模式主要用于大型项目或复杂项目，特别是业主管理能力不强的情况。

B. 项目管理承包（Project Management Contracting，PMC）模式。PMC模式是指由业主通过招标方式聘请项目管理承包商，作为业主代表或业主的延伸，对项目全过程进行集成化管理。该模式下，PMC承包商须与业主签订合同，并与业主聘用的咨询单位、专业咨询顾问密切合作，对工程进行计划、管理、协调和控制。业主一般不与施工单位和材料、设备供应商签订合同，但对某些专业性很强的工程内容和工程专用材料、设备，业主可直接与施工单位和材料、设备供应商签订合同，业主与PMC承包商所签订的合同既包括管理服务的内容，又包括工程施工承包的内容。

PMC作为一种项目管理模式，并没有取代原有的项目前期工作和项目实施工作。其本质上只是受业主委托，代表业主对原有的项目前期工作和项目实施进行管理、监督和指导，是工程公司或项目管理公司利用其管理经验、人才优势在项目管理领域的拓展。

PMC模式的优点有：可充分发挥管理承包商在项目管理方面的专业技能，统一协调和管理项目的设计与施工，减少矛盾；管理承包商负责管理项目准备阶段和施工阶段，有利于减少设计变更；业主与管理承包商的合同关系简单、组织协调比较容易，可以提早开工，可采用快速路径法施工，缩短项目工期。其缺点有：由于业主与施工承包商没有合同关系，控制施工难度较大；业主对工程费用也不能直接控制，存在很大风险。

C. CM（Construction Management）模式。CM模式又称阶段发包方式（Phased Construction Method）或快速轨道方式（Fast Track Method），与设计图纸全部完成之后才进行招标的传统的连续建设模式（Sequential Construction Approach）不同，其特点是：由业主委托的CM模式项目负责人（Construction Manager，以下简称CM经理）与设计单位、咨询工程师组成一个联合小组，共同负责组织和管理工程的规划、设计和施工。在项目的总体规划、布局和设计时，要考虑到控制项目的总投资，在主体设计方案确定后，完成一部分工程的设计，即对这一部分工程进行招标，发包给一家承包商施工，由业主直接与承包商签订施工承包合同。

CM模式可以缩短工程建设项目从规划、设计到竣工的周期，整个工程可以提前投产，节约投资，减少投资风险，较早地取得收益；CM单位或CM经理早期即介入设计管理，因而设计者可听取CM经理的建议，预先考虑施工因素，以改进设计的可施工性，还可运用价值工程改进设计，以节省投资；可以先进行分项设计，分项竞争性招标，并及时施工，因而设计变更较少。但分项招标可能导致承包费用较高，因而要做好分析比较，研究项目分项的多少，充分发挥专业分包商的专长。

CM模式下的合同方式多为平行发包，管理协调困难，对CM经理的管理协调能力有很高的要求，往往均由专业工程顾问公司派出具有相当高的管理水平的CM经理来担任。

③全过程工程咨询服务。我国工程咨询服务市场化快速发展，形成了投资咨询、招标代理、勘察设计、监理、造价、项目管理等专业化的咨询服务业态。为更好地实现投资设计意图，投资者或建设单位在投资决策、工程建设、项目运营过程中，对综合性、跨阶

段、一体化的咨询服务的需求日益迫切。

2019年，国家发展改革委和中华人民共和国住房和城乡建设部（以下简称住房城乡建设部）联合发布《关于推进全过程工程咨询服务发展的指导意见》，以全过程工程咨询推动完善工程建设组织模式。

除投资决策综合性咨询和工程建设全过程咨询外，咨询单位还可根据市场需求，从投资决策、工程建设、运营等项目全生命周期角度，提供跨阶段咨询服务组合或同一阶段内不同类型的咨询服务组合。鼓励和支持咨询单位创新全过程工程咨询服务模式，为投资者或建设单位提供多样化的服务。全过程工程咨询单位应当在技术、经济、管理、法律等方面具有丰富经验，具有与全过程工程咨询业务相适应的服务能力。全过程工程咨询单位应当配备结构合理的专业咨询人员，培育综合性多元化服务及系统性问题一站式整合服务能力。鼓励投资咨询、招标代理、勘察、设计、监理、造价、项目管理等企业，采取联合经营、并购重组等方式发展全过程工程咨询。

(2) 工程建设项目承发包管理模式

工程建设项目承发包管理模式是指业主单位向项目实施单位购买产品或服务的方式。根据工程建设项目设计与施工工作的一体化程度，可以对工程建设项目的承发包方式进行分类。

1）传统的发包模式。传统的发包模式即DBB（Design-Bid-Build，设计—招标—建造）模式，将设计、施工分别委托不同单位承担。该模式的核心组织为“业主—咨询工程师—承包商”。我国自1984年学习鲁布革水电站引水系统工程项目管理经验以来先后实施的“招标投标制”“建设监理制”“合同管理制”等均参照这种传统模式。目前我国大部分工程建设项目均采用这种模式。

这种模式下，建设单位与设计单位签订设计合同进行设计工作，设计基本完成后通过招标选择施工单位。建设单位和施工单位签订工程施工合同和设备供应合同，施工单位再分别与分包商和供应商单独订立分包及材料供应合同，然后组织实施。建设单位一般指派建设单位代表与咨询、设计和施工单位联系，负责有关的项目管理工作。施工阶段的质量控制和安全控制等工作一般授权工程监理机构进行。

传统发包模式长期、广泛地在国内工程建设中得到使用，管理方法成熟，各方对有关程序都很熟悉。此外，建设单位可自由选择设计单位，便于控制设计要求，施工阶段也比较容易掌控设计变更。但是该模式也有一定的局限性：项目实施周期较长，建设单位对项目工期不易控制；管理和协调工作较复杂，建设单位管理费较高，前期投入较多；对工程总投资不易控制，特别是在设计过程中对“可施工性”考虑不足时，容易产生变更，从而引起较多的索赔；出现质量事故时，设计和施工双方容易互相推诿责任。

针对传统发包模式，国家发展改革委联合有关部委发布了两个标准招标文件：《中华人民共和国标准施工招标文件》和《中华人民共和国简明标准施工招标文件》。后者适用于工期不超过12个月、技术相对简单的小型项目施工招标。

2）设计—建造（Design-Build，DB）模式。在DB模式下，工程总承包企业按照合同约定，承担工程项目的设计和施工，以及大多数材料和工程设备的采购，但业主可能保留对部分重要工程设备和特殊材料的采购权。该模式通常采用总价合同，但允许价格调整，也允许某些部分采用单价合同。业主聘用咨询单位进行项目管理，管理的内容包括设计管理和施工监理等。该模式由于采用总价合同，承包商承担了大部分责任和风险，常用于房屋建筑和大中型土木、电力、水利、机械等工程建设项目。该模式的优点有：由于设计工作由承包商负责，减少了索赔；施工经验能够融入设计过程中，有利于提高可建造性；对投资和完工日期有实质的保障。但该模式也存在一些缺点：业主无法参与设计单位的选择，对最终设计和细节的控制能力降低，总价包干可能影响项目的设计和施工质量。

针对设计施工总承包发包模式，国家发展改革委联合有关部委发布了《中华人民共和国标准设计施工总承包招标文件》。该招标文件适用于设计施工一体化的总包招标，并在合同条款中设置了 A 条款和 B 条款。按 A 条款，设计施工总包单位承担的风险较小；按 B 条款则承担的风险较大。可根据项目特点选择适用 A 条款或 B 条款。

3）设计—采购—施工/交钥匙（Engineering Procurement-Construction/Turnkey，EPC/T）模式。EPC/T 模式是指工程总承包企业按照合同约定，承担工程建设项目的设计、采购、施工、试运行服务等工作，并对承包工程的质量、安全、工期、造价全面负责，使业主获得一个现成的工程，由业主“转动钥匙”就可以运行。EPC/T 模式代表了现代西方工程建设项目管理的主流，其主要特点是充分发挥市场机制的作用，促使承包商、设计师、建筑师共同寻求最经济、最有效的方法实施工程建设项目。当然在项目竣工验收时，仍然要按合同的要求对工程建设项目及其中的设备进行相应的严格检查与验收。EPC/T 模式为我国现有的工程建设项目建设管理模式的改革提供了新的动力。国家颁布了标准《建设项目工程总承包管理规范》GB/T 50358—2017。通过 EPC/T 总承包，可以比较容易地解决设计、采购施工、试运转整个过程的不同环节中存在的突出矛盾，使工程建设项目的实施获得优质高效、低成本的效果。

EPC/T 模式主要适用于化工、冶金、电站、铁路等专业性强、技术复杂的大型基础设施工程，以及含有机电设备的采购和安装的工程建设项目等。《中华人民共和国标准设计施工总承包招标文件》也适用于 EPC/T 总承包发包模式。

4）设计—施工—运营（Design-Build-Operate，DBO）模式。DBO 模式是指由一个承包商设计并建设一个公共设施或基础设施，并且运营该设施，满足在工程使用期间公共部门的运作要求。承包商负责设施的维修保养以及更换在合同期内已经超过其使用期限的资产。合同期满后，承包商将设施移交给公共部门。

相比传统的发包模式，该模式下承包商不仅承担工程的设计施工，还要负责其在移交给业主之前的一段时间内所建设工程的运营。DBO 模式不涉及项目融资，承包商收回成本的唯一途径就是公共部门的付款，项目所有权始终归公共部门所有。在竣工时由政府全额支付设计和施工成本（或者有些情况下在竣工后政府分期支付设计和施工成本），运营期间由政府部门对承包商的运营服务付费。

DBO 模式下，责任主体比较单一，比较明确，风险全部转移给 DBO 的主体，设计、施工、运营三个过程均由一个责任主体来完成。DBO 模式也可以优化项目的全生命周期成本。从时间角度来看，DBO 合同可以减少不必要的延误，使施工的周期更为合理；从质量角度来看，DBO 合同可以保证项目质量长期的可靠性；从财务角度来看，DBO 合同下仅需要承担简单的责任而同时拥有长期的承诺保障。但是 DBO 模式责任范围的界定容易引起较多争议，招标的过程也较长，需要专业咨询公司的介入。

该模式目前通常应用于污水处理领域。FIDIC 于 2008 年发行了第一版《设计—施工—运营合同条件》(金皮书)。

(3) 基础设施和公用事业特许经营模式

2023 年 11 月 8 日，《国务院办公厅转发国家发展改革委、财政部〈关于规范实施政府和社会资本合作新机制的指导意见〉的通知》颁布，规定了政府和社会资本合作项目的新机制。根据新机制，政府和社会资本合作应全部采取特许经营模式实施，根据项目实际情况，合理采用建设—运营—移交（BOT）、转让—运营—移交（TOT）、改建—运营—移交（ROT）、建设—拥有—运营—移交（BOOT）、设计—建设—融资—运营—移交（DBFOT）等具体实施方式，并在合同中明确约定建设和运营期间的资产权属，清晰界定各方权责利关系。2024 年国家发展改革委和财政部、住房和城乡建设部、交通运输部、水利部、中国人民银行六部门联合发布《基础设施和公用事业特许经营管理办法》，自 2024 年 5 月 1 日起施行。基础设施和公用事业特许经营是基于使用者付费的政府和社会资本合作（PPP）模式，政府就项目投资建设运营与社会资本开展合作，不新设行政许可。基础设施和公用事业特许经营模式的具体实施方式有 BOT、TOT、ROT、BOOT 和 DBFOT。

1）BOT 模式。BOT 是指建设—运营—移交（Build-Operate-Transfer，BOT）。BOT 是私营企业参与基础设施建设，向社会提供公共服务的一种方式。中国一般称之为“特许权”，是指政府部门就某个基础设施项目与私人企业（项目公司）签订特许权协议，授权签约的私营企业（包括外国企业）承担该项目的投资、融资、建设和维护，在协议规定的特许期限内，许可其融资建设和经营特定的公用基础设施，并准许其通过向用户收取费用或出售产品以清偿贷款，回收投资并赚取利润。政府对这一基础设施有监督权、调控权。特许期满后，签约方的私营企业将该基础设施无偿移交给政府部门。

2）TOT 模式。TOT 是指转让—运营—移交（Transfer-Operate-Transfer，TOT）。TOT 模式是国际上较为流行的一种项目融资方式，通常是指政府部门或国有企业将建设好的项目在一定期限内的产权或经营权有偿转让给投资人，由其进行运营管理。投资人在约定的期限内通过经营收回全部投资并得到合理的回报，双方合约期满之后，投资人再将该项目交还政府部门或原企业的一种融资方式。

3）ROT 模式。ROT 是指改建—运营—移交（Rehabilitate-Operate-Transfer，ROT）。ROT 模式主要是指特许经营者在获得特许权的基础上，对过往的旧资产或者项目进行改造，并获得改造后一段时间内的特许经营权，特许权期限届满后，再移交给政府的一种模式。ROT 模式是在 TOT 模式基础上衍生出来的一种项目运作模式，其主要特点是在 TOT 模式的基础上新增了改扩建的内容。社会资本方会在与政府签订特许经营权协议后，发起成立项目公司（通常政府方会少量出资成为股东，对项目公司形成监管）并向金融机构融资以对项目进行改建。项目的特许经营期类似于 BOT 项目，存在着建设期和运营期两个部分。

4）BOOT 模式。BOOT 指建设—拥有—运营—移交（Build-Own-Operate-Transfer，BOOT）。BOOT 模式是私营企业融资建设基础产业项目，项目建成后，企业在规定的期限内拥有项目的所有权并进行经营，期满后将项目移交给政府。

5）DBFOT 模式。DBFOT 指设计—建设—融资—运营—移交（Design-Build-Finance-Operate-Transfer，DBFOT），即由社会资本方负责项目的设计和施工建设，并且负责项目的融资建设及开发运营，再由政府方根据项目的可用性以及运营绩效考核标准进行购买的模式。

3.2.3　业主在工程建设项目各阶段的主要管理工作

业主的项目管理始终是贯穿工程建设项目全过程的管理核心。业主的项目管理不仅涉及面广，还关系到项目实施的整个管理绩效，影响项目其他参与方的项目管理行为。因此确保项目管理结果达到目标要求，成为业主贯穿整个项目管理过程的基本工作任务。明确业主在项目各个阶段不同的管理工作内容，是业主与管理咨询单位做好项目管理工作、正常开展项目招标采购的前提，招标采购专业人员对此必须有较深入的理解和把握。

在传统的发包模式下，业主项目管理的主要工作包括：

（1）业主在项目投资决策阶段的主要管理工作

业主在工程建设项目投资决策阶段的主要工作任务是围绕项目策划、项目投资机会研究、初步可行性研究、项目建议书、项目可行性研究、项目审批、项目核准、项目备案、资金筹措与申请及相关报批工作开展项目的管理工作，主要有：

1）提出投资构想。对投资方向和内容作初步构想，择优聘请咨询机构对企业或行业、地区等因素进行深入分析，开展专题研究及投资机会研究工作，并编制企业发展战略或规划。

2）开展项目建议书和可行性研究工作。择优聘请咨询机构开展项目的前期工作，包括对项目的建设规模、产品方案、工程技术方案等进行研究、比较，根据需要进行项目财务评价、社会评价、国民经济评价和风险评价，编制项目建议书和可行性研究报告，组织对项目建议书和可行性研究报告进行评审，为科学决策提供依据。

3）建设条件评估。与有关投资者和贷款方进行沟通，评估项目资金、建设用地、技术设备配套设施等建设相关条件。

4）完成项目申报程序。根据项目建设内容、建设规模、建设地点和国家有关规定进行项目决策，按国家和地方政府有关要求报请有关部门审批、核准或备案。

（2）业主在项目建设准备阶段的主要管理工作

1）获得项目选址、资源利用、环境保护等方面的批准文件，协商并取得原料燃料、水、电等供应及运输等方面的协议文件。

2）依据可行性研究决策文件，明确勘察设计的范围和设计深度，选择与有信誉和合格资质的勘察、设计单位签订合同，进行勘察、设计。

3）办理有关设计文件的审批工作。

4）组织落实项目建设用地，办理土地征用、拆迁补偿及施工场地的平整等工作。

5）组织开展设备采购与工程施工、监理招标及评标等工作，择优选定承包商和监理单位，并签订合同。

6）按有关规定为设计人员在现场工作提供必要的生活与物质保障。

7）选派合格的现场代表。

（3）业主在项目建设实施阶段的主要管理工作

在项目建设实施阶段，业主的主要工作是按合同规定为项目实施提供必要的条件，并在实施过程中督促检查并协调有关各方的工作，定期对项目的进展情况进行研究分析，主要有：

1）需由业主出面办理的各项批准手续，如施工许可证，施工过程中可能损坏道路、管线、电力、通信等公共设施等方面，需取得法律法规规定的申请批准手续等。

2）协商解决施工所需的水、电、通信线路等必备条件。

3）解决施工现场与城乡公共道路的通道，以及合同约定的应由业主解决的施工场地内主要交通干道，满足施工运输的需要。

4）向承包商提供施工现场及毗邻区域的工程地质和地下管线、相邻建筑物和构筑物、地下工程、气象和水文观测等资料，保证数据真实。

5）督促监理工程师及时到位履行职责。

6）协调设计与施工、监理与施工等方面的关系，组织承包商和设计单位进行图纸会审和设计交底。

7）确定水准点和坐标控制点，以书面形式交给承包商，并进行现场交验。

8）组织或者委托监理工程师对施工组织设计进行审查。

9）协调处理施工现场周围地下管线和邻近建筑物、构筑物，及有关文物、古树等的保护工作，并承担相应费用。

10）督促设备制造商按合同要求及时提供质量合格的设备，并组织运送到现场。

11）督促检查合同执行情况，按合同规定及时支付各项款项，并协调处理出现的问题和矛盾冲突。

（4）业主在项目建设完成阶段的主要管理工作

1）组织进行试运行。

2）组织有关方面对施工单位拟交付的工程进行竣工验收和工程决算。

3）办理工程接收手续。

4）做好项目有关资料的收集和接收与管理工作。

5）安排有关管理与技术人员的培训，并及时接管工程。

6）进一步明确项目运营后与施工方、咨询工程师等各方的关系。

3.3 工程建设项目投资决策管理

3.3.1 投资决策概述

（1）投资决策的概念及要素

投资决策是指投资者为达到一定的目的，在调查研究的基础上，按照一定的程序、方法和标准，对投资规模、投资方向、投资结构、投资分配以及投资项目的选择和布局等方面进行技术经济分析，就投资是否必要和可行做出判断。

投资决策首先要有一定的决策目标，其次要有一定的评价标准，评价标准是方案比选的基本依据，也是决策者价值观的直接反映，最后，投资决策必须有可供选择的多个方案，只有经过方案比选，才有可能选择到最优方案。因此，投资决策包括三个基本要素：目标、标准及备选方案。

投资决策对项目整体的运营状况及效益实现起着决定性的作用，图 3-3 所示的是项目过程投资曲线及不同阶段对项目的影响曲线。

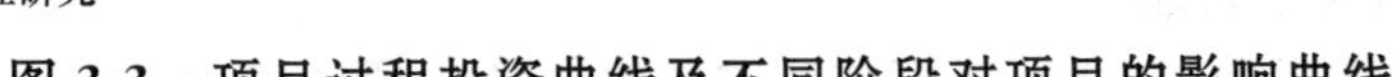

图 3-3　项目过程投资曲线及不同阶段对项目的影响曲线

(2) 投资决策的分类

投资决策可以根据不同的标准进行分类。如根据决策问题的影响程度和范围，可分为总体决策（或称为战略决策）和局部决策（或称为策略决策）；根据决策问题重复情况，可分为重复性（或称常规型、程序化）决策和一次性（或称非常规型、非程序化）决策；根据决策目标的数量，可分为单一目标决策和多目标决策；根据决策问题所处条件不同，可分为确定型决策、非确定型决策和风险型决策；根据工程建设项目投资决策主体来划分，主要可以分为企业投资决策和政府投资决策。我国投融资体制改革之后，针对不同投资主体实行不同的管理措施。此处主要根据决策主体划分进行介绍。

1）企业投资决策。企业投资决策是指企业根据总体发展规划，按照资源整合的需要，以获得经济效益、社会效益和提升持续发展能力为目标，做出是否投资建设项目的决定。

2）政府投资决策。政府投资决策是指政府有关投资管理部门，根据经济和社会发展的需要，以实现经济调节、满足社会公共需要、促进经济社会可持续发展为目标，对政府投资的项目从社会公平、社会效益等方面进行分析，评价其是否符合政府投资的范围，能否实现政府投资的目标，从而做出政府是否投资建设项目的决定。

(3) 投资决策的原则

1）科学决策原则。科学决策就是要求决策者在做出决策时，必须以客观的资料为依据，按照一定的科学程序和方法，排除个人的猜测、偏见或武断，在调查研究的基础上，对拟建项目的可行性和发展前景进行认真的分析与评价。因此，保证决策的科学性必须具备几个要素：依据充分、资料可靠、方法科学、决策主体客观公正。

2）民主决策原则。民主决策就是项目决策由决策机构集体充分讨论后做出。决策机构集体决策之前应充分发扬民主，广泛听取各方面的意见，集思广益，特别要注意听取不同的甚至反对的意见，并从中吸取合理的部分。没有决策民主化，决策就不可避免地会具有片面性和主观性，投资项目决策的科学化就难以实现。

3）效益决策原则。投资效益是投资活动的出发点和宗旨，无论是企业投资项目还是政府投资项目，决策必须以提高投资效益为中心。企业投资是为了提高企业在市场中的竞争力，获取经济效益，并创造社会效益；政府投资项目主要追求的是社会效益、宏观效益，而不是单纯地追求微观经济效益。对没有效益，或者效益难以补偿成本的项目是不能进行投资的。

4）决策责任制原则。决策责任制就是要求决策者对其决策行为所带来的后果负责。投资是一项风险性事业，投资项目的决策必须建立在高度责任制的基础上。只有让参与决策的机构和当事人从各自不同的岗位和层次、不同的方面和角度承担与自己的职权相称的风险和责任，才能够减少整个项目决策的盲目性、随意性，才能保证投资项目决策的严肃性和科学性。

3.3.2 投资决策管理制度

（1）投资决策程序管理

自2004年国务院颁发《关于投资体制改革的决定》（国发〔2004〕20号），对不同投资主体、不同资金来源的建设项目实行分类管理后，国家先后出台了《政府核准的投资项目目录（2016年本）》《中共中央　国务院关于深化投融资体制改革的意见》（中发〔2016〕18号）、《政府投资条例》（2019年）等一系列规章制度，标志着我国投融资体制迎来了新的重大改革。国务院以及国家有关部门不断出台简化审批程序，规范投资行为、加强监管与服务等一系列政策法规。改革的核心是落实“谁投资、谁决策、谁受益、谁承担风险”，政府实行有效监管。当前，我国的投资项目决策程序主要分为审批制项目的决策程序、核准制项目的核准程序和备案制项目的备案程序。

1）审批制项目的决策程序。审批制项目是指中央政府采取直接投资和资本金注入的政府投资项目。其他使用政府资金的投资项目，除按照相关规定履行项目决策程序外，还应按照国家相关规定编制项目资金申请报告，执行相关审批程序。政府投资项目主要审批项目建议书和项目可行性研究报告。

实行审批制的项目，应为明确列入政府投资计划内的重大项目，并与中期财政规划相衔接。项目单位根据规划要求报送项目建议书（初步可行性研究报告），项目建议书按照规定的程序和事权报送项目审批部门审批。

项目审批部门对符合有关规定、确有必要建设的项目，批复项目建议书（一般称项目立项）。项目审批部门在批准项目建议书之后，应当按照有关规定进行公示。公示期间征集到的主要意见和建议，可作为编制和审批项目可行性研究报告的重要参考。

项目建议书批准后，项目单位应编制项目可行性研究报告，可行性研究报告的编制格式、内容和深度应当达到规定要求。在项目审批部门受理项目可行性研究报告后，一般按规定时限委托入选的相应工程咨询机构进行项目评估。特别重大的项目还应实行专家评议制度。

项目审批部门对符合有关规定、具备建设条件的项目，批准项目可行性研究报告。对于项目单位缺乏相关专业技术人员和建设管理经验的直接投资项目，项目审批部门应在批复可行性研究报告时要求执行代理建设制度（简称“代建制”），通过招标方式选择具备工程管理经验和能力的机构，作为项目管理单位负责组织项目的建设实施。

2）核准制项目的核准程序。核准制项目是企业投资建设的列入《政府核准的投资项目目录》中的项目。实行核准制的企业投资项目，仅需向政府提交项目申请书。政府对企业提交的项目申请书，主要从维护经济安全、合理开发利用资源、保护生态环境、优化重大布局、保障公共利益、防止出现垄断等方面进行核准。

实行核准制的投资项目，政府部门要依托投资项目在线审批监管平台或政务服务大厅实行并联核准。精简投资项目准入阶段的相关手续，只保留选址意见、用地（用海）预审以及重特大项目的环评审批作为前置条件，按照并联办理、联合评审的要求，相关部门要协同下放审批权限，探索建立多评合一、统一评审的新模式。

核准机关受理核准申请后，如有必要，可以委托有资格的咨询机构进行评估；如涉及行业主管部门的职能，应征求相关部门的意见；对于可能对公众利益造成重大影响的项目，项目核准机关在进行核准审查时应采取适当方式征求公众意见；对于特别重大的项目，可以实行专家评议制度。核准机关在征求相关部门及团体的意见后，应做出核准决定。

核准机关对项目予以核准的，应当向企业出具核准文件；不予核准的，应当书面通知企业并说明理由。

3）备案制项目的备案程序。根据《中共中央　国务院关于深化投融资体制改革的意见》，对《政府核准的投资项目目录》范围以外的企业投资项目，一律实行备案制。

实行备案制的企业投资项目，由企业自主决策。按照属地原则，企业应当在开工建设前通过在线平台将下列信息告知备案机关：

①企业基本情况。

②项目名称、建设地点、建设规模、建设内容。

③项目总投资额。

④项目符合产业政策的声明。

企业应对备案项目信息的真实性负责。备案机关收到规定的全部有效信息即为备案；企业告知的信息不全的，备案机关应当指导企业补正。企业需要备案证明的，可以要求备案机关出具或者通过在线平台自行打印。已备案信息发生较大变更的，企业应及时告知备案机关。

备案机关发现已备案项目属于产业政策禁止投资建设或者实行核准管理的，应当及时告知企业予以纠正或者依法办理核准手续，并通知有关部门。

企业投资项目的备案制，既不同于传统的审批制，又不同于投资体制改革决定中所规定的核准制。备案制的决策程序更简便，内容也更简略。备案机关不得对备案项目设置任何前置条件。

（2）工程建设项目决策分析报告

按照投资决策程序，对于政府投资项目实行审批制。对于采用直接投资和资本金注入方式的政府投资项目，政府需要从投资决策角度审批项目建议书和可行性研究报告。对于采取投资补助、转贷和贷款贴息方式的政府投资项目，则只审批资金申请报告。而对于企业投资建设的属于核准目录中的项目，需要向政府提交项目申请报告。

1）项目建议书。项目建议书是对拟建项目的一个总体轮廓设想，是根据国民经济和社会发展长期规划、行业规划、地区规划，以及国家产业政策，经过调查研究、市场预测及技术经济分析，着重从客观上对项目立项的必要性做出分析，并初步评估项目建设的可能性。

2）可行性研究报告。项目的可行性研究是根据市场需求和国民经济长期发展规划、地区发展规划和行业发展规划的要求，对与拟建项目有关的市场、社会、经济、技术等各方面情况进行深入细致的调查研究，对各种可能拟订的技术方案和建设方案进行认真的技术经济分析和比较论证，对项目建成后的经济效益和社会效益进行科学的预测和评价。在此基础上，对拟建项目的技术先进性和适用性、经济合理性和有效性以及建设可能性和可行性进行全面分析、统一论证、多方案比较和综合评价，由此得到该项目是否应该投资和如何投资等结论性意见，为项目投资决策提供科学依据，为开展下一步工作打下基础。简而言之，可行性研究就是在项目的投资前期，对拟建项目进行全面、系统的技术经济分析和论证，从而为项目投资决策提供可靠依据的一种科学方法和工作阶段。

2023 年，国家发展改革委印发《投资项目可行性研究报告编写大纲及说明（2023 年版）》，具体包括《政府投资项目可行性研究报告编写通用大纲（2023 年版）》（以下简称《通用大纲》）、《企业投资项目可行性研究报告编写参考大纲（2023 年版）》（以下简称《参考大纲》）及《关于投资项目可行性研究报告编写大纲的说明（2023 年版）》。投资项目可行性研究报告编写大纲是对投资项目可行性研究报告的内容和深度的基础性要求，适用于对我国境内各行业各类项目的可行性研究工作，研究成果可作为投资主体内部决策、政府审批和核准及备案、银行审贷、投资合作、工程设计、项目实施、竣工验收，以及项目后评价等工作的基本依据。其中，政府投资项目可行性研究报告原则上应按照《通用大纲》进行编写，以保障政府投资项目前期工作质量，提升投资决策的科学化和规范化水平。《参考大纲》在落实企业投资自主权基础上，主要引导企业重视项目可行性研究，加强投资项目内部决策管理，促进依法合规生产经营，实现健康可持续发展。政府投资项目的可行性研究应突出经济社会综合效益，并根据经济社会发展需要和财政可负担性，合理确定建设标准、建设内容、投资规模等，防范地方政府隐性债务风险；企业投资项目可行性研究应突出经济性，聚焦企业自主投资决策所关注的投资收益、市场风险规避等内容，引导企业提高投资决策的科学性和财务的可持续性。

在编写具体项目的可行性研究报告时，可结合项目的实际情况，对两个大纲所要求的内容予以适当调整。比如，若论证的项目不涉及编写大纲中的部分内容，可在说明情况后不再予以详细论证；对于编写大纲未涉及的内容，必要时应结合行业特点进行论证。对于建设内容单一、投资规模较小、技术方案简单的项目，可以按照国家有关规定简化编写大纲中的有关内容；对于重大或复杂项目，在可行性研究报告正文前可以形成摘要，综述项目概况、可行性研究过程、主要结论和建议等内容。可行性研究报告编写大纲的具体内容详见 3.3.3。

3）项目申请报告。项目申请报告是企业投资建设应报政府核准的项目时，为获得项目核准机关对拟建项目的行政许可，按核准要求报送的项目论证报告。项目申请报告重点阐述项目的外部性、公共性等事项，包括维护经济安全、合理开发利用资源、保护生态环境、优化重大布局、保障公众利益、防止出现垄断等内容。编写项目申请报告时，应根据政府公共管理的要求，对拟建项目从规划布局、资源利用、征地移民、生态环境、经济和社会影响等方面进行综合论证，为政府对项目的核准提供依据。至于项目的市场前景、经济效益、资金来源、产品技术方案等内容，不必在项目申请报告中进行详细的分析和论证。对于外商投资项目，政府还要从市场准入、资本项目管理等方面进行核准。

4）资金申请报告。资金申请报告是指项目投资者为获得政府专项资金支持而出具的一种报告。根据《中央预算内投资补助和贴息项目管理暂行办法》的规定，申请中央预算内投资补助或贴息资金的投资项目，应按照有关工作方案、投资政策的要求，向国家发展改革委报送资金申请报告。项目资金申请报告原则上应由具有资质的工程咨询机构编制，有条件的项目承担单位也可自行编制。

3.3.3　投资决策分析与评价的主要内容

根据《投资项目可行性研究报告编写大纲及说明（2023 年版）》，投资决策分析与评价围绕建设必要性、方案可行性及风险可控性三大目标，着重从需求可靠性、要素保障性、工程可行性、运营有效性、财务合理性、影响可持续性、风险可管控性七个维度开展工作（见图 3-4）。

（1）需求可靠性研究

1）政策导向方面，要研究拟建项目与国民经济和社会发展规划、区域规划、专项规划、国土空间规划等重大规划的衔接性，研究拟建项目与扩大内需、共同富裕、乡村振兴、科技创新、节能减排、碳达峰碳中和等重大政策目标的相符性，研究拟建项目与产业政策、行业和市场准入标准的符合性。

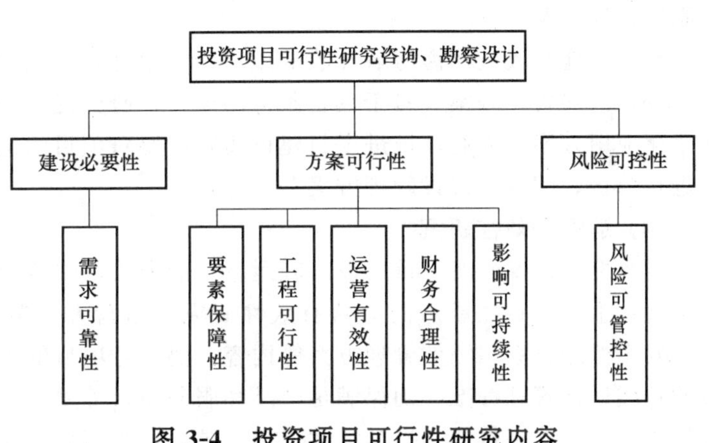

图 3-4　投资项目可行性研究内容

2）市场需求方面，应研究分析拟建项目所在行业的业态、目标市场环境和容量、产业链供应链、产品或服务价格，评价市场饱和程度、项目产品或服务的竞争力等。

3）公共需求方面，要侧重分析拟建项目在提供公共产品和公共服务、满足经济和社会发展需要、增强国防和社会安全能力等方面的作用与必要性。

在需求分析的基础上，论证拟建项目总体目标及分阶段目标，提出拟建项目建设内容和规模，明确项目产品方案或服务方案及其质量要求。

（2）要素保障性研究

通过多方案比较，选择项目最佳或合理的场址或线路方案，分析拟建项目所在区域的自然环境、交通运输、公用工程等建设条件，并进行要素保障分析。

1）土地要素保障：分析拟建项目相关的国土空间规划、土地利用年度计划、建设用地控制指标等土地要素保障条件，开展节约集约用地论证分析，评价用地规模和功能分区的合理性、节地水平的先进性。说明拟建项目用地总体情况，包括地上（下）物情况等；涉及耕地、园地、林地、草地等农用地转为建设用地的，说明农用地转用指标的落实、转用审批手续办理安排及耕地占补平衡的落实情况；涉及占用永久基本农田的，说明永久基本农田占用补划情况；如果项目涉及用海用岛，应明确用海用岛的方式、具体位置和规模等内容。

2）资源环境要素保障：分析拟建项目水资源、能源、大气环境、生态等承载能力及其保障条件，以及取水总量、能耗、碳排放强度和污染减排指标控制要求等，说明是否存在环境敏感区和环境制约因素。对于涉及用海的项目，应分析利用港口岸线资源、航道资源的基本情况及其保障条件；对于需围填海的项目，应分析围填海的基本情况及其保障条件。对于重大投资项目，应列示规划用地、用水、用能、环境以及可能涉及的用海、用岛等要素保障指标，并综合分析提出要素保障方案。

（3）工程可行性研究

要从工程技术方案及工程实体建设的角度研究工程可行性。要围绕项目“技术方案”“设备方案”“工程方案”的合理性、先进性、适用性、自主性、可靠性、安全性、经济性等方面进行多方案比选，研究工程技术方案的可行性，确定核心技术方案和核心技术指标，提出关键设备和软件推荐方案，提出工程设计标准、工程总体布置、主要建（构）物和系统设计方案。

涉及土地征收或用海海域征收的项目，应根据有关法律法规政策规定、方案等，提出征收补偿（安置）方案。对于具备条件的项目，研究提出拟建项目设计施工及运维全过程数字化应用方案。为有序推进项目建设实施，要对项目的组织模式、工期安排、招标方案等进行分析，明确“建设管理方案”。

（4）运营有效性研究

可行性研究要改变“重建设、轻运营”的做法，强调项目全生命周期方案优化和系统性论证，重视项目建成后的运营有效性研究。运营方案需要研究运营模式、运营组织方案、安全保障方案、绩效管理方案等内容。要结合项目的工程技术特点，遵循有关部门颁布的各类运营管理标准，确保满足产品和服务质量等要求。要制定项目全生命周期关键绩效指标和绩效管理机制，提升绩效管理要求。要牢固树立安全发展理念，强化运营单位主体责任，明确安全生产责任和应急管理要求。

（5）财务合理性研究

在明确项目产出方案、建设方案和运营方案的基础上，应研究项目投资需求和融资方案，计算有关财务评价指标，评价项目盈利能力、偿债能力和财务持续能力，据以判断拟建项目的财务合理性。

1）盈利能力分析。对于政府资本金注入项目和企业投资项目，“盈利能力分析”是项目财务方案的重要内容。“盈利能力分析”的重点是现金流分析，通过相关财务报表计算财务内部收益率、财务净现值等指标，判断投资项目的盈利能力。财务收入是构成投资项目财务现金流入的主要来源；成本费用是项目产品定价的基础，也是项目财务现金流出的主要构成。

项目“融资方案”是在对项目自身盈利能力进行分析的基础上，研究项目的可融资性，以及采用政策性开发性金融工具、产业投资基金、权益型金融工具、专项债等融资方式的可行性。项目“融资方案”研究需要强化对融资结构、融资成本和融资风险等方面的分析。债务融资的投资项目要重视评价债务清偿能力，如果项目经营期出现经营净现金流量不足，还应研究提出资金接续方案，重点评价项目的财务可持续性。

2）偿债能力分析。偿债能力分析是论证项目计算期内是否有足够的现金流量，按照债务偿还期限、还本付息方式偿还项目的债务资金，从而判断项目支付利息偿还到期债务的能力。政府投资或付费类项目还要分析评价当地财政的负担能力和是否可能产生隐性债务等情况。

3）财务持续能力分析。财务持续能力分析是根据财务计划现金流量表，综合考察项目计算期内各年度的投资活动、融资活动和经营活动所产生的各项现金流入和流出，计算净现金流量和累计盈余资金，判断是否有足够的净现金流量维持项目的正常运营。

（6）影响可持续性研究

可行性研究应重视经济社会、资源环境等外部影响效果的评价，并注意与节能评价、环境影响评价等专项评价的结果相衔接。

1）经济影响分析是从经济资源优化配置的角度，利用经济费用效益分析或经济费用效果分析等方法，评价项目投资的真实经济价值，判断项目投资的经济合理性，从而确保项目取得合理的经济影响效果。对重大投资项目，还要分析其对宏观经济、区域经济和产业经济的影响。

2）社会影响分析主要是从项目可能产生的社会影响、社会效益和社会接受性等方面，研究项目对当地产生的各种社会影响，评价项目在促进个人发展、社区发展和社会发展等方面的作用，并提出减缓社会负面影响的措施和方案。

3）生态环境影响分析是从推动绿色发展、促进人与自然和谐共生的角度，分析拟建项目所在地的生态环境现状，评价项目在污染物排放、生态保护、生物多样性和环境敏感区等方面的影响。

4）资源和能源利用效果分析是从实施全面节约战略、发展循环经济等角度，分析论证除了项目用地（海）之外的各类资源节约集约利用的合理性和有效性，提出关键资源保障和供应链安全等方面的措施，评价项目能效水平以及对当地能耗调控的影响。

5）碳达峰碳中和分析是通过估算项目建设和运营期间的年度碳排放总体强度，评价项目碳排放水平，以及与当地“双碳”目标的符合性，相应地提出生态环境保护、碳排放控制措施。

此外，根据项目特点和实际需要，还可以开展安全影响效果论证，更好统筹发展和安全，提升供应链韧性和安全水平，实现经济效益、社会效益、生态效益和安全效益的统一。

（7）风险可管控性研究

可行性研究应重视风险管控，确保有效规避项目全生命周期的风险。“风险识别与评价”主要是识别项目存在的各种潜在风险因素，包括市场需求、多要素保障、关键技术、供应链、融资环境、建设运营、财务盈利性、生态环境、经济社会等领域的风险，并分析评价风险发生的可能性及其危害，提出针对重大和较大风险的对策及应急预案，即“风险管控方案”和“风险应急预案”，建立健全投资项目风险管控机制。

对重大项目，应当就社会稳定风险进行调查分析，征询相关群众意见，查找并列出风险点、风险发生的可能性及其影响，提出防范和化解风险的方案措施，提出采取相关措施后的社会稳定风险等级建议。对于可能引发“邻避”问题的项目，应提出综合管控方案。要通过深入分析评价，论证相关风险管控方案能否将项目的各种风险均降低到可接受的水平。

3.4 工程建设项目设计管理

3.4.1 工程建设项目设计概述

（1）工程建设项目设计的概念

工程建设项目设计是指根据建设工程的要求，对建设工程所需的技术、经济、资源、环境等条件进行综合分析、论证，编制建设工程设计文件的活动。

依据《建设工程勘察设计管理条例》，工程建设项目应当坚持先勘察、后设计、再施工的原则。

在实践中，由于工程建设项目所采用的承发包模式的不同、选用的工程建设项目管理模式的不同，以及工程建设项目本身所处的环境条件的不同，勘察、设计与施工的关系并不是完全独立的，即并非纯粹首尾相接的独立活动过程。勘察与设计往往互为因果，而施工过程中也穿插着大量的设计变更，因此，勘察、设计与施工本身的阶段划分不同于项目整体层面的阶段构成。

（2）设计过程的特点

与工程建设项目的前期阶段和后续的施工过程相比较，设计过程的特点主要体现为创造性和专业性。

1）创造性。设计过程是一个创造过程，从业主的功能需求出发，根据地块本身以及周边环境条件进行总体布局考虑，确定各种设施的平面与空间布置，直至在满足功能需求的条件下进一步考虑设计的可建设性、设备材料的可获得性、采用新技术新工艺的可行性等，都需要最大限度地发挥设计人员的创造性思维。

2）专业性。设计过程是高度专业化的工作过程。现代工程建设项目规模越来越大，标准越来越高，新技术、新材料的应用越来越广，由此导致设计工作的专业分工也越来越细，在项目设计任务的委托中越来越多地出现设计的专业分包方式和设计合作体方式。

同时，按照相关规定，在项目的设计过程和后续的施工过程中，任何涉及设计的修改都必须由设计单位完成，未经原设计单位同意，包括业主在内的任何一方都不得擅自变更设计，这也从另一个方面说明了设计过程的专业性。

（3）设计过程的利益相关方

设计过程的利益相关方主要有业主、设计单位以及施工单位。业主是界定设计任务与委托方式的一方，是项目设计文件及成果的采购方，是方案设计成果的使用方，也是工程设计形成施工成果的承受方。设计单位是设计文件与设计成果的生产及提供方。施工单位是工程设计文件和设计成果的直接使用方。

不同的利益相关方对设计过程的利益诉求各有不同。

1）业主的利益诉求主要有：

①设计单位对设计意图的领悟能力高。

②设计单位的配合意愿强。

③设计单位的图纸质量可靠。

④设计单位对设计分包的管理控制严格。

2）设计单位的利益诉求主要有：

①业主的项目功能策划清晰。

②业主及时提供方案设计任务书及工程设计任务书。

③业主给予的设计周期充分，设计变更要求少、审批快。

④业主及时支付设计费用。

3）施工单位的利益诉求主要有：

①设计单位提供的图纸没有或极少有错误。

②设计单位对施工工法理解深刻。

③设计单位能够配合施工单位应用新工法。

④设计单位具有协调专业设计分包方的能力。

3.4.2　设计过程的阶段划分及管理任务

（1）设计过程的阶段划分

按照我国现行的基本建设管理程序，设计过程通常分为方案设计、初步设计和施工图设计三个阶段（见图 3-5）。

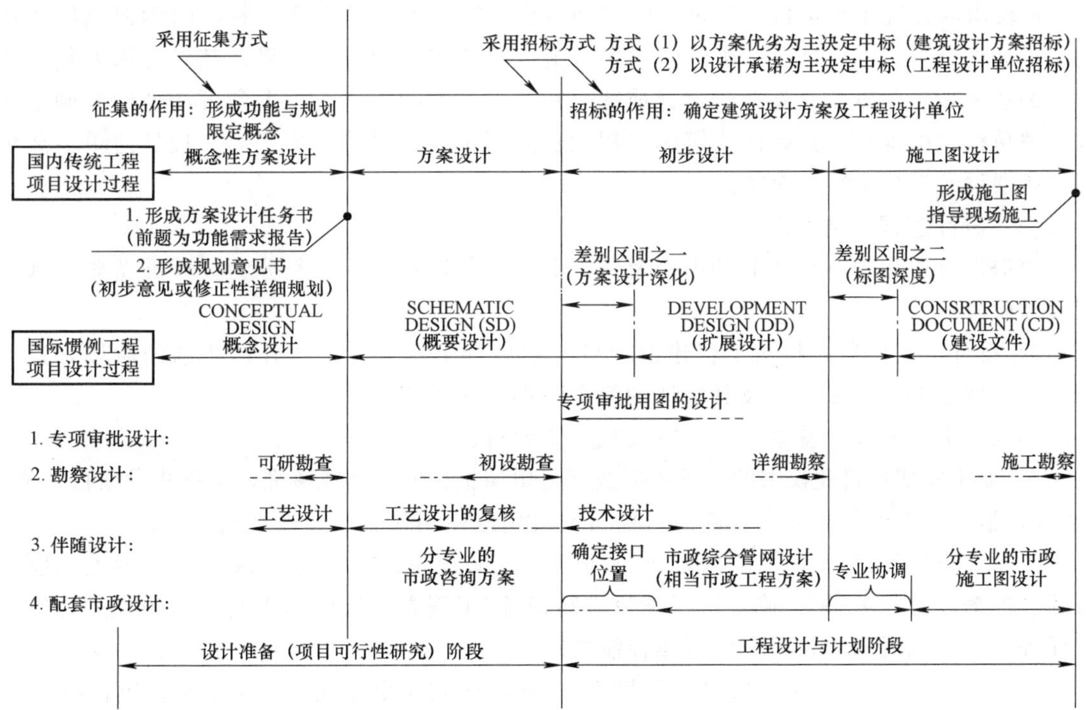

注：施工图设计英译为 Constructional Drawing Design。

图 3-5　工程建设项目设计过程的阶段划分

对于规模大、技术复杂的重大工程建设项目，根据需要，在方案设计前可以增加概念设计，在初步设计阶段可以增加技术设计（又称扩大初步设计）。

设计过程的三阶段划分方式也是与设计深度要求的渐进性相适应的，依据《建设工程勘察设计管理条例》，对各个阶段设计文件的深度要求如下：

“编制方案设计文件，应当满足编制初步设计文件和控制概算的需要。编制初步设计文件，应当满足编制施工招标文件、主要设备材料订货和编制施工图设计文件的需要。编制施工图设计文件，应当满足设备材料采购、非标准设备制作和施工的需要，并注明建设工程合理使用年限。”

按照设计深度划分设计阶段也是国际工程界通用的做法，国际惯例工程项目设计过程详见图 3-5。与国内传统工程项目设计过程三阶段划分方式相比，国际惯例工程项目设计阶段划分的主要不同之处体现在两个“差别区间”。

①第一个“差别区间”是方案设计深化。国际惯例工程项目设计过程的“概要设计”（SD）较国内传统工程项目设计过程的“方案设计”或“实施性方案设计”的深度要更深一些，以民用建筑设计的结构设计为例，按国内“设计文件编制深度的规定”，此阶段一般仅要求确定结构受力体系，提供拟采用标准图集，而国际惯例的设计深度往往要求提供三维应力分析，对重要受力元件还需进行初步的有限元法的计算。再如机电设计，国内仅要求用文字做出拟采用系统的说明，国际惯例要求的深度一般需提供系统示意图甚至系统拓扑图，对机房布局则需要全部出图。

②第二个“差别区间”是标图深度。国际惯例工程项目设计过程的“扩展设计”（DD）较国内传统工程项目设计过程的“初步设计”的深度要更深一些，国际惯例所表述的“扩展设计”（DD）是设计单位向业主与施工单位交接的最终成果，其设计深度相当于国内的技术设计深度，是将初步设计或部分初步设计继续深化，扩大到可清晰编制确定工程量清单科目的深度。这是因为国际工程项目采用工程量清单计价，而工程量清单主要依据“扩展设计”（DD）来编制。

（2）设计过程的管理任务

根据设计过程中管理任务的内容及特点划分，可以将设计过程分为设计准备阶段和工程设计阶段。

1）设计准备阶段是指从工程建设项目立项后到工程设计正式开始之前的阶段，这一阶段的管理任务主要由业主及其聘请的管理咨询公司承担。

①设计准备阶段的基本工作内容及程序主要有：

A. 业主完成项目建议书的审批或完成项目申请报告的备案或核准，工程建设项目立项。

B. 业主获得国有土地管理部门对项目建设用地使用权属及建设性质的认定。

C. 业主基于项目建议书的内容进行项目功能需求论证，在论证成果的基础上编制项目的“方案设计任务书”，确定进行项目方案设计/工程方案招标的主要技术条件。方案设计任务书也可以提出项目投资的限额控制要求。

D. 完成可开工建设项目的“可研勘察”，获取规划建设用地的初步水文地质资料。

E. 获得项目所在地城市规划管理部门对项目建设类型及规划条件的认可，取得项目建设的“规划意见书”。对于成片开发建设的项目用地，还需根据城市规划部门提供的总体/控制性规划条件，依据分期开发建设的设想，组织编制概念设计，呈报拟建项目的“修建性详细规划”，以期形成并满足先期建设部分的规划条件。

②设计准备阶段的工作要求主要有：

A. 提出对设计的需求，如总体布局、平面及空间布置、建筑风格取向等，以编制方案设计任务书和方案设计招标文件。

B. 明确设计过程的组织，如是采用招标还是其他方式进行设计任务的委托，以确定工程设计承包合同的结构，选择工程设计承包合同标准文本。

2）工程设计阶段是指在完成前期策划和设计准备的基础上，通过设计文件将工程建设项目功能策划的主要内容予以具体化和明确的阶段，设计阶段的成果是后续招标采购与施工的具体指导和依据。

由于设计过程创造性和专业性的特点，业主在设计阶段的管理方式并不是单纯的监督与控制，而是更多地侧重于沟通、组织与协调。业主在设计阶段的具体管理任务见表 3-2。

表 3-2　业主在设计阶段的具体管理任务

管理任务	具体工作内容
技术设计工作安排	根据项目技术构成的特点及需要，与设计总承包单位协商确定需进行的技术设计，包括可能的风洞试验、振动台试验、超高建筑的结构论证与试验、超高建筑或超大空间的消防性能分析等
	做出技术设计的具体工作安排
设计进度与计划管理	分析、论证项目设计总进度目标
	分析实现总进度目标的主要时间节点及实现的风险，组织编制设计工作进度管理的详尽计划，审核设计进度计划并监控其执行
工程设计质量管理	采用价值工程方法，在充分满足项目功能要求的条件下，进一步考虑设计的可施工性、材料的可获得性，采用新技术、新工艺优化各级设计，挖掘节约投资的潜力
	安排施工图的强制性审查
	组织全部施工图的质量审查，最大限度地减少各专业设计图纸的“错、漏、碰、缺”
	组织初步设计与施工图设计的符合性审查，确保初步设计符合经批准并经优化的方案设计要求；确保施工图设计符合经审定的初步设计要求
	组织初步设计概算的审查，确保经审定的初步设计概算不超出可行性研究报告及工程设计任务书给定的投资控制指标，如有超出，则对初步设计及概算做出评价及提出处理建议。组织安排编制工程量清单及施工图预算，确保预算不超出上述给定的投资控制指标及浮动的限度

3.4.3　设计依据与设计成果管理

（1）设计依据

1）工程建设项目的基本设计依据。依据《建设工程勘察设计管理条例》，工程建设项目的基本设计依据如下：

①项目批准文件。

②城乡规划。

③工程建设强制性标准。

④国家规定的建设工程勘察、设计深度要求。

⑤对铁路、交通、水利等专业性建设工程，还应当以专业规划的要求为依据。

2）工程建设项目的具体设计依据主要有：

①方案设计任务书。方案设计任务书是建筑方案设计/工程方案招标文件的必要技术附件，其技术主体是关于项目细分功能的需求描述，由业主或其聘用的项目管理咨询单位编制。对于工业类项目，功能需求描述往往和生产工艺要求相关。方案设计任务书中也可以根据批复的项目建议书中的初步投资估算，提出进行项目方案设计必须满足一定投资限额的要求。

②工程设计任务书。工程设计任务书是设计单位进行项目工程设计（包括初步设计与施工图设计）的主要依据，由业主或其聘用的项目管理咨询单位编制。由于方案设计已经完整细致地描述了项目的功能设置，所以工程设计任务书无需再对项目功能进行描述，仅需描述项目工程设计所需采用的建筑做法、建造标准、技术方法的选择等。工程设计任务书也可以根据获得批复的项目可行性研究报告中的确定性投资估算，提出进行项目工程设计必须满足一定投资限额的要求。

工程设计任务书是项目工程设计合同的必要技术附件，需由业主在工程设计合同签署前，根据方案设计或工程设计投标评标意见等进行编制，并在设计合同商签阶段与设计单位充分沟通达成一致。

③技术设计要求。技术设计是行业内对在规范要求的设计内容之外，但又与工程设计相关的技术性任务的习惯说法，并非一般工程建设项目必须进行的设计工作，也不构成工程设计的阶段。技术设计没有类型、内容、范围与深度的规范要求，通常是指一些专业工程实验与论证的手段，如特殊建筑结构的振动台试验、风洞试验、超高层建筑的消防性能化分析、超大空间的空调性能化分析等。技术设计一般与初步设计同步进行，在初步设计完成前全部结束。

④其他配套技术与经济要求。为了完成业主在方案设计任务书或工程设计任务书中提出的技术与经济指标，有时会根据项目的具体情况，随工程设计任务书发出其他的配套文件，如项目拟采用的设计管理模式（涉及设计总承包与专业工程设计分包的关系）、分专业的设计文件编制深度要求、主要材料设备品牌清单、设计与施工技术标准等。配套文件的目的是更好地实现设计与施工的接口管理，有利于工程采购时做出准确的技术与经济的综合评估，以及建设实施阶段对投资的合理控制。

（2）设计成果及审查验收

设计成果是指要求的设计文件和设计深度。设计过程各阶段设计文件的作用及目的不同，验收检查内容与要求也各不相同。

1）设计文件的作用与目的。不同阶段设计文件的作用及目的如下：

①概念设计的作用。概念设计的作用主要有：

A. 确定拟建设项目的功能定位，在某些专业工程层面，需通过概念设计明确专业性的方案设计需求。

B. 为项目规划意见书提供参考依据。

C. 作为编制项目修建性详细规划的技术载体。

②方案设计的作用主要有：

A. 明确设施的平面及空间布置，确定建筑风格。

B. 为编制工程建设项目管理规划（纲要）提供依据。

C. 编制工程设计任务书的前提。

D. 以方案设计为基础编制的投资估算，经审批后作为设计概算的控制依据。

③初步设计的作用主要有：

A. 作为衔接方案设计与施工图设计的技术链环。

B. 对政府投资的工程建设项目，经审批的初步设计及概算作为财政部门向建设单位拨付投资资金的依据。

C. 编制施工招标文件、预订设备材料的前提。

④施工图设计的作用主要有：

A. 编制施工招标文件的主要依据。

B. 施工阶段的指导性、控制性文件。

C. 设备材料采购、非标准设备制作的依据。

2）设计文件的审查验收。不同阶段设计文件的审查验收要点如下：

①方案设计的选定。方案设计的评选依据是各个投标方案设计文件对于方案设计招标文件（含方案设计任务书）的响应程度，以及方案设计的技术创造与艺术发挥的水平等，最后由业主选定并报项目所在地城市规划管理部门备案或审查。需要注意的是，在可行性研究报告尚未获得业主批准时，评标选出的设计方案虽可确定为中标方案，以利于可行性研究报告的编制，但不应提前签署工程设计（承包）合同，更不应使工程设计（承包）合同在可行性研究报告获得批准前生效。

②初步设计文件的审查。初步设计文件应充分响应方案设计，应严格按照工程设计任务书要求的建筑做法、建造标准及技术方法进行，设计深度应达到相应要求，初步设计已经优化，根据初步设计编制的概算不超过工程设计任务书提出的投资限额。对于特殊和复杂的项目，如果业主提出了技术设计的要求，还需检查必要的技术设计是否已进行并达到目的。

③施工图设计文件的审查。它分为内部审查与外部审查两种类型。

A. 内部审查是由业主或其聘请的项目管理咨询单位进行审查，审查重点包括：

a. 施工图设计是否与初步设计正常衔接。

b. 设计深度是否达到规定的标准。

c. 施工图是否能够满足工程设计任务书及类似配套文件（如设计与施工技术标准）的要求。

d. 各专业图纸本身是否存在设计错误，分专业施工图之间是否存在冲突。

e. 是否按业主提出的“招标图纸”要求，按工程分解结构（合同网络图）分别出图。

B. 外部审查是由业主从具有施工图强制审查资格的企业名录中确定强制审查执行单位，对施工图设计是否符合强制性设计规范的国家规定进行审查。

④招标用图纸。如业主明确要求设计单位提供招标图纸，则需在工程设计任务书中明确提出，并同时提出拟进行分专业招标采购的工程范围及描述。招标图纸的范围是拟进行采购的每个合同包的技术与数量范围，包括在同一个合同包内各个相关专业的图纸要求。

(3) 设计成果风险及其防范

1）设计成果风险。设计成果的常见风险有：

①图纸的可施工性差。该风险产生的原因主要在于设计过程专业性强，设计单位业务单一，设计人员往往只专注于设计任务本身，不熟悉施工环节的工作要求，脱离施工实际。

②选用材料设备的可获得性差。设计人员虽然可以接触更多的行业发展信息，但对相关新技术、新材料是否成熟，能否得到市场普遍接受，能否获得充分供给则了解不足，导致推荐采用的新材料、新设备等在采购时面临时间、技术与价格风险。

③新施工工法的可运用性差。传统承发包模式下设计与施工任务的分离，使得设计人员既不了解施工现场的常用工法，又不关心采用新工法为施工单位带来的效益，而新施工工法的采用却要求设计图纸提供相应的配合条件，在一定程度上导致其可运用性差。

2）设计成果风险的防范。针对以上设计成果风险，一般有两种常用的应对方式。

①在项目总体层面或专业（分包）工程层面采用设计施工一体化的承发包方式，引入围绕工程设计成果的竞争。

②加强业主的设计管理力量，如聘用专业的设计顾问，承担业主委托的设计出图审查任务。

3.4.4 设计过程的采购管理

（1）设计采购范围及采购流程

一般来讲，设计业务的采购范围及采购流程主要有以下几种。

1）业主采购“全过程”设计工作。其采购基本流程如下：

通过方案设计招标，获得方案设计投标及各投标单位全部设计费的投标报价，业主（委托人）通过对各方案设计优劣的评审，参考设计费的报价，确定方案设计中标单位，与该单位签订项目的“工程设计（承包）合同”，委托该设计单位承担此项目的全过程设计任务，同时对未中标单位给予方案设计补偿金。

2）业主采购达到初步设计深度的成果。其采购基本流程如下：

业主（委托人）委托设计单位提供初步设计图纸，而施工图设计则由中标施工单位在签订施工承包合同后承担，其采购的流程基本与上一采购流程相近，只是业主所要求的设计费报价有所不同。在国内现行建设管理体制下，如施工单位具备工程设计资质或其股份关联的下属单位具备工程设计资质，可以采用此方式进行采购。

3）业主仅采购生产工艺及建筑方案/工程方案设计。其采购基本流程如下：

业主（委托人）采用所委托设计单位提交的方案设计图纸进行项目工程总承包的招标，与其他的委托设计方式及工程承包方式不同，各投标人在投标阶段需要基于业主提供的方案设计图纸与技术说明进行初步设计，编制相应的工程量清单并做清单报价。评标阶段业主需对投标人提供的初步设计图纸进行详细评审，设计单位中标工程总承包合同后，业主还要进一步审查其提交的施工图设计文件。

需要说明的是，此种情况下，对应的承发包方式为 EPC/T 总承包方式。工程总承包方式广泛用于工业项目或带有工艺设备的基础设施项目，近年来也出现了更多地用于房屋建筑工程的趋势。对专业工程层面的此类承包方式，一般称为“设计施工一体化承包方式”。

4）业主委托设计任务范围之外的设计。这需要在招标文件及相应的合同条款中约定，通常由施工总承包商或设计施工一体化总承包商承担。

业主（委托人）在确定设计任务的采购范围、签订项目设计合同之前，需要决定拟采用的项目管理模式，以便确定相关专业工程招标所需达到的设计深度要求，同时需要确定各专业工程的管理模式，以便确定各专业工程设计图的出图深度。

(2) 设计采购方式

设计任务的常见采购方式主要有以下两种：

1) 招标方式。按照现行规定，设计任务委托应采用招标方式。通过招标，业主在得到设计方案的同时获得全过程设计费的报价，使对投标的评审可以采用技术与经济相结合的综合评审方法，避免投标人提供方案设计时没有进行相应报价，确定拟中标方案后又难以就设计费进行询价、澄清与谈判等情况的发生。

招标方式下，确定中标人主要有以下两种方法：

①以方案优劣评价因素为主。该方法一般用于方案设计的招标，其原因在于择优选择方案设计/工程方案对做出项目投资决策及项目能否成功建设并达到预期目标极为重要。方案设计的优劣评价所评价的不仅仅包括技术因素，还包括经济因素，相较而言，设计费的报价几乎可以忽略。

②以设计承诺为主决定中标。该方法一般适用于工程设计单位的招标。例如，业主单独确定了拟采用的方案设计或工程方案，但由于其他考虑因素，拟将后续工程设计任务改由另一家设计单位承担，如方案设计提供者是一家国外的建筑师事务所，或是国外的建筑师，他们本身无国内的工程设计资质承担且不擅长完全专业的工程设计。此时，招标确定项目工程设计承担单位的考虑因素已没有方案设计的评审因素，业主一般以参加投标单位的以往业绩、拟投入设计团队力量、设计费报价、是否具有与方案设计单位配合的经验、其他服务承诺等作为竞争因素进行评审。

2) 征集、竞赛方式。该方式适用于概念设计采购。在项目立项阶段，有时业主不确定项目原则性的功能定位，希望通过采用征集建议书或设计竞赛等方式，借鉴设计单位同类型项目设计任务的成功经验，得到已完成建设的类似项目的功能需求定位的启发，获得明确本项目基本功能构成的概念设计，从而进一步明确专业性的方案设计要求。

对于获得的概念设计内某些因素的采用，业主可以结合方案设计招标的资格预审进行，只有提供完整有效的概念设计的参选单位才可以获得方案设计的投标资格。业主也可以通过设置一定的竞赛获奖补偿金进行概念设计的征集。不论采用哪种方式，业主均应在相应的竞赛或征集文件中明确，参选人在获得方案设计投标资格或获得竞赛补偿金后，业主即有权使用参选人提供的概念设计元素。

(3) 设计委托方式

设计任务的委托主要有平行委托、设计总包和设计合作体等方式。

1) 平行委托方式是指业主将设计任务同时分别委托给多家设计单位，各家设计单位之间是平行的关系。

①平行委托方式的优点主要有：

A. 加快设计进度。

B. 业主的指令得到直接的贯彻。

②平行委托方式的缺点主要有：

A. 业主协调工作量大，管理难度增加。

B. 整体设计进度控制与投资控制难度增加。

2) 设计总包方式是指业主与牵头的设计总包单位签约，再由设计总包单位与其他设计单位签订设计分包合同的方式。

①设计总包方式的优点主要有：

A. 设计总包承担了大量的协调工作，业主管理工作量减少。

B. 合同结构单一，合同管理较为简单。

②设计总包方式的缺点主要有：

A. 业主指令层层传递，管理程序复杂。

B. 不同阶段的设计任务差异较大，设计总包选取困难。

3）设计合作体方式是指先由两家以上的设计单位签订合作协议，组成设计合作体，业主与设计合作体签约后，各家设计单位按照合作协议分别承担不同设计阶段设计任务的方式。

①设计合作体方式的优点主要有：

A. 设计单位按专业特长分别承担不同阶段的设计任务，更好地发挥设计专长。

B. 合同结构单一，合同管理较为简单。

②设计合作体方式的缺点主要有：

A. 设计单位容易各自为战，缺少对设计整体质量负责的责任主体。

B. 合作体内部不同设计单位之间的界面管理有一定难度。

3.5 工程建设项目施工、试运行、竣工验收及质量保修/缺陷责任管理

3.5.1 工程建设项目施工阶段管理

施工阶段是工程建设项目的重要实施阶段，业主对工程建设项目的规划与设计意图是通过施工阶段实现的。施工阶段涉及的管理领域面广，涉及业主、施工单位、监理单位、设计单位、分包单位、供货单位等多个利益相关方的项目管理工作。由于业主是工程建设项目实施阶段的总集成者和总组织者，也是招标采购专业人员的主要服务对象。本小节主要从业主角度介绍工程建设项目施工阶段管理的基本内容。

(1) 施工阶段管理概述

1）施工阶段管理特征如下：

①施工阶段的重大管理决策者是业主。施工阶段是工程建设项目的有机组成部分，是大量资源投入的关键过程，只有业主能够从根本上决定施工阶段采用的方式和最终结果。业主要通过科学策划，实施施工阶段的采购、计划、资源控制和质量、进度、造价的目标管理，坚持工程变更的科学决策，协调不同项目参与方的利益诉求，实现施工阶段的风险预防，以确保施工活动达到工程建设项目的各项目标要求。

②施工阶段的具体管理者是施工单位。业主聘用专业的监理单位承担施工阶段的现场监督，所以监理单位的工作是影响施工管理的重要因素。但无论是业主还是监理单位都必须通过施工单位落实其具体的施工管理要求。

③施工管理的具体内容差异大。依施工阶段的不同，施工阶段的工作内容包括施工准备、基础施工、结构施工、装修施工、安装施工、验收交工等，具体内容差异很大，管理者必须进行有针对性的动态管理，优化利用资源，以提高施工效率和施工效益。

④施工管理要求强化组织协调工作。参与施工的单位与人员不断流动，需要采取流水作业方式，导致组织工作量很大。另外，施工一般在露天环境下进行，工期长，需要的资源多，影响范围大，导致施工管理中的组织协调工作艰难、复杂和多变。因此必须强化组织协调，才能保证施工顺利进行。

2）施工阶段的管理原则如下：

①实现全过程全方位的过程管理。施工过程管理既是业主与施工单位履行施工合同的过程，又是施工单位实现工程承包合同要求的过程。施工过程管理必须发挥各施工单位的专业技术和管理优势，组织和发动企业管理层、项目管理层、项目作业层等各个层面积极参与到施工管理活动中来，实现全过程、全方位的管理。尤其应发挥工程总承包或施工总承包商技术与管理的整体优势，避免对各专业分包“以包代管”的不良倾向。

②确保项目监理的管理控制协调作用。业主应该及时将其施工管理的总体意图贯穿于项目监理单位的工作实施过程中。施工单位项目经理部在制订项目管理实施计划时，应当认真研究和领会项目监理部编制的“监理规划”和“监理实施细则”。根据施工合同及相关法律、法规、规范、标准、规程等，分析和判断“监理规划”“监理实施细则”中的有关要求是否清晰准确，积极接受和配合监理工作。

③建立有效的施工管理责任制。施工单位项目经理部应建立和健全以项目经理责任制为核心的各项管理制度，如项目经理聘任制度、项目分包管理制度、材料及设备的采购制度、项目成本核算制度、项目管理实施规划认证及审批制度、项目管理考核评价制度等，以保证施工管理按照既定的程序运行。

④构建基于 PDCA 循环的集成化过程管理模式。由于施工过程的各种因素复杂多变，风险后果严重，因此必须采用集成化的管理方法，利用 PDCA 循环的管理原理，在集成各种管理方法的基础上，及时发现、解决和改正问题，反馈信息，总结经验教训，推动管理的持续改进。

（2）施工阶段的招标采购管理

通过采购获得项目所需要的施工资源是业主实施项目管理的重要途径，采购质量的水平高低直接影响着业主的施工管理质量。

1）项目招标采购的结果直接影响着施工管理过程。鉴于越来越多的工程建设项目采用快速路径法，一个项目需按多个细分的子项或专业工程分别进行招标采购，即使项目业主按工程总承包（EPC）或施工总承包（GC）方式只确定一家总承包商负责项目全部工程内容的施工管理，总承包商也不可避免地需要再次进行专业分包工程的招标采购。所以，施工的招标采购将是一个与施工同时发生的持续过程。业内一般不将招标采购作为独立的项目阶段，而是将其视为施工阶段的一部分或从项目施工阶段前端率先开始的一段过程。

2）技术与经济的分解决定了施工投标报价的方式。作为项目的业主或总承包单位，若进行所管理范围内项目的施工或供货的采购，必须先依照工作分解结构（WBS）的方法，分别对自己负责范围内的工程进行技术与经济的分解，形成合同网络图（合约规划）及分项采购成本的规划；分解过程涉及项目相关工程的技术类型划分、市场价格、拟采用的承包管理实施方式等，以便确定设计与施工任务衔接的方式、总承包单位与分包单位的合同及管理关系，并进而确定组织相应施工投标报价的方式。

3）前瞻性的采购计划可有效预防施工合同风险。采购计划编制的工作主要包括：

①采购计划的制订。根据施工过程需要，基于上述合同网络图（合同规划），业主及总承包单位应根据施工的具体技术构成及风险特征，制订具有前瞻性的采购计划，以及与采购计划匹配的合同文件，合同条款的前瞻性与预防施工风险的有效性应有机衔接，保证采购成果满足施工风险预防需求，施工合同和监理合同符合施工管理有效性的需求。

②采购计划的执行。采购计划应该依据工程建设项目的进度需求实施，业主组织编制各招标文件和合同文件中有关进度的条款，设置逾期处罚及补救办法，需要时起草甲控材料设备的清单、控制内容及程序要求。在工程建设设备采购招标时，应该明确对设备的设计、生产、到货验收等过程实施监督、管理、控制和协调。售后的零部件采购和保修服务也应在采购前予以考虑。

（3）施工阶段的主要管理活动

从施工项目的寿命周期来看，施工阶段的管理活动依次可分为施工准备、施工过程、施工验收等阶段的管理活动。

1）施工准备阶段的主要管理活动。

①业主应负责的活动。

A. 初步设计及概算的审批，尤其是对于政府工程而言，初步设计及概算获得投资主管部门的批准是财政主管部门拨付工程资金的依据，对保证工程款的正常支付具有重要意义。

B. 完成施工图纸的内部审查（保证图纸质量或避免错漏碰缺）与外部审查（符合强制性设计规范的要求），以避免在开工后发生过多的设计变更。

C. 完成建设工程用地许可证、建设工程规划许可证、建设工程施工许可证的办理。

D. 组织完成主体工程的施工承包招标，对于采用工程总承包（EPC）方式的项目，如果工程总承包商不具有相应施工资质，则仍需再进行施工总承包的招标采购，并由工程总承包商与施工总承包商签订施工总承包合同。

E. 对民用建筑工程项目，完成市政公用工程咨询方案的办理。

F. 完成消防、人防、交通、园林、抗震、节能、环保等环节的专项审批。

G. 按照合同办理施工项目准备的各项手续，解决施工条件（如三通或四通一平）不完善的各种问题。

②施工单位应负责的活动。

A. 聘任项目经理，签署项目管理责任及授权书，实行项目经理责任制。

B. 设立项目经理部，根据施工项目的规模、结构复杂程度、专业特点、人员素质、地域范围，确定项目经理部的组织形式及人员分配等。

C. 编制并完善施工组织设计及质量计划，以指导规范施工准备工作与施工过程，部分施工技术方案需根据政府建设主管部门要求事先报批。

D. 编制施工项目管理规划及规章制度，以指导和规范施工项目的各项管理工作。

E. 施工现场准备，如完成施工场地控制网测量，使现场具备施工条件，并能保证安全文明施工条件。

F. 施工队伍的“人、料、机”到位。

G. 编写开工申请报告，上报审批。

③监理单位应负责的活动。

A. 按监理合同要求人员到位，人员分工与责任清晰。

B. 编制监理规划及实施细则，与施工单位交底并达成一致。

C. 熟悉项目图纸。

D. 与业主良好沟通，建立正常联系机制。

E. 协助办理项目在质量监督站或其他政府授权部门的质量监督手续。

2）施工过程阶段的主要管理活动。

①施工单位按照施工组织设计组织施工，由业主及监理单位实施监督并进行管理。

②施工单位通过施工过程目标管理的动态控制，采用适当的管理措施、技术措施、经济措施等，保证实现施工项目的进度、质量、成本、安全生产管理、文明施工管理等预期目标。

③施工单位实施施工过程的合同管理、现场管理、生产管理、信息管理、项目组织协调工作。

④施工单位形成并保持记录，及时收集和整理施工管理资料。

⑤业主按市政公用工程咨询方案，完成配套市政公用工程的设计、施工、验收、资产移交、接用等手续。

⑥双方继续共同完成在项目总承包合同中列为“暂估价工程”及“暂定金额工程”的明确和采购。

⑦监理单位利用各种沟通方式（如监理例会、专题会等）和监理手段，保证对工程施工状态与成果的有效监管。

3）施工验收阶段的主要管理活动。

施工验收主要指施工质量验收，是施工管理的重要环节，是从输出方面进行的把关管理。施工质量验收包括施工过程的质量验收和施工项目竣工的质量验收。施工过程的质量验收是在施工过程中，在施工单位自行质量检查评定的基础上，参与建设活动的有关单位共同对检验批、分项、分部、单位工程的质量进行抽样复验，根据相关标准以书面形式对工程质量合格与否做出确认。施工项目竣工的质量验收见本书的 3.5.3。

(4) 施工阶段的目标管理

业主根据工程建设项目可行性研究报告确定的总体管理目标，分解并细化施工过程的整体管理目标，确定相应的工作任务。

1）施工目标的确定与分解。在招标文件中明确相应的目标，通过委托协议和合同，把工程建设项目的任务和管理职责以及各项风险分解到项目实施单位，各单位进行总体协调和控制，保证项目如期按质建成，并尽可能地节省投资。

2）施工目标的实施管理。为了有效控制影响施工目标实现的关键过程，业主应在施工全过程中根据合同要求，确定施工过程进度的总体里程碑计划；针对项目专业性工程的实施特点，组织编制专业工程进度计划、施工组织设计或施工方案，并会同监理单位进行分析和审核；围绕可施工性，确定关于项目质量、进度、安全、环境的技术措施和管理方法，控制工程变更。

3）施工目标的分析与跟踪。逐步跟踪施工过程各项管理目标与计划的落实情况，发现问题及时改进。业主对施工管理目标和计划的跟踪内容包括施工目标与计划的落实程度、偏差情况、可能的影响因素，并应及时进行对影响因素的风险分析等。

施工阶段的目标管理具体见本书第 4 章相关内容。

(5) 施工阶段的协调工作

协调是施工阶段管理的一项重要内容，具体包括：

1）技术协调。从业主工程管理的角度出发，施工过程管理中的技术协调的重点主要是技术信息协调。技术信息协调是在各实施阶段之间、工程各部位之间以及各单位之间（简称各子系统之间）传递技术信息。技术信息协调对施工管理水平的提高有重要作用。错误的技术信息一经传递，往往会在相对封闭的子系统中持续作用，或者对其他子系统引发连锁反应，直至出现矛盾后才被发觉，从而对工程建设项目的顺利实施产生负面影响。施工管理实践证明，技术信息协调失败引发的问题在项目缺陷中占了相当大的比例。技术信息协调是目前施工过程管理相对薄弱的环节。技术信息协调应从施工过程管理的组织结构、制约机制、协调程序等方面着手，采取以下措施：

①建立科学的项目管理内、外部结构。项目管理组织是项目所有参与方的组成形式，其界面划分结构决定了技术信息协调工作的性质和工作量。一方面，业主应发挥工程建设项目总控的作用，根据参与方的能力和技术特长，科学合理地划分内、外部结构的组织形式和工作界面；另一方面，项目管理结构的合理与否，应充分考虑业主自身的协调能力。例如，对工程的材料、设备是由施工总包采购还是自行采购，业主应根据工程具体情况、自身管理能力及经济状况加以综合考虑和协调。有时单从价格角度看是节省了，但却增加了大量的技术信息协调工作，客观上违背了集约化原则。

②建立高效合理的项目管理机制。一方面，法律和经济的制约机制协调是管理的一部分，而管理是需要成本的；另一方面，协调失败必然招致损失。项目管理者为了避免和有效转移这类损失，除了应当重视法律和经济上的制约手段外，还应建立高效合理的项目管理机制，从源头保证各参与方之间技术信息协调的有效畅通。

③建立技术及信息的协调管理程序。管理的实践经验无疑是做好技术信息协调的良好条件，但是真正成熟的技术信息协调应更多地依靠科学、严密、规范的协调程序，对每个环节进行多方面、多参数的客观分析与控制。强调组织与程序，弱化对个人技术能力的依赖，已是当今项目管理界的共识和将来的发展趋势。

④建立快捷的信息管理枢纽。业主应使自己成为一个高效畅通的信息中心，使信息迅速畅达、准确无误地在各系统间流动、转化、落实。特别是充分利用工程建设项目的信息管理平台，以及设计交底、图纸会审、技术变更等管理沟通的时机，保证业主、设计单位和各施工承包单位之间技术信息的快捷交流。

⑤制订完善的技术保证措施。它主要包括：要求项目各参与方参加图纸会审和各级设计交底工作，让所有参与人员领会设计意图和技术要求；严格按事先确定的合理施工工序进行操作施工，发现问题及时上报；协调不同专业之间的工作关系，比如土建施工应理顺与水电安装之间的关系，配合水电安装工程的预留、预埋工作；合理安排工序的穿插施工，加强成品保护。所有隐蔽工程必须经有关单位验收、签字盖章，并如实做好隐蔽记录后，方可组织下道工序的施工。

2）综合协调。协调的内容不仅包括纯技术方面，还包括组织关系、资源供求、信息交换等方面。作为施工过程的利益主体，业主拥有综合协调的实施权力，可以有效处理与施工过程有关的施工、设计、监理、供应等各方的工作接口和问题纠纷。合理地组织推进综合协调，是施工阶段业主项目管理的重要内容。

①项目总协调体系的构建。明确建设工程现场各参建单位管理组织机构的协调管理人员及其职责分工，形成工程情况报告制度及实时信息沟通网络，建立项目计划审核制度和项目计划实施的检查分析制度。

②图纸审查、工程变更和设计变更管理制度的协调实施。审查承包商提交的各种变更、索赔、签证要求，及时协调解决各项变更后的利益问题，使承包商能在合理的状态下施工。同时编制项目管理控制工作细则，指导监理人员实施工程变更控制。

③施工现场的组织与协调。施工现场的组织与协调工作十分复杂，业主的施工综合协调工作内容必须具体、到位。

A. 组织项目设计交底。

B. 建立工程协调制度，包括各类工程管理会议制度、四方（业主、监理、设计、施工）专责（如安全环保、土建装修、设备电气、工程经济等）小组制度等。明确协调会议举行的时间、地点，协调会议的参加人员及正常程序等。

C. 督促各施工单位整理并保管好各类工程技术资料，及时绘制竣工图纸。

D. 定期提供各类工程建设项目管理报表。

E. 组织落实工地的现场安全保卫及工程成品保护工作。

F. 协调处理工地的各种纠纷。

④工程监理的协调与监督作用。工程监理单位的监理业务技能、实践经验、管理水平和监理同类工程的经历对于工程监理的实施非常关键。业主应根据工程监理企业的特点，采用有针对性的方法管理相关的监理过程。一方面，业主应协调施工企业与工程监理的工作纠纷，解决相关的疑难问题，及时监督、改进施工监理过程的状态；另一方面，业主应检查项目监理对工程实际进度的控制是否在进度目标范围内，工程质量控制是否符合国家现行的有关工程质量法律、法规、技术标准、规范等规定，工程造价与工程计量是否满足合同的要求等，以保证施工现场监理工作的有效性。

3.5.2　工程建设项目试运行阶段管理

对于工程建设项目中的工业项目或部分基础设施项目，因其中包含工业生产设备或工艺处理设备，项目在工程施工基本结束及上述设备到货并安装就位后，就进入了前述设备的试运行阶段。试运行对于工业项目或带有工艺处理设备的基础设施项目极其重要，它表明此类项目除一般的工程施工外，其工业生产及工艺处理设备也达到了设计要求。试运行是对设计、采购、施工等工作质量的综合考核，是对项目的最终检验和试验。

工程建设项目的试运行阶段一般需要进行如下管理工作：

（1）生产运营准备

1）生产运行人员聘用。在工程项目建设过程中，业主就要开始生产运行管理人员、技术人员和生产操作人员的组织或招聘工作，并在项目试车、投产前配齐人员，完成上岗前的技术培训。建设或使用单位安排人员聘用，要依据设计定员要求，选择、配备人员，做到生产人员、辅助生产人员、技术人员、管理人员、后勤服务人员配备齐全，保证生产能够高效运转。

2）人员培训。人员培训应考虑如下步骤及因素：

①制订培训计划。

②确定培训对象与培训目的。培训对象包括生产管理人员和技术人员、各生产岗位的操作人员、大型设备的维修人员等。培训的目的是使经过培训的人员都能胜任上岗后要承担的工作，熟悉企业制度、工作程序、操作规程，掌握应有的技术。

③人员培训的原则。人员培训要注重实用、高效、经济、便利及理论培训与实际操作相结合的原则。

④培训地点。根据工程建设项目生产工艺的复杂程度、生产装备技术含量、主体设备是否从国外引进等因素，合理确定培训地点。为使运行管理人员熟悉设备性能、掌握设备状况，方便今后生产操作和维护，应组织生产运行的核心人员到施工现场与施工安装单位的人员共同参加机械设备、电气、仪表的安装调试。有条件时，应派遣上述两类人员前往同类生产运行单位实习。

3）管理制度建设。工业类项目投产运行前必须建立各项管理制度，包括正常生产、安全生产、环境保护、职业健康、质量保证，以及高效运作所必备的人、财、物各方面的规章、制度、规范、规程等。这些文件应根据设计文件、操作手册，供应制造商提交的操作、维护、安全使用说明书，以及国家、行业颁布的相应法规、规章进行编制。

4）技术文件准备。其中一项重要工作是编制涵盖不同岗位、不同操作层次的操作手册。在试运行中，如发现操作手册有不完善的地方，应及时修改完善。

5）物资准备。物资准备包括主要材料、辅助材料和备品备件，应注意：

①主要材料和辅助材料的材质必须符合规定的技术标准要求。

②供应的时间和数量应满足试运行的要求，并有一定合理储备。

③分析化验的器具材料、专用维修工具和备品备件要准备齐全。

④建立物资接货、保管和发放的相关规章制度。

6）辅助条件检查。在工程建设项目交付使用前，生产辅助装置一定要通过单项验收，应落实试运行过程中水、电、气的供应，以及环境保护、安全卫生、消防等辅助设施的项目外部协作条件。

（2）空负荷试运行

1）工业项目与带有工艺处理设备的基础设施项目试运行方式。在单机或单元设备与动力装置安装完毕后，一般采用下述两种方式安排试运行。如项目采用施工总承包方式交付，且生产设备的采购与提供由业主负责，则项目施工总承包商需要安排空载试运行并在合格后进行项目的竣工验收，交付建设及使用单位后，再由他们安排投料试生产及正式的投产。如采用工程总承包（EPC）方式交付，则根据工程总承包合同，既可以由工程总承包负责空负荷试运行，合格后即可进行竣工验收并交付业主与使用单位，由他们负责带负荷试运行（投料试生产），又可以由工程总承包商完成投料试生产并达到原合同或原设计规定的生产纲领（生产能力及产品质量等）后，再进行竣工验收。即通过一系列试车调试与消除缺失，逐步打通工艺流程，进行生产试运行与考核，达到满负荷、持续稳定运行后，再进行整体工程竣工验收，交付使用单位正式生产。在业主采用工程总承包方式时，一般会选择后者。有的行业特别规定，特大型、大型基本建设项目和大型技术改造项目应在投料试车正常后一年内完成竣工验收，中、小型建设项目应在投料试车正常后 6 个月内完成竣工验收。

2）试运行准备应考虑的因素如下：

①应将试运行的准备工作和投入生产的准备工作紧密地联系在一起，特别是必须连续作业的车间和设备，如石油、化工生产装置、钢铁厂高炉、水泥厂回转窑、玻璃厂熔窑等设备一旦投料点火，只要运转正常，就应连续操作下去。

②业主应尽早筹备组建试运行机构，编制试运行与生产准备工作计划，明确这些工作的进度安排，必要时可委托专业的工程咨询机构、技术专利商、承包商承担。

③大中型工业项目总工期较长，为了有计划、有步骤地做好生产准备工作，应制订年（季、月）度试生产专业工作计划。

3）空负载试车的一般步骤如下：

①审阅试车与竣工文件。

②审查各项准备工作是否已满足试车的需要。

③完成启动前的检查、检验、检测，证明可安全运转。

④单机空负荷试运转，确认合格后，即可签单机试运转合格证书。

⑤空负荷联动试车。在成套设备中的每一单机试运转合格后，对全套设备或生产线的全部设备按工艺流程分步骤地进行空负荷联动试运转。如项目采用施工总承包方式，则在规定的时间内（一般为 24h 到 72h），各种设备（包括仪器仪表）能满足生产营运要求时，业主（或使用单位）应与施工总承包单位办理并签署双方认证的工程建设项目质量合格证书，同时进行已合格设备安装工程的技术资料交接手续，工程的保管和管理工作移交给项目生产使用单位负责。

(3) 工业生产或工艺处理设备正式调试

设备正式调试也称为带负载试车，其需要采取的步骤如下：

1）检查空负荷试车的确认文件和试车中出现的问题是否已经纠正。

2）做好试运行和带负荷试车方案与准备工作的落实，包括试运行机构和人员，试运行应达到的要求，试运行的操作程序、安全措施、指挥和联系信号等。

3）单项工程的带负荷试车。在带负荷试车考核时核查是否达到合同规定的各项技术经济指标要求。有些单项工程的负荷试车应请有关专业部门参加。如高压输电线路、变压器和 20 个大气压以上的锅炉设备，其试车（负荷试验）应在地方电业和劳动保护部门的技术人员参与下进行。铁路专用线和铁路工程和设备的试车，应在当地铁路局的技术人员参与下进行。

4）带负荷联动试车。带负荷联动试运转前，拟接收设备的生产使用单位应按岗位配备操作和检修人员，经培训合格后方允许上岗，负责联动试运转。同时应检查并调整全部设备和仪表，并检查油、水、电、压缩空气、蒸汽、煤气等，确认畅通无阻后，由负责人下达试车命令，向成套设备或机组投料。在行业标准规定时间内（一般为 72h），设备运转正常，产品质量、产出能力、消耗指标以及其他技术经济指标符合工程设计规定的要求，确认能持续、安全满足生产使用要求时，负荷联动试车即为合格，经项目业主确认就可签发合格证书。

3.5.3 工程建设项目竣工验收阶段管理

工程建设项目竣工验收是指整个工程建设项目建成后的验收，也是项目建设期管理的最终环节，还是工程建设项目从建设转入到交付使用的必经程序。对工程进行竣工检查和验收，是建设单位法定的权利和义务。在建设工程完工后，承包单位应当向建设单位提供完整的竣工资料和竣工验收报告，提请建设单位组织竣工验收。建设单位收到竣工验收报告后，应及时组织设计、施工、工程监理等有关单位参与竣工验收，检查整个工程建设项目是否已按照设计要求和合同约定全部建设完成，并符合竣工验收条件。

(1) 竣工验收应当具备的条件

《中华人民共和国建筑法》（以下简称《建筑法》）规定，交付竣工验收的建筑工程，必须符合规定的建筑工程质量标准，有完整的工程技术经济资料和经签署的工程保修书，并具备国家规定的其他竣工条件。建筑工程竣工经验收合格后，方可交付使用；未经验收或者验收不合格的，不得交付使用。

《建设工程质量管理条例》进一步规定，建设工程竣工验收应当具备下列条件：

1）完成建设工程设计和合同约定的各项内容。

2）有完整的技术档案和施工管理资料。

3）有工程使用的主要建筑材料、建筑构配件和设备的进场试验报告。

4）有勘察、设计、施工、工程监理等单位分别签署的质量合格文件。

5）有施工单位签署的工程保修书。

建设工程经验收合格的，方可交付使用。

(2) 竣工验收的依据

按现行法律法规及政府规章，工程建设项目竣工验收的依据如下：

1）工程建设项目据以建设的项目建议书、可行性研究报告。

2）工程设计文件，包括初步设计、施工图设计和设计说明。

3）设备技术资料，主要包括设备清单及其技术说明书。

4）有关法律、法规和与项目相关的标准、规范，如《建筑工程施工质量验收统一标准》《建筑工程施工质量评价标准》等。

5）合同文件，包括施工承包商的工作内容和应达到的标准以及施工过程中的设计修改变更通知书等。

6）专业工程验收的确认文件。

7）全部竣工资料，包括全部的工程竣工图及说明。

涉及从国外引进关键技术或成套设备的项目及中外合资建设工程项目，除按国内竣工验收规定内容进行验收外，还应按与外方签订的合同及外方提供的设计文件、技术资料等要求进行竣工验收。

利用世界银行等国际多边援助银行组织成员提供的贷款建设的项目，应按有关多边援助银行规定，在项目竣工验收后编写相应的文件，如“项目完工报告”。

(3) 竣工验收的组织

竣工验收的组织相关规定如下：

1）验收分为竣工验收和国家验收。竣工验收是指承包人完成合同工程移交业主之前，由业主组织进行的验收。国家验收是指政府有关部门根据法律、规范、规程和政策要求，针对业主全面组织实施的整个工程正式交付投运前的验收。对于需要进行国家验收的工程项目，其竣工验收是国家验收的组成部分。

2）对于需由政府相关部门验收的项目，应组建工程建设项目验收委员会进行验收。对于其他工程建设项目，应组建项目验收组进行验收。必要时可组织行业专家或专业咨询机构参与验收，并对验收文件进行复核。

3）验收委员会或验收小组一般由投资、财政、环保、消防、劳动安全、工业卫生及其他有关部门的相关专家组成，业主、使用单位、勘察、设计、施工以及工程咨询和工程监理单位参加。

4）对验收遗留问题提出具体解决意见，限期落实完成，将全面评价意见写入“验收鉴定书”。对不合格工程不予验收并责成限期完成整改。

（4）竣工验收的基本步骤

1）提出验收申请。工程建设项目按批准的设计文件建成、符合验收条件的，应及时进行竣工验收的准备工作，并提出竣工验收的申请。

对于特大型工程建设项目及国家拨款的工程建设项目，政府投资建设项目应向政府相关主管部门提出竣工验收申请。其他工程建设项目由业主向其上级主管部门或投资方提出竣工验收申请。

2）筹备工程建设项目验收的人员和组织，明确验收组织的职责。

3）做好各项专业验收。专业验收的具体内容可能有所差异，但它和单项工程交工验收都是最后竣工验收的基础。

4）准备验收报告、附件、验收证书。竣工投产验收报告、附件、竣工投产验收证书都要在验收开始前做好准备，以便在正式验收时提请验收委员会或验收小组以及与会各方面专家审查并签署。

5）召开验收会议并审查各项验收文件。听取竣工报告，分组审查竣工文件，包括各单项工程验收、各项专业验收文件，进行讨论和评议，听取专家意见等。

6）形成验收文件及会议纪要。审查竣工验收报告、附件及竣工验收证书，提出竣工验收会议纪要的建议，通过竣工验收报告及签署竣工验收证书。

（5）竣工验收需要办理的手续

1）建设项目档案资料整理、移交。《建设工程质量管理条例》规定，建设单位应当严格按照国家有关档案管理的规定，及时收集、整理建设项目各环节的文件资料，建立、健全建设项目档案，并在建设工程竣工验收后及时向建设行政主管部门或者其他有关部门移交建设项目档案。

2019 年 3 月，住房城乡建设部修改后发布的《城市建设档案管理规定》规定，建设单位应当在工程竣工验收后三个月内，向城建档案馆报送一套符合规定的建设工程档案。凡工程建筑档案不齐全的，应当限期补充。对改建、扩建和重要部位维修的工程，建设单位应当组织设计、施工单位据实修改、补充和完善原建设工程档案。

《建设工程文件归档整理规范》规定，勘察、设计、施工、监理等单位应将本单位形成的工程文件立卷后向建设单位移交。建设工程项目实行总承包管理的，总包单位应负责收集、汇总各分包单位形成的工程档案，并应及时向建设单位移交；各分包单位应将本单位形成的工程文件整理、立卷后及时移交总包单位。建设工程项目由几个单位承包的，各承包单位应负责收集、整理立卷其承包项目的工程文件，并应及时向建设单位移交。每项建设工程应编制一套电子档案，随纸质档案一并移交城建档案管理机构。电子档案带有具有法律效力的电子印章或电子签名的，可不移交相应纸质档案。

2）竣工验收报告备案。《建设工程质量管理条例》规定，建设单位应当自建设工程竣工验收合格之日起 15 日内，将建设工程竣工验收报告和规划，公安消防、环保等部门出具的认可文件或者准许使用文件报建设行政主管部门或者其他有关部门备案。建设行政主管部门或者其他有关部门发现建设单位在竣工验收过程中有违反国家有关建设工程质量管理规定的行为的，责令停止使用，重新组织竣工验收。

（6）政府投资建设项目竣工验收管理要求

政府投资建设项目竣工验收是指项目建成后，按照规定的程序和要求，对项目审批执行情况、投资情况、建设内容、建设规模、目标完成等进行全面检查考核的活动。《政府投资条例》规定，政府投资项目建成后，应当按照国家有关规定进行竣工验收，并在竣工验收合格后及时办理竣工财务决算。

政府投资建设项目通常在全部完成并满足一定运行条件后，按照地方政府编制的政府投资建设项目竣工管理办法组织完成验收工作。重大能源、交通、水利、农业、林业项目等，其竣工验收另有规定的，从其规定。

（7）专项验收管理要求

除了工程竣工验收之外，《中华人民共和国城乡规划法》（以下简称《城乡规划法》）、《中华人民共和国消防法》（以下简称《消防法》）、《建设项目环境保护管理条例》《民用建筑节能条例》等规定了竣工规划验收、消防验收、环保验收、节能验收等专项验收管理要求。

1）建设工程竣工规划验收。《城乡规划法》规定，县级以上地方人民政府城乡规划主管部门按照国务院规定对建设工程是否符合规划条件予以核实。未经核实或者经核实不符合规划条件的，建设单位不得组织竣工验收。建设单位应当在竣工验收后六个月内向城乡规划主管部门报送有关竣工验收资料。

建设工程竣工后，建设单位应当依法向城乡规划行政主管部门提出竣工规划验收申请，由城乡规划行政主管部门按照选址意见书、建设用地规划许可证、建设工程规划许可证、乡村建设规划许可证及其有关规划的要求，对建设工程进行规划验收，包括对建设用地范围内的各项工程建设情况、建筑物的使用性质、位置、间距、层数、标高、平面、立面、外墙装饰材料和色彩、各类配套服务设施、临时施工用房、施工场地等进行全面核查，并做验收记录。对验收合格的，由城乡规划行政主管部门出具规划认可文件或核发建设工程竣工规划验收合格证。

2）建设工程竣工消防验收。《消防法》规定，国务院住房和城乡建设主管部门规定应当申请消防验收的建设工程竣工后，建设单位应当向住房和城乡建设主管部门申请消防验收。依法应当进行消防验收的建设工程未经消防验收或者消防验收不合格的，禁止投入使用；其他建设工程经依法抽查不合格的，应当停止使用。

3）建设工程竣工环保验收。《建设项目环境保护管理条例》规定，编制环境影响报告书、环境影响报告表的建设项目竣工后，建设单位应当按照国务院环境保护行政主管部门规定的标准和程序，对配套建设的环境保护设施进行验收，编制验收报告。建设单位在环境保护设施验收过程中，应当如实查验、监测、记载建设项目环境保护设施的建设和调试情况，不得弄虚作假。除按照国家规定需要保密的情形外，建设单位应当依法向社会公开验收报告。分期建设、分期投入生产或者使用的建设项目，其相应的环境保护设施应当分期验收。

编制环境影响报告书、环境影响报告表的建设项目，其配套建设的环境保护设施经验收合格，方可投入生产或者使用；未经验收或者验收不合格的，不得投入生产或者使用。

4）建筑工程节能验收。《民用建筑节能条例》规定，建设单位组织竣工验收，应当对民用建筑是否符合民用建筑节能强制性标准进行查验：对不符合民用建筑节能强制性标准的，不得出具竣工验收合格报告。

3.5.4　工程建设项目质量保修阶段/缺陷责任期管理

由于建设工程质量具有隐蔽性、多样性和复杂性以及与环境的协调性等特点，工程建设项目竣工验收后，仍然可能存在着一些质量隐患和问题，在工程建设项目使用过程中才会暴露出来，如建筑物基础不均匀沉降、设备及安装工程达不到国家或行业技术标准等，需要在使用过程中检查、观测和维修。为了维护工程建设项目业主及使用者的合法权益，我国有关法律法规明确规定实行工程质量保修制度。

工程建设项目质量保修制度是指建设工程在办理竣工验收手续后，在规定的保修期限内，因勘察、设计、施工、材料等原因造成的质量缺陷，应当由施工承包单位负责维修、返工或更换，由责任单位负责赔偿损失。质量缺陷是指工程不符合国家或行业现行的有关技术标准、设计文件以及合同中对质量的要求等。我国工程质量保修制度分为两种，一种是质量保修期制度，另一种是缺陷责任期制度。

（1）质量保修期制度

《建筑法》规定，对建设工程实行质量保修制度。《建设工程质量管理条例》规定，建设工程承包单位在向建设单位提交工程竣工验收报告时，应当建设单位主出具质量保修书，质量保修书中应当明确建设工程的保修范围、保修期限和保修责任等。工程质量保修就是施工单位对工程竣工验收后在质保/缺陷责任期内出现的质量缺陷予以修复的行为，还应规定建设工程在保修范围和保修期限内发生质量问题的，施工单位应当履行保修义务，并对造成的损失承担相应赔偿责任。

业主与施工单位应按照工程的性质和特点，具体约定保修的相关内容。《建筑法》规定“建筑工程的保修范围应当包括地基基础工程、主体结构工程、屋面防水工程和其他土建工程，以及电气管线、下水管线的安装工程，供热、供冷系统工程等项目”。

1）质量保修期限。《建设工程质量管理条例》明确规定了在正常使用条件下的最低保修期限：

①基础设施工程、房屋建筑的地基基础工程和主体工程，为设计文件规定的该工程的合理使用年限。

②屋面防水工程，有防水要求的卫生间、房间和外墙面的防渗漏为 5 年。

③供热与供冷系统，为 2 个采暖期、供冷期。

④电气管线、给排水管道、设备安装和装修工程，为 2 年。

质量保修期限从竣工验收合格日起计算。业主与施工单位双方应针对不同工程部位，在保修书中约定具体的保修年限，但约定的保修期限不得低于上述法规规定的标准。

2）质量保修期间的管理工作内容。《建设工程项目管理规范》规定，发包人与承包商应签订工程保修合同，确定质量保修范围、期限、责任与费用的计算方法。承包商在工程保修期内应承担质量保修责任，回收质量保修资金，实施相关服务工作。

（2）缺陷责任期制度

为了与国际惯例接轨，规范工程质量保修期及质保金（保修金）的管理，完善业主与施工单位的利益关系，国家建设与财政主管部门建立了缺陷责任期制度。

2017 版《建设工程施工合同（示范文本）》规定，缺陷责任期从工程通过竣工验收之日起计算，合同当事人应在专用合同条款中约定缺陷责任期的具体期限，但该期限最长不超过 24 个月。在缺陷责任期内，如果承包商认真履行了合同约定的责任，到期后发包人应将质量保证金返还给承包商。如果在缺陷责任期内，由承包商的原因造成了缺陷，承包商应负责维修，并承担鉴定及维修费用，如承包商不维修也不承担费用，发包人可按合同约定从质量保证金中扣除相应费用，该费用超出保证金额的，发包人可按合同约定向承包商进行索赔。缺陷责任期届满，承包商仍应按合同约定的工程各部位保修年限承担保修义务。

（3）质量保修期/缺陷责任期内质量事故或缺陷处理原则

由于工程建设项目情况复杂，质量缺陷和隐患等问题往往是由于多方面原因造成的。因此，虽然施工单位有义务在质量保修期/缺陷责任期内承担进行保修的责任，但在发生质量事故或缺陷时，应分清造成事故或缺陷的原因，并在承担经济责任与保修费用方面按照国家有关规定和合同要求与有关单位共同商定处理办法，一般处理原则如下：

1）由于勘察、设计方面的原因造成的质量事故或缺陷，由勘察、设计单位负责并承担经济责任，由施工单位负责维修或处理，其费用可按合同约定，通过业主向勘察设计单位索赔，不足部分由业主补偿。

2）由于施工单位未按国家有关标准、规范、设计文件要求和合同约定施工，造成质量缺陷引发事故，由施工单位承担经济责任，并负责维修或处理。

3）由于设备、材料、构配件不合格造成的质量缺陷，属于施工单位采购的或经施工单位验收同意，由施工单位承担经济责任；属于业主采购的，由业主承担经济责任。

4）由于使用单位未经许可自行改建或使用不当造成的质量事故，由使用单位承担经济责任。

5）由于地震、洪水、台风等不可抗力造成的质量事故与其缺陷，勘察设计单位和施工单位都不承担经济责任，由业主负责处理。

6）因保修不及时造成新的人身、财产损害，由造成拖延的责任方承担相关费用或赔偿责任。

7）在质量保修期/缺陷责任期内，因工程质量缺陷造成业主或者第三方人身、财产损害的，业主或者第三方可以向施工单位提出赔偿要求。施工单位也有权向造成工程质量缺陷的责任方追偿。

第4章　工程建设项目要素管理

工程建设项目全过程中，对影响项目成功的一系列关键要素进行系统、有效的计划、组织、控制和协调的过程就是工程建设项目要素管理。要素管理是确保项目能够按照预定的目标顺利完成的基础。工程建设项目要素管理涉及多个方面，本章主要对工程建设项目进度、造价、质量、职业健康安全与环境、风险、信息等要素的管理进行介绍。

4.1　工程建设项目进度管理

4.1.1　工程建设项目进度管理的概念、特点及程序

（1）工程建设项目进度管理的概念

所谓进度管理，是指通过对工程建设项目具体工作内容与工作环境的分析，编制进度计划并在计划执行过程中调整与改进，以确保实现预定进度目标的管理过程及相应的管理任务。

与其他类型项目的进度管理相类似，工程建设项目进度管理也需要经过进度定义、工作排序、时间估计、计划制订，以及实施控制与调整的连续过程。其中，进度管理成功的前提是编制科学合理的进度计划，进度管理成功的核心是执行进度计划过程中的动态控制。

工程建设项目的进度管理是一项系统工程，在工作内容上涉及决策、勘察、设计、采购、施工、试运行等工程建设项目全过程，从参与方的角度涉及业主、设计单位、承包商、供应商等利益相关方。一旦工程建设项目的进度目标得到确定，总进度计划编制完成，则一切工作都必须按照总进度计划实施，工程建设项目的所有参与方也必须在总进度计划的指导下制订各自的具体计划。

进度管理是工程建设项目管理的重要内容，进度管理工作的成果直接影响工程建设项目管理目标的实现，工程建设项目能否在预定的期限内完成并交付使用，是工程建设项目成功的主要标志之一。

（2）工程建设项目进度管理的特点

工程建设项目的进度管理具有如下的特点：

1）控制的动态性。工程建设项目投资大、建设周期长、参与方众多，在实施过程中内外部环境变化频繁，如果按照最初制订的进度计划执行，则实现预期的进度目标几乎是不可能的。因此，在工程建设项目的实施过程中，应该根据环境与条件的变化随时对进度计划进行调整，以保证计划的指导性和可行性。

2）计划的系统性。工程建设项目建设周期包含决策、勘察、设计、采购、施工等各

个阶段，在不同的阶段又有不同的参与方，这就要求进度计划应具有很强的系统性。从计划的层次来看，既有总的进度计划，又有各分项进度计划；从计划所涉及的阶段来看，既有前期进度计划，又有设计进度计划、施工进度计划；从计划的责任主体来看，既有业主的进度计划，又有承包商、分包商和供应商的进度计划。这些进度计划相互联系、相互影响，构成了工程建设项目的进度计划体系。

3）管理的阶段性。工程建设项目的不同阶段，如决策阶段、招投标阶段、勘察设计阶段、施工阶段、竣工验收阶段等，其工作内容差异较大，各项工作的起始时间，以及影响工作之间逻辑关系的约束条件也各不相同，因此计划的编制工具、检查的指标与检查方法，以及计划调整的方式均不相同，这就要求在进度管理上要区分阶段，选择适宜的管理方法。

4）调整的平衡性。工程建设项目的目标不是唯一的，而是至少由进度、成本、质量三大目标构成的目标体系。三大目标之间既相互联系，又相互制约。过于强调加快进度，不仅会造成成本的增加，还很有可能影响项目的质量，因此进度管理中的各项工作，特别是进度计划的调整，要协调、平衡好进度与成本、质量的关系，最终实现工程建设项目的总体目标。

（3）工程建设项目进度管理的程序

工程建设项目进度管理属于过程动态管理。依照通用的过程动态管理办法——PDCA循环，即计划、实施、检查、处理的管理程序，工程建设项目进度管理的基本程序如下：

1）论证进度目标。在分析工程建设项目内部要素投入和外部环境条件的基础上，以客户需求为导向，确定项目的预期进度目标。

2）编制进度计划。识别可能对项目进度产生影响的各类因素，预估这些因素对项目进度的具体影响，编制科学合理的进度计划。

3）执行进度计划。按照工程建设项目特点，定期和不定期对执行情况进行跟踪检查，获取实际进度信息。

4）比较分析。对实际进度与计划进度比较，发现偏差，分析产生偏差的原因。

5）改进与调整。采取相应的措施纠正偏差，同时对原进度计划进行调整，调整后的进度计划用于下一个进度管理循环。

4.1.2 工程建设项目进度管理体系

（1）工程建设项目参与方进度管理工作分析

进度管理是复杂的系统性管理工作，进度管理的目标是确保项目进度计划要求的实现。业主必须组织其他项目参与方建立和实施统一的项目进度管理体系。

1）业主的进度管理。业主是唯一介入工程建设项目全过程管理的项目参与方，是项目总体管理目标的制订人，在项目进度管理中处于决定性的领导地位，承担主导项目进度管理的责任。

①决策阶段。业主应依据批复的项目建议书中的项目宏观进度目标，及时制订项目进度的总体规划，此总体规划属于项目的控制性计划，纳入可行性研究报告。进度总体规划的目的是明确带有里程碑性质的重要时间控制节点，包括勘察、设计、招标、施工准备、施工和设备安装、工程物资采购、项目动用前的准备等工作环节，为此后的项目各项管理

工作，尤其是项目施工阶段前实施的主要管理工作确定限期，并为此后由各个项目参与方编制各自的工作进度计划搭建框架。

在此阶段，一般仅有业主及其聘请的管理咨询单位与一些专业性工程咨询公司介入项目管理工作，实施一些专业性很强又相对较为独立的专业策划和咨询工作，如项目的功能策划、土地手续、环境、交通、地震等专业论证，直至决策阶段后期方案设计单位介入。

决策阶段的进度管理工作特点是：每个局部专业工作周期一般较短，进度管理难度不大，但相互衔接及与报批的关联性较强，在进度管理上的需求表现为业主对各项工作的逻辑性安排要非常专业、慎重与及时。

②工程设计与计划阶段。业主进度管理工作的重点是：

A. 对外管理好工程设计的进度。因为工程设计单位往往并不承担整个项目的全部设计工作，所以首先需要明确其设计工作范围，以及范围之外的设计工作由谁承担。例如，是由设计分包商承担还是由设计施工一体化承包（分包）商承担，对设计工作内容如何进行划分。以上内容明确后，业主根据工程施工实施的时间要求，向各设计单位发出设计进度计划要求，并在此后检查控制各个设计单位的设计进度。

B. 对内控制好编制项目各项预控计划（包括组织、进度、投资等）的进度。在初步设计完成后尽快完成项目工作分解结构与组织分解结构，编制项目管理组织计划，确保在施工招标前将其作为建立工程施工总承包体系的基础。此后要按顺序限时完成项目进度总控制计划初稿、项目投资成本总控制计划初稿及其他必要预控计划的编制。

③施工阶段。业主要通过项目进度总控制计划的推行，使其成为项目业主、设计单位、施工单位、管理咨询单位（包括监理单位）共同的进度管理工作平台，在此基础上建立由项目各参与方分别编制的进度计划构成的完整的项目进度管理体系。

2）设计单位的进度管理。设计单位进度管理的任务是依据前期设计咨询合同（工程设计承包合同/工程设计任务书）中对设计进度的要求控制设计工作进度，使其与招标、施工、材料设备采购等进度要求相协调。

①决策阶段。设计单位最初是以设计或技术的咨询方式介入项目的，可能是项目功能策划、工艺设计及技术顾问，或是参加概念设计的征集与建筑方案设计的投标。在这个阶段，设计单位的工作较为单一，与其他参与方的协调较少，一般按业主指定的时间限期完成咨询任务即可，进度管理较为单纯。

②工程设计与计划阶段。设计单位首先是要完成自己承担的设计任务，此时进度管理主要体现在确定项目内部设计团队的组成与分工，确定具体设计过程，如从方案设计到初步设计再到施工图设计，明确设计工作的顺序与各专业设计的协调，安排好与施工图的内外审程序以及施工招标的衔接。根据所签署设计承包合同的时间限期，结合本单位的工作时间定额，确定分部分段完成设计任务的时间节点并加以控制和协调。在此阶段，设计单位需特别予以重视的进度管理内容就是要按照业主提出的时限，分期完成各类招标用图纸与技术说明资料的提交。

③施工阶段。设计单位的工作主要是协调专业设计单位的二次设计，或是配合业主所做的设计施工一体化工程的招标与实施，并参与设计变更的管理与配合工作。这一阶段，设计单位的进度管理工作涉及大量的外部沟通与协调，设计方与其他设计与施工单位的工

作往往交错在一起，互为因果。

3）施工单位的进度管理。施工单位的进度管理是依据施工承包合同对施工进度的要求控制施工进度，根据项目的特点和施工进度控制的要点，按不同深度编制控制性、指导性和实施性的施工进度计划，以及按不同计划周期编制施工进度计划并加以实施及控制。

一般而言，施工单位介入项目是从参加施工投标开始的，其正式的进度管理工作开始于施工承包合同的签署日。施工单位的进度管理具有如下特点：

①施工及材料设备供货与设计工作成因果关系。施工及供货的招标必须建立在设计图纸与技术说明的基础之上，如设计与技术参数发生变更，则施工与供货也需要进行相应调整，所以设计进度直接影响施工和材料设备供货。特别是对于技术构成复杂的大型工程建设项目，参与的施工与供货单位众多，专业工程之间的衔接紧密复杂，进度要求与各参与方的成本密切相关，协调的工作量大而且困难，给进度计划的编制和管理造成了相当的难度。

②每一项专业工程的施工工序都具有其专业特点。专业工程的专业性决定了要按施工工序限定的作业顺序及作业时间定额对其进行管理需要很强的技术背景和专业经验。一般而言，应该在项目施工管理架构中设置施工总承包商，授权其承担实现施工进度总目标的管理任务和相应责任，并由其建立项目各个施工方共同搭建的现场进度管理体系。

4）设计施工一体化承包商的进度管理。设计施工一体化承包商的进度控制任务是依据工程总承包合同或设计施工一体化工程承包合同对相关工程的进度要求，控制合同范围内的设计、施工、采购和试运行的工作进度，实现工程总承包或设计施工一体化承包的进度总目标。

设计施工一体化承包商的项目进度管理具有如下特点：

①设计施工一体化集成了设计与施工两个角色内部的进度管理任务。

②设计施工一体化承包商介入项目的时间很早。尤其是工程总承包单位，介入时间早，持续过程长，一般在项目的工艺与方案设计确定、可行性研究报告完成审批后就开始了，并且一直延续到项目竣工。

③如属项目总承包层面的设计施工一体化承包商，虽然进度管理的工作量大，但其进度管理的协调多是内部性的，即由该设计施工一体化单位对下属设计、采购供货、施工单位进行的协调，与外部单位的协调工作量相对较小。

④如属专业工程的设计施工一体化承包商，则其外部的进度管理与协调性强，需要与业主、设计总包、施工总包多方形成进度的被管理关系，同时需要管理好自己下属的设计、采购、施工等单位，进度管理比较复杂。

（2）建立项目进度管理平台

根据工程建设项目进度管理“全过程”和“多方参与”的特点，结合各参与方介入进度管理的周期不同，以及他们各不相同的进度管理特点，考虑到各参与方在进度管理上将会产生的利益冲突，必须搭建好各方进度管理的共同平台，才能避免各主要参与方在进度管理上发生冲突或矛盾，使各参与方的进度管理行为协调一致。

1）建立业主的月/周计划体系。从工程建设项目启动到施工阶段开始，业主在进度管理上具有主导性，其他参与方除了与业主及其聘请的管理咨询单位联系接受进度指令之外，在进度管理行为上相互关联较少。所以在这段时间里，项目核心的进度管理工作就是由业主以向其他各参与方下达进度指令的方式实现的进度管理，而这一管理指令的载体就是业主每月/每周定期向当期已参与项目的各方发布的进度计划。月/周进度计划应依据项目的立项批复初定开发建设周期，而后依据可行性研究报告批复的建设周期所列明的时间节点，将推算应在本月、本周内完成的工作全部列入，其中月计划应细分至业主的每个部门及其他参与方当月应完成的工作任务，周计划则应在月计划的基础上将所涉及业主的工作细分到具体责任人，并辅以“完成”“进行”“跟进”等进度形象加以约束。

表 4-1 所示为某工程业主项目管理部月计划示例，表 4-2 所示为某工程业主项目管理部周计划示例。

表 4-1　某工程业主项目管理部月计划示例

序号	工作内容	起止时间	状态	主办人/参与人	备注
1	项目管理公司进场初期工作				
1.1	项目管理部人员进驻现场	3.26	完成	管理部全体人员	
1.2	签订项目管理委托合同	3.26—4.2	完成		
1.3	指挥部签发“委托管理授权书”	4.3	完成	指挥部	
1.4	熟悉项目情况，进入管理角色	3.26—4.24	完成	管理部全体人员	
1.5	明确分工，建立联络机制	4.4—4.7	完成	包	
1.6	成立各专业的四方专责小组	4.4—5.13	进行	王	
2	合同网络图				
2.1	各专业工程师调研已签证工程情况及未签证工程情况	3.26—4.1	完成	管理部全体人员	
2.2	编拟合同网络图初稿，提交项目管理部讨论	3.28—4.3	完成	包/孔	
2.3	编拟合同网络图讨论稿，提交指挥部讨论	4.4—4.8	完成	包/孔	
2.4	根据研讨意见修改成送审稿	4.8—4.11	完成	包	
2.5	投资公司/指挥部审定批准	4.11—4.14	完成	指挥部赵总	
3	总控计划				
3.1	编拟总控计划初稿，管理部讨论	3.26—4.4	完成	李/孔	
3.2	提交初稿，指挥部/管理部研讨，定稿讨论	4.5—4.13	完成	管理部/指挥部	
3.3	五方讨论	4.14—4.17	完成	五方有关人员	
3.4	五方联合签署第一版总控计划	4.18	完成	五方项目负责人	

表 4-2　某工程业主项目管理部周计划示例

序号	工作内容	起止时间	状态	主办人/参与人	备注
1	项目管理工作				
1.1	向指挥部提交 9 月 10 日前必须完成工程范围清单，组织专题会讨论定稿，下发有关单位	4.14—4.20	完成	管理部全体人员	

（续）

序号	工作内容	起止时间	状态	主办人/参与人	备注
1.2	建立各专业的五方专责小组通讯录	4.15	完成	王	
1.3	合同网络图送审稿提交指挥部审阅批准	4.14—4.17	完成	王/王	
1.4	组织专题会讨论总控计划	4.15	完成	高/王	
1.5	管理部研讨并修改总控计划形成送审稿	4.17—4.18	完成	管理部/指挥部	
1.6	指挥部批准总控计划	4.18—4.20	完成	管理部全体人员	
1.7	落实保留拆迁范围内可利用建筑用为临建用房事宜	4.15	完成	魏	
1.8	落实临界单位材料堆放场租地事宜	4.15	完成	魏	
1.9	与指挥部总包监理讨论确定用地平面布局原则	4.16	完成	王	
1.10	责成总包绘制新的平面图	4.18	完成	李/王	
1.11	调查取得已签合同/已发标工程的B类设备清单	4.16	完成	各专业工程师	
1.12	确定需编制B类设备清单的其他工程范围	4.17	完成	各专业工程师	
1.13	编制B类设备清单及推荐厂家名录	4.18	开始	各专业工程师	
1.14	同招标代理机构商定招标计划及配合事宜	4.16	完成	王/王	

对于工程建设项目前期持续时间较长的管理工作，必要时可编制专项工作进度计划。表4-3所示为某工程业主项目管理部专项工作进度计划。

2）项目多级进度计划体系。工程建设项目进度计划体系一般由三个层级的计划构成。

①第一级计划——项目进度总控制计划。它是衔接项目进度总体规划的项目总体进度计划，具有对总体工程进度的控制性和对较低层级进度计划的指导性。项目进度总控制计划一般由业主或由业主聘请的管理咨询单位编制初稿，经项目主要参与方共同讨论确认。项目进度总控制计划的内容涵盖项目建设期各个阶段影响进度的主要管理工作与工程安排，不论这些工作是由业主执行的，还是由设计与施工承包商在业主的指导下完成的。

项目进度总控制计划的编制步骤如下：

A. 业主编制项目进度总控制计划的初始版本。其需具备的基础条件包括：项目的方案设计已完成并经审定，业主已根据方案设计编制了框架性项目合同网络图，初步设想了施工承包方式及总承包商应承担并完成的工程内容，由业主另行约定专业分包的工程内容与专业分包内容的初步划分，业主对由总承包应承担工程的专业划分与进度节点进行初步分析，纳入项目进度总控制计划的初始版本。

B. 项目进度总控制计划的正式版本。其需具备的基础条件包括：建设工程施工总承包商已确定，施工总承包商已编制了由其承担工程部分的详尽进度控制计划，能提供对进度总控制计划初始版本的修改意见。一般情况下，对总承包商承担的工程部分进度构想要充分尊重总承包商的意见，对总承包与专业分包施工工序安排要充分沟通协商。初始版本经调整修改成为项目进度总控制计划的正式版本，一般需经项目主要参与方的多次讨论与

表 4-3　某工程业主项目管理部专项工作进度计划

标识号	任务名称	工期	开始时间	完成时间	二〇二四年 1 2 3 4 5 6 7 8 9 10
1	BB 项目设计招标专项计划	186 个工作日	2024/2/26	2024/11/11	
2	1 业主确定组织工作计划	10 个工作日	2024/2/26	2024/3/8	
3	1.1 编制组织工作计划	6 个工作日	2024/2/26	2024/3/4	A咨询C咨询
4	1.2 报业主审批	4 个工作日	2024/3/5	2024/3/8	业主
5	2 业主尚需补充提供相关资料	15 个工作日	2024/2/27	2024/3/18	
6	2.1 取得地震评价报告	15 个工作日	2024/2/27	2024/3/18	业主
7	2.2 取得园林部门对古树的处理意见	15 个工作日	2024/2/27	2024/3/18	业主
8	2.3 功能需求的重新确认（设计任务书修改）	15 个工作日	2024/2/27	2024/3/18	业主
9	2.4 取得华信捷方案调整后的投资估算	15 个工作日	2024/2/27	2024/3/18	业主
10	2.5 向发展改革委发出报备的函	5 个工作日	2024/3/5	2024/3/11	业主
11	2.6 取得规委修改规划意见书（或修改意见、会议纪要）	15 个工作日	2024/2/27	2024/3/18	业主
12	3 投标资格审查	49 个工作日	2024/2/27	2024/5/3	
13	3.1 编制投标资格预审文件及公告	2 个工作日	2024/2/27	2024/2/28	A咨询C咨询
14	3.2 资格预审文件及公告的翻译	2 个工作日	2024/2/29	2024/3/1	A咨询C咨询
15	3.3 招标公告报业主审查并确定	2 个工作日	2024/3/4	2024/3/5	A咨询C咨询业主
16	3.4 编制投标审查细则（评分办法）	4 个工作日	2024/2/29	2024/3/5	A咨询C咨询
17	3.5 投标资格审查细则报业主审查并确定	4 个工作日	2024/3/6	2024/3/11	A咨询C咨询
18	3.6 与《中国日报》联系并落实	6 个工作日	2024/2/27	2024/3/5	A咨询C咨询
19	3.7 勘测设计管理处登记并取得的招标号	2 个工作日	2024/3/6	2024/3/7	A咨询C咨询
20	3.8 发布公告，并附资审文件	5 个工作日	2024/3/8	2024/3/14	A咨询C咨询
21	3.9 对于拟邀请重点设计单位，联系落实	3 个工作日	2024/3/8	2024/3/12	A咨询C咨询
22	3.10 设计单位准备资格预审申请文件	10 个工作日	2024/3/8	2024/3/21	设计单位
23	3.11 收取资格预审申请文件	4 个工作日	2024/3/19	2024/3/22	A咨询C咨询
24	3.12 资格审查	4 个工作日	2024/3/25	2024/3/28	A咨询C咨询
25	3.12.1 符合性审查，排除不回应预审一般符合性条件的设计单位	1 个工作日	2024/3/25	2024/3/25	A咨询C咨询
26	3.12.2 强制性审查，排除不符合强制性条件的设计单位	1 个工作日	2024/3/26	2024/3/26	A咨询C咨询
27	3.12.3 按预先设定的细则打分排序	2 个工作日	2024/3/27	2024/3/28	A咨询C咨询
28	3.13 初定推荐投标单位名单（长名单约 18~20 家）	1 个工作日	2024/3/29	2024/3/29	A咨询C咨询

协调才能正式定稿，定稿后应由上述各方联合签署正式发布，形成各方编制各自进度管理分解目标的共同基础，用于阶段性的进度管控。另外，经过联合签署的进度总控制计划将成为细化项目各主要参与方进度管理责任的基础文件，使业主能够对各单位是否实现了合同约定的进度目标进行阶段性的检查与追踪。进度总控制计划正式版本中对专业分包工程的工期描述可以纳入各项分包工程的招标文件中，作为分包工程的进度管理目标。

C. 项目进度总控制计划的调改版本。工程建设项目实际进度一般均会较计划有所变动，多数情况是有所滞后的，总控制计划初始版本或正式版本在编制时应本着前紧后松原则，一般均留出总工期5%～10%的裕量，给此后适时调整留下余地，每隔一定时间根据实际执行情况做一次总控制计划的调整。在调整时可将已决标的专业分包工程的二级（网络）计划的相应内容纳入总控制计划调改版本，以实时反映分包工程的进度管理成果。

②第二级计划——专业工程进度计划。专业工程进度计划是由各专业工程分包商在投标时根据招标文件列明的进度管理要求编制的本专业工程的进度计划。在招标文件中要求专业工程的投标人编制此计划是为了避免专业分包商受角色局限，不从项目整体角度，而只从自身专业角度去安排本专业工程的实施。由于在专业工程招标时，业主及施工总承包商尚不能对专业工程承包商所需现场资源做出合理分配，在这一前提下，二级计划的资源分配条件具有一定的盲目性，所以二级计划并非可执行计划，只是第三级计划的控制性计划。

二级计划的作用主要体现在：

A. 专业分包商在计划内将提出开展该项工程所需的技术基础与前置条件要求，如机电工程只能在已完成结构工程验收的楼面开工等，是总承包商编制第三级计划、安排各专业分包工程之间施工工序衔接的重要技术依据。

B. 专业分包商在计划内清晰地表述本专业工程内各道工序之间的衔接与流水关系，包括对楼层占用的流动方向等，是总承包商向其提供现场场地与共享资源时的依据。

C. 通过对投标文件中所附专业分包工程进度计划的审阅，使业主和总承包商了解参加投标单位编制进度计划的水平，判断其进度管理等基本能力，有助于选择管理能力较强的投标人，为项目总体进度管理的顺利推行创造条件。

D. 二级计划可以作为约束专业分包商在其工期内分阶段实现形象进度、完成相应细化的进度管理目标的依据性文件。

③第三级计划——项目短周期工程综合进度计划。项目短周期工程综合进度计划是由总承包商将自身承担工程的进度计划的同期工作内容及各个专业分包商所编制二级计划的同期工作内容，汇总编制的短周期工程综合进度计划，根据工程建设项目规模及技术复杂程度的不同，短周期可以为周，也可以为月。

项目短周期工程综合进度计划具有如下性质与特点：

A. 三级计划突出对各专业分包单位间的工艺工序衔接流水安排及各专业工程对施工场地与现场共享资源的占用关系，集中体现了总承包商从项目总体进度的考虑出发，对有限的时间、场地等共享资源的统一分配。

B. 三级计划是完全的实施（操作）性计划，各专业分包单位必须遵从，否则就会破坏有限资源的分配关系与平衡，损害项目总体进度管理的安排。

C. 三级计划的编制与检查落实一般与项目总承包商组织的生产调度会结合进行，如周计划就开周生产调度例会，由总承包商召集同期有生产任务的全体分包商参加，共同研讨计划及落实的问题和困难，并协调出解决办案。

D. 三级计划一般由总承包商的专业计划工程师运用管理软件，依前一周期计划完成情况滚动编制。

表 4-4 为某工程建设项目进度总控制计划示例，表 4-5 为某工程建设项目短周期综合进度计划示例。

表 4-4　某工程建设项目进度总控制计划示例

序号	工作内容	本期时间	状态	责任单位	责任人
1	设计工作				
1.1	各项施工图配合工作	5.15—5.17	继续	合方	张
1.2	幕墙设计				
1.2.1	设计金属屋面板加工图	5.11—5.15	完成	尚飞	李
1.2.2	设计吸音岩棉加工图	5.11—5.15	完成	尚飞	李
1.2.3	设计吊顶压型钢板加工图	5.11—5.15	完成	尚飞	李
2	市政工作				
2.1	变配电工程				
2.1.1	变配电工程施工图审批结果提交	5.14	完成	供电公司	王
2.1.2	电力外线工程设计审批	5.15—5.17	继续	供用电承发包公司	王
2.2	红线内市政外线工程				王
2.2.1	施工图初步设计意见与设计交底	5.13	完成	项目部/委托单位	张
2.2.2	施工图纸设计	5.14	开始	委托单位	张

(3) 完善进度管理体系

一个完善的进度管理体系能使体系内的各级计划在总体上及重要的时间节点上完全一致并相互呼应，既包括两个计划体系之间的呼应，又包括各级计划之间的呼应。

①项目业主的周计划与月计划的呼应。周计划与月计划应该在内容与时限上都是对应的，周计划是月计划的细化，是服从和服务于月计划的。

②专项管理工作进度计划与业主计划的呼应。专项管理工作进度计划是跨越月度的计划，分解开来与项目业主的周计划与月计划也是对应和匹配的，只是仅限一个专项工作而特别编制的计划。

③业主计划与项目总控进度的呼应。项目建设实施阶段，业主的月计划、周计划应与项目进度总体控制计划（一级计划）对应，总体控制计划是经项目参与各方确认并建立的共同进度平台，业主的工作安排应该也必须服从于总体控制计划的时限。

④一、二、三级计划间的对应。二级计划与一级计划应该对应，而三级计划与二级计划及一级计划也应该对应。进度管理体系中的各类计划尽管编制方不同，目的与作用也不同，但因都是基于一个共同的进度平台而编制的，所以主要的时间节点应该完全相互对应。

表 4-5 某工程建设项目短周期综合进度计划示例

标识号	任务名称	工期	开始时间	完成时间	2022 Q3	2022 Q4	2023 Q1	2023 Q2	2023 Q3	2023 Q4	2024 Q1	2024 Q2	2024 Q3
1	AA 项目进度总控制计划	683 个工作日	2022/9/18	2024/7/31									
2	1 项目管理公司进场初期工作	394 个工作日	2023/3/26	2024/4/22									
3	1.1 项目管理公司人员到场	0 个工作日	2023/3/26	2023/3/26				3/26					
4	1.2 签订项目管理委托活动	8 个工作日	2023/3/26	2023/4/2				3-26					
5	1.3 指挥部签发“委托管理授权书”	1 个工作日	2023/4/3	2023/4/3				4-3					
6	1.4 熟悉项目情况，进入管理角色	30 个工作日	2023/3/26	2023/4/24									
7	1.5 明确分工，建立联络机制	4 个工作日	2023/4/4	2023/4/7									
8	1.6 成立各专业的四方专责小组	40 个工作日	2023/4/4	2023/5/13									
9	1.7 编制审定项目管理组织计划（合同网络图）	11 个工作日	2023/4/8	2023/4/18									
10	1.8 编制 8 月 31 日前必须完成的项目范围清单	65 个工作日	2023/4/9	2023/6/12									
11	1.9 编制审定项目进度总控制计划	18 个工作日	2023/4/4	2023/4/21									
12	1.10 现场平面布局安排	157 个工作日	2023/3/31	2023/9/3									
13	1.11 编制 B 类材料设备清单	74 个工作日	2023/4/8	2023/6/20									
14	1.12 项目投资与造价管理	374 个工作日	2023/4/15	2024/4/22									
15	1.13 设计施工总包合同的补充与明晰	12 个工作日	2023/4/20	2023/5/1									
16	2 办理项目建设的政府审批手续	493 个工作日	2023/3/26	2024/7/30									
17	2.1 国有土地使用权	45 个工作日	2023/3/26	2023/5/9									
18	2.2 立项审批手续	56 个工作日	2023/3/26	2023/5/20									
19	2.3 城市规划手续	61 个工作日	2023/4/5	2023/6/4									
20	2.4 项目开工建设审批	85 个工作日	2023/4/7	2023/6/30									
21	2.5 办理项目固定资产手续	162 个工作日	2024/2/21	2024/7/31									
22	3 建安工程设计	144 个工作日	2023/2/15	2023/7/8									
23	3.1 专业工程设计方案再论证与优化/深化	44 个工作日	2023/3/26	2023/5/8									

（续）

标识号	任务名称	工期	开始时间	完成时间	2022 Q3	2022 Q4	2023 Q1	2023 Q2	2023 Q3	2023 Q4	2024 Q1	2024 Q2	2024 Q3
24	3.2 重大设计变更与补充设计	18 个工作日	2023/4/4	2023/4/21									
25	3.3 安排提供招标用图及技术说明	144 个工作日	2023/2/15	2023/7/8									
26	3.4 设计变更管理	20 个工作日	2023/3/26	2023/4/14									
27	3.5 竣工图管理	30 个工作日	2023/3/26	2023/4/24									
28	4 约定分包、供货、招标采购管理	229 个工作日	2023/4/21	2023/12/5									
29	4.1 新风机组、空调机组供货	229 个工作日	2023/4/21	2023/12/5									
30	4.2 空调末端供货	228 个工作日	2023/4/22	2023/12/5									
31	4.3 冷水机组供货	138 个工作日	2023/4/21	2023/9/5									
32	4.4 防火门、防火卷帘门供货	208 个工作日	2023/5/1	2023/11/24									
33	4.5 卫生洁具供货	204 个工作日	2023/5/16	2023/12/5									
34	4.6 公共广播系统设备供货	209 个工作日	2023/4/30	2023/11/24									
35	4.7 消防水炮及控制系统设备供货	128 个工作日	2023/5/1	2023/9/5									
36	4.8 消防集控系统设备供货	208 个工作日	2023/5/1	2023/11/24									
37	4.9 消防自动报警系统供货	207 个工作日	2023/5/2	2023/11/24									
38	4.10 灯具供货	209 个工作日	2023/4/30	2023/11/24									
39	4.11 柴油发电机供货	217 个工作日	2023/4/22	2023/11/24									
40	4.12 高压配电箱柜供货	137 个工作日	2023/4/22	2023/9/5									
41	4.13 变压器供货	136 个工作日	2023/4/23	2023/9/5									
42	4.14 低压柜及现场有 BA 要求的配电柜供货	138 个工作日	2023/4/21	2023/9/5									
43	4.15 其他箱柜地面箱供货	218 个工作日	2023/4/21	2023/11/24									
44	4.16 石材供货	82 个工作日	2023/4/30	2023/7/20									
45	5 建安工程施工	445 个工作日	2022/9/18	2023/12/6									
46	5.1 总包范围内工程施工	438 个工作日	2022/9/18	2023/11/29									

（续）

标识号	任务名称	工期	开始时间	完成时间
47	5.2 设计施工一体化（EPC）及相关工程施工	259 个工作日	2023/3/16	2023/11/29
48	5.2.1 幕墙分包工程（一标段）	194 个工作日	2023/3/16	2023/9/25
49	5.2.2 屋面工程	103 个工作日	2023/4/22	2023/8/2
50	5.2.3 虹吸雨水工程	103 个工作日	2023/4/22	2023/8/2
51	5.2.4 幕墙分包工程（二标段）	160 个工作日	2023/3/16	2023/8/22
52	5.2.5 排烟窗工程	98 个工作日	2023/4/22	2023/7/28
53	5.2.6 景观塔工程	98 个工作日	2023/4/22	2023/7/28
54	5.2.7 建筑智能化工程	208 个工作日	2023/5/1	2023/11/24
55	5.2.8 立面照明工程	128 个工作日	2023/5/1	2023/9/5
56	5.2.9 多联机空调工程（EPC）	210 个工作日	2023/5/4	2023/11/29
57	5.3 专业分包工程施工	242 个工作日	2023/4/8	2023/12/5
58	6 市政工程	253 个工作日	2023/3/26	2023/12/3
59	6.1 复核市政公用咨询方案	253 个工作日	2023/3/26	2023/12/3
60	6.2 市政公用报装	68 个工作日	2023/4/8	2023/6/14
61	6.3 市政工程设计	52 个工作日	2023/4/7	2023/5/28
62	6.4 确定各专业市政工程施工单位	69 个工作日	2023/5/10	2023/7/17
63	6.5 市政公用工程施工与验收	108 个工作日	2023/6/4	2023/9/19
64	6.6 市政公用工程接用	76 个工作日	2023/7/11	2023/9/24
65	7 园林景观工程	209 个工作日	2023/4/30	2023/11/24
66	8 配合 9 月份会展工作	95 个工作日	2023/7/1	2023/10/3
67	9 项目工程总体验收	96 个工作日	2023/10/20	2024/1/23
68	10 项目保修和向物业移交	19 个工作日	2024/1/5	2024/1/23

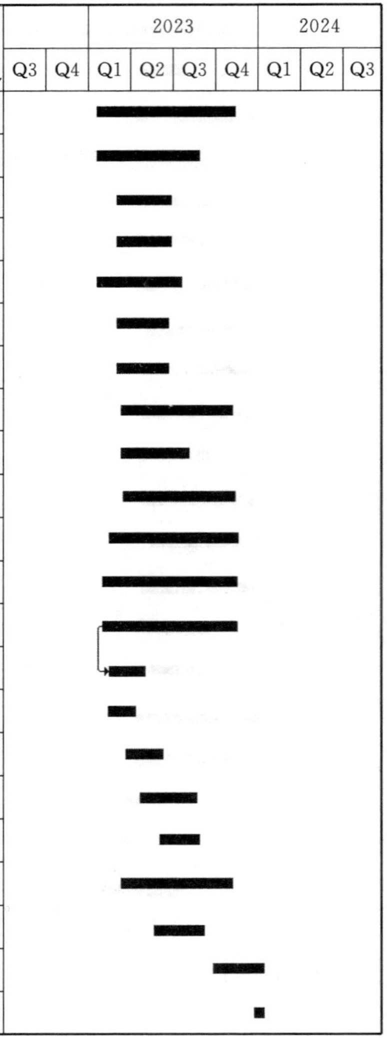

需要说明的是，应依据项目的复杂程度及项目管理组织架构设定进度计划的层级数，必要时，业主和施工总承包商可以增加进度计划体系的层级数。

4.1.3　工程建设项目进度计划

(1) 工程建设项目进度计划的类型

根据工程建设项目进度控制不同的需要和不同的用途，项目各参与方可以制订多个相互关联的进度计划构成完整的项目进度计划体系。工程建设项目建设阶段进度计划体系见图 4-1。

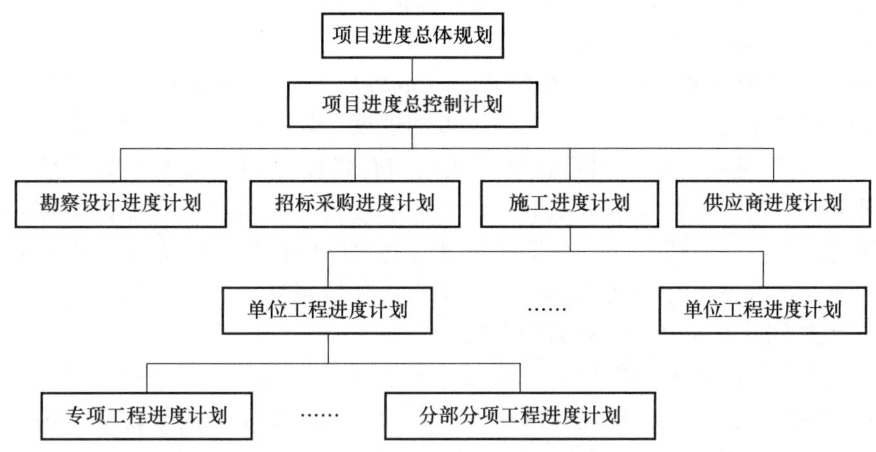

图 4-1　工程建设项目建设阶段进度计划体系

1）按进度计划编制的深度分类，工程建设项目进度计划分为：

①项目进度总体规划。

②项目进度总控制计划。

③项目子系统进度计划。

④项目子系统下的单项、单位工程进度计划。

2）按进度计划的功能性的不同，工程建设进度计划分为：

①控制性进度计划。

②指导性进度计划。

③实施性（操作性）进度计划等。

3）按进度计划编制主体的不同，工程建设项目进度计划分为：

①业主编制的项目决策阶段进度计划和建设期进度总控制计划。

②勘察进度计划。

③设计进度计划。

④施工进度计划（包括总承包及各专业分包工程的进度计划等）。

⑤供应商进度计划。

4）按进度计划所涉及的工程建设项目阶段，工程建设项目进度计划分为：

①项目全过程进度计划。

②年度或跨年度进度计划。

③短周期（如月、周）进度计划。

（2）工程建设项目进度计划的编制步骤

编制工程建设项目进度计划的基本步骤如下。

1）利用工作（工程）分解结构确定工作清单。这包括建设工作和管理工作两类，同时估计和判断完成各项工作所需的时间。

2）利用组织分解结构界定承担上述工作的机构与岗位。这包括项目总体层面的各单位的任务分工，以及管理团队层面的每一个岗位的分工。

3）检查工作之间的逻辑关系。逻辑关系包括平行、顺序和搭接，要对每一项工作和与之关联的其他工作做出类型分析。

4）编制进度计划初稿。根据工作清单、完成各项工作所需时间及工作间的逻辑关系，将这三者按时间顺序进行组合，得到一个草拟的进度计划，即进度计划初稿。

5）完善并优化进度计划。项目管理团队应结合进度计划初稿考虑如下事项：工作时间估算的现实性，工作之间逻辑关系的准确性，是否有未排入计划的疏漏工作，各单位与岗位工作分配的均衡性与适当性，各层次进度计划之间的协调程度以及是否有导致进度停滞的工作瓶颈等，对进度计划初稿进行完善及优化，编制进度计划终稿。

（3）工程建设项目进度计划的编制工具

工程建设项目进度计划的常用编制工具有横道图、垂直图、形象进度图、网络计划技术等，其中网络计划技术包括单代号网络图、双代号网络图和双代号时标网络图，这里主要介绍双代号时标网络图。

双代号时标网络图是按照时间坐标绘制的双代号网络图，在双代号时标网络图中，以实箭线表示工作内容，以虚箭线表示逻辑关系（虚工作），以波形线表示工作的自由时差。由于进度计划是按照时间坐标绘制的，所以各项工作的起止时间，以及整个进度计划的总工期在图上一目了然。

双代号时标网络图的绘制规则相对简单，只需要按照各项工作的最早时间参数以及工作之间的逻辑关系，自左向右依次绘制，工作箭线长度不足以到达紧后工作的开始节点的，以波形线补足。

【例 4-1】 某专项工程的工作内容明细见表 4-6。其按照各项工作的最早时间参数绘制的双代号时标网络图见图 4-2。

在双代号时标网络图中，自开始节点到结束节点，不存在波形线的线路为关键路线，关键路线上的工作为关键工作。以图 4-2 为例，关键路线是①—②—③—⑤—⑥，关键工作是 A—C—F—I，这四项工作也是该双代号时标网络图的关键工作。

表 4-6　某专项工程工作内容明细

工作序号	紧前工作	持续时间（天）
A	无	4
B	无	3
C	A	8

（续）

工作序号	紧前工作	持续时间（天）
D	A	7
E	B、C	9
F	B、C	12
G	D、E	2
H	D、E	5
I	F、G	6

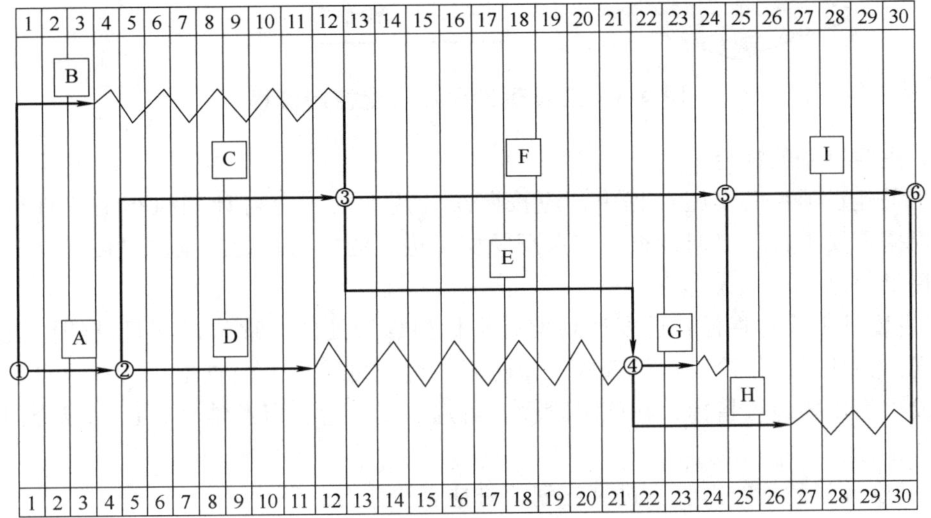

图 4-2　某专项工程双代号时标网络图

4.1.4　工程建设项目进度控制

(1) 进度控制的概念及程序

所谓进度控制，是指在工程建设项目实施过程中，监测进度计划执行情况，对比分析实际进度与计划进度，寻找偏差产生的根源，采取应对措施，同时对进度计划进行必要调整，以确保实现工程建设项目预期的进度目标。

进度控制的概念有广义与狭义之分，广义的进度控制包括进度目标的论证、进度计划的编制、进度计划的检查与调整、编制进度报告等进度管理的全过程，狭义的进度控制则主要是指进度计划的检查与调整。本小节采用的是狭义的进度控制概念。

工程建设项目进度控制流程见图 4-3，其基本程序如下：

①执行进度计划和检查进度计划。

②比较实际进度与计划进度。

③分析计划执行情况是否存在偏差。

④对产生的偏差采取措施予以纠正。

⑤调整进度计划、执行新进度计划，并开始下一轮的进度计划检查。

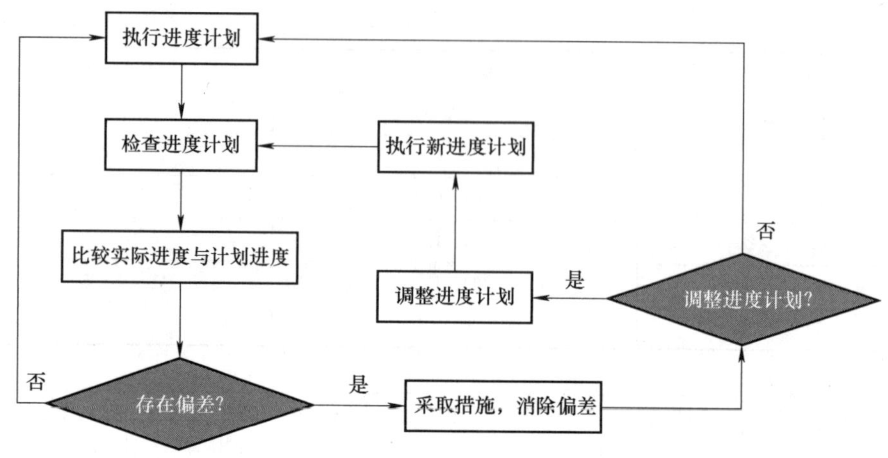

图 4-3　工程建设项目进度控制流程

（2）进度计划的检查

在工程建设项目的实施过程中，应按照统计周期的规定对计划执行情况进行定期检查，并根据需要进行不定期检查，获取反映实际进度的数据，为后续的进度控制措施和计划调整提供信息。

1）进度计划检查指标。进度计划检查指标根据所处的工程建设项目周期阶段不同而有所不同。在项目决策阶段，可选取工作时间、可交付成果为检查指标；在设计阶段，以可交付成果为主要检查指标；在施工阶段，可选取工程量、资源消耗、已完成合同金额等作为检查指标。

2）进度计划的检查内容。进度计划检查应至少包含以下内容：

①工作内容与工程量的完成情况。

②工作持续时间的执行情况。

③资源使用情况。

④成本发生情况。

⑤前次检查后整改措施的执行情况。

3）进度计划的检查方法。进度计划的检查方法主要有横道图、时标网络图、S 曲线法、香蕉曲线法等，以下以时标网络图为例介绍进度计划检查方法。

时标网络图是在利用时标网络编制的进度计划网络图上，采用实际进度前锋线标注计划的实际执行情况，进行实际进度与计划进度的比较。

以图 4-2 所表达的进度计划为例，假设在第 22 天进行工程进度检查的结果如下：

已经完成的工作：A、B、C、D、E。

正在进行的工作：F、G、H，且 F 工作延误 3 天，G 工作按计划执行，H 工作提前 1 天。

尚未开始的工作：I。

根据检查结果所绘制的实际进度前锋线（见图 4-4）。

根据实际进度前锋线，由于工作 F 是关键工作，且实际进度已经延误 3 天，如果不采取相应的调整措施，将会导致总工期的延误。

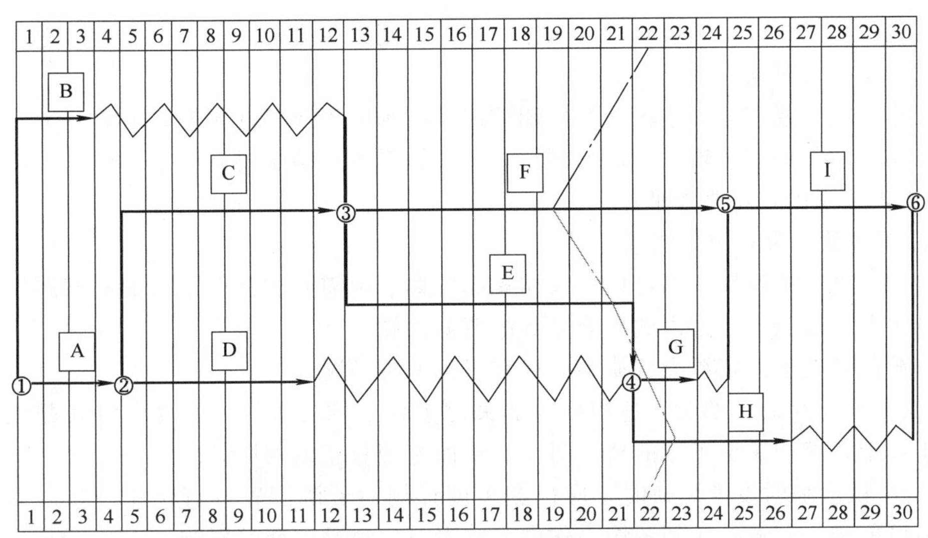

图 4-4　某专项工程时标网络图实际进度前锋线

(3) 进度计划的调整

进度计划的调整是指依据实际进度的检查情况和拟采取的进度控制措施，对后续工作的持续时间以及工作之间的逻辑关系进行的修正。

调整进度计划的目的是最大限度地保证预期进度目标的实现，必要时进度计划的调整会改变原进度计划设定的进度目标。

1）进度计划调整的内容。这主要包括：

①工作内容及工程量。

②工作起止时间及工作持续时间。

③工作之间的逻辑关系。

④资源配置。

2）进度计划调整的方法。进度计划调整的方法主要有关键工作调整、非关键工作调整、工作之间的逻辑关系调整、资源配置调整等。

调整进度计划时，需要综合平衡两个方面的关系，一个是进度目标与成本目标、质量目标的关系，另一个是进度调整与资源投入、成本变化的关系。

下面以时标网络图进度计划调整为例，其调整方法如下：

①关键工作调整。关键工作调整是最常用的进度计划调整方法之一。关键工作决定项目工期，关键工作出现延误，将直接影响预期进度目标的实现。当检查发现项目的实际进度落后于计划进度，首先考虑的就是通过增加资源投入、提高工作效率、改变工作内容等方式缩短当前或即将开始的关键工作的持续时间。如果可以缩短多个关键工作的工期，则以资源投入强度小或费用低为选择标准。

②非关键工作调整。非关键工作的调整往往是由于资源配置的要求而进行的。非关键工作的自由时差和总时差分别表示不影响后续工作和总工期的最大可允许时间缓冲，因此非关键工作的调整应尽可能地在其时差范围内进行。如果调整在非关键工作的自由时差范围内进行，则不会影响后续工作的进度计划，如果调整超出了自由时差的范围，但依然在

总时差的范围内进行，虽然会对后续工作的进度计划产生影响，但不会影响到总工期，即不会导致总工期的延误。

③工作逻辑关系调整。逻辑关系的调整涉及技术因素或标准规范，所以一般在必要时才会对工作之间的原有逻辑关系进行调整。逻辑关系的调整主要有以下两种方式：

A. 逻辑关系由顺序改为平行。

B. 逻辑关系由顺序改为搭接。

调整工作之间的逻辑关系可以有效缩短总工期，但需要注意两个方面的问题：一是技术或标准规范的限制；二是由此可能导致的资源短缺。

④资源配置调整。资源配置调整一般有以下两种情况：

A. 有必要压缩总工期时，适当减少非关键工作上的资源投入强度，将其配置到相应的关键工作上，缩短关键工作的持续时间，从而实现总工期的压缩。

B. 资源供应临时发生短缺时，应根据进度计划对资源配置进行优化，在条件允许的前提下尽可能地将资源投入到关键工作中，减少对项目总工期的影响。

4.2 工程建设项目造价管理

4.2.1 工程建设项目投资与建筑安装工程造价组成与计算

（1）工程建设项目投资的基本组成

工程建设项目投资即建设项目总投资，是指为完成工程建设项目并达到使用要求或生产条件，在建设期内预计投入或实际投入的全部费用总和。

按照投资在国民经济中的作用区分，工程建设项目投资划分为生产性工程建设项目投资和非生产性工程项目投资。生产性工程建设项目投资包括建设投资、建设期利息和流动资金三部分，非生产性工程建设项目投资包括建设投资和建设期利息两部分。其中，建设投资和建设期利息之和对应于固定资产投资，与建设项目的工程造价在量上相等，流动资金对应于流动资产投资。我国现行的工程建设项目投资的基本组成见图 4-5。

1）工程费用。工程费用包括：

①设备及工器具购置费。设备及工器具购置费由设备购置费和工具、器具及生产家具购置费组成。其中，设备购置费是指购置达到固定资产标准的设备、工器具及生产家具等所需的费用；工具、器具及生产家具购置费是指没有达到固定资产标准的设备、仪器、工卡模具、器具、生产家具和备品备件等的购置费用。

②建筑安装工程费。建筑安装工程费是指为完成工程建设项目建造、生产性设备及配套工程安装所需的费用。

2）工程建设其他费用。工程建设其他费用是指从工程规划筹建到工程验收交付使用的整个建设期间，根据相关的规定和要求，为保证工程建设项目顺利完成和交付使用后正常发挥效用而产生的，在工程建设项目的建设期产生的与土地使用权取得、所有工程建设项目建设以及未来生产经营有关的，除工程费用、预备费、建设期融资费用、流动资金以外的费用，具体包括：

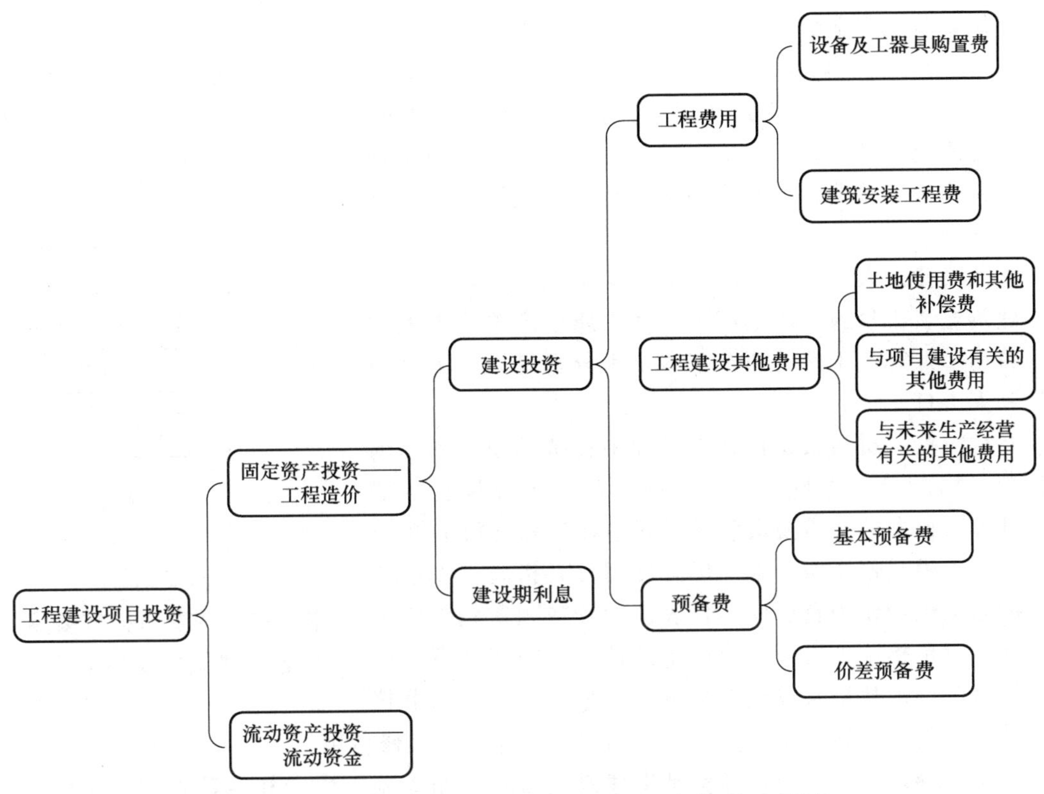

图 4-5 我国现行的工程建设项目投资的基本组成

①土地使用费和其他补偿费。

②与项目建设有关的其他费用。

③与未来生产经营有关的其他费用。

3）预备费。预备费包括：

①基本预备费。基本预备费是指投资估算或工程概算阶段预留的，因工程实施中不可预见的工程变更及洽商、一般自然灾害处理、地下障碍物处理、超规超限设备运输等可能增加的费用，亦称为工程建设不可预见费。

②价差预备费。价差预备费是指为应对在建设期内利率、汇率或价格等因素的变化而预留的可能增加的费用，亦称为价格变动不可预见费。

4）建设期利息。建设期利息是指在建设期内为工程项目筹措资金产生的融资费用及债务资金利息。

5）流动资金。流动资金是指为正常生产运营而购买原材料、燃料、支付工资及其他运营费用等所需的周转资金。

（2）建筑安装工程造价的基本组成

建筑安装工程造价亦可称为建筑安装工程费或建筑安装产品价格，是工程建设项目投资的重要组成部分，具有双重含义。从投资者的角度来看，建筑安装工程造价就是工程建设项目投资中的建筑安装工程费；从市场交易的角度来看，建筑安装工程造价是投资者（业主）和承包商共同认可的、由市场形成的交易价格。由于建筑安装工程造价的双重含义，建筑安装工程造价有两种不同的划分方式。

1）按费用构成要素划分，建筑安装工程造价可以划分为人工费、材料（包含工程设备，下同）费、施工机具使用费、企业管理费、利润、规费和增值税。其中，人工费、材料费和施工机具使用费之和通常称为直接费，企业管理费又称为间接费，具体见图 4-6。

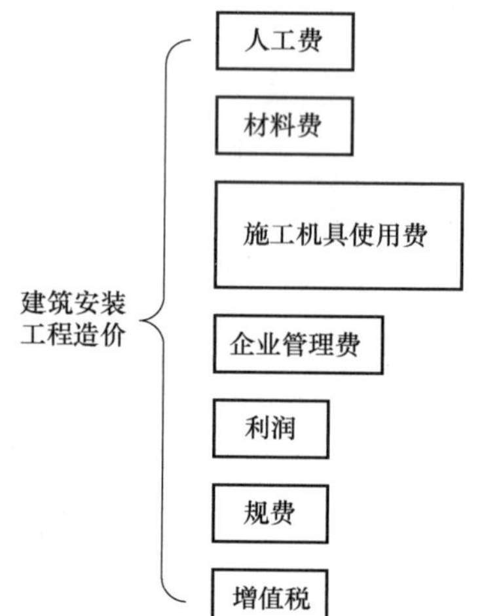

图 4-6 按费用构成要素划分的建筑安装工程造价

①人工费。人工费是指按工资总额构成规定，支付给从事建筑安装工程施工的生产工人和附属生产单位工人的各项费用。计算人工费的两个基本要素分别是人工工日消耗量和人工日工资。

②材料费。材料费是指施工过程中耗费的原材料、辅助材料、构配件、零件、半成品或成品、工程设备的费用，计算材料费的基本要素包括材料消耗量和材料单价。

③施工机具使用费。施工机具使用费是指施工作业所产生的施工机械使用费、仪器仪表使用费或租赁费。施工机械使用费是指施工机械作业产生的使用费或租赁费，以施工机械台班消耗量乘以施工机械台班单价表示；仪器仪表使用费是指工程施工所需使用的仪器仪表的摊销及维修费用。

④企业管理费。企业管理费是指建筑安装企业组织施工生产和经营管理所需的费用。企业管理费一般采用取费基数乘以费率的方法计算，取费基数一般有三种情况：

A. 以直接费为取费基数。

B. 以人工费和施工机具使用费之和为取费基数。

C. 以人工费为取费基数。

⑤利润。利润是指施工企业完成所承包工程获得的盈利，由施工企业根据企业自身需求并结合建筑市场的实际情况自主确定，列入报价中。

⑥增值税。增值税是指法律规定的应计入工程项目总投资内的增值税销项税额。增值税按税前造价乘以增值税税率确定，采用的计税方法包括一般计税方法和简易计税方法。

采用一般计税方法时，税前造价为人工费、材料费、施工机具使用费、企业管理费和利润之和，各费用项目均以不包含增值税可抵扣进项税额的价格计算；采用简易计税方法时，税前造价为人工费、材料费、施工机具使用费、企业管理费、利润之和，各费用项目均以包含增值税进项税额的含税价格计算。

2）按造价形成划分。按照工程造价形成划分，建筑安装工程造价可以划分为分部分项工程费、措施项目费、其他项目费和增值税。具体内容参见 4.2.3。

（3）工程计价

工程计价是指按照法律法规和标准规范等规定的程序、方法和依据，对工程造价及其构成内容进行的预测或确定。

一般来讲，对工程建设项目的计价是采用先分解、后汇总的方式进行的，即将建设项目自上而下细分至基本构造单元（定额项目或清单项目），采用适当的计量单位计算基本构造单元的工程量，乘以当时当地的工程单价，首先计算出各基本构造单元的价格，再对费用按照类别进行组合汇总，最后计算出相应工程造价。工程计价基本计算过程如下：

工程造价＝∑[基本构造单元(定额或清单项目)工程量×工程单价]

由于工程造价形成的内在规律不同，不同建设阶段所采用的方法和计价基本程序会有一定差异。一般来说，在工程建设项目前期和设计阶段主要采用定额计价方式，在发承包和施工阶段则更多采用工程量清单计价方式。需要说明的是，按照现行规定，使用财政资金或国有资金投资的工程建设项目发承包应采用工程量清单计价方式。定额计价与工程量清单计价的本质区别在于造价形成机制不同。定额计价本质上仍然维持着由生产要素投入和消耗决定工程造价的计价方式，属于生产决定价格的成本法计价机制。而工程量清单计价采用描述工程实体量的方式，要求企业自主选择施工方法、优化施工组织设计，建立起企业内部报价及管理的定额和价格体系，工程造价通过市场竞争形成，属于交易决定价格的市场法计价机制。

1）定额计价。工程定额是在规定的工作条件下，完成合格的单位建筑安装产品所需消耗的劳动、材料、机具、设备以及有关费用的数量标准。定额计价是指依据现行概预算定额所确定的消耗量乘以定额单价或市场价，经过不同层次的计算形成相应造价的过程。定额计价的基本程序见图 4-7。

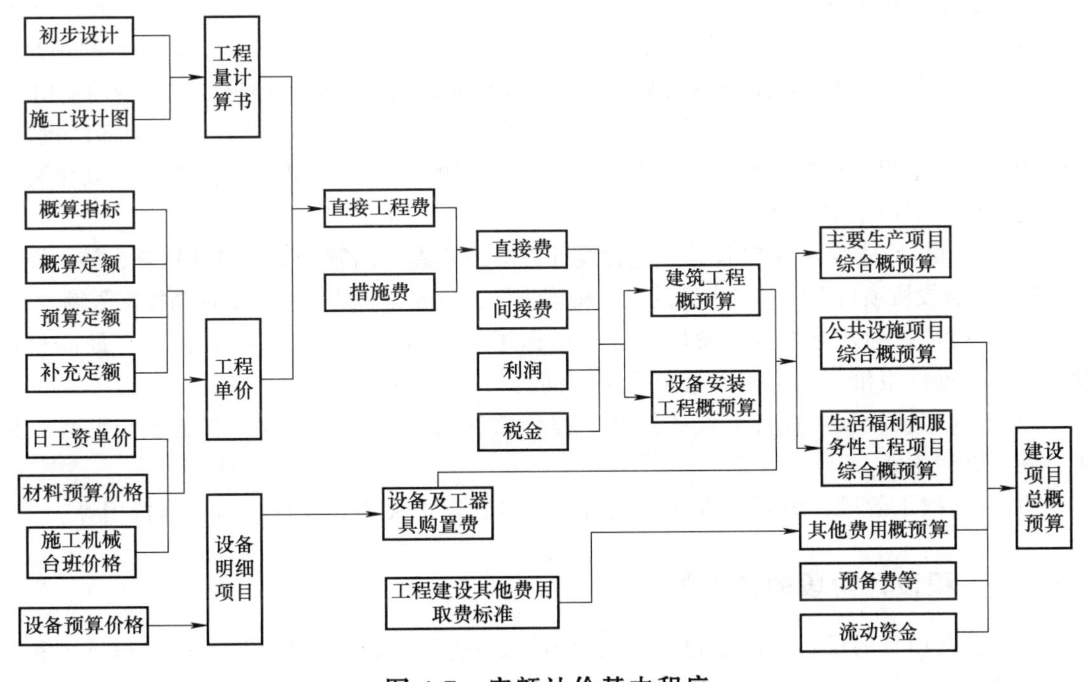

图 4-7　定额计价基本程序

2）工程量清单计价。工程量清单是建设工程文件中载明项目编码、项目名称、项目特征、计量单位、工程数量等的明细清单。工程量清单计价是指按照工程量清单计价标准规定，在各相应专业工程计量标准规定的工程量清单项目设置和工程量计算规则基础上，针对具体工程的施工图纸和施工组织设计计算出各个清单项目的工程量，再根据规定的方法计算出综合单价，并汇总各清单综合单价得到工程总价。工程量清单计价的基本程序见图 4-8。

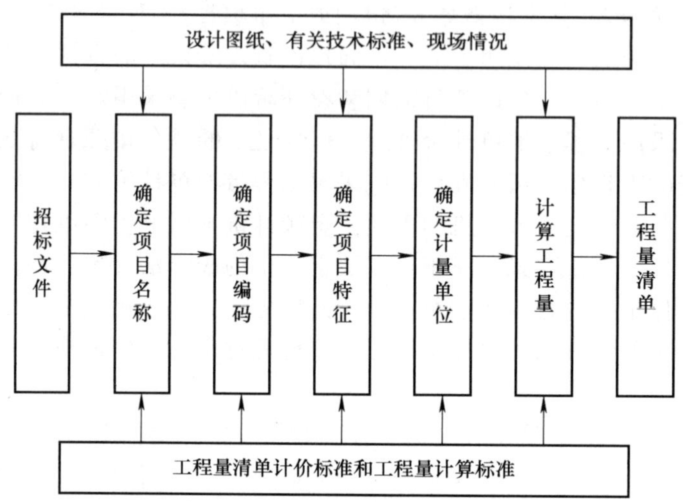

图 4-8　工程量清单计价的基本程序

(4) 工程造价管理

在工程建设全过程的各个不同阶段，工程造价管理有着不同的工作内容，其目的是在优化建设方案、设计方案、施工方案的基础上，有效控制建设工程建设项目的实际费用支出。

1）工程建设项目决策阶段：按照有关规定编制和审核的投资估算，经有关部门批准，即可作为拟建工程建设项目的控制造价。应基于不同的投资方案进行经济评价，以作为工程建设项目决策的重要依据。

2）工程设计阶段：在限额设计、优化设计方案的基础上编制和审核设计概算、施工图预算。对于政府投资项目而言，经批准的设计概算将作为拟建工程建设项目的最高投资限额。

3）工程招投标及合同签订阶段：进行招标策划，编制和审核工程量清单、最高投标限价，确定投标报价及其策略，直至约定合同价格。

4）工程施工阶段：进行工程计量及工程价款的调价和支付管理，实施动态监控，处理工程变更和索赔。

5）工程竣工阶段：编制和审核工程结算，编制竣工决算，处理工程保修费用等。

4.2.2　工程设计阶段的造价管理

工程建设项目的设计阶段是建筑产品价值形成的关键阶段，是分析处理工程技术和经济的关键环节，是确定和控制工程造价的重点阶段。

(1) 设计阶段设计概算和施工图预算的编制与审查

1）设计概算的编制。设计概算是指以初步设计文件为依据，按照规定的程序、方法和依据，对工程建设项目投资及其构成进行的概略计算。设计概算的编制采用单位工程概算、单项工程综合概算、建设项目总概算三级概算编制形式。三级概算之间的关系及费用构成见图 4-9。

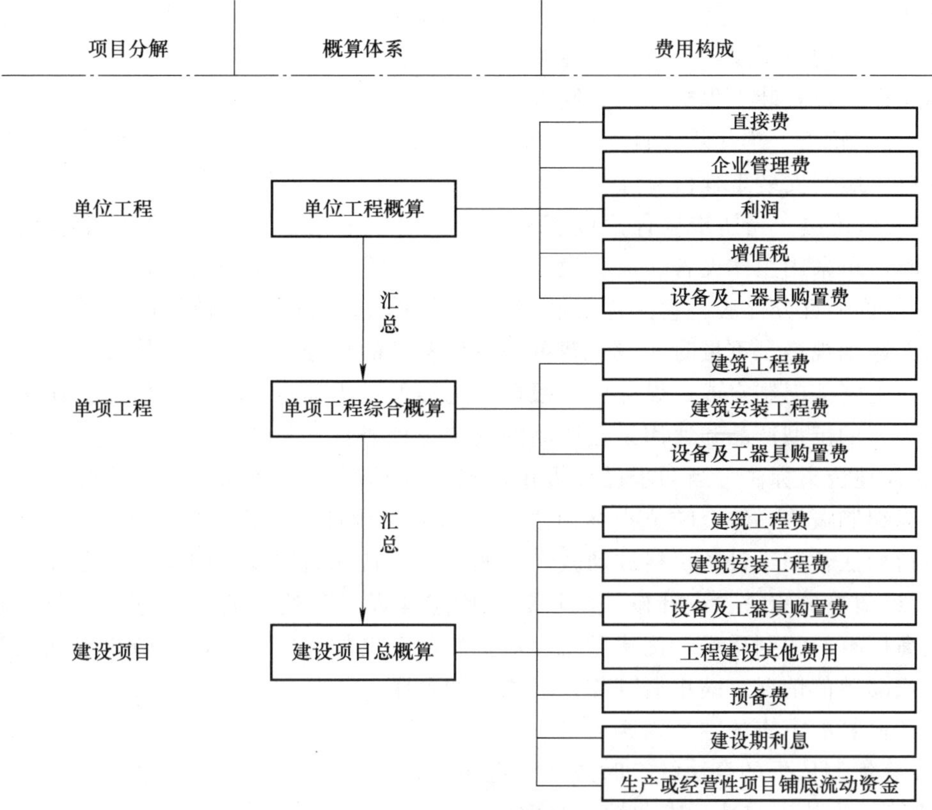

图 4-9　三级概算之间的关系及费用构成

在设计概算的编制过程中，单项工程综合概算和建设项目总概算主要是在单位工程概算的基础上汇总后得到的，所以后面主要介绍单位工程概算的编制方法。

单位工程概算包括单位建筑工程概算和单位设备及安装工程概算两大类。

①单位建筑工程概算的编制方法主要有：

A. 概算定额法。概算定额法是套用概算定额编制建筑工程概算的方法，通过计算每一扩大分项工程的工程量，再套用相应概算定额单价的方式计算直接费，再按规定计算企业管理费、利润和增值税，得出单位工程概算。运用概算定额法时要求初步设计必须达到一定深度，建筑结构尺寸比较明确，能按照初步设计的平、立、剖面图纸计算出楼地面、墙身、门窗和屋面等扩大分项工程（或扩大结构构件）项目的工程量。

B. 概算指标法。概算指标法是用拟建的厂房、住宅的建筑面积（或体积）乘以技术条件相同或基本相同工程的概算指标，得出直接工程费，然后按规定计算出企业管理费、利润和增值税等，得出单位工程概算的方法。当初步设计深度不够，不能准确地计算出工程量，但工程设计技术比较成熟，又有类似工程概算指标可以利用时，可采用概算指标法。若拟建工程的结构特征与概算指标中规定的结构特征有局部不同的情况，必须对概算指标进行调整后才可套用。

C. 类似工程预算法。类似工程预算法是利用技术条件与设计对象相类似的已完工程或在建工程的工程造价资料来编制拟建工程设计概算的方法。当拟建工程初步设计与已完工程或在建工程的设计相类似而又没有可用的概算指标时，就可以采用类似工程预算法。类似工程预算法的应用步骤与概算指标法大致相同。

②单位设备及安装工程概算的编制方法主要有：

A. 预算单价法。当初步设计有一定深度，有详细的设备清单时，可直接按安装工程预算定额单价编制安装工程概算。

B. 扩大单价法。当初步设计深度不够，设备清单不完备，只有主体设备或仅有成套设备重量时，可采用主体设备、成套设备的综合扩大安装单价来编制概算。

C. 设备价值百分比法。它又称安装设备百分比法，当初步设计深度不够，只有设备出厂价而无详细规格、重量时，安装费可按占设备费的百分比计算，具体百分比值（即安装费率）由主管部门制定或由设计单位根据已完类似工程确定。设备价值百分比法常用于价格波动不大的定型产品和通用设备产品的安装工程概算。

D. 综合吨位指标法。当初步设计提供的设备清单载有规格和设备重量时，可采用综合吨位指标编制概算，综合吨位指标由主管部门或由设计院根据已完类似工程资料确定。综合吨位指标法常用于设备价格波动较大的非标准设备和引进设备的安装工程概算。

2）设计概算的审查。设计概算的审查是确定建设工程造价的一个重要环节。通过审查可以提高概算的编制质量，使建设工程造价的确定更加完整、准确，防止出现任意扩大建设规模或漏项的情况，缩小概算与预算之间的差距。

①设计概算的审查的主要内容包括：

A. 概算编制依据的合法性、时效性、适用性。

B. 概算报告的完整性、准确性、全面性。

最终审查完毕后将形成设计概算审查意见书。

②设计概算的审查方法主要有对比分析法、主要问题复核法、查询核实法、分类整理法和联合会审法等。

3）施工图预算的编制。施工图预算是在施工图设计完成之后、工程施工之前，根据已批准的施工图样、预算定额、地区人工、材料、设备与机械台班费等资源价格，在施工方案或施工组织设计已大致确定的前提下，按照规定程序确定工程造价的技术经济文件。

由于目前工程总承包模式的推广，部分项目的施工图预算是在发承包阶段之后编制的，此时施工图预算的编制依据也可以是企业定额。

与设计概算类似，施工图预算也分为单位工程预算、单项工程综合预算、建设项目总预算三级，其中单位工程预算的编制方法主要有实物量法和单价法。

①实物量法。用实物量法编制单位工程施工图预算，就是根据施工图计算的各分项工程量分别乘以预算定额（或企业定额）中人工、材料、施工机械台班、施工仪器仪表台班的定额消耗量，分类汇总得出该单位工程所需的全部人工、材料、施工机械台班、施工仪器仪表台班的消耗量，再乘以当时当地人工工日单价、各种材料单价、施工机械台班单价、施工仪器仪表台班单价，求出相应的直接工程费，再通过取费的方式计算企业管理费、利润和增值税等费用。实物量法编制施工图预算的计算公式如下：

单位工程直接工程费＝综合工日消耗量×综合工日单价＋Σ(各种材料消耗量×相应材料单价)＋Σ(各种施工机械台班消耗量×相应施工机械台班单价)＋

Σ(各施工仪器仪表台班消耗量×相应施工仪器仪表台班单价)

单位工程预算造价＝单位工程直接工程费＋企业管理费＋利润＋增值税

②单价法。单价法分为工料单价法和全费用综合单价法，目前使用较多的是工料单价法。工料单价法是将各分项工程量乘以对应工料单价后的合计值汇总后，再计取企业管理费、利润和增值税，汇总各项费用得到单位工程的施工图预算造价。工料单价法中的工料单价一般采用单位估价表中的分项工程工料单价（定额基价），其计算公式如下：

单位工程预算造价＝Σ（分项工程量×分项工程工料单价）＋企业管理费＋利润＋增值税

4）施工图预算的审查。对施工图预算进行审查，有利于核实工程实际成本，更有针对性地控制工程造价。

①施工图预算的审查内容。施工图预算审查的重点包括工程量计算、计价依据的使用、设备材料、人工、机械价格的确定以及相关费用的选取和确定等。

②施工图预算的审查方法。施工图预算通常采用的审查方法包括全面审查法、标准预算审查法、分组计算审查法、对比审查法、筛选审查法、重点审查法、利用手册审查法和分解对比审查法。

（2）限额设计

限额设计是指按照批准的可行性研究报告中的投资限额进行初步设计，按照批准的初步设计概算进行施工图设计，按照施工图预算造价编制施工图设计中各个专业设计文件的过程。限额设计必须以确保结构安全和使用功能为基准，以不缩减建设规模、不降低技术标准为前提，各阶段、各子项、各专业的设计成果和估价严格按照分配的投资限额加以控制。

限额设计的实施是建设项目投资目标的动态管理过程，包括目标制定、目标分解、目标推进和成果评价四个阶段。

1）目标制定。限额设计的目标包括造价目标、质量目标、进度目标、安全目标及环境目标。各目标间既相互关联又相互制约，分析论证限额设计目标时应统筹兼顾，追求技术经济合理的最佳整体目标。

2）目标分解。根据设计工作所处阶段，首先将上一阶段确定的投资额按照设计专业进行总体分解，然后按照单项工程、单位工程、分部工程和分项工程层层分解，从而确定和分配各专业和各类分解单元造价控制的分项目标。目标分解与设置方案应经过综合分析与评价，确保其合理性与准确性，并与限额设计的整体目标相衔接。最后，将各细化目标明确分配给相应设计人员，制订明确的限额设计方案，实现对投资限额的有效管控。

3）目标推进。目标推进通常包括限额初步设计和限额施工图设计两个阶段，见图 4-10。

①限额初步设计阶段。该阶段严格按照分配的工程造价控制目标进行方案的规划和设计，在初步设计方案完成后，及时编制初步设计概算，并进行初步设计方案的技术经济分析，直至满足限额要求。初步设计只有在满足各项功能要求并符合限额设计目标的情况下，才能作为下一阶段的限额目标予以批准。

②限额施工图设计阶段。该阶段遵循各目标协调并进的原则，做到各目标之间的有机结合和统一，防止忽略任何一个。在施工图设计完成后，应进行施工图设计的技术经济分析，分析施工图预算是否满足限额要求，以供设计决策者参考。

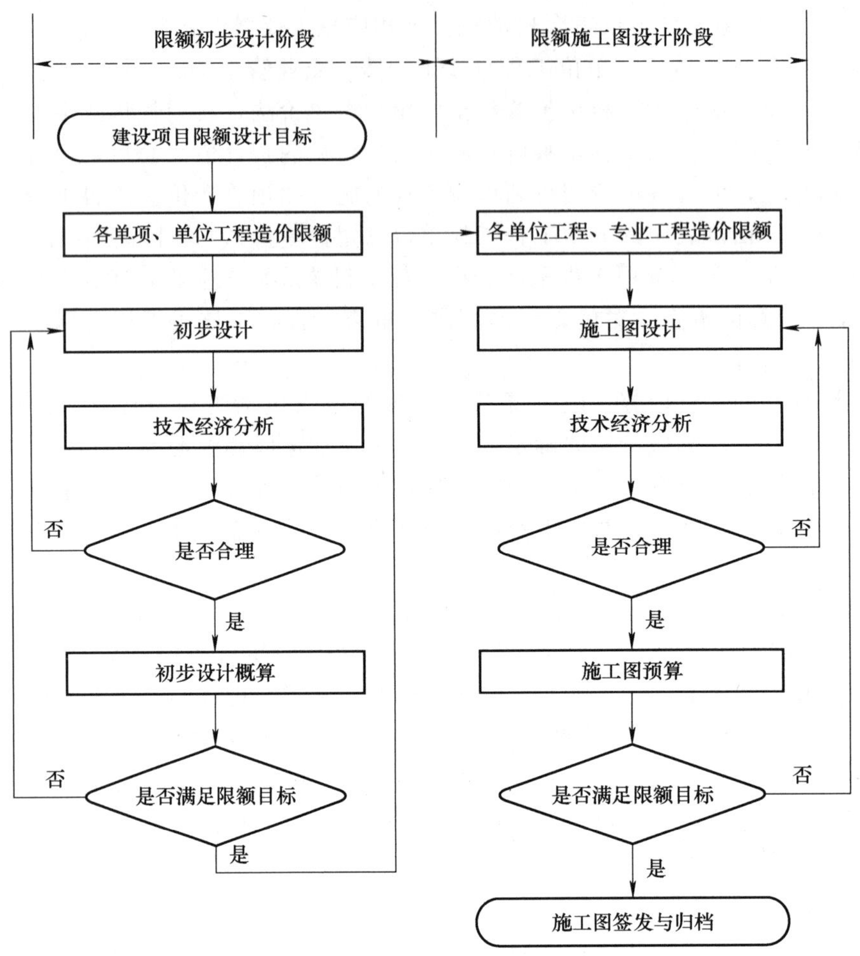

图 4-10　限额设计工作流程

4）成果评价。通过对设计成果及整体限额设计目标的实现情况进行评价，总结经验教训，并将其作为指导和开展后续工作的重要依据。

值得指出的是，当考虑建设工程全生命周期的成本时，按照限额要求设计的方案未必具有最佳经济性，此时亦可考虑突破原有限额，重新选择设计方案。

(3) 设计方案的选择与优化

在设计阶段应充分考虑设计的经济合理性，使技术与经济有效结合，力求实现技术先进与经济合理的和谐统一。这样不仅可以有效降低项目的工程建设费用，还可以有效降低建设项目在运营期及拆除期的费用。

对设计方案进行选择与优化的主要方法有：

1）重视设计招标和方案比选。按照现行法律法规规定和实践中的通行做法，工程建设项目往往通过招标、竞赛、比选等竞争性方式择优确定设计单位和设计方案，设计招标的工作质量直接影响着项目设计方案的水平和设计单位的服务能力。为顺利实现工程造价管理目标，在设计招标阶段就应对可能影响设计、实施乃至运营阶段费用开支的相关因素予以预先考虑并明确要求。

2）采用价值工程方法进行设计方案评价与选择。价值工程方法主要是对产品进行功能分析，研究如何以最低的全生命周期成本实现产品的必要功能，从而提高产品价值。要使建设工程的价值大幅度提高，获得较高的经济效益，就要在设计中应用价值工程的原理和方法，在保证建设工程功能不变或功能改善的情况下，力求节约成本，来设计出更加符合用户要求的产品。在工程设计阶段，应用价值工程方法对设计方案进行评价和选择的步骤主要包括功能分析、功能评价、计算功能评价系数、计算成本系数以及计算价值系数并进行最优方案选择。

3）设计方案优化。设计方案优化是使设计质量不断提高的有效途径，可在设计招标或设计方案竞赛的基础上，将各设计方案的可取之处进行重新组合，吸收众多设计方案的优点，使设计更加完美。对于具体方案，则应综合考虑工程质量、造价、工期、安全和环境五大目标，基于全要素造价管理进行方案优化。

设计方案优化必须考虑工程质量、造价、工期、安全和环境五大目标之间的最佳匹配，力求达到整体最优，而不能孤立、片面地考虑某一目标或强调某一目标而忽略其他目标。应在保证工程质量和安全、保护环境的基础上，追求全生命周期成本最低的设计方案。

4.2.3　招投标及合同签订阶段的造价管理

在建设工程领域，招投标是优选合作伙伴、确定发承包关系的主要方式。在招投标过程中，招标人和中标人依据中标价确定签约合同价，并在合同中载明完成合同价款的约定。目前，施工招标报价主要采用工程量清单计价方式。

（1）工程量清单计价的基本概念

工程量清单计价是招标人为完成工程交易而提供一套完整的工程量清单，投标人根据招标人提供的工程量清单中列明的项目名称、项目特征、计量单位和工程数量进行自主报价，招标人对各投标人的报价进行比较选择，最终择优选定中标人，与其签订工程合同，并在后续的合同履约过程中根据约定进行价款调整、支付和结算的过程。

根据不同的规范、标准或项目条件，工程量清单有不同的项目名称设置要求、项目特征描述方式、计量单位的选择方式和工程数量的计算规则。《建设工程工程量清单计价标准》将工程量清单的项目设置分为分部分项工程项目、措施项目、其他项目以及增值税项目，主要适用于施工图完成后进行发包的阶段。

工程量清单分为招标工程量清单和已标价工程量清单。其中，由招标人依据国家标准、招标文件、设计文件以及施工现场实际情况编制的，随招标文件发布供投标报价使用的称为招标工程量清单；作为投标文件组成部分的已标明价格并经承包人确认的称为已标价工程量清单。

（2）招标工程量清单的编制

编制招标工程量清单，应充分体现“量价分离”和“风险分担”的原则。招标阶段，由招标人或其委托的造价咨询单位根据工程建设项目设计文件编制招标工程量清单，并将其作为招标文件的组成部分。当采用单价合同时，招标人对工程量清单中各分部分项工程项目清单的准确性和完整性负责，投标人应结合企业自身实际情况，参考市场有关价格信息完成清单项目报价，并对其报价承担相应的风险。同时，措施项目清单的完整性及准确性也由投标人负责。

1）招标工程量清单的编制依据主要有：

①《建设工程工程量清单计价标准》和相关工程国家及行业工程量计算标准。

②国家及省级、行业建设主管部门颁发的工程量计量计价相关规定及根据工程需要补充的工程量计算规则。

③招标文件、拟订合同条款及其相关资料。

④工程招标图纸及其相关资料。

⑤与建设工程有关的技术标准规范。

⑥施工现场情况、地勘水文资料、工程特点及交付标准。

⑦其他相关资料。

2）招标工程量清单的编制内容主要包括分部分项工程项目清单计价表、措施项目清单计价表、其他项目清单计价表、增值税计价表等。

①分部分项工程项目清单计价表的编制。分部分项工程项目清单必须载明项目编码、项目名称、项目特征、计量单位和工程量，应根据相关工程现行各专业工程的工程量计算标准进行编制。其具体形式见表 4-7。

表 4-7 分部分项工程项目清单计价表

工程名称： 标段： 第 页、共 页

序号	项目编码	项目名称	项目特征描述	计量单位	工程量	金额（元）	
						综合单价	合价
本页小计							
合计							

注：招标人应在工程量清单中提供材料暂估单价，并说明拟用暂估价材料的清单项目，投标人应将材料暂估单价计入工程量清单综合单价。

A. 项目编码。项目编码是分部分项工程和单价措施项目清单名称的阿拉伯数字标识。清单项目编码以五级编码设置，用十二位阿拉伯数字表示。一、二、三、四级编码为全国统一，即第一至第九位应按工程量计算规范附录的规定设置，第五级即第十至第十二位为清单项目编码，应根据拟建工程的工程量清单项目名称和项目特征设置，同一招标工程中的同一单项工程的项目编码不得有重码。

B. 项目名称。项目名称应按各专业工程工程量计算标准附录的项目名称结合拟建工程的实际确定。项目名称通常以工程实体命名，工程实体可以是用适当计量单位计算的简单完整的施工过程的分部分项工程，也可以是分部分项工程的组合。项目名称命名应规范、准确、通俗，以避免投标人产生理解偏差。

C. 项目特征描述。项目特征是载明构成工程量清单项目自身的本质及要求，用于说明设计图纸、技术标准规范及招标文件所要求完成的清单项目的文字性描述。在编制工程量清单时，必须对项目特征进行准确和全面的描述，项目特征描述的内容应按各专业工程工程量计算标准附录中的规定，结合拟建工程的实际情况，满足确定综合单价的需要。

D. 计量单位。计量单位应采用基本单位，应按照各专业工程工程量计算标准附录中规定计量单位确定。

E. 工程量。工程数量主要通过工程量计算规则计算得到。工程量计算规则是指对清单项目工程量计算的规定。工程量计算主要以设计图示为基础，同时适当兼顾施工规范的要求。如挖基础土石方，除设计图示基础范围的土石方外，还要将工作面并入计算。工作面宽度应按设计要求进行计算，无设计要求时按照工程量计算标准中的附表进行计算。

②措施项目清单计价表的编制。措施项目费是指为完成工程项目施工，发生于施工准备和施工及验收过程中的技术、生活、安全生产、环境保护等方面的费用。措施项目及其包含的内容应遵循各类专业工程的现行国家或行业工程量计算标准。以《房屋建筑与装饰工程工程量计算标准》GB/T 50854—2024 中的规定为例，措施项目主要包括[㊀]脚手架、垂直运输、大型机械进出场与安拆、施工排水、施工降水、临时设施、文明施工、环境保护、安全生产、冬雨季施工增加、夜间施工增加、特殊地区施工增加、二次搬运、已完工程及设备保护、既有建（构）筑物、设施保护。其中安全生产费为不可竞争费用，计算应符合国家及省级、行业主管部门的规定。

措施项目均按项计算，可以采用总价计价或费率计价方式。措施项目清单计价表如表 4-8 所示。

表 4-8　措施项目清单计价表

序号	项目编码	项目名称	工作内容	价格（元）	备注
					详见明细表
本页小计					
合计					

注：措施项目费应按照人工费、材料费、施工机具使用费、管理费、利润进行价格构成明细分析；按照初始设立费用、中期运行费用、后期安拆费用进行费用分拆分析。大型机械进出场及安拆费还应按照机械安拆费、机械装卸运输费、固定装置安拆费进行费用组成分析。

措施项目清单应结合招标工程的实际情况和相关部门的有关规定，依据常规的施工工艺、顺序及生活、安全、环境保护、临时设施、文明施工等非工程实体方面的要求，按相关工程国家及行业工程量计算标准的措施项目分类规则，以及补充的工程量计算规则，结合招标文件及合同条款要求进行编制。其中，安全生产措施项目应按国家及省级、行业主管部门的管理要求和招标工程的实际情况列项。

③其他项目清单计价表的编制。其他项目清单是指除分部分项工程量清单、措施项目清单所包含的内容以外，因招标人的特殊要求产生的与拟建工程有关的其他费用项目和相

㊀ 按照《房屋建筑与装饰工程工程量计算标准》GB/T 50854—2024 中的规定，模板工程列入分部分项工程费计算。

应数额的清单。工程建设标准的高低、工程的复杂程度、工程的工期长短、工程的组成内容、发包人对工程管理的要求等都直接影响其他项目清单的具体内容。编制人一般按照暂列金额、专业工程暂估价、计日工、总承包服务费等进行编制，对于其可能存在的其他项目，编制人可根据工程的具体情况进行补充。其他项目清单与计价表见表 4-9。

表 4-9 其他项目清单计价表

工程名称： 标段： 第 页、共 页

序号	项目名称	暂估（暂定）金额（元）	结算（确定）金额（元）	调整金额±（元）	备注
1	暂列金额				详见暂列金额明细表
2	专业工程暂估价				详见专业工程估价明细表
3	计日工				详见计日工表
4	总承包服务费				详见总承包服务费计价表
5	合同中约定的其他项目				
合计					—

A. 暂列金额。暂列金额是指发包人在工程量清单中暂定并包括在合同总价中，用于招标时尚未能确定或详细说明的工程、服务和工程实施中可能发生的合同价款调整等所预留的费用。暂列金额应根据工程特点按招标文件的要求列项，可按用于暂未明确或不能详细说明工程、服务的暂列金额（如有）和用于合同价款调整的暂列金额分别列项。用于暂未明确或不能详细说明工程、服务的暂列金额应提供项目及服务名称，并根据同类工程的合理价格估算暂列金额；用于合同价款调整的暂列金额可按招标图纸设计深度及招标工程实施工期等因素对合同价款调整的影响程度，结合同类工程情况合理估算。

B. 专业工程暂估价。专业工程暂估价是指发包人在工程量清单中提供的，在招标时暂不能确定工程具体要求及价格而预估的含增值税的专业工程费用。专业工程暂估价应根据招标文件说明的专业工程分类别和（或）分专业列项，并列出明细表，其暂估价可根据项目情况，结合同类工程的合理价格或概算金额估算。

C. 计日工。计日工是指承包人完成发包人提出的零星项目或工作，但不宜按合同约定的计量与计价规则进行计价，而应依据经发包人确认的实际消耗人工工日、材料数量、施工机具台班等，按合同约定的单价计价的一种方式。计日工应在项目特征中说明招标工程实施中可能发生的计日工性质的工种类别、材料及施工机具名称、零星工作项目、拆除修复项目等，并列出每一项目相应的名称、计量单位和合理暂估数量。

D. 总承包服务费。总承包服务费是指承包人对发包人提供材料履行保管及其配套服务所需的费用，和（或）承包人对合同范围内的专业分包工程（承包人实施的除外）提供配合、协调、施主现场管理、已有临时设施使用、竣工资料汇总整理等服务所需的费用，以及（或）承包人对非合同范围的发包人直接发包的专业工程履行协调及配合责任所需的费用。发包人提供材料、专业分包工程的总承包服务费应分别列项，可按项或费率计量。按费率计量的，宜以暂估价作为计价基础；直接发包的专业工程的总承包服务费宜以项计量。

④增值税计价表的编制。增值税应根据政府有关主管部门的规定及工程量清单计价标准的规定列项。

(3) 最高投标限价的编制

最高投标限价是指招标人根据国家法律法规及相关标准、建设主管部门的有关规定，以及拟定的招标文件和招标工程量清单，并结合工程实际情况，按照工程量清单计价标准规定编制的，限定投标人投标报价的最高价格。

1）最高投标限价的编制依据。招标人可依据招标文件要求、工程实际情况、结合类似工程合理的施工方案及工期数据合理确定计划工期，最高投标限价应基于合理计划工期内完成招标工程所需的费用进行编制，招标人可依据招标工程量清单及同类工程的价格信息和造价资讯等，按相关主管部门规定确定招标工程可接受的最高价格。招标人应在发布招标文件时公布最高投标限价及其编制依据。

2）最高投标限价的编制内容主要包括分部分项工程费、措施项目费、其他项目费、增值税等。

①分部分项工程项目清单计价表的编制。分部分项工程费应由招标文件中分部分项工程量清单提供的工程量乘以相应的综合单价汇总而成。综合单价应根据招标文件中的分部分项工程量清单的特征描述及有关要求、国家及省级、行业建设主管部门颁发的工程计量计价相关规定进行编制。综合单价中应包括招标文件中要求投标人承担的风险内容及其范围（幅度）所产生的风险费用，招标文件提供的材料暂估价，应按暂估单价计入综合单价。

②措施项目费的编制。措施项目费应依据招标文件中提供的措施项目清单确定。对于可以计算工程量的措施项目，应按分部分项工程量清单的方式采用综合单价计价；对于不可精确计算工程量的措施项目，则以“项”为单位，采用费率法按规定综合取定，其中安全文明施工费应当按照国家或省级、行业建设主管部门的规定计价，不得作为竞争性费用。

③其他项目清单计价表的编制主要有：

A. 暂列金额。暂列金额按招标工程量清单中列出的相关金额计价。

B. 暂估价。专业工程暂估价按招标工程量清单中列出的相关金额计价。

C. 计日工。计日工按招标工程量清单中列出的工程内容和要求，完成相应清单项目单位数量的不含增值税价格计价，并考虑随时、少量完成相关项目对费用的影响。

D. 总承包服务费。总承包服务费按招标工程量清单列出的需要投标人提供服务的、发包人提供材料、专业分包工程、直接发包的专业工程，以及类似工程价格信息和造价资讯等分别确定各清单项目的服务费或费率并计价。

④增值税计价表的编制。增值税应以分部分项工程项目清单、措施项目清单、其他项目清单（专业工程暂估价除外）的合计金额作为计算基础，乘以政府主管部门规定的增值税税率计算税金。

(4) 投标报价的编制

投标报价是指投标人投标时响应招标工程设计文件及技术标准规范、招标工程量清单、招标文件的合同条款等要求，在投标文件中的投标总价及已标价工程量清单中标明的合价及其综合单价等价格。投标人应自主确定投标报价，并对已标价工程量清单填报价格的一致性及合理性负责，承担不合理报价等风险。投标人的投标报价不得低于成本价，且不得高于招标人公布的最高投标限价。

1）分部分项工程项目清单计价表的编制。投标人应按规定的国家及行业工程量计算标准规定和补充的工程量计算规则，对分部分项工程项目清单的所有清单项目进行报价，其报价应满足下列因素对价格的要求：

①工程数量对材料采购及人工价格的影响。

②招标文件规定物价变化进行价格调整的清单项目，在调整的范围和波动幅度内市场物价变动及调整时段带来的承包风险的影响。

③招标文件未规定物价变化进行价格调整的清单项目的材料费、人工费、施工机具使用费等市场价格波动的影响。

④单价合同的工程量清单缺陷价格调整和工程变更计价规定的工程数量变化带来的承包风险的影响。

⑤对分部分项工程项目清单中载明材料暂估价的清单项目，应按工程量清单载明的材料暂估单价（不含增值税）计入综合单价。

采用单价合同的工程，投标人应按要求完整填报工程量清单中所有清单项目的综合单价及其合价，且每个清单项目应只填报一个报价，未按要求填报综合单价的，宜按规定完成相关的投标报价澄清或说明，相关清单项目报价可视为已包含在投标总价中。

2）措施项目清单计价表的编制。由于措施项目清单的缺陷由投标人负责，因此投标人应在接收招标文件后，在规定时间内根据工程特点、合同要求及现场踏勘情况，复查措施项目清单列项的完整性和适用性。如投标人对措施项目清单有疑问或异议的，可按招标文件的规定以书面形式提请招标人澄清或修正，若投标人认为需要增加措施项目的，可在措施项目中补充列项及报价，并对措施项目清单的准确性和完整性负责。

投标人应按自身的工程实施方案及投标工期对措施项目清单进行自主报价，其中安全生产措施费应符合国家及省级、行业主管部门的相关规定。措施项目清单的报价应满足下列因素对价格影响的要求：

①招标工程的特点及其标段划分和完工交付标准。

②工程地质条件、邻近建筑物、现场设施情况、周边道路、交通、水文、环境。

③招标文件说明的相关合同责任。

④招标文件规定的承包风险。

⑤发包人提供材料的货物供应、专业分包工程、直接发包的专业工程的总承包管理服务（仅适用于总承包合同的投标报价）。

⑥除工程变更、暂列金额中未能完全预见或详细说明的工程、新增工程、工程索赔等引起的措施项目费用调整外，执行措施项目费用包干引起的承包风险。

3）其他项目清单计价表的编制。

①暂列金额。投标人应按招标工程量清单中提供的暂列金额确填报在相应投标总价内。

②专业工程暂估价。投标人应按招标工程量清单中提供的专业工程暂估价金额，准确填报在相应投标总价内。

③计日工。投标人应按计日工清单中提供的清单项目及其暂定数量对计日工清单项目进行投标报价。计日工综合单价应考虑计日工项目随机发生、少量发生等特点造成的额外

增加费用和计日工项目发生的措施项目费用。

④总承包服务费。投标人应按工程实施方案和对各专业分包工程、直接发包的专业工程的工期安排，以及对发包人提供材料的供应履行管理及协调责任、对各专业分包工程履行管理和协调及配合责任、对各直接发包的专业工程履行协调及配合责任等招标文件规定的总承包服务内容及要求，对其他项目清单中的各项总承包服务费进行投标报价。

4）增值税计价表的编制。增值税必须按国家或省级、行业建设主管部门规定的标准计算，不得作为竞争性费用。

5）投标总价。投标人的投标总价应与分部分项工程项目清单、措施项目清单、其他项目清单、增值税的合价总额一致。如投标总价与前述合价总额不相符的，应在保持投标总价不变的前提下将总误差金额占分部分项工程项目清单报价总额（不含材料暂估价项目）的比率分摊到各分部分项工程清单项目的综合单价及其合价上，经分摊调整后的修正综合单价及其合价可作为中标后合同约定进度款计算和工程变更等合同价款调整计价的依据，但分摊后综合单价内所含的材料暂估价仍应按招标工程量清单提供的材料暂估价计算。

6）常用的投标报价技巧。投标报价技巧是指投标中具体采用的对策和方法，旨在通过对综合单价和投标总价的适当调整，以达到既不影响中标，又能在中标后获得更理想的经济效益。常用的报价技巧有不平衡报价法、多方案报价法和突然降价法等。

（5）合同价款约定

实行工程量清单计价的建筑工程，鼓励发承包双方采用单价方式确定合同价款；建设规模较小，技术难度较低，工期较短的建设工程，发承包双方可以采用总价方式确定合同价款；紧急抢险、救灾以及施工技术特别复杂的建设工程，发承包双方可以采用成本加酬金方式确定合同价款。

4.2.4 施工与竣工阶段的造价管理

施工与竣工阶段是依据设计图纸建造具有特定功能和使用价值的建筑实体并移交使用的过程，是建设资金投入量最大的阶段，也是工程建设项目造价管理的重点。

（1）合同价款调整

合同价款的调整事项主要包括：工程量清单缺陷、暂列金额、暂估价、总承包服务费、计日工、物价变化、法律法规及政策性变化、工程变更、新增工程、工程索赔以及发承包双方约定的其他调整事项，其中最主要的是工程变更、物价变化以及工程索赔事件。

1）工程变更。工程变更是指合同实施过程中经发包人批准的对合同工程工作内容、合同图纸、合同规范、位置与尺寸、施工顺序与时间、施工条件、合同条款或其他特征等的改变。包括对合同工程的增加、减少、取消、替代和使用材料等的改变。

①工程变更引起的分部分项工程费的调整。采用单价合同的工程，因工程变更或工程量清单缺陷引起分部分项工程的清单项目变化（项目增减），或清单工程量发生变化且工程量变化不超出15%（含15%）时，发承包双方应依据确认变化的工程量，按照施工条件和项目特征是否相同或相似选择变更单价，如表 4-10 所示。

因工程变更或工程量清单缺陷引起分部分项工程的清单工程量发生变化，或清单工程量发生变化且工程量变化超出15%（不含）时，如工程变更或工程量清单缺陷引起增加清单项目及相应清单项目工程量的，结合因增加工程数量引起的人工及材料采购价格优惠的影响，在合理下调其合同单价及新增综合单价后，计算相应清单项目价格，调整合同价格；如工程变更或工程量清单缺陷引起减少清单项目及相应清单项目工程量的，结合因减少工程数量引起的人工及材料采购价格失去优惠的影响，在合理上调其合同单价及新增综合单价后，计算相应清单项目价格，调整合同价格。

表 4-10 项目增减或工程量变化未超出 15%时综合单价的确认方法

变更类型	施工条件	项目特征	综合单价
新增项目或工程量增加	相同	相同	采用相应的综合单价
	相同	类似	采用换算调整的综合单价
	类似	相同	
	相同	不同	结合类似项目，协商确定市场合理的综合单价
	不同	相同	
	不同	不同	结合同类工程，协商确定市场合理的综合单价
减少或取消清单项目	显著改变	—	根据实施工程的具体情况、市场价格、合同单价计价规则及报价水平。协商确定工程变更的综合单价

②措施项目费的调整。为完成工程变更而需增加的额外措施项目，增加的措施项目费用应按下列规定计算：

A. 完成工程变更所需增加的（现场没有的）施工机具，应按实际发生施工机具的型号、台数及其耗用台班计量，并按合同清单中的计日工清单的相关施工机具单价进行计价。

B. 完成工程变更所需增加设置的（现场没有的）临时设施，应按实际发生临时设施的类型、数量及使用时间进行计量，按发承包双方协商确定的合理市场价格进行计价。

此外，当工程变更或发包人责任事件引起合同工期实质性延长或缩短的，可按相应延长或缩短的比例调整措施项目费。

③取消工作或工程的补偿。如果因为非承包人原因发包人提出的工程变更取消了合同中的某项原定工作或工程，且承包人发生的费用或（和）应得的收益没有包括在其他已支付或应支付的项目中或在任何替代的工作或工程中，发包人应补偿承包人的损失费用及合理的预期收益。

2）物价变化。合同约定因物价变化引起合同清单的分部分项项目清单的人工费、材料费、施工机具使用费中的燃料动力费进行价格调整的，应依据合同约定的市场价格信息来源所发布的合同基准日与调价时间区段相关人工费、材料费、施工机具使用费中的燃料动力费市场价格信息所反映的价格波动幅度，计算调价区段超出合同约定幅度的人工费、材料费、施工机具使用费中的燃料动力费价差。

合同约定调整的人工费、材料费、施工机具使用费中的燃料动力费市场价格波动超出合同约定幅度，如合同未约定幅度或约定不明，其市场价格波动幅度超出 5%时，可采用下列两种方法之一调整合同价格：一种是采用价格指数调整价格差额，另一种是采用造价信息调整价格差额。

①采用价格指数调整价格差额。采用价格指数调整价格差额的方法主要适用于施工中所用的材料品种较少，但每种材料使用量较大的土木工程，如公路、水坝等。因人工、材料、

施工机具台班等价格波动影响合同价款时，根据招标人提供的可调价主要材料表以及投标人在投标函附录中的价格指数和权重表约定的数据，按下列公式计算差额并调整合同价款：

$$\Delta P = P_0\left[A + \left(B_1 \times \frac{F_{t1}}{F_{01}} + B_2 \times \frac{F_{t2}}{F_{02}} + B_3 \times \frac{F_{t3}}{F_{03}} + \cdots + B_n \times \frac{F_{tn}}{F_{0n}}\right) - 1\right]$$

式中　ΔP——需调整的价格差额；

P_0——约定的计量周期中，承包人应得到的不含增值税合同价金额；

A——定值权重（即不调部分的权重）；

B_1，B_2，B_3，…，B_n——各可调因子的变值占不含税签约合同价的权重（即可调部分的权重）；

F_{t1}，F_{t2}，F_{t3}，…，F_{tn}——各可调因子的现行价格指数；

F_{01}，F_{02}，F_{03}，…，F_{0n}——各可调因子的基本价格指数，指合同基准日的各可调因子的价格指数。如合同约定允许价格波动幅度的，基本价格指数应予以考虑此波动幅度系数。

②采用造价信息调整价格差额。采用造价信息调整价格差额的方法主要适用于使用的材料品种较多，相对而言每种材料使用量较小的房屋建筑与装饰工程。因人工、材料、施工机具台班价格波动影响合同价格时，根据招标人提供的可调价主要材料表，以及投标人在投标函附录中约定的价格数据，按下列公式计算差额并调整合同价格：

$$\Delta P = \sum[(\Delta C - C_0 \times r) \times Q]$$

式中　ΔP——需调整的价格差额；

ΔC——可调因子价差，即 $\Delta C = Ci(i=1,\cdots,n) - C$，且满足条件 $|\Delta C| > |C_0 \times r|$；

C_0——基准价，即基准日的市场价格；

C_2——计量周期的现行市场价格；

Q——可调因子的数量；

r——风险幅度系数，当 $\Delta C > 0$ 时，r 为正值，当 $\Delta C \leqslant 0$ 时，r 为负值。

3）工程索赔。索赔是指在工程合同履行过程中，合同当事人一方因非己方的原因而遭受损失的，按合同约定或法规规定应由对方承担责任，从而向对方提出补偿的要求。

①索赔事件。根据索赔事件的性质不同，通常可将工程索赔分为工程延误索赔、加速施工索赔、工程变更索赔、合同终止的索赔、不可预见的不利条件索赔、不可抗力事件的索赔和其他索赔。其他索赔事件包括货币贬值、汇率变化、物价上涨、政策法令变化等原因引起的索赔。

②索赔费用。根据索赔事件的不同，索赔费用可能包括人工费、材料费、施工机具使用费、分包费用、现场管理费、总部管理费、保险费、保函手续费、利息以及利润等。索赔费用的计算方法包括实际费用法、总费用法和修正的总费用法等。

③索赔工期。当发生因索赔事件引发的工期延误时，需要判断延误是否会影响竣工日期。发生在关键路线上的工作内容滞后会影响到竣工日期。或者，对非关键路线工作的影响时间较长，超过了该工作可用于自由支配的时间，也会导致进度计划中非关键路线转化为关键路线，其滞后将导致总工期的拖延。工期索赔的主要计算方法包括直接法、比例计算法和网络图分析法等。

发承包双方协商确定工程索赔费用后，发包人可从当期支付给承包人的进度款、施工过程结算款或竣工结算款中将确定的索赔费用扣除。

（2）工程预付款的支付与扣回

工程预付款是指发包人为履行合同而预先采购材料、租赁或采购相关施工机具、搭设现场临时设施、组织施工人员进场等工程施工前发生的必要费用。发包人不应向承包人收取预付款的利息，承包人应将预付款专用于本工程。

1）预付款额度。预付款额度可依据合同约定按合同价款及预付款支付比例计算确定。预付款支付比例应符合国家及省级、行业有关部门的规定，预付款计算依据的合同价款应扣除合同总价所包含的暂列金额、计日工价款及专业工程暂估价，包工包料工程的预付款比例不宜低于10%，一般也不宜高于30%。跨年度实施的重大工程的预付款，可按已获发包人批准的承包人施工组织设计及年度工程进度计划、合同清单的合同价款等，分解形成相应年度计划中应完成工程的合同价款总额，并按合同约定的预付款支付比例逐年预付。

2）预付款的扣回。预付款应按合同约定在履行过程中扣回，合同没约定或约定不明的，可选择当累计完成工程总值达到合同总价的一定比例后一次扣回或分次扣回的方式。选择分次扣回方式的，预付款可从每一个支付期应支付给承包人的工程进度款或施工过程结算款中按比例扣回，直到扣回的金额达到合同约定的预付款金额为止。提前解除合同的，尚未扣回的预付款应在合同终止结算时全部扣回。

3）安全生产措施费的预付。发包人应在工程开工后28天内预付不低于安全生产措施费总额的50%给承包人，其余部分按照提前安排的原则进行分解，并与进度款同期支付。对跨年度实施的重大工程，预付的安全生产措施费总额可按年度工程进度计划分解计算。发承包双方在计算应付工程进度款时，不应扣回预付的安全生产措施费。

（3）工程计量与施工过程结算

工程计量是指发承包双方根据合同约定对承包人完成合同约定的工程数量进行计算和确认。工程计量是发包人向承包人支付合同价款的前提和依据，是发包人控制工程造价的关键环节和约束承包人履约的重要手段。工程量必须按照发承包双方约定的相关工程国家及行业工程量计算标准及补充的工程量计算规则计算。发承包双方应在合同约定的时间节点、工程形象目标节点或工程进度节点进行工程计量。承包人完成的临时工程、承包人原因引起的超出合同约定的范围的工程以及承包人完成的不符合要求的工程，发包人不予计量。

1）分部分项工程计量。分部分项工程项目清单的单价计价清单项目应依据发包人提供的工程实际施工图纸及颁发和确认的变更指令，按照合同约定的国家及行业工程量计算标准及补充的工程量计算规则进行重新计量，可作为计算分部分项工程项目清单价格的依据。工程变更应按发包人颁发或确认的变更指令及实际施工图纸重新计算分部分项工程清单项目及工程量，并与已纠正工程量清单缺陷的工程量清单项目及其工程量进行比较，确定增减变更项目及其工程量。

2）措施项目计量。除合同另有约定及下列规定外，已标价工程量清单的措施项目不应予计量调整：

①在分部分项工程项目清单列项的措施工程及合同约定应予计量的措施项目。

②安全生产措施费用应按合同约定执行。

③工程变更引起的措施项目变化。

④工程量清单缺陷引起的措施项目变化。

⑤暂列金额项目中所含未能完全预见或详细说明的工程引起的措施项目变化。

3）施工过程结算。施工过程结算是指发承包双方根据有关法律法规规定和合同约定，在施工过程结算节点上对已完工程进行合同价款的计算、调整、确认和支付的活动。施工过程结算主要针对当年开工、当年不能竣工的新开工项目。经发承包双方签署确认的施工过程结算文件，应作为工程竣工结算文件的组成部分，竣工结算不应对其重新计量、计价。

①施工过程结算款的支付比例。政府机关、事业单位、国有企业建设工程进度款支付的比例应不低于已完成工程价款的 80％；同时，在确保不超出工程总概（预）算以及工程决（结）算工作顺利开展的前提下，除按合同约定保留不超过工程价款总额 3％的质量保证金外，进度款支付比例可由发承包双方根据项目的实际情况自行确定。

②施工过程结算的文件。施工过程结算的资料包括但不限于工程施工合同文件及补充协议（包括已标价工程量清单及投标报价澄清或说明文件）；合同图纸、实际施工图纸及相关工程勘察与设计资料；合同规范、发包人在施工过程中补充的技术规范；工程投标文件、招标文件；经批准或确认的工程变更、计日工、工程索赔等资料等。承包人根据上述资料递交工程进度款支付申请。发包人应在收到承包人工程进度款支付申请后，根据计量结果和合同约定对申请内容予以核实，确认后向承包人出具进度款支付证书。

③施工过程结算款的修正。合同当事人发现已签发的任何支付证书有错、漏或重复的数额，发包人有权予以修正，承包人也有权提出修正申请。经发承包双方复核同意修正的款项，应随本次到期的工程进度款支付或从中扣除。此外，过程结算中的措施项目费用和总承包服务费仅用于计算和支付施工过程结算价款，不作为工程竣工结算价款确定的依据。在合同工程整体竣工后进行工程竣工结算时，措施项目费用和总承包服务费应依据合同约定重新计算确定，并按计算确认的结果相应调增或调减。

（4）竣工结算

工程竣工结算是指工程建设项目完工并经竣工验收合格后，发承包双方按照施工合同约定对所完成合同工程进行的工程价款的计算、调整和确认。工程竣工后，发承包双方应按双方签署确认的全部施工过程结算文件在约定的时间内编制、核对，按相关规定办理工程竣工结算。

1）工程竣工结算的计价原则。工程竣工后，承包人应在经发承包双方确认的施工过程结算的基础上，补充完善相关质量合格验收证明等资料，按合同约定及相关规定编制并向发包人提交完整的工程竣工结算文件。同时，发承包双方应对施工过程结算文件的措施项目费和总承包服务费重新计算确定，并应符合下列规定：

①措施项目费用应计算完成工程所含的全部措施项目费用，包括安全生产措施费的调整费用。

②总承包服务费应计算完成所有专业分包工程、直接发包的专业工程、发包人提供材料的总承包服务费。

2）工程竣工结算款的支付。工程竣工结算价款确认后，承包人应根据竣工结算文件向发包人提交竣工结算价款支付申请，办理竣工结算。支付申请应包括下列内容：

①工程竣工结算价款总额。

②累计已实际支付的金额。

③应扣留的质量保证金（已提供其他工程质量保证方式的除外）。

④实际应支付的竣工结算金额。

发包人应在收到该支付申请后规定时间内予以核实，向承包人签发竣工结算支付证书。

3）质量保证金。建设工程质量保证金是指发包人与承包人在建设工程承包合同中约定从应付的工程款中预留，以保证承包人在缺陷责任期内对建设工程出现的缺陷进行维修的资金。质量保证金总预留比例不得高于工程价款结算总额的3%。在工程建设项目竣工前，已经缴纳履约保证金的，发包人不得同时预留工程质量保证金。采用工程质量保证担保、工程质量保险等其他方式的，发包人不得再预留质量保证金。缺陷责任期一般从工程通过竣工验收之日起时长1年，最长不超过2年，由发承包双方在合同中约定。

4.2.5 建设项目竣工决算

（1）建设项目竣工决算的内容

建设项目竣工决算是建设项目全部竣工验收合格后，项目单位按照国家有关规定在项目竣工验收阶段编制的，以实物数量和货币指标为计量单位，综合反映竣工项目从筹建开始到项目竣工交付使用为止的全部建设费用、建设成果和财务状况的总结性文件，也是竣工验收报告的重要组成部分。

竣工决算由竣工财务决算说明书、竣工财务决算报表、工程竣工图和工程竣工造价对比分析报告四部分组成，其中前两部分又称工程建设项目竣工财务决算，是竣工决算的核心内容。

1）竣工财务决算说明书。竣工财务决算说明书主要反映竣工工程建设成果和经验，是对竣工决算报表进行分析和补充说明的文件，是全面考核分析工程投资与造价的书面总结。

2）竣工财务决算报表。竣工财务决算报表包括建设项目概况表、项目竣工财务决算表、项目资金情况明细表、项目交付使用资产总表、项目交付使用资产明细表、待摊投资明细表、待核销投资明细表、转出投资明细表。小型建设项目可以对报表进行适当合并和简化。

3）工程竣工图。工程竣工图是真实地记录各种地上、地下建筑物及构筑物等情况的技术文件，是工程进行交工验收、维护改建和扩建的依据，是国家的重要技术档案。

4）工程竣工造价对比分析报告。工程竣工造价对比分析报告是对控制工程造价所采取的措施、效果及其动态的变化进行认真对比，总结经验教训的报告文件。

（2）新增资产价值的确定

按照财务制度和企业会计准则，新增资产按资产性质可分为固定资产、无形资产、流动资产和其他资产四大类。

1）新增固定资产价值的确定。新增固定资产价值是以可独立发挥生产能力的单项工程为对象的。单项工程建成后经有关部门验收鉴定合格，正式移交生产或使用，即应计算新增固定资产价值。一次交付生产或使用的工程，应一次计算新增固定资产价值；分期分批交付生产或使用的工程，应分期分批计算新增固定资产价值。固定资产的计价原则如下：

①房屋、建筑物、管道、线路等固定资产的成本包括建筑工程成本和应分摊的待摊投资。

②动力设备和生产等固定资产的成本包括需安装设备的采购成本、安装工程成本、设备基础支柱等建筑工程成本或砌筑锅炉及各种特殊炉的建筑工程成本、应分摊的待摊投资。

③运输设备及其他不需要安装的设备、工具、器具、家具等固定资产一般仅计算采购成本，不计待摊投资。

待摊投资是属于整个建设项目或两个以上单项工程的，在计算新增固定资产价值时，应在各单项工程中按比例分摊。一般情况下，建设单位管理费按建筑工程、安装工程、需安装设备价值总额按比例分摊，工程勘察费和建筑设计费等费用按建筑工程造价比例分摊，工艺流程设计费按安装工程造价比例分摊。

2）新增无形资产价值的确定。无形资产是指特定主体所拥有或者控制的，不具有实物形态，能持续发挥作用且能带来经济利益的资源。无形资产主要包括专利权、专有技术、商标权、著作权等。无形资产的计价原则如下：

①投资者将无形资产作为资本金或合作条件投入时，按评估确认或合同协议约定的金额计价。

②购入的无形资产，按照实际支付的价款计价。

③企业自创并依法申请取得的，按开发过程中的实际支出计价。

④企业接受捐赠的无形资产，按照发票账单所持金额或者同类无形资产市价计价。

⑤无形资产计价入账后，应在其有效使用期内分期摊销，即企业为无形资产支出的费用应在无形资产的有效期内得到及时补偿。

3）新增流动资产价值的确定。流动资产是指可以在一年内或者超过一年的一个营业周期内变现或者使用的资产，包括现金及各种存款、其他货币资金、应收及预付款项、短期投资、存货以及其他流动资产等。流动资产的计价原则如下：

①货币性资金，根据实际入账价值核定。

②应收及预付款项，按企业销售商品、提供劳务时的成交金额入账核算。

③短期投资根据是否可以上市流通分别采用市场法和收益法确定其价值。

④存货。外购的存货，按照买价加运输费、装卸费、保险费、途中合理损耗、入库前加工、整理及挑选费用以及缴纳的税金等计价；自制的存货，按照制造过程中的各项实际支出计价。

4）新增其他资产价值的确定。其他资产主要包括开办费和以经营租赁方式租入的固定资产改良工程支出。

①开办费。开办费是指在筹建期间发生的费用，不能计入固定资产或无形资产价值的费用。根据现行财务制度规定，企业筹建期间发生的费用，应于开始生产经营起一次性计入生产经营当期的损益。企业筹建期间开办费的价值可按其账面价值确定。

②以经营租赁方式租入的固定资产改良工程支出的计价，应在租赁有限期内摊入制造费用或管理费用。

4.3 工程建设项目质量、职业健康安全与环境管理

4.3.1 工程建设项目质量管理

(1) 工程建设项目质量的概念

根据《质量管理体系—基础和术语》（GB/T 19000—2016），质量是一组固有的特性满足要求的程度。“质量”可使用形容词来修饰，如差、好。“固有的”（其反义是“赋予的”）是指本来就有的，尤其指永久的特性。“要求”包括明示的、通常隐含的或必须履行的需求或期望。通常隐含的要求是指组织、顾客和其他相关方的惯例或一般的做法，其所考虑的需求或期望是不言而喻的。

工程建设项目质量是指工程产品满足规定要求的程度。所谓规定要求，通常是指标准规范和工程合同所规定的要求，这些规定要求主要包括适用性、安全性、可靠性、经济性、美观和环境协调性。

(2) 工程建设项目质量的影响因素

影响工程建设项目质量的因素有很多，概括起来主要包括五种因素，即人员（Man）、机具（Machine）、材料（Material）、方法（Method）和环境（Environment），通常将这五种因素简称为“4M1E”。

1）人员对工程建设项目质量的影响。人员是指工程建设的直接参与者，包括工程建设各阶段的决策人员、技术人员、管理人员和操作人员。人员的工作质量是工程建设项目质量的基础，而人员的工作质量取决于人员的素质和工作成效。人员的工作成效决定于人员的工作能力。因此，提高工作质量的关键在于提高人员的素质和工作能力。

2）机具对工程建设项目质量的影响。机具是指工程建设各种机具设备和检验工程质量所使用的仪器设备。机具是现代工程建设不可缺少的设施，对工程建设项目质量有直接影响。所以在确定机具选型及性能参数时，应考虑其对工程建设项目质量的影响，并考虑到其经济上的合理性、技术上的先进性和使用操作及维护上的便利性。

3）材料对工程建设项目质量的影响。材料是指工程建设项目所用的原材料、构配件。材料是工程的物质条件，没有这些物质条件就无法建设工程项目。材料质量不合格，工程建设项目的质量不可能符合标准。材料质量是工程质量控制的重要内容，应加强对材料的质量控制。

4）方法对工程建设项目质量的影响。方法是指工程建设的方法、方案及工艺。方法的合理性、先进性对工程建设项目质量有很大影响。因此，在制定和审核方法时，必须结合工程实际，从技术、经济、组织、管理等方面进行全面分析，综合考虑，确保方法技术上可行、经济上合理，这有利于提高工程质量。

5）环境对工程建设项目质量的影响。环境包括自然环境、技术环境、建设环境等。自然环境包括水文、地质、气象等因素；技术环境包括工程所用的标准、规范、规程等因素；建设环境包括质量检查管理制度、工程建设项目作业环境等因素。控制环境影响的有效办法是加强环境管理、改善作业条件、强化管理制度、完善预控措施。

(3) 工程建设项目质量管理的概念与原则

根据《质量管理体系 基础和术语》，质量管理是关于质量的管理，即在质量方面指挥和控制组织的协调活动。工程建设项目质量管理是指在工程建设项目质量方面指挥和控制组织的协调活动，通常包括制定质量方针、质量目标和质量计划，以及通过质量策划、质量保证、质量控制和质量改进等方式，组织实现这些质量目标的过程。

《质量管理体系 基础和术语》提出了质量管理的七项原则（见本书的5.2.2)。工程项目质量管理除了遵循该七项原则，还应遵循以下原则：

1）坚持质量第一。工程质量不仅关系到工程的适用性和建设项目投资效果，还关系到人民群众的生命财产安全。所以，在进行工程目标控制时，应坚持“百年大计，质量第一”，在工程建设中自始至终把“质量第一”作为对工程质量控制的基本原则。

2）坚持以人为核心。工程建设中各单位、各部门、各岗位人员的工作质量水平和完善程度，都直接和间接地影响工程质量。所以在工程质量控制中要以人为核心，重点控制人的素质和人的行为，充分发挥人的积极性和创造性，以人的工作质量保证工程质量。

3）坚持预防为主。工程质量控制应该是积极主动的，要重点做好质量的事前控制和事中控制，以预防为主，加强对过程和中间产品的质量检查和控制。

4）坚持质量标准。质量标准是评价产品质量的尺度，工程质量是否符合合同规定的质量标准要求，应通过质量检验并和质量标准对照。符合质量标准要求的工程才合格，不符合质量标准要求的就不合格，必须返工处理。

(4) 工程建设项目质量管理责任体系

工程建设项目具有投资大、规模大、建设周期长、生产环节多、参与主体多、影响因素多等特点，不论是哪个环节出了问题，都可能导致质量缺陷甚至重大质量事故的发生。因此，建立健全质量管理责任体系，明确各方主体责任具有重要的意义。

《建筑法》《建设工程质量管理条例》《建设工程勘察设计管理条例》明确规定了建设单位、勘察单位、设计单位、施工单位和工程监理单位五方主体应承担的质量责任和义务。2023年中共中央、国务院印发了《质量强国建设纲要》，强调要全面落实各方主体的工程质量责任，强化建设单位工程质量首要责任和勘察、设计、施工、工程监理单位的主体责任。

1）建设单位的质量责任和义务。建设单位作为工程建设项目的投资人，是工程建设项目的首要责任主体。建设单位有权选择承包单位，有权对建设过程进行检查、控制，支付工程款，对工程进行验收，在工程建设各个环节负责综合管理工作，在整个建设活动中居于主导地位。因此，保证工程建设项目质量，首先要对建设单位的行为进行规范，对其质量责任予以明确。

①建设单位应当将工程发包给具有相应资质等级的单位，不得将建设工程肢解发包。

②建设单位应当依法对工程建设项目的勘察、设计、施工、工程监理以及与工程建设有关的重要设备、材料等的采购进行招标。

③建设单位必须向有关的勘察、设计、施工、工程监理等单位提供与建设工程有关的原始资料，且原始资料必须真实、准确、齐全。

④建设工程发包单位，不得迫使承包商以低于成本的价格竞标，不得任意压缩合理工期。

不得明示或者暗示设计单位或者施工单位违反工程建设强制性标准，降低建设工程质量。

⑤建设单位不得使用未经审查批准的施工设计图。

⑥实行监理的建设工程，建设单位应当委托具有相应资质等级的工程监理单位进行监理，也可以委托具有工程监理相应资质等级并与被监理工程的施工承包单位没有隶属关系或者没有其他利害关系的该工程的设计单位进行监理。

⑦建设单位在开工前，应当按照国家有关规定办理工程质量监督手续，工程质量监督手续可以与施工许可证或者开工报告合并办理。

⑧按照合同约定，由建设单位采购建筑材料、建筑构配件和设备的，建设单位应当保证建筑材料、建筑构配件和设备符合设计文件和合同要求。建设单位不得明示或者暗示施工单位使用不合格的建筑材料、建筑构配件和设备。

⑨涉及建筑主体和承重结构变动的装修工程，建设单位应当在施工前委托原设计单位或者具有相应资质等级的设计单位提出设计方案；没有设计方案的不得施工。房屋建筑使用者在装修过程中，不得擅自变动房屋建筑主体和承重结构。

⑩建设单位收到建设工程竣工报告后，应当组织设计、施工、工程监理等有关单位进行竣工验收。建设工程经验收合格的，方可交付使用。

⑪建设单位应当严格按照国家有关档案管理的规定，及时收集、整理建设项目各环节的文件资料，建立、健全建设项目档案，并在建设工程竣工验收后，及时向建设行政主管部门或者其他有关部门移交建设项目档案。

2）勘察单位的质量责任和义务。勘察单位依据建设项目的目标，查明并分析、评价建设场地和有关范围内的地质地理环境特征和岩土工作条件，编制建设项目所需的勘察文件，提供相关服务和咨询。勘察单位应承担以下质量责任和义务：

①从事建设工程勘察的单位应当依法取得相应等级的资质证书，并在其资质等级许可的范围内承揽工程，不得转包或者违法分包所承揽的工程，禁止超越其资质等级许可的范围或者以其他勘察单位的名义承揽工程，禁止允许其他单位或者个人以本单位的名义承揽工程。

②勘察单位必须按照工程建设强制性标准进行勘察，并对其勘察的质量负责。

③勘察单位应当依据项目批准文件、城乡规划、工程建设强制性标准及国家规定的建设工程勘察深度要求编制勘察文件。勘察文件应当满足建设工程规划、选址、设计、岩土治理和施工的需要。

④勘察单位提供的地质、测量、水文勘察成果必须真实、准确。

⑤勘察单位应当在建设工程施工前，向施工单位和监理单位说明勘察意图并解释勘察文件，及时解决施工中出现的勘察问题。

3）设计单位的质量责任和义务。设计单位依据建设项目的目标，对其技术、经济、资源、环境等条件进行综合分析，制订方案，论证比选，编制建设项目所需的设计文件，并提供相关服务和咨询。设计单位应承担以下质量责任和义务：

①从事建设工程设计的单位应当依法取得相应等级的资质证书，并在其资质等级许可的范围内承揽工程。不得转包或者违法分包所承揽的工程。禁止超越其资质等级许可的范围或者以其他设计单位的名义承揽工程。禁止允许其他单位或者个人以本单位的名义承揽工程。

②设计单位必须按照工程建设强制性标准进行设计，并对其设计的质量负责。注册建

筑师、注册结构工程师等注册执业人员应当在设计文件上签字，对设计文件负责。

③设计单位应当根据勘察成果文件进行设计，并依据项目批准文件、城乡规划、工程建设强制性标准及国家规定的建设工程设计深度要求编制设计文件。编制方案设计文件，应当满足编制初步设计文件和控制概算的需要。编制初步设计文件，应当满足编制施工招标文件、主要设备材料订货和编制施工图设计文件的需要。编制施工图设计文件，应当满足设备材料采购、非标准设备制作和施工的需要，并注明建设工程合理使用年限。

④设计单位在设计文件中选用的建筑材料、建筑构配件和设备，应当注明规格、型号、性能等技术指标，其质量要求必须符合国家规定的标准。除有特殊要求的建筑材料、专用设备、工艺生产线等外，设计单位不得指定生产厂、供应商。

⑤设计单位应当就审查合格的施工图设计文件向施工单位做出详细说明。在建设工程施工前，向施工单位和监理单位说明设计意图，解释设计文件，及时解决施工中出现的设计问题。

⑥设计单位应当参与建设工程质量事故分析，并对因设计造成的质量事故提出相应的技术处理方案。

4）施工单位的质量责任和义务。施工单位主要承担以下质量责任和义务：

①施工单位应当依法取得相应等级的资质证书，并在其资质等级许可的范围内承揽工程。

②施工单位应当建立质量责任制，确定工程建设项目的项目经理、技术负责人和施工管理负责人，对建设工程的施工质量负责。

③总承包单位依法将建设工程分包给其他单位的，分包单位应当按照分包合同的约定对其分包工程的质量向总承包单位负责。总承包单位与分包单位对分包工程的质量承担连带责任。

④施工单位必须按照工程设计图纸和施工技术标准施工，不得擅自修改工程设计，不得偷工减料。

⑤施工单位必须按照工程设计要求、施工技术标准和合同约定，对建筑材料、建筑构配件、设备和商品混凝土进行检验，检验应当有书面记录和专人签字；未经检验或者检验不合格的，不得使用。

⑥施工单位必须建立、健全施工质量检验制度，严格工序管理，做好隐蔽工程的质量检查和记录。隐蔽工程在隐蔽前，施工单位应当通知建设单位和建设工程质量监督机构。

⑦施工人员对涉及结构安全的试块、试件以及有关材料，应当在建设单位或者工程监理单位监督下现场取样，并送到具有相应资质等级的质量检测单位进行检测。

⑧施工单位对施工中出现质量问题的建设工程或者竣工验收不合格的建设工程，应当负责返修。

⑨施工单位应当建立、健全教育培训制度，加强对职工的教育培训；未经教育培训或者考核不合格的人员不得上岗作业。

5）工程监理单位的质量责任和义务。工程监理单位主要承担以下质量责任和义务：

①工程监理单位应当依法取得相应等级的资质证书，并在其资质等级许可的范围内承揽工程监理业务。

②工程监理单位与被监理工程的施工承包单位以及建筑材料、建筑构配件和设备供应

单位有隶属关系或者有其他利害关系的，不得承担该项建设工程的监理业务。

③工程监理单位应当依照法律、法规以及有关技术标准、设计文件和建设工程承包合同，代表建设单位对施工质量实施监理，并对施工质量承担监理责任。

④工程监理单位应当选派具备相应资格的总监理工程师和监理工程师进驻施工现场。

⑤监理工程师应当按照工程监理规范的要求，采取旁站、巡视和平行检验等形式，对建设工程实施监理。

（5）工程建设项目决策阶段质量管理工作的主要内容

工程建设项目决策阶段的工作主要是在调查研究的基础上编写项目建议书、可行性研究报告、咨询评估报告等。决策分析工作一般由业主委托工程咨询单位完成，或由业主自行完成分析与评估。决策分析工作质量主要体现在可行性研究报告中。可行性研究报告中市场分析、建设和运营方案分析、财务分析、经济效益和社会效益分析、环境效益分析及风险分析等是否深入全面，计算是否准确可靠，各项数据是否符合实际等，都对工程建设项目的成败具有重要影响。决策分析的绝大多数工作成果很难用定量标准衡量和评价，往往采用定性评价标准进行评价。不同性质、不同类型的工程建设项目，其目标和评价标准有所不同，但一般应考虑以下四个方面的要求：分析报告必须符合国家有关法律法规及政策的要求；分析报告必须符合国民经济和社会事业发展的根本利益；分析报告必须满足业主的要求；分析报告要满足建设项目各利益相关方的要求。

决策分析质量管理的主要方法是建立工作成果的质量评审制度。建立质量评审制度是保证咨询成果质量合格和改进质量的重要手段。通过评审可以吸取更多专家的知识和智慧，不但可以及时发现不合理、不科学之处，而且可以优化分析报告成果，提高报告质量。对分析报告的质量评审主要包括内部质量评审和外部质量评审。

1）内部质量评审内容包括：

①项目团队组织的内部评审。项目经理是项目质量管理的负责人，分析报告完成以后，项目经理要组织本项目的参加人员对成果进行自我评审。依据项目质量要求，逐项进行自我检查，发现不符合质量要求的地方，要进行加工修正，使之达到标准要求。

②工程咨询单位领导组织的内部评审。该类评审由工程咨询单位行政、技术、业务主管领导参加，也可邀请委托方各有关部门参加，由项目经理做汇报。根据需要，还可以邀请社会上的专家参加。对评审中发现的问题，应在工程咨询单位业务技术领导的直接指导下进行修改完善，使其达到或超过质量标准。

2）外部质量评审内容包括：

①业主组织评审。业主邀请社会上的专家、学者、各有关单位的行政领导对工程咨询单位提供的咨询成果进行评审。特殊情况下，还可以邀请国外专家参加评审。评审的主要内容是根据合同文件和国家一系列规定，审查咨询成果是否满足国家和业主的要求。如果不满足，业主可要求工程咨询单位进一步改进，使其达到要求。如果满足要求，业主应接收咨询成果，工程咨询单位也就完成了咨询任务。

②委托第三方评审。委托另外一家咨询单位进行评审的目的是审查咨询报告是否存在问题并进行相应优化，以进一步提高投资效益。

（6）工程建设项目勘察阶段质量管理工作的主要内容

工程勘察的主要任务是按勘察阶段的要求，正确反映工程地质条件，进行岩土工程评价，为设计、施工提供依据。按照《岩土工程勘察规范（2009 年版）》（GB 50021—2001）的规定，工程勘察工作一般分为三个阶段，即可行性研究勘察、初步勘察、详细勘察。对场地条件复杂或有特殊要求的工程，还要进行施工勘察。国家标准《建设工程项目管理规范》（GB/T 50326—2017）对勘察设计质量管理工作提出了明确要求。在工程勘察阶段，应重点对人员、机具、材料、方法、环境五大质量影响因素进行检查和过程管理，以保证勘察工作符合整个工程建设的质量要求。

1）建设单位选定勘察单位。在选择勘察单位时，重点考察其资质条件、质量管理体系、技术管理制度、专职技术队伍、企业业绩和服务意识等情况。

2）审查勘察纲要编制情况。勘察单位在实施勘察工作之前，应结合勘察工作内容和深度要求，按照有关规范、规程的规定，结合工程的特点编制勘察纲要（工作方案）。勘察纲要应体现规划、设计意图，如实反映现场的地形和地质状况，满足合同要求，应做到工程勘察等级明确、勘察方案合理，人员、机具配备满足需要，项目技术管理制度健全，各项工作质量责任明确。勘察纲要应由项目负责人主持编写，由勘察单位技术负责人审批、签字并加盖公章。

3）勘察现场作业的质量管理要点如下：

①现场作业人员应接受专业培训，重要岗位要实施持证上岗制度。

②原始资料取得的方法、手段及使用的仪器设备应当正确、合理，勘察仪器、设备、试验室应有明确的管理程序，现场机具、钻探、取样应通过质量认证。

③原始记录表格应按要求认真填写清楚，并经有关作业人员检查、签字。

④项目负责人应始终在作业现场进行指导、督促检查。

4）勘察文件的质量管理内容如下：

①工程勘察成果检查。工程勘察成果重点应检查勘察成果是否满足以下条件：勘察资料图标、报告等文件要依据工程类别按有关规定执行各级审核、审批程序，并由负责人签字；勘察成果应齐全、可靠，满足国家有关法规及技术标准和合同规定的要求；勘察成果必须严格按照质量管理有关程序进行检查和验收，质量合格才能提供使用。对工程勘察成果的检查验收和质量评定应当执行国家、行业和地方有关工程勘察成果检查验收评定的规定。

②工程勘察报告审查。工程勘察报告中要注明勘察场地的地质条件和存在的地质问题，还要结合工程设计、施工条件以及地基处理、开挖、支护、降水等工程具体要求，进行技术论证和评价，提出岩土工程问题及解决问题的具体建议，并提出基础、边坡等工程的设计准则和岩土工程施工的指导性意见，为设计、施工提供依据。

5）勘察后期服务质量保证。勘察文件交付后，根据工程建设的进展情况，咨询工程师要督促勘察单位做好施工阶段的勘察配合及验收工作，对施工过程中出现的地质问题进行跟踪服务，做好监测，及时参加验槽、基础工程验收和工程竣工验收及与地基基础有关的工程事故处理工作，保证工程建设的总体目标得以实现。

6）勘查技术档案管理。工程建设项目完成后，咨询工程师应检查勘察单位技术档案管理情况，要求将全部资料，特别是质量审查、监督所主要依据的原始资料分类编目，归档保存。

(7)工程建设项目设计阶段质量管理工作的主要内容

工程建设项目设计阶段的工作包括项目方案设计、项目初步设计和项目施工图设计。工程建设项目设计阶段质量管理的主要工作有：

1）做好设计标准化工作。设计标准是对设计中的重复性事物和概念所做的统一规定，是以科学技术和先进经验的综合成果为基础，由主管部门批准，通过制定、发布和实施，为设计提供共同遵守的技术准则和依据。设计标准化对于提高设计效率、降低成本、保证设计质量具有重要作用。

2）设计质量流程管理。《建设工程项目管理规范》规定了关于设计质量控制的5个具体流程，包括：按照设计合同要求进行设计策划；根据设计需求确定设计输入；实施设计活动并进行设计评审；验证和确认设计输出；实施设计变更控制。其中，设计策划是指根据合同建立质量目标、规定质量控制要求、安排开展各项设计活动的计划；设计输入是确定业主的质量要求，以及设计过程中必须遵循的有关标准和规范的过程；设计评审是指对设计能力和结果的充分性和适宜性进行评价的活动；设计验证是指为确保设计输出满足设计输入的要求，依据所策划的安排对工程设计进行的认可活动；设计确认是指为确保产品能够满足规定的使用要求或已知用途的要求，依据所策划的安排对工程设计进行的认可活动；设计变更控制是指设计单位依据建设单位的要求，对原设计内容进行的修改、完善和优化。

3）设计接口管理。为了使设计过程中设计部门以及设计各专业之间能做到协调和统一，必须明确规定并切实做好设计部门与其他部门的设计接口。对设计的组织接口和技术接口应制定相应的设计接口管理程序，由技术管理部门组织评审后实施。设计过程中要严格按照规定的程序进行设计接口管理，以保证设计的质量。

4）设计文件会签管理。设计文件的会签是保证各专业设计正确衔接的必要手段。通过会签，可以消除专业设计人员对设计条件或相互联系的误解或遗漏，是保证设计质量的重要环节。

5）设计文件报批管理。设计单位应在各设计阶段申报相应技术审批文件，通过审查并取得政府许可。

在方案设计阶段需报政府审批的技术文件有规划意见书、规划设计方案、绿地规划方案、人防规划设计和交通设计。在初步设计阶段需报政府审批的技术文件有建筑工程初步设计、建设工程规划许可证。在施工图设计阶段需报政府审批的技术文件有人防设计、消防设计和施工图设计。

(8)工程建设项目施工阶段质量管理工作的主要内容

该阶段强调通过施工及相应的质量控制，将设计意图变成工程实体。这一阶段是保证工程建设项目质量的关键环节，其质量管理工作的主要内容有：

1）项目质量策划。在质量策划中应确定质量目标以及实施质量管理体系的过程和资源，编制质量计划。

2）审查施工组织设计和质量计划。施工组织设计包括设计施工方案、施工方法、进度计划、施工措施、平面图布置等。施工组织设计是施工准备和施工全过程的指导性文件。为了确保工程质量，承包单位还应编制专门的质量计划，其中包括质量目标、质量管理、质量保证措施等内容。

3）实施 PDCA 循环控制。坚持预防为主的原则，按照计划（Plan）、实施（Do）、检查（Check）、处理（Act）的循环方式开展质量管理工作。

4）影响项目质量的五要素过程管理。通过对人员、机具、材料、方法、环境五个要素的过程管理，实现过程、产品和服务的质量目标。根据项目管理策划要求实施检验和监测，并按照规定配备检验和监测设备。对项目质量计划设置的质量控制点，应按规定进行检验和监测。质量控制点包括下列内容：对施工质量有重要影响的关键质量特性、关键部位或重要影响因素；工艺上有严格要求，对下道工序的活动有重要影响的关键质量特性部位；严重影响项目质量的材料质量和性能；影响下道工序质量的技术间歇时间；与施工质量密切相关的技术参数；容易出现质量通病的部位；紧缺的工程材料、构配件和工程设备或可能对生产安排有严重影响的关键项目；隐蔽工程验收。

5）施工过程的检查验收工作。对于各工序的产出品和重要的部位，先由施工单位按规定自检。自检合格后，向监理工程师提交“质量验收通知单”，经监理工程师检验确认合格后，才能进入下一道工序施工。国家根据不同专业，分别发布了相应的质量验收标准。2013 年 11 月，住房城乡建设部与国家质量监督检验检疫总局（现国家市场监督管理总局）联合发布了国家标准《建筑工程施工质量验收统一标准》（GB 50300—2013），该标准适用于建筑工程施工质量的验收，并作为建筑工程各专业验收规范编制的统一准则。

6）纠正偏差。跟踪收集实际数据并进行整理，将项目的实际数据与质量标准和目标进行比较分析，对出现的偏差采取措施予以纠正和处置，必要时对处置效果和影响进行复查。对检验和监测中发现的不合格品，按规定进行标识、记录、评价、隔离，防止非预期的使用或交付；采用返修、加固、返工、让步接受和报废的措施，对不合格品进行处置。

7）处理工程质量问题和质量事故。当施工出现质量问题时，监理工程师应立即向施工单位发出通知，要求其对质量问题进行补救处理。出现不合格产品的，监理工程师应要求施工单位采取措施予以整改，并跟踪检查。交工后在质量责任期内出现质量问题的，监理工程师应要求施工单位进行修补或返工。对出现的工程质量事故，监理工程师应要求施工单位报送质量事故调查报告和经设计相关单位认可的处理方案，并应对质量事故处理进行记录、整理和归档。

8）总结改进。总结项目质量管理工作，审核质量管理体系，提出持续改进要求。监理工程师应定期对项目质量状况进行检查、分析，向建设单位提交质量报告，明确质量状况、发包人及其他相关方满意程度、产品对要求的符合程度以及工程咨询单位的质量改进措施。

(9) 工程建设项目试运行及竣工阶段质量管理的主要工作内容

试运行是对设计、采购、施工等工作质量的综合考核。试运行质量管理的目的是确保试运行成功，达到合同规定和设计要求。

试运行阶段业主和承包商质量管理的工作内容包括：

1）编制试运行计划和方案。

2）落实准备工作。

3）做好安全保障工作。

4）组织培训考核工作。

5）组织实施试运行工作。

6）做好试运行记录。

7）编写试运行总结报告。

在竣工验收阶段要完成对项目质量的最终检验和试验。《建设工程质量管理条例》第十六条明确规定："建设单位收到建设工程竣工报告后，应当组织设计、施工、工程监理等有关单位进行竣工验收。"竣工验收应达到的条件和质量要求见本书的3.5.3。

4.3.2 工程建设项目职业健康安全管理

（1）职业健康安全管理的概念

职业健康安全管理（Occupational Health and Safety Management，OHSM）是指利用先进科学技术，组织、管理和协调施工现场的职业健康工作以及落实施工现场的安全管理工作。通过采用科学系统的教育和培训等手段，能够提高项目工程组成员的安全意识和相关管理者的管理水平和积极性。

建筑行业的职业健康风险极高。建筑行业涉及的职业健康危害因素不仅多种多样且复杂，几乎涵盖所有类型的职业健康危害因素，例如粉尘（二氧化硅粉尘、水泥粉尘、焊接粉尘、石棉粉尘）、噪声（空气动力噪声、机械噪声）、紫外线、电离辐射和高低压作业、高温、振动、化学毒物等。目前，相当一部分建筑工人在条件恶劣的施工现场工作，接触各种有毒有害物质。施工现场还存在许多影响安全的风险因素，例如塔式起重机倒塌、基坑坍塌等。可以说，建筑行业的职业安全管理越来越重要。

（2）工程建设项目职业健康安全的影响因素

1）企业日常管理。这包括职业卫生工作的宣传教育、防护设备和防护设施、职工职业卫生权益的保护、职业卫生管理组织的建立等。

2）企业决策。这包括企业职业健康管理导则、管理层对职业健康管理相关法律法规的关注、施工现场危险源（例如高温、振动、灰尘、噪声、化学材料）的辨识等。

3）企业监督体系。这包括应急预案制订、工人日常体检、施工现场检查、施工日志管理。

4）工人行为和习惯。这包括遵守施工作业规章制度、积极配合管理工作完成、以主人公身份参与健康管理工作。例如，进入施工现场前，工人是否主动佩戴安全帽、安全绳等个人防护用品。

5）工人意识。这包括工人对职业健康相关知识的了解、对施工现场各种危险因素的判断、个人对职业健康促进的积极意识。

6）安全技术管理。这主要是对从事特殊工种的工人进行岗前培训，包括塔式起重机吊车、物料提升机、施工动力、脚手架、外电梯、基坑支护、模板工程等。只有通过了特殊工种考核的工人才能正式上岗。

（3）工程建设项目职业健康安全管理制度

1）安全生产责任制。《中华人民共和国安全生产法》强调：安全生产工作应当以人为本，坚持安全第一、预防为主、综合治理的方针，强化和落实生产经营单位的主体责任与政府监管责任，建立生产经营单位负责、职工参与、政府监管、行业自律和社会监督的机制。生产经营单位必须遵守本法和其他有关安全生产的法律法规，加强安全生产管理，建立健全全员安全生产责任制和安全生产规章制度，改善安全生产条件，加强安全生产标准化、信息化建设，提高安全生产水平，确保安全生产。

2）安全预评价制度。预评价制度是根据工程建设项目可行性研究报告的内容，运用科学的评价方法，依据国家法律、法规及行业标准，分析、预测该工程建设项目存在的危险、有害因素的种类及其危害程度，提出科学、合理和可行的职业安全卫生技术措施和管理对策，作为该工程建设项目初步设计中劳动安全卫生设计和工程建设项目劳动安全卫生管理的主要依据，供国家安全生产综合管理部门进行监察时参考。

3）“三同时”制度。“三同时”制度是指凡在我国境内实施的新建、改建、扩建建设项目和技术改造、技术引进项目，其职业健康安全设施必须符合国家规定的标准，必须与主体工程同时设计、同时施工、同时投产使用。职业健康安全设施主要包括安全技术方面的设施、防治污染的设施、劳动安全卫生设施、职业病防护设施等。“三同时”制度的具体内容包括：

①设计单位在编制工程建设项目的初步设计文件时，应当同时编制劳动安全卫生专篇。对职业健康安全设施的设计必须符合国家标准和行业标准。

②施工单位必须按照审查批准的设计文件进行施工，不得擅自更改职业健康安全设施的设计，并对施工质量负责。

③工程建设项目的竣工验收必须按照国家有关工程建设项目职业健康安全的验收规定进行，不符合职业健康安全规程和行业技术规范的，不得验收和投入运行。

④工程建设项目验收合格，正式投入运行后，不得将职业健康安全设施闲置不用，生产设施和职业健康安全设施必须同时投入使用。

4）伤亡事故与职业病统计报告和处理制度。伤亡事故与职业病统计报告和处理制度是我国职业健康安全管理的一项重要制度。《生产安全事故报告和调查处理条例》根据生产安全事故造成的人员伤亡或者直接经济损失将事故分为特别重大事故、重大事故、较大事故和一般事故。特别重大事故是指造成 30 人以上死亡，或者 100 人以上重伤（包括急性工业中毒，下同），或者 1 亿元以上直接经济损失的事故；重大事故是指造成 10 人以上 30 人以下死亡，或者 50 人以上 100 人以下重伤，或者 5000 万元以上 1 亿元以下直接经济损失的事故；较大事故是指造成 3 人以上 10 人以下死亡，或者 10 人以上 50 人以下重伤，或者 1000 万元以上 5000 万元以下直接经济损失的事故；一般事故是指造成 3 人以下死亡，或者 10 人以下重伤，或者 1000 万元以下直接经济损失的事故。这里所说的某个数字“以上”包括该数，“以下”不包括该数。

特别重大事故由国务院或者国务院授权有关部门组织事故调查组进行调查。重大事故、较大事故、一般事故分别由事故发生地省级人民政府、设区的市级人民政府、县级人民政府负责调查。省级人民政府、设区的市级人民政府、县级人民政府可以直接组织事故调查组进行调查，也可以授权或者委托有关部门组织事故调查组进行调查。未造成人员伤亡的一般事故，县级人民政府也可以委托事故发生单位组织事故调查组进行调查。

事故发生后，事故现场有关人员应当立即向本单位负责人报告。单位负责人接到报告后，应当于 1 小时内向事故发生地县级以上人民政府安全生产监督管理部门和负有安全生产监督管理职责的有关部门报告。情况紧急时，事故现场有关人员可以直接向事故发生地县级以上人民政府安全生产监督管理部门和负有安全生产监督管理职责的有关部门报告。事故报告应当及时、准确、完整，任何单位和个人对事故不得迟报、漏报、谎报或者瞒报。事故调查处理应当坚持实事求是、尊重科学的原则。及时、准确地查清事故经过、事故原因和事故损失，查明事故性质，认定事故责任，总结事故教训，提出整改措施，并对事故责任者依法追究责任。

(4) 工程建设项目安全管理主体及其职责

《建设工程安全生产管理条例》于 2003 年 11 月 12 日经国务院第 28 次常务会议通过，自 2004 年 2 月 1 日起施行。《建设工程安全生产管理条例》的发布与施行对于加强建设工程安全生产监督管理，保障人民群众生命和财产安全具有十分重要的意义。《建设工程安全生产管理条例》对建设单位、勘察单位、设计单位、施工单位、工程监理单位及其他相关主体的安全管理责任做了相应的规定。

1）建设单位的安全管理责任如下：

①建设单位应当向施工单位提供有关施工现场及毗邻区域内地下管线、地下工程的资料，有关相邻建筑物和构筑物资料，有关气象和水文观测的资料，并保证资料的真实、准确、完整。

②建设单位不得对勘察、设计、施工、工程监理等单位提出不符合建设工程安全生产法律、法规和强制性标准规定的要求，不得压缩合同约定的工期。

③建设单位在编制工程概算时，应当确定保证建设工程安全作业环境及完善安全施工措施所需的费用。

④建设单位在申请领取施工许可证时，应当提供建设工程有关安全施工措施的资料。依法批准开工报告的建设工程，建设单位应当自开工报告批准之日起 15 日内，将保证安全施工的措施报送建设工程所在地县级以上人民政府建设行政主管部门或者其他有关部门备案。

⑤建设单位应当将拆除工程发包给具有相应资质等级的施工单位。

2）勘察单位的安全管理责任如下：

①勘察单位应当按照法律、法规和工程建设强制性标准进行勘察，提供的勘察文件应当真实、准确，满足建设工程安全生产的需要。

②勘察单位在勘察作业时，应严格执行操作规程，采取措施保证各类管线、设施和周边建筑物、构筑物的安全。

3）设计单位的安全管理责任如下：

①设计单位应当按照法律、法规和工程建设强制性标准进行设计，防止因设计不合理导致生产安全事故的发生。

②设计单位应当考虑施工安全操作和防护的需要，对涉及施工安全的重点部位和环节在设计文件中予以注明，并对防范生产安全事故提出指导意见。

③对采用新结构、新材料、新工艺的建设工程和具有特殊结构的建设工程，设计单位应当在设计中提出保障施工作业人员安全和预防生产安全事故的措施建议。

④设计单位和注册建筑师等注册执业人员应对其设计负责。

4）施工单位的安全管理责任如下：

①施工单位应当具备相应的资质条件。施工单位从事工程的新建、扩建、改建和拆除

等活动，应当具备国家规定的注册资本、专业技术人员、技术装备和安全生产等条件，依法取得相应等级的资质证书，并在其资质等级许可的范围内承揽工程。

②施工单位应当建立有关安全的制度和制定有关安全的规章。施工单位应当建立健全安全生产责任制度和安全生产教育培训制度，制定安全生产规章制度和操作规程，保证本单位安全生产条件所需资金的投入，对所承担的建设工程进行定期和专项安全检查，并做好安全检查记录。

③施工单位应当保证安全生产所需资金的投入。对列入建设工程概算的安全作业环境及安全施工措施所需费用，施工单位应当用于施工安全防护用具及设施的采购和更新、安全施工措施的落实、安全生产条件的改善，不得挪作他用。

④施工单位应当设置安全生产管理机构并配备专职安全管理人员。专职安全生产管理人员负责对安全生产进行现场监督检查。发现安全事故隐患，应当及时向项目负责人和安全生产管理机构报告；对违章指挥、违章操作应当立即制止。建设工程实行施工总承包的，由总承包单位对施工现场的安全生产负总责。

⑤施工单位应编制安全技术措施和施工现场临时用电方案。施工单位应当在施工组织设计中编制安全技术措施和施工现场临时用电方案。对下列达到一定规模的危险性较大的分部分项工程编制专项施工方案，并附具安全验算结果，经施工单位技术负责人、总监理工程师签字后实施，由专职安全生产管理人员进行现场监督：基坑支护与降水工程；土方开挖工程；模板工程；起重吊装工程；脚手架工程；拆除、爆破工程；国务院建设行政主管部门或者其他有关部门规定的其他危险性较大的工程。对上述工程中涉及深基坑、地下暗挖工程、高大模板工程的专项施工方案，施工单位还应当组织专家进行论证、审查。

⑥施工单位应建立消防安全责任制度。施工单位应当在施工现场建立消防安全责任制度，确定消防安全责任人，制定用火、用电、使用易燃易爆材料等各项消防安全管理制度和操作规程，设置消防通道、消防水源，配备消防设施和灭火器材，并在施工现场入口处设置明显标志；施工单位应当向作业人员提供安全防护用具和安全防护服装，并书面告知危险岗位的操作规程和违章操作的危害；作业人员有权对施工现场的作业条件、作业程序和作业方式中存在的安全问题提出批评、检举和控告，有权拒绝违章指挥和强令冒险作业。

⑦施工单位员工应达到一定的任职条件。施工单位的主要负责人、项目负责人、专职安全生产管理人员应当经建设行政主管部门或者其他有关部门考核合格后才可任职。施工单位应当对管理人员和作业人员每年至少进行一次安全生产教育培训，将其教育培训情况记入个人工作档案。安全生产教育培训考核不合格的人员不得上岗。

5）工程监理单位的安全管理责任如下：

①工程监理单位应当审查施工组织设计中的安全技术措施或者专项施工方案是否符合工程建设强制性标准。

②工程监理单位在实施监理的过程中，发现存在安全事故隐患的，应当要求施工单位整改；情况严重的，应当要求施工单位暂时停止施工，并及时报告建设单位。施工单位拒不整改或者不停止施工的，工程监理单位应当及时向有关主管部门报告。

③工程监理单位和监理工程师应当按照法律、法规和工程建设强制性标准实施监理，并对建设工程安全生产承担监理责任。

4.3.3 工程建设项目环境管理

(1) 工程建设项目的环境问题

自 20 世纪中叶以来，环境危机被列为全球性问题，而工程建设项目正逐渐成为环境的重要污染源之一。当今世界主要面临十大全球环境问题：全球变暖及温室效应，臭氧层的耗损与破坏，生物多样性减少，酸雨蔓延，森林锐减，自然资源短缺，土地荒漠化，淡水资源危机与水污染，海洋污染，危险废物增加与转移。而工程建设项目与上述十大环境问题几乎都相关，且工程建设项目全生命周期的各个阶段涉及的环境问题是不同的：项目前期阶段主要涉及由于选址不当而产生的生态破坏；项目建设阶段对于环境的影响是实质性的、全方位的，主要有大气污染、水污染、固体废弃物污染等；而项目运营维护阶段主要涉及能源的消耗；项目拆除阶段涉及建筑垃圾的污染。与工程建设项目相关的各种环境问题是相互影响和相互作用的。例如：建筑垃圾的就地掩埋会污染土壤，而经过雨水冲刷，建筑垃圾中的有毒有害物质会流入水体，造成水体污染；建筑垃圾的焚烧会产生二氧化碳、二氧化硫等气体，造成大气污染，引发温室效应、酸雨等环境问题。

工程建设项目各阶段的环境问题见图 4-11。

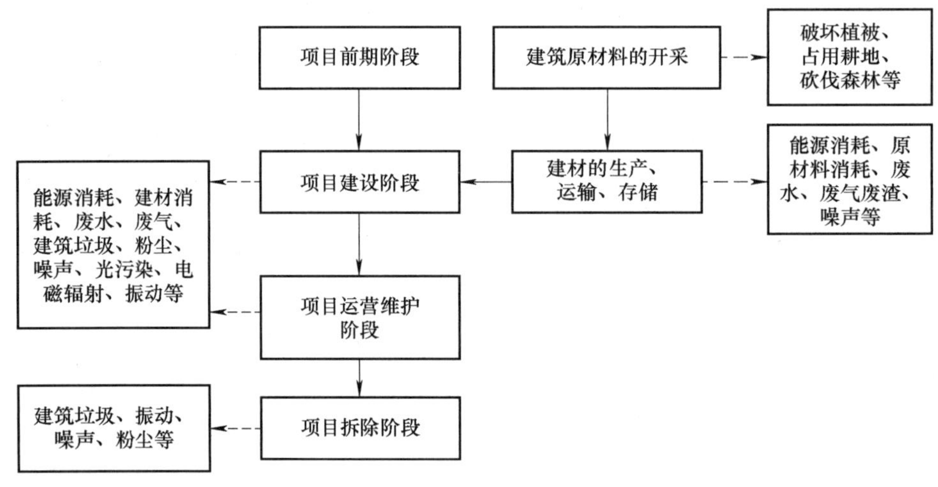

图 4-11 工程建设项目各阶段的环境问题

(2) 工程建设项目环境管理的概念

工程建设项目环境管理是指环境保护部门和企业单位根据国家环境保护法规、各项环境管理制度，以及环境保护政策、行业政策、技术政策及专业要求等对一切工程建设项目依法进行的管理活动。工程建设项目环境管理的目的是实现工程建设项目合理布局，合理利用资源和能源，减少污染物的产生和排放，降低项目对环境的各种不良影响，切实落实“预防为主，综合防治”的环境保护方针，保证项目在建设过程中和建成使用后符合环境保护的各种要求。

工程建设项目环境管理是环境管理的重要环节，其宗旨是预防和尽可能地减少工程建设项目对环境的污染和破坏，运用行政、法律、经济、技术、教育等手段，按照国家的环境政策和有关法规从事开发建设活动，使工程建设项目实现合理布局。经济建设、城乡建设和环境建设应同步规划、同步实施、同步发展，以实现经济效益、社会效益和环境效益的统一。

(3) 工程建设项目环境管理的意义

对工程建设项目进行有效的环境管理，加强环境保护对于项目、人、社会乃至国家都有重大的意义，具体分析如下：

1）从项目的角度来说，对工程建设项目进行环境管理是确保工程建设项目顺利进行的关键。首先，相关法律法规要求进行环境管理，同时社会舆论以及管理人员的职业道德也要求对工程建设项目进行环境管理，项目的顺利进行必须通过相关部门以及社会大众的检验；其次，对工程建设项目进行环境管理可以提供一个良好的工作环境，以保证项目顺利按期完成；最后，对工程建设项目进行环境管理可以最大限度地减少外部因素对工程建设项目的干扰，因环境问题使工程建设项目受到外部干扰而造成的停工往往是可以通过环境管理解决的。

2）从人的角度来说，对工程建设项目进行环境管理可以保证人们的健康。对于工人来说，他们是施工生产的主力军，良好的作业环境保证了他们的身体健康，确保他们可以积极主动地投入施工生产；对于施工场地周围的居民来说，良好的生活环境是生活、工作的基础，当生活环境受到工程建设项目影响时，对于他们的身体健康是不利的。例如，噪声污染和粉尘污染会对人的听觉系统和呼吸系统造成损害。

3）从社会的角度来说，对工程建设项目进行环境管理是保证社会、经济、环境可持续发展的需要。首先，对工程建设项目进行环境管理，可以加强项目的可持续性，促进工程建设项目活动与社会、经济、环境协调发展；其次，环境管理可以缓解资源和环境保护之间的突出矛盾，实现可持续发展的战略；最后，对工程建设项目进行环境管理有助于促进经济发展模式从传统的“高开采、低利用、高排放”向“低开采、高利用、低排放”转变，支持循环经济，从而保证社会的可持续发展。

4）从国家的角度来说，对工程建设项目进行环境管理可以提升国家竞争力。通过进行环境管理可以提高企业的利润和投资回报，提高工程建设项目的综合效益；通过绿色创新技术提高企业的环境竞争力，获得政府和社会支持，从而提高国家和企业的竞争力。

(4) 工程建设项目环境管理制度

工程建设项目环境管理制度主要包括项目环境影响评价制度、环境保护的“三同时”制度和环境监测制度。

1）项目环境影响评价制度。项目环境影响评价的具体内容见本书的 3.3。我国对建设项目的环境影响评价实施分类管理。对环境产生较大影响的项目，需要编制环境影响报告书或环境影响报告表。对环境产生轻微影响的项目，由建设单位提交环境影响登记表。

2）环境保护的“三同时”制度。《中华人民共和国环境保护法》第四十一条规定：“建设项目中防治污染的设施，应当与主体工程同时设计、同时施工、同时投产使用。防治污染的设施应当符合经批准的环境影响评价文件的要求，不得擅自拆除或闲置。”这一规定在我国环境立法中通称为“三同时”制度。它适用于在中国领域内的新建、改建、扩建项目（含小型建设项目）和技术改造项目，以及其他一切可能对环境造成污染和破坏的工程建设项目和自然开发项目。它与环境影响评价制度相辅相成，是防止新污染和破坏的两大“法宝”，是中国“预防为主”方针的具体化、制度化。

3）环境监测制度。环境监测是指环境监测机构对环境质量状况进行监视和测定的活动。

环境监测是通过对反映环境质量的指标进行监视和测定，以确定环境污染状况和环境质量的优劣。环境监测的内容主要包括物理指标的监测、化学指标的监测和生态系统的监测。

环境监测（Environmental Monitoring）是科学管理环境和环境执法监督的基础，是环境保护必不可少的基础性工作。项目环境监测的目的是掌握环境质量状况和污染物来源，评价控制措施的效果，判断环境标准实施的情况和改善环境取得的进展。

（5）工程建设项目环境管理主体及其职责

参与环境管理的主体包括环境保护行政主管部门，例如国家生态环境部及各级环境保护局；还包括行业环境保护主管部门，如建筑业环境保护办公室及相应的各级建筑业的环境保护部门和相关部门；另外还包括环境影响评价机构、环境监理机构、建设单位、勘测设计单位以及施工单位等。工程建设项目各阶段环境管理主体及其职责见表 4-11。

表 4-11 工程建设项目各阶段环境管理主体及其职责

阶段	环境管理主体	职责
项目建议书阶段	建设单位	委托有资质的咨询单位编制包含项目环境影响初步分析内容的项目建议书并报批
	咨询单位	实施环境影响初步分析工作，编制项目建议书中相应内容
	环境保护行政部门	组织环境资料调查，信息储备
	建筑业环境保护主管部门	组织行业环境保护规划，依据项目区域环境敏感特征，审查项目与可行性研究报告有关的环境保护分项
可行性研究阶段	建设单位	委托有资质的环境影响评价单位进行环境影响评价，编制环境影响评价报告书（表）并报批
	建筑业环境保护主管部门	环境影响评价报告书（表）预审；审查可行性研究报告中环境保护章节及相关费用
	环境保护行政主管部门	环境影响评价报告书（表）审批
	咨询、勘测、设计单位	受建设单位委托，结合环境影响评价结论进行可行性研究，编制可行性研究环境保护篇章
	环境影响评价单位	受建设单位委托实施环境影响评价，编制环境影响评价报告书（表）
设计阶段	建设单位	委托设计单位进行初步设计，编制环境保护篇章，落实各项环境保护设计和投资概算，将设计文件报送环境保护行政主管部门；委托设计单位根据初步设计审批意见进行施工图设计，落实绿色设计及有关环境保护方案的设计
	建筑业环境保护主管部门	组织初步设计审查或环境保护设计审查，审查初步设计中环境保护章节及相关费用，检查环境影响评价报告及批复文件中的有关内容是否在设计文件中得以落实
	环境保护行政主管部门	参与初步设计的环境保护篇章的审查；监督检查施工设计图中环境保护方案设计的落实情况
	设计单位	受建设单位委托编制初步设计环境保护篇章，进行施工设计图中环境保护方案的设计，设计中应落实环境影响评价报告及批复文件内容
	监理单位	执行“三同时”规定，监督环境保护内容设计情况

（续）

阶段	环境管理主体	职责
施工准备阶段	建设单位	编制招标文件，将环境保护要求写进招标文件，考核施工和监理投标单位的环境保护业绩；编制项目环境监理规划，委托环境监测
	施工单位	编制施工环境保护组织设计，落实“三通一平”（水通、电通、路通和场地平整）环境保护措施
	监理单位	检查施工环境保护组织设计，落实“三通一平”环境保护措施，编制环境监理实施细则
施工阶段	建设单位	环境保护设施建设施工情况资料记录，以季报形式上报环境保护行政主管部门；组织完成项目环境保护工作内容
	施工单位	环境保护设施建设施工；实施绿色施工方案
	监理单位	监督施工单位、分包方环境保护设施的建设施工及施工过程中环保措施的执行；污染物排放达标及其他环境影响监控
	建筑业环境保护主管部门	不定期检查施工期环境保护工作
	环境保护行政主管部门	检查环境保护报批手续是否完备；检查环境保护工程是否存在施工计划及其建设落实情况
	监测单位	按照环境影响评价报告书（表）要求，进行环境监测，定期上报建设单位和环境保护行政主管部门
试运行阶段	建设单位	向环境保护行政主管部门及建筑行政主管部门提交试运行申请与环境保护工程预验收申请；根据预验收结果组织实施改进；委托项目试运行监测；委托环境保护验收调查
	建筑业环境保护主管部门	审批试运行报告；审查监测报告和环境保护验收调查报告
	环境保护行政主管部门	审批试运行报告；参加环境保护预验收
	环境影响评价单位	参加环境保护预验收
竣工阶段	建设单位	向环境保护行政主管部门及建设行政主管部门提交环境保护竣工验收申请
验收阶段	建筑业环境保护主管部门	审批竣工验收申请；组织环境保护达标验收与环境保护工程竣工验收，进行项目环境保护验收公示；签发项目环保验收合格文件
	环境保护行政主管部门	参加环境保护竣工验收；建立、补充和完善行业实施单位和监理单位环境保护工作业绩档案
	施工单位	参加环境保护竣工验收，完善环境保护相关要求
	监理单位	提供相关施工期环境保护档案，参加项目环境保护竣工验收
	环境影响评价单位	参加环境保护竣工验收
运行阶段	建设单位	环境保护设施运行与管理，委托进行环境监测，组织建设项目环境后评价
	咨询单位	参与实施环境后评价
	建筑业环境保护主管部门	参加环境后评价；提出意见并备案
	环境保护行政主管部门	审查环境后评价；总结宣传推广建设环境保护经验

(6) 工程建设项目环境管理的基本步骤

工程建设项目环境管理的基本步骤主要包括环境因素识别、环境影响评价、判定环境影响程度、编制环境影响控制措施计划（方案）、评审控制措施计划（方案）、实施控制措施计划、检查。

1）环境因素识别。识别工程从开工到竣工期间所有可能影响环境的行为，考虑谁会受到影响以及受到何种影响。因此，项目管理人员首先要对工程建设项目的现场作业和管理业务活动进行识别，并通过识别编制环境因素台账。

2）环境影响评价。在假定的计划（方案）或现有的控制措施适当的前提下，根据环境因素台账对与各项环境因素有关的有害环境影响的环境因素做出评价。

3）判定环境影响程度。根据环境因素评价，判定现有的控制措施能否把有害的环境因素控制住，并符合法律法规、标准和其他要求以及施工单位自身的能力要求。按照对环境影响的程度大小对环境因素进行分类，编列重大环境因素台账。

4）编制环境影响控制措施计划（方案）。针对环境影响评价中发现的重大环境因素，管理人员应编制控制措施计划（包括应急预案），控制措施计划应包括针对重大环境因素的目标、指标及管理方案。通过控制措施计划以解决问题并确保新的和现行的控制措施都适当及有效。

5）评审控制措施计划（方案）。针对已修正的控制措施计划（方案），重新进行环境影响评价，并检查其能否把环境因素控制住，并符合法律法规、相关标准、其他要求以及施工单位自身的能力。

6）实施控制措施计划。将已经评审的控制措施计划具体落实到工程建设项目生产过程中。

7）检查。工程建设项目建设在实施过程中，一方面，要对各项环境因素控制措施计划（方案）的执行情况不断进行检查，评价各项环境因素控制措施的执行效果；另一方面，当项目内外条件发生变化时，要确定是否需要提出不同的环境影响处理方案。此外，还需要检查是否有被遗漏的工程建设项目环境因素或者新的工程建设项目环境因素。当发现新的工程建设项目环境因素时，要进行新的环境因素识别，即开始新一轮的工程建设项目环境因素管理。

(7) 工程建设项目绿色设计和绿色施工

我国近年来倡导绿色设计和绿色施工。

绿色设计也称为环境设计、生态设计等，是20世纪80年代末兴起的一股国际设计潮流。绿色设计是针对工程建设项目的全生命周期，充分考虑对资源和环境的影响，以减轻环境污染或减少原材料、自然资源的利用为目的，所使用的技术、工艺或产品的总称。绿色设计的原则是“3R”原则，即减量化（Reduce）、再利用（Reuse）、再循环（Recycle）。绿色设计的目的是要克服传统设计的不足，使所设计的产品满足绿色产品的要求。绿色设计的主要内容包括绿色材料选择与管理、产品的可拆卸性设计、产品的可回收性设计、产品的可制造和可装配性设计、产品的成本分析。

2007年，中华人民共和国建设部（现中华人民共和国住房和城乡建设部）发布了《绿色施工导则》，强调我国尚处于经济快速发展阶段。作为大量消耗资源、严重影响环境的建筑业，应全面实施绿色施工，承担起可持续发展的社会责任。绿色施工是指工程建设中，在保证质量、安全等基本要求的前提下，通过科学管理和技术进步，最大限度地节约资源并减少对环境负面影响的施工活动，实现“四节一环保”（节能、节地、节水、节材和环境保护）。绿色施工管理主要包括组织管理、规划管理、实施管理、评价管理和人员安全与健康管理等方面。

4.3.4 一体化管理体系的建立与运行

质量管理体系、职业健康安全管理体系和环境管理体系是三大重要管理体系。在系统论思想的基础上，质量管理体系、职业健康安全管理体系和环境管理体系应实行一体化管理。

（1）一体化管理体系的特点

一体化管理体系是在质量、职业健康安全和环境管理方面系统指挥和控制企业的管理体系，包括建立一体化管理方针目标，并实现方针目标的相互关联或相互作用的一组要素。

质量、职业健康安全与环境管理等体系构成了企业管理体系的主要组成部分。一方面，这些体系都是按照经营生产过程的方法进行构建的结果，管理体系标准之间相容，体系结构具有计划、实施、检查和改进的闭环特点；另一方面，设计与施工过程、危险源和环境因素相互影响、彼此制约，构成了设计、施工系统的有机整体。因此，质量、职业健康安全和环境管理具有集成一体的整合条件。对这些不同的管理体系分别按照国家或国际上相关的权威管理体系标准进行策划，并且根据企业经营和发展战略有机集成起来，构建协调、统一、互动的管理过程，就形成了工程企业质量、职业健康安全与环境一体化的管理体系。

（2）管理体系构建依据的标准

质量管理体系、职业健康安全管理体系和环境管理体系的建立可依据国际标准化组织制定的标准。国际标准化组织（International Organization for Standardization，ISO）成立于 1947 年，主要功能是为人们制定国际标准达成一致意见提供一套机制。ISO 负责当今世界上多数领域的标准制定。

ISO 9000 质量管理系列标准的第一批标准于 1987 年公布，第一次修订于 1994 年公布，第二次修订于 2000 年公布，第三次修订于 2008 年公布，第四次修订于 2015 年公布，目前的标准是 2023 年版本。我国目前最新的质量管理体系标准为 GB/T 19001—2016 和 ISO 9001：2015。ISO 9001：2015 在 2015 年 9 月 23 日正式发布，GB/T 19001—2016 标准自 2017 年 7 月 1 日起正式实施。

ISO 14000 环境管理系列标准是国际标准化组织从 1993 年开始制定的一系列环境管理国际标准。该环境管理标准共分七个系列：环境管理体系、环境审核、环境标志、环境行为评估、生命周期评估、术语和定义、产品标准中的环境指标。ISO 14000 系列标准是可持续发展思想的具体化、技术化，目的是通过这套标准从环境管理和经济发展的结合的角度去规范企业和社会团体等所有组织的环境行为，最大限度地合理配置和节约资源，减少人类活动对环境的负面影响，维持并持续改善人类生存与发展的环境。ISO 14001《环境管理体系　规范及使用指南》是 ISO 14000 系列标准的主干标准，是该系列标准中唯一用于认证的标准。该标准于 1996 年 9 月正式颁布第一版。我国环境管理体系的最新标准为《环境管理体系　要求及使用指南》（GB/T 24001—2016），属推荐性国家标准，等同于采用 ISO 14001：2015。GB/T 24001《环境管理体系》标准体系旨在为组织提供一个框架，用于保护环境、响应不断变化的环境条件并与社会经济需要保持平衡，适用于任何类型、性质与规模的组织，并适用于各种地理、文化和社会条件。

随着经济社会的发展和国际社会对职业健康安全管理体系的广泛重视与认可，国际标准化组织（ISO）成立了职业健康安全管理技术委员会（ISO/TC 283），开始着手职业健康安全管理体系的国际标准化工作，并于 2018 年 3 月发布了国际标准《职业健康安全管理体系　要求及使用指南》（ISO 45001：2018）。《职业健康安全管理体系　要求及使用指南》旨在要求组织提供健康安全的工作以预防与工作相关的伤害和健康损害，同时主动提升职业健康安全绩效。该标准覆盖了职业健康安全管理体系（Occupational Health and Safety Assessment Series，OHSAS）的所有技术内容，并考虑了国际上有关职业健康安全管理体系的现有文件的技术内容。我国采用了该标准，发布了《职业健康安全管理体系　要求及使用指南》（GB/T 45001—2020）。

ISO 9000、ISO 14000 等标准体系和 ISO 45001 一并被称为“后工业化时代的管理方法”。

（3）一体化管理体系的构建和实施

企业根据自己的发展状况和战略目标要求建立并协调实施一体化的管理体系。

1）建立一体化的管理方针目标。一体化管理方针是企业在建立和运行管理体系方面的基本承诺和宗旨，确定管理方针是建立一体化体系的基础环节。一体化管理方针必须满足质量、职业健康安全、环境管理等标准提出的各项要求、法律法规的规定和相关方的期望，确保质量、职业健康安全、环境等管理目标之间协调一致。

2）制订管理措施计划或管理方案。各项管理体系标准并没有对一体化管理措施计划或管理方案提出具体的要求，企业可以根据需要灵活地处理。企业应分析一体化管理体系相关因素的相互影响，将一体化的管理目标在协调匹配的基础上量化、分解到各部门，由各个部门分工合作、实施完成。

3）调整组织结构，确定体系文件。一体化管理体系是以文件化的形式来表现的。体系文件使操作人员有据可依，规范企业一体化管理，传递统一信息。编制一体化管理体系文件应遵守“将体系设计、策划与日常管理和体系有机地融为一体，提高企业的运行效率”的基本原则。

4）实施全员培训工作。员工培训一体化管理体系开始运行前，企业应安排系统化的培训，使全体员工了解企业一体化管理体系的要求和程序。培训的目的在于提高全体员工参与一体化管理的意识，明确各级员工参与管理体系工作的义务。

5）保证信息的沟通和交流。对内和对外的信息沟通是一体化管理体系有效运行的关键，它确保各标准要素构成一个完整的、动态的、开放的和持续改进的管理体系。体系开始运行后，企业应与相关方沟通体系运行信息。如果有合约规定，企业还应该要求供应商和分包商提供相关信息和核实渠道。

6）识别并提供实现管理目标和持续改进所需的资源，包括人员、基础设施、环境、信息等。一体化管理体系的运行是在生产及服务的全过程中按管理文件体系规定的程序、标准、工作要求及目标分解的岗位职责进行的操作运行。

7）进行专项措施和方案的策划和实施。应针对体系运行发现的主要风险，采取必要的管理措施，通过技术交底或管理沟通使这些过程达到所策划的要求。工程建设施工企业一体化管理的重点是对分包商和供应商的管理，一体化管理要求工程建设施工企业对供应商和分包商进行有效的控制，确保它们满足规定的要求。企业应在评估和挑选供应商时，同时评估它们在质量、环境、职业健康安全等方面的表现及其管理水平，根据评估结果决定是否选用。若有必要应要求供应商和分包商及时完整地向企业报告与其他相关方的业务关系。企业应定期了解并评估供应商和分包商的表现，以便改善对供应商和分包商的管理效果。

8）实施测量、分析和改进。在一体化管理体系运行的过程中，应按各类体系文件的要求监视、测量和分析该过程的有效性和效率，确保一体化管理体系运行的质量，具体包括内部审核和管理评审。

（4）质量、职业健康安全与环境管理体系认证

质量、职业健康安全与环境管理体系认证一般包括以下几个步骤：

1）企业向认证机构提交申请书。当企业自我评估认为具备认证条件时，可向认证机构递交认证申请书；企业也可以提前递交认证申请书，在认证机构的指导下进行准备工作，通常要求体系运行半年以上可以进行认证活动。

2）认证机构评审和受理申请。认证机构对企业提交的申请资料进行评审，如果满足认证审核的基本条件则受理申请，否则通知企业不予以受理。

3）认证机构初访（非必须）。认证机构初访旨在了解企业现状，确定审核范围和审核工作量。

4）签订认证合同。认证机构和委托方可就审核范围、审核准则、审核报告内容、审核时间、审核工作量签订合同，确定正式合作关系，缴纳申请费。认证合同签订后，企业或委托方应向认证机构提供相应的管理体系手册、程序文件及相关背景材料，供认证机构进行文件预审。

5）指定审核小组，开展文件预审。在签订合同后，认证机构应指定审核组长组建审核组，开始准备工作。由审核组长组织文件预审，如文件无重大问题，则开始准备正式审核。

6）审核准备。审核组长组织审核组成员制订审核计划，确定审核范围和日期，编制现场审核检查表。

7）现场认证审核。由认证机构按审核计划对被审核方进行认证审核。如果委托方认为有必要，可以要求认证机构在正式认证审核前进行预审，以便及时采取纠正措施，确保正式审核顺利通过。

8）提交审核结论。由认证机构的技术委员会根据质量管理体系或环境管理体系或职业健康安全管理体系的标准进行审定。审核结果可能有三种，即推荐注册、推迟注册和暂缓注册。对审核组推荐注册的企业，认证机构技术委员会审定是否批准注册，如未获批准则需重新审核。

9）批准注册，颁发认证证书。由认证机构对审定通过的企业批准注册，向经批准注册的企业颁发相应的管理体系认证证书。同时，认证机构将获证企业向有关认可机构备案，由其在网站公布。

10）定期监督审核。认证机构对获证企业进行监督审核。监督审核一般每年一次，认证证书有效期为 3 年，3 年后需重新进行认证和注册。

当获证企业的质量、环境与职业健康安全管理体系不符合认证要求时，认证机构可采取的警告措施有认证暂停，可采取的处罚措施有认证注销或撤销。

4.4 工程建设项目风险管理

4.4.1 工程建设项目风险概述

(1) 工程建设项目风险的概念及特征

工程建设项目风险是指在工程建设项目全过程中，由于意外事件以及自然灾害的发生而带来的人身伤亡、财产损失，以及其他经济损失的不确定性，以及由此导致的工程建设项目实际结果与预期目标的偏差。

工程建设项目风险有两重含义：其一是指风险的存在与发生是不确定的，无法在工程建设项目实施前就完全框定，而是随着工程建设项目的实施逐渐显露；其二是指风险一旦发生，会影响工程建设项目预先设定的目标，从而影响项目的实施效果，甚至导致项目的失败。

工程建设项目周期长，投资规模大，参与者众多，受外部环境影响大，其实施过程充满各种复杂因素，因此风险及其影响会贯穿工程建设项目实施活动的始终。

工程建设项目风险具有以下主要特征：

1）风险存在于工程建设项目的各个阶段。工程建设项目风险是普遍存在的，不仅存在于施工阶段，也存在于工程建设项目的决策阶段、招投标阶段和设计阶段。

2）风险形式多样。工程建设项目中存在着各种形式的风险，以招投标阶段为例，既有与外部环境相关的政策风险、经济风险、供应商风险，又有与组织内部因素相关的管理风险、合同风险、道德风险等。

3）风险的影响是多方面的。风险对工程建设项目的影响是多方面的，例如自然灾害的发生，不仅会造成财产损失，还会导致工期延误、成本增加。

4）风险的发生具有一定的规律性。风险发生的可能性具有一定的统计规律，其发生的后果及造成的损失是可以度量的，正因如此，才可以应用定性与定量的方法对风险进行评估，从而制定相应的应对措施。

(2) 工程建设项目风险的分类

工程建设项目风险有各种不同的分类。

1）按产生风险的原因及其性质划分，工程建设项目风险可分为：

①自然风险。它是指由自然因素带来的风险，如在工程建设过程中出现的洪水、暴雨、地震、飓风等，可能造成财产毁损或人员伤亡。

②政治风险。它是指由于政局变化、政权更迭、罢工、战争等引起社会动荡而造成财产损失和损害以及伤亡的风险。

③经济风险。它是指由于经济因素的变化带来的风险以及由于经营管理不善、市场预测失误、价格波动、供求关系变化、通货膨胀、汇率变动等原因导致经济损失的风险。

④技术风险。它是指技术的发展与应用带来的风险。

⑤信用风险。它是指合同一方的业务能力、管理能力、财务能力等有缺陷或者没有圆满履行合同而给另一方带来的风险。

⑥社会风险。它包括宗教信仰影响、社会冲击、社会禁忌、社会风气等带来的风险。

⑦组织风险。它是指由于项目有关各方关系不协调以及其他不确定性而引起的风险。

⑧行为风险。它是指由于个人或组织的过失、疏忽、恶意等不当行为造成财产毁损、人员伤亡的风险。

需要注意的是，除了自然风险和技术风险是相对独立的之外，政治风险、社会风险和经济风险之间存在一定的联系。有时表现为相互影响，有时表现为因果关系，难以完全分开。

2）按工程建设项目参与者风险承担责任划分，工程建设项目风险可分为：

①业主风险。常见的业主风险包括决策风险、财务风险、技术风险、经济风险、不可抗力风险、管理失误风险、政治法律风险、组织风险等。

②承包商风险。它主要包括：投标决策阶段的风险，如信息缺失风险、中介与代理带给承包商的风险、报价失误风险、合作风险等；签约和履约阶段的风险，如合同条款的风险、工程管理的风险、合同管理的风险、物资供应的风险、成本管理的风险、涉及业主履行合同能力的风险、分包或转包的风险、不可抗力造成的风险等；工程验收与交付阶段的风险，如竣工验收的风险、竣工验收资料管理的风险。

③专业咨询人员风险。专业咨询人员主要承担的是与工程建设项目有关的责任风险，主要有行为责任风险、工作技能风险、技术资源风险、职业道德风险等。

(3) 工程建设项目风险管理程序

工程建设项目的风险管理是指工程建设项目组织对在项目全过程中可能遇到的风险进行计划与控制的管理活动。风险管理的目的不是消灭风险或规避风险，而是通过采取有效的应对措施，尽可能地减少风险的不利影响，确保工程建设项目的顺利实施。

在 2.8.2 中，风险管理过程分为 7 个步骤，结合我国工程建设项目风险的实际情况和风险管理实践，工程建设项目风险管理的程序合并后分为以下几个主要阶段：

1）风险识别。它是指识别工程建设项目实施过程中的各种风险，包括风险的来源、风险存在及发生的条件、风险后果对项目的影响等。

风险识别的关键是确保风险识别结果的完备性，风险识别经常采用结构化的方法，由上到下，层层分解，直至确定工程建设项目的风险范围。

风险识别的基本步骤如下：

①收集信息。

②确定风险因素。

③编制风险识别表或风险识别报告。

2）风险分析与评估。它是指对识别出的风险，分析其内在规律性，估测风险的发生概率以及风险后果对项目的影响程度，从而对风险进行分级排序的过程。

风险分析包括定性分析与定量分析，分析的内容主要有：

①风险发生的概率。

②风险可能的结果范围和损害程度。

③风险预期发生的时间。

④风险因素对风险事件的影响机制。

一般来讲，应先进行风险的定性分析，然后针对定性分析得到的重要的风险因素，在掌握充分数据的基础上再进行定量分析。

工程建设项目的全过程中风险因素众多，如果对所有的风险一视同仁，采取同样程度的关注和应对措施，既大大增加管理成本，又会影响工程建设项目的正常进度。在风险管理中，往往只需要甄选出重要的风险并对其加以应对和控制，就基本可以达到风险管理的目的。

3）风险应对。它是指根据风险分级和评估的结果，为尽可能地减少风险损失，制定针对风险的应对策略和应对手段的过程。

制定风险应对策略一般有两种途径：

①改变风险发生的概率。

②改变风险后果的危害程度。

常用的风险应对策略有风险规避、风险减轻、风险接受和风险转移，稍后具体介绍。

需要注意的是，虽然风险是客观存在的，但不同的风险责任人对风险的敏感度存在差异。所以，即使是针对同一类风险，不同责任人所采取的应对策略也会有所不同。

4）风险监控。它是指在工程建设项目实施过程中，跟踪已识别的风险，识别新出现的风险，预测未来的风险发展趋势，保证风险管理的有效性。

风险监控主要包括三个方面的工作：

①对已识别的风险及其变化情况进行监控和预警。收集和分析与已识别风险相关的各类信息，获取风险前奏信号，预测风险发展趋势并提出预警，必要时修改风险管理计划。

②对已发生的风险及时止损。采取风险管理计划中所制定的相应应对措施，控制风险后果的影响，防止风险范围蔓延。

③对新出现的风险因素进行识别和分析。识别和分析新出现的风险因素，根据需要修改风险管理计划或制订风险应急计划。

（4）工程建设项目风险应对策略

工程建设项目风险管理中常用的应对策略包括：

1）风险规避。它是指通过改变工程建设项目计划，消除风险或风险产生的条件。风险规避是一种彻底消除工程建设项目风险影响的策略。对于发生概率高、风险后果危害性大，并且风险责任人又无法控制或控制成本过高的风险，实践中一般采用风险规避的策略。

2）风险减轻。它是指通过一定的手段控制风险发生的可能性，或者尽可能地减少风险的发生带来的损失。风险减轻包括事前预防策略和事后应急策略。

①事前预防策略。它是指根据对可预测风险的分析和评估结果，有针对性地预先采取相应的技术、管理、组织措施，防止风险因素的出现或者尽可能地减少已存在的风险因素，从而降低风险发生的可能性。

②事后应急策略。它是指对不可预见的风险或突发的风险事件，预先制订应急计划，一旦风险发生，按照应急计划及时应对，尽可能地减少风险带来的损失。

3）风险接受。它是指不因风险改变工程建设项目计划，也不对风险因素采取额外的行动，主动或被动地承担风险带来的损失。工程建设项目实施过程中，存在着许多评估等级低的风险，对这类风险的应对，经常采用风险接受的策略。

4）风险转移。它是指通过协议或合同，将风险的后果及其相应的责任一并转移给他方。

风险转移实质上是工程建设项目参与方分担风险的一种策略，风险转移并不改变风险发生的概率及其后果损失，而是通过风险在项目参与各方之间的合理分配，提升风险管理的有效性。

采用风险转移策略需要遵循两条基本原则：应该由最有能力预防和控制风险的一方承担相应的风险责任；风险责任承担一方应得到相应的补偿。

在工程建设项目中常见的风险转移方式有合同转移、担保转移和保险转移。

①合同转移。合同转移是指利用不同计价方式的合同类型选择，以及合同中专用条款的设置，将风险转移给另一方。在三种转移途径中，合同转移的转移成本相对较低，工程担保和保险需要向被转移者支付一定的风险保障费用，而设置保护性条款的转移费用支出是隐性的，不必直接支付转移费用。

②担保转移。担保转移是通过工程担保，将风险转移给第三方的途径。工程担保分为信用担保和财产担保。信用担保是以信用担保债权的实现，按照担保的用途不同主要分为投标保证、履约保证和承包商要求业主提供的支付保证。财产担保是以财产保证债权的实现，包括抵押担保、质押担保和留置担保。

③保险转移。保险转移是通过工程保险，借助第三方来转移风险，同其他风险转移方式相比，工程保险转移风险的效率较高，但风险转移成本相对较高。工程保险分散风险的属性表现为可转移性和经济性。可转移性即风险可以通过投保转移给保险公司，经济性是指选择某些保险标的时，保险责任范围和保险金额等要素所提供的保障程度要与保费、免赔额和赔偿限额等支出要素权衡，保险支出和保险利得相当。

工程保险与工程担保之间存在明显的区别：工程保险是一种损失基金机制，用于补偿投保者对抗不可预见的不利事件和因素；工程担保则是一种基于被担保人的信用水平和工程建设的专业经验为其设置的规避损失的机制。

4.4.2　工程建设项目风险识别

风险识别是风险评价的基础，其目的是减少工程建设项目构成的不确定性。风险识别首先要明确项目的组成、各种不确定性因素的性质和相互间的关系、项目与环境之间的关系等，在此基础上利用系统的、有章可循的步骤和方法查明可能导致项目产生风险的诸事项。风险识别的关键是确保风险识别结果的充分性，常用的风险识别方法有头脑风暴法、德尔菲法、核检表法、情景分析法等。

（1）工程建设项目风险识别的依据

1）项目规划。项目规划中的项目目标、任务、范围、进度计划、费用计划、资源计划、采购计划，以及项目承包商、业主方和其他利益相关方对项目的期望值等都是项目风险识别的依据。

2）历史资料。以往相关或类似项目的历史资料，如工程的文件记录、生命周期成本分析、工作分解结构、进度计划、工程质量及安全事故处理文件、工程变更及索赔等资料都可作为项目风险识别的依据。项目的历史资料来源于历史项目的记录档案文件、公用数据库、项目组成员的经验以及网络资料等。

3）风险种类。风险种类是可能对项目产生影响的风险源类别。一般的风险类型有自然风险、政治风险、经济风险、技术风险、信用风险、社会风险、组织风险、行为风险等。项目的风险种类能反映项目所在行业及应用领域的特征，例如房地产行业可能存在资金链断裂的风险、化工行业可能存在危险品爆炸的风险等。

4）制约因素和假设条件。项目建议书、可行性研究报告、设计等项目计划和规范性文件一般都是在若干假设、前提条件下估计或预测出来的。这些假设和前提之中隐藏着风险。项目处于一定的环境之中，或多或少地会受到环境因素的制约和影响，当项目的影响因素发生较大变化甚至假设条件不再成立时，就可能成为项目的风险源。例如国家政策或行业标准的改变、金融机构的贷款利率的波动等。

（2）工程建设项目风险识别的常用方法

风险识别的关键是确保风险识别结果的充分性，常用的风险识别方法有头脑风暴法、德尔菲法、核检表法、情景分析法等，具体方法见第 2 章相关内容。

4.4.3 工程建设项目风险分析与评估

工程建设项目风险分析与评估是指通过各种风险分析与评估技术，采用定性或定量方法，估计各种风险发生的概率和风险对项目目标的影响程度。常用的风险分析与评估方法有专家打分法、外推法、风险概率和影响评价、风险概率和影响矩阵、层次分析法、模糊综合评价法等。具体方法见第 2 章相关内容。

4.4.4 工程建设项目各阶段常见风险及应对措施

（1）决策阶段常见风险及应对措施

1）工程建设项目决策阶段的风险主要包括：物价的浮动，技术装备和生产工艺的变革，生产能力的变化，建设资金不足，政府政策和法规的变化。另外，还有员工罢工、市场竞争行为、重大技术突破、政治事件、恐怖袭击、国际性金融危机和经济贸易情况的变化，甚至自然灾害等。

2）决策阶段风险应对措施有：

①分析风险事件可否规避。如果可以规避风险，且规避不损害根本利益，则首选风险规避。

②预防和减轻风险。应对风险要综合考虑效果与费用，如果效果好，费用又不高，则可选择预防和减轻风险的对策。

③接受风险。对于后果可以承受的风险可以选择接受风险的方式。另外，如果在采取预防、减轻风险或风险转移等对策时产生的费用超过了风险发生所造成的损失，也往往选择接受风险。

④转移风险。转移风险是通过契约或买保险的方式，将本应由自己承担的风险转移给别人。

（2）设计阶段常见风险及应对措施

1）融资风险。项目融资风险包括信用风险、建设开发风险和金融风险。信用风险是指因项目有关参与方不能履行协定责任和义务而产生的风险。建设开发风险是指因项目无法完工、延期完工或者完工后无法达到预期运行标准导致的风险。金融风险包括金融、市场等风险，金融风险可能会导致项目资金的供应中断。

融资风险应对措施主要有：

①规避风险。需要规避三种投资情况：一是高风险的项目投资，二是高风险的技术创新项目投资，三是高风险的技术创新方案投资。

②减轻风险。它包括：

A. 信用风险的减轻。主要措施是考察项目有关参与方的资信情况，通过各类资金承诺函、支持函等文件获得保障。

B. 建设和开发风险的减轻。贷款人主要通过对合同、履约保函的控制来确保项目工程设计、设备采购和工程建设按原计划进行。

C. 金融风险的减轻。在融资协议中包含套期保值技术，以应付汇率、利率风险，或采用诸如货币与利率互换、利率封顶等手段。

2）勘察设计风险。勘察设计风险是指由于勘察设计过程中出现的失误或错误，引起工程事故从而导致经济损失的不确定性。其中，勘察风险主要表现为技术风险和行为风险，设计风险主要表现为政策风险、技术风险和行为风险等。

针对勘察设计阶段可能出现的风险，可以采取规避风险和转移风险等处置策略，根据对各种勘察设计风险的识别结果，选择适当的风险处置方案。

①规避风险。科学预测政策趋势及有效决策的相关措施。

②转移风险。由于工程建设项目勘察设计风险具有可保性，因此可以通过投保工程勘察设计责任保险转移风险。

3）招标采购风险。通常借助规范招标采购工作流程来规避风险。

(3) 施工阶段常见风险及应对措施

1）合同风险。施工阶段的合同风险分为承包商承担的合同风险和业主面临的合同风险。其中，业主面临的合同风险包括外部环境因素变化产生的风险、工程变更风险、工程质量风险等。

在不同的施工合同种类情况下，业主所面临的风险状况也不同。业主应针对不同的施工合同种类，分别采取相应的风险管理策略来防范、转移或化解合同风险。具体的风险应对措施见表 4-12。

表 4-12　合同风险应对措施

<table>
<tr><th colspan="2">合同形式</th><th>风险因素</th><th>应对措施</th></tr>
<tr><td colspan="2">总价合同</td><td>①工程变更导致合同价格调整
②市场物价起伏过大</td><td>①预先设立涨价预备金，应对涨价风险
②当变更发生时，双方协商根据合同及工程量清单对变更进行估价
③要求承包商提供履约担保或者投保信用保险</td></tr>
<tr><td rowspan="2">单价合同</td><td>估量工程量单价合同</td><td>①不能准确地计算工程量
②清单中的项目不明确</td><td>规定工程量极限变动幅度，当工程量变动幅度超过极限幅度时，才允许适当调整单价，以此降低风险</td></tr>
<tr><td>纯单价合同</td><td>成本增加的风险</td><td>业主可以通过补充、完善合同条款，提高合同管理人员素质，将风险转移给承包商或消除，即业主可根据工程特点通过合同选择来规避和转移风险</td></tr>
<tr><td colspan="2">成本加酬金合同</td><td>业主丧失可能降低成本的机会风险</td><td>投资者需要承担项目实际发生的一切费用，因此投资者实际承担了项目的全部风险，签订合同时慎重采用</td></tr>
</table>

2）财务风险。业主面临的财务风险主要来自国家政策变化、自身原因和承包商三个方面，施工阶段的财务风险主要有工程预付款、工程价款结算、款项支付和国家财政政策等方面的风险。其应对措施见表4-13。

表 4-13 财务风险应对措施

风险环节	风险因素	应对措施
工程预付款方面的风险	①承包商不能将预付款用到工程建设上去 ②承包商不能归还工程预付款	业主支付预付款时，要求承包商提供相应的保证和担保，如预付款保函、预付款保证金、第三方提供担保等
工程价款结算方面的风险	多算工程量、提高结算价或重复结算	保证严格按合同结算，并完善工程价款结算手续，规范结算程序
款项支付方面的风险	收款主体风险	将工程价款支付到合同预定的用户和账号
	支付方式风险	严格执行《支付结算办法》和其他相关法律法规
国家财政政策方面的风险	政策调整变化的风险	及时了解、掌握、运用最新的政策、法律、法规

3）技术风险、自然环境风险、政治和社会风险。工程建设项目施工中存在的风险因素包括：技术因素，如施工工艺、新材料的使用；自然因素，如地质、水文、气候等；政治社会因素，如法规、政策的调整。其应对措施见表4-14。

表 4-14 技术风险、自然及环境风险、政治和社会及其他风险应对措施

风险种类		风险因素	应对措施
技术风险	设计风险	缺陷设计，错误和遗漏，规范不恰当，未考虑地质条件	业主通过设计合同约束设计单位，加强设计责任风险管理，减少设计变更
	施工风险	施工工艺的落后，不合理的施工技术和方案，施工安全措施不当，应用新技术新方案的失败，考虑现场情况不周等	①业主通过施工合同，可以把施工技术风险转移给施工单位 ②业主通过购买工程保险转移部分施工风险
自然环境风险		洪水、地震等不可抗力，复杂地质条件，施工对环境的影响	通过购买工程保险和附加险转移风险
政治和社会风险		拆迁问题、法律及规章制度的变化、战争、罢工、经济制裁或禁运等	有效预测风险前景
组织风险		项目参与各方出现纠纷或意见不统一	通过协商、协调解决
管理风险		分包商过多，管理能力不足	①设计有约束力的合同 ②采用总承包方式将风险转移给总承包商
		项目团队内部管理制度不完善，对工期、质量、进度、安全等指标落实不到位	落实各项责任制
		监理不到位或工作效率低下	①业主与监理方签订有约束力的监理合同 ②监理单位购买责任保险
质量风险		承包商信誉差，弄虚作假，施工质量存在隐性缺陷	①要求承包商购买工程质量险 ②要求承包商缴纳保证金或提供工程担保
材料设备风险		原材料、成品、半成品的供货不足或拖延，数量差错，质量问题等。施工设备供应不足，类型不配套，故障，安装失误，选型不当	通过采购合同转移风险

(4) 竣工验收阶段常见风险及应对措施

1）工程质量的风险。这主要是待验收的工程质量存在问题，因而影响项目验收顺利通过的风险。如实行总分包的项目需要请分包单位参加并落实整改责任。如果整改计划不及时落实或不落实，则不具备竣工验收条件。

竣工验收阶段工程质量风险的应对措施有：

①实施质量验收监控。项目的竣工验收是施工阶段质量控制管理的最后环节，是对工程质量进行全面检查管理的阶段。尤其是设备、电气安装及装饰工程往往存在较多的质量弊病，必须严格遵守竣工验收检查制度，不合格的工程坚决返工，不留漏洞。

②工程质量风险转移。购买工程质量保证保险，将工程维修期间出现的质量维修责任转移给保险公司。

2）竣工验收资料管理的风险。它主要有：

①由于施工项目经理部或企业未遵循有关资料管理的规定，导致竣工资料不全或混乱，影响施工项目的竣工验收。

②发包人与承包人在签订施工承保合同时，对施工技术资料的编制责任和移交期限等事项未能做出全面、完整、明确的规定，造成竣工验收时资料不符合竣工验收规定，影响竣工验收。

③监理人未能按规定及时签发相关资料，以致在竣工验收时发生纠纷，影响竣工验收工作的顺利进行。

④由于市场的供求机制不健全，法规不健全，发包人拖欠工程款，承包人拖欠材料款、机械设备租赁费，资源供应方为了今后索取款项，故意不按时交付有关证明文件，致使竣工验收工作不能正常进行。

竣工验收资料管理风险的应对措施主要是制定竣工验收资料管理规范和流程并严格遵照执行。

3）债权债务处理风险。工程建设项目面临竣工阶段，应提前做好工程结算准备，如果遗留争议和问题多且久拖未决，可能影响资金周转。

4.4.5　工程保险

(1) 工程保险概述

1）工程保险的定义。工程保险是承保工程在施工建设期间各种风险的保险，是一种综合性保险。

工程保险不同于其他保险种类的特点，主要包括：

①工程保险业务的专业水准要求高。工程建设项目面临多种风险，风险产生的原因也很复杂。在承保工程保险业务时，工程建设项目风险分析估算、保险费率厘定、保险合同条款、防损和理赔业务，都需要相关人员具备建筑安装工程专业、保险专业、数学专业、管理专业等多学科综合知识。

②保险金额很高。工程建设项目投资少则几百万元，多则几十上百亿元。在工程保险中，保险金额的确定是以投保标的价值或者是以投保人所承担的经济赔偿责任为基础的，因此保险金额很高。

③工程保险领域存在信息不对称问题。一方面，保险人占有保险信息方面的优势，可通过设置对自己有利的保险合同条款，从投保人缴纳的保险费中获得更多的收益；另一方面，投保方占有工程信息方面的优势，可依据建筑安装中的风险情况选择对自己有利的险种，而且在保险条款协商方面占有优势。

④工程保险可以附加承保。工程保险除了可以承保主险外，还可以承保附带的保险责任。

⑤关键保险条款具有个性化特点。工程建设项目是一次性的，每个工程建设项目面临的风险因素也是具有特殊性的，因此工程保险条款需要根据具体的保险标的确定。

⑥保险条款可以变更。工程建设项目实施周期比较长，随着工程进展，工程建设项目的内外部环境可能会发生变化，此时在保险合同当事人协商一致的基础上可以变更合同条款。

⑦保险标的投保时具有不完整性。一般来说，签订保单之时工程建设项目尚未动工或正在施工中，此时确定的投保标的和保险金额等合同要素只能依据工程的概预算确定，与实际完工时的情况可能不同。

2）工程保险的作用。工程保险可起到分散工程风险损失的作用，具体表现在：

①保护工程承包商或分包商的利益。承包商或分包商可以通过投保工程一切险或质量责任险等险种将风险损失赔偿责任转移给保险公司。

②保护业主利益。业主可以通过投保雇主责任险将工程施工过程中可能发生的雇员人身伤亡和疾病的经济赔偿风险转嫁给保险公司；还可以通过投保或要求承包商投保责任险，将风险损失赔偿责任转移给保险公司。

③减少工程风险的发生概率。保险公司从自身利益出发，凭借积累的工程风险与保险的工作经验，为被保险人提供风险管理指导，并采取合理的措施尽量减少风险发生的概率和降低风险损失的程度。

3）工程保险的类别。根据适用工程性质的不同，目前国内和国际保险市场最常见的工程保险主要有：

①建筑工程一切险。建筑工程一切险是承保以土木建筑为主体的各类工程在整个建筑期间因自然灾害和意外事故造成的物质损失，以及被保险人对第三者依法应承担的赔偿责任的险种，简称“建工险”。

②安装工程一切险。安装工程一切险是专门承保各类机器设备或钢结构建筑物在整个安装、调试期间，由于自然灾害和意外伤害事故造成的物质损失，以及被保险人对第三者依法应承担的赔偿责任的险种，简称“安工险”。

在大多数情况下，同一个工程建设项目既包含建筑工程项目又包含安装工程项目，往往需要将建工险和安工险组合成一张建筑和安装工程险保单。有时也可以根据工程建设项目中建筑工程和安装工程部分的占比情况，按照建工险或安工险投保。

③工程相关保险。工程建设项目建设期间，除了对主体工程投保的建筑安装工程保险外，还可能涉及以下险种：

A. 相关人员保险。对于施工过程中可能造成的人员伤害，可以通过投保雇主责任险或施工人员意外伤害保险为相关人员提供保险保障。雇主责任险的被保险人是所有人、承包人和分包人，一般由各方分别投保，承保的是被保险人因施工意外事故造成雇员人身伤害而对雇员承担的经济赔偿责任；意外伤害保险的被保险人是从事工程施工的各类人员，在发生施工意外事故造成人身伤害时，保险公司按照保险单约定的金额向受益人支付保险赔偿金。

B. 施工机具保险。施工单位需要为其在施工中使用的各种施工机具投保专门保险。施工机具也可以作为单独的保险项目，放到建工险或安工险中投保。

C. 相关职业责任保险。工程中的设计方、监理方等专业工作者，可以为其在工程建设中的专业工作投保职业责任保险，转移其面临的由于自身工作中的过失而承担经济赔偿责任的职业风险。目前国内这类险种包括设计责任保险、监理责任保险等。

D. 其他险种。如信用保险和保证保险、机动车辆险、货运保险、工程质量潜在缺陷保险、安全生产责任保险等。

（2）工程保险安排

1）投保人和被保险人。工程保险一般可以由业主或总承包人投保。由哪一方投保，应在工程承包合同中写明。一般而言，业主投保可以使其对工程保险的成本、执行情况等加以控制，而承包人是工程建设项目建设的实施方，对工程建设更加了解，由其投保，办理保险投保和索赔等手续更加直接和便利。国际上通行的做法是将保险费列入工程合同承包价，由承包人投保，国内的做法是将工程保险费作为工程建设项目其他费用列入工程合同价。

无论哪方投保，一般情况下，均应将对方及工程其他相关方（如分包商）列为共同被保险人。由承包人投保的情况下，业主一般会对保险条件提出明确的要求，保险合同的签订、变更等都必须征得业主的同意。

2）保险方案的确定。根据工程的实际情况，在通用保险合同范本的基础上，根据工程建设项目的实际情况，设计制订出最符合工程需要的保险方案。保险方案的确定需要考虑的关键因素如下：

①保险项目和保险金额/赔偿限额的确定。

②免赔额的确定。

③保险期限的确定。

3）保险费率和保险费。保险费率是保险的单位成本，是一定时期保险费与保险金额的比例关系。影响保险费率的因素主要有工程性质、施工难度、工程各相关方的资质、工程所处地区的地理位置、施工现场的条件、工期长短及施工安装季节、免赔额的高低等。

保险费是指投保人按一定的保险条件取得保险人的保障而应交纳的价款，保险费的计算公式为：

$$工程保险费=保险金额\times保险费率$$

工程保险费与投保方要求的风险保障程度成正比。保单规定的保险项目越多，保险责任范围越宽且保险金额越大，意味着保险提供的风险保障程度越高，则保险费就要相应增加。另外，若保险标的的风险程度增加，说明潜在的风险转移的可能性增加，则保险费率会提高，相应的保险费也会增加。总之，保险金额和保险费率是影响工程保险保费的两个重要因素。

4）工程保险期限。工程保险的期限包括：

①施工期（建筑安装期）。自被保险工程在工地动工之日起，至业主对部分或全部工程签发完工验收证书或验收合格之日止，或至业主实际占有或使用该部分或全部工程之时止，上述两项以先发生者为准。

②试车期和考核期。在安装工程中，机器设备安装完毕后，投入生产性使用前，为保证正式运行的可靠性和准确性，必须进行试车考核。

③保证期。保证期是指根据工程合同的规定，承保人对于所承保的工程建设项目在工程验收并交付使用之后的一定时期内，对施工中存在的质量问题应承担修复或赔偿责任。

上述各部分期限应与工程承包合同的规定一致。需要说明的是，试车期、考核期和保证期的保险责任不同于施工期，应在保险合同中通过附加条款等予以明确。

（3）工程保险原则

1）保险利益原则。保险利益是指投保人对保险标的具有的由法律承认的利益。它体现了投保人与保险人之间存在的利害关系。保险利益原则是指在签订保险合同时或履行保险合同过程中，投保人和被保险人对保险标的必须具有保险利益的规定。《中华人民共和国保险法》（以下简称《保险法》）第十二条规定："人身保险的投保人在保险合同订立时，对被保险人应当具有保险利益。财产保险的被保险人在保险事故发生时，对保险标的应当具有保险利益。"

2）损害补偿原则。该原则标明被保险方在保险期限内遭受到保险责任事故的损害，有向保险方索要赔款和申请保险金的权力，保险方也必须承担约定的保险保障的义务。

3）近因原则。近因原则是在处理赔案时决定保险人是否承担保险赔偿与保险金给付责任的重要原则。可表述为：保险赔偿与保险金给付的先决条件是造成保险标的损害后果的近因必须是保险责任事故。

4）最大诚信原则。《保险法》第五条规定："保险活动当事人行使权利、履行义务应当遵循诚实信用原则。"工程保险合同是最大诚信合同。最大诚信的含义是指当事人真诚地向对方充分而准确地告知有关保险的所有重要事实，不允许存在任何虚伪、欺骗、隐瞒行为。最大诚信原则是指在保险合同当事人订立合同时及合同有效期内，应依法向对方提供足以影响对方做出立约与履约决定的全部实质性重要事实，同时绝对信守合同订立的约定与承诺。否则，受到损害的一方，可以按民事立法规定此为由宣布合同无效，或解除合同，或不履行合同约定的义务或责任，甚至对因此受到的损害还可要求对方予以赔偿。

（4）工程保险合同管理

工程保险合同管理主要包括工程保险合同的订立、履行、变更和续保等环节。工程保险合同签订后，投保人和被保险人应严格按照合同履行自身的义务，否则有可能会影响保险合同的效力，影响索赔。

被保险人在工程合同下的义务主要包括：

1）如实相告。在投保时，被保险人及其代表应对投保申请书中列明的事项以及保险公司提出的其他事项做出真实、详尽的说明或描述；在保险期内，如被保险工程有重大变化（如合同金额、设计、施工方案、工期等），应及时通知保险公司。

2）按期缴费。被保险人或其代表应根据保险单的规定按期缴付保险费。

3）防灾防损。被保险人应采取一切合理的预防措施，遵守一切与施工有关的法规和安全操作规程；若在某一被保险财产中发现的缺陷表明或预示类似缺陷亦存在于其他被保险财产中时，被保险人应立即调查并纠正该缺陷；在发生事故时，被保险人应采取一切必要措施防止事故影响的进一步扩大并将损失降低到最低程度。

4）及时报案并配合保险公司的调查。在发生引起或可能引起保险索赔的事故时，被保险人或其代表应立即通知保险公司，保留事故现场及有关实物证据，根据保险公司的要求提供作为索赔依据的所有证明文件、资料和单据。

5）协助追偿。若保险单项下的损失涉及其他责任方，被保险人应立即采取一切必要的措施行使或保留向该责任方索赔的权力。在保险公司支付赔款后，被保险人应将向该责任方追偿的权利转让给保险公司，并协助保险公司向责任方追赔。

（5）工程保险的理赔程序和理赔原则

理赔是保险产品的重要组成部分，不但关系到消费者对保险产品的满意度，而且具有示范效应。保险理赔的服务质量将影响消费者对保险产品的进一步需求。

1）工程保险的理赔程序。工程保险的损失原因分析和损失估算非常复杂，因而其理赔过程也很复杂，具体见图 4-12。

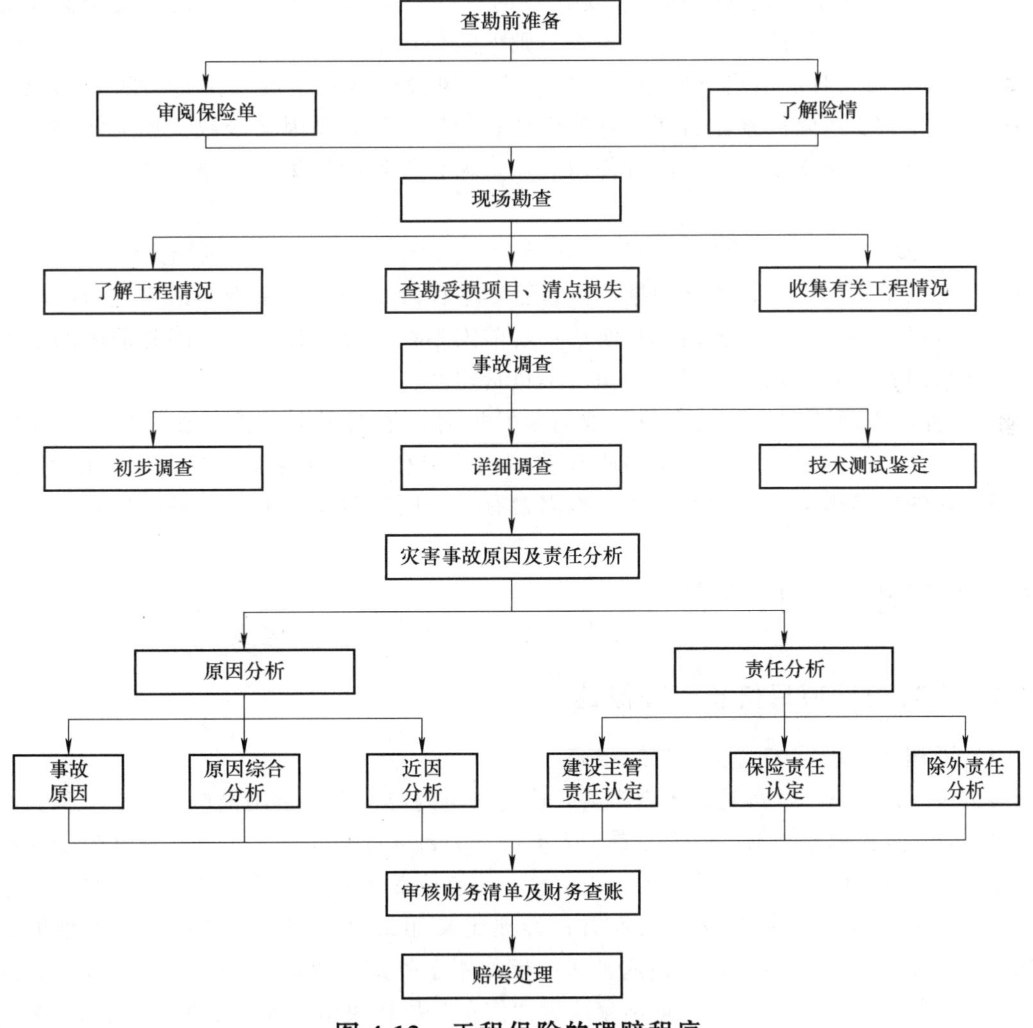

图 4-12　工程保险的理赔程序

建筑安装工程保险中，被保险人的索赔时效自损失发生之日起，不超过 2 年。

2）工程保险的理赔原则。工程保险的理赔原则主要有：

①重合同、守信用。保险合同是保险双方权利义务的依据。双方均应遵守合同约定，保证合同严格顺利实现。

②实事求是。在理赔工作中，要认真勘查现场，注意在事实调查的基础上一方面坚持按保险合同办事，另一方面要具体情况具体分析，灵活处理理赔工作。

③主动、迅速、准确、合理。这一原则是衡量和检验保险理赔工作质量的标准，是保险企业信誉的集中表现。

④近因。保险理赔遵循的一条重要原则是近因原则。近因原则是指按照造成保险标的的损失的有效原因来判断理赔责任。保险公司只对与损失有直接因果关系的承保风险所造成的损失负赔偿责任，而对不是由承保风险造成的损失不负赔偿责任。

利用近因原则判定责任时，共分为四种情况：

A. 单一原因造成的损失。这种情况比较简单，只要判断这一原因是否属于保险责任范围即可。若是，则保险公司赔偿；若否，则保险公司不赔偿。

B. 多种原因同时发生造成的损失。如果多种风险因素对事故损失都有重要影响，则应该逐一研究相应风险因素是否属于保险责任。如果各种风险因素导致的损失能够区分开来，则保险公司负责赔偿属于保险责任内的风险因素导致的损失。如果不能区分开来，则双方协商赔付。

C. 多种原因连续发生造成的损失。如果前后风险原因存在必然的因果关系，且前后原因之间的因果链未中断，那么根据前因是否属于保险责任范围来判断最终是否赔偿。若前因在保险责任内，则保险公司负责赔偿；若前因不在保险责任内，后因是前因的必然结果，即使后因在保险责任内，保险公司也不负责赔偿。

D. 多种原因间断发生。当多种原因间断发生时，依据新出现而且独立的风险原因是否在保险责任范围内来判断。在保险责任范围内则赔偿，不在保险责任范围内则不赔偿。如果新出现的风险因素与前面发生的风险因素有关，则按照前一种情况来判断。

4.5 工程建设项目信息管理

4.5.1 工程建设项目信息管理概述

（1）工程建设项目中的信息与信息流

信息这一概念已广泛渗透到各个学科，成为一个内容丰富、运用极广的概念。信息在自然界、社会以及人体自身都广泛存在着。人类进行的每一社会实践、生产实践和科学实验都在接触信息、获取信息、处理信息和利用信息。信息论奠基人之一香农认为“信息是用来消除不确定性的东西”，这一定义被人们看作经典定义而加以引用。控制论创始人维纳认为“信息是人们在适应外部世界，并使这种适应反作用于外部世界的过程中，同外部世界进行相互交换的内容的名称”。经济管理学家认为“信息是提供决策的有效数据”。我国著名的信息学专家认为“信息是事物存在方式或运动状态，以及这种方式或状态直接或间接的表述”。

科学的信息概念可以概括为：信息是客观世界中各种事物的运动状态和变化的反映，

是客观事物之间相互联系和相互作用的表征，表现的是客观事物运动状态和变化的实质内容。声音、文字、数字和图像等都是信息表达的形式。

从工程建设项目的提出、调研、可行性研究、评估、决策、计划、设计、施工到竣工验收等一系列活动中，涉及范围管理、时间管理、费用管理、质量管理、采购管理、人力资源管理、风险管理、沟通管理和综合管理等多方面工作，以及众多参与部门和单位，因此形成了大量物化的材料——工程建设项目信息。工程建设项目信息是指在整个工程建设项目生命周期内产生的反映和控制工程建设项目管理活动的所有组织、管理、经济、技术信息，其形式为各种数字、文本、报表、声音、图像等。

工程建设项目的各个阶段不断产生大量信息，这些信息伴随着工作流、物流、资金流按照一定的规律转换、变化及被使用，并被传递到相关部门和单位，形成工程建设项目管理过程中的信息流。项目管理者设置目标，做出决策和制订各种计划，组织资源供应，领导、指导、激励、协调各项目参与者的工作，控制项目的实施过程等都是靠信息流来实施的：管理者靠信息了解项目实施情况，发布各种指令，计划并协调各方面的工作。

工程建设项目的信息流与工作流、物流和资金流共同构成了项目实施和管理的总过程。其中，信息流对于项目管理有特别重要的意义。信息流将项目的工作流、物流、资金流、各个管理职能、项目组织，以及项目与环境结合在一起。它不仅反映，而且控制并指挥着工作流、物流和资金流。例如，在项目实施过程中，各种工程文件、报告、报表反映了工程建设项目的实施情况，工程实施进度、费用、工期状况，各种指令、计划、协调方案，并控制和指挥着项目的实施。所以，信息流是项目的神经系统，信息流的通畅保障着项目实施过程的顺利运行。

(2) 工程建设项目信息的特征与分类

1) 工程建设项目信息的特征包括数量庞大、类型复杂、来源广泛、动态变化、应用环境复杂、非消耗性、系统性以及时空上的不一致性。

①数量庞大。随着工程建设项目的进展，项目信息的数量呈现出递增的趋势，据统计，一个大型建设项目在项目实施全过程中产生的文档纸张可以达到几十吨重。在大型工程建设项目中，完全用手工对工程建设项目中的海量信息进行管理是十分困难的，目前的大型工程建设项目一般采用计算机系统对项目信息进行管理。工程信息的数字化是工程信息管理的一个基本趋势。

②类型复杂。从计算机辅助信息管理的角度，工程建设项目在实施过程中产生的信息可以分为两类。一类是结构化的信息，一般是指数据信息，如投资数据和进度数据等。在工程建设项目中，这些数据一般被保存在关系型数据库的数据表中，管理和利用都十分方便。另一类是非结构化或半结构化的信息，如工程文档、工程照片以及声音、图像等多媒体数据。它们很难被保存在一般的数据库系统中，大多以文件的形式存放在文件容器（或文档数据库中）中，一般把对这一类信息的管理称为内容管理。由于非结构化或半结构化的信息占工程建设项目信息的80%以上，因此，其内容管理在工程建设项目的信息管理中占有十分重要的地位。

③来源广泛。工程建设项目信息来自建设单位、设计单位、施工承包单位、监理单位、材料供应单位以及其他各组织与部门；来自可行性研究、设计、招标投标、施工及保

修等项目阶段的各个环节；来自建筑、结构、给水排水、暖通、强弱电等各个专业；来自质量控制、投资控制、进度控制、合同管理等建设工程项目施工管理的各个方面。工程建设项目信息来源的广泛性，往往给信息的收集与整理工作造成很大的困难，如何完整、准确、及时地收集项目信息以及合理地整理项目信息是工程建设项目信息管理人员首先要解决的问题：它将直接影响工程建设项目管理人员判断和决策的正确性和及时性。

④动态变化。工程建设项目中的信息和其他应用环境中的信息一样，都有一个完整的信息生命周期，加之工程建设项目实施过程中大量不确定因素的存在，使工程建设项目的信息始终处在动态变化之中。以设计图为例，在一个工程建设项目中存在不同设计深度和不同版本的多份设计图。这也说明在项目实施过程中，对项目信息进行动态的控制和管理十分必要。信息的版本控制（Version Control）是项目信息管理的一项重要内容。

⑤应用环境复杂。不同的项目参与方对同一项目信息有着不同的处理和应用要求，因此对项目信息进行组织和管理时，应充分考虑对信息的应用要求，这体现在对信息的分类、编码等工作上。

⑥非消耗性。工程建设项目信息可供信息管理系统的多个子系统或一个系统中的不同过程反复使用而不被消耗。

⑦系统性以及时空上的不一致性。工程建设项目信息是在一定时空内形成的，与工程建设项目管理活动密切相关。同时，建设工程信息的收集、加工、传递及反馈是一个连续的闭合环路，具有明显的系统性。时空上的不一致性体现在工程建设项目的不同阶段、不同地点都将产生、处理和应用大量的信息。

2）工程建设项目信息的分类。工程建设项目的信息包括在项目决策过程、实施过程（设计准备、设计、施工和物资采购过程等）和运行过程中产生的信息，以及参与项目的各个方面和与项目建设有关的信息，这些信息依据不同标准可划分如下：

①按工程建设项目信息的内容属性划分，信息可以分为技术类信息、经济类信息、管理类信息、法律类信息等。

A. 技术类信息。技术类信息是指在工程建设项目实施过程中与技术相关的信息，包括前期技术信息、设计技术信息、质量控制信息、材料设备技术信息、施工技术信息、竣工验收技术信息等。如工程的设计、技术要求、规范、施工要求，以及操作和使用说明等，这些信息是工程建设项目信息的主要组成部分。

B. 经济类信息。经济类信息是指投资控制信息和工程量控制信息，如材料价格、人工成本、项目的财务资料、现金流情况等，是工程建设项目信息的重要组成部分。

C. 管理类信息。管理类信息包括项目组织类信息，是指组织项目实施的信息，如项目的组织结构、具体的职能分工、人员的岗位责任、有关的工作流程等，是保证项目顺利实施的关键因素。

D. 法律类信息。法律类信息是指项目实施过程中的一些法规、强制性规范、合同条款等，是项目实施必须满足的条件。

②按工程建设项目实施的过程划分，信息包括决策阶段信息、设计阶段信息、招标投标阶段信息、施工阶段信息、设备与材料供应信息等。

A. 决策阶段信息。这类信息多为宏观层面的信息，不涉及技术细节，如决策分析报告、可行性研究、审批报告等综合性文件。

B. 设计阶段信息。这类信息主要涉及技术层面的问题和细节，也包含一些经济管理方面的信息，如设计要求、设计说明、设计图、造价估算等。

C. 招标投标阶段信息。这类信息主要偏重经济和法律方面，如造价、合同条件、法律约束等文件。

D. 施工阶段信息。该阶段信息非常复杂，涉及大量的细节问题，如工程技术、工作计划、材料价格、付款、合同索赔等。

E. 设备与材料供应信息。与施工阶段信息相比，此类信息比较单一，主要包括一些技术要求、进度条件和合同条款等。

③按工程建设项目信息的目标划分，信息可以分为投资控制信息、质量控制信息、进度控制信息、合同管理信息等。

A. 投资控制信息。投资控制信息是指与投资控制直接相关的信息，如各种估算指标、类似工程造价、物价指数，设计概算、概算定额，施工图预算、预算定额、工程建设项目投资估算，合同价组成，投资目标体系，计划工程量，已完工程量，单位时间付款报表，工程量变化表，人工、材料调差表，索赔费用表，投资偏差，已完工程结算，竣工决算、施工阶段的支出账单，原材料价格、机械设备台班费、人工费、运杂费等。

B. 质量控制信息。质量控制信息是指与工程建设项目质量相关的信息，例如：国家有关的质量法规、政策及质量标准、项目建设标准；质量目标体系和质量目标的分解；质量控制工作流程、质量控制的工作制度、质量控制的方法；质量控制的风险分析；质量抽样检查的数据；各个环节工作的质量（工程建设项目决策的质量、设计的质量、施工的质量）的质量事故记录和处理报告等。

C. 进度控制信息。进度控制信息是指与进度相关的信息，例如：施工定额；项目总进度计划、进度目标分解项目年度计划、工程网络计划、计划进度与实际进度偏差；网络计划的优化、网络计划的调整情况；进度控制的工作流程、进度控制的工作制度、进度控制的风险分析等。

D. 合同管理信息。合同管理信息是指与建设工程相关的各种合同信息，例如：工程招标投标文件；工程建设施工承包合同，物资设备供应合同；咨询、监理合同；合同的指标分解体系；合同签订、变更执行情况；合同的索赔等。

④按照工程建设项目信息的来源划分，信息可以分为项目内部信息和项目外部信息。

A. 项目内部信息。项目内部信息是指在工程建设项目各个阶段、各个环节，由各有关单位产生的信息的总合。项目内部信息取自项目本身，如工程概况、设计文件、施工方案、合同结构、合同管理制度信息资料的编码系统、信息目录表，会议制度，监理团队的组织，项目的投资目标、项目的质量目标、项目的进度目标等。

B. 项目外部信息。来自项目外部环境的信息称为项目外部信息，例如：国家有关的政策及法规；国内及国际市场的原材料及设备价格、市场变化；物价指数；类似工程造价、进度；投标单位的实力、投标单位的信誉、毗邻单位情况；新技术、新材料、新方法；国际环境的变化；资金市场变化等。

⑤按照信息的稳定程度划分，信息分为固定信息和流动信息两种。

A. 固定信息。固定信息是指在一定时间内相对稳定不变的信息，包括标准信息、计划信息和查询信息。标准信息主要是指各种定额和标准，如施工定额、原材料消耗定额、生产作业计划标准、设备和工具的耗损程度等。计划信息反映计划期内已定任务的各项指标情况。查询信息主要是指国家和行业颁发的技术标准、不变价格等。

B. 流动信息。流动信息指不断变化的动态信息，例如：反映项目实施阶段的质量、投资及进度的统计信息；在某一时刻项目建设的实际进程及计划完成情况，项目实施阶段的原材料实际消耗量、机械台班数、人工工日数等。

⑥按照信息的层次划分，信息分为战略性信息、管理性信息和业务性信息。

A. 战略性信息。战略性信息是指工程项目建设过程中战略决策所需的信息，如投资总额、建设总工期承包商的选定、合同价的确定等信息。

B. 管理性信息。管理性信息是指项目年度进度计划、财务计划等信息。

C. 业务性信息。业务性信息是指各业务部门的日常信息，比较具体，精度较高。

(3) 工程建设项目信息管理的含义

工程建设项目信息管理是指通过对各个系统、各项工作和各种数据的管理，方便有效地收集、传递、加工、储存、使用和交流各项目信息，从而保证工程建设项目顺利进行的一系列工作的总称。其中“各个系统”可视为与项目的决策、实施和运行有关的各个系统，它可分为工程建设项目决策阶段管理子系统、实施阶段管理子系统和运行阶段管理子系统。其中，实施阶段管理子系统又可分为业主管理子系统、设计方管理子系统、施工方管理子系统和供货方管理子系统等。“各项工作”可视为与项目决策、实施和运行有关的各项工作，如施工方管理子系统中的工作包括成本管理、进度管理、质量管理、安全管理、合同管理、信息管理、施工现场管理等。“各种数据”并不仅仅是指数字，在信息管理中，数据作为一个专门术语，包括数字、文字、图像和声音。各种报表，成本分析的有关数字、进度分析的有关数字、质量分析的有关数字、各种来往的文件、设计图纸、施工摄影摄像资料和录音资料等都属于信息管理中的数据范畴。

4.5.2 工程建设项目信息管理任务及过程

工程建设项目信息管理贯穿于工程建设项目的一系列活动中，涉及工程建设项目各个阶段、各个参建方的各个方面。伴随物质生产过程的是信息的产生、处理、传递及应用，项目的建设离不开信息，工程建设项目信息管理工作的好坏直接影响建设项目的成败。

(1) 工程建设项目信息管理的任务

工程建设项目各参与方都有各自的信息管理任务。为充分利用和发挥信息资源的价值，提高信息管理的效率以及实现有序的和科学的信息管理，各方面应编制各自的信息管理手册，以规范信息管理工作。信息管理手册描述和定义信息管理的任务、执行者，每项信息管理任务执行的时间和工作成果等，其主要内容如下。

1）确定信息管理的任务（信息管理任务目录）。

2）确定信息管理的任务分工表和管理职能分工表。

3）确定信息的分类。

4）确定信息的编码体系和编码。

5）绘制信息输入输出模型（用线框图来反映每一个信息处理过程中信息提供者、信息整理加工者和信息接收者的关系，以及信息整理加工的要求和内容）。

6）绘制各项信息管理工作的工作流程图（如信息管理手册编制和修订的工作流程，为形成各类报表和报告，收集信息、审核信息、录入信息、加工信息、信息传输和发布的工作流程以及工程档案管理的工作流程等）。

7）绘制信息处理的流程图（如工程建设项目投资管理信息、施工成本控制信息、施工进度信息、施工质量信息、施工安全管理信息、合同管理信息等的信息处理流程）。

8）确定信息处理的工作平台（如以局域网作为信息处理的工作平台或用门户网站作为信息处理的工作平台等）及明确其使用规定。

9）确定各种报表和报告的格式以及报告周期。

10）确定项目进展的月度报告、季度报告、年度报告和工程总报告的内容及其编制原则和方法。

11）确定工程档案管理制度。

12）确定信息管理的保密制度以及与信息管理有关的其他制度。

（2）工程建设项目信息管理的过程

工程建设项目信息管理是在管理的各个阶段，对所产生的、面向项目管理业务的信息进行收集、传递、加工、存储、分发和检索等信息规划和组织工作的总称。工程建设项目信息管理的目的是通过有效的信息规划和组织，使项目管理人员能及时、准确地获得项目规划、项目控制和管理决策所需的信息。

1）工程建设项目信息的收集。工程建设项目参建各方的信息收集方式是不同的，有不同的来源、不同的角度和不同的处理方法，但要求各方对相同的信息应该规范化处理。参建各方在不同时期信息收集的侧重点也有所不同，也要求规范化。工程建设项目的不同阶段，如项目决策阶段、项目设计阶段、项目施工招标投标阶段、项目施工阶段等，决定了不同的信息内容，但无论项目信息内容有何不同，人们获取信息的来源、信息采集的途径及信息采集的方法却是相同的。

①项目决策阶段的信息收集。应该在工程咨询期间就进行项目决策阶段相关信息的收集，主要收集工程建设项目外部的宏观信息，从时间跨度考虑要收集过去、现代和未来与项目相关的信息，具有较大的不确定性。

在项目决策阶段信息收集主要从以下几个方面进行：项目相关市场方面的信息，项目资源相关的信息，自然环境相关方面的信息，新技术、新工艺、新材料等专业配套能力方面的信息，整治环境、社会治安状况，当地法律、政治、教育的信息等。

②项目设计阶段的信息收集。该阶段是工程建设的重要阶段，设计阶段决定了工程规模、建筑形式、工程的概预算，技术的先进性、实用性、标准化程度等一系列具体的要素。设计阶段信息收集的范围广、来源较多、不确定因素较多、外部信息较多，收集难度较大，要求信息收集人员且有较高的技术水平和较广的知识面，还要有一定的设计相关经验、投资管理能力和信息综合处理能力。

在设计阶段的信息收集主要从以下几个方面进行：可行性研究报告，同类工程相关信息、拟建工程所在地相关信息，勘察、测量、设计单位相关信息，工程所在地政府相关信息，设计中的设计进度计划，设计质量保证体系，设计合同执行情况，偏差产生的原因，专业间设计交接情况，设计概算和施工预算结果，各设计工序对投资的控制。

③项目招标投标阶段的信息收集。该阶段的信息收集有助于协助建设单位编制招标书，有助于建设单位选择施工单位和项目经理、项目团队，有利于签订施工合同。要求信息收集人员充分了解施工设计和施工图预算，熟悉法律法规、招标投标程序、合同示范范本，特别要求了解工程特点，在工程量的分解上有一定的能力。

项目施工招标投标阶段的信息收集主要从以下几个方面进行：工程地质、水文勘察报告，施工图设计及施工图预算、设计概算，设计、地质勘察、测绘的审批报告等信息，设计单位建设前期报审文件，工程造价的市场变化情况，当地施工单位情况，本工程使用的相关规范、规程等信息，有关招标投标的规定和代理信息，以及建设过程采用的新技术、新设备、新材料、新工艺等。

④施工阶段的信息收集。施工阶段的信息收集可以在施工准备期、施工实施期、竣工保修期三个子阶段分别进行。

施工准备期。该阶段信息来源较多、复杂，由于参建各方相互了解还不够，信息渠道没有建立，信息收集有一定困难。应组建合理的工程信息传递流程，确定合理的信息源，规范各方的信息行为，建立必要的信息秩序。该阶段信息收集的主要方面包括施工图预算及施工图，监理大纲，工程预算体系和施工合同，施工单位项目经理部的组成，施工进场情况，安全措施，现场环境情况，施工图会审及交底情况，本工程须遵循的相关建筑法律、法规，质量检验验收标准等。

施工实施期。信息来源相对比较稳定，主要是施工过程中随时产生的数据，由施工单位逐层收集上来，比较单纯，容易实现规范化。但关键是施工单位、监理单位和建设单位在信息形式上和汇总上不统一，应对此加以规范。统一各方的信息格式，实现标准化、代码化、规范化。施工实施期收集的信息应该分类由专门的部门或专人分级管理。该阶段信息收集的主要方面包括：施工单位人员及设备、水、电、气等能源的动态信息，施工实施期的气象信息，建筑材料、半成品、成品、构配件等工程物资的进场、保管等信息，项目经理部的相关信息，施工中须执行的国家、地方相关的规范、规程等，施工中产生的工程数据，建筑材料相关试验检测数据，设备安装时运行和测试信息，施工索赔相关信息。

竣工保修期。其信息建立在施工实施期日常信息积累的基础上，这一阶段只是参建各方最后的汇总和总结。该阶段要收集的信息主要包括工程准备阶段文件、监理文件、施工资料、竣工图、竣工验收资料等。

2）工程建设项目信息的加工及整理。工程建设项目信息的加工、整理主要是对建设各方得到的数据和信息进行鉴别、选择、核对、合并、排序、更新、计算、汇总、转储，生成不同形式的数据和信息，提供给不同需求的各类管理人员使用。

在信息加工时，要按照不同的需求、不同的加工方法分层进行加工。对项目建设过程中的施工单位提供的数据要加以选择、核对，进行必要的汇总，对动态的数据要及时更新，对于施工中产生的数据要按照单位工程、分部工程、分项工程组织在一起，每一个单位工程、分部工程、分项工程要把数据分为进度、质量、成本等方面分别组织。

①工程建设项目信息的筛选。工程建设项目信息筛选的目的是降低信息流的混乱程

度，提高信息产品的质量和价值，建立信息产品与用户的联系，节省信息活动的总成本。信息的选择是根据用户的需要，从信息流中把符合既定标准的部分挑选出来的活动，使信息内容、传递时机、获取方式等信息流诸要素与用户需要相匹配的过程。由于客观条件的限制或者是受人的主观因素的影响，在初始信息采集活动中经常会出现信息失真、信息老化甚至信息混乱等问题。因此，要对从各类信息源采集的信息进行优化选择。

优化选择的依据是信息使用者的最终需要，一般应从信息内容与用户的关联程度、信息内容能否正确地反映客观现实、信息内容的新颖性、信息成果的领先水平、信息是否符合用户需要、信息便于当前使用的程度等方面考虑。对初始信息的鉴别、筛选和剔除，其主要任务是去粗取精、去伪存真，使信息流具有更强的针对性和时效性，可采用比较法、分析法、核查法、引用摘录法和专家评估法等进行优化选择。

②工程建设项目信息的加工。信息加工是为了便于人们在需要时能够通过各种方便的形式查询、识别并获取信息。其主要包括以下三个方面：

A. 数据项的确定。数据项是构成数据库记录的最小单位和基础。任何一个数据项都有可能成为数据库检索入口，数据项的选择不仅关系到能否准确地描述信息，还影响到数据库的功能和检索效果。数据项的选取应考虑完整性、标准化、方便性、低冗余和灵活性的原则，充分发挥每一个数据项的实用功能。

B. 信息外表特征的加工。这是对存在于一定物理载体之上的信息的外表特征和物质形态进行描述的过程。对于文献型信息的加工，国内外均有许多信息加工条例和标准，对各类数据项的选取和描述分别做了规定和说明；对于非文献型信息的加工，一种方法是将口头信息和实物信息转化为文献型信息，然后依据格式进行加工，另一种方法是直接描述事物的名称、外形、内容、性能、生产者及生产时间、地点等，按规定格式记录下来，形成数据库之类的信息产品。

C. 信息内容特征的加工。它是指在对信息内容进行分析的基础上，根据一定规则对信息的内容属性加以标识，并进行描述，也称为信息标引。它是通过分析信息的主题概念、内容性质等特征，赋予其能够揭示的有关特征的简明代码，从而为信息揭示、组织和检索提供依据。信息标引可以分为以学科分类代码作为信息标识的分类标引和以主题词符号作为信息标识的主题标引。

③工程建设项目信息的分发和检索。对收集的数据进行分类加工处理产生信息后，要及时提供给需要使用数据和信息的部门。信息和数据的分发要根据需要来分发，信息和数据的检索则要建立必要的分级管理制度，确定信息使用权限。一般由实用软件来保证实现数据和信息的分发、检索，关键是要确定分发和检索的原则，也就是必须按一定规则和方法把所有信息记录组织排列成一个有序的整体，为人们获取所需信息提供方便。

④工程建设项目信息的存储。信息的存储一般需要建立统一的数据库，各类数据以文件的形式组织在一起，组织的方式要考虑规范化。可以按工程进行组织，同一工程按照投资、进度、质量、合同等组织，各类信息进一步按照具体情况细化；各参建方应协调统一存储方式，在国家技术标准有统一代码时尽量采用统一代码，文件名命名也应规范化；尽量以网络数据库的形式存储数据，达到建设各方数据共享、减少数据冗余、保证数据唯一性的目的。

4.5.3 信息技术在工程建设项目管理中的应用

(1) 信息技术概述

信息技术是关于信息的产生、发送、传输、接收、变换、识别和控制等应用技术的总称，是在信息科学的基本原理和方法的指导下扩展人类信息处理功能的技术。信息技术作为生产工具，为信息的收集、加工、存储与传递提供支持与保障，具体包括信息基础技术、信息处理技术、信息应用技术和信息安全技术等。

项目管理思想的发展与信息技术的发展是互为因果的环路，实践证明信息技术已在管理层面扮演越来越重要的角色。伴随着项目管理理论思想的不断发展，信息技术革命以前所未有的速度进行变化，主要表现为互联网、大型数据库、通信卫星、光导纤维组成的现代信息技术革命。现代信息技术与互联网大大提高了对信息进行快速、可靠、安全的收集、识别、提取、变换、存贮、传递、处理、检索、分析和利用的能力。现代信息技术特别是计算机硬件体系、互联网和 BIM（建筑信息模型）技术的发展，对工程项目管理软件和项目管理信息系统发展，甚至对改变项目管理思想发挥了不可估量的作用。

(2) 计算机技术在工程建设项目管理中的应用

工程建设项目管理信息系统（PMIS）是计算机辅助项目目标规划和控制的信息系统，是针对项目的投资、进度、质量目标的规划和控制而设立的。工程建设项目管理信息系统通过推动项目管理专业业务的流程电子化、格式标准化及对记录和文档信息的集中化管理，提高工程管理团队的工作质量和效率。PMIS 信息系统软件主要关注进度控制、投资控制、合同管理等方面。

1）工程建设项目进度管理信息系统。进度控制是在一定的约束条件下，以高效率地实现项目目标为目的，按照项目内在的逻辑规律进行有效的计划、组织、协调、控制的管理系统活动。工程建设项目进度管理信息系统是工程建设项目管理信息系统的核心。进度管理信息系统也就是时间协调与项目进展分析控制系统，是项目管理的基础。从项目管理理论来看，项目实施过程就是由一系列相关的“工作”构成的，而工作需要投入相应的资源才能在一定的时间内完成。因此，进度管理信息系统不只是简单的时间管理，时间管理仅是其表象，进度管理牵涉到资源的均衡、进度的协调与控制。项目实施过程中任何工作都是进度管理的对象。建设项目进度信息系统通常采用网络计划技术。

鉴于工程建设项目进度管理的复杂性，很难将项目实施过程中的所有工作纳入进度管理信息系统进行管理，一般进度信息管理系统的管理对象为项目主要进度计划中的工作，而其他一些辅助性工作通过其他系统与进度管理信息系统集成加以解决。随着项目管理技术与信息技术的发展，以网络计划技术为基础的项目管理软件日益成熟，基本能满足建设项目进度管理的需求，因而计算机辅助工程建设项目进度管理信息系统可根据建设项目的实际情况与管理要求选用不同层次的商品化项目管理软件。

目前在国内外工程建设领域，使用较为广泛的、具有代表性的商品化项目管理软件有美国 Primavera 公司的 P6 软件以及美国微软公司的 Microsoft Project 软件。P6 是 Primavera 6.0 的简称，原来称为 P3E/C 软件（P3 软件）。P6 荟萃了 P3 软件 20 年的项目管理精髓和经验，采用最新的信息技术，在大型关系数据库 Oracle 和 MS SQL Server 上构架起企业级的、包含现代项目管理知识体系的、具有高度灵活性和开放性的、以计划—协同—跟踪—控制—积累为主线的企业级工程建设项目管理软件，是项目管理理论演变为实用技术的经典之作。Microsoft Project 是如今在全世界范围内应用非常广泛的、以进度计划为核心的项目管理软件，Microsoft Project 可以帮助项目管理人员编制进度计划，管理资源的分配，生成费用预算，也可以帮助其绘制商务图表，形成图文并茂的报告。

2）工程建设项目合同和投资管理信息系统。工程建设项目合同和投资管理信息系统是业主建设项目管理信息系统（PMIS）的重要组成部分。建设项目合同和投资管理信息系统主要协助解决两方面的问题。一方面是依据项目的总体进度安排、项目管理组织结构以及项目投资概预算建立项目投资编码系统；另一方面是根据项目合同，全面登记管理合同履行过程中与费用相关的各种信息，跟踪分析各种事件对项目投资以及合同费用的影响。

工程建设项目投资控制是一项复杂的系统工程，不仅仅是为了防止投资突破预算限额，其更积极的意义在于促进工程建设项目参与方加强管理，使有限的财力、物力、人力发挥出最佳的经济效益和社会效益。而在工程建设项目全过程投资控制中，工程建设合同具有独特的地位。合同体现了工程建设项目的投资、进度和质量的目标和控制内容，在某种意义上可以认为投资控制、进度控制和质量控制都是在合同管理的基础上展开的，合同体现了三个控制目标的统一。

工程建设项目合同和投资管理信息系统只有与进度管理信息系统有机整合，才能真正实现“动态控制”的要求。一般来说，工程建设项目合同和投资管理信息系统是项目建设过程中“静态”的有关费用及相关事项的记录与管理系统。有关项目动态费用分析、赢得值分析等往往在进度管理系统中实现，并在建设项目合同和投资管理信息系统中通过接口或集成调用进度管理系统中的相关数据加以展现。

目前，国内外工程建设领域使用的较为广泛的具有代表性的投资控制与合同管理软件有 C3A 软件和 EXP 软件。C3A 软件是典型的以投资控制与合同管理为核心功能的专业项目管理软件。C3A 是 Cost Control and Contract Administration 的英文首字母简写，意即“投资与合同的集成控制和管理”，是为工程建设项目的投资与合同的集成控制和管理工作提供辅助服务的专业化软件。EXP 是合同事务管理软件 Expedition 的前三个英文字母组成的，该软件由著名的项目管理解决方案软件供应商美国 Primavera 公司研发，以合同控制为中心，在工程合同与采购订单的静态管理记录以及概预算静态控制中发挥了很好的作用。

（3）基于互联网的工程建设项目信息管理

1）项目信息门户。项目信息门户（Project Information Portal，PIP）是在项目主题网站（Project-specific Website）和项目外联网（Project Extranet）的基础上发展起来的一种工程管理信息化的前沿研究成果。根据国际学术界比较公认的定义，项目信息门户是在项目实施全过程中，对项目参与各方产生的信息和知识进行集中式存储和管理的基础上，为项目参与各方在互联网平台上提供的一个获取个性化（按需索取）项目信息的单一入口，为项目参与各方提供项目信息共享、信息交流和协同工作的环境。

PIP 的实质是利用互联网技术为项目参与各方营造一个信息沟通与协调合作的共享环境，其应用平台包括互联网及其相适应的虚拟组织环境。通过 PIP 标准的 Web 界面，项目的各参与方及社会大众可在其权限范围内访问统一存放于中央数据库的各种项目信息；

另外，PIP 还在其 Web 界面上集成或实现了诸如工作流管理、项目信息发布、视频会议、项目公告牌、在线录像、虚拟现实及应用程序共享等功能，可有效解决大型工程建设的信息沟通问题。PIP 具有如下基本特点：

①以项目外联网作为信息交换工作的平台，其基本形式是项目主题网。与一般的网站相比，它对信息的安全性有较高的要求。

②采用浏览器/服务器模式（即 B/S 结构），用户在客户端只需要安装一台浏览器即可。浏览器界面是获取全部项目授权信息的唯一入口，项目参与各方可以不受时间和空间的限制定制自己所需的项目信息。

③系统的核心功能是项目信息的共享和传递，而不是对信息进行加工、处理。这方面的功能可通过与项目信息处理系统或项目管理软件系统的有效集成来实现。

④该系统不是一个简单的文档管理系统和群件系统，它可以通过信息的集中管理和门户设置为项目参与各方提供一个开放、协同、个性化的信息沟通环境。

2）工程建设项目集成管理系统。工程建设项目是由若干要素组成的。在一个项目的实施过程中，各要素（成本、工期、质量等）彼此密切相关，任何一方发生变化都将会引起其他方面相应的变化，并将直接或间接地对项目产生影响。为消除这些影响，实现对项目各项活动有效的管理和控制，就需要对项目各要素进行集成管理。

项目集成管理的目标是保障一个项目各方面的工作能够有机地协调与配合，它的内容包括为达到甚至超过项目相关利益者的期望去协调各方面的目标和要求、计划安排最佳（或满意）的项目行动方案，以及集成控制项目的变更和协调项目各方面工作等内容。项目集成管理从本质上说就是从全局出发，以项目整体利益最大化作为目标，以项目时间、项目成本、项目质量、项目范围、项目采购等各种项目专项管理的协调与整合为主要内容而开展的一系列综合性管理活动。

（4）BIM 技术在工程建设项目管理中的应用

建筑信息模型（BIM）能够有效地辅助建设工程领域的信息集成、交互及协同工作，我国的《建筑信息模型应用统一标准》（GB/T 51212—2016）和《建筑信息模型施工应用标准》（GB/T 51235—2017）将建筑信息模型定义为在建设工程及设施全生命期内，对其物理和功能特性进行数字化表达，并依此设计、施工、运营的过程和结果的总称。美国国家标准技术研究院对 BIM 做出了如下定义：BIM 是以三维数字技术为基础，集成了工程建设项目各种相关信息的工程数据模型，BIM 是对工程建设项目设施实体与功能特性的数字化表达。

BIM 是随着信息技术在建筑行业深入应用和发展而出现的、将数字化的三维建筑模型作为核心应用于建设工程的设计、施工等过程中的一种工作方法，BIM 的特征包括：

1）由参数定义的、互动的建筑物构件。作为建筑信息模型基本元素的建筑物构件是一个数字化的实体，如数字化的门、窗、墙体等，能表现出门、窗、墙体的物理特性和功能特征，并具有智能互动能力，门、窗和墙体之间能自动结合，在几何关系和功能结构上能成为一个整体。

2）即时的二维/三维/参数模型显示和编辑。信息模型在表现形式上既能进行传统的二维平面显示，如平、立、剖面图等，又能进行三维的立体显示和某种程度的动态显示，如建筑效果图、建筑动画等，以及在某种特定情况下用于分析计算的参数显示，如建筑构件表。

不同的显示方式之间应保持高度的相关性和一致性，尤其是在对信息模型进行编辑、修改时，在任何一种显示方式下进行的编辑、修改都会同时在其他的显示方式中如实地呈示出来。

3）完全整合的非图形数据报告方式。建筑信息模型能完整地、系统性地对非图形数据进行报告和显示，如工程量清单、门窗列表、造价估算等，这些信息都可以以表格的形式显示，对信息模型的任何编辑和修改都会即时、准确、全面地反映在这些表格中。

信息是 BIM 的核心，它是一个富含项目信息的三维或多维建筑模型。在项目的全生命周期内使用 BIM，被认为是目前解决建筑业信息互用效率低下的有效途径。换句话说，高效的信息互用正是 BIM 的核心价值所在。BIM 技术让工程师们拥有更加丰富、准确及动态的建筑全生命周期数据，用于分析、计算各类建设项目。BIM 用户在获得更多的专业知识和技术时，相应地会增加对信息互用的关注度。

4.5.4 工程建设数字化

当前，新一代信息技术强劲发展，以大数据、物联网、云计算、人工智能和 5G 通信等为代表的先进技术已深入社会经济的各个领域。随着国家碳达峰和碳中和目标的提出，社会生产方式将迎来重大变革，产业数字化成为必然趋势。

党中央、国务院高度重视数字时代带来的新机遇、新挑战，在《“十四五”规划和 2035 年远景目标纲要》中明确指出，要以数字化转型整体驱动生产方式、生活方式和治理方式的变革。

（1）工程行业的数字化

工程行业的数字化主要体现在四个方面：管理数字化、业务数字化、工具智能化、数字化业务。管理数字化即现在常说的管理信息化，围绕企业管理，在标准化基础上实现管理信息化，未来企业实现量化管理后，信息化即过渡到数字化、智能化阶段。业务数字化围绕工程产品，实现工程产品的数字化模拟，并实现与实体工程的互通互联，主要实现工具即 BIM。工具智能化是工程行业的部分作业工具借助数字化实现智能化，如设计阶段的智能化设计软件、施工阶段的智慧化建造设备、智能化装配式工厂等。数字化业务包括 BIM 咨询、智能工程专项建设/改造、信息化服务和智能工具服务、数字化软硬件产品等。对工程行业而言，管理数字化和业务数字化是当前数字化发展的核心和基础内容。

管理数字化的推动力量主要是企业自身管理的需要，越来越庞大的企业、越来越精细的管理要求、资源整合与平台建设的需要、风险控制的需要等都在要求企业管理精细化、定量化、数字化、智能化。管理数字化方面，未来还会新增一个细分领域，即智慧化工地。当前智慧化工地相对独立，但未来智慧化工地将作为管理工具提升企业的项目管理能力，同时作为工程行业物联网技术实现数字化与工程实体的互通互联。

业务数字化的推动力量包括自身业务的需要、全行业数字化进程的带动、市场和政策的鼓励/要求三个方面。业务数字化有助于工程企业实现业务转型，包括工程总承包、投建运（投资、建设、运营）、多专业综合型业务的转型。未来，业务数字化将推动工程本身进入万物互联体系，各类工程都将借助数字化融入智慧工程、智慧城市体系中。

（2）工程建设项目数字化管理

1）工程建设项目数字化管理的意义。建设工程是国民经济发展的基础和重要支撑，随着社会经济的快速发展，建设工程的规模和复杂程度也在不断增加，传统管理模式已经难以满足大规模和高标准建设工程项目的需求。数字化管理模式的引入，可以提高管理效率、降低成本、提升质量和安全水平，是建设工程管理的必然选择。

数字化管理是利用信息技术，在建设工程管理中实现信息化、网络化、数字化、智能化的管理模式。数字化管理能够提高管理效率，实现全流程和全周期管理，减少管理人员和资源消耗，提高管理精度和效果。数字化管理还可以提高工程质量，通过数据分析和智能系统，挖掘问题根源，及时制定改进措施，减少质量事故发生概率。数字化管理可以提高工程安全，通过人脸识别、视频监控等技术手段，及时发现安全隐患，尽可能地避免事故发生。数字化管理还可以提高成本控制效果，通过数据采集、分析和智能系统，实现成本的精细化控制，降低工程成本。数字化管理还可以提高决策效果，通过数据采集和智能系统，可以实现快速的数据分析、决策和反馈，减少决策的失误和不确定性。

2）工程建设项目数字化管理模式构建。构建工程建设项目数字化管理模式包括以下内容：

①信息平台建设。信息平台是数字化管理的基础，工程建设项目管理信息平台应包括工程设计（设计文件、设计图纸、设计说明等信息资料的数字化存储和管理）、施工实施（施工方案、施工计划、施工记录、施工进度等信息资料的数字化存储和管理）、建设监理（监理合同、监理报告、监理记录等信息资料的数字化存储和管理）、工程质量（工程质量检验、质量验收、质量管理体系等信息资料的数字化存储和管理）、工程安全（安全生产管理制度、安全检查、事故报告等信息资料的数字化存储和管理）等方面的信息数据库。

②数据采集技术建设。工程建设项目数据包括文本、图纸、图片等多种表现形式，需要利用现代技术手段进行信息采集、传输和处理。比如：工程施工现场数据的采集和传输技术，包括摄像头、无线传感器、GPS（全球定位系统）、RFID（射频识别）等技术；工程质量检验数据的采集和传输技术，包括质量检测设备、质量检验软件、质量检测结果信息等技术。

③数据处理和分析技术建设。工程建设项目数据量庞大，需要通过数据存储和管理技术（数据库、云存储、大数据存储技术）、数据分析和挖掘技术（数据处理软件、数据分析算法、数据挖掘模型等）、智能系统和决策支持技术（智能软件、人工智能技术、数据可视化技术等）对其实现有效利用。

④数字化管理系统建设。工程建设项目数字化管理系统应包括工程设计管理系统、施工实施管理系统、建设监理管理系统、工程质量管理系统、工程安全管理系统等。

⑤数字化管理模式实施。数字化管理模式实施应按照以下步骤进行：

A. 建立数字化管理领导机构，明确数字化管理的组织架构、管理层级和工作流程。

B. 制定数字化管理规章制度，包括数字化管理各项工作的操作规程、标准和指南。

C. 制订数字化管理实施计划，包括数字化管理设备和软件的采购、安装、调试和运行等安排。

D. 开展数字化管理培训，包括数字化管理理念、技术标准、系统操作等方面的培训。

E. 推进数字化管理实施，按计划一步步落实数字化管理的设备、系统、软件和流程。

F. 开展数字化管理的应用和评估，及时总结经验、调整措施，不断改进数字化管理模式。

⑥数字化管理模式效果评估。对数字化管理模式实施效果评估包括管理效率、质量水平、安全状况和成本效益等方面的评估。

第5章　货物与服务项目管理

货物采购和服务项目采购是招标采购工作的重要内容，本章详细介绍了货物的分类和生产过程管理，以及对货物采购项目的规划和控制，在服务项目管理中重点介绍了工程咨询服务、物流服务，以及科技研发与咨询服务的概念、特征、管理过程。

5.1　货物及其生产过程管理

5.1.1　货物的概念及分类

（1）货物的概念

货物是指进入商品流通领域的物品，是招标采购中不同于工程和服务的另一类标的。工业化生产的货物从生产到进入流通领域并最终被消费，需要经过产品策划、研发、设计、单件或小批量试制，直至大规模制造的完整生产过程，对整个生产过程的管理从最初的项目工作方式逐渐转向基于项目的工作方式，到最终可能的大规模生产的运行管理方式。生产过程完成后，货物要经过包括贸易谈判、签约、支付、仓储与运输，直至交付给客户的交易和流通过程，这一交易和流通过程具有显著的项目性质。所以货物的生产和流通环节虽然不完全是项目管理过程，但与项目管理又是密不可分的。在货物生产和流通的许多环节，需要运用项目管理的思想、方法和工具，使从生产到流通的整个过程得以顺利进行。

（2）货物的分类

货物或商品的分类是进行行业管理的基本条件，全球范围内绝大多数国家商标注册采用《商标注册用商品和服务国际分类尼斯协定》（以下简称《尼斯协定》）。《尼斯协定》自1961年4月8日生效，此后每五年进行一次补充与修订，我国于1994年8月9日加入《尼斯协定》，作为我国工农业产品的基本分类法。

《尼斯协定》将国际商品与服务分为45类，其中商品34类，服务项目11类，共包含一万多个商品和服务科目。根据世界知识产权组织的要求，2023年1月1日起正式使用《商标注册用商品和服务国际分类尼斯协定》第十二版2023文本。

5.1.2　货物生产管理概述

（1）广义的生产过程

广义的货物生产过程包括最初的新产品策划、开发、生产、库存及销售的全过程，主要分为以下几个阶段：

1）新产品策划阶段：根据源自营销部门的市场需求反馈，经过产品构思，编制出包括性能、质量、价格等基本指标的新产品计划。

2）研究开发阶段：基于新产品计划获得有关的“基础研究”和“应用研究”成果，制订新产品的技术和经济指标，组织“开发研究”，并在形成开发研究成果后进行专利及专有技术的保护。

3）审查确定阶段：就新产品计划及技术和经济指标征询营销部门及潜在客户的意见，制订生产计划。

4）产品与工艺装备设计阶段：根据新产品研究开发成果及生产计划，进行新产品及相应生产工艺装备的设计。

5）备料、试产与生产阶段：准备外购材料，制造工艺装备，安排单件试产，在试生产成功后根据需求安排小批量生产或大规模生产。

6）产品库存、销售与发货阶段：安排产品的库存，进行新产品的分销并发货，跟踪客户对产品的反馈意见，改进产品设计与工艺，确定定型产品。

广义的生产过程的阶段划分详见图 5-1。

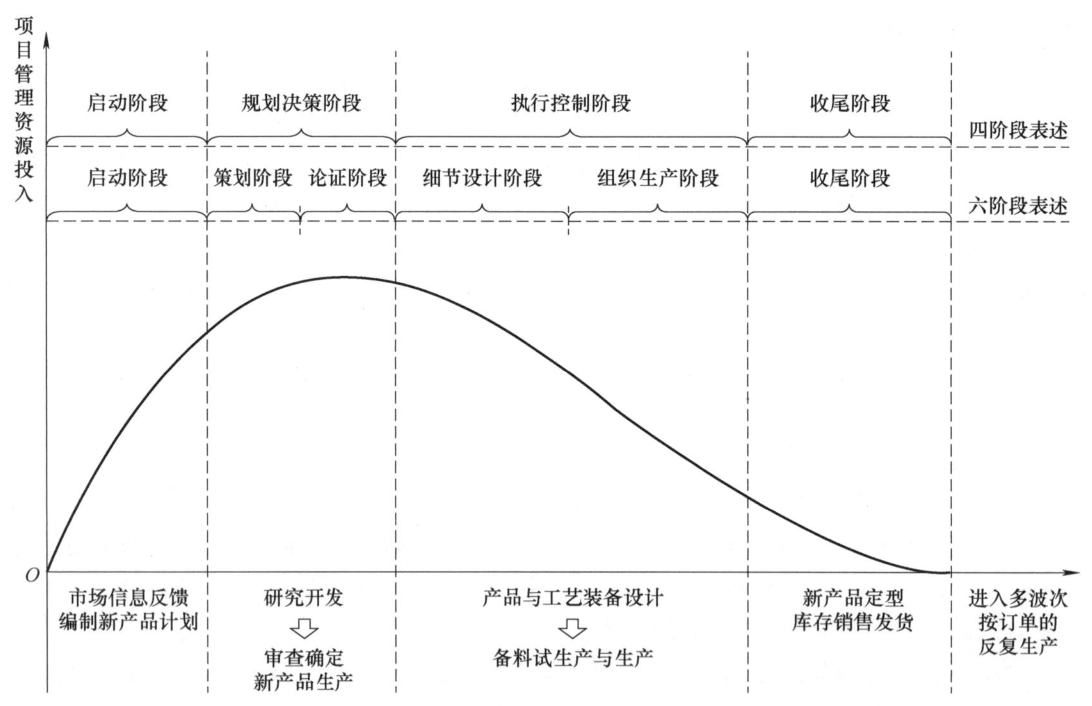

图 5-1　广义的生产过程的阶段划分

（2）狭义的生产过程

狭义的货物生产过程则是指在新产品成功推出市场后，按单一订单或定期汇总的分期订单安排的定型产品生产，一般仅涉及图 5-1 中最后两个阶段。就同一产品的生产过程（不包括单一订单本身的贸易过程）本身而言，其多次订单的需求将逐步注入生产过程，就是一个周而复始、不断重复、大同小异的过程，所以其管理属于运行管理范畴。

(3) 货物生产系统与生产管理

货物生产系统是生产制造企业生产系统的一个子系统，生产系统管理具有三大职能：计划、组织和控制。在实际管理活动中，这三个管理职能相互影响、相互制约，所以生产过程的管理问题往往是系统性问题，需要系统性的思维和解决问题的方法。

货物生产管理是关于产品制造企业生产系统的设计、运行和改进的过程，它与市场营销、财务会计一起构成企业的三项主要职能。

货物生产管理包括了资源的有效利用、研发与工艺、质量保证体系、成本控制等内容。其目的是建立一个高效率的生产制造系统，制造出有竞争力、令客户满意的产品。产品竞争力主要体现在产品的性能、质量和价格三方面，其中产品性能是指产品所具有的实际使用价值方面的特性，是产品区别于其他产品的主要标志，质量是客户对产品使用价值的满意程度，而价格是客户为取得产品的使用价值而付出的代价。

5.1.3 货物的研发、设计与生产工艺管理

确定货物或新产品的研发、设计与生产工艺的过程是狭义的生产制造过程的前提，这一过程具有一次性、渐进性等项目的属性，所以其管理有时也称为产品设计项目管理。

(1) 研究与开发管理

研究与开发一般分为基础研究、应用研究和开发研究三大类，生产制造企业的研发主要处于开发研究的层面。

开发研究是指利用基础研究和应用研究的成果，为创造新产品、新方法、新技术、新材料或改变现有产品、方法和技术而进行的研究。开发研究的主要特征是以生产产品为目的，将基础研究和应用研究与市场需求和具体的产品联系起来。

产品开发是生产制造企业研发的重点，其主要目的是为了保持长期的竞争优势而不断创造出能够带来高利润的新产品。

(2) 产品设计管理

现代工业经济学表明，产品的性能、质量和价格虽然最终定格形成于生产制造阶段，但其决定因素在产品与工艺装备的设计阶段就已经被基本确定了。因此，新产品的研究和开发完成后，在大规模投入生产资料进行定制生产之前的产品设计成为体现产品竞争力的主要环节。

产品设计的目的是使生产出来的产品能够符合项目订单的要求，所以很多企业也将其产品设计称为项目设计或营业设计。生产企业在某一个规格的新产品的研发阶段，往往基于“按订单、按项目”的定制产品同时设计多种规格的系列产品，规格的数量根据产品部件不同的复杂程度而有所不同。

除非生产制造企业现有产品系列的某一产品可以不做任何变动地满足客户的需求，客户所需产品在制造前就必须进行项目设计，项目设计主要包括两种类型：

1）标准项目设计。它是指项目订单所需产品在生产制造企业现有产品系列设计类型、规格、参数范围之内的，按照项目的需要，只需对产品进行必要的新参数配置，一般设计变动不大。如果所需配置的参数较为复杂，标准项目设计也可能较为复杂，会花费较长的时间。

2）非标准项目设计。它是指项目订单所需产品在现有产品系列设计类型、规格、参数范围之外的，制造企业的研发部门需要重新设计产品，以适应项目订单的要求。

非标准项目设计所花费的工作时间和成本大大高于标准项目设计，甚至可能是为开发一种全新产品而实施的重新设计，因此对设计人员也提出了更高的要求。一些管理比较完善的生产制造企业往往会在研发部门外设立标准项目设计部门、非标准项目设计部门，分别应对这两种不同类型的设计工作要求。

（3）生产工艺管理

生产工艺管理是指对企业生产工艺准备活动进行的组织、协调和控制，其目的是在保证产品设计和质量要求的前提下，使产品能以较经济合理的方法被制造出来。生产工艺管理是连接产品设计与制造的关键环节，是企业生产的重要准备和保证。生产工艺管理的主要内容包括：产品设计的工艺性审查和改进、生产工艺方案的制订、工艺规程的编制、质量控制计划的制订、工艺装备的设计和制造、生产材料的消耗定额与工时定额的制订、工艺改进和新工艺推广等。

5.1.4 货物的生产管理

（1）生产管理的作用

生产管理的作用是合理组织生产过程，实现企业经营战略和目标，具体包括两个方面：采用合理的生产组织形式和建立完善的生产运行机制。

1）生产组织形式。根据企业规模的大小，一般可以分为若干层次，如“工厂—分厂—车间—工段（班组）—工作地”。最基层的生产单位是工作地，由工人、加工设备、工位器具与一定的生产空间组成，生产组织方式的选用应考虑企业生产规模的大小、产品的技术特征以及工艺流程的特点。

2）生产运行机制。生产运行机制是生产运行过程中各要素之间相互联系、相互作用及其制约关系的集成，是生产决策、激励、约束和协调的运行方式，也是企业生产运行的自我调节方式。完善的生产运行机制可以保证企业经营活动协调、有序、高效地进行，增强企业的内在活力和对外应变能力。

（2）生产制造能力

生产制造能力是指在计划期内企业用于生产的全部固定资产与人力资源在既定的组织技术条件下能够生产的产品数量规模。生产制造能力是反映企业现有加工能力的技术参数，反映企业可能的最大生产规模，企业应使生产制造能力与市场需求相适应，并随市场需求的变化而动态调整。当市场需求旺盛时，能够提高生产制造能力；当市场需求不足时，能够适当缩小生产规模，避免能力过剩造成损失。

（3）生产进度控制

生产进度控制贯穿整个生产过程，从生产准备开始到产成品报交入库为止。为了保证生产任务如期完成，必须编制相应的生产进度计划，生产进度计划的执行过程中不但要有效控制，而且要采集所有真实的执行数据，作为调改生产进度计划和评价管理业绩的依据。生产进度计划与控制能力关系到企业能否按照合约规定交货，进而决定了企业的市场信誉。

生产进度控制主要包括：

1）投入进度控制。它是指对工艺装备、原材料、毛坯、零部件投入提前期的控制。

2）工序进度控制。它是指对零部件和产品加工过程中每道工序的进度控制。

3）产出进度控制。它包括对最终产品完成制造的日期、生产数量的控制，对产品部件的配套控制和对品种组合均衡性的控制。

(4) 供应商管理

因供应商提供的半成品构成了产品的一部分，对供应商进行的管理也可看成生产管理的延伸。

1）供应商的搜寻和选择。成功的供应链管理需要有可靠的供应商配合，供应商选择是企业一项重要的管理决策。优秀的供应商应拥有制造高质量产品的技术、充足的生产供应能力，以及提供有竞争力的产品。在一定程度上，供应商选择的成败决定了生产制造企业的成败，所以生产制造企业需要用规范有效的程序来选择合适的供应商。

2）供应商的调查和评估。生产制造企业的采购部门应关注关于产品供应商的各种信息来源，收集和评价各种有价值的采购信息。一般来说，通过调查活动，生产制造企业应获取关于供应商的以下信息：

①产品的适用性，包括技术水平和设计开发保障能力。

②产品质量信息，包括产品的标准水平、质量控制能力。

③生产供应能力信息，包括供应商生产计划控制的能力。

④价格信息。

⑤地理位置和交通运输成本。

⑥市场信誉。

⑦服务质量水平。

生产制造企业应建立供应商评估标准，开展对供应商的评估，只有评估合格的供应商才可以作为生产制造企业的合作方。

3）供应商的现场审核。生产制造企业应建立一套完整的审核标准，并选派有经验的审核人员或者委托有资格的第三方审核机构对供应商进行现场审核和调查。对供应商的现场审核包括：

①设计资格审核，审核供应商对供应产品的设计开发能力和设计资格。

②制造资格审核，审核供应商是否具备生产能力及管理、加工工艺等各种能力。

③质量保证审核，审核供应商的质量管理体系以及其他相关体系认证，审核其实际质量控制能力。

生产制造企业应从与供应商的合作经验、质量管理体系、质量保证能力、履约能力、技术和服务能力等方面对供应商进行综合评估。

4）供应商的选择因素。生产制造企业对供应商的主要考核依据如下：

①拥有设计与制造高质量产品的设备与技术。

②拥有充足的生产供应能力。

③可提供有价格竞争力的产品。

④有可靠的生产质量管理体系及良好的商业信誉。

5）合格供应商的绩效考核。企业应为合格供应商建立评价和供货业绩档案，以备查询以及作为质量追溯的原始资料。

合格供应商的档案应包括供应商名称、供应商评价资料、供货历史记录、质量管理体系运行评价材料或认证证书、国家或行业抽查报告、采购商品的质量标准、采购合同和协议、定期评价报告等。

必要时，企业应每年对重要供应商实施专项审核（亦称第二方审核）和监督性评价，如果企业无能力对供应商进行第二方审核，可以委托有资质的外部机构或聘请有资格的审核员进行。

（5）库存管理

1）库存及库存管理的概念。库存是以支持生产、维护、操作和客户服务为目的而存储的各种物料，库存管理是对库存物料进行计划与控制的过程。

物料是货物的最小单元，也是对于列入产品计划、控制库存、控制成本的物件的统称，包括所有原材料、配套件、毛坯、半成品、最终产品等。物料的类型及数量规模巨大，从整个货物生产供应链的角度出发，从客户向货物生产制造企业订货开始，到生产企业的原料供应商、生产系统、分销网点，直至产品到达客户的全过程，每一个环节都会产生库存。库存过大会导致资金占用过多，而没有合理的基本库存又会影响正常的生产和服务，库存控制的首要任务是根据产品计划来控制合理的库存规模。

2）库存控制的评价标准。评价企业库存是否合理的指标主要有：

①库存占用的资金额，应控制在企业的预算分项指标之内。

②库存资金周转速度，应达到行业先进水平。

③库存数量及服务，应保证满足客户需要。

3）出入库管理与库存费用。库存管理的主要目的就是降低库存费用。决定库存费用的主要因素有物料价值、订货费用、保管费用、短缺损失四项，控制库存费用就是要平衡这些费用，通过出入库动态管理使总费用最低，达到降低库存费用的目的。

4）库存的信息化管理。鉴于库存物料的类型及数量规模巨大，但存储的信息又比较单纯，对物料的识别和管理特别适于使用信息系统进行相关信息的处理。库存的信息化管理过程及管理要点包括：

①按照各种不同的需求，对所有物料进行科学的分类，再对物料进行编码，才能进行物料的识别和管理。

②充分重视仓库和货位的基础数据，其管理作用体现在：

A. 说明物料存在的位置、数量、状态和资金占用情况。

B. 说明在制品库存与工序之间的关系。

C. 物料追溯。

③尽量采用条形码和自动识别设施，在线自动记录出入库物料的品种和数量，提高数据的准确性和库存管理工作效率。

④库存管理部门负有维护数据准确性的主要责任，同时也要明确设计、计划和财务等部门维护相关数据准确性的相应责任。

5.2　货物的质量控制与监督

5.2.1　货物的质量标准

（1）货物的质量责任

货物的质量是货物内在质量、外观质量、社会质量和经济质量等各方面的综合体现，是产品与相关规定标准技术条件的相符程度，以国家或国际有关法规、商品质量标准或订单中的有关规定为最低技术条件。

生产制造及经销企业的货物质量责任是指因货物质量不符合国家的有关法规、质量标准以及合同约定的关于产品适用、安全和其他特性的要求，给客户造成损失后，由货物的生产者和经销者所承担的行政和民事法律责任。民事法律责任包括违约责任或侵权责任。客户损失包括不合格产品对客户经济效益带来的负面影响，也包括其给客户及他人人身和财产造成的损害。生产制造及经销企业之间的质量责任划分取决于国家法律及部门规章的规定。

（2）货物的质量标准

1）质量标准的概念。依据 2017 年修订的《中华人民共和国标准化法》，标准（含标准样品）是指农业、工业、服务业以及社会事业等领域需要统一的技术要求。标准包括国家标准、行业标准、地方标准和团体标准、企业标准。国家标准分为强制性标准和推荐性标准，行业标准、地方标准是推荐性标准。其中强制性标准必须执行，国家鼓励采用推荐性标准。推荐性国家标准、行业标准、地方标准、团体标准、企业标准的技术要求不得低于强制性国家标准的相关技术要求。

国家支持在重要行业、战略性新兴产业、关键共性技术等领域利用自主创新技术制定团体标准和企业标准，国家鼓励社会团体、企业制定高于推荐性国家标准相关技术要求的团体标准和企业标准。

2）质量标准的分类。质量标准分为：

①国家标准。对需要在全国范围内统一的技术要求，应当制定国家标准。其中，对保障人身健康和生命财产安全、国家安全、生态环境安全以及满足经济社会管理基本需要的技术要求，应当制定强制性国家标准，强制性国家标准由国务院批准发布或者授权批准发布。对满足基础通用要求、与强制性国家标准配套、对各有关行业起引领作用等需要的技术要求，可以制定推荐性国家标准，推荐性国家标准由国务院标准化行政主管部门制定。

②行业标准。对没有推荐性国家标准，同时需要在全国行业范围内统一的技术要求，可以制定行业标准。行业标准由国务院有关行政主管部门制定，报国务院标准化行政主管部门备案。

③地方标准。为满足地方自然条件、风俗习惯等特殊技术要求，可以制定地方标准。地方标准由省、自治区、直辖市人民政府标准化行政主管部门制定。设区的市级人民政府标准化行政主管部门根据本行政区域的特殊需要，经所在地省、自治区、直辖市人民政府标准化行政主管部门批准，可以制定本行政区域的地方标准。地方标准由省、自治区、直

辖市人民政府标准化行政主管部门报国务院标准化行政主管部门备案，由国务院标准化行政主管部门通报国务院有关行政主管部门。

④团体标准。国家鼓励学会、协会、商会、联合会、产业技术联盟等社会团体协调相关市场主体，共同制定满足市场和创新需要的团体标准，由本团体成员约定采用或者按照本团体的规定供社会自愿采用。制定团体标准，应当遵循开放、透明、公平的原则，保证各参与主体获取相关信息，反映各参与主体的共同需求，并应当组织对标准相关事项进行调查分析、实验、论证。国务院标准化行政主管部门会同国务院有关行政主管部门对团体标准的制定进行规范、引导和监督。

⑤企业标准。企业可以根据需要自行制定企业标准，或者与其他企业联合制定企业标准。如货物买卖双方在合同或订单中对产品质量做出了超出各类质量标准描述范围的特殊的技术性规定，这些规定也应作为制造产品的最低技术条件。

3）质量标准的执行。不符合强制性标准的产品和服务不得生产、销售、进口或者提供，出口产品、服务的技术要求，按照合同的约定执行。

企业应当公开其执行的强制性标准、推荐性标准、团体标准或者企业标准的编号和名称，企业执行自行制定的企业标准的，应当公开产品、服务的功能指标和产品的性能指标，按照标准组织生产经营活动，其生产的产品、提供的服务应当符合企业公开标准的技术要求。国家鼓励团体标准、企业标准通过标准信息公共服务平台向社会公开。

企业生产、销售、进口的产品或者提供的服务不符合强制性标准，或者企业生产的产品、提供的服务不符合其公开标准的技术要求的，企业应依法承担民事责任。企业生产、销售、进口的产品或者提供的服务不符合强制性标准的，依照《中华人民共和国产品质量法》（以下简称《产品质量法》）、《中华人民共和国进出口商品检验法》《中华人民共和国消费者权益保护法》（以下简称《消费者权益保护法》）等法律、行政法规的规定查处，记入信用记录，并依照有关法律、行政法规的规定予以公示；构成犯罪的，依法追究刑事责任。

4）质量的国际标准。以国际标准为基础起草国家标准的，应当符合有关国际组织的版权政策，鼓励国家标准与相应国际标准的制修订同步，加快适用国际标准的转化运用。鼓励国际贸易、产能和装备合作领域，以及全球经济治理和可持续发展相关新兴领域的国家标准同步制定外文版，鼓励出口企业积极采用国际标准，包括国际权威行业组织制定的质量标准或产品进口地的国家质量标准。

5.2.2 货物的质量控制

(1) 建立企业内部质量管理体系

为了保证实现质量管理的方针目标，货物生产制造企业应当建立相应的质量管理体系。

1）ISO 9000 质量管理体系。国际标准化组织（ISO）在 1994 年提出 ISO 9000 质量管理体系，包括了一组密切相关的质量管理体系核心标准，可以帮助企业实施并有效运行质量管理体系，是质量管理的通用要求或指南。目前我国已经等同采用了 2015 年的质量管理体系标准，编号为 GB/T 19001—2016/ISO 9001：2015。ISO 9001：2015 在 2015 年 9

月 23 日正式发布，GB/T 19001—2016 标准自 2017 年 7 月 1 日起正式实施。

ISO 9000 质量管理体系的质量管理原则包括：

①以顾客为关注焦点。

②领导作用。

③全员参与。

④过程方法。

⑤持续改进。

⑥循环决策。

⑦关系管理。

ISO 9001：2015 适用于所有类型的组织，适用于企业建立整合质量管理体系，更加关注质量管理体系的有效性和效率。

ISO 9001：2015 标准取消了质量手册、文件化程序等大量强制性文件的要求，合并了文件和记录，增加了反映当今质量管理在实践和技术方面的一些先进理念和好的方法，更加重视相关方的要求。另外将采购和外包的控制合并为“产品和服务的外部提供控制”，首次提出知识也是一种资源，也是产品实现的支持过程。

2015 版标准采用的管理体系标准新结构和格式见图 5-2，称为“高级结构”（High Level Structure），其所采用的 PDCA 模式见图 5-3。

图 5-2　管理体系标准新结构和格式

2）质量管理体系认证。ISO 9001 认证是指依据该标准对组织的质量管理体系进行评估和认证，证明该组织已经达到了相应的质量管理标准。生产制造企业执行 ISO 9001 质量管理体系，需由有资格的认证方对上述体系文件编制的规范性及实际执行情况的符合性进行第三方认证，并颁发认证证书方为有效。

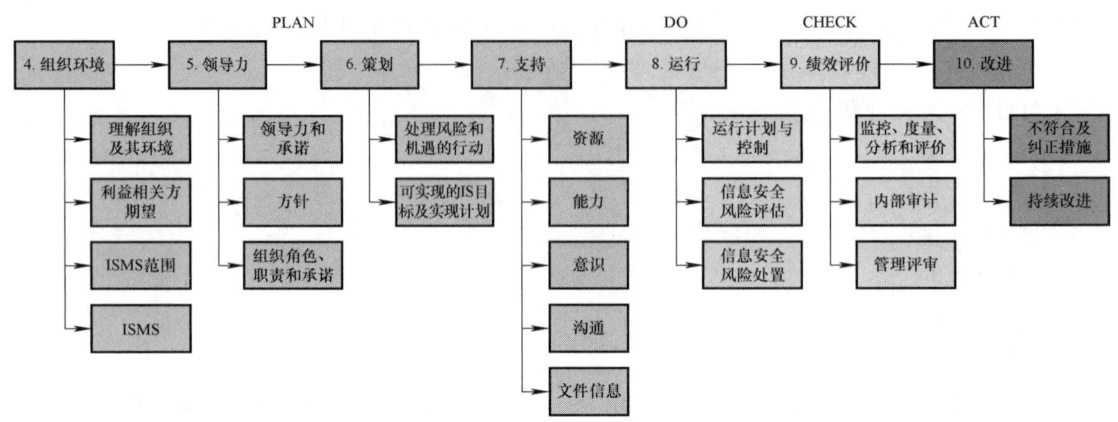

图 5-3　PDCA 模式图

ISO 9001 认证过程的基本步骤如下：

①建立质量管理体系。质量管理体系至少运行三个月，并在进行认证审核前按照文件的要求至少进行一次内部质量体系审核和管理评审，如果有设计过程，应当有一项产品设计完成设计确认过程。

②确定申请。企业需要确定申请 ISO 9001 质量管理体系认证，并选择 ISO 认证机构（需要有相应资质认证）进行合作。

③初步评估。认证机构将会对企业进行初步评估，包括了解企业的组织架构、业务范围、经营理念、管理体系现状等，并给出是否适合该认证的初步意见。

④系统文件编制。企业需要编制符合 ISO 9001 标准要求的管理体系文件。

⑤内部审核。企业需要对编制的文件进行内部审核，审查文件是否符合要求，以及是否在实际操作中得到了执行。

⑥申请注册审核。认证机构进行现场审核，包括对企业现场环境、人员、设施、工艺等进行审核，与文件、记录等进行对比检验。

⑦现场审核。认证机构根据审核计划，对企业现场的质量管理体系进行审核。

⑧发布审核报告。审核机构审核完成后，将编写并发布审核报告，该报告中包含审核结果、建议以及下一步行动计划。

⑨认证决定。认证机构根据审核报告，做出是否认证的决定。如果企业通过认证，则签发认证证书并注明所适用的标准和认证范围。

⑩监督审核。认证机构会定期进行监督审核，以确保企业的质量管理体系持续符合 ISO 9001 标准的要求。

此外，在认证证书有效期届满前，认证机构会重新对企业的质量管理体系进行再认证审核，以确保企业的质量管理体系仍然符合 ISO 9001 标准的要求。

（2）货物生产制造的质量计划与质量控制

质量计划是指生产制造企业在计划期内针对产品质量目标、质量指标和各项改进措施等方面制订的一系列计划。质量计划是企业各部门和各生产环节质量管理工作的行动纲领，是提高产品质量工作水平的依据。质量计划的制订需要企业各部门及员工的广泛参与。

质量计划涵盖了生产全过程，内容主要包括分阶段（如产品策划、研发、设计、生产、库存等环节）的质量目标与指标、管理组织、控制要点、监测手段、信息反馈、评定规则与纠偏措施等。

即使在标准生产状态下，同一工序制造出来的同一种零件的特性值仍会存在差异，此即产品质量的波动现象，波动范围越小，意味着产品质量越高。对于关键工序和特殊工序，企业一般以设立质量控制点的方法进行重点工序质量控制。对于其他工序也要按照首检、巡检、完工检等程序，应用器具检验和感官检验两种方法进行货物的专职质量检验控制。

(3) 货物售后服务的质量保障

货物的售后服务是生产制造企业产品质量保证的重要环节，售后服务主要包括：

1）安装、调试。按照产品的特点和客户的需要，由生产制造企业或其授权的售后服务机构的专业技术人员负责及时开展安装、调试服务，这对产品的正常安装运行具有重大的质量保证意义。依据合同的约定，这种售后服务可能是收费的，也可能是免费的。

2）维修。通过判断货物质量责任，结合货物生产制造企业的质量保证承诺，确定维修服务的费用承担者，还涉及维修所需备配件的费用。一般情况下，质量保证期内由产品本身的质量原因导致的维修服务或者更换的备配件均由生产制造企业免费提供。

3）保养。为了预防在用产品出现故障、降低故障率、延长产品使用寿命、维持产品良好的运行状况，有时需要由生产制造企业或其授权的售后服务机构的专业人员对产品进行日常保养。

4）质保期内免费服务。通常因产品的设计、制造、装配及原材料缺陷等因素引起的质量缺陷或损坏，生产制造企业应当提供免费的维修服务或者备配件更换服务，生产制造企业也可以承诺提供其他免费服务，如免费保养、免费上门咨询等，因大规模产品缺陷而由生产制造企业发起的产品召回亦属于此项服务。

5）抱怨处理。受理客户抱怨是生产制造企业设立的重要信息反馈渠道。通过这一沟通渠道，客户能够提出不满的意见，并有可能顺利解决一般业务流程无法解决的问题。

6）紧急需求。紧急需求包括客户的特殊要求（如功能、结构的变更）和客户因意外原因遇到困难时要求的紧急支援。特殊要求主要指客户在使用中要求对产品的外观、功能或者结构进行变更，意外原因包括地震、水灾导致的产品破坏，特殊情况下的现场保护等。受理紧急需求产生的费用往往需由客户承担。

5.2.3　企业外部的质量监督

在现实的市场环境中，存在无序竞争和虚假广告等不规范行为，导致市场秩序的混乱。少数生产制造企业利用信息的不对称在商品交易中无视甚至降低质量标准而非法获利，因此除由生产制造企业承担产品的质量管理责任外，还需要引入企业外部的质量监督，以确保产品质量符合相关标准。

企业外部的质量监管方式主要有质量监督、特种设备安全质量监管、产品环保节能认证标志等。

（1）质量监督

质量监督是指由产品质量监督的法定机构、有关行业组织和产品消费者，按照相关技术标准，对生产制造企业的产品质量进行评价、考核、认证、检验和鉴定，以促进生产制造企业加强质量管理，执行质量标准，保证产品质量，维护用户和消费者权益。

质量监督的类型包括国家监督、行业监督、社会（公众）监督以及当事人监督。

1）国家监督。国家监督是指国家通过立法，授权特定的政府部门行使公权力进行的产品质量监督。国家监督具有法律权威性和行政强制力，不受部门和行业的限制。国家监督既包括由国家、省部级直至市、县级政府产品质量监督部门进行的产品质量监督，又包括涉及产品生产的政府行业主管部门或生产企业的上级政府主管部门在各自的职责范围内进行的产品质量监督。

我国对产品的强制性国家质量监督手段主要包括产品质量认证制度（3C 认证）和工业产品生产许可证制度。

①产品质量认证制度。国家质量监督的质量认证均为强制性产品认证。

强制性产品认证是为了保护国民安全和健康、保护国家安全、保护环境，由国家立法而强制实施的一种评估产品对国家规定技术要求的符合程度产品认证制度。国家市场监督管理总局不定期修订并在其网站发布《强制性产品认证目录描述与界定表（以下简称《目录》），2023 年修订的《目录》包括的产品涉及电线电缆等电气产品、车辆及安全附件、儿童用品等 16 大类。凡列入《目录》的产品，必须经国家指定的认证机构——国家认证认可监督管理委员会认证合格，取得其颁发的认证证书并附加认证标志后，方可出厂销售、进口和在经营性活动中使用。强制性认证标志的名称为“中国强制性产品认证”（China Compulsory Certification，即“3C”标志）。

质量认证制度通过见证生产者、销售者的真实状况，在证实和引导市场交易的同时，还能够起到警示和惩戒的作用。

②工业产品生产许可证制度。为了保证直接关系公共安全、人体健康的重要产品的质量水平，国家市场监督管理总局对涉及人体健康的加工食品、危及人身财产安全的产品、关系金融安全和通信质量的产品、保障劳动安全的产品、影响生产安全和公共安全的产品，以及依照《中华人民共和国工业产品生产许可证管理条例》规定的其他产品的生产制造企业，实行生产许可证管理制度。2024 年，实施工业产品生产许可证管理的产品共计 14 类 27 个品种。

国家实行生产许可证制度的工业产品目录由国务院工业产品生产许可证主管部门会同国务院有关部门制定，并征求消费者协会和相关产品行业协会的意见，报国务院批准后向社会公布。任何企业如未取得生产许可证，不得生产列入《实施工业产品生产许可证管理的产品目录》的产品，任何单位和个人不得销售或者在经营活动中使用未取得生产许可证的列入该《目录》的产品。国家对实行工业产品生产许可证制度的工业产品，统一目录，统一审查要求，统一证书标志，统一监督管理。食品加工企业生产许可证的有效期为 5 年。生产许可证有效期届满，企业继续生产的，应当在生产许可证有效期届满 6 个月前向所在地省、自治区、直辖市工业产品生产许可证主管部门提出换证申请。

2）行业监督。行业监督是指依法设立的非政府专业化机构经政府质量监督部门的授权，依据货物生产的质量标准，以对产品的质量检测、检验或认证等形式对本行业、本系统产品质量的监督，主要包括两种方式：

①由国家考核并授权的产品质量认证机构依照国家规定对准许使用认证标志的产品进行认证。

②经省级以上人民政府产品质量监督部门或者其授权部门考核认定的产品质量检验机构依法按照有关技术质量标准，客观、公正地出具检验检测结果。

3）社会（公众）监督。社会监督的依据主要是《中华人民共和国产品质量法》《中华人民共和国消费者权益保护法》以及《中华人民共和国食品安全法》等法律法规，社会监督的方式包括：

①单位和个人对违反《产品质量法》规定的行为，向产品质量监督部门或者其他有关部门检举，产品质量监督部门和有关接受举报的部门应负责调查处理。

②消费者有权就产品质量问题，向产品的生产者、销售者查询，或向产品质量监督部门、工商行政管理部门及有关部门申诉，接受申诉的部门应当负责处理。

③保护消费者权益的社会组织可以就消费者反映的产品质量问题建议有关部门负责处理，或支持消费者对因产品质量造成的损害向人民法院起诉。

4）当事人监督。当事人监督是指以合同或订单方式购买产品的企业依合同约定方式进行的特定质量监督，采购方可以在合同中提出以下条款，对产品进行过程质量监控，以保证产品质量达到采购需求。

①安排监理监造。企业聘请具有丰富经验的监理单位赴货物制造企业进行生产过程监控。监理单位可以选取重要部件完工、产品整机完工包装（封装）前等重要制造节点，也可以在整个制造过程中进行全程监控。安排监理监造的要求应在合同条款中列明。

②验收后付清款项。一般会在合同中约定“交货时支付部分货款、产品质量验收之后付清全部款项”，验收的方式主要有采购方单方面验收、买卖双方共同验收和委托第三方验收。

③质量保证金。为了达到确保控制质量的目的，采购方对产品质量或质量控制有特殊要求的，可要求生产制造企业提交质量保证金或开具银行质量保函，或由保险公司提供质量保险单，保证生产制造企业提供的产品的质量符合合同规定标准。银行质量保函可以与预付款保函合并，明确保函责任条款为（或含）质量要求，以此作为产品质量保证的一种手段。

（2）特种设备安全质量监管

特种设备是涉及生命安全的、危险性较大的设备和设施的总称，包括锅炉、压力容器（含气瓶）、压力管道、电梯、起重机械、客运索道、大型游乐设施和场（厂）内专用机动车辆。特种设备是生产和生活中广泛使用的具有潜在危险的设备，一旦发生事故，会造成严重的人身伤亡及重大财产损失，因此监管这类产品质量的重点在于产品的安全性保证。

1）特种设备管理的范围。依据《中华人民共和国特种设备安全法》，特种设备的管理包括对特种设备的生产、经营、使用、检验、检测和特种设备安全的监督管理。其中，特种设备的生产包括设计、制造、安装、改造以及修理，但特种设备不包括已经由其他法律法规明确规定的军事装备、核设施、航空航天器、铁路机车、海上设施、船舶、矿山井下使用的特种设备、民用机场专用设备。

在我国，特种设备的安全生产监督管理实行的是综合监督管理与专项安全监察相结合的工作体制，国家设置专门的安全监察管理机构负责综合安全管理，负有安全生产监督管理职责的有关部门，如海事、煤矿、特种设备、道路交通、铁路、民航、消防等专项安全监察机构，负责相应的专项安全监察工作。

2）特种设备管理的安全要求。这主要包括：

①特种设备使用单位必须根据有关法律法规，结合本单位的具体情况，建立健全特种设备安全、节能管理制度和岗位安全责任制度，特种设备使用单位的主要负责人是本单位特种设备的主要责任人。

②特种设备出厂时，应附有安全技术规范要求的设计文件、产品质量合格证明、安装及使用维修说明等文件，这些文件是产品客户、安全监督管理部门判断设计、制造质量是否符合要求的重要依据。使用单位应将出厂文件归档，并保证能够随时调阅。

③特种设备的安装、改造与维修必须由取得许可的单位进行。安装、改造与维修前需将情况书面告知直辖市或设区的市级安全监督部门。电梯的安装、改造和维修活动必须得到电梯制造单位的委托或者同意，并由具备相应资质的单位进行。上述活动结束之后，必须由安全监督部门核准的检验检测机构进行监督检验。

④特种设备使用前应向有关部门登记。使用单位应建立相应安全技术文档和日常使用状况记录，并且至少每月进行一次自行检查。

（3）产品环保节能认证标志

对部分在用规模巨大、能耗较高或易于造成环境污染的工业产品，国家特别提出了相关产品节能或环保的指标与质量标准，并进行严格的管理监控，其目的是促进生产制造企业在产品的研发设计过程中注意环保及节能的要求。根据国家相关法律法规，环保节能标志实行强制性或自愿性的认证，使用单位在产品的采购过程中则应注意载明这些货物或产品是否符合环保与节能质量标准的特殊标志。

目前国内主要有四类产品环保节能标志，见图5-4。

Ⅰ型环境标志

节能标志

Ⅱ型环境标志

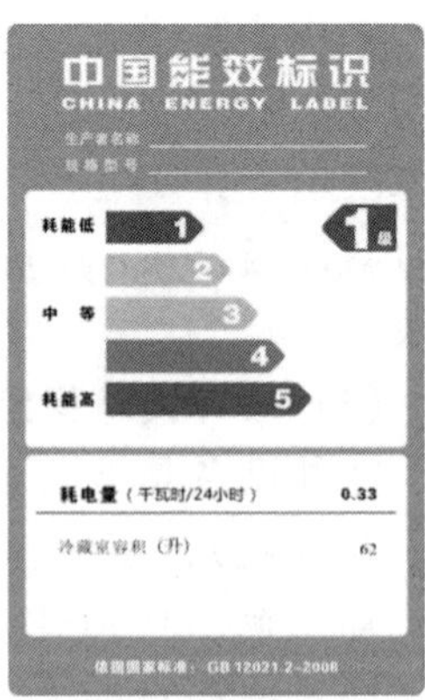

能源效率标识

图5-4　产品环保节能标志

1）Ⅰ型环境标志又名“中国环境标志”，也称作“十环标志”，是由国家生态环境部发布的官方标志，表示产品在生产、使用和处理处置过程中符合环境保护要求，与同类产品相比具有低毒少害、节约资源等环境优势。

2）Ⅱ型环境标志是一种以企业声明为准绳的第三方评审体系，第三方认证机构为符合规则的企业颁发证书，表示产品符合 ISO《环境管理、环境标志和声明　自我环境声明》的标准，并签订标识转让合同，允许使用“Ⅱ型环境标志”。

3）节能标志属于企业自愿选择的认证标志，由中国节能产品认证中心发布，表示产品的效率或能耗相当于或接近国际先进水平。企业根据自愿的原则，按照国家有关产品质量认证的规定，向国务院产品质量监督管理部门或者国务院产品质量监督管理部门授权的部门认可的认证机构（系指中国节能产品认证中心）提出用能产品节能认证申请，经认证合格后，取得节能产品认证证书，在用能产品或其包装上使用节能产品认证标志，其认证范围涵盖几乎所有的家电类产品，具有广泛的参考意义。

2019 年 2 月，财政部、国家发展改革委、生态环境部、国家市场监督管理总局联合发布《关于调整优化节能产品、环境标志产品政府采购执行机制的通知》，要求完善政府绿色采购政策，简化节能（节水）产品、环境标志产品政府采购执行机制，优化供应商参与政府采购活动的市场环境，对政府采购节能产品、环境标志产品实施品目清单管理。国家有关部门根据产品节能环保性能、技术水平和市场成熟程度等因素，确定实施政府优先采购和强制采购的产品类别及所依据的相关标准规范，以品目清单的形式发布并适时调整，不再发布“节能产品政府采购清单”和“环境标志产品政府采购清单”，而是依据品目清单和认证证书实施政府优先采购和强制采购。采购人拟采购的产品属于品目清单范围的，采购人及其委托的采购代理机构应当依据国家确定的认证机构出具的、处于有效期之内的节能产品、环境标志产品认证证书，对获得证书的产品实施政府优先采购或强制采购，逐步扩大节能产品、环境标志产品认证机构范围。市场监督管理总局组织建立节能产品、环境标志产品认证结果信息发布平台，公布相关认证机构和获证产品信息。

4）能源效率标识又称“中国能效标识”（China Energy Label），是附在产品或产品最小包装物上的一种信息标签，用于说明产品的能源效率等级、能源消耗量等指标。能效标识是表示用能产品能源效率等级的一种信息标识，属于产品符合性标志的范畴。依照《能源效率标识管理办法》，国家对节能潜力大、使用面广的用能产品实行能效标识管理，具体产品实行目录管理。国家发展改革委会同国家质检总局、国家认监委制定并公布《中华人民共和国实行能源效率标识的产品目录》，规定统一适用的产品能效标准、实施规则、能效标识样式和规格。

能效标识包括以下基本内容：

①生产者名称或者简称。

②产品规格型号。

③能效等级。

④能效指标。

⑤依据的能源效率强制性国家标准编号。

⑥能效信息码。

列入国家能效“领跑者”目录的产品，还应当包括能效“领跑者”相关信息。

能效标识为蓝白背景，顶部标有“中国能效标识”字样，标识的结构可分为背景信息栏、能源效率等级展示栏和产品相关指标展示栏。作为一种信息标识，能效标识直观地明示了用能产品的能源效率等级、能源的消耗指标以及其他比较重要的性能指标，而能源效率等级是判断产品是否节能的最重要的指标，产品的能源效率等级越低，表示能源效率越高，节能效果越好，越省电。我国的能效标识将产品的能效分为 1、2、3、4、5 共五个等级，等级 1 表示产品达到国际先进水平，最节电，即耗能最低；等级 2 表示比较节电；等级 3 表示产品的能源效率为我国市场的平均水平；等级 4 表示产品能源效率低于市场平均水平；等级 5 是市场准入指标，低于该等级要求的产品不允许生产和销售。目前国内能效标识强制实施的产品有显示器、液晶电视机、等离子电视机、电饭锅、电磁炉、家用洗衣机、电冰箱、储水式电热水器、节能灯、高压钠灯、打印机、复印机、电风扇、空调等。

5.3 货物采购项目规划

5.3.1 货物的类型和特征

1）根据货物的需求特征，货物可分为一次性定制（非标）货物、专业性标准货物以及通用性标准货物三大类，货物的招标采购策略及管理重点应当密切结合这三大类货物的需求特征。一次性定制货物采购适用承揽合同，其管理要点在于供应商的设计和制造能力评价，如果需求不明确，可以考虑采用两步招标方式进行采购；专业性标准货物一般与企业的供应链管理密切相关，通常可采用非招标方式自行进行批量集中采购；通用性标准货物由于技术规格比较统一，适于采用经评审的最低投标价法进行招标采购，其管理要点在于合同订立和履约管理。

2）从招标采购法律法规调整范围的维度，货物可分为与工程建设项目有关的货物以及与工程建设项目无直接关系的一般货物。

①与工程建设项目有关的货物。依据《中华人民共和国招标投标法实施条例》（以下简称《招标投标法实施条例》），与工程建设项目有关的货物是指构成工程不可分割的组成部分，且为实现工程基本功能所必需的设备、材料等，其特征是需要与主体工程同步进行设计。例如，与建筑工程有关的设备包括电梯、配电设备（含电缆）、防火消防设备、锅炉暖通及空调设备、给排水设备、楼宇自动化设备等，材料包括建筑门窗（幕墙）、建筑防水材料、建筑石材、建筑陶瓷、建筑涂料等。上述设备和材料都属于与工程建设项目有关的货物，单项合同估算价如果达到了强制招标的规模标准，应当依法进行招标采购。与工程建设项目有关的货物项目管理，应当归入工程建设项目的整体管理，其管理过程和管理要素也应当由总体工程建设项目整合与统筹。

②一般货物。一般货物的类型较多，包括生产运营期间的原料和燃料项目、技术改造固定资产投资项目、专项固定资产投资项目、办公用品、生活物品等。例如，某高校利用外国政府贷款采购科研仪器和教学设备，项目范围为货物及其售后服务，不含工程施工，符合一次性、唯一性以及渐进性的项目特征，属于比较典型的一般货物。

一般货物采购项目的标的为有形的动产，与工程建设项目的不动产标的以及服务项目的无形成果标的有本质差异，因此其管理过程和管理要素也呈现出不同的特征。本节所称的货物项目主要是指一般货物项目，货物项目管理也以一般货物项目，即独立的货物项目为研究对象。

5.3.2　货物采购项目的规划过程

货物采购项目的规划是货物项目管理的总体计划，其规划过程可以分为初步规划和具体规划两个阶段。

初步规划在项目立项阶段的可行性研究过程中形成，初步规划根据法律规定需要报送项目投资主管部门审批或者核准的，应当先履行审批或者核准手续，而具体规划应当在项目实施前编制完成。

(1) 货物采购项目规划的准备工作

1）收集项目资料。采购人应当及时收集项目前期工作所需的资料和文件，包括相关法律规范、组织过程资产、立项批复资料、项目管理计划、项目进度计划、成本估算、资源需求、初步招标方案核准意见等。

2）确定招标范围。采购人根据国家公布的依法必须进行招标的项目范围和规模标准，结合自制或外购分析，确定依法必须进行招标的范围以及自愿招标的范围。

3）选择合同类型。采购人结合招标项目的经济、技术和管理需求特征，进行合同规划，选择适当的合同类型。

4）外部市场调研。采购人进行前期市场调研，分析市场竞争态势、供应商及产品信息、价格信息等，为确定招标方式和招标组织方式准备基础信息。

5）内部需求分析。

(2) 货物采购项目初步规划的主要内容

1）自制与外购分析与决策。货物采购项目的自制或外购分析用于确定可交付成果是由组织内部自行完成，还是从外部采购。自制或外购决策应考虑的因素包括组织当前的资源配置及其技能和能力、对专业技术的需求、是否愿意承担永久雇佣的义务，以及对独特技术专长的需求。此外，还要评估与自制或外购决策相关的风险。在自制或外购分析中，可以使用回收期、投资回报率（ROI）、内部收益率（IRR）、现金流贴现（DCF）、净现值（NPV）、收益成本分析（BCA）或其他分析技术，来确定某种货物是应该在组织内部自制，还是从外部购买。表 5-1 为自制与外购分析表。

表 5-1　自制与外购分析表

自制理由	外购理由
生产成本较低	外购成本较低
有整合现有操作的可能	利用供应商的专业技能
有制造限制或现成能力	生产能力不足
防止供应商间的合谋	供应的灵活性
获得需要的库存数量	降低库存成本
保护专利设计	获得技术或管理能力
增加组织的规模	互惠性

2）集中采购与分散采购分析与决策。集中采购与分散采购决策是货物项目规划的重要战略决策之一，其比较分析内容见表 5-2。

表 5-2 集中采购与分散采购比较分析内容

	集中采购	分散采购
解释	一个职能部门负责所有项目采购	各项目经理控制与其项目有关采购
优点	1. 更加经济化、专业化 2. 易于控制 3. 易于程序标准化和稳定	1. 项目经理拥有更大的控制权 2. 对项目具体需求更加熟悉 3. 更具灵活性与适应性
缺点	1. 多个项目同时采购时，易成瓶颈 2. 不太关注项目的具体需求	1. 更高的成本 2. 程序不易标准化

（3）货物采购项目具体规划的主要内容

采购人应当围绕货物招标项目的范围、进度、成本和质量目标，密切结合货物招标项目的经济、技术和管理特征需求（包括货物使用功能、技术规格、质量标准、检验标准、资金来源、交易条件和习惯、售后服务等）编制货物采购项目具体规划。依法必须进行招标的项目需要事先履行审批、核准手续的，应当在投资主管部门审批、核准后的初步招标方案的基础上编制货物采购项目具体规划。

货物采购项目具体规划的编制依据包括相关法律法规，货物的经济、技术、管理特征需求，市场调研成果等，其编制内容一般包括：项目概况；范围计划，包括采购范围、采购组织方式和采购方式；进度计划；成本计划；质量计划；供应商资格条件、资格审查方式和评审办法；人力资源计划；合同类型和合同要素；项目干系人的沟通计划；风险识别和应对措施计划等。

1）项目概况。项目概况包括货物招标项目名称，项目（审批、核准或备案）批复文号，资金来源，业主，采购人，供货范围，货物技术规格和型号，质量标准，检验标准，交付地点和交付方式，交货期，付款条件，节能、环保和安全等基本要求。

2）范围计划。范围计划包括采购范围，采购组织形式和采购方式等。其中，采购组织形式分为委托采购和自行采购两种形式，采购人具备自行采购的专业能力的，可以选择自行采购。

3）进度计划。以项目总体进度计划为基础编制货物采购进度计划，对于在项目进度网络图中关键路径上的货物采购，采购人应当作为编制采购进度计划的重中之重。采购人应当充分考虑订单排产、生产周期，交付、物流、检验、安装、调试、试运行的时间，结合招投标法定时限要求、招投标活动流程顺序（含招标准备、招标、投标、开标、评标、定标和签订中标合同等）以及可投入资源情况，制订货物采购进度计划。

【例 5-1】 某石化建设工程进口压缩机引进项目，项目的生产运营周期为 15 年。中标人为德国某制造商，根据设备设计、制造、检测、运输、交付、到货验收、安装、调试、试运行等不同阶段的估算时间，可以绘制项目的全生命周期进度计划横道图，见图 5-5。

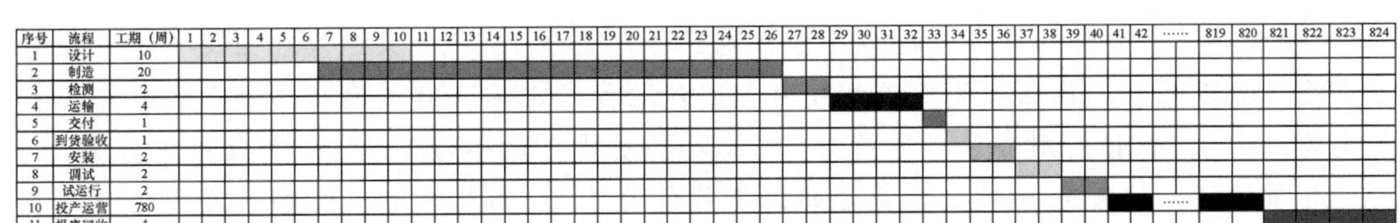

图 5-5　某进口压缩机引进项目全生命周期进度计划横道图

4）成本计划。采购人依据投资估算编制采购成本计划，投资估算应当包含货物运抵项目现场的综合成本，此外，采购人还应当制订招标代理服务费等招标活动本身的直接费用计划。

设备购置费是为建设项目自制或购置达到固定资产标准的各种国产或进口设备产生的费用，设备购置费的计算公式为：

国内设备购置费＝设备原价＋设备运杂费

进口设备购置费＝进口设备货价（离岸价）＋进口从属费用＋国内运杂费

设备购置费的具体构成见表 5-3：

表 5-3　设备购置费的具体构成

序号	项目	国内设备购置费	进口设备购置费
1	公式	国内设备购置费＝设备原价＋设备运杂费	进口设备购置费＝进口设备货价＋进口从属费用＋国内运杂费
2	设备原价	①国产标准设备原价 1：一般为带备件出厂价 ②国产非标准设备原价 2：应接近实际出厂价	①离岸价（FOB 价）：货物离开出口国口岸包含的最终价格 ②到岸价（CIF 价）：到岸价＝离岸价＋国外运费＋国外运输保险费
3	从属费用	—	①国外运费＝进口设备离岸价×国外运费费率或＝单位运价×运量 ②国外运输保险费＝(进口设备离岸价＋国外运费)×国外运输保险费费率 ③进口关税＝进口设备到岸价×人民币外汇牌价×进口关税税率 ④进口环节消费税＝(进口设备到岸价×人民币外汇牌价＋进口关税）÷(1－消费税税率)×消费税税率 ⑤进口环节增值税＝(进口设备到岸价×人民币外汇牌价＋进口关税＋消费税)×增值税税率 ⑥外贸手续费＝进口设备到岸价×人民币外汇牌价×外贸手续费费率 ⑦银行财务费＝进口设备货价×人民币外汇牌价×银行财务费费率
4	运杂费	①构成：通常由运输费、装卸费、运输包装费、供销手续费和仓库保管费等构成 ②公式：设备运杂费＝设备原价×设备运杂费费率 ③取费依据：按部门、行业或省、市的规定执行	①构成：国内运杂费通常由运输费、运输保险费、装卸费、包装费和仓库保管费等费用构成 ②计算公式：国内运杂费＝进口设备离岸价×人民币外汇牌价×国内运杂费费率 ③费率标准：国内运杂费费率按部门、行业或省、市的规定执行

【例 5-2】 某公司拟从国外进口一套机电设备，重量1500t，装运港船上交货价，即离岸价为 400 万美元。其他有关费用参数为：国外运费标准为 360 美元/t；海上运输保险费费率为 0.266%；银行财务费费率为 0.5%；外贸手续费费率为 1.5%；关税税率为 22%；进口环节增值税的税率为 13%；美元的银行牌价为 7.27 元人民币，设备的国内运杂费费率为 2.5%。

该套设备进行估价的过程为：

进口设备离岸价＝400×7.27＝2908（万元）。

国外运费＝0.036×1500×7.27＝392.58（万元）。

国外运输保险费（简化）＝(2908＋392.58)×0.266%＝8.78（万元）。

进口关税＝(2908＋392.58＋8.78)×22%＝728.06（万元）。

进口环节增值税＝(2908＋392.58＋8.78＋728.06)×13%＝524.86（万元）。

银行财务费＝2908×0.5%＝14.54（万元）。

外贸手续费＝(2908＋392.58＋8.78)×1.5%＝49.64（万元）。

国内运杂费＝400×7.27×2.5%＝72.7（万元）。

设备购置费＝2908＋392.58＋8.78＋728.06＋524.86＋14.54＋49.64＋72.7＝4699.16（万元）。

5）质量计划。根据货物的功能要求以及国家相关法规和质量检验标准规范，设定货物质量标准和保证体系的要求。

6）供应商资格条件、资格审查方式和评审办法。根据国家相关法规对货物生产企业的生产许可要求，以及采购货物的强制认证要求、业绩要求等，合理设定供应商资格条件。

对技术、性能标准通用或者招标人对其技术、性能没有特殊要求的货物的采购评审办法通常采用经评审的最低价评标法，对技术、工艺复杂以及采购人有特殊要求的货物或者非标设备的采购评审办法应当采用综合评估法。

7）人力资源计划。根据货物招标工作范围和工作量测算，组建采购项目工作团队，配备专业采购工作人员，并进行工作责任分解。

8）合同类型和合同要素。货物采购合同一般采用总价合同。对于国际货物采购合同，招标人应当根据项目具体情况考虑采用合适的国际贸易术语、结算方式和结算币种、争议解决方式以及适用法律等主要交易条件。

9）其他。包括项目利益相关方的沟通计划、风险识别和应对措施计划等。货物采购的风险应对通常采用风险转移措施，如要求供应商提交投标保证金或者报价保证金、中标人或者成交人提供履约保证金等。

【例 5-3】 某高校计算机采购项目规划编制

某高校利用外国政府贷款采购教学设备，采购总预算为 4000 万美元，编制项目规划主要考虑的因素为：根据教学设备的专业分类，结合潜在投标人的供货能力并保证一定的采购合同规模，本货物项目总计分为 17 个采购包件。因教学设备的市场竞争比较充分，本次采购委托专业招标代理机构承办，采用国际公开招标方式进行。所采购的教学设备为通用设备，评标方法选择经评审的最低价评标法，资格审查采用资格后审方式。招标进度计划以满足学校教学安排为目标。具体项目规划内容见表 5-4。

表 5-4　某高校利用外国政府贷款采购教学设备项目规划方案

标包号/包名称	招标估算价格			招标组织方式	招标方式	招标计划进度表					
	外币估算（万美元）	国内配套资金费用（百万人民币）	总费用（万美元）			评标方法	资格审查	招标	评标	签订合同	履行合同
1/现代教育技术设备	215.49	0	215.49	委托招标	国际公开招标	最低评标价法	资格后审	2023 年 4 月—2023 年 7 月	2023 年 6 月—2023 年 7 月	2023 年 7 月—2023 年 9 月	2023 年 9 月—2023 年 12 月
2/现代教育技术设备	197.76	0	197.76	委托招标	国际公开招标	最低评标价法	资格后审	2023 年 4 月—2023 年 7 月	2023 年 6 月—2023 年 7 月	2023 年 7 月—2023 年 9 月	2023 年 9 月—2023 年 12 月
3/计算机设备	268.96	0	268.96	委托招标	国际公开招标	最低评标价法	资格后审	2023 年 4 月—2023 年 7 月	2023 年 6 月—2023 年 7 月	2023 年 7 月—2023 年 9 月	2023 年 9 月—2023 年 12 月
4/计算机设备	291.31	0	291.31	委托招标	国际公开招标	最低评标价法	资格后审	2023 年 4 月—2023 年 7 月	2023 年 6 月—2023 年 7 月	2023 年 7 月—2023 年 9 月	2023 年 9 月—2023 年 12 月
5/计算机设备	286.44	0	286.44	委托招标	国际公开招标	最低评标价法	资格后审	2023 年 4 月—2023 年 7 月	2023 年 6 月—2023 年 7 月	2023 年 7 月—2023 年 9 月	2023 年 9 月—2023 年 12 月
6/物理化学设备	123.67	0	123.67	委托招标	国际公开招标	最低评标价法	资格后审	2023 年 4 月—2023 年 7 月	2023 年 6 月—2023 年 7 月	2023 年 7 月—2023 年 9 月	2023 年 9 月—2023 年 12 月
7/机械与建筑学、力学设备	339.87	0	339.87	委托招标	国际公开招标	最低评标价法	资格后审	2023 年 4 月—2023 年 7 月	2023 年 6 月—2023 年 7 月	2023 年 7 月—2023 年 9 月	2023 年 9 月—2023 年 12 月
8/电工电子及自动化设备	161.93	0	161.93	委托招标	国际公开招标	最低评标价法	资格后审	2023 年 4 月—2023 年 7 月	2023 年 6 月—2023 年 7 月	2023 年 7 月—2023 年 9 月	2023 年 9 月—2023 年 12 月
9/电工电子及自动化设备	191.21	0	191.21	委托招标	国际公开招标	最低评标价法	资格后审	2023 年 4 月—2023 年 7 月	2023 年 6 月—2023 年 7 月	2023 年 7 月—2023 年 9 月	2023 年 9 月—2023 年 12 月

（续）

标包号/包名称	招标估算价格			招标组织方式	招标方式	招标计划进度表					
	外币估算（万美元）	国内配套资金费用（百万人民币）	总费用（万美元）			评标方法	资格审查	招标	评标	签订合同	履行合同
10/环境科学、生物学与高分子科学设备	180.97	0	180.97	委托招标	国际公开招标	最低评标价法	资格后审	2023年4月—2023年7月	2023年6月—2023年7月	2023年7月—2023年9月	2023年9月—2023年12月
11/医学、人体学、生命科学与体育学设备	215.42	0	215.42	委托招标	国际公开招标	最低评标价法	资格后审	2023年4月—2023年7月	2023年6月—2023年7月	2023年7月—2023年9月	2023年9月—2023年12月
12/医学、人体学、生命科学与体育学设备	268.64	0	268.64	委托招标	国际公开招标	最低评标价法	资格后审	2023年4月—2023年7月	2023年6月—2023年7月	2023年7月—2023年9月	2023年9月—2023年12月
13/分析、测试仪器设备	253.91	0	253.91	委托招标	国际公开招标	最低评标价法	资格后审	2023年4月—2023年7月	2023年6月—2023年7月	2023年7月—2023年9月	2023年9月—2023年12月
14/分析、测试仪器设备	291.16	0	291.16	委托招标	国际公开招标	最低评标价法	资格后审	2023年4月—2023年7月	2023年6月—2023年7月	2023年7月—2023年9月	2023年9月—2023年12月
15/分析、测试仪器设备	291.07	0	291.07	委托招标	国际公开招标	最低评标价法	资格后审	2023年4月—2023年7月	2023年6月—2023年7月	2023年7月—2023年9月	2023年9月—2023年12月
16/分析、测试仪器设备	281.58	0	281.58	委托招标	国际公开招标	最低评标价法	资格后审	2023年4月—2023年7月	2023年6月—2023年7月	2023年7月—2023年9月	2023年9月—2023年12月
17/其他仪器设备	130.41	0	130.41	委托招标	国际公开招标	最低评标价法	资格后审	2023年4月—2023年7月	2023年6月—2023年7月	2023年7月—2023年9月	2023年9月—2023年12月
总计	3989.80	0	3989.80								

5.4　货物采购项目贸易管理

5.4.1　国内贸易管理

国内贸易是国内买方向国内卖方购买货物，并在国内完成货物交付的交易行为。

(1) 国内贸易的实施过程

国内贸易的实施主要包括两个基本步骤：

1）贸易合同的签订。在与供应商签订合同之前，应对已商定的合同条款进行法律、经济和技术方面的内部审核，以消除供需双方在合同条款上的差异，确保合同的全面履行，降低供需双方的履约风险。

2）贸易合同的履行。贸易合同签订之后的合同履行涉及预收款的跟踪、合同文本与实际情况间差异的纠正、合同变更的跟踪、重大问题或者紧急情况的协调等。贸易合同的履行还应当跟踪合同中约定的货物是否在交货期前已经生产完毕，是否可按时履约交货的义务，做好接收和验收准备工作。

(2) 国内贸易的支付工具

国内贸易中较常见的支付工具主要包括：

1）汇票。汇票分为银行承兑汇票和商业汇票。

①银行承兑汇票。银行承兑汇票是汇款人将款项存入当地出票银行，由出票银行签发的，由其在见票时，按照实际结算金额无条件支付给持票人或收款人的票据。

②商业汇票。商业汇票包括商业承兑汇票和商业本票，属于企业信用，是由出票人签发的、委托付款人在指定日期无条件支付确定金额给收款人或持票人的票据。

2）本票。本票是一个人向另一个人签发的，保证见票即付或者在可以确定的未来时间，由自己无条件支付给持票人一定金额的书面承诺。本票分为银行本票和商业本票，国内主要流通的是银行本票。

3）支票。支票是单位或个人签发的，委托办理支票业务的银行在见票时无条件支付确定金额给收款人或持票人的票据，支票印有“现金”的为现金支票，印有“转账”的为转账支票，无任何字样的为普通支票，既可以用于支付现金也可以用于转账。

4）电汇。电汇是指汇款人委托银行，通过电报、电话等方式将款项直接划入收款人账户，最快当日到账。电汇速度快，但银行收取的手续费相对较高，一般用于在紧急情况下支付货款。

(3) 国内贸易的货物交付

货物交付是指生产制造企业按照买卖合同规定的时间、地点和方式，将合同规定的货物所有权转移给买方，交付过程实质上是货物风险的转移过程。

《民法典》规定标的物毁损、灭失的风险，在标的物交付之前由出卖人承担，交付之后由买受人承担，但法律另有规定或者当事人另有约定的除外。

在国内贸易中，买卖合同约定的主要贸易条件是交货时间和交货地点。

1）交货时间。交货时间是指生产制造企业按买卖合同规定将合同货物交付给买方或者承运人的期限，在交货时间方面应注意：

①卖方必须在合同规定的日期或一段时间内交付货物。如合同未规定日期或交货时间，则应在订立合同后一段合理时间内交货。

②卖方在合同规定的时间以前交货，或者延迟交货的，买方有权要求损害赔偿和/或拒收货物。

2）交货地点。交货地点是指卖方按买卖合同的规定将货物交付给买方或承运人的地点，国内贸易的交付地点分为工厂交付和客户现场交付。

①工厂交付。工厂交付是指卖方在生产地将合同涉及的货物交付给买方，即完成了交货义务。卖方没有义务将货物装上买方安排的运输工具，但国内贸易的卖方考虑到客户关系的建立和管理，可以提供装货服务。因此，工厂交付就是在卖方的生产地，将货物连同其毁损、灭失的风险一并转移给了买方。

②客户现场交付。客户现场交付是指货物由运输单位运输至买方现场后，卖方再将货物交付给买方。在这种情况下，由卖方保证货物在运输过程中的安全和质量，可以减少买方承担的风险。需要注意的是，如果买方现场条件较差，则买方应提前指派负责人，准时进行收货，交付时应认真做好货物的验收工作。

按上述两类货物的交付方式，货物的交接验收程序见图 5-6。

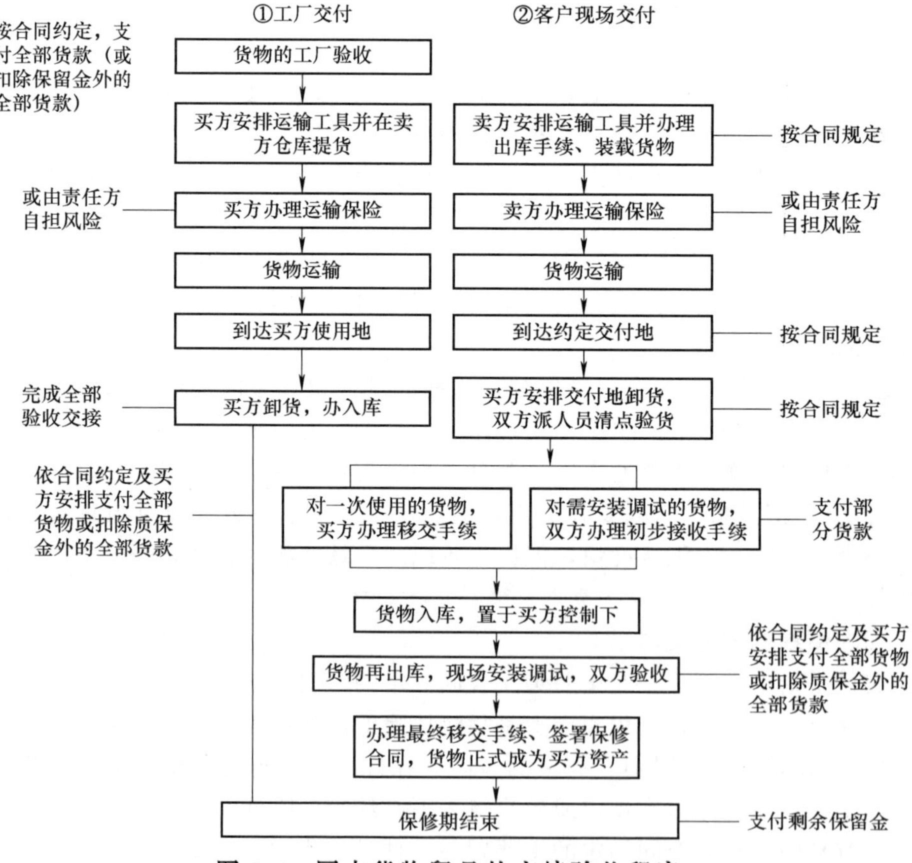

图 5-6　国内货物贸易的交接验收程序

(4) 国内贸易的运输方式

国内贸易的运输工具主要有飞机、汽车、船只、火车、管道等，相应的运输方式为航空、公路、水路、铁路和管道运输五种。

1）航空运输。航空货物运输的主要优点有：

①运送速度快，在途时间短。

②不受地面条件影响，辐射面广，占用土地少。

③货物安全性较高、破损率较低，如果采用空运集装箱的方式运送货物，则更为安全。

航空货运的缺点主要有：

①航空货运的运输费用较其他运输方式更高，不适合低价值货物的运输。

②航空运载工具的舱容有限，对大件货物或大批量货物的运输有一定的限制。

③飞机飞行安全容易受恶劣气候影响等。

2）公路运输。公路货物运输的主要优点有：

①公路运输网覆盖面广、密度大，运输车辆机动灵活，对时间、货运量的适应性强。

②可实现“门到门”的直达运输，平均运距是最短的。

③中、短途运输时，因为中途不需要倒运、转乘，在途时间较短，运送速度较快。

④获取车辆以及驾驶人员的信息较为方便。

公路运输的主要缺点是：

①汽车载重量小，所消耗的燃料是价格较高的汽油或柴油，运输成本仅次于航空运输。

②运输的连续性较低，运输途中容易受到干扰。

③安全性较低，排放的尾气和噪声对环境污染较大。

3）水路运输。水路运输按其航行的区域，大体上可划分为远洋运输、沿海运输和内河运输三种形式。远洋运输通常是指除沿海运输以外所有的海上运输。沿海运输是指利用船舶在我国沿海区域各地之间的运输。内河运输是指利用船舶、排筏和其他浮运工具，在江、河、湖泊、水库及人工水道上从事的运输。

水路运输具有下列优点：

①可以利用天然的有利条件，实现大吨位、长距离的运输，是五种方式中运输能力最大的一种。

②成本低，非常适用于大宗货物的运输。

水路运输的缺点主要在于：

①水网覆盖面较小。

②通行能力受自然条件影响较大，尤其是内河航道，难以保证全年通航。

③运送速度慢，在途货物多，增加了对货主流动资金的占用。

4）铁路运输。铁路运输的优点有：

①运行速度较快。

②运输能力较大。

③运输过程受自然条件限制较小，连续性强，能保证全年运行。

④运输到发时间准确性较高。

⑤运输成本较低，能耗低、环境污染较少。

铁路运输的主要缺点是：

①铁路建设成本很高，运输的机动性较小。

②受铁路运能限制，而且中途需要倒运、驳运，在途时间较长。

5）管道运输。管道运输是随着石油和天然气产量的增长而发展起来的，目前已成为陆上运输油、气的主要方式，近年来又发展了输送固体物料的管道，如输煤管道等。

管道运输的优点是：

①输送量大。

②工程投资小、占地少。

③能耗低，在各种运输方式中是最低的。

④安全可靠，无污染，成本低。

⑤不受气候影响，可以全天候运输，送达货物的可靠性高。

⑥可以实现封闭运输，损耗少。

管道运输的缺点主要是专用性强，只能运输石油、天然气及固体料浆（如煤炭等）。

随着集装箱运输的成熟，现代运输方式业已形成了联合运输的模式，即铁海联运、公铁联运、公海联运等，以发挥各种方式的优势，获得最佳效益。以至少两种不同的运输方式，实现货物“门到门”的运输。

5.4.2 国际贸易管理

（1）国际贸易的概念及特点

国际贸易，又称货物外贸或货物进出口，是指营业地处于不同国家或地区的当事人就商品贸易所发生的交易行为。相对于国内贸易，国际贸易的双方分处不同国家或地区，对于货物交接、国际运输与保险安排、支付工具选用、进出口手续办理等问题需要在比较复杂的交易条件下达成一致。因此，国际贸易的交易过程及管理更为复杂，面临的风险和不确定性更高。

与国内贸易相比，国际贸易具有以下特点：

1）国际贸易适用规则的特殊性。国际贸易具有涉外因素，调整国际贸易的法律涉及不同国家的法律制度以及国际贸易公约、国际贸易惯例。概括起来，国际贸易适用的规则主要有三类：

①国内法。如《中华人民共和国民法典》《中华人民共和国对外贸易法》等。

②国际公约。如《联合国国际货物销售合同公约》等。

③国际贸易惯例。如《2020 年国际贸易术语解释通则》《跟单信用证统一惯例（UCP600）》等。

2）国际贸易主体的特殊性。国际贸易的主体具有国际性。根据《联合国国际货物销售合同公约》以及大多数国家的立法现状，国际性的认定标准是订立国际货物买卖合同的当事人的营业地是否在不同的国家而非合同当事人的国籍是否不同。只要当事人的营业地在不同的国家，其签订的合同就属“国际性”合同。

3）国际贸易内容的特殊性。国际货物贸易标的货物的跨国移动涉及的国际运输、保险、进出口海关、商检手续、国际支付工具、许可证及工业知识产权保护等方面的问题比较复杂，合同双方当事人要与运输公司、保险公司或银行产生法律关系，长距离运输可能遇到各种风险，使用外汇支付货款和采用国际结算方式可能发生汇率风险，此外，还涉及有关国家对外贸易法律和政策的改变。

（2）国际贸易术语的概念及作用

1）国际贸易术语的概念。国际贸易术语是用来表示国际货物买卖的交货条件和价格构成因素的专门用语。国际贸易术语又称价格术语，它是在长期的国际贸易实践中产生的。

2）国际贸易术语的作用。国际贸易术语是国际贸易中表示价格的必不可少的内容，报价中使用国际贸易术语，明确了双方在货物交接方面各自应承担的责任、费用和风险，说明了商品的价格构成。

国际贸易术语在国际贸易中起着积极的作用，主要表现在下列几个方面：

①有利于买卖双方简化洽商交易和订立合同的手续。

②有利于买卖双方核算价格和成本。

③有利于解决合同履行当中的争议。

（3）国际贸易术语与合同性质的关系

国际贸易术语是确定买卖合同性质的一个重要因素，一般采用何种贸易术语成交，则买卖合同的性质也相应可以确定。

虽然国际贸易术语是确定买卖合同性质的重要因素，但它并不是决定合同性质的唯一因素。确定买卖合同的性质，还应看买卖合同中的其他条件是如何规定的。例如，交易双方约定使用 CIF 贸易术语，但同时也约定“以货物到达目的港作为支付货款的前提条件”。按此条件签订的合同，就不是装运合同，而应当是到达合同，因为在这里支付条件是确定合同性质的决定因素。

（4）《2020 年国际贸易术语解释通则》（INCOTERMS 2020）

国际商会于 1936 年制定并于 1953 年修订的《国际贸易术语解释通则》作为一种国际贸易惯例，在长期的国际贸易实践中越来越普遍地得到承认和应用，成为当今国际贸易的双方当事人签约、履约及解决业务纠纷的依据。随着国际贸易的发展，国际商会对《国际贸易术语解释通则》不断完善，直到目前的 2020 版通则，该通则于 2021 年 1 月 1 日起生效实施。

（5）各种贸易术语项下，买卖双方的责任和义务的具体内容

1）E 组：EXW（Ex Works，Insert Named Place of Delivery）——工厂交货（注明指定交货地点）。

“工厂交货”是指卖方在其所在地（即工厂或仓库等）将备妥的货物交付买方，履行其交货义务。卖方不承担将货物装上买方备妥的运输工具的义务；卖方不负责办理出口结关手续；卖方无订立运输合同与保险合同的义务。风险转移以在指定的交货地点将货物置于买方支配之下时为分界点；费用划分与风险转移的分界点一致。买方承担自卖方所在地将货物运至预期目的地的全部费用和风险。因此，这是卖方承担义务最小或者说买方承担义务最大的一种贸易术语。在买方不能直接或间接地办理出口手续的情况下，不要使用该贸易术语。

2）F 组：

①FCA（Free Carrier，Insert Named Place of Delivery）——货交承运人（注明指定交

货地点）。

这一贸易术语是指卖方在规定的时间、地点把货物交给买方指定的承运人，办理出口结关手续，履行其交货义务。卖方无订立运输合同与保险合同的义务。风险转移以在指定的交货地点将货物交由承运人照管时为分界点；费用划分与风险转移的分界点一致。买方自付费用订立从指定地点装运货物的运输合同，并及时通知卖方。FCA 适用于各种运输方式。

②FAS（Free Alongside Ship，Insert Named Port of Shipment）——装运港船边交货（注明指定装运港）。

这一贸易术语是指卖方在装运港码头或以驳船将货物交至指定的船边，履行其交货义务，此后一切费用和货物灭失或损坏的风险即由买方承担。卖方还应负责办理有关出口手续及支付有关出口税捐。采用这一贸易术语，卖方无订立运输合同与保险合同的义务。

③FOB（Free on Board，Insert Named Port of Shipment）——装运港船上交货（注明指定装运港）。

这一贸易术语是指卖方负责在合同规定的装运港和规定的期限内，将货物装上买方指定的船只，并及时通知买方。货物在装上买方指定的船舶时，风险即由卖方转移至买方。在集装箱运输时，通常在集装箱码头交货，此类情况下，最好使用 FCA 贸易术语。

FOB 合同中买卖双方的主要责任如下：

A. 卖方责任：在合同规定的装运港和日期或期限内，将货物装上买方指定的船只，并及时通知买方；负担货物在装运港装上船舶以前的一切费用和风险；负责办理出口手续，提供出口许可证，支付出口关税和费用；负责提供商业发票、清洁的已装船单据以及其他合同规定的单据。

B. 买方责任：负责租船或订舱，支付运费，并将船名、装船地点和装船时间通知卖方；负担货物在装运港越过船舷时起的一切费用和风险；负责办理保险及支付保险费，按合同规定支付货款，并收取符合合同规定的货物和单据。

按 FOB 价格成交，如果买方指定了船只，而未能及时将船名、装船泊位及装船日期通知卖方，或者买方指派的船只未能按时到达，或未能承载货物，或者在规定期限终了前截止装货，买方要承担由此产生的一切风险和损失。前提是货物已被清楚地分开或被固定为供应本合同之用。

3）C 组：

①CFR（Cost and Freight，Insert Named Port of Destination）——成本加运费（注明指定目的港）。

这一贸易术语是指卖方负责租船或订舱，在合同规定的装运日期内将货物装上驶向指定目的港的船舶，负担货物装船越过船舷以前的一切费用和风险，负责办理出口结关手续，支付运费。买方负担货物越过船舷后的各种费用和风险，负责办理从装运港至目的地的货运保险，支付保险费。

②CIF（Cost Insurance and Freight，Insert Named Port of Destination）——成本加保险费、运费（注明指定目的港）。

使用这一贸易术语时买卖双方的主要责任如下：

A. 卖方负责租船或订舱，支付到目的港的运费；在合同规定的装运日期或期间将货物装上运往指定目的港的船舶，装船后及时通知买方。卖方还要负责办理从装运港到目的港的货运保险，支付保险费；办理货物出口结关手续，承担货物装上船舶前的一切费用和风险。

B. 买方负责负担除运费和保险费以外货物在海运途中发生的一切费用；负担货物在装运港越过船舷后的一切风险；按合同规定支付货款，并接受符合合同的单据；在指定目的港收取货物，自负风险及费用，办理进口手续。

③CPT（Carriage Paid to，Insert Named Place of Destination）——运费付至（注明指定目的地）。

这一贸易术语是卖方在出口国将货物在双方约定地点交给卖方指定的承运人，卖方要自付费用订立将货物运至指定目的地的运输合同，支付运费；负责按合同规定的时间将货物交给承运人，并及时通知买方；卖方负责货物的出口报关手续和相应费用，承担货物风险直至按合同规定时间将货物交由第一承运人保管。买方在合同规定的地点受领货物，支付货款，负担除运费以外的货物自交货地点直至到达目的地为止的一切费用以及卸货费和进口税捐，承担货物移交由第一承运人保管后的一切风险。

④CIP（Carriage and Insurance Paid to，Insert Named Place of Destination）——运费、保险费付至（注明指定目的地）。

按 CIP 贸易术语成交，卖方除承担与 CPT 贸易术语相同的义务外，还应为买方办理货运保险，并提供约定的单据后，即完成履行合同的义务。其他各项义务以及卖方交货地点、风险划分界限等都与 CPT 贸易术语相同。即卖方要在合同规定的装运期内将货物交给承运人或第一承运人（在多式联运的情况下），完成交货义务，并及时通知买方，风险亦于交货后转移给买方。虽然货物在运输中灭失或损坏的风险由买方承担，但由于货价构成因素包括保险费，故卖方必须签订保险合同，支付保险费，并提交保险单。卖方应按约定的险别投保，如未约定险别，则卖方只要投保最低险别并支付保险费即可。买方在合同规定的地点受领货物、支付货款，并且负担除运费、保险费以外的货物自交货地直至运达指定目的地为止产生的各项费用以及卸货和进口税捐。

4）D 组：

①DAP（Delivered at Place，Insert Named Place of Destination）——目的地交货（注明指定目的地）。

卖方在指定目的地将符合合同约定的货物放在已抵达的运输工具上交给买方处置即完成交货，卖方要保证货物可供卸载，但不承担卸货费；卖方承担将货物运送到指定地点的一切风险和费用。买方承担在目的地接货后的风险和相关费用，支付货款，并承担进仓卸货费用和进口税捐。

②DPU（Delivered at Place Unloaded，Insert Named Place of Destination）——目的地交货并卸下（注明指定目的地）。

卖方将符合合同约定的货物从抵达目的地的运输工具上卸下交给买方处置即完成交货；卖方必须确保其交货的地点是能够卸货的地点，并承担将货物送至指定目的地并将货物卸下的一切风险和费用。此后的风险和费用由买方承担。

③DDP（Delivered Duty Paid，Insert Named Place of Destination）——完税后交货（注明指定目的地）。

当卖方在指定目的地将仍处于抵达的运输工具上（不负责卸货，但已完成进口清关，且已做好卸载准备）的货物交由买方处置时，即为交货。卖方承担交货前的一切责任、费用和风险，包括货物出口和进口的手续和费用。如果卖方无法直接或间接获得进口许可证，则不宜采用这一贸易术语。按“完税后交货”贸易术语达成的交易实质上是在进口国、买方国内市场的交易，因此也是11种贸易术语中卖方责任最大的贸易术语。

根据上述内容，有关贸易术语主要涉及货物的运输、风险划分、投保义务、交货地点、出口进口结关手续及费用负担、装卸货义务及适用的运输方式等内容，用一个表格可以归纳表述，具体见表5-5。

表5-5 贸易术语主要内容比较

贸易术语	交货地点	风险转移界限	出口海关的责任人、费用承担者	进口海关的责任人、费用承担者	进口清关使用的运输方式
EXW	货物产地或卖方所在地	买方处置货物后	买方	买方	所有运输方式
FCA	出口国内地或港口	承运人处置货物后	卖方	买方	所有运输方式
FAS	装运港船边	货物交于船边后	卖方	买方	水上运输
FOB	装运港船上	货物装于船舶后	卖方	买方	水上运输
CFR	卖方装运港船上	货物装于船舶后	卖方	买方	水上运输
CIF	卖方装运港船上出口国内地或港口	卖方货物装于船舶后	卖方	买方	水上运输
CPT	出口国内地或港口	承运人处置货物后	卖方	买方	所有运输方式
CIP	出口国内地或港口	承运人处置货物后	卖方	买方	所有运输方式
DAP	进口国指定目的地	买方处置货物后	卖方	买方	所有运输方式
DPU	进口国指定目的地＋卸下	买方处置货物后	卖方	买方	所有运输方式
DDP	进口国国内指定地点	买方处置货物后	卖方	卖方	所有运输方式

从表5-5中可以看出，卖方的责任和风险从上到下由小变大，买方则由大变小。EXW、FAS、DAP、DPU、DDP五种贸易术语属于实际交货（Physical Delivery），是指卖方要在规定的时间和地点，将符合合同规定的货物提交给买方；FOB、CFR、CIF、FCA、CPT、CIP六种贸易术语都属于象征性交货（Symbolic Delivery），即俗称的单据买卖，卖方凭单交货，买方凭单付款，卖方只要按期在约定地点完成装运，并向买方提交合同规定的包括物权凭证在内的有关单证，就算完成了交货义务，而无须保证货物到达买方。这六种象征性交货也是我们常用的。适用于海洋和内河运输的装运港交货的贸易术语有FOB、CFR、CIF，风险在装运港船舶上转移；适用于多种运输工具的货交承运人的贸易术语有FCA、CPT、CIP，风险在货交承运人后转移。

（6）国际贸易术语的选用

国际贸易术语是确定合同性质、决定交货条件的重要因素，选定适当的国际贸易术语对促进合同的订立和履行，提高企业的经济效益具有重要意义。作为项目管理的当事人除了要十分清楚各种国际贸易术语项下的责任、风险和费用，在选择国际贸易术语时还需要考虑以下因素：

1）考虑运输条件。买卖双方采用何种贸易术语，首先应考虑采用何种运输方式运输货物。在本身有足够运输能力或安排运输无困难，而且经济上又合算的情况下，可争取按由自身安排运输的条件成交（如进口可以按照 FCA、FAS 或 FOB 成交，出口可以按 CIF、CFR 或 CIP 成交）；否则，则应酌情争取按由对方安排运输的条件成交。

2）考虑货源情况。国际贸易中货物品种有很多，不同类别的货物具有不同的特点，它们在运输方面各有不同的要求，故安排运输的难易程度不同，运费开支大小也有差异。这是选用国际贸易术语应考虑的因素。此外，成交量的大小也直接关乎安排运输是否有困难和经济上是否合算。在成交量太小，又无班轮通航的情况下，负责安排运输的一方势必会增加运输成本，故选用国际贸易术语时也应予以考虑。

3）考虑运费因素。运费是货价构成因素之一，在选用国际贸易术语时，应考虑货物经由路线的运费收取情况和运价变动趋势。一般来说，当运价看涨时，为了避免承担运价上涨的风险，可以选用由对方安排运输的国际贸易术语成交，如按 C 组国际贸易术语进口，按 F 组国际贸易术语出口。但如果因某种原因不得不采用按由自身安排运输的条件成交（多数情况如此），则应将运价上涨的风险考虑到货价中去，以免遭受运价变动的损失。

4）考虑运输途中的风险。在国际贸易中，交易的商品一般需要通过长途运输，货物在运输过程中可能会遇到各种自然灾害、意外事故等，特别是在战争时期或正常的国际贸易可能遭到人为障碍与破坏的地区，运输途中的风险更大。因此，买卖双方洽商交易时，必须根据不同时期、不同地区、不同运输路线和运输方式的风险情况，结合购销意图来选用适当的国际贸易术语。

5）考虑办理进出口货物结关手续有无困难。在选择国际贸易术语时，还应考虑进出口货物通结关手续的难易。如果采用 EXW，买方最好在出口国有分支机构，否则不宜采用该贸易术语；反之，在 DDP 条件下，如果卖方在进口国没有分支机构或合作伙伴，最好不要接受该术语。一旦合同中确定了所采取的国际贸易术语，项目管理人员就要根据国际贸易术语所规定的责任、费用和风险，对项目进行管理。

（7）国际货物运输

国际货物运输是国际贸易中不可缺少的一个重要环节。

1）运输方式。国际货物运输方式包括海洋运输、铁路运输、航空运输、公路运输、邮政运输、管道运输以及集装箱运输、国际多式联运与大陆桥运输等方式。

①海洋运输。按照船舶经营方式的不同，海洋运输可分为班轮运输（Liner Transport）和租船运输（Shipping by Chartering）。

A. 班轮运输。班轮运输又称定期船运输，是指船舶按照预定的航行时间表，在固定的航线和港口往返航行，并按事先公布的费率收取运费的运输。班轮承运货物的品种、数量相对比较灵活，货运质量比较有保证，而且一般在班轮码头仓库交接货物，可为货主提供便利和良好的服务。

B. 租船运输。租船运输又称不定期船运输，是指在租船运输业务中，没有预定的航行时间表，船舶经由航线和停靠的港口也不固定，须按船租双方签订的租船合同来安排。有关船舶的航线和停靠的港口、运输货物的种类以及航行时间等，都按承租人的要求，由船舶所有人确认，运费或租金也由双方根据租船市场行情在租船合同中约定。

在国际货物运输中，海洋运输是最主要的运输方式。与其他运输方式相比，海洋运输具有运量大、运费低的优点，但也存在不足之处，海洋环境复杂、气象多变，船舶在航行途中随时都有可能遭遇上狂风、巨浪等人力难以抗拒的海洋自然灾害，遇险的可能性比陆路、江河运输要大。同时，海上运输存在社会风险，如受战争、罢工、贸易禁运等因素的影响。此外，海洋运输的速度也相对较慢。

②铁路运输。在国际货物运输中，铁路运输是一种仅次于海洋运输的常见运输方式，海洋运输的进出口货物也大多需要通过铁路运输集中和疏散。铁路运输有许多优点，如一般不受气候条件的影响，可保障全年的正常运输，而且运量较大，速度较快，有高度的连续性，运输过程中遭受风险的可能也较小。

③航空运输。与海洋运输、铁路运输相比，航空运输具有运输速度快、货运质量高、不受地面条件的限制等优点，但运费相对较高，因此最适合运送急需物资、鲜活商品、精密仪器和贵重物品等。

④公路运输。公路运输具有机动灵活、速度快和方便等特点，尤其是在“门到门”运输中更离不开公路运输。但公路运输也有一定的局限性，如载货量有限，运输成本高，容易造成货损事故等。

⑤邮政运输。邮政运输是一种较简便的运输方式，各国邮政部门之间订有协定和公约，通过这些协定和公约，各国的邮件包裹可以互相传递，从而形成国际邮包运输网。

⑥管道运输。管道运输是一种特殊的运输方式，货物在管道内借助高压气泵的压力输往目的地。管道运输主要适用于运输液体和气体货物，如石油、天然气等，具有固定投资大、建成后运输成本低的特点。

⑦集装箱运输、国际多式联运与大陆桥运输。这是目前国际货物运输使用较多的三种新型运输方式。

2）运输单据。运输单据是承运人收到承运货物后签发给托运人的证明文件，是交接货物、处理索赔与理赔以及向银行结算货款或进行议付的重要单据。在国际货物运输中，因运输方式不同，运输单据的种类也多种多样。

①海运提单。海运提单简称提单（Bill of Lading，B/L），是指由船长或船公司或其代理人签发的，证明已收到特定货物并允诺将货物运到特定的目的地交付给收货人的凭证，是收货人在目的港据以向船公司或其代理提取货物的凭证。海运提单的性质和作用有：

A. 货物收据。提单是承运人或其代理人签发的货物收据，证明承运人已经收到或接管提单上所列的货物。

B. 物权凭证。提单是一种货物所有权的凭证，在法律上具有物权证书的作用。船货抵达目的港后，承运人应向提单的合法持有人交付货物。提单可以通过背书转让，从而转让货物的所有权。

C. 运输契约的证明。提单是承运人与托运人之间订立的运输契约的证明。提单条款明确规定了承运人和托运人之间的权利、责任与豁免，一旦发生争议，双方可以据此解决。

②铁路运单。铁路运单是铁路承运人收到货物后所签发的铁路运输单据。

③航空运单。航空运单与国际铁路运单相似，是由承运人或其代理人签发的货物运输单据，是承托运双方的运输合同，其内容对双方均具有约束力。航空运单不可转让，也不是物权凭证。

④多式联运单据。多式联运单据是指证明多式联运合同以及证明多式联运经营人接管货物并负责按照合同条款交付货物的单据。

⑤邮政收据。邮政收据是邮政运输的主要单据，既是邮局收到寄件人的邮包后所签发的凭证，又是收件人凭以提取邮件的凭证。

(8) 海洋运输货物保险

1) 海洋运输货物保险保障。海洋运输货物保险保障包括保障的风险、保障的损失与保障的费用三个方面。

①保障的风险。它主要包括：

A. 海上风险。海上风险一般包括自然灾害和意外事故。

a. 自然灾害。海运保险承保的自然灾害是指因海运过程中发生的恶劣气候、雷电、海啸、地震、洪水和火山爆发等事件而导致的船货损失。

b. 意外事故。海运保险所承保的意外事故并不包括航运途中发生的所有意外事故，而是限定了一定的承保范围。如《中国人民保险公司海洋运输货物保险条款》所承保的意外事故包括船舶搁浅、触礁、沉没、互撞、与流冰或其他物体碰撞以及失火、爆炸等。

B. 外来风险。外来风险分为一般外来风险和特殊外来风险。

a. 一般外来风险。它是指一般外来原因造成的风险，一般包括偷窃、提货不着、短量、混杂、玷污、渗漏、碰损、破碎、串味、受潮受热、包装破裂、淡水雨淋、钩损、锈损等。

b. 特殊外来风险。它是指一般外来风险以外的其他外来原因造成的风险，主要包括战争风险、罢工风险、进口国政府拒绝进口或没收货物的风险等。

海运保险单一般会具体列明所承保的风险和除外责任。

②保障的损失。海上损失（简称海损）是指被保险货物在海运过程中因各类灾害所造成的损失或灭失。根据国际保险市场惯例，与海运连接的陆运过程中所发生的损失也属海损范围。依货物损失程度不同，海损可分为全部损失和部分损失。

A. 全部损失。它是指运输途中的货物全部灭失，或完全变质，或不可能归还被保险人等，依全损程度的不同，又分为实际全损和推定全损。

B. 部分损失。在海洋运输途中货物发生承保范围内的损失，不属实际全损和推定全损的，即为部分损失。

③保障的费用。当发生海运风险事故时，对于为避免损失的发生或扩大而采取合理措施所引起的费用，保险人将按其性质和赔付原则予以赔偿。

保险人负责赔偿的费用包括：

A. 施救费用。施救费用是指被保险人或其代理人、雇员和受让人为避免或减少损失而采取各种抢救、保护措施所产生的合理费用。

B. 救助费用。救助费用是指因保险人和被保险人以外的第三者采取救助措施，救助成功后应由被救方付给救助方的报酬。由于救助行为可使船、货避免或减少损失，从而减少了保险人的赔偿金额，故救助费用应由保险人负责赔偿。

C. 其他费用。其他费用是指为防止或减轻货物的损害，在中途港或避难港因卸货、存仓和运送货物而产生的费用，以及索赔成立时因对保险货物进行检验、查勘、公证、理算和拍卖受损货物等而支付的额外费用，对上述费用保险人均应负责赔偿。

2）我国海洋运输货物保险条款。为了适应国际货物海运保险的需要，中国人民保险公司根据我国保险实际情况并参照国际保险市场的习惯做法，分别制定了各种保险条款，总称为“中国保险条款”（China Insurance Clause，CIC），其中包括“海洋运输货物保险条款”“海洋运输货物战争险条款”和其他各种专门条款，投保人可根据货物特点和航线与港口实际情况自行选择投保合适的险别。

“中国保险条款”规定的险别包括基本险、附加险和其他专门险三种。

①基本险。基本险别包括平安险、水渍险和一切险。

A. 平安险。投保平安险后，保险公司承担的赔偿责任包括：

a. 货物在运输途中因恶劣气候、雷电、海啸、地震、洪水等自然灾害造成的全部损失或推定全损。

b. 货物因运输工具搁浅、触礁、沉没、互撞，与流冰或其他物体碰撞以及失火、爆炸等意外事故而造成的全部或部分损失。

c. 货物在运输工具发生搁浅、触礁、沉没、焚毁等意外事故的情况下，又在海上遭受恶劣气候、雷电、海啸等自然灾害所造成的部分损失。

d. 货物在装卸或转船过程中一部分甚至整批货物落海所造成的全部或部分损失。

e. 被保险人对危险货物采取抢救、防止或减少货损的措施所支付的合理费用，以不超过该批被毁货物的保险金额为限。

f. 运输工具遭遇海难后在避难港因卸货引起的损失，以及在中途港或避难港因卸货、存仓和运送货物而产生的特殊费用。

g. 共同海损的牺牲、分摊和救助费用。

h. 运输合同中如含“船舶互撞责任”条款，则根据该条款应由货方偿还船方的损失。

B. 水渍险。投保水渍险后，保险公司除承担平安险的各项责任外，还对被保险货物因恶劣气候、雷电、海啸、地震、洪水等自然灾害而造成的部分损失负赔偿责任。

C. 一切险。投保一切险后，保险公司除承担平安险和水渍险的各项责任外，还对货物在海运途中因一般外来风险，如货物被盗窃、钩损、碰损、受潮、发热、淡水雨淋、短量、包装破裂和提货不着等造成的全部或部分损失负责赔偿。

另外，海洋运输货物保险条款对保险责任的起讫也做了具体规定，主要采用“仓至仓”条款（Warehouse to Warehouse Clause），即保险责任自货物被运离保险单所载明的起运地仓库或储存处所开始，包括海上、陆上、内河和驳船运输在内，直至运抵保险单所载明的目的地收货的最后仓库或储存处所为止。但货物在最后到达卸载港卸离海轮后，保险责任期限为 60 天。在货物遭受承保范围内的损失时，保险索赔时效为从被保险货物在最后卸载港全部卸离后起算不超过 2 年。

②附加险。除上述基本险别外，在海运保险业务中，投保人还可根据货物的特点和实际需要再选择投保适当的附加险别。

附加险别包括一般附加险和特殊附加险。

A. 一般附加险。一般附加险的种类较多，主要包括偷窃提货不着险、淡水雨淋险、渗漏险、短量险、钩损险、混杂玷污险、碰损破碎险、生锈险、串味险、受潮受热险和包装破裂险，共 11 种。

一般附加险被包含在一切险的承保范围内。故投保一切险后不需再加保一般附加险。一般附加险不能单独投保，只能在平安险或水渍险的基础上，根据货物的特点加保一种或若干种一般附加险，而加保所有的一般附加险即为投保一切险。

B. 特殊附加险。特殊附加险包括战争险和罢工险。

a. 战争险。加保战争险后，保险公司对因战争和其他各种敌对行为而造成的损失负赔偿责任。海洋运输货物保险条款规定战争险不能单独投保，只能在投保基本险别的基础上加保。

b. 罢工险。加保罢工险后，保险公司只对罢工行为导致的货物直接损失负赔偿责任，而对罢工行为使货物无法正常运输装卸导致的间接损失不负责赔偿。罢工险的保险期限也以“仓至仓”条款为准。

③其他专门险。其他专门险是指根据一些货物的特性而专门制定的险别，适用于特定的货物。

(9) 国际贸易的支付

国际货款的收付比国内货款结算复杂，而且在做法上也有较大的差异，这不仅由于使用的货币不同，还涉及不同国家的法律、国际惯例和银行习惯等。国际贸易的支付主要有汇付、托收与信用证付款三种方式。

1）汇付。汇付方式分为信汇、电汇和票汇三种，其特点是：属于商业信用，风险较大，资金负担不平衡，手续简便与费用低廉。

2）托收。托收是委托收款的简称，是指债权人（出口人）出具债权凭证（汇票等），委托银行向债务人（进口人）收取货款的一种支付方式，托收采用的是逆汇方法。

托收一般通过银行办理，其基本做法是：出口人根据买卖合同先行发运货物，然后开立汇票，连同商业单据向出口地银行提出托收申请，委托出口地银行（托收行）通过其在进口地的代理行或往来银行（代收行）向进口人收取货款。

根据委托人签发的汇票是否附有单据，托收可以分为光票托收和跟单托收，在国际贸易中，货款的收取大多采用跟单托收。

托收的性质是商业信用。托收虽然是通过银行办理的，但银行只是按卖方的指示办事，不承担付款的责任，不过问单据的真伪，如无特殊约定，对已运到目的地的货物不负提货和看管责任。因此，卖方交货后，能否收回货款，完全取决于买方的信誉。

3）信用证付款。信用证是一种银行开立的凭装运单据付款的书面承诺，其结算方式是凭单付款。

在国际贸易中，随着银行参与国际贸易结算，逐步形成了信用证（Letter of Credit，L/C）支付方式，从而由进口商履行付款责任，转为由银行来付款，保证出口商安全迅速收到货款，买方按时收到装运单据。信用证在国际贸易实践中被广泛应用，已成为国际贸易中一种重要的支付方式。

2006 年 11 月，国际商会在全球范围内正式发布了有关信用证的最新国际惯例《跟单信用证统一惯例（2007 年修订本）》（简称 UCP 600），决定于 2007 年 7 月 1 日起全面取代

《跟单信用证统一惯例（1993年修订本）》（简称UCP 500）。

①信用证的特点。信用证支付方式的特点主要有：

A. 信用证是一种银行信用。信用证支付方式作为一种银行信用，由开证行以自己的信用做出承付的保证，开证行是第一付款人。在信用证业务中，开证行对受益人的承付责任是一种独立的责任，即开证行的承付不以进口人的付款为前提条件。

B. 信用证是一项单据业务。在信用证支付方式下，实行的是凭单付款的原则。银行严格审核单据，以确认单据表面上与信用证条款相符，而对单据的形式、准确性和真实性等不负责任。

C. 信用证是独立于其他合同之外的一种自足的法律文件。虽然信用证是依据买卖双方之间的买卖合同和其他合同（如开证申请书、运输合同、保险合同）开立的，但信用证并不依附于买卖合同和其他合同，而是独立于买卖合同等之外的银行信用凭证。银行只对信用证负责，不受买卖合同或其他合同的约束。

②信用证涉及的当事人。信用证支付方式涉及的当事人较多，主要有：

A. 开证申请人（Applicant for Issuance）。申请人是指要求开立信用证的一方。在实际业务中，申请人通常为进口商，也允许开证行以自身名义开证。

B. 开证行（Issuing Bank）。开证行是指应开证申请人的要求或代表自己开出信用证的银行。在实际业务中，开证行一般为进口地的银行。

C. 通知行（Advising Bank）。通知行是指应开证行要求通知信用证的银行。通知行通常是出口地银行，且一般是开证行的代理行（Correspondent Bank）。

D. 受益人（Beneficiary）。受益人是指有权使用信用证的人。在实际业务中，受益人通常是出口商或实际供货人。

E. 议付行（Negotiating Bank）。议付行是指买入或贴现受益人按信用证规定提交的汇票及/或单据的银行。指定特定银行为议付行的信用证称为限制议付信用证；可由任何银行议付的信用证称为公开议付信用证，或称自由议付信用证。

上述当事人中，开证申请人、开证行以及受益人被称为信用证的三个基本当事人。

③信用证的流转程序。虽然不同类型信用证的流转程序在具体细节上有所不同，但基本环节大致相同。以议付信用证为例，其一般流转程序见图5-7。

（10）国际贸易合同的订立与履行

1）国际贸易合同的订立。国际贸易合同的订立过程包括交易磋商和订立合同两个主要环节。

①交易磋商。交易磋商的一般程序包括询盘、发盘、还盘和接受四个步骤，其中，发盘和接受相当于合同法中规定的要约和承诺，是订立合同必不可少的法定步骤。一方的发盘经另一方接受后，合同即告成立。

②订立合同。订立合同是指对磋商过程中双方达成的协议、共同接受的交易条件的最终书面确认。订立合同应当做到内容完备、条款明确、文字严谨，条款间相互衔接且与磋商内容一致，以利于合同的履行。合同的内容通常包括首部条款、正文部分条款和尾部条款三个部分，订立国际买卖合同应当重视合同内容的完整性。

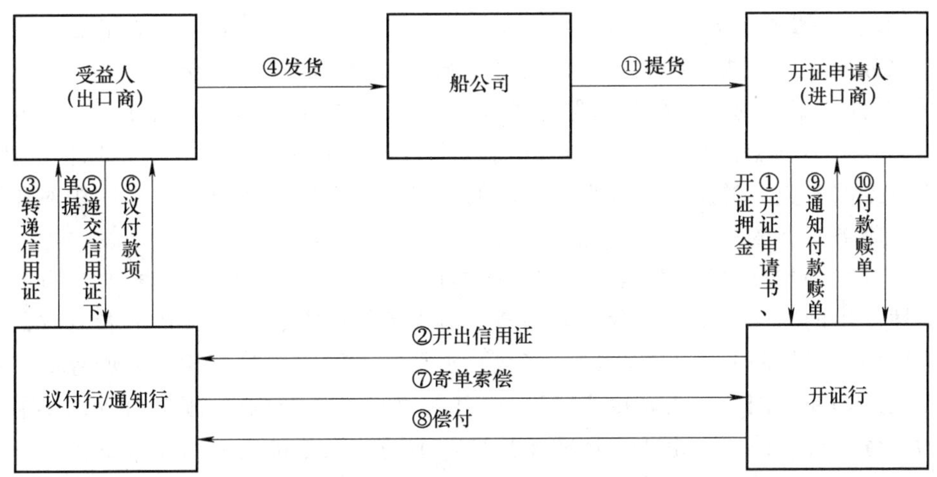

图 5-7 议付信用证的一般流转程序

以国际招标方式订立货物买卖合同的，还应当符合招标投标法律法规的相关规定，遵从国际招标采购合同的订立程序规定。此外，国际招标采购货物买卖合同在签订后不能任意进行转让，否则将导致中标结果的变更，违反了招标投标的基本规则，使招标投标程序失去意义。

2）国际贸易合同的履行。以采用 FOB 或 FCA 贸易术语和信用证支付方式签订的进口合同为例，合同履行的一般程序如下：

①开立及修改信用证。

②洽租运输工具与接运货物。

③办理保险。

④审单付款。

⑤报关、接货及检验。

⑥进口索赔。

如发生货物原装数量不足，货物的质量、规格与合同规定不符，延迟交货或拒不交货等情况，买方应当向卖方索赔，并且应当与货代公司、运输企业、检验检疫机构等密切配合，确保索赔证据充分，索赔金额合理，索赔期限合法，补救措施得当。

5.5 服务项目管理

5.5.1 服务及服务项目概述

(1) 服务的概念及特征

服务是拥有能力和资源的一方（服务提供方）直接或凭借某种工具、设施对有需求的一方（服务接受方）提供一系列活动，以满足服务接受方需求的行为过程，服务的结果通常是无形的。

服务具有以下特征：

1）无形性。服务的无形性是指服务无法用人的感官或仪器来检测或描述。服务的无形性使得服务的品质无法准确测量，只能通过服务接受方的评价来获得。

2）同时性。服务的同时性是指服务的生产与消费同时进行，不能分开。服务活动或过程不可储存，不可能在有能力和资源的时候将服务活动完成并保存下来以便将来使用，这种特点也给服务企业的质量管理提出了新的挑战，如何保证在服务的过程中对质量的控制和监督是服务管理的一个重要课题。

3）异质性。服务的异质性是指每次服务的构成要素及其品质都会表现出不同。第一，服务异质性产生的原因是服务过程及其品质是由服务提供方、服务接受方及双方的相互作用共同决定的，提供服务的人员不同，其技术水平、工作态度各不相同，服务的结果也就会有所不同。即使是同一个人，由于环境的不同，如时间、地点、服务对象的不同，也会有不同的服务结果。第二，由于个体的差异性，不同的服务接受方对服务的需求不同，使得他们对服务的要求及评价标准不同。

4）参与性。由于服务生产与消费同时进行，在服务过程中，服务提供方需要通过与接受方的互动，了解其需求，凭借自身的专业技能为接受方定制最适合的服务方案。只有服务接受方充分参与，才能保证服务质量。

（2）服务的分类

根据对服务需求的不同，服务可以有多种分类方式。

1）根据服务手段来划分，可以将服务分为资本密集型服务和劳动密集型服务。资本密集型服务是指借助专业化的设备来提供的服务，如自动售货、干洗、出租车等服务；劳动密集型服务是指凭借专业人员的专业技术提供的相关服务，如律师、会计师、咨询师等。

2）根据服务内容来划分，《商标注册用商品和服务国际分类尼斯协定》（第十二版）将服务业分为如下 11 类：

①广告；商业经营组织和管理；办公事务。

②金融，货币和银行服务；不动产服务。

③房屋建筑；安装和修理服务；采矿，石油和天然气钻探。

④电信服务。

⑤运输；商品包装和贮藏；旅行安排。

⑥材料处理；废物和垃圾的回收利用；空气净化和水处理；印刷服务；食物和饮料的防腐处理。

⑦教育；提供培训；娱乐；文体活动。

⑧科学技术服务和与之相关的研究与设计服务；工业分析、工业研究和工业品外观设计服务；质量控制和质量认证服务；计算机硬件与软件的设计与开发。

⑨提供食物和饮料服务；临时住宿。

⑩医疗服务；兽医服务；人或动物的卫生和美容服务；农业、水产养殖、园艺和林业服务。

⑪法律服务，为有形财产和个人提供实体保护的安全服务；交友服务；在线网络社交服务；殡仪服务；临时照看婴孩。

3）根据服务对象来划分，可以将服务分为生产性服务、消费性服务和公共性服务，其比较具体见表 5-6。

表 5-6　生产性服务、消费性服务和公共性服务比较

类型	生产性服务		消费性服务	公共性服务
功能	满足厂商生产需求的中间服务		满足个人最终需求	提供公共产品
需求性质	中间需求		最终需求	最终需求或中间需求
行业细分	交通、物流、批发、信息服务、金融保险	研发、设计、技术咨询、会计、法律、工程和建筑服务、广告	娱乐休闲、文化艺术、饮食、房产、医疗、教育	政府服务、公共服务、义务教育、社会福利部门、公立医院等
标准化难度	较易	较难	很难	中等
要素性质	资本、技术密集	知识密集	劳动密集	不明确，受政府功能和财政收入影响较大

（3）服务项目的概念及特点

1）服务项目的概念。服务项目是指服务方利用自己所拥有的知识、经验、专有技术、知识产权等无形资产，为委托方定制解决方案，以满足委托方特定需求的过程。

服务的种类很多，但并不是所有的服务都是服务项目，一般来说，区分服务项目与一般服务的核心特征包括：

①服务是否具备较强的专业性。

②服务是否是为委托方“量身打造”的。

③生产周期内服务的采购频次是否较低。

委托方在服务项目提供过程中，需要对服务方进行选择，对服务进度、成本进行监督，最后对提交的可交付成果进行验收，从而实现对服务项目的业主管理。

随着企业规模的扩大以及国际市场竞争的加剧，企业或公司内部的服务项目正在不断分离出来，形成独立的专业生产性服务行业，使得生产性服务业逐步外部化，并逐步形成了服务外包产业。目前，在全球范围内，伴随着服务外包总量的扩大，服务外包领域也在不断扩大，特别是近年来信息技术及网络技术的发展，使服务外包所需的技术水平逐渐提高，目前全球服务外包涉及的范围已由传统的信息技术外包和业务流程外包拓展到金融、保险、会计、人力资源管理、公共管理等多个领域。

2）服务项目的特点。服务项目除具备一般项目的特点之外，还有其独有的特点，主要包括两点：

①中间性。服务项目一般是整体项目过程的一部分，或是委托方企业业务流程的一个环节，其目的是提高管理效率与管理效果。因此，服务项目的目标必须服从于整体项目目标或委托方企业的生产经营目标。例如，投融资服务项目是为了满足整体项目的资金需求而存在的，因此其进度目标，以及依照进度目标制订的进度计划就必须以整体项目的资金投入计划为前提，投融资服务的成果也应以是否满足整体项目投资进度的需求为评价标准。

②高智力性。服务项目是以知识运用为特征的项目，在服务项目的全过程中，知识的传播与转移至关重要。服务方在了解委托方的需求后，需要充分运用自身所掌握的知识、经验、专有技术等，为委托方提供有价值的解决方案，以满足委托方的特定需求。

(4) 服务项目生命周期阶段划分

服务项目作为一类特殊的项目，同样具有项目生命周期特性。一般来说，服务项目的生命周期可划分为三个阶段，具体见图 5-8。

1）服务项目前期阶段。该阶段是指从委托方启动通过招标或其他方式选择服务方到双方签订正式的服务合同的过程。

2）服务项目实施阶段。该阶段是在服务合同签订后，服务方根据委托方的服务目标要求，编制服务实施计划，控制计划执行并最终提交可交付服务成果的过程。

3）服务项目收尾及评价阶段。该阶段是指服务项目可交付成果提交后，委托方和服务方对权利义务关系进行清算，对服务成果的效果进行评价的过程，是服务项目生命周期的最后一个阶段。

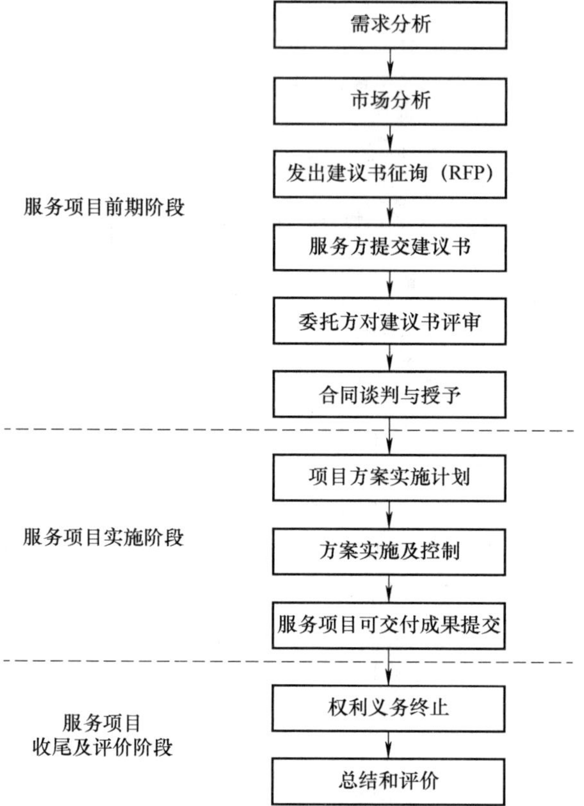

图 5-8　服务项目的生命周期

(5) 服务项目管理的概念与要点

1）服务项目管理的概念。服务项目管理是指将知识、经验、专有技术、知识产权等应用于服务项目，以实现服务项目目标的管理过程。

委托方通过招标或其他方式选择服务方，在服务过程中实施控制，对服务成果进行验收和评估，这构成了委托方的服务项目管理。而服务方在承接服务项目后，通过启动、计划、实施与监控、收尾等管理过程，开展项目管理活动，实施对服务项目的高效管理，提供满足委托方特定需求的服务成果，这构成了服务方的服务项目管理。

2）服务项目管理的要点。服务项目管理的要点主要有两点：

①对委托方的需求分析。委托方的特定需求是服务项目存在的前提，是服务项目制定项目目标、编制服务计划的主要依据。对委托方进行需求分析时经常出现的问题是忽略需求调研，未充分了解和理解委托方的特定需求就开始服务项目的计划编制和实施，由于需求分析不足导致项目目标错误或出现偏差，为服务项目的失败埋下隐患。

②对服务成果的追踪反馈。服务成果既是无形产品，又是整体项目过程的中间产品，所以对服务成果的质量评价主观性较强。委托方和服务方经常围绕服务成果合格与否以及服务项目实施效果产生纠纷，因此在服务成果交付、服务合同收尾后，服务方仍然需要继

续追踪服务项目的实施效果，对服务过程和服务成果进行综合评价，对相应的经验和教训进行总结，形成相应文档并保存。

5.5.2　服务项目过程管理

(1) 服务项目前期阶段的管理过程及管理任务

在典型的以招标方式授予的服务项目中，委托方通过需求分析和市场分析，向潜在的服务方发出代表着自己需求的建议书，采用一定的评审方法对潜在服务方的服务方案进行评审，从而选择合理的服务方。服务项目前期工作环节及可交付成果见表 5-7，图 5-9 所示的是一个典型的服务项目采购工作分解结构。

表 5-7　服务项目前期工作环节及可交付成果

序号	工作环节	可交付成果
1	需求分析	任务大纲
2	市场分析	潜在服务方分析报告采购决策
3	准备并发出建议书征询文件	建议书征询文件
4	潜在服务方提交建议书	建议书
5	委托方评审建议书	中标建议书
6	委托方与中标的服务方谈判并授予合同	服务合同

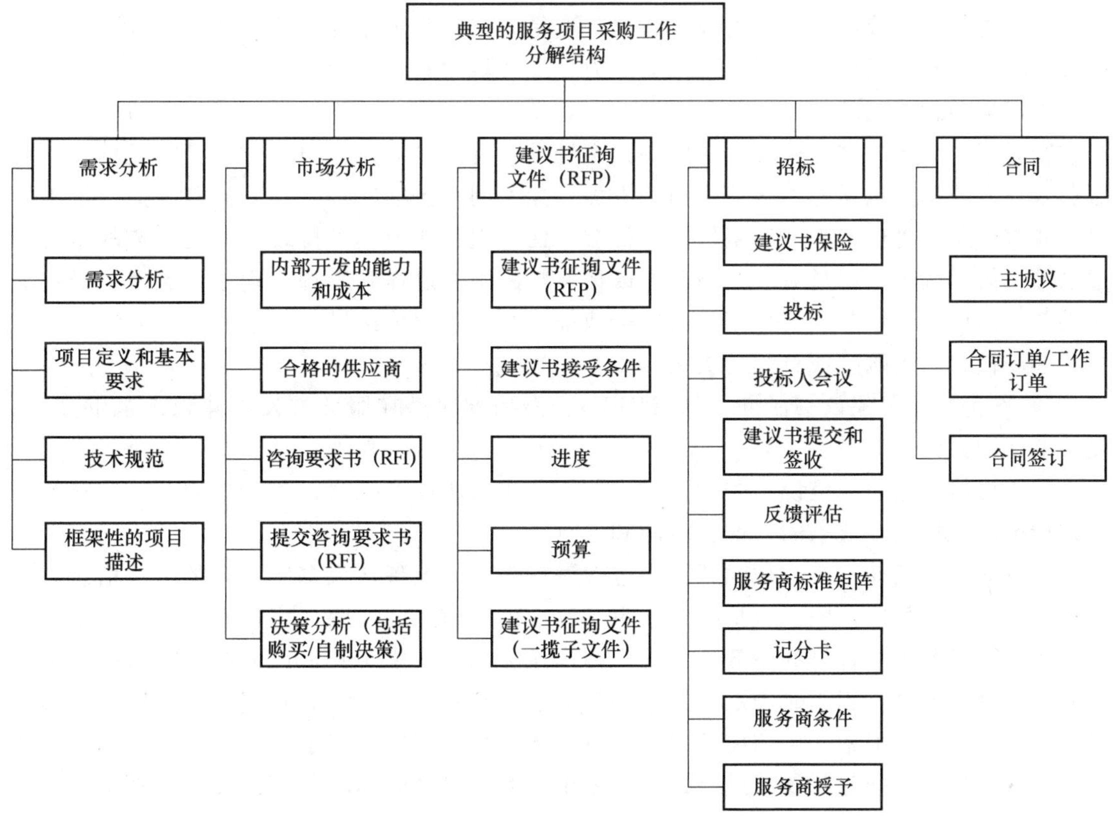

图 5-9　典型的服务项目采购工作分解结构

1）需求分析。委托方自身需求分析的工作内容包括：

①收集信息。委托方收集与自身相关的信息，对服务项目的基本情况进行初步梳理。委托方需收集的信息主要包括组织战略、整体项目计划、服务成本估算等。

②初步确定服务范围。

③编写任务大纲（Terms of Reference，TOR）。任务大纲规定了咨询服务的目的、目标、工作范围并提供背景情况（包括现有的相关研究及基础数据），以便潜在服务方准备他们的建议书。典型的任务大纲主要包括以下内容：

A. 概述。简述服务项目情况、服务项目的由来以及其他有关背景资料。

B. 服务目标。说明该服务项目计划达到的目标。

C. 服务范围。说明服务方应提供的服务及具体工作要求。

D. 培训要求。如果需要提供人员培训，说明服务方在人员培训方面应做的工作。

任务大纲的内容应具有一定的灵活性，以便潜在的服务方相互竞争，创新性地提出自己的建议书和人员配备。应鼓励潜在服务方在建议书中对任务大纲提出意见，委托方和服务方各自的职责应在任务大纲中明确界定。

2）市场分析。市场分析是指委托方对潜在服务方的技术能力、成本状况进行综合研究，从而做出关于服务项目是否自制或外购的最终决策。通过市场分析，委托方可了解潜在服务方的数量、能力、沟通渠道等相关信息，为建议书征询文件（Request For Proposal，RFP）的发放奠定基础。市场分析的工作内容主要包括：

①委托方内部分析及其相关成本状况。这是委托方对企业内部综合能力及其成本状况进行的综合分析，当委托方不具备相关能力，或者虽然具备能力但是成本较高时，可以考虑从外部采购相关服务。

②对潜在服务方进行调查。主要考察市场是否有合格的潜在服务方及其相关信息。对潜在服务方的调查包括能力与信用两个方面。能力调查包括财务状况、商务能力、技术与服务能力、质量管理水平、环境保护、社会责任、创新能力、可持续发展能力和战略合作意愿等；信用调查是通过对潜在服务方以往参与的服务过程和履约表现进行调查，确定潜在服务方的信用等级，或者采用政府、行业征信与信用评价结果。

③委托方做出购买或自制的决策。

3）准备并发出建议书征询文件（RFP）。委托方向潜在服务方发出建议书征询文件，建议书征询文件包括：

①邀请信。邀请信应说明委托方希望就服务达成协议的意愿、资金的来源、委托方的详细情况以及提交建议书的日期、时间和地点等。

②咨询顾问须知。咨询顾问须知应包含潜在服务方准备建议书所需要的全部信息，并尽可能地使评审程序透明，包括提供评审过程方面的信息、说明评审标准、评审要素及其各自的权重以及质量合格的最低分数线。咨询顾问须知应说明其估计的服务方所需要的主要人员的投入水平（用工时表示）或总预算，潜在服务方自行编制其完成服务所需要的工时数，并在其建议书中提供相应的成本预算。咨询顾问须知应规定建议书的有效期，以便委托方有充足的时间对建议书进行评审，做出是否授予合同的决定，完成合同谈判。

③任务大纲。

④合同草案。合同草案中应列明委托方拟选用的合同类型，以及主要的合同条款。

4）潜在服务方提交建议书。委托方应给予潜在服务方不少于 4 周的时间来准备其建议书，但一般也不应超过 3 个月。在此期间，潜在服务方可要求对建议书征询文件（RFP）中提供的情况予以澄清，如有必要，委托方应延长提交建议书的截止时间。

建议书包括技术建议书和财务建议书，潜在服务方将技术建议书和财务建议书分别密封并同时提交，委托方不得接收在截止时间后提交的对技术建议书或财务建议书的修改。任何在提交建议书截止时间后收到的建议书都应原封退回。

5）委托方对建议书进行评审。服务项目提供的产品是无形的服务，而不是有形的实物。因此对建议书的评审方法不同于工程和货物采购中以价格为基础的评价法，而是更多地采取以质量为基础的评审方法。如设计、勘察和监理咨询服务评审方法主要采用综合评标价法，世界银行和国际咨询工程师联合会（FIDIC）等国际组织普遍采用如基于质量的评审（Quality Based Selection，QBS）或基于服务方资历的评审（Consultant Qualification Selection，CQS）等方法。

6）委托方与中标的服务方谈判并授予合同。相较于在货物采购和工程采购中的情况，谈判在服务项目采购过程中是一个十分重要的环节。围绕服务项目采购的许多重要内容都可以展开谈判，例如任务大纲、工作方法、人员配备、委托方的投入以及合同专用条款等，但是这些谈判不应对原定的任务大纲或合同条款做出实质性的改变，以免最终服务成果的质量、费用以及最初评审的准确性受到影响，不能仅为了满足预算要求而对工作投入做重大削减。谈判后双方认同的任务大纲和工作方法应作为合同的组成部分。

中标的服务方不得替换其主要人员，如确因特殊情况需要替换人员时，要取得双方一致认同，同时建议替换的人员应具有与最初建议的主要人员相当或更佳的资历。如果没有特殊情况，并且建议书中所包括的主要人员未能及时到位，可以认为该服务方是不合格的，应该选择下一家服务方继续展开谈判。

对于采用非招标方式委托的服务项目，其前期阶段的工作内容与招标方式委托大致相同，主要区别体现在两个方面：

①招标方式下，需求分析过程是由委托方或其委托的第三方来进行的，并通过任务大纲体现出来，而非招标方式下则是由委托方委托服务方进行需求分析。

②招标方式下，服务方在委托方任务大纲的基础上，准备并提交建议书，在服务合同签订前，通过服务方的技术建议书提交服务方案。非招标方式下，往往要在服务合同签订后，通过对委托方的详细的需求分析，服务方才提出服务方案。

（2）服务项目实施阶段的管理过程及管理任务

由于服务项目的高智力性特点，服务项目实施阶段的管理主要体现为服务方的项目管理，更具体地说，体现为服务方案的执行与控制。

1）服务方案策划。服务方案是服务项目的实施计划，是指为了实现服务目标而对服务方法、所需时间、工作程序以及资源配置等的策划结果。服务方案的内容主要包括服务目标、服务范围、时间计划、人员组成、工作安排、工作方法、经费预算及成本控制、风险防范等。

服务方案策划内容主要包括服务项目范围计划、服务项目组织和人力资源计划、服务项目时间计划、服务项目成本计划等。

①服务项目范围计划。服务项目范围计划旨在规划为了完成服务项目的目标而必须完成的工作或活动。范围计划是服务项目计划的首要工作，也是服务项目时间计划、服务项目组织和人力资源计划、服务项目成本计划等计划的基础。

②服务项目组织和人力资源计划。人力资源管理对于服务项目的成功是非常重要的，因为服务方的知识资源和人力资源是主要的服务主体，服务方人力资源的知识水平及其发挥直接决定着服务项目的成败。

服务项目是由团队来实现的，服务项目团队主要由项目经理以及相关领域的咨询专家组成。项目经理应该由有经验的资深咨询专家担任，对多学科的服务项目，项目经理最好是通才型的，以便于有效地指挥和协调工作。在一些服务项目的投标中，是否拥有一位称职的项目经理往往是咨询公司能否中标的关键。咨询服务专家具有专业知识和经验，拥有项目所需的关键技术，能保证项目的顺利开展，决定着服务项目的质量和效果。

③服务项目时间计划。由于服务项目具有中间性的特点，要求服务方案必须具有一定的时效性，只有在特定的时间内完成的服务成果才能发挥其效果。因此服务项目的编制与执行存在时间约束条件，这些时间约束条件可以来自整体项目进度的要求，也可以来自委托方整体生产经营活动的时间要求。

④服务项目成本计划。尽管服务项目的评审通常不以价格作为主要评审标准，但并不意味着服务项目的成本管理不重要。服务方也要经过严格的成本管理的程序，进行成本的估算、预算，并在项目执行的过程中严格地控制成本。一般来说，服务项目成本计划要明确人员的酬金、可报销费用和不可预见费用。另外，服务项目成本计划还需要对支付程序和支付方式做出规定。

2）服务方案执行过程及控制。在服务项目的实施阶段，要按照服务方案中的各项计划对服务项目进行控制。与传统项目的控制要点——进度控制、成本控制和质量控制这“三大控制”不同，由于服务项目最终的项目产品是无形的，极有可能存在前期需求分析不足，在实施的过程中发生服务范围的频繁变更等情况，从而造成成本增加或进度拖延，影响项目目标的实现，因此对服务项目而言其范围控制更为关键。

一般来讲，服务项目执行过程中发生范围变更主要有两种原因：

①委托方的需求变化。在服务项目前期阶段，委托方对自身的需求不一定十分清晰，随着服务项目的不断推进，委托方的需求逐渐明确和具体，从而导致服务范围的变更。

②内外部环境的变化。服务项目立项时的内外部环境，如社会环境、经济环境、技术环境、政策环境等，在项目实施过程中发生了变化，使委托方的需求发生变化或增加了新的需求，也会导致服务范围的变更。

虽然在服务项目的实施过程中服务范围的变更是不可避免的，但频繁的变更必定会对服务项目的正常实施，以及项目目标的实现产生较大的影响，因此应该加以重视，制订规范变更的程序并给予严格控制。

3）服务项目可交付成果提交。服务项目的可交付成果通常表现为研究报告（如可行性研究报告）、设计方案（如设计图纸）、调查报告（如市场调查报告）等，可交付成果有时需经过委托方及其聘请的评审人的综合会审，通过后验收。尽管可交付成果的实施的最终责任在于委托方，但是服务方要对可交付成果的实施进行指导。例如，管理咨询服务方在咨询报告中要明确提出相应的实施计划，并对包括实施人员在内的企业员工进行培训、指导；设计方要对工程施工给予指导，在必要时要依据环境变化对设计图纸进行变更。

(3) 服务项目收尾与后评价阶段的管理过程与管理任务

服务项目收尾与后评价阶段是指服务方提交可交付成果后，与委托方就服务合同的权利义务关系进行清算，对服务成果的效果进行评价的过程，主要包括三个方面的工作：

1）双方权利义务的终止。服务方提交可交付成果给委托方后，委托方依据服务合同约定的范围、技术、服务、安全标准、服务方履约情况等进行验收并出具验收报告，双方进行合同收尾工作，清算双方的权利义务。由于服务项目的质量评价主观性较强，双方容易围绕服务目标的实现与否与服务的实施效果产生纠纷，只有把双方的权利和义务清算清楚，才能避免这种纠纷。

2）服务项目文本的归档。服务成果验收结束后，委托方应收集、整理并妥善保存服务项目在招标采购活动中形成的各类应归档的文件资料，作为今后服务采购的参照和审计稽查的依据。归档文件应包括采购活动记录、采购需求申请、采购预算、采购文件、响应文件、评估报告、成交通知书、合同文本、验收证明、质疑答复、投诉处理决定及其他有关文件、资料。

3）总结和评价。服务方对整体项目进行跟踪反馈，对服务成果的质量和效果进行评价，同时总结服务项目实施过程中的经验和教训，识别将来工作可以改进的方向，将所有必需的项目文件文档加以保存，形成组织知识积累。例如，在服务方完成可行性研究服务项目后，可以设置一些评价指标对服务成果的质量和效果进行评价，具体见表 5-8。委托方也应建立服务采购评价机制，结合评价结果，对照服务采购中存在的不足和缺陷，制订改进计划和措施。

表 5-8　某工业项目可行性研究报告评价指标

一级指标	二级指标
贯彻宏观调控政策综合评价	对建设项目的必要性及利用现有基础的可能性
	对经济规模的论证情况
	对优化结构的论证情况
	对提高技术水平的论证情况
	对合理布局的论证情况
市场调查分析综合评价	对产品和原料供求的历史、现状的调查情况
	对今后市场影响因素的调查分析情况
	对预测方法的选用情况
	对产品规格合理性的论证情况
	制定营销战略的情况
多方案比选情况评价	对厂址和外部配套条件的论证情况
	对技术方案的比选情况
	对实施方案的比选情况

（续）

一级指标	二级指标
经济分析情况综合评价	投资估算的准确性情况
	产品成本估算依据的可靠性情况
	销售收入估算的可靠性情况
	效益估算的可靠性情况
	对资金落实的论证情况
风险分析情况综合评价	对经营风险的分析情况
	对管理风险的分析情况
	对财务、金融风险的分析情况
	对政策风险的分析情况
生态环境影响论证情况综合评价	对环境影响的论证情况
	制定环境治理措施的情况
	对节能、节水的论证情况
	对节约土地的论证情况
	对安全、消防、职业卫生的论证情况

5.5.3 服务项目采购及合同管理

在服务项目的全生命周期中，委托方的项目管理重点在前期阶段，委托方需要做出自制或外购的决策。如果选择外购，委托方需要根据所需服务的类别及采购特点选择不同的采购方式及合同计价方式，并对服务方提交的服务方案进行评审。

（1）服务项目采购管理

服务项目的采购因其采购标的的无形性及非标准化而导致采购流程具有一定的特殊性。服务项目的采购应在明确采购需求的基础上，编制采购方案。采购方案一般包括采购预算、采购方式选择、服务采购评审方法、采购合同、履约验收方案、采购风险及应对等内容。

1）采购方式选择。服务项目的采购方式包括招标方式和非招标方式，采购方式的选择应考虑采购服务的类别和采购需求特征。基于采购需求特征的采购方式选择详见表 5-9。

表 5-9　基于采购需求特征的采购方式选择

采购需求特征	采购方式				
	公开招标	邀请招标	竞争性谈判	单一来源采购	询价
需求特征明晰性	明晰	不明晰	不明确	明晰	明晰
服务标准化程度	较高	较低	较低	—	较高
需求紧急程度	一般	一般	紧急	紧急	一般
采购金额	较大	较小	不确定	较小	较小
市场供给情况	比较充分	不充分	不充分	不充分	比较充分

2）国内服务采购评审方法。依据《评标委员会和评标方法暂行规定》，评标方法包括综合评估法、经评审的最低投标价法等。现阶段设计、勘察、监理、造价等咨询服务的采购大多采用综合评估法。根据《国有企业服务采购操作规范》（T/CFLP 0054—2022），服务采购评审办法包括综合评估法、经评审的最低价法、投票法和国有企业管理制度规定的其他方法。委托方可结合采购项目实际选择合适的评审办法。

①综合评估法。综合评估法通常从四个方面对服务方案进行评价，即咨询服务方法和途径、服务方资历和经验、服务方的团队人员以及服务投标报价，相应的评估指标具体见表 5-10。

表 5-10　综合评估法常用评估指标

一级指标	二级指标
咨询服务方法和途径	对项目目标的理解
	方法的质量水平
	合理化建议和技术革新
	工作计划和工期要求
	对委托人提供支持的要求
	后继服务
服务方资历和经验	服务方的资历
	在类似项目中的经验
服务方的团队人员	项目经理
	专业领域专家
服务投标报价	按照评标规定进行评审

采用综合评估法时，应结合采购需求特点确定各评价指标的权重：

A. 对智力密集型服务采购，选择评审因素应侧重于服务团队、项目负责人能力等与团队专业素养和个人能力相关的因素；对劳动密集型服务采购，选择评审因素应侧重于价格因素、机器设备投入等因素。

B. 对标准化程度高、市场供给充分、需求特征明晰的服务采购，应以价格为主要评审因素。

C. 对标准化程度低、市场供给不充分、需求特征不太明晰的服务采购，应以供应商的经验与能力为主要评审因素。

D. 对需求紧急程度高的服务采购，应以供应商在短期内调动资源实现采购目标的能力为唯一或主要评审因素。

E. 对合同履约期限较长的服务采购，评审因素应包括供应商的资信状况。

采用综合评估法的服务采购，如涉及项目全生命周期费用的，应将服务期间涉及的全生命周期成本纳入评审因素。例如系统升级、能源管理、污染处置、废旧处理等。采购服务过程中伴随采购设备或材料的，应将设备、材料的兼容性纳入评审因素，单列设备、材料的价格。

②经评审的最低价法。采用经评审的最低价法时，通常以价格为唯一评审因素，也可将技术因素和商务因素折算成评审价格。对服务时间较短、服务内容较为简单的服务采购，可选用经评审的最低价法。

③投票法。对服务方案的评审需借助专家学识、经验、审美观、价值理念等做出判断的项目，宜选用投票法。采用投票法时，应根据采购需求特点明确投票时的考量因素。如企业商标或徽标设计、雕塑设计、企业形象展示设计、概念性方案设计等服务采购适合采用投票法。

④采用国有企业管理制度规定的其他评审方法时，如评审方法包括多项评审因素，应按照综合评估法的规定选择评审因素。

3）世界银行服务采购的评审方法。世界银行服务采购的评审方法主要分为两大类：

①基于质量的评审（QBS）方法。它是指把服务质量作为选定服务方的首要原则。咨询工程师参与项目运作的整个过程，对整个项目的成败与否起着至关重要的作用，咨询费用相对于服务方在项目中的影响和作用来讲是次要因素。因此在选择专业咨询工程师时，更应注重考虑其专业资格、专业知识和能力、管理水平等。基于质量的评审（QBS）方法适用于以下类型的任务：

A. 复杂的或专业性很强的服务项目，很难确定精确的任务大纲和所需要的服务方的投入，而委托人又希望服务方在其建议书中提出创新。

B. 具有重大影响且需邀请最好的专家的服务项目（如大坝等重要的基础设施的可行性研究和工程设计、国家重大政策研究等）。

C. 可用不同方法完成的服务项目，以至于不同建议书之间不具有可比性，因而基于价格的评审对于选择合格的服务方几乎不起作用。

②基于质量和费用的评审（Quality and Cost Based Selection，QCBS）方法。基于质量的评审方法满足了服务项目对服务方的专业资质和技术能力的优先需求，但是对多数相对简单的服务采购而言，如果咨询服务内容十分明确，投标方提供的服务差别不大，价格就成了一个不得不考虑的因素，此时应综合考虑咨询服务的质量和价格以选择合适的服务方。

基于质量和费用的评审（QCBS）一般采用“双封制”方法，投标方同时提交技术建议书和财务建议书。评审建议书应分两个阶段进行，第一是评审质量阶段，第二才是评审费用阶段。技术建议书的评审员在技术建议书评审结束之前，不得接触财务建议书，财务建议书只能在此之后拆封。

基于质量和费用的评审又分为：

A. 固定预算评审（Fixed Budget Selection，FBS）方法。它是指在咨询预算费用固定的情况下委托方选择咨询服务的方法。价格建议书中的金额中只设一个上限，不参与综合评审的权衡。该金额在指定预算范围以内者，技术建议书得分最高的服务方将被邀请进行合同谈判，凡是该金额超过指定预算金额的建议书都会被拒绝。FBS方法常适用于客户需求清晰、服务范围明确的服务项目。

B. 最低费用评审（Least Costs Selection，LCS）方法。它是对咨询任务的“质量要求”划定一个“最低合格分值”。在“双封制”评审过程中，服务方将被邀请分别用两个信封提交建议书，如果技术建议书评分高于最低分，则选取财务建议书报价最低的公司进行谈判；反之，如果技术建议书评分低于最低分，则被拒绝。在这种方式下，设定最低合格分时应考虑到所有高于此分的建议书都仅在价格上进行竞争，最低合格分应在建议书征询文件（RFP）中规定。LCS 方法仅适用于标准的或常规性质的服务项目，例如简单的、标准化的设计等，因为这类任务一般都有公认的惯例和标准。

（2）服务项目合同管理

1）服务合同的特点。由于服务项目所特有的高智力性质，服务合同中有其他合同所不具备的对服务人员、服务成果和服务绩效的考评及奖惩的特别约定，主要体现在：

①咨询服务方的义务（服务范围、正常及附加和额外服务、认真尽责和行使职权、客户的财产）。

②客户的义务（资料、决定、协助、设备和设施、客户人员、其他服务）。

③服务人员（人员的提供、代表、人员的更换）。

④责任和保险（双方间的责任、责任期限、赔偿的限额和保障、责任保险与保障、客户财产的保险）等。

2）合同计价方式。服务项目所适应的合同包括总价合同、以时间为基础的合同、成本加酬金合同、百分比合同、顾问服务合同等类型。

①总价合同。总价合同主要适用于对服务内容和期限以及要求服务方提交的成果能够明确加以规定的服务项目，广泛应用于简单的规划和可行性研究、标准或普通建筑物的详细设计、程序化的数据处理系统等。总价合同的合同价款通常随着项目可交付物（如报告、图表、工程量清单、招标文件、软件程序等）的提交而分批分次渐进支付或者一次性支付。总价合同的合同价款支付相对简单，因为只有在提交了明确规定的成果后才会付款。

总价合同分为固定总价合同和可调总价合同两种：

A. 固定总价合同。它的合同价格是固定不变的，并不随着项目环境的变化而变化。固定总价合同模式下，服务方承担了合同实施过程中的绝大部分风险，委托方基本不承担任何风险。但是，当服务方遇到了无法预测和应对的重大风险时，委托方的利益也会因服务方无法完成服务项目的目标而受到影响甚至遭受损失，所以对风险较大、技术复杂且不成熟、环境多变的服务项目不适宜采用固定总价合同。

B. 可调总价合同。它是指合同双方可以就一些特殊的环境签订一些调价条款，使委托方和服务方共担合同风险。

②以时间为基础的合同（或者称时间＋材料合同）。此类合同适用于难以确定服务范围和时间期限的服务项目，因为在这种情况下服务方达成项目目标所需的投入难以估计。以时间为基础的合同广泛用于复杂的研究（例如科技研发服务项目）、顾问性服务以及大多数的培训任务。付款依据是以双方同意的人员投入的小时、日、周或月费率计算的时间费用加上实际支出或双方同意的可报销的材料费用，其中时间费用包括工资、社会成本、管理费、酬金（或利润）以及合适情况下的特别津贴，材料费用通常不计算利润。

③成本加酬金合同。成本加酬金合同是指在经双方讨论同意的估算成本的基础上，再加上一笔报酬金额的计费方法，其中成本包括工资、材料设备、管理费和可报销费用等；

酬金指不可预见费、投资利息、奖金和利润等。一旦服务项目目标实现，委托方将支付给服务方固定数额或者产品价值一定百分比的酬金。成本加酬金合同对于科技研发项目和产品营销项目都有很好的适用性。

④百分比合同。百分比合同直接将付给服务方的费用与项目建设估算成本联系起来，或与所采购或检验的货物的成本联系起来，例如工程设计服务项目中，在百分比合同下，设计费用通常是工程建设项目估算投资的百分比。百分比合同最大的缺点是对服务方的激励较弱，但是由于其合同管理比较简单，在现实中还是会被广泛应用。

⑤顾问服务合同。这种类型的合同适用于委托方对某些服务活动具有不定期的需求，同时希望服务方能够“随叫随到”，例如为复杂项目雇佣顾问，为争端解决小组雇佣专家调解员，为机构改革、采购建议、技术攻关聘请专家等，这类服务的程度和时间在事前是无法确定的，这时通常采用顾问服务合同。顾问服务合同通常适用于合同期限为一年或更长时间的合同，委托方和服务方就专家的费率达成协议，并且按实际工作时间付款。

3）选择服务合同的影响因素。不同的合同计价方式体现了风险在委托方及服务方之间的分担情况，也体现了双方博弈的主导权归属。一般情况下是委托方占有主导权。但委托方不能仅仅考虑自己的利益，应当综合考虑服务项目的各种因素，考虑服务方的承受能力，确定双方都认可的合同类型。

一般来讲，选择服务合同应综合考虑以下因素：

①服务的标准化程度。如果服务标准化程度高，工作量明确，则委托方和服务方一般倾向于选择总价合同，这是因为这类服务项目风险小，不可预测因素少；如果服务标准化程度高，但实际工作量与预计的工作量可能有较大出入，则应优先选择单价合同，便于对增加的工作量进行结算。

②需求特征。如果服务项目的复杂程度较高，则意味着对服务方的技术水平要求高，项目的风险较大，此时服务方对合同的选择有较大的主导权；如果项目的复杂程度低，则委托方对合同类型的选择有较大的主导权。

③需求紧急程度。项目的准备包括委托方的准备工作和服务方的准备工作，不同的合同类型需要不同的准备时间和准备费用。总价合同需要的准备时间和准备费用最高，成本加酬金合同需要的准备时间和准备费用最低。对于一些非常紧急的项目如抢险救灾等项目，给予采购方和供应商的准备时间都非常短，因此只能采用成本加酬金的合同形式。否则可采用其他合同形式。

④市场供给情况。如果在某一时期和某一地点，某项服务的市场供给比较充分，则委托方拥有较大的主导权；如果某项服务的市场供给较少，则服务方拥有较大的主导权，可以尽量选择愿意采用的合同类型。

⑤项目的外部环境因素。项目的外部环境因素包括项目所在地区的政治局势是否稳定、经济局势因素（如通货膨胀、经济发展速度等）、当地劳动力素质、交通状况、生活条件等。如果服务项目的外部环境恶劣，意味着项目的成本高、风险大、不可预测的因素多，则服务方一般不认可选择总价合同，而更希望采用成本加酬金合同。

5.6 工程咨询服务项目管理

5.6.1 工程咨询服务的概念

工程咨询是适应现代经济发展和社会进步的需要，充分利用准确、适用的信息，集中专家的群体智慧和经验，运用现代科学技术、经济管理、法律和工程技术等方面的知识，为工程建设项目的决策和管理提供的智力服务。简言之，就是咨询专家受客户委托为寻求解决工程实际问题的最佳途径而提供的技术服务。工程咨询既可以是全过程咨询，又可以是只就某一专项工作进行的咨询。由于建设项目具有唯一性，工程咨询需要在限定时间内实现既定的目标，也属于一次性任务，不可能像物质产品那样批量生产，因此工程咨询活动又称为工程咨询服务项目。

工程咨询是知识密集型的高级智力服务行业，咨询人员是工程师、教授、研究员、会计师或其他拥有专业知识的专家和技术人员。工程咨询方不仅可以为客户提供专门的高新技术，如发明专利等，还可以协助客户实施工程建设项目，如可行性研究、工程设计等，从而达到预期的项目目标。

根据《工程咨询行业管理办法》，工程咨询服务的范围包括以下四项内容：

1）规划咨询：含总体规划、专项规划、区域规划及行业规划的编制。

2）项目咨询：含项目投资机会研究、投融资策划，项目建议书（预可行性研究）、项目可行性研究报告、项目申请报告、资金申请报告的编制等。

3）评估咨询：各级政府及有关部门委托的对规划、项目建议书、可行性研究报告、项目申请报告、资金申请报告、PPP 项目实施方案、初步设计的评估，规划和项目中期评价、后评价，项目概预决算审查，及其他履行投资管理职能所需的专业技术服务。

4）全过程工程咨询：采用多种服务方式的组合，为项目决策、实施和运营持续提供局部或整体解决方案以及管理服务。有关工程设计、工程造价、工程监理等资格，由国务院有关主管部门认定。

工程咨询服务的对象包括项目的投资人、项目业主、承包商等。由于不同客户关注项目的视角不同，工程咨询的服务内容存在着较大的差别。从全过程工程建设项目管理的层次上看，可以把项目管理分为项目决策管理和项目实施管理两个层次。项目决策管理主要是指项目投资者、贷款的银行以及其他的项目资金提供者对项目的管理，项目实施管理是指项目实施的执行机构对项目的管理，主要是指项目法人对项目的管理。

5.6.2 工程建设项目决策阶段的咨询服务与管理

(1) 工程建设项目规划咨询服务与管理

1）规划的概念及分类。规划是对未来的预测、愿景和安排。其中，规划作为对未来的一种预测，可表明未来一定时期的发展趋势；作为面向未来的一种愿景，可提出未来一定时期发展期望的水平和结果；作为对未来发展的一种安排，表示围绕着发展愿景做出的一系列部署。

根据规划对象的不同，规划有多种不同的类型。我国规划体系由发展规划、专项规划、区域规划和空间规划四类规划组成。

发展规划即国民经济和社会发展五年规划纲要，作为国家层面的发展规划，是社会主义现代化战略在规划期内的阶段性部署和安排，主要是阐明国家战略意图、明确政府工作重点、引导规范市场主体行为，是经济社会发展的宏伟蓝图，是全国各族人民共同的行动纲领，是政府履行经济调节、市场监管、社会管理、公共服务、生态环境保护职能的重要依据。

专项规划是指导特定领域发展、布局重大工程建设项目，合理配置公共资源，引导社会资本投向，制定相关政策的重要依据。

区域规划是指导特定区域发展和制定相关政策的重要依据。

空间规划以空间治理和空间结构优化为主要内容，是实施国土空间用途管制和生态保护修复的重要依据。

2）规划咨询服务的内容。规划咨询服务的目标就是完成规划编制。规划编制工作一般包括前期准备、规划调研、规划草案编制、规划衔接论证及送审四个阶段。规划咨询服务管理可以根据规划编制的不同阶段进行划分。

①前期准备阶段。规划编制的前期准备阶段需要明确规划委托要求、组建规划项目团队以及制订规划工作方案。

明确规划委托要求需要做好委托洽谈前准备工作，对委托方进行评估，确认其确实有委托需求，并拥有良好的信誉。还需要明确委托方式，规划编制项目的委托方式主要有通过谈判直接委托和通过招标委托两种。通过正确识别委托要求，受托方应与委托方就规划编制的相关问题在充分交换意见的基础上达成共识，在此基础上签订具有法律效力的正式合同书。

组建规划项目团队需要根据规划编制工作经验、团队合作意识、协调沟通和表达能力，以及学科背景选定具有良好专业素养和综合协调能力的项目负责人。并且根据规划编制项目的特点和要求选择项目组成员，保证项目组专业结构合理、年龄结构合适、工作时间有保障。

制订规划工作方案需要在与委托方充分沟通交流以后，由委托双方共同按方案开展相关工作。规划工作方案主要包括总体要求、重点任务、规划文本初步框架、人员组织、进度安排等内容，通常作为规划编制项目委托合同的组成部分。

②规划调研阶段。深入调研是厘清思路、高质量完成规划编制工作的前提和基础，一般由案头研究和现场调研两部分组成。

案头研究需要通过查阅文献、相关网站等途径，收集规划相关资料。这些相关资料包括统计资料、研究成果以及相关政策。在收集前期资料的基础上，对规划区域进行纵向和横向两个方面的初步研究，纵向研究的重点是分析研究其发展阶段和特点，横向研究主要通过对比研判其在国内相关区域中的发展优势和特点。

现场调研一般指通过召开座谈会、现场踏勘、问卷调查、深度访谈等方式制订科学合理的调研方案。制订调研方案应与规划委托方充分沟通，紧紧围绕规划工作要求，确定调研形式，明确调研的总体要求、调研地点、调研内容、行程安排、参加人员等。

③规划草案编制阶段。在规划草案编制阶段，需要确定规划框架、规划方案比选、专家咨询以及迭代完善。

确定规划框架是指在前期研究和现场调研的基础上确定规划文本框架，并就发展战略、目标定位、空间布局和重大任务等展开深入研讨，形成规划方案和文本初稿。

规划方案比选是指发展战略、目标定位、空间布局和重大任务等构成了规划方案的主要内容，当有不同意见时应对不同方案进行比较，通过分析论证，选择最优方案。

专家咨询是指根据规划编制进展情况适时召开专家咨询会，邀请相关领域的专家对规划开展咨询。在规划编制初期，专家咨询会主要为规划编制拓宽思路、把握方向，在规划编制中后期，专家咨询会主要为规划编制“把脉纠偏”。专家咨询会一般围绕规划重点内容、规划区发展面临的疑难问题等主题展开。

迭代完善是指规划初稿形成后，须听取多方意见，包括委托方意见、规划所涉区域政府及相关职能部门的意见以及专家和社会公众意见等，规划编制项目组根据反馈的意见对规划初稿进行多轮修改完善，直至形成规划草案。

④规划衔接论证及送审阶段。规划衔接论证及送审阶段涉及规划衔接、专家论证、修改完善以及规划报送审核发布。

规划草案形成后，要配合规划委托方做好规划衔接，确保相关规划协调一致。衔接重点是规划目标，特别是约束性指标、发展方向、总体布局、重大政策、重大工程、风险防控等。应加强专项规划、区域规划与空间规划的衔接，确保规划落地。

规划草案形成后，要组织专家进行深入论证。对专项规划进行专家论证时，专项规划领域以外的其他相关领域的专家不少于 1/3。规划经专家论证后，由专家出具论证报告。未经论证的规划不得报请批准并公布实施。专家论证会召开前，要配合规划委托方，确定专家组名单、专家组组长及会议方案。会议过程中应全程录音，并详细记录专家意见。

规划项目组应根据规划衔接和专家论证意见，配合规划委托方对规划草案再次修改完善。对于衔接和论证过程中提出的意见要逐条研究，对有明确依据、科学合理的意见应充分吸收和采纳，对不予采纳的意见必须有充分的理由。

配合规划委托方做好规划送审相关工作，精心准备规划审批环节的相关材料，包括草案送审稿、规划编制说明、论证报告等审批要件。其中，规划编制说明要阐述规划编制过程、征求意见和规划衔接、专家论证的情况以及未采纳的重要意见及理由。规划发布后，规划编制项目组应关注规划的社会反响，若规划委托方有要求，亦可配合开展规划成果的宣传和解读等活动。

(2) 工程建设项目投融资咨询服务与管理

1）工程建设项目投融资咨询服务的概念。工程建设项目投融资咨询服务是工程咨询方在项目投融资环节，就投资项目的市场、技术、经济、生态环境、能源、资源、安全等影响可行性的要素，结合国家、地区、行业发展规划及相关重大专项建设规划、产业政策、技术标准及相关审批要求进行分析研究和论证，为客户提供综合性、一体化、便利化的投资或融资决策咨询服务。投融资咨询服务具有相对性，从建设方的角度来看是融资的项目，对股权投资人和金融机构（如银行）等债权投资人而言就是投资项目。从提供投融资咨询服务的咨询工程师的角度来看，投融资咨询服务项目是完整的服务项目；而从接受服务一方的角度来看，与之对应的投融资咨询项目常常是更大的项目（如工程项目）的子项目。为便于理解，以下所述投融资咨询服务在分开表述时，分别指投资决策服务和融资服务。

2）工程建设项目投融资咨询服务的工作内容。

①投资决策服务。投资决策服务需要解决的问题主要集中在工程建设项目的开始阶段，其工作内容主要包括投资机会研究、项目建议书、项目可行性研究和项目评估及决策等。以上服务内容均是对投资项目的可行性进行的研究分析，只是研究的重点、深度和角度有所不同，具体见表 5-11。

表 5-11　投资决策服务的工作内容和研究重点

工作内容	研究重点
投资机会研究	投资环境分析
初步可行性研究（项目建议书）	市场需求分析、规划选点、项目建设方案构思、项目建设方案初步论证
项目可行性研究	需求可靠性、要素保障性、工程可行性、运营有效性、财务合理性、影响可持续性、风险可控性
项目评估及决策	可行性研究的真实可靠程度

②融资服务。从投资的角度来看，融资服务主要通过分析研究提出项目的融资方案，为投资决策服务。从项目法人和企业的角度来看，融资服务主要是为项目筹资和企业投资理财服务，同时可以为贷款银行提供融资方法和融资条件方面的咨询服务。融资咨询的工作主要包括：研究融资条件、测算融资成本、分析实际融资条件的变化及其对项目效益的影响，分析融资变化可能产生的风险和对策等，帮助业主根据实际情况优化和落实融资方案；参与银行贷款谈判、拟定贷款条件、签订贷款协议。

工程建设项目决策阶段的融资咨询应分析的内容包括：项目的资金来源是否可靠、资金数量能否满足项目的需要；财务杠杆的选用是否恰当，项目的债务清偿能力，能否全部偿还贷款的本息和其他债务；项目的财务管理制度是否健全；股东的权益投资能否收回，股东能够获得的投资回报等。

③投融资服务。如果工程建设项目的业主自身具有实现投资决策和融资的资源、人员和能力，那么就可以自我服务，把投资决策和融资作为工程建设项目全过程中的某个子项目进行管理。不过实际上多数业主并不具备进行投资决策和融资活动的全部资源和能力，所以需要寻求外部资源。通常的做法是通过服务合同将投资决策咨询和融资服务（甚至包括实施）的工作外包给专业咨询机构，由它们为业主提供投融资服务，完成上述投资决策和融资服务中的部分或全部工作内容。

3）工程建设项目投融资咨询服务的管理。

①范围管理。投融资服务项目范围管理的目标是确认完成投融资服务所必需的工作内容。确定投融资服务方为实现项目目标所要从事的工作是咨询服务的基础和起点，因此，准确而完整地确定工作范围对于投融资服务项目的成功是非常重要的。

A. 投融资服务项目的需求分析。不论对于企业主体还是政府主体而言，投资项目的主要目的都是通过投资，按预期的质量、进度和费用完成项目，并实现相应的社会、经济和财务效益。投融资服务项目的目标不能脱离投资项目的目标而存在，投融资服务的目标是投资项目总目标系统中的子目标。

一般而言，投资服务的主要目标是为业主投资决策提供科学合理的依据，融资服务的主要目标是为投资融通资金，一是为建设项目筹资，二是转让存量资产以改善财务结构。目前我国还处于计划经济向市场经济体制的“转轨”期间，围绕政府资产（或项目）的投融资活动还有一些其他的目标，如：实现股权多元化，改变“政企不分”的管理体制；通过投资或融资引进先进技术和管理经验，提高企业投资和运营的效率，等等。

投融资项目属于多目标系统，每个项目应该首先确立一个主要目标，如果预期的目标之间发生冲突，则以确保实现主要目标为原则。对于咨询机构而言，必须首先与业主沟通以明确其主要目标，并且根据其主要目标制订相应的投资和融资方案。

通过对业主需求和目标的严密分析，投融资服务方才能够将业主的需求融入自己的服务项目，以确认自己工作的范围，从而满足业主的需求。

在以招标方式进行投融资服务的采购时，业主的需求往往都明确写在工作大纲里，此时不需要服务方进行非常严密的需求分析，但是服务方对于工作大纲中任何有疑问的地方要通过与业主的澄清予以明确，以达到双方在需求及目标认识上的一致。

B. 融资服务项目的范围界定。融资服务项目的范围在方案策划阶段、招标准备阶段、招标阶段以及结束阶段各不相同。以国有存量资产招标转让融资项目为例，其服务范围见表 5-12。

表 5-12 融资服务项目的服务范围

融资服务项目阶段	服务范围
方案策划阶段	1. 制订整体工作计划、工作大纲和工作进度安排 2. 咨询机构就改制企业进行尽职调查，编写尽职调查报告 3. 确定、研究重点问题并提出解决方案，需要研究的问题包括：主要招商融资思路，投资人选择方式、选择标准，融资结构设计、合同结构、融资计划、融资的信用保证、主要项目条件、风险分配方案、招商工作计划 4. 进行财务测算分析。这包括确定项目主要假设条件、编制财务模型和编制主要的财务报表、敏感性分析等 5. 编制融资实施方案。协助业主向有关部门申报融资实施方案，根据反馈修改完善 6. 协助业主促使改制招商实施方案的批准
招标准备阶段	1. 成立融资工作委员会 2. 准备资格预审文件，制定资格预审标准 3. 参与沟通，落实项目基本条件 4. 与投资方进行接触，进行项目推介
招标阶段	1. 资格预审。发布资格预审公告，出售资格预审文件，评审资格申请文件并确定通过资格预审的企业，发出招标邀请函 2. 招标投标。编制招标文件，发出招标邀请函。接到邀请函的投标人在购买招标文件后准备投标文件 3. 开标、评标。招标方开标并根据评标细则评审投标方的投标文件，确定候选人 4. 谈判定标。确定中标候选人后，与优先谈判对象进行谈判直至最后双方草签协议 5. 协议签署。成立项目公司，项目公司与招标方签订正式合同
结束阶段	项目公司根据正式签署的合同向国有资产产权部门缴纳资产（或股权）转让款并办理资产转让手续

除了政府的国有资产转让融资外，作为市场经济主体的企业也要直接进行融资。企业融资有商业银行贷款、私募股权、IPO（首次公开发行）、信托、基金等形式，其中最主要的是商业银行贷款。如果企业要直接进行融资，通常也要进行融资策划（包括确定融资思路、分析融资条件、模拟财务测算、编制最佳融资方案）。但是在融资的实施过程中，一般不采用招标方式，而更多采用与金融机构或感兴趣的股权投资人直接谈判的方式进行协商沟通，调整融资策略，最终达到融资的目的。如果企业业主把融资工作委托给咨询机构提供融资服务，融资服务的工作范围可以参考上述工作范围，根据实际情况确定。

C. 投融资服务工作范围的确认和分解。当咨询机构被业主选中并接受委托后，需要和业主签订相应的委托服务合同，以明确需要提供的服务的内容。投融资服务项目的工作范围得到确认后，咨询机构应根据工作分解结构（WBS）建立结构化的工作单元，将这些工作单元的工作责任赋予相应的部门和人员，从而在项目资源和项目工作之间建立明确的目标责任关系。

D. 范围变更。在投融资服务项目实施期间，业主有权在合同范围内对服务项目进行变更，这些变更可能涉及增加合同中的工作或从合同中删去某些工作，又或者对某些工作进行修改。由于投融资服务项目的特殊性，有些事先预计的重要条件不能成立或者发生重大变化（如投资决策中的工艺调整或者融资项目中资产转让范围变更等），可能导致对咨询服务范围的变更。范围变更应遵循“申请—审查—确认—实施”的过程，如果范围变更导致咨询服务的工作量和工作内容增加，则应该考虑增加咨询服务费。

②质量管理。投融资服务项目的质量评价包括两个方面的内容：结果质量和过程质量。结果质量是指业主在服务过程结束后“所得”，例如投资项目建议书、可行性研究报告、尽职调查报告、融资方案、协议文件、评标报告、项目后评估报告等。但是这个最后结果的质量只是服务质量的一部分，服务项目质量还应该包括服务的过程质量。由于投融资服务的结果质量难以定量分析，实际上，投融资服务项目的质量主要是通过过程质量的控制实现的。

A. 投融资服务项目的结果质量。对于投融资服务项目的咨询成果很难用定量标准来衡量和评价。在实践中，对咨询成果的质量一般采用定性的评价标准，这些标准随不同性质、不同类型的项目有所不同，但一般应考虑几个方面：一是服务成果必须符合国家要求（包括宏观经济政策、产业发展政策、可持续发展政策、投资金融方面的政策以及国家法律法规）；二是要符合国民经济和社会发展的利益；三是必须符合业主的要求；四是要满足项目利益相关方（如金融机构和股权投资人等）的需求。

B. 投融资服务项目的过程质量。投融资服务项目质量管理的最终目标是满足客户及其项目利益相关方的需求，为项目的投资决策提供支持，为项目的融资提供可行的方案。由于对投融资服务项目的结果质量（例如可行性研究报告），往往只有在其所依附的整体项目实施后才能评判其质量水平的高低，所以投融资服务项目要强化过程质量管理。投融资服务项目的过程质量管理主要考虑几个方面：一是进行详细的需求分析；二是做好质量计划；三是建立良好的质量保证措施。

(3) 造价咨询服务与管理

为了方便学习，此处不按阶段分开介绍，关于造价咨询服务与管理的内容将在 5.6.3 统一讲述。

5.6.3　工程建设项目实施阶段的咨询服务与管理

(1) 工程监理服务与管理

1）工程监理服务的概念。根据《建设工程监理规范》，工程监理单位是指依法成立并取得建设主管部门颁发的工程监理企业资质证书，从事建设工程监理与相关服务活动的服务机构。建设工程监理是指工程监理单位受建设单位委托，根据法律法规、工程建设标准、勘察设计文件及合同，在施工阶段对建设工程质量、进度、造价进行控制，对合同、信息进行管理，对工程建设相关方的关系进行协调，并履行建设工程安全生产管理法定职责的服务活动。在工程建设项目实施阶段，工程咨询方可根据工程咨询合同从事工程监理或施工项目管理服务活动。工程咨询方受托实施工程监理时，应按相关法律法规及标准要求选派注册监理工程师担任项目总监理工程师，并应对施工监理服务实行总监理工程师负责制。

2）工程监理服务的工作内容。工程监理服务的工作内容主要包括五个部分：一是编制监理规划及监理实施细则；二是负责工程质量、造价、进度控制及安全生产管理的监理工作；三是处理工程变更、索赔及施工合同争议；四是监理文件资料管理；五是设备采购与设备监造。

①编制监理规划及监理实施细则。监理规划应结合工程实际情况，明确项目监理机构的工作目标，确定具体的监理工作制度、内容、程序、方法和措施。监理规划可在签订建设工程监理合同及收到工程设计文件后由总监理工程师组织编制，并应在召开第一次工地会议前报送建设单位。

监理实施细则应符合监理规划的要求，并应具有可操作性。对专业性较强、危险性较大的分部分项工程，项目监理机构应编制监理实施细则。

②负责工程质量、造价、进度控制及安全生产管理的监理工作。项目监理机构应根据建设工程监理合同约定，遵循动态控制原理，坚持预防为主的原则，制定和实施相应的监理措施，采用旁站、巡视和平行检验等方式对建设工程实施监理。项目监理机构宜根据工程特点、施工合同、工程设计文件及经过批准的施工组织设计对工程风险进行分析，项目监理机构宜提出工程质量、造价、进度目标控制及安全生产管理的防范性对策。

③处理工程变更、索赔及施工合同争议。项目监理机构应依据建设工程监理合同约定进行施工合同管理，处理工程暂停及复工、工程变更、费用索赔、工程延期和工期延误、施工合同争议以及施工合同解除等事宜。施工合同终止时，项目监理机构应协助建设单位按施工合同约定处理施工合同终止的有关事宜。

④监理文件资料管理。项目监理机构应建立完善监理文件资料管理制度，宜设专人管理监理文件资料。项目监理机构应及时、准确、完整地收集、整理、编制、传递监理文件资料。项目监理机构宜采用信息技术进行监理文件资料的管理。

⑤设备采购与设备监造。项目监理机构应根据建设工程监理合同约定的设备采购与设备监造工作内容配备监理人员，并明确岗位职责。项目监理机构应编制设备采购与设备监造工作计划，并应协助建设单位编制设备采购与设备监造方案。

采用招标方式进行设备采购时，项目监理机构应协助建设单位按有关规定组织设备采购招标。采用其他方式进行设备采购时，项目监理机构应协助建设单位进行询价。项目监理机构应协助建设单位进行设备采购合同谈判，并应协助签订设备采购合同。

3）工程监理服务管理。

①合同管理。在监理服务的过程中，工程监理单位与委托人订立的工程监理合同不仅规定了相关各方的责任、权利和义务，还约定了各方的工作内容、工作流程和工作要求。合同管理贯穿工程监理的全过程，是工程监理服务的核心。

以建设工程项目为例，依据《建设工程监理规范》，实施建设工程监理前，建设单位必须委托具有相应资质的工程监理单位，并以书面形式与工程监理单位订立建设工程监理合同，合同中应包括监理工作的范围、内容、服务期限和酬金，以及双方的义务、违约责任等相关条款。在订立建设工程监理合同时，建设单位将勘察、设计、保修阶段等相关服务一并委托的，应在合同中明确相关服务的工作范围、内容、服务期限和酬金等相关条款。依据《建设工程监理合同（示范文本）》，建设工程监理合同的内容包括三部分：第一部分是协议书；第二部分是通用条件；第三部分是专用条件。

A. 协议书。协议书主要包括委托人和监理人的全称、工程概况、词语限定、组成合同的文件、总监理工程师、签约酬金、期限、双方承诺以及合同订立。

B. 通用条件。通用条件包括了监理合同内的定义与解释、监理人的义务、委托人的义务、违约责任、支付，合同生效、变更、暂停、解除与终止，争议解决以及其他相关事项。

C. 专用条件。专用条件是指通过明确对工程的有关理解和意图，进一步确认合同责任，将双方达成的一致意见写入专用条件或附录中。

②组织管理。根据不同项目的不同组织管理模式，可以选择不同的建设工程监理组织委托方式。工程建设项目监理组织管理包括几个方面：一是工程监理委托方式；二是工程监理实施程序；三是项目监理机构；四是项目监理机构人员配备及职责分工。

A. 工程监理委托方式。委托人在选择工程监理服务时，可以选择委托一家工程监理单位或者多家工程监理单位实施监理。委托人可以根据工程建设项目不同的组织管理模式，选择不同的工程监理委托方式，具体见表 5-13。

表 5-13 不同的工程组织管理模式宜采用的工程监理委托方式

工程组织管理模式	宜采用的工程监理委托方式
平行承包模式	1. 委托一家工程监理单位实施监理 2. 委托多家工程监理单位实施监理
施工总承包模式	委托一家工程监理单位实施监理，进行工程项目总体规划协调
工程总承包模式	委托一家工程监理单位实施监理，并做好合同管理工作

B. 工程监理实施程序。当工程监理单位接受监理委托后，需要进行工程监理实施的相关程序，包括组建项目监理机构、收集工程监理有关资料、编制监理规划及监理实施细则、规范化地开展监理工作、参与工程竣工验收、向建设单位提交建设工程监理文件资料、进行监理工作总结。

C. 项目监理机构。工程监理单位实施监理时，需要派驻负责履行工程监理合同的项目监理机构。项目监理机构的组织结构模式和规模，可根据工程监理合同约定的服务内容、服务期限、工程特点、工程规模、技术复杂程度、环境等因素确定。在工程监理工作完成或工程监理合同终止时，项目监理机构可撤离施工现场。撤离施工现场前，应由监理单位书面通知委托人，并办理相关移交手续。

D. 项目监理机构人员配备及职责分工。工程监理单位派驻的项目监理机构应具有合理的人员结构。项目监理机构各类人员的基本职责在《建设工程监理规范》中有明确规定。

（2）造价咨询服务与管理

1）造价咨询服务的概念。根据《建设工程造价咨询规范》，造价咨询服务是指工程造价咨询企业接受委托方的委托，运用工程造价的专业技能，为建设项目决策、设计、发承包、实施、竣工等各个阶段工程计价和工程造价管理提供的服务。另外，在工程建设过程中，也需要进行工程造价鉴定、争议解决、工程审计等经济鉴证服务，这些均需要工程造价咨询企业提供的专业中介服务。

2）造价咨询服务的工作内容。根据《建设工程造价咨询规范》，工程造价咨询业务范围应包括：投资估算的编制与审核；经济评价的编制与审核；设计概算的编制、审核与调整；施工图预算的编制与审核；工程量清单的编制与审核；最高投标限价的编制与审核；工程结算的编制与审核；工程竣工决算的编制与审核；全过程工程造价管理咨询；工程造价鉴定；方案比选、限额设计、优化设计的造价咨询；合同管理咨询；建设项目后评价；工程造价信息咨询服务；其他工程造价咨询工作。

以上服务内容均是造价咨询服务的工作内容，但其工作阶段、内容以及研究重点不同。例如，方案比选、限额设计和优化设计贯穿于工程建设的各个阶段，如方案比选既有决策阶段不同设计方案的比选，又有施工阶段不同施工方案的比选；限额设计既有对一定限额的方案设计，又有对初步设计或施工图设计的限额设计。工程造价咨询企业应根据合同要求，利用价值分析等方法，提出合理的决策和设计方案的建议。

因此，根据造价咨询服务的不同内容，可以将其分为决策阶段、设计阶段、发承包阶段、实施阶段以及竣工阶段。造价咨询服务不同阶段的具体工作内容及研究重点见表 5-14。

表 5-14　造价咨询服务不同阶段的具体工作内容和研究重点

服务阶段	工作内容	研究重点
决策阶段	投资估算的编制与审核	建设项目的投资估算、单项工程投资估算、单位工程投资估算
	经济评价的编制与审核	财务评价；部分重特大项目按要求进行国民经济评价
设计阶段	设计概算的编制	整个项目的设计概算、单项工程设计概算、单位工程设计概算的编制
	施工图预算的编制与审核	针对建筑或安装两大类按单位工程编制施工图预算
发承包阶段	工程量清单、最高投标限价、投标报价的编制与审核	根据现行国家标准《建设工程工程量清单计价规范》GB 50500 的有关规定编制与审核
	清标	建设工程项目投标总报价分析表、单项（单位）工程投标报价排序分析表、工程项目（单项工程）报价分析对比表、工程报价分析对比表

（续）

服务阶段	工作内容	研究重点
实施阶段	编制项目资金使用计划	根据施工合同和批准的施工组织设计进行编制
	工程计量与合同价款审核	审核工程计量报告与合同价款支付申请，向委托人提交合同价款支付审核意见
	询价与核价	对市场价格进行查询工作，出具相应的价格咨询报告或审核意见
	工程变更、工程索赔和工程签证审核	按施工合同约定进行工程变更、工程索赔和工程签证审核，出具审核报告，或要求申请人进一步补充依据
	工程造价动态控制	动态掌握影响项目工程造价变化的信息情况
竣工阶段	竣工结算的编制与审核	建设项目的竣工结算、单项工程竣工结算及单位工程竣工结算
	竣工决算的编制与审核	全部竣工决算编制与审核工作或竣工决算中的投资效果分析，交付使用资产表及明细表等报表部分编制与审核工作
其他服务	工程造价鉴定	对纠纷项目的工程造价以及由此延伸而引起的经济问题进行鉴别和判断，并应提供鉴定意见

①决策阶段的造价咨询服务。工程造价咨询企业在决策阶段可接受委托承担投资估算的编制与审核以及建设项目经济评价。

A. 投资估算的编制与审核。投资估算按委托内容可分为建设项目的投资估算、单项工程投资估算、单位工程投资估算。投资估算的编制依据应包括：国家、行业和地方有关规定；相应的投资估算指标；工程勘察与设计文件；类似工程的技术经济指标和参数；工程所在地编制同期的人工、材料、机械台班市场价格，以及设备的市场价格和有关费用；政府有关部门、金融机构等发布的价格指数、利率、汇率、税率，以及工程建设其他费用等；委托单位提供的各类合同或协议及其他技术经济资料。

B. 经济评价的编制与审核。经济评价应依据国家有关政策和现行标准，在项目方案设计的基础上，对拟建项目的经济合理性和财务可行性进行分析论证，并进行全面评价。一般性项目的经济评价无特定要求时仅需进行财务分析。财务分析应遵循的工作程序是：收集、整理和计算有关财务分析基础数据与参数等资料；估算各期现金流量；编制基本财务报表；财务分析指标的计算与分析；不确定性分析和风险分析；项目财务分析最终结论。

②设计阶段的造价咨询服务。工程造价咨询企业在设计阶段可接受委托承担设计概算的编制、审核与调整以及施工图预算的编制与审核。

A. 设计概算的编制。设计概算按委托内容可分为建设项目的设计概算、单项工程设计概算、单位工程设计概算及调整概算。设计概算的编制依据应包括：国家、行业和地方有关规定；相应工程造价管理机构发布的概算定额（或指标）；工程勘察与设计文件；拟定或常规的施工组织设计和施工方案；建设项目资金筹措方案；工程所在地编制同期的人工、材料、机械台班市场价格，以及设备供应方式及供应价格；建设项目的技术复杂程度，新技术、新材料、新工艺以及专利使用情况等；建设项目批准的相关文件、合同、协议等；政府有关部门、金融机构等发布的价格指数、利率、汇率、税率以及工程建设其他费用等；委托单位提供的其他技术经济资料。

B. 施工图预算的编制与审核。施工图预算按委托内容可分为建筑工程施工图预算和安装工程施工图预算。施工图预算的编制依据应包括：国家、行业和地方有关规定；相应工程造价管理机构发布的预算定额；施工图设计文件及相关标准图集和规范；项目相关文件、合同、协议等；工程所在地的人工、材料、设备、施工机械市场价格；施工组织设计和施工方案；项目的管理模式、发包模式及施工条件；其他应提供的资料。

③发承包阶段的造价咨询服务。工程造价咨询企业在发承包阶段可接受委托承担的任务包括工程量清单、最高投标限价、投标报价的编制与审核以及清标。

A. 工程量清单、最高投标限价、投标报价的编制与审核。建设工程招标的工程量清单、最高投标限价、投标报价应根据现行国家标准《建设工程工程量清单计价规范》的有关规定编制与审核。

工程量清单、最高投标限价、投标报价的编制对象按委托要求可分为施工总承包项目或专业分包工程项目。最高投标限价、投标报价的工程量应依据招标文件发布的工程量清单确定，最高投标限价和投标报价的单价应采用综合单价，其综合单价应包括人工费、材料费、机械费、管理费、利润、规费和税金。

B. 清标。工程造价咨询企业接受发包人的委托进行清标工作，应在开标后到评标前进行。清标工作应包括：对招标文件的实质性响应；错漏项分析；分部分项工程量清单项目综合单价的合理性分析；措施项目清单的完整性和合理性分析，以及其中不可竞争性费用正确性分析；其他项目清单项目完整性和合理性分析；不平衡报价分析；暂列金额、暂估价正确性复核；总价与合价的算术性复核及修正建议；其他应分析和澄清的问题。

④实施阶段的造价咨询服务。工程造价咨询企业在实施阶段可接受委托承担的任务包括：编制项目资金使用计划；工程计量与合同价款审核；询价与核价；工程变更、工程索赔和工程签证审核以及工程造价动态控制。

A. 编制项目资金使用计划。项目资金使用计划应根据施工合同和批准的施工组织设计进行编制，应与计划工期、预付款支付时间、进度款支付节点、竣工结算支付节点等相符。并且，项目资金使用计划应根据工程量变化、工期、建设单位资金情况等定期或适时调整。

B. 工程计量与合同价款审核。工程造价咨询企业应根据工程施工或采购合同中有关的工程计量周期、时间，及合同价款支付时间等约定，审核工程计量报告与合同价款支付申请。同时，工程造价咨询企业应对承包人提交的工程计量结果进行审核，根据合同约定确定本期应付合同价款金额，并向委托人提交合同价款支付审核意见。工程造价咨询企业向委托人提交的工程款支付审核意见应包括：工程合同总价款；期初累计已完成的合同价款及其占总价款比例；期末累计已实际支付的合同价款及其占总价款比例；本周期合计完成的合同价款及其占总价款比例；本周期合计应扣减的金额及其占总价款比例；本周期实际应支付的合同价款及其占总价款比例。

C. 询价与核价。工程造价咨询企业可接受委托，承担人工、主要材料、设备、机械台班及专业工程等的市场价格查询工作，并应出具相应的价格咨询报告或审核意见。工程造价咨询企业在确定或调整建筑安装工程的人工费时，可根据合同约定、相关工程造价管理机构发布的信息价格，以及市场价格信息进行计算；主要材料、设备、机械台班及专业工程等的相关价格的查询与审核，可按照市场调查取得的价格信息进行计算。

D. 工程变更、工程索赔和工程签证审核。工程造价咨询企业接受委托方要求，应按施工合同约定对工程变更、工程索赔和工程签证进行审核。工程造价咨询企业对工程变更和工程签证的审核包括：变更或签证方案的必要性、合理性；变更或签证方案的合法性、合规性、有效性；变更或签证方案的可行性、经济性。工程造价咨询企业对工程索赔费用的审核包括：索赔事项的时效性、程序的有效性和相关手续的完整性；索赔理由的真实性和正当性；索赔资料的全面性和完整性；索赔依据的关联性；索赔工期和索赔费用计算的准确性。工程造价咨询企业审核工程索赔费用后，应在签证单上签署意见或出具报告，包括索赔事项和要求、审核范围和依据、审核引证的相关合同条款、索赔费用审核计算方法、索赔费用审核计算细目。

E. 工程造价动态控制。工程造价咨询企业可接受委托，进行项目施工阶段的工程造价动态控制，并应提交动态管理咨询报告。工程造价动态控制报告包括：项目批准概算金额；投资控制目标值；拟分包合同执行情况及预估合同价款；已签合同名称、编号和签约价款；已确定的待签合同及其价款；本周期前累计已发生的工程变更和工程签证费用；本周期前累计已实际支付的工程价款及占合同总价款比例；本周期前累计工程造价与批准概算（或投资控制目标值）的差值；主要偏差情况及产生较大或重大偏差的原因分析；必要的说明、意见和建议等。

⑤竣工阶段的造价咨询服务。工程造价咨询企业在竣工阶段可接受委托承担的任务包括：竣工结算的编制与审核、竣工决算的编制与审核。

A. 竣工结算的编制与审核。竣工结算按委托内容可分为建设项目的竣工结算、单项工程竣工结算及单位工程竣工结算。竣工结算文件应包括封面、签署页、目录、编制说明、竣工结算汇总表、单项工程竣工结算汇总表、单位工程竣工结算汇总表等。竣工结算的编制依据应包括：影响合同价款的法律、法规和规范性文件；现场踏勘复验记录；施工合同、专业分包合同及补充合同，有关材料、设备采购合同；相关工程造价管理机构发布的计价依据；招标文件、投标文件；工程施工图、经批准的施工组织设计、设计变更、工程洽商、工程索赔与工程签证，相关会议纪要等；工程材料及设备认价单；发承包双方确认追加或核减的合同价款；经批准的开工、竣工报告或停工、复工报告；影响合同价款的其他相关资料。

竣工结算的审核对象应包括：影响合同价款的法律、法规和规范性文件；竣工结算审核委托咨询合同；竣工结算送审文件；现场踏勘复验记录；施工合同、专业分包合同及补充合同，有关材料、设备采购合同；相关工程造价管理机构发布的计价依据；招标文件、投标文件；工程施工图、经批准的施工组织设计、设计变更、工程洽商、工程索赔与工程签证，相关会议纪要等；工程材料及设备认价单；发承包双方确认追加或核减的工程价款；经批准的开工、竣工报告或停工、复工报告；竣工结算审核的其他相关资料。

B. 竣工决算的编制与审核。工程造价咨询企业可接受委托，承担竣工决算的全部编制工作，也可承担竣工决算中的投资效果分析，交付使用资产表及明细表等报表部分编制工作。竣工决算的编制依据包括：影响合同价款的法律、法规和规范性文件；项目计划任务书及立项批复文件；项目总概算书和单项工程概算书文件；经批准的设计文件及设计交底、图纸会审资料；招标文件和最高投标限价；工程合同文件；项目竣工结算文件；工程签证、工程索赔等合同价款调整文件；设备、材料调价记录文件；会计核算及财务管理资料；其他有关项目管理的文件。

3）造价咨询服务的管理。它主要包括造价咨询服务的范围管理和质量管理。

①造价咨询服务范围管理。造价咨询服务范围管理的目标是确认为完成造价咨询服务所必须做的工作内容。确定造价咨询服务方为实现项目目标所要从事的工作是咨询服务的基础和起点。因此，准确而完整地确定工作范围对于造价咨询服务项目的成功是非常重要的。

A. 明确造价咨询工程项目的概况。这需要了解造价咨询服务的工程名称、地点、规模、投资金额、资金来源以及建设工期。工程造价咨询企业以及承担工程造价咨询业务的工程造价专业人员，不得同时接受利益或利害双方或多方委托进行同一项目、同一阶段的工程造价咨询业务。

B. 服务范围界定。工程造价咨询企业在承接具体咨询业务时，应根据企业自身的业务胜任能力等因素判断是否承接咨询业务。工程造价咨询服务在项目决策阶段、设计阶段、发承包阶段、实施阶段和竣工阶段都有不同的服务范围，具体见表 5-14。

C. 服务范围变更。造价咨询方和委托方任何一方可以根据书面形式提出服务变更请求，双方协商一致后可进行服务范围变更。因服务范围变更导致咨询单位的工作量增减时，服务酬金应做相应调整，调整方法由双方在专用条件中约定。

除不可抗力外，因非咨询单位原因导致咨询单位服务期限延长或服务内容增加时，咨询单位应当将此情况与可能产生的影响及时通知委托人。增加的服务时间或服务内容应视为附加工作。附加工作的酬金的确定方法由双方根据委托的服务范围及工作内容在专用条件中约定。

在合同履行过程中，遇有与工程相关的法律法规、强制性标准颁布或修订的，双方应遵照执行。非强制性标准、规范、定额等发生变化的，双方协商确定执行依据。由此引起造价咨询服务范围变化的，双方应通过协商确定。

②造价咨询服务质量管理。针对造价咨询服务的业务特点建立质量管理体系，并通过流程控制、企业标准等措施保证工程造价咨询质量。工程造价咨询企业提交的各类成果文件应由编制人编制，并应由审核人、审定人进行二级审核。

A. 承担咨询业务的编制人的质量管理。承担咨询业务的编制人应审核委托人提供的书面资料的完整性、有效性、合规性，并应对自身所收集的工程计量、计价基础资料和编制依据的全面性、真实性和适用性负责，按工程造价咨询合同的要求，编制工程造价咨询成果文件，并整理好工作过程文件。

B. 承担咨询业务的审核人的质量管理。承担咨询业务的审核人应审核委托人提供的书面资料的完整性、有效性、合规性，应审核编制人使用的工程计量、计价基础资料和编制依据的全面性、真实性和适用性，并应对编制人的工作成果进行一定比例的复核，完善工程造价咨询成果文件，并整理好工作过程文件。

C. 承担咨询业务的审定人的质量管理。承担咨询业务的审定人应审核委托人提供的书面资料的完整性、有效性、合规性，应审核编制人及审核人所使用的工程计量、计价基础资料和编制依据的全面性、真实性和适用性，并应依据工程经济指标进行工程造价的合理性分析，对工程造价咨询质量进行整体控制。

D. 造价咨询服务成果文件的质量管理。工程造价咨询企业应在工程造价咨询成果文件的封面（或内封）、签署页签章。承担工程造价咨询项目的编制人、审核人、审定人应在工程造价咨询成果文件的签署页及汇总表上签章，并应在其承担的所有咨询业务文件的明细表上署名。

5.6.4 全过程工程咨询服务与管理

改革开放以来，我国工程咨询服务市场化快速发展，形成了投资咨询、招标代理、勘察、设计、监理、造价、项目管理等专业化的咨询服务业态，部分专业咨询服务建立了执业准入制度，促进了我国工程咨询服务专业化水平的提升。随着我国固定资产投资项目建设水平逐步提高，为更好地实现投资建设意图，投资者或建设单位在固定资产投资项目决策、工程建设、项目运营过程中，对综合性、跨阶段、一体化的咨询服务的需求日益增长。这种需求与现行制度下的单项服务供给模式之间的矛盾日益突出。2019 年，国家发展改革委、住房城乡建设部联合发布《关于推进全过程工程咨询服务发展的指导意见》，指出破解工程咨询市场供需矛盾必须完善政策措施，创新咨询服务组织实施方式，大力发展以市场需求为导向、满足委托方多样化需求的全过程工程咨询服务模式。

（1）全过程工程咨询服务的概念

全过程工程咨询服务是指全过程工程咨询服务单位应根据全过程工程咨询服务合同，提供投资咨询、勘察、设计、监理、招标代理、造价等方面的全过程工程咨询。工程咨询方综合运用多学科知识、工程实践经验、现代科学技术和经济管理方法，采用多种服务方式组合，为委托方在项目投资决策、建设实施乃至运营维护阶段持续提供局部或整体解决方案。

（2）全过程工程咨询服务的工作内容

1）全过程工程咨询的服务范围和服务内容。根据《全过程工程咨询服务管理标准》，全过程工程咨询的服务范围可包含投资决策综合性咨询、工程建设全过程咨询及运营阶段咨询。全过程工程咨询的服务内容可包含全过程工程建设项目管理服务与专业咨询服务。全过程工程咨询服务清单见表 5-15。

①全过程工程建设项目管理服务。全过程工程建设项目管理服务包括项目策划管理、项目报批报建、勘察管理、设计协调管理、投资管理、招标采购管理、合同管理、进度管理、组织协调管理、安全生产和绿色施工管理、数字化管理、风险管理、竣工验收管理、项目后评价与运营维护管理等方面的管理服务。

②专业咨询服务。专业咨询服务包括决策阶段咨询、招标采购阶段咨询、勘察设计阶段咨询、造价咨询、工程监理、运营阶段咨询、BIM 数字化咨询和其他专业咨询。

表 5-15　全过程工程咨询服务清单

服务内容	投资决策阶段	工程建设阶段				运营维护阶段
		勘察设计阶段	招标采购阶段	工程施工阶段	竣工验收阶段	
决策咨询	1. 项目建议书 2. 规划决策 3. 环境影响评价 4. 节能评估 5. 可行性研究 6. 安全评价 7. 社会稳定风险 8. 水土保持评价 9. 地质灾害危险性评估 10. 交通影响评价	绿色建筑评价	—	—	—	—
工程勘察	1. 初步勘察 2. 文物勘察	1. 勘察方案编制、审查 2. 初步勘察 3. 详细勘察 4. 勘察报告编制、审查	—	1. 补充勘察 2. 参加地基验槽 3. 参与地基与主体分部工程验收	参加单位工程竣工验收	—
工程设计	—	1. 方案设计及优化、审查 2. 初步设计及优化、审查 3. 施工图、深化设计及优化、审查 4. 施工图设计技术审查	提出技术规范书	1. 设计底稿和图纸会审 2. 重大施工方案的合理化建议 3. 设计变更管理 4. 施工技术服务工作 5. 地基验槽、基础分部验收、主体结构验收	1. 参与专项验收 2. 参与单位工程验收	—

（续）

服务内容	投资决策阶段	工程建设阶段				运营维护阶段
		勘察设计阶段	招标采购阶段	工程施工阶段	竣工验收阶段	
造价咨询	1. 投资估算编制、审核 2. 项目经济评价报告编制、审核	1. 设计概算编制、审核 2. 参与限额设计 3. 参与造价测算 4. 施工图预算编制、审核 5. 参与、管控项目投资风险	1. 工程量清单编制、审核 2. 最高投标限价编制、审核 3. 制订项目合约规划 4. 拟定合同文本协助合同谈判 5. 编制项目投资总控计划 6. 编制项目资金使用计划	1. 合同价款咨询 2. 造价风险分析及建议 3. 审核工程预付款和进度款 4. 变更签证及索赔管理 5. 材料设备的询价、核价 6. 审核工程结算 7. 项目动态造价分析	1. 竣工结算审核 2. 工程技术经济指标分析 3. 竣工决算报告编制、审核 4. 配合竣工结算审计	项目维护与更新造价管控
工程监理	—	—	—	1. 编制项目监理规划和监理实施细则 2. 进度控制 3. 质量控制 4. 造价控制 5. 履行安全生产监理法定职责 6. 合同管理 7. 信息管理 8. 协调工程建设相关方关系	1. 工程验收策划 2. 组织单位工程预验收，提出质量评估意见 3. 参与专项验收 4. 参与技术验收 5. 参与单位工程验收 6. 参与试生产 7. 竣工资料收集与整理	工程质量缺陷管理
运营维护咨询	—	—	—	—	1. 设施管理 2. 资产管理 3. 物业管理	—

（续）

服务内容	投资决策阶段	工程建设阶段				运营维护阶段
		勘察设计阶段	招标采购阶段	工程施工阶段	竣工验收阶段	
BIM 咨询	1. 采用 BIM 使方案与财务分析工具集成 2. 修改相应参数，实时获得项目各方案投资收益指标	1. 编制 BIM 实施规划 2. 编制 BIM 模型深度标准 3. 编制 BIM 协同平台操作手册 4. 制定 BIM 考核办法 5. 参与设计 BIM 模型审核工作 6. 投资控制	1. 采用 BIM 进行自动化算量及错漏处理 2. 基于 BIM 的快速询价	1. 审核 BIM 进度计划和 BIM 模型 2. 参与设计 BIM 模型复核工作 3. 审核重点施工方案模拟 4. 参与三维技术交底 5. 基于 BIM 平台的质量、安全、进度成本管理 6. BIM 模型辅助变更管理 7. BIM 模型更新维护	1 采用 BIM 进行竣工结算审核 2. 项目 BIM 工作总结	采用 BIM 进行运营信息的管理、修改、查询调用工作
绿色建筑	1. 编制绿色建筑可行性分析报告 2. 绿色建筑增量成本估算	1. 制订绿色建筑星级达标方案 2. 编制绿色建筑各专业设计导则 3. 编制绿色建筑专篇，协助设计单位将绿色建筑落实为专业施工图 4. 绿色建筑施工图审查或设计标识评审	提出绿色建材、绿色建筑相关设备参数采购要求。	1. 绿色施工技术交底 2. 绿色施工过程资料收集及汇编	参与绿色建筑专项验收	1. 绿色运维技术交底 2. 绿色建筑运营阶段专项检测 3. 绿色建筑运行标识申报

2）全过程工程咨询服务管理策划。

①全过程工程咨询服务工作大纲。全过程工程咨询服务工作大纲应根据全过程工程咨询服务合同编制，明确全过程工程咨询服务的目标和控制要求，并且明确全过程工程咨询服务的管理职责和实施程序。全过程工程咨询服务工作大纲应包括项目概况、服务范围和内容、管理目标、组织模式与管理措施、项目决策阶段的咨询服务、勘察设计阶段的咨询服务、招标采购阶段的咨询服务、工程施工阶段的咨询服务、竣工验收阶段的咨询服务、项目运营阶段的咨询服务。

②专业咨询实施方案。专业咨询实施方案应根据全过程工程咨询服务工作大纲的要求编制，对全过程工程咨询服务工作大纲的相应内容进行细化，满足全过程工程咨询服务目标的实际需要。同时，应结合单项专业咨询任务的特点，具有可操作性。专业咨询实施方案应包括工作范围、工作内容、工作目标、编制依据、工作流程、组织方案、重难点及薄弱环节分析和服务措施。

(3）全过程工程咨询服务管理

依据《全过程工程咨询服务管理标准》，全过程咨询的管理一般是咨询单位依据全过程工程咨询管理合同约定，在委托人授权范围、内容和期限内代表委托人实现对单项咨询单位、承包人等相关方的全过程总控管理，配合委托人与政府建设主管部门、第三方审查和审计机构等相关方的全过程沟通协调，通过提供高质量的咨询服务，实现建设项目的各项管理目标，全面提升项目的投资效益、建设质量和运营效率。

1）管理组织模式。依据《全过程工程咨询服务管理标准》，咨询单位应依据全过程工程咨询服务合同所约定的服务内容和期限，结合项目特点、建设规模、复杂程度及环境因素等，选派具有相应执业资格的专业人员担任项目总咨询师，由总咨询师确定服务组织形式和服务人员构成，组建全过程咨询管理部，经委托人批准后实施。其中，委托人、咨询单位、承包人和单项咨询单位的管理见图 5-10。

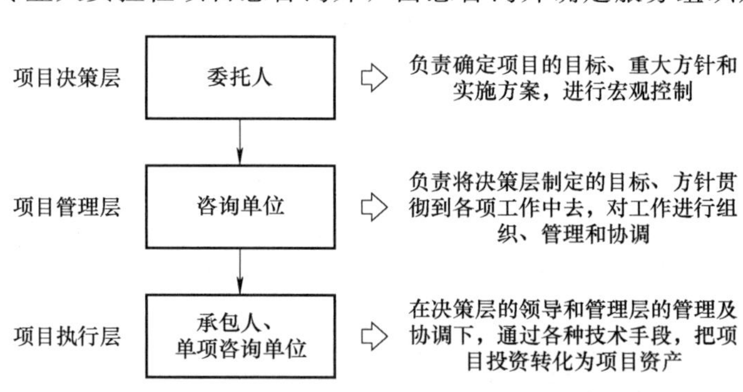

图 5-10　全过程工程咨询管理组织模式

全过程工程咨询的管理关系主要有三种：

①委托人与咨询单位：委托人负责项目决策，对咨询单位进行监督、检查和考核，同时按照合同约定支付相应费用。咨询单位与委托人签订全过程咨询管理服务合同，咨询单位依据合同通过全过程咨询管理部为委托人提供贯穿项目全过程的单项咨询服务、管理服务或综合性服务，并对咨询服务和管理服务的成果质量负责。

②咨询单位与单项咨询单位：咨询单位代表委托人管理单项咨询单位，对单项咨询单位的工作内容、工作过程、工作成果履行管理、监督和审查责任。单项咨询单位应服从咨询单位的管理，并对其提供的单项咨询的履约成果质量负责。

③咨询单位与承包人：咨询单位代表委托人管理承包人，对承包人的工作内容、工作过程、工作成果履行管理、监督和审查责任。承包人应服从咨询单位的管理，并对其履约

成果质量负责。

2）组织管理工作。依据《全过程工程咨询服务管理标准》，委托人对咨询单位的服务行为进行监督、检查和考核，确保项目正常推进。委托人组织管理工作一般包括以下内容：

①审批总咨询师、全过程咨询管理部的组织架构和人员配置。

②明确委托人对咨询单位的授权范围、期限和内容。

③明确咨询单位与项目其他相关人的责权利。

④审批全过程咨询管理规划大纲和实施规划以及单项咨询实施规划和实施方案。

⑤审批咨询单位报送的项目相关人的咨询成果，并及时进行确认。

⑥审批咨询单位报送的项目相关人的请款申请，并及时进行支付。

⑦审批咨询单位报送的项目实施过程中发生的各变更事项，并及时进行确认。

⑧审批咨询单位报送的项目实施过程中突发的重大安全事件的处置原则和处置方案，并参与配合工程质量安全事故的调查和处理。

⑨沟通协调解决项目各相关方之间的争议及存在的问题。

⑩组织项目后评价和全过程工程咨询服务管理绩效评价。

3）全过程咨询管理部组建、设置和职责。依据《全过程工程咨询服务管理标准》，全过程工程咨询服务管理部应在项目启动前建立，在全过程工程咨询服务管理服务履约完成后或在其他时间节点按合同约定解散，全过程工程咨询服务管理部应承担项目实施的管理任务和实现目标的责任。

全过程工程咨询服务管理部一般应下设全过程总控管理部，同时应结合项目全过程工程咨询服务管理的需要统筹考虑其他相关部门的设置，如项目投资决策管理部、工程勘察设计管理部、工程监理服务管理部、工程招标采购管理部、工程投资造价管理部、项目运营维护管理部或其他相关管理部门。全过程工程咨询服务管理部门及其工作职责见表 5-16。

表 5-16　全过程工程咨询服务管理部门及其工作职责

咨询服务管理部门	工作职责
全过程总控管理部	负责项目的总体沟通、协调、组织和管理及其他部门没有覆盖的工作
项目投资决策管理部	负责对项目投资决策综合性咨询进行全过程管理
工程投资造价管理部	负责对项目工程投资造价咨询进行全过程管理
工程勘察设计管理部	负责对项目工程勘察设计咨询进行全过程管理
工程招标采购管理部	负责对项目工程招标采购咨询进行全过程管理
工程监理服务管理部	负责对项目工程监理和施工进行全过程管理
项目运营维护管理部	负责对项目资产运营和设施运行进行全过程管理
其他相关管理部	负责对项目的相关专项咨询或其他未尽事项进行全过程管理，如报批报建管理部、信息化管理部等

5.7　物流服务项目管理

5.7.1　物流服务项目的概念、分类及特征

(1) 物流、物流服务及物流服务项目的概念

1）物流的概念。物流是指为满足客户需求而对商品、服务或相关信息从原产地到消

费地的高效率、高效益的正反向流动及存储进行的计划、实施与控制过程。

物流以仓储为中心，促进生产与市场保持同步。现代物流一边连着生产，一边连着消费，高度集成并融合运输、仓储、分拨、配送、信息等服务功能，是延伸产业链、提升价值链、打造供应链的重要支撑，并在构建现代流通体系、促进形成强大市场、推动高质量发展、建设现代化经济体系中发挥着先导性、基础性、战略性作用。

物流是供应链流程的一部分，其内容包括用户服务、需求预测、订单处理、信息共享、装卸搬运、采购、仓库管理、包装、运输、配送、逆向回收等业务过程。随着物流运作实践的不断进步，物流管理也逐渐由企业内单一的要素功能管理，演变为供应链上的综合物流服务，物流管理与供应链管理的关系反映了物流管理向供应链管理演变的过程。

2）物流服务的概念。物流服务是指物流企业为了满足客户（包括内部客户和外部客户）的物流需求而开展的一系列活动。物流的本质是服务，物流本身并不创造商品，而是产生空间效用和时间效用。物流服务主要包括运输功能、存储保管功能、包装功能、装卸功能、流通加工功能、配送功能和物流信息功能七大功能要素，委托方的物流服务需求可以是全部服务功能，也可以是其中的部分服务功能。

3）物流服务项目的概念。物流服务项目是指为创造和提供特定物流服务作业而在既定资源约束下开展的一次性物流服务活动。物流企业将每一个客户的特殊要求作为一个项目，分析研究客户的需求特点，有针对性地为该客户制订专门的物流服务方案，这就构成了项目式的物流服务。物流服务项目不形成实物资产，而是利用物流设施提供相关物流服务，是工程建设、体育比赛、会议、展览以及企业的生产经营活动的子项目，是以项目的形式为这些大规模活动提供其所需的物流服务，是其成功运作的保障。

物流服务项目与其服务的整体项目是相互依赖、相互制约的关系。一方面，物流服务项目的服务内容、服务要求等由其服务的整体项目决定；另一方面，物流服务项目的运行状况直接影响到其服务的整体项目的成功与否。

（2）物流服务项目的分类

1）按照服务对象分类，物流服务项目可分为：

①面向特定客户的物流服务项目。这类物流服务项目的服务对象是特定客户，比如为某制造企业承运一台特大型机器设备等，其服务过程一般分为需求识别、制订方案、实施项目和项目结束。具体来讲，需求识别就是识别并理解客户的物流需求，用更好的方式提供服务，满足客户需求；制订方案是根据对客户需求的理解，提出解决客户物流问题的实施方案；实施项目是在与客户达成服务协议后，根据拟订方案和相关协议为客户提供物流服务；项目结束是在物流服务项目完成交接后，对项目的运作过程进行学习总结，以积累相关项目运作的经验。

②面向大众客户的物流服务项目。这类物流服务项目的服务对象是大众客户，通常体现为一项物流服务方案或物流技术措施，其服务过程一般包括需求识别、制订运作方案、可行性论证、试运行、评价修正、正式运作和项目结束等，在项目结束后便可向物流服务作业转变，并将其业务内容固化为日常的物流服务作业。因此，这类物流服务项目的服务过程除了要进行客户需求识别和服务方案的制订外，还需要对方案的可行性进行论证，具体来讲，主要是对方案运作成本、能力以及风险等方面进行论证。

2）按照服务内容分类，物流服务项目可分为：

①运输服务项目。运输服务项目包括陆运、海运、空运等，旨在满足货物从起点到终点的全程运输需求。

②仓储服务项目。仓储服务项目提供货物存储、保管、分拣、包装等一体化服务，旨在确保货物在存储期间的质量和安全。

③配送服务项目。配送服务项目将货物按照客户要求，精准、及时地送达指定地点。

④物流信息管理项目。物流信息管理项目提供货物跟踪、信息查询、数据分析等服务，旨在提高物流效率和透明度。

3）按照服务范围分类，物流服务项目可分为国内物流服务和国际物流服务。

4）按照服务模式分类，物流服务项目可分为：

①自营物流。自营物流是指企业自建物流服务网络，各个物流环节均由企业自身运营并组织管理。

②第三方物流。第三方物流是指专业的物流企业为客户提供全面的物流解决方案，包括运输、仓储、配送等方面的服务，以降低客户的物流成本和提高运营效率。

③第四方物流。第四方物流是一个供应链的集成商，借助其拥有的信息技术、整合能力以及其他资源提供供应链解决方案，包括物流规划、信息系统、人力资源等方面的服务，帮助客户降低成本，有效整合资源，提高供应链整体竞争力。

（3）物流服务项目的特征

物流服务项目既具有一般服务项目的共性，又具有物流服务的独特性，物流服务项目的特征主要体现在以下几方面：

1）物流服务项目的伴随性。物流服务项目是一种普遍存在于人类社会的生产和生活活动之中的项目，不管是个人的生活，还是企业的生产，甚至军队的战役都需要物流服务，也都需要物流服务项目管理。

2）物流服务项目的集成性。物流服务项目管理的集成性是相对于一般运营管理的专门性而言的，包括对物流服务项目的工期、造价、质量等要素的集成管理，对物流服务项目中的确定性事件和不确定性事件的集成管理等。虽然物流服务项目管理也有一定的职能或专业管理要求，但是物流服务项目管理更加强调管理的集成特性。

3）物流服务项目的物理特征。物流服务项目的主要内容是物体的物理位移，其中还包含一些其他的物理加工与保管等方面的内容，但是最主要的是将某些物料或产品从生产经营之处挪移到使用或保存之处。因此物流服务项目的最终成果是以实现物品的时间效用或空间效用的形式表现出来的，而不是以实物产品的形式存在的。物流服务项目成果的物理特征决定了对其成果的评价较为困难。

4）物流服务项目的工作环境开放性。物流服务项目的环境是相对开放的和不确定的。由于物流服务项目所处环境的这种相对开放性，以及物流服务项目的一次性和独特性，物流服务项目的不确定性相对较高。

5）物流服务项目的组织团队性。由于物流服务项目是一次性的和相对不确定的，其组织管理模式主要是以基于活动的管理系统为主，按照物流服务项目建议书、可行性分析、物流服务项目的设计与计划、服务实施与验收交割的过程展开和管理的。

5.7.2 物流服务项目的范围与质量管理

(1) 物流服务项目的范围管理

物流服务项目的范围管理是指确定物流服务项目所必须完成的服务作业，以及相应的范围变更等方面的专项管理工作，其管理过程及内容如下：

1）物流服务项目范围界定与确认。它是指根据物流服务项目的目标，将项目逐层分解为子项目或项目要素，直至分解到工作包。物流服务项目范围界定与确认的工作步骤如下：

①识别物流服务项目的主要素。物流服务项目的主要素是根据物流服务项目目标或成果要求，分解得到的物流服务项目的子项目或多个工作包的集合。物流服务业务工作包括运输服务、仓储服务、配送服务、订货服务等子项目，其主要素的识别是开展物流服务项目时间管理、成本管理、质量管理等的基础。

②物流服务项目构成要素的分解。为使物流服务项目绩效容易度量，在识别和界定物流服务项目要素的过程中还需要进一步将其分解为工作包。工作包是项目工作分解结构的基本构成单元，其有形的、可检验的可交付成果是服务范围分解和界定的依据，可交付成果可以是一种有形的产品，也可以是一项具体的服务，或者是一份具体的管理文档。例如，物流服务业务工作中的仓储服务又可分解为办理出入库手续、货物入库码放、货物保管及货物搬运等工作包。

③工作分解结果的正确性检验。这主要考虑三个方面：

A. 充要性检验。分解得到的工作包对于实现物流服务项目的目标是否必要和充分？

B. 完整性检验。每个工作包的范围界定是否清楚完整？

C. 可行性检验。分解得到的每个工作包是否都能够实施和完成？

如果检验未能通过，则对物流服务工作的分解结构必须进行修改、增减或重新定义。

④物流服务项目范围界定的工作结果。物流服务项目范围界定与确认的最终结果是得到物流服务项目的工作分解结构。

2）物流服务项目范围计划。书面的物流服务项目范围计划可以作为未来项目决策和项目实施的基础和依据。

①编制物流服务项目范围计划的依据。它主要包括：

A. 物流服务项目成果描述。

B. 物流服务项目说明书。

C. 其他相关信息。

②物流服务项目范围计划的结果。物流服务项目范围计划编制工作的结果主要是生成三个全面规定物流服务项目范围的文件，具体如下：

A. 物流服务项目范围综述。如物流服务项目的内容、成果、目标等。

B. 物流服务项目范围综述的支持文件。如物流服务项目的前提条件和限制、可能出现的物流服务项目变更等。

C. 物流服务项目范围管理计划。如确认的管理工作计划和围绕物流服务范围变更的管理计划安排等。

3）物流服务项目范围变更管理。它是指分析和确定影响物流服务项目范围变更的因素和环境条件，管理和控制那些能够引起范围变更的因素和条件，分析和确认各方面提出的范围变更要求的合理性和可行性等。

①物流服务项目范围变更控制的依据。这主要包括四个方面的文件或信息。

A. 物流服务项目的工作分解结构。

B. 物流服务项目的实施情况报告。

C. 物流服务项目的范围变更请求。

D. 物流服务项目的范围管理计划。

②物流服务项目的范围变更控制的结果。物流服务项目范围变更控制的结果主要是生成一系列物流服务项目范围变更控制文件，具体包括：

A. 物流服务范围变更的正式记录。

B. 物流服务项目范围、工期、成本、质量更新的计划文件。

C. 物流服务范围变更的行动方案等。

（2）物流服务项目的质量管理

1）物流服务项目质量的概念。国家标准化组织把服务质量定义为一种产品或服务满足明确和隐含需要的能力特性的总和。这一定义说明服务质量和产品质量一样，是由满足人们需要的不同特性组成的，但是由于服务的无形性、易逝性和不可分离性等特征，使得服务质量具有独特的内涵。《物流术语》（GB/T 18354—2021）将物流服务质量定义为以精度、费用、时间、顾客满意度等来表示的物流服务品质。

物流服务项目质量包括过程质量和结果质量。

①物流服务项目的过程质量。物流服务项目的过程质量是指在物流服务项目实施过程中为确保物流服务项目的结果质量所开展的全过程管理工作。开展物流服务项目质量管理的根本目的是要对物流服务的工作过程和结果的质量进行严格控制和有效管理，以确保物流服务项目达到质量要求。

②物流服务项目的结果质量。物流服务项目的结果质量是指物流服务项目所提供的物流服务具备的质量。LSQ（Logistics Service Quality）即物流服务质量，是物流服务领域的经典模型，对物流服务质量的衡量包括九个维度：人员沟通质量、信息质量、订单释放量、订货过程、时效性、货品准确率、货品完好程度、订单处理质量和误差处理质量。九个维度之间的关系详见图 5-11。

2）物流服务项目质量管理过程。物流服务项目质量管理的实施需要遵循一定的步骤和方法，具体如下：

①制订物流服务项目质量管理计划。制订物流服务项目质量管理计划是物流服务质量管理的第一步，需要明确物流服务质量管理的目标、原则、方法和实施计划。

②建立物流服务项目质量保障体系。建立物流服务项目质量保障体系是物流服务质量管理的核心。一套完整的物流服务质量保障体系包括组织结构职责分工、流程管理、质量控制、数据分析等方面。

③实施物流服务项目质量管理。实施物流服务项目质量管理是物流服务质量管理的关键，需要按照物流服务项目质量管理计划和物流服务项目质量保障体系的要求，对物流过程的各个环节进行监控和控制，确保物流服务的质量符合要求。

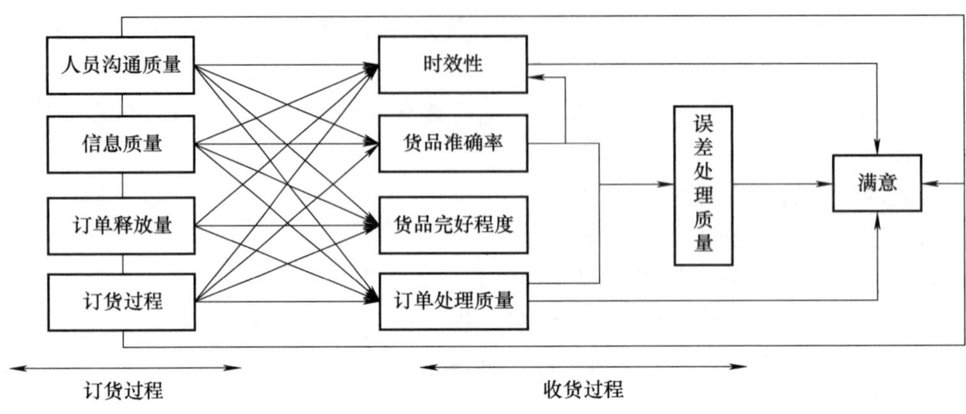

图 5-11　九个维度之间的关系

④持续改进物流服务项目的质量管理。持续改进物流服务项目的质量管理是物流服务质量管理的重要环节，需要通过数据分析和持续改进，不断优化物流过程的各个环节，提高物流服务的质量和效率。

3）物流服务项目质量管理目标。物流服务项目质量管理的目标是确保物流服务的质量符合客户的期望和要求，主要包括以下几个方面：

①确保物流过程的准确性和及时性。物流过程的准确性和及时性是物流服务项目质量管理的核心目标。只有确保物流过程的准确性和及时性，才能满足客户的需求和要求。

②提高物流服务的质量和效率。物流服务的质量和效率是物流服务质量管理的重要目标。通过提高物流服务的质量和效率，可以提高客户的满意度，增强企业的竞争力。

③降低物流成本和风险。物流成本和风险是物流服务质量管理的重要目标。通过降低物流成本和风险，可以提高企业的盈利能力和市场竞争力。

4）物流服务项目质量管理原则。物流服务项目质量管理原则是指在物流过程中，遵循一定的管理原则和方法，以确保其质量符合要求，主要包括以下几个方面：

①客户导向原则。物流服务项目质量管理的核心是客户导向原则，即以客户为中心，以客户的需求和要求为导向，确保物流服务的质量符合客户的期望和要求。

②全员参与原则。物流服务项目质量管理需要全员参与，每个人都要对物流服务的质量负责，确保物流过程的每个环节都符合要求。

③持续改进原则。物流服务项目质量管理需要持续改进，不断优化物流过程的各个环节，提高物流服务的质量和效率。

④数据驱动原则。物流服务项目质量管理需要依靠数据，通过数据分析和监控，及时发现和解决物流过程中的问题，确保物流服务的质量符合要求。

5）物流服务项目质量管理方法。它主要包括：

①物流服务项目质量计划编制方法。常用的物流服务项目质量计划编制方法包括：

A. 成本收益分析法。成本收益分析法是以物流服务项目质量总成本相对最低为目标编制质量计划的方法。

B. 质量标杆法。质量标杆法是以其他物流服务项目的实际质量结果或计划作为拟开展的物流服务项目的质量比照目标，比较制订新项目质量计划的方法。

C. 流程图法。流程图法是使用物流服务项目的流程图去分析和确定物流服务项目质量形成过程，并据此编制质量计划的方法。

D. 实现设计法。实现设计法是对不确定性很大的物流服务项目采用的质量计划编制方法。

通常编制物流服务项目质量计划时遵循总质量成本最低的原则，如果单纯追求某项物流服务工作内容的质量水平，会导致成本过高，最终无法完成物流服务项目。

②物流服务项目质量控制方法。物流服务项目质量控制方法主要有：

A. 检验清单法。检验清单法是指使用列有检查物流服务项目全过程各项活动和各个活动步骤中所需核对和检查的科目清单，通过对照这一清单和实际的项目质量控制工作，去检查物流服务项目控制的实际情况，分析和确定物流服务项目质量是否出现失控或偏差，以及是否需要采取纠偏措施，最终给出对相关项目质量工作的核查结果和相应的对策措施。

B. 数理统计方法。数理统计方法包括控制图法、流程图法、趋势分析法等，是利用数理统计方法，如回归分析、相关分析、趋势外推等，分析和确定物流服务项目质量是否出现失控或偏差的方法。数理统计方法可以在物流服务项目的各项活动中使用。

6）物流服务项目质量指标体系。该指标体系具体见表 5-17。

表 5-17　物流服务项目质量指标体系

物流服务项目	质量指标	指标说明
订货服务	服务水平指标	满足要求次数与用户要求次数的比值
	准时交货率	按时交货次数与总交货次数的比值
	存货完好率	完好货物交货量与总交货量的比值
	物流成本率	物流成本与物流总量的比值
	订单满足率	被满足的订单数与接到的订单总数的比值
	订货周期时间	从发出订单到接到货物之间的间隔时间
仓储服务	仓库吞吐能力利用率	一定时期内仓库实际吞吐量与仓库设计吞吐量的比值
	货物收发差错率	收发货差错笔数与收发货总笔数的比值
	账货相符率	货物盘点时账货相符笔数与储存货物总笔数的比值
	货物完好率	某批货物质量完好的数量与该批货物总库存量的比值
	库存货物短缺率	某批货物短缺的数量与该批货物总量的比值
	仓库利用系数	库存货物平均密度与库房平均容载的比值
	设备完好率	某一时期内完好设备的台数与同期设备总台数的比值
	设备利用率	全部设备实际工作小时数与设备总工作能力的比值
	平均保管成本	总保管成本与平均储存量的比值
运输服务	运输及时率	及时到达的运输次数与总运输次数的比值
	运输车辆满载率	运输车辆实际运载量与车辆装载能力的比值
	运输车辆实载率	运输实际周转量与运输能力的比值
	货物运输成本率	货物运输成本与运输周转量的比值
	货物待运期	货物从承运日起至货物离站的时间
	装卸标准合格率	装卸合格车辆数与总运输车辆数的比值
	货损、货差率	货物损坏、差错的数量与运输总量的比值
	货运事故频率	运输事故次数与运输周转量的比值

5.8 科技研发与科技咨询服务项目管理

5.8.1 科技研发与科技咨询服务项目概述

(1) 科技研发项目的概念及分类

科技研发项目是在既定的资源条件和要求的约束下，为实现技术开发目标而开展的一系列相互联系的一次性技术经济活动，其核心是当事人对新技术、新产品、新工艺或者新材料及其系统的研究开发。

科技研发项目分为委托开发项目和合作开发项目。

1）委托开发项目。它是当事人一方委托另一方研究开发新技术、新产品、新工艺、新材料及其系统所确立的技术开发活动。

2）合作开发项目。它是指合作双方就共同约定的研发目标进行研究开发的系列技术开发活动。

委托开发项目和合作开发项目的区别主要体现在：

1）开发主体不同。合作开发项目是双方当事人共同从事研究开发工作；而委托开发项目只需受托方从事研究开发工作。

2）能力需求不同。合作开发项目的双方当事人都必须具备一定的技术能力，并共同提供一定的研发条件；而委托开发项目只需受托方具备研发能力、技术和相关条件。

3）产权归属不同。合作开发项目的当事人共享技术开发成果；而委托开发项目一般是委托方享有技术开发成果，另一方当事人则取得相应报酬。

4）风险分担机制不同。合作开发项目研究开发过程中出现的风险通常由各方当事人共同承担；而委托开发项目的研发风险则一般由委托人承担，也可依合同约定由双方分担。

(2) 科技咨询服务项目的概念及分类

科技咨询服务项目是在既定的资源条件和要求的约束下，为实现技术咨询和技术服务目标而开展的一系列相互联系的一次性技术经济活动。

科技咨询服务项目分为技术咨询项目和技术服务项目。

1）技术咨询项目。技术咨询项目通常签订技术咨询合同，即根据当事人双方约定，咨询方运用自己所拥有的专业知识、技术、经验和信息为委托方完成咨询报告，解决专项问题，提供支持决策的智力服务工作，委托方支付报酬的技术合同。

技术咨询项目包括就特定技术项目提供可行性论证、技术预测、专题技术调查、分析评价报告等内容。

2）技术服务项目。技术服务项目通常签订技术服务合同，即当事人一方用技术知识为另一方解决特定技术问题时订立的技术合同。

技术咨询项目与技术服务项目的主要区别体现在：

1）服务范围不同。技术服务项目的服务方不仅要向委托方传授技术知识和经验，还需要为委托方解决特定的某一项技术问题；技术咨询项目的顾问方只为委托方进行决策提供参考意见和方案，而不具体从事项目所指向的科技工作。

2）责任分担不同。技术服务项目的服务方为委托方完成的工作成果，应保证质量，并对实施结果承担责任；而技术咨询项目是顾问方按照当事人约定的条件向委托方提供参考性的咨询报告和意见，一般并不为决策失误造成的损失负责。

3）实施时间不同。技术服务项目一般发生在研究开发成果转让和技术项目实施之后；而技术咨询项目主要发生在研究开发技术成果转让和技术项目实施之前。

5.8.2　科技研发与科技咨询服务项目合同管理

(1) 技术合同的签订、生效与履行

1）技术合同的订立。订立技术合同，应当遵循自愿平等、互利有偿和诚实信用的原则，应当有利于知识产权的保护和科学技术的进步，促进科学技术成果的研发、转化、应用和推广。技术合同自当事人在合同上签名、盖章后成立，按照国家规定需要经有关机关批准的，自批准时起成立。

技术合同的内容一般包括：项目名称，标的的内容、范围和要求，履行的计划、地点和方式，技术信息和资料的保密要求，技术成果的归属和收益的分配办法，验收标准和方法，名称和术语的解释等条款。与履行合同有关的技术背景资料、可行性论证和技术评价报告、项目任务书和计划书、技术标准、技术规范、原始设计和工艺文件，以及其他技术文档，按照当事人约定可以作为合同的组成部分。技术合同涉及专利的，应当注明发明创造的名称、专利申请人和专利权人、申请日期、申请号、专利号以及专利的有效期限。

技术合同的标的是无形的知识形态产品，订立合同的环节较多、履行的期限较长，报酬与价款的支付和计算也与一般合同不一样。

2）技术合同的无效。依据相关法律规定，下列技术合同为无效合同：

①违反法律、法规或者损害国家利益、社会公共利益的技术合同。

②非法垄断技术或者侵害他人技术成果的技术合同。

③采取欺诈或者胁迫手段订立的无效的合同，从订立时起就没有法律约束力。

3）技术合同的解除。技术合同的解除是指技术合同的当事人在签订技术合同后，没有履行或没有完全履行合同之前，依照法律规定或当事人双方的商定达成的提前终止合同的协议。作为技术开发合同标的的技术已经由他人公开，致使技术开发合同的履行没有意义的，当事人也可以解除合同。

4）技术合同风险责任的认定。在技术开发合同的履行过程中，因出现无法克服的技术困难，致使研究开发失败或者部分失败的风险责任由当事人约定，没有约定或约定不明的，可以协议补充，或者按交易习惯确定。在认定研究开发失败是否为风险时，一般应考虑以下因素：一是该课题本身在国内外现有技术水平下是否具有足够难度；二是对该课题所属领域专家来说，该研究开发失败是否属于合理的失败；三是当事人在研究开发工作中是否付出了主观努力。如果课题在现有技术水平下有足够难度，研究开发方付出了主观努力，并且该领域专家认为研究开发失败属于合理失败，那么该失败就属于风险。

当事人一方发现有风险可能使研究开发工作失败或部分失败时，应采取适当措施以减少损失，并及时通知相对方，让相对方知道研究开发工作面临的情况，以决定是否变更或解除合同，并采取其他减少损失的措施。在实践中，无论委托开发还是合作开发，通知人一般为实际从事开发工作的人。如果该当事人没有及时通知并采取适当措施，就要承担违

约责任，承担风险扩大的部分造成的损失。

(2) 技术合同价款构成

技术合同价格的确定远比普通商品价格的确定要复杂。技术合同价格是在技术交易合同中约定的技术接受方（买方）向技术提供方（卖方）支付的全部费用。技术合同价格与技术价值并不直接相关。成交价格只是买方向卖方支付的技术使用费用，技术合同价格的确定包括技术开发成本的构成和期得利润的估算。

1）技术开发成本的构成。技术开发成本包括研究开发的直接成本和谈判交易的间接成本。研究开发的直接成本主要包括研究开发及咨询服务过程中投入的人力、物力和资金的成本；谈判交易的间接成本包括卖方提供技术服务（安装、调试、培训等）、谈判过程的法律商务费用以及执行合同相关的费用。

2）期得利润的估算。期得利润的估算一般有三种情况：

①根据由于成本的降低而新增的利润估算。

②根据由于产品质量和性能的提高而新增的利润估算。

③根据由于销售额增加而新增的利润估算。

另外，影响技术合同价格的因素还有技术性能、技术的经济效益与社会效益、技术的垄断情况和重复受让情况、技术开发及使用风险和风险承担情况以及技术的供求关系等。

一般来说，科技研发项目的底价由技术开发的直接成本和间接成本构成，而招标采购的报价则根据对新增利润的估算在成本基础上做一定比例的上浮确定。

(3) 技术合同价款支付

技术合同价款、报酬或者使用费的支付方式由当事人约定，可以采取定额支付（一次总算、一次总付，或者一次总算、分期支付)，也可以采取提成支付或者提成支付附加预付入门费的方式。约定提成支付的，可以按照产品价格、实施专利和使用技术秘密后新增的产值、利润或者产品销售额的一定比例计算提成，也可以按照约定的其他方式计算。提成支付的比例可以采取固定比例、逐年递增比例或者逐年递减比例。

1）定额支付。定额支付也称一次总算或者总额付款，即在订立合同时，在合同条款中明确规定总的金额，然后采取一次总付或分期支付的方式。

2）提成支付。提成支付是指将技术实施以后所产生的经济效益按一定的比例和期限支付给开发转让方，作为对开发转让方出让技术的经济补偿。

比较两种支付方式，定额支付一般适用于合同金额小、执行期短、被转让开发技术不太复杂的情况，而提成支付的适用范围更广一些。

5.8.3 科技研发与科技咨询服务项目知识产权管理

科技研发与科技咨询服务是智力劳动，智力劳动成果是重要的知识资产。运用知识产权法律、法规规范这些智力劳动的行为，利用知识产权制度保护科技活动中的合法权益，是科技研发与科技咨询服务项目管理的重要内容。

(1) 科技研发与科技咨询中的知识产权制度

知识产权权利归属的确定。知识产权权利归属的确定既有法律规定确认，又有合同约定。

1）知识产权权利形式的选择。对科技成果的技术内容来说，可以采用专利权或者技术秘密的形式加以保护，对包含计算机软件的技术发明成果还可以选择以著作权的形式加以保护。

2）知识产权权利冲突的回避。知识产权权利冲突是指由同一知识产权客体依法衍生的两项或两项以上相互矛盾或抵触的权利并存的现象。一种情况是指本研究开发主题相同于或覆盖了他人的专利主题；另一种情况是本研究发明构成了他人专利的相关技术，落入了他人专利保护的范围，该发明的实施要依赖他人专利的实施，形成相关冲突。避免权利冲突的管理措施包括科研课题立项时加强对专利文献的检索和在科研开发过程中随时跟踪技术竞争领域的动态。

3）知识产权权利争议的处理。知识产权权利争议的类型包括：

①发明权、发现权的争议。

②科研项目合作单位之间就专利申请权或专利权归属的争议。

③职务发明与非职务发明的争议。

④专利侵权的争议。

争议处理方式可以自行调查、协调和解，也可以委托律师通过仲裁或司法途径解决。

4）知识产权权利效力的维持。这主要包括：

①专利权的维持。一项专利权是否需要维持，除了考虑是否正在实施、正在产生经济效益以外，还要考虑该专利技术的先进性、技术产品所处的生命周期、对竞争同行的制约能力以及是否已有更好的技术可以替代等。

②非专利技术成果权的维持。非专利技术成果权的维持主要取决于保密工作的水平。保密措施要落实在该技术使用与流通的各个环节上，技术公开的时机取决于对技术本身的了解难度和对竞争对手动态跟踪的可靠分析。

（2）研究开发阶段的知识产权管理

科技研发与科技咨询服务项目对技术开发成果的管理，要遵循合作优先与法定权属原则。如果有合同约定，就按其明确规定来决定权属问题；如果没有合同约定，就按照法律规定来执行。

1）科技研发项目。其成果归属是：

①在委托开发项目中完成的发明创造，除法律另有规定或者当事人另有约定的情况外，申请专利的权利属于研究开发人。而委托方享有以下优惠：第一，研究开发方取得专利权的，委托方可以免费实施该项专利，该项许可不得撤销，也不像许可合同那样定有期限；第二，委托方在发明创造专利获批准之前，也可以对该发明创造享有实施权，但应履行保密义务；第三，研究开发方转让专利申请权的，委托方可以优先受让专利申请权。

②在合作开发项目中完成的发明创造，除当事人另有约定的情况外，申请专利的权利由合作开发的当事人共有。根据具体情况，各方承担以下义务或享有相关权利：第一，合作开发的当事人一方声明放弃其共有的专利申请权的，可以由另一方单独申请或其他各方共同申请；第二，申请人取得专利权的，放弃专利申请权的一方可以免费实施该权利；第三，合作开发的当事人一方不同意申请专利的，另一方或其他各方不得申请专利；第四，一方转让其共有的专利申请权时，其他各方可以优先受让其共有的专利申请权。该优先权的基础在于各方依合同约定投入了资金并完成了具体的研究开发任务。

③委托开发或合作开发完成的秘密技术成果的使用权、转让权以及收益分配办法由当事人约定。没有约定或者约定不明的，可以协议补充，不能达成补充协议的，在没有相同

技术方案被授予专利前，当事人均享有使用和转让的权利。但是，委托开发的研究开发人不得在向委托人交付研究开发成果之前，将研究开发成果转让给第三人。

2）科技咨询服务项目成果归属。受托人利用委托人提供的技术资料和工作条件完成的新的技术成果，属于受托人。委托人利用受托人的工作成果完成的新的技术成果，属于委托人。这是因为技术成果是发明创造人通过创造性的脑力劳动实现的，仅凭现有的技术资料及工作条件是不可能直接产生技术成果的。由于技术成果属于发明创造人，对方也不能依据合同对新技术成果享有权利，因而对方欲使用新技术成果，应当与发明创造人签订技术转让合同。

但是，如果当事人对科技咨询服务项目中新技术成果的归属问题另有约定的，按照其约定。当事人的约定主要有以下三种情况：第一，合同当事人可以约定，在履行技术咨询合同的过程中，受托方利用委托方提供的技术资料和工作条件所完成的新技术成果，属于委托方所有（持有）或者由双方共有，而委托方利用受托方的工作成果所完成的新的技术成果，属于受托方所有（或持有），或者由双方当事人共有；第二，合同当事人可以约定对新的技术成果的分享办法；第三，委托方提供的技术资料和数据或者受托方提出的工作成果需要保密的，当事人可以在合同中约定保密的范围和期限；合同没有约定的，当事人有引用、发表和向第三方提供的权利；当事人在约定时应遵循互利原则，即权利对等、费用互惠、使用权利对等、交换期限对等。

（3）技术转移阶段的知识产权管理

科技研发与科技咨询服务项目运行过程中涉及的技术成果的转移以及技术成果的许可，都要受到知识产权的制约。

1）技术转让合同和技术许可合同的种类及合同要件。技术转让合同包括专利权转让合同、专利申请权转让合同、技术秘密转让合同等；技术许可合同包括专利实施许可合同、技术秘密使用许可合同等。技术转让和技术许可都应签订书面合同，合同可以约定实施专利或者使用技术秘密的范围，但是不得限制技术竞争和技术发展。

2）专利实施许可合同的有效期限。专利实施许可合同仅在该专利权的存续期间有效；专利权有效期限届满或者专利权被宣布无效的，专利权人不得就该专利与他人订立专利实施许可合同。

3）许可人或让与人的义务。专利实施许可合同的许可人应当按照约定许可被许可人实施专利，交付与实施专利有关的技术资料，提供必要的技术指导。技术秘密转让合同的让与人和技术秘密使用许可合同的许可人应当按照约定提供技术资料，进行技术指导，保证技术的实用性、可靠性，承担保密义务。

4）被许可人或受让人的义务。专利实施许可合同的被许可人应当按照约定实施专利，不得许可约定以外的第三人实施该专利，并按照约定支付专利使用费。被许可人或受让人应当按照约定的范围和期限，对许可人、让与人提供的技术中尚未公开的秘密部分承担保密义务。

5）使用技术侵害他人合法权益时的责任划分。受让人或者被许可人按照约定实施专利、使用技术秘密侵害他人合法权益的，由让与人或者许可人承担责任，但当事人另有约定的除外。

6）后续改进技术成果的分享办法。当事人可以按照互利的原则，在技术转让合同中约定后续改进的技术成果的分享办法。没有约定或者约定不明确的，依照《中华人民共和国民法典》第510条的规定执行，仍不能确定的，一方后续改进的技术成果，其他各方无权分享。

第6章　招标采购项目化管理

本章探讨项目管理与招标采购活动之间的关系、招标采购管理活动的项目属性以及项目管理理论在招标采购实践中的运用。其中，如何运用项目管理的理念及技术、工具等对招标采购活动实行项目化管理，是本章重点讨论的内容。

6.1　招标采购项目化管理概述

除另有说明外，本章所涉及的“采购人”统指各种招标采购活动的采购主体，如招标活动中的招标人等；“采购需求人”是指项目的采购需求提出部门或实际使用部门；“采购实施人”是指受采购人指令或委托承担具体招标采购任务的采购组织、部门或团队，包括第三方采购代理机构等；“供应商”是指招标采购活动中的各类投标人或响应主体；“中标人”是指各种招标采购活动的成交主体。同样，“投标”一词泛指供应商参与各种招标采购活动的过程；“招标采购合同”是指通过各种招标采购活动形成的成交合同，如通过招标方式形成的中标合同等。

6.1.1　招标采购项目化管理的概念、意义及特点

招标采购是一种通过市场竞争方式实现资源要素流动和配置的交易过程，是市场经济发展到一定阶段的产物。对照项目管理知识关于“项目”的特征描述，我们可以发现：招标采购活动本身具有类似项目的性质，是为实现招标采购目标所做出的一种阶段性的努力，是由一系列具有开始日期和结束日期、相互协调和控制的活动组成的，通过实施活动满足质量、进度、费用和资源等约束条件要求的，具有鲜明特点的独特服务过程。招标采购活动从招标采购策划到中标合同签约、履行和收尾等，可划分为若干个阶段，它们构成完整的招标采购活动生命周期，这一机制符合项目管理中的全生命周期管理理念。在开展招标采购活动时，依据系统论的“整体—分解—集成”原理，将招标采购各阶段、各节点、各环节等有机“整装”、系统管理，以实现招标采购目标，这一过程引入了运用系统理念进行项目管理的原理，其管理亦可运用项目管理的思路实施。

(1) 招标采购项目化管理的概念

招标采购项目化管理是指项目中的采购实施人以招标采购活动为管理对象，根据组织的战略目标，运用项目管理的思维以及项目管理的各种知识、工具和技术等，对招标采购的全过程进行有效的计划、组织、指挥、控制和协调等系统管理活动。招标采购项目化管理的目的是实现项目的最优采购目标，为整体项目目标的实现创造条件。

在理解“招标采购项目化管理”这一概念时，需要注意以下几个方面的问题：

1）关于“项目”和“招标采购项目”的含义。为便于理解和叙述，本章在单独使用“项目”或“整体项目”，没有“招标采购”修饰时，通常代表一般意义上的项目或者招标采购活动所要采购的标的，即招标采购活动实施的对象。由于招标采购活动本身具有项目的一般特征，符合项目的一般定义，故在招标采购项目化管理实践中，也将完成一次招标采购活动的过程称为一个招标采购项目，一个项目内的若干次招标采购活动也可称为招标采购项目群或项目集。

2）招标采购项目化管理适用于项目全生命周期的任何阶段。理论上，招标采购活动可以发生在项目全生命周期中的任何一个阶段。根据项目管理实践，在项目全生命周期中的任何一个阶段，从事招标采购活动时，均可以采用项目管理的理论知识体系进行控制和操作，比如质量管理、进度管理、成本管理和合同管理等，因此，招标采购项目化管理应适用于项目全生命周期整体过程中的任何阶段，甚至可以独立于项目本身而存在。

3）招标采购项目化管理同样适用于项目以外的其他有组织的活动。根据项目管理理论，有组织的活动存在三种基本类型：项目、运营及两者的交叉区域。其中，两者的交叉区域又称为“项目管理的工作方式”或“基于项目管理的工作方式”，如小批量的产品中试等。对于项目以外的其他有组织的活动中发生的任何招标采购活动，包括上述运营及交叉区域甚至独立于项目本身的活动，招标采购项目化管理理论同样适用，其管理目标亦应服从所属组织管理体系的整体目标。因此，针对项目以外的其他招标采购活动，采购实施人应该在相应管理框架体系的指导及约束下，参照招标采购项目化管理思路，运用相关的项目管理知识、工具和技术等，确保生产运营乃至个性化产品等采购目标的实现。

4）招标采购项目化管理所涉及的管理类型。由于项目的招标采购活动涉及众多当事主体和利益相关方，依据各方角色和作用的不同，招标采购项目化管理涉及以下几种管理类型：

①采购人的招标采购管理。采购人的招标采购管理一般通过采购实施人实现。招标采购活动实践中，采购实施人的责任除了由前述受采购人指令或委托具体承担采购角色的采购组织、部门、团队以及第三方采购代理机构承担外，理论上还可以由投资人、项目管理单位（代建人）、特定情形下作为采购方的项目总承包商或专业承包商，以及各类服务需求者或采购方等承担。以上组织在有关招标采购活动中均可以作为招标采购的主体，统一归于采购人的招标采购管理。

②供应商的投标管理。供应商是指响应采购人邀请，拟向采购人提供工程、货物或服务的法人、非法人组织或自然人。除在不同程度上涉及采购人的招标采购管理外，往往还需要在自身的投标响应活动中同样实施项目化管理。

③其他利益相关方的相关管理。招标采购活动的其他利益相关方涉及面广泛，包括采购人的上级主管单位、政府相关管理（招标投标管理、纪检监察、巡查督导、审计、司法公证等）部门、各类电子招标采购交易管理和运营服务机构、各类评审专家，以及项目涉及的前期咨询、设计、监理、造价等专业服务商。这些利益相关方均在不同程度上以不同角色参与招标采购活动，所产生的相关管理内容亦可运用招标采购项目化管理知识。

以上各参与方的管理类型虽然目标均指向同一项招标采购活动，但各自的关注重点、作用及利益等均存在差异，相应的管理方式也各不相同。限于篇幅，本章主要从采购人的角度讨论招标采购的项目化管理知识体系。

5）招标采购项目化管理实施主体的模式。招标采购项目化管理的实施主体即采购实施人，包括采购人内部的采购组织或部门以及第三方采购代理机构等。其中，第三方采购代理机构又包括合同代理（如作为社会中介的咨询服务单位）和法定代理（如法定的政府集中采购机构）等。

根据采购人采购管理能力的大小和对外界资源的依赖程度，招标采购项目化管理实践按实施主体区分有以下三种模式：

①采购人自行实施。本模式的前提是采购人拥有由包括一定数量的招标采购专业人员和其他专业技术人员组成的专业采购部门或团队，且业务能力较强，能满足组织招标采购活动的需要。在此模式下，该专业采购部门接受项目组织的指令，自行组织并实施项目的有关招标采购活动。

②采购代理机构组织实施。采购人与采购代理机构签订招标采购委托代理合同，委托其承担项目的招标采购工作。在此模式下，采购代理机构成为整个项目管理体系中负责招标采购工作的团队。根据项目的规模、专业程度及采购代理机构的特长，项目业主有时会同时委托多家代理机构分担采购任务。

③采购人和采购代理机构共同实施。在该模式下，采购人仅委托代理机构承担招标采购工作的部分内容和环节，其他工作依据分工由业主自行完成。代理机构的具体服务范围依委托代理合同而定，如仅负责提供政策咨询、实施市场调查、编制招标文件及确定最高投标限价、草拟合同文本、发布信息、组织评标、协助定标或组织签约谈判中的某项或几项工作。

从完成项目整体采购目标的角度出发，以上实施主体的具体模式并不存在实质性的差异。为方便讨论，本章将以上模式的招标采购实施主体统称为采购实施人，将从事具体负责招标采购项目或项目集活动的采购实施人统称为采购团队。

（2）招标采购项目化管理的意义

对招标采购活动实行项目化管理的意义主要体现在以下三个方面：

1）实现最优采购目标。招标采购管理可通过统筹资源，实现项目的最优采购目标。理论上，招标采购应当以项目整体利益的最大化为出发点，在法律、政策及企业制度的框架体系内，以较低的采购成本，采购到满足项目功能需求和质量标准的标的，同时合理控制采购过程中产生的采购费用。

2）减少委托—代理偏差。在项目建设中，项目业主即采购人、采购实施人、采购需求人三个角色往往并不重合。因此，在各类招标采购活动正式启动前，项目业主需要将采购需求贯彻到从事具体采购的采购实施人身上，通过采购实施人和采购需求人的共同努力来达成采购目标。

一方面，项目业主、采购实施人和采购需求人三者在采购活动中的表现往往具有差异性，包括对采购目标的理解和有关采购影响因素的控制和要求等方面。一般而言，采购活动中项目业主往往需要对采购标的物的功能和价格做出综合权衡，因而最看重采购的性价比；相对而言，采购需求人则倾向于使用比实际需要档次更高的产品，而不太关注采购标的的价格（即采购成本），因此往往提出过高的质量标准和要求；而采购实施人则更愿意关注采购过程中的流程规范，并尽可能地避免争议，有时甚至只要采购活动能够顺利进行，宁可选择顺从采购需求人过高的采购要求。

另一方面，即使项目业主、采购实施人、采购需求人等各方诉求基本一致，在传递沟通过程中的信息失准也可能会导致委托—代理偏差，甚至导致采购失败。例如，当某企业委托采购团队为其下属子公司采购一台设备时，如果诉求是采购一台相对性能最好的设备，针对这一信息，该企业（即项目业主）、被委托的采购团队（即采购实施人）及下属子公司（即采购需求人）对于什么是“性能最好”、其应该达到什么档次、具有什么特点，以及符合什么价位才是最佳选择等问题的理解可能存在偏差。因此，即使三方的诉求充分一致，最终的采购结果也未必能使各方完全满意。

对涉及使用财政资金的政府投资项目，采购人、采购实施人、采购需求人三者分离的情况就更常见了。政府部门在招标采购活动中，虽然名义上履行政府采购活动的业主角色，但实际上只是公共资金的代管人，其采购资金源于纳税人；采购实施人（包括社会中介代理机构和政府集中采购部门）也只是履行采购职能的代理人；而采购需求人仅仅是采购标的的使用者，也不是采购资金的所有权人。

在上述委托—代理关系中，突出问题是各方主体对采购活动的目标不一致、理解有偏差，这直接影响到招标采购机制的生效和采购最优目标的实现。针对这一情况，无论是从制度设计层面还是从采购实践经验来看，引进招标采购项目化管理的理念，依托项目管理的方法和手段，通过制订招标采购项目管理方案和各种工作计划，全面实施采购质量、采购进度、采购成本的分析和控制，同时对招标采购全过程及关键控制点进行科学管控，可以尽量减少委托—代理偏差，提高采购的经济效益。

3）实现招标采购精细化管理。招标采购工作既要遵守国家相关法律、法规、政策和标准的规定，又要与具体项目的实际采购需求相结合。从招标采购实践来看，建设规模较大的项目经常包括数十次乃至上百次的大批量招标采购任务，同时采购实施人往往承担多个不同项目的招标采购任务。这就需要采购实施人除了运用常规的项目管理技术和工具对招标采购活动进行管理外，还要综合使用项目管理方法中的项目群管理和项目组合管理的思路，从资源配置乃至企业组织采购战略的角度实施采购工作的管理协同和优化，并要以大量的实操经验为基础不断进行总结提炼，以标准化、规范化、信息化为手段，改变以往“边采购、边思考、边提高”的粗放型操作模式，通过事前策划、事中检查、事后评价等方法，实现招标采购活动的精细化管理。

（3）招标采购项目化管理的特点

招标采购活动作为一种特定的服务活动，其项目化管理的组织、过程、质量、进度及成本和费用等方面具有区别于一般项目管理的特点。招标采购实践中，采购实施人应根据其特点，有针对性地采取相应的管理措施。

1）组织活动方面的特点。招标采购的组织活动体系对保障采购任务的顺利完成非常重要，其具有以下特点：

①节奏连贯紧凑。相对于项目全生命周期中的项目建设、运营等阶段而言，单独的招标采购活动内容较为单一，实施周期较短，所需的人力资源也相对较少。然而，从招标采购活动本身来看，招标采购的工作程序严密、环节较多。如组织一次公开招标活动，从确定采购需求指标，分析市场供需关系及项目利益相关方诉求，确定投标人资格条件，公开

发布招标信息，发放招标文件，召开标前会议，投标、开标、评标，公示中标候选人、定标、发放中标通知书、发布中标公告，一直到进行合同谈判及合同签订，需经过多个环节，有时还包括处理采购相关的异议和投诉等。这些程序和环节涉及面广、时间性较强、协调任务重，导致采购实施人的工作节奏相对连贯紧凑。

②团队专业熟练。因为招标采购工作的周期短、任务重，对相关参与人员的专业素质和协调管理等方面的能力都要求较高，这些能力素质涉及各类专业工艺、技术、造价、法律、合同、财务以及管理等业务。所以为合格地履行招标采购工作，采购实施人应配备能胜任业务的招标采购专业人员作为招标采购项目经理，以及由相应数量的各种技术人才、行政后勤人员等组成的一整套专业熟练采购团队。

③管理体系严密。在招标采购实践中，采购实施人需建立严密完善的招标采购管理体系，健全技术管理、成果把关、法务风控、信息采集、软件服务、行政财务、后勤保障等相关职能和服务机构。同时针对批量的招标采购活动，需要在采购实施人的组织层面合理配置组织资源，构筑严密的采购管理体系，最终实现招标采购的战略目标。

2）过程管理方面的特点。招标采购项目化管理必须以维护招标采购程序的规范性为前提，重点把握招标采购活动的过程管理。过程管理方面具有以下特点：

①严格依法实施。从各国以及世界银行等国际组织的角度来看，招标采购活动均依据事先公布的采购程序或国际惯例有组织有计划地实施。我国依据公开、公平、公正的“三公”原则，陆续出台了《中华人民共和国招标投标法》和《中华人民共和国政府采购法》以及一大批较为完善的不同层级的法规、规章、规范性文件和国家标准、行业标准及团体标准，招标采购活动的过程控制必须立足于相关法律、法规、政策和标准进行。

②程序环节规范。从制度体系建设的角度来看，招标采购活动的各个环节和程序都有相应的规定，这些程序和规定对采购各方均有约束力，所涉及的各方招标采购当事人一般都要遵守，不得违背。

③管理技术综合。针对招标采购活动的日益复杂化以及招标采购任务数量的日益增长，采购实施人除运用项目管理知识中的各种工具和技术外，还应根据项目实际，将项目群管理方法和项目组合管理方法等用于招标采购项目管理，以提高招标采购活动的效率和效益，更好地实现采购目标。

3）质量管理方面的特点。招标采购项目化管理中质量管理是指采购实施人的服务能力与效果满足项目业主明确和隐含需要的程度。其具有如下特点：

①服务标准的不确定性。业主购买或委托招标采购服务时，难以对其质量及价值预先做出准确、定量的判断，因此难以用一个统一的标准或特定指标要求和衡量。

②服务提供与使用的同步性。招标采购服务的提供与使用具有同步性，这会使招标采购服务的质量无法经检查合格后才交付业主。

③服务管理的复杂性。招标采购工作服务的内容复杂多变，招标采购服务人员的个体素质存在差异，造成了招标采购服务质量的多变性，使得质量管理复杂化。

通常可以通过以下三个要素来度量招标采购服务的质量：

A. 功能性。功能性即招标采购服务的效能否满足业主的需求。

B. 经济性。经济性是指业主能否以合理的价格获得招标采购服务。

C. 时间性。时间性是指业主能否及时准确地在招标采购服务操作规范的前提下获取服务。

4）进度管理方面的特点。招标采购项目化管理中进度管理是指招标采购活动的进度满足项目总体进度目标的需要程度。其具有如下特点：

①服从整体目标。招标采购属于整体项目管理的一部分，其进度计划必须服从整体项目进度要求，所以招标采购活动往往有较为严格的进度要求。

②公开时限约束。根据招标采购活动的程序要求，每次招标采购活动都存在事先约定并公布的时限约束。

③计划安排合理。由于每次招标采购活动的生命周期相对短暂，从合理配备各种资源的角度来看，招标采购进度计划必须统一制订，且安排应具有合理性。

5）成本和费用管理方面的特点。招标采购的成本和费用包括直接和间接的招标采购成本和费用两部分内容。

①招标采购成本受限。招标采购成本是指为获得招标采购标的（工程、货物或服务等对象）而需要支出的成本，即招标采购价格。通过招标采购的手段，就是在单纯的“买、卖双方博弈”的基础上增加“供应商之间的博弈”，以解决采购人价格信息不对称和与供应商议价困难的问题，从而达到追求合理低价和限制不必要的高价采购的理想采购状态。

②招标采购费用控制。招标采购费用是指为完成各次招标采购活动的工作过程发生的费用。与一般的项目成本不同，招标采购费用主要由采购实施人的人力资源费、市场调研费、资料费、开标评标的交易场所及软件使用费（如有）、专家劳务费、交通费、办公及设施费、企业管理费与税金摊销等组成。根据行业整体数据，采购实施人的人力资源费及与人力资源相关的费用在招标采购费用中占据相当大的比例，所以合理确定招标采购的组织模式是招标采购费用控制的关键。

此外，从社会总支出的广义角度看，招标采购费用控制还应包括降低招标采购活动涉及的社会资源成本，如投标人的人力、材料等资源消耗。

6.1.2 招标采购项目化管理与整体项目管理的关系

从项目全生命周期管理的角度来看，招标采购项目化管理作为整体项目管理中不可或缺的一环，对整个项目的成败具有重大影响。招标采购项目化管理与整体项目管理的关系可主要从以下三个方面来理解。

（1）招标采购项目化管理是整体项目管理的重要组成部分

在项目管理的知识体系中，招标采购管理是项目管理的任务之一，是项目管理实施的重要组成部分。招标采购管理是为整体项目管理服务的，其内容几乎涉及整体项目管理的各个方面，招标采购管理任务和整体项目管理的其他各项任务存在密不可分的联系，互相作用、互相影响、互为交集。招标采购管理的输出结果应是整体项目管理的总体成果的一项内容，与整体项目管理的目标一致。任何大型或复杂项目的实施都离不开采购活动，如果招标采购管理工作做得不好，不仅会影响项目的顺利进行，还会影响项目的预期效益，甚至会导致项目的失败。

1）招标采购项目化管理是推进项目整体执行的重要环节。项目能否按进度计划顺利执行，很大程度上取决于项目招标采购工作的进度，招标采购工作的延误将直接影响项目的进度。因此，招标采购活动从招标采购管理方案的制订开始，就必须严格按照项目总体进度规划制订相应的招标采购进度计划，同时采取相应措施确保采购工作的有效执行，使其符合项目进度控制的要求。项目管理实践表明，导致项目整体进度滞后的常见原因之一就是招标采购活动的延误。正因如此，对招标采购活动里程碑节点的控制以及相应的过程跟踪已成为招标采购管理的重要环节。如果在制订相应的采购进度计划或采购执行过程中出现某单项采购的进度无法满足项目整体进度要求的情况，则必须启动“变更请求”程序，即对管理计划、相关子计划和其他组成部分等内容及时提出变更请求，并及时提交采购人或上级部门处理，以便实施整体项目的计划变更和过程改进。

2）招标采购项目化管理是控制项目成本的直接影响因素。招标采购活动直接影响项目的投资控制，关系到项目成本和预期效益目标能否实现。招标采购的结果即招标采购中标合同直接决定了采购的合同金额、付款方式、结算方法等重要事项，不同的招标采购组织形式、交易方式、合同条件等对项目整体影响巨大。因此，在项目招标采购过程中，应根据市场价格浮动的趋势和项目的进度规划，选择合适的采购组织形式、采购时机、进货时间及批量，选择合理的付款方式和支付条件；对选择的支付货币种类，要根据利率、汇率变化趋势做综合判断，制订切合实际的用款计划，以便有效地进行资金运作；同时制订符合采购实际的合同条款，合同中附有必要的、合理的制约条款等。总之，采购实施人应尽量规避、转移招标采购风险，减少损失，增加效益，以合理降低整个项目的成本。

3）招标采购项目化管理是保证项目质量的根本前提。质量是项目建设的根本，没有质量保证，成本控制和进度控制也就没有任何意义。招标采购成果必须兼顾经济性和有效性这两个方面，要使两者完美地结合起来，既要价格合理、经济，又要做到质量完全符合项目要求。很多工程建设项目因为选择错误的承包商造成工程质量不合格，或者因为合同条款的疏漏或过于苛刻造成偷工减料、质量低劣等问题。因此，通过招标采购活动选择合格的承包商，在兼顾公平的基础上编制缜密的合同条件以保证双方的利益，是保证实现项目质量目标的根本前提。货物采购也是同样的道理，一旦项目所需的关键设备或高价值设备、材料出现质量问题，必须要返修、更换，甚至重新采购，势必造成造价超支和工期拖延。因此在设备、材料的招标采购活动中，从合理设置供应商的资格条件，严格遵照采购程序选择合格的供应商，到选择牢固合理的包装、安全的运输方式直至事后的严格检验等与质量有关的各个环节，采购团队均须慎重地对待，从而保证运抵现场的设备、材料在质量上都能满足设计要求，从源头上保证项目的质量，使项目得以顺利实施。

因此，项目实施要集中各方优势，在尽可能短的时间内，保证高质量、低成本的同时合理控制风险，以达成项目的预定目标，做好项目的招标采购项目化管理是关键所在。

（2）招标采购项目化管理贯穿整体项目管理的全过程

招标采购项目化管理贯穿了整体项目管理的全过程，一般来说，项目管理模式决定了采购方式，反过来招标采购项目化管理对项目管理的模式也会产生直接的影响。如果项目实施是项目周期中时间最长且重要的一环，那么项目招标采购项目化管理就是确保项目达成既定目标的重要步骤。招标采购项目化管理的时间跨度与整体项目管理过程的关系，主要体现在以下三个方面：

1）招标采购项目化管理启动与项目规划阶段同期开始。从项目管理全生命周期分析，在项目规划阶段，有关项目的策划和论证内容就需要同时包括招标采购内容。招标采购项目管理方案作为项目整体的项目管理方案的分篇，应与项目整体的项目管理方案同步完成，招标采购管理与项目规划阶段应同期启动。

2）招标采购实施与项目各个阶段密切相连。招标采购的实施需要严格按照项目的总体目标具体安排，与项目各个阶段的实施过程密切相连。如在工程建设项目的设计准备阶段需要通过聘请咨询机构辅助项目的概念设计，在设计阶段需要选择优质的设计单位完成项目工程设计，在实施阶段需要选定合适的承包商提供施工服务等。项目投入的这些资源都是通过招标采购获得的。

3）招标采购收尾基本与项目收尾同步。项目的招标采购管理应包括招标采购中标合同的履约管理、合同管理及变更控制过程等，这已成为采购管理的发展趋势。招标采购管理已延续到采购合同履约完毕直至项目收尾阶段，招标采购收尾基本与整体项目收尾同步。

以工程建设项目为例，图 6-1 显示了在整体项目管理中，招标采购管理的时间跨度及其对项目成本的影响曲线。

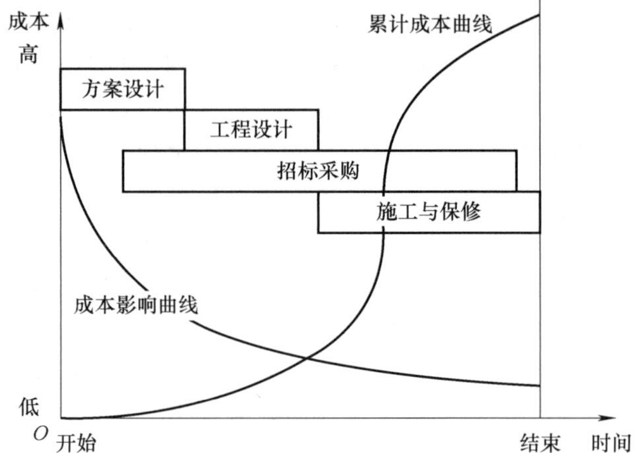

图 6-1　工程建设项目招标采购管理的时间跨度和对项目成本的影响曲线

（3）招标采购项目化管理应采用项目管理思维实施

招标采购活动具有项目的基本特点与属性，即特定目标的唯一性，临时的一次性，渐进性等，所以招标采购工作本身就具有项目工作的属性，因此我们完全可以将其看作一个“项目”或“项目集”。同时，完成一次招标采购的管理过程同样涉及整合、范围、时间、成本与费用、质量、人力资源、沟通、风险等方面，甚至包括资源采购和相关方等各方面的管理任务，符合项目管理的任务特征。项目管理任务在招标采购项目化管理的具体体现见表 6-1。

表 6-1　项目管理任务在招标采购项目化管理的具体体现

序号	任务	招标采购项目化管理对应的主要工作内容
1	整合管理	确定目标和任务，编制招标采购项目管理方案、工作计划等，制订管理流程和控制措施，协调各种资源并实施
2	范围管理	界定招标采购范围和服务工作范围，合理划分标段与合同包
3	时间管理	确定招标采购工作各环节的顺序，测算工作需要持续的时间，编制进度计划，按进度计划进行控制
4	成本与费用管理	估算各项采购成本和采购费用，编制成本和费用预算，进行成本和费用控制
5	质量管理	编制质量计划、质量保证体系、技术文件、验收程序、标准等，进行过程控制
6	人力资源管理	确定项目采购及管理的组织机构，编制人力资源使用计划，选派与项目要求相符的人员，组建采购团队，分配责任人

（续）

序号	任务	招标采购项目化管理对应的主要工作内容
7	沟通管理	制订沟通计划，利用或建立信息体系，编制沟通管理的措施，执行情况报告；制订团队成员之间的交流与沟通计划并实施
8	风险管理	制订风险防范计划，识别并评估风险；确定风险应对措施，实施风险控制
9	资源采购管理	收集并分析市场信息，分析是否需要价格信息、咨询专家、合作企业等外部资源，制订采购计划并实施
10	相关方管理	分析项目业主及项目利益相关方的实际需求，协调各方利益

综上所述，招标采购具有项目管理的特点、属性和任务特征，所以我们完全有理由引进项目管理的理念，对招标采购活动进行“项目化”管理，并借助项目管理的技术和工具高质量地完成项目内所有的招标采购任务。

6.1.3　招标采购项目化管理过程

（1）招标采购项目化管理的阶段划分

依据项目管理理论知识中关于采购管理的内容，结合招标采购的管理特点，可以将招标采购项目化管理的全过程划分为以下四个阶段：

1）招标采购规划阶段。招标采购的规划阶段是招标采购项目化管理的开始阶段，其主要任务是运用项目管理的有关知识和工具，通过分析招标采购需求，建立招标采购目标系统，完成制订招标采购项目管理方案，为下阶段招标采购的具体实施提供宏观指导。招标采购规划阶段的工作具体包括招标采购需求分析、制定招标采购目标、编制招标采购项目管理方案等内容。

2）招标采购实施与控制阶段。招标采购实施与控制阶段的主要任务是为实现招标采购目标，围绕招标采购项目化管理的主要任务而针对招标采购活动具体实施的管理。招标采购实施与控制阶段的工作包括制订招标方案、进行过程管理、设置关键控制点实行里程碑目标管理、运用项目群及项目组合技术提升采购管理、合同缔约谈判与授予合同等内容。

其中，招标采购的控制是通过采购实施人内外部的检查和监督，来保证采购过程和成果满足招标投标的法律、法规、政策、国家及行业标准以及项目管理的总体目标，同时确保采购实施人的绩效达到采购管理要求。

3）招标采购合同履行阶段。招标采购的合同履行阶段在项目管理知识体系中又称“管理采购”阶段，其主要任务是确保中标人按采购中标合同的条款履约。根据不同的项目管理组织形式以及对招标采购任务的委托范围，对采购实施人而言，招标采购合同履行阶段的工作可以分为招标采购合同履行管理和招标采购合同履行跟踪等内容。

4）招标采购收尾阶段。招标采购的收尾阶段属于招标采购结束及其后续阶段，是结束本次项目采购的过程。招标采购收尾阶段的主要工作包括确认采购的全部工作和验收可交付成果、处理招标采购遗留问题、做好招标采购档案的搜集与整理、进行招标采购项目的总结与评价等内容。

（2）招标采购项目化管理阶段与项目全生命周期的对应关系

从整体项目生命周期阶段的划分角度出发，对于构成项目最终可交付成果的采购内容，招标采购项目化管理阶段的划分与项目全生命周期存在基本的对应关系，具体如下：

1）招标采购的初步酝酿一般开始于项目的启动阶段。在招标采购项目化管理正式启动前的项目启动阶段，就可以进行项目采购的初步酝酿和准备。

2）招标采购的规划阶段对应于项目的计划阶段。招标采购规划的实施应与项目管理全生命周期的第二阶段即计划阶段同步进行，表明招标采购项目化管理的正式启动。

3）招标采购实施与控制、招标采购合同履行这两个阶段与项目整体的执行阶段相对应。针对每次招标采购，招标采购实施从制订每次招标方案（策划）开始并实施至招标采购合同授予，然后进入招标采购合同履行阶段即招标采购成果的合同执行等相应内容。项目的一系列采购工作依据采购工作计划的安排随项目整体进度而推进，并与项目整体的执行阶段的工作内容相对应。

值得注意的是，招标采购实施与控制阶段中的招标采购控制内容不仅在本阶段发挥作用，还应用于招标采购项目化管理的所有阶段。

4）招标采购收尾基本与项目整体的收尾同步。

招标采购项目化管理的阶段划分与项目管理全生命周期的对应关系见图 6-2。

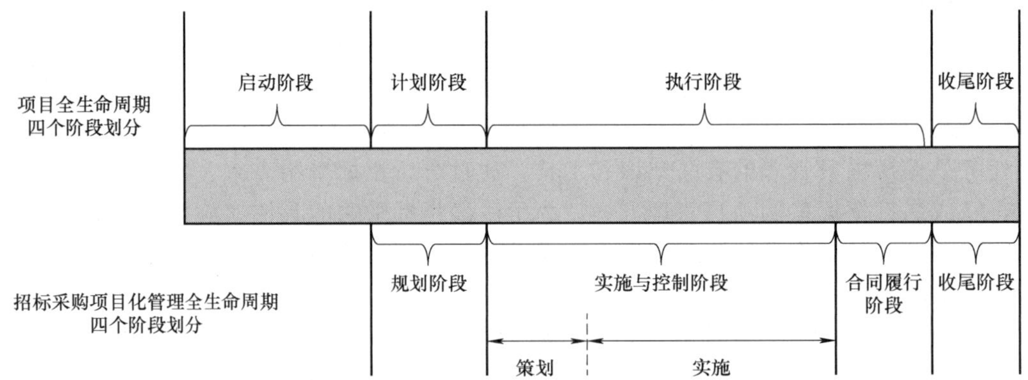

图 6-2　招标采购项目化管理阶段划分与项目管理全生命周期的对应关系

(3) 招标采购项目化管理各阶段所涉及的相互关系

其主要表现在：

1）招标采购与整体项目管理的各个阶段相互作用、相互影响。第一，招标采购活动并不独立于整体项目管理，其管理过程需要应用其他管理任务的成果和要求，反过来它的成功也会影响其他管理任务的工作过程。第二，招标采购活动本身也分为多个阶段，一般来说上个阶段的工作成果就是下个阶段的工作依据和条件，而反过来下一阶段的工作成果产生的影响又涉及上一阶段某工作过程的具体安排。在上述两个层面，优秀的采购团队会应用诸如 PDCA 等管理方法来调整和修订项目计划及招标采购计划。

2）招标采购各个阶段的有关过程需要反复实施。第一，招标采购规划阶段结束后，即进入实施及之后的阶段，往往根据子项目的具体数量，需要反复多次实施招标采购的有关过程，直至整体项目的所有招标采购实施完毕。第二，某子项目招标采购的操作进入评审阶段，同时另一个子项目招标采购的其他工作也在进行中。在此交叉和反复实施的过程中，上一个子项目的招标采购活动结束后会为下一个子项目的招标采购活动提供经验。采购人在招标采购的多次循环中可以迭代优化其工作流程。

3）招标采购项目化管理各阶段与项目管理的知识领域互相交叠。在项目管理的所有阶段和管理任务中，只要需要外部资源，就会产生采购管理。招标采购项目化管理几乎涉及项目管理所有领域的成果，与项目管理的其他知识领域互相交叉、互相关联。

6.2 招标采购规划阶段管理

招标采购规划阶段的工作重点是解决一系列影响招标采购规划决策的关键问题，如招标采购的需求确定、招标采购的目标制定等。由于项目管理整体目标对本阶段采购策略的制订往往会产生重要影响，而本阶段采购策略也会影响项目管理整体方案的制订，因此需要综合考虑项目的相关约束条件并有机整合，还应考虑采购人或采购实施人自身的组织资源满足所承担招标采购任务的合理程度等，最后综合形成招标采购的项目管理方案。本阶段的标志性成果是编制招标采购项目管理方案。

6.2.1 招标采购需求分析

（1）招标采购需求分析的概念

招标采购需求分析就是运用项目管理工具和技术，系统地分析影响招标采购管理的各种内外部相关因素，厘清和排列招标采购的需求及重点，从而解决招标采购规划阶段的一系列“输入”问题。招标采购需求分析是招标采购规划阶段进行的一项首要工作，其核心内容就是从大量基础性需求信息中，评估和排列项目整体推进所产生的对招标采购的重点需求，目的是为下一步招标采购的目标制定提供切实可行的基础资料。

（2）招标采购需求分析的步骤

采购团队应根据项目的实际情况，有针对性地开展工作。对于规模较大、技术较复杂的项目，需求分析工作需要多次反复进行，直至厘清所有的重要需求信息。

招标采购需求分析的具体步骤如下：

1）采集项目基本信息。项目基本信息一般包括：

①项目背景材料。

②招标采购政策。

③项目基本意图。

④项目业主的组织管理构架。

⑤招标采购活动的管理设想。

⑥风险登记册及与风险相关的合同决策。

⑦其他与招标采购有关的项目基本信息等。

2）启动项目组织的内部沟通和调查。在项目管理的环境中，项目质量的概念是围绕满足项目业主的需求而产生的，需求是产生项目最主要的原因和驱动因素。因此，内部沟通和调查的工作重点就是准确理解采购人对招标采购的真实需求。

沟通和调研工作中常用的项目管理工具和技术主要包括访谈、焦点小组会议、引导式研讨会、群体创新技术、群体决策技术、问卷调查等。

3）进行外部市场调查研究。市场调查研究的目的是明确采购实施人外部可能影响采购方案规划的市场、环境、其他制约条件等因素，对项目的基本信息或者需要市场调查才能确定的有关内容等进行补充。外部市场调查研究主要包括下列内容：

①市场条件。

②潜在供应商情况。

③项目特定条件。

④项目所在地的特别要求。

外部市场调查研究中常用的项目管理工具和技术一般包括网络信息、实地调查、已完工的项目历史资料摸底、类似项目参考、专家讨论、技术交流等。对于题材新颖、市场开拓类或专业性特别强的项目，还可以通过与潜在的供应商开展技术征询、初步核实或技术方案征集的方法，帮助厘清市场最新动态。

4）开展系统分析。开展系统分析的目的是及时将采购人的相关需求转化为项目招标采购的具体需求，运用的项目管理工具和技术分析一般包括实地调查、技术交流、专家判断技术、群体决策技术、功能分析法等。

系统分析的内容应包括：

①项目范围基准分析。项目范围基准描述了项目的需要、合理性、需求和现行边界，包括项目范围说明书、WBS 汇编等。其中，项目范围说明书包括产品范围描述、服务描述和成果描述、可交付成果清单和验收标准，以及有关技术问题的重要信息或可能影响成本估算的事项。WBS 汇编包括 WBS 及工作详细说明，可从中查到各可交付成果以及为获得各可交付成果而需进行的工作内容。

项目范围基准分析常用的项目管理工具是 WBS 和责任分配矩阵。

②自制或外购分析。自制或外购的划分主要依据采购成本、国家法律要求、企业采购政策、生产的专业化程度、项目各利益相关方诉求以及项目的进度和质量要求等。其中，采购成本是影响自制或外购决策的最主要因素。

自制与外购分析中常用的项目管理工具和技术有相关成本分析法、成本平衡点分析法等。

③采购对象分析。采购对象分析的内容包括采购范围、采购内容、采购时机和采购成本等，分析依据主要是项目范围基准、项目需求、项目进度计划、项目成本估算等。通过分析 WBS 的可交付成果，以及为完成每个可交付成果而需进行的工作内容，明确每一项可交付成果的具体采购范围、内容、档次标准、采购成本及采购时机等，保证采购对象的明确和具体。

采购对象分析涉及的项目管理工具主要有 WBS 和责任分配矩阵。

④项目利益相关方分析。项目利益相关方包括项目内部利益相关方和外部利益相关方两类。其中，内部利益相关方包括投资人、股东、采购人、采购实施人以及各类供应商等，外部利益相关方包括政府、社会各界、行业组织及项目成果用户等。由于招标采购需要多个利益相关方的参与，涉及多方利益且关系复杂，所以招标采购需求分析不仅要分析项目特性和技术条件，还要通过分析项目背后的内部和外部利益相关方从不同角度对招标采购的需求施加的影响，尽可能地协调各方利益诉求。

项目利益相关方分析的关键点是保证最大限度地满足关键项目利益相关方对招标采购的需求。如作为内部利益相关方的某投资人股东已通过项目合作协议的模式确定了某些采购内容的供应渠道，则该合作协议在很大程度上会对该项目的采购中标决策产生重要影响。

⑤供方选择分析。供方选择分析是特殊的“项目利益相关方分析”，其分析对象限于供应商，分析目的限于选择供应商，分析内容是确定选择供应商的方法。在确定选择方法前，有必要审查项目竞争性需求的优先级。由于竞争性选择方法可能要求供应商在事前投入大量时间和资源，因此，应该在采购文件中写明评估方法，让供应商了解他们将会被如何评估。基于项目管理理论知识，推荐的供方选择分析技术的常用方法包括：

A. 最低成本法。在标准化或常规采购中，供方选择分析的常用方法是最低成本法。此类采购有成熟的实践与标准，有具体明确的预期成果，可以用不同的成本来取得。

B. 基于资质或经验选择。仅凭资质或经验的选择方法适用于采购价值相对较小，不值得花费时间和成本开展完整选择过程的情况。

C. 基于质量或技术方案选择。邀请一些供应商提交技术建议书，同时列明技术和成本详情；如果可以接受建议书，再邀请他们进行合同谈判。采用此方法，会先对建议书进行评估，考察技术方案的质量。如果经过谈判，证明他们的财务建议书是可接受的，就会选择技术建议书得分最高的供应商。

D. 基于质量和成本选择。在基于质量和成本的方法中，成本也是选择供应商的一个考虑因素。一般而言，如果项目的风险或不确定性较高，相对于成本而言，质量就应该是一个关键因素。

E. 固定预算选择。固定预算选择要求在建议邀请书中向受邀的供应商披露可用预算，然后在此预算范围内选择技术建议书得分最高的供应商。因为有成本限制，所以供应商会在建议书中调整工作的范围和质量，以适应该预算。采购人应该确保固定预算与工作说明书（SOW）相符，且供应商能够在该预算内完成相关任务。此方法仅适用于工作说明书定义准确、预期不会发生变更、预算固定且不得超出的情况。

⑥市场供求分析。市场供求分析主要是分析采购需求和市场潜在供给资源两者之间的平衡关系对招标采购的影响。招标采购的本质是竞争，市场供求分析对招标采购的采购方式、合同、价格、风险管理等均会产生直接的影响。如某专业信息化领域公开招标项目，根据掌握到的信息，当地市场发达，符合条件的潜在投标人充足，市场竞争十分激烈，则采购实施人应提出适当有利于采购人的招标条件；在采购方式等方面，可以针对采购对象的特点，在划分标段、是否采用进口设备等方面提出相应措施并研究其可行性；在商务和技术方面，可根据项目的金额条件、时间跨度、方案深度以及市场行情调查等，提出有利并可行的承包方式、采购价格、合同模式等。

⑦采购方式分析。采购方式包括采购组织形式与采购交易方式。其中，采购组织形式包括战略采购、集中采购、框架协议采购、电子商城采购和分散采购等；采购交易方式包括招标采购方式和非招标采购方式，其中招标采购方式分为公开招标和邀请招标，非招标采购方式包括询比采购、谈判采购、竞价采购和直接采购等。

按照国家有关规定必须进行招标的项目，其招标范围、招标组织形式、招标方式应以项目的有关审批、核准、备案文件为准。对招标方式以外的项目采购，采购人应进行严格的采购方式分析。

⑧采购风险分析。由于采购的不确定性等因素，采购过程伴随有各类风险，可能导致

采购的实际结果与预期目标产生偏离。

⑨合同选择分析。应根据合同范围明确与否、时间紧急程度、人员需求情况来决定合同的类型。对合同文本而言，通常选择的合同类型以及具体的合同条件决定着买卖双方各自承担的风险水平，应优先选择国家、行业及企业标准版的合同条件。

5）采购管理的组织保障资源分析。对采购实施人而言，采购管理的组织保障资源分析也是招标采购需求分析的一项重要内容。采购管理的组织保障资源就是为保障招标采购任务的完成，采购实施人的组织保障资源现状满足所承担招标采购任务的程度。组织保障资源分析的目的是采购实施人从资源保障角度最大限度地保障项目的招标采购管理需求，同时实现采购实施人组织保障资源配置的合理优化。通过组织保障资源分析，采购团队应就招标采购的组织架构、管理模式、人力资源配备、进度、风险以及沟通、费用等各项管理保障要素提出切实可行的建议和具体设想，以便合理调动和安排采购实施人等多个层面的各种资源。

6）评估和排列招标采购需求的重点。在分析和厘清各类招标采购需求的基础上，评估和排列招标采购的需求重点是招标采购需求分析工作的核心内容。其目的是以此为基础，设计项目招标采购的技术路线，为招标采购目标的制定奠定基础。采购团队应组织项目采购人以及其他利益相关方对分析结论进行评估和审核，及时收集各方的意见和建议，在共同讨论后达成一致。由于招标采购的不确定性，可能存在尚未确定或意见不一致的采购需求。对这种未确定的需求，可以先实施已经确定的需求；对需求中没有确定的部分，经过协调讨论，也可以在招标采购管理方案中留出一部分空间，等到采购人提出新的需求时再进行计划。为方便此类评估和排列，应做到：

①建立完整的需求调查文档和记录体系。通过建立文档记录管理系统，方便管理，便于查找且不易出差错。

②尽量使用直观图表形象表达需求。撰写需求分析结论应尽可能地采用直观图表形象表达，语言描述应直观、简练，避免使用过于专业的词汇，有利于加深认识，便于管理和控制。

7）建立招标采购需求跟踪系统。招标采购的外部环境及市场条件的变化，以及因采购人或采购需求人对招标采购对象的进一步认识而产生的新需求，会导致有关需求的修正。因此，准确预测环境及市场的变化，包括预测采购需求可能会发生的变化，都需要建立招标采购需求跟踪系统，并将此类系统纳入整体项目管理方案的有关“变更程序”，通过实施整体或局部的变更控制调整受影响的内容。

（3）招标采购需求分析的成果

1）确定自制或外购范围。通过对项目采购对象的市场因素以及商务、技术制约条件、供求关系以及采购人自身资源的分析，充分考虑到利益相关方的因素，建议哪些内容可以通过外部采购获取，哪些内容可以由采购人自制。如果需要组织外部采购，则需要确定外购的具体内容和条件，即采购什么、如何采购、采购多少、何时采购，以及外部采购所需的资源等。

2）制定采购策略。一旦通过自制或外购分析，决定从项目外部渠道采购，就应制定一套采购策略。应该在采购策略中规定项目交付方法、具有法律约束力的协议类型，以及如何在采购阶段推动采购进展，包括交付方法、合同支付类型、采购时机及阶段划分等。

3）列明和排列招标采购的需求重点。这包括：

①采购方式。通过采购方式的分析，可以确定招标与非招标标的物的内容划分，还要进一步确定具体的采购形式与采购交易方式。

②招标采购流程。第一，招标采购流程应当严格执行国家、行业和项目所在地的招标采购法律、法规、政策和标准中关于招标采购程序管理等的相关规定；第二，招标采购流程应当符合企业内部的采购流程规定以及项目本身的具体要求。

③招标采购的内容以及制约条件。具体招标采购内容以及有关制约条件应包括采购范围及内容、采购时机、采购数量、采购标准及技术参数、采购成本估算或预算、标的物界面初步划分、标段与合同包初步划分等内容，同时根据其重要程度列明有关制约条件的优先排序。

④拟定招标采购文件和评审办法的主要条款。选定科学合理的招标采购文件和评审办法是整个采购工作能否顺利进行的最关键性因素。其中，招标采购文件内的合同文本应结合整体项目管理方案中“合同规划”的相应成果拟定，应注意：

A. 属于合同的相关资料如条款、图纸、标准等应当保证完整和表述一致，还应该围绕项目目标对相关合同条款资料进行合理的选择和评估，确保合同相关条款和资料满足项目要求。

B. 不同类型的招标采购项目应该关注不同的特点。如在一些货物招标采购中，根据不同设备复杂程度，注意就设备检验、监理（造）、安装、测试、考核、验收和质量保证条款及对备件、工具、技术服务及培训的要求做出严格规定，包括售后服务和质量保证期限等。

⑤确定可能的招标采购风险及对策。它包括记录与风险有关的信息，如已识别的风险、风险责任人、风险应对措施以及与风险相关的合同决策。与风险相关的合同决策包括保险协议、担保协议、服务协议和其他协议。这些协议明确了各方对特定风险的责任。

4）确定招标采购管理的组织保障资源。应围绕项目管理任务，确定招标采购管理活动各类组织资源的优化配备和保障需求，包括采购团队架构、管理形式、人力资源配备、沟通管理、风险管理以及各类招标采购成本费用测算等。

(4) 招标采购需求分析所运用的常见项目管理工具和技术

招标采购需求分析所运用的项目管理工具和技术较为广泛，以下重点介绍几种常用的项目管理工具和技术在实际案例中的运用。

1）自制或外购分析。常用的项目管理工具和技术主要有相关成本分析法、成本平衡点分析法等，应该通过综合分析相关评价要素来确定某项工作或需求最好由采购人自制还是从外部采购。在运用上述方法时，成本效益可以使用回收期、投资回报率（ROI）、现金流贴现（DCF）、净现值（NPV）、内部收益率（IRR）、收益成本（BCA）等分析工具来衡量。

如某大型企业拟通过专职采购部门，在集团内部全面实行项目及物资的集中招标采购。依据现有的组织保障资源，对采购任务自行完成或外包，以及所需电子采购交易系统的自主开发、外购或租赁等多种服务方案进行选择。通过估算各服务方案涉及的直接成本（如人力资源、一次性投入开发费用及运维等）和间接成本（相关管理费用等），并引入“基于资质和经验”以及“基于质量和价格”等供方选择概念，对相关评价要素进行成本价格折算，包括服务提供可靠度以及信誉、成熟度、经验、管理效率等，据此计算年净现值、现金流、投资回报率、收益成本等成本效益评价指标。经过全面评估后，决定采用：

①择优租赁一家成熟的社会化电子招标采购交易平台提供专业服务。

②公开遴选短名单，选聘两家信誉度高的第三方采购机构承担具体采购任务。

③现有专职采购部门可适当缩编，仅承担编制采购计划、评估采购质量以及负责供应链管理评价等管理职能。

通过运用自制或外购分析技术，不仅很好地满足了企业采购量大、类型繁多、需求复杂，时效要求严格等招标采购需求，还节省了建设电子招标采购交易平台的一次性投入开发成本，精减了人员编制、提高了采购效率并保证了采购质量的可靠度。

2）功能分析法。功能分析法就是识别和明确每一步工作的独特功能，是一个从整体到局部的过程，即分解每一步工作在业务流程中的任务及在职位体系中的作用，最后综合得到每一步工作的具体职责的方法，又称为基于功能分析的工作分析法。功能分析法用于招标采购工作的需求分析时有其特有的优势。

如某重点工业项目启动若干非标设备招标。首先分解设备功能，确立其功能指标体系，然后根据该设备采购成本对总体项目的影响程度确立功能评价系数（F）；综合考虑该设备进场所花费的设计、制造、运输、安装、工期、运维和财务等全生命周期成本，确定成本系数（C）；最后计算价值系数 $V=F/C$。价值系数越大，说明该设备采购对项目整个招标采购活动的影响越大，花费越少，即改善该采购所需要付出的成本较低但却能最大限度地实现项目建设目标；反之，价值系数越小，说明该项设备花费越多，实现的功能却不能相应地提高或匹配，即该项采购所需要付出的成本较高，该项工作流程不应作为优化的重点。通过以上分析，最终得出其中某台设备对项目整个招标采购活动综合影响最大（即价值系数 V 最大），可作为关键设备采购，较好地解决了招标采购项目需求中的重点排序问题。

3）采购对象分析。简单的招标采购对象分析较为简单，不需要做出复杂的标段或合同包划分等。但是如果采购的工程、货物类型多、技术要求高，施工承包商及供货商家专业划分较细，则应根据工作分解结构，考虑采购项目的时间空间关系、合同类型、供应商的专业能力及资质限制、市场供应条件、采购估算等，合理地划分合同包、标段或合同组团，以此作为确定项目相关采购任务、落实采购需求的重要依据。

如某国企拟依托某地铁站点启动一个大型公共交通导向开发项目（Transit-oriented Development，TOD），建设内容包括办公、商业、文化、教育、住宅等内容，桩基图已具备，其余施工图纸正在设计中。承担招标采购任务的采购团队从项目建设经济效益和可靠性角度出发，运用采购对象分析技术，结合市场调研，进行相关必要性、可行性调查后，建议启动其中商业建筑的施工招标。其理由一是通过与毗邻建设中地铁的同步施工，可确保商业建筑施工期间的安全可靠；二是竣工交付运营可以与地铁正式运营同步，通过地铁引流，可尽早获得现金流回收，使投资回报的收益相对最大化。通过对商业建筑进行WBS分解，施工招标可以根据图纸出图进度分步实施，以实现尽早开工，如首先实施桩基招标，其次启动地下（±0以下）部分招标，最后再完成剩余地上部分建筑招标。这样既体现了项目整体建设管理的合理安排，又能满足企业开发效益最大化的需求。

4）组织保障资源分析。采购团队在进行组织保障资源分析时，应运用实地及历史资料调查、技术交流、网络信息、类似项目参考、技术交流等技术，评估招标采购项目现有的组织架构、人力资源配备、风险以及费用等各项管理保障要素，并就相关匹配程度提出分析结论和具体改进建议。

如某高新产业项目，通过启动项目调研发现，该生产线属于国外行业较前沿的新工艺成套设备。根据现有采购团队内部缺乏对相关技术参数的了解和类似设备的采购经验，以及项目所在地的评审专家库也尚未收录该类富有经验的工艺设备评审专家等情况，采购团队应建议上级组织：

①在原职能式管理组织结构的基础上，采购团队考虑加强技术资料收集并增加若干熟悉类似新工艺的业务骨干，同时聘请外部富有经验的同行专家负责技术把关。

②依托信息技术手段，邀请多名外地符合条件的评审专家参与评审。必要时，评审可采用异地专家远程电子评审的方式进行。

③采购费用的预算应适当调整，增加技术资料收集费、人力资源成本以及因聘请外部把关专家而产生的咨询费用等；并且如由于种种原因无法实现异地评审，还需增加多名外地评审专家的食宿、长途交通等费用。

5）专家判断。专家判断是基于某应用领域、知识领域学科和行业等专业知识而做出的关于当前活动的合理判断。该方法是一种定性的需求分析方法，具体方法包括头脑风暴法和德尔菲法等。其中，在运用头脑风暴法进行讨论时，鼓励与会者尽可能地提出大胆的设想，同时不允许对别人提出的观点进行批评，有助于发现现有采购模式中的弊病，提出根本性的改造设想。德尔菲法则用来论证采购方案的可行性，将初步的采购设想发给若干事先选定的专家，征求他们的意见。然后将各位专家的反馈意见经过整理和分析后再发给专家，对有分歧的地方进行更深入的思考。在招标采购需求分析中，应广泛邀请相关领域专家和社会、经济方面的专家参加预测，充分发挥专家集体的智慧，使预测值尽可能地接近期望值。专家判断法最大的优点是在缺乏足够统计数据和原始资料的情况下，可得到文献上还未反映的信息，这在很大程度上取决于专家集体的智慧和努力，因此往往可得到较准确的结果。

如某地政府拟新建一所地标性的大型公共美术馆建筑。为有效落实设计理念，兼顾绿色低碳、数字智慧的要求，针对该项目建设管理模式的确定，决定聘请业内专家采用头脑风暴法帮助决策。最终通过国内外市场调查、专家咨询和行业主管部门同意，决定打破常规，创新公开招标的新思路，采购标的不仅要获得满意的设计方案，还包括确定主创建筑师团队是否具备能力来承担项目建设中的全过程项目管理任务。通过将项目设计和全过程项目管理一并委托给主创建筑师设计团队，即采用建筑师负责制建设管理模式，可以使该项目主创设计师的设计创意和意图完美落实到项目建设中，帮助实现项目的高品质建设目标。

6.2.2　招标采购目标制定

项目目标是指实施一个项目所要达到的明确的、具体的且可以度量的预期结果。招标采购目标是招标采购项目化管理的出发点，应通过招标采购需求分析的建议和结论，分析招标采购目标系统的特点及约束条件，进而建立招标采购的多目标群系统，同时确定招标采购目标的范围与重点，以期在本阶段“输出”明晰、明确的目标系统，有利于明确整个招标采购管理的工作方向，同时为制订招标采购管理方案奠定基础。

(1) 招标采购目标的概念和特点

1）招标采购目标的概念。招标采购目标是指招标采购活动应以满足招标采购项目整体利益的最大化为出发点，使采购结果满足项目质量、工期和成本要求，同时合理控制采购费用。换句话来讲，采购结果应符合项目整体进度要求，以较低的成本采购，且满足项目的功能需求并具有一定的质量水平。

从上述概念可知，招标采购目标应是多层次、多系统的目标群，既能符合项目管理的整体目标，又能在宏观上科学系统地指导整个项目的大批量各类招标采购活动，还能在微观上有效管理和协调每次具体招标采购活动的关键需求。

2）招标采购目标的特点。项目管理具有多目标性，且目标存在范围、质量、时间、资源等因素相互约束的特点。项目目标管理的核心是突出一体化的整合思想，追求的不是项目的单个目标，而是要兼顾项目的多个目标，寻求项目目标之间的协调和平衡，从而最终实现项目管理活动的总体效率和效果的提高。

招标采购目标主要有下列四个特点：

①多重性。其具体表现在：

A. 从采购对象来看，质量、成本和进度等目标由于招标采购具体需求的不同存在目标权重的不同。

B. 从项目整体层面来看，招标采购项目整体利益最大化背后也存在项目业主的期望值与项目的功能需求、质量标准、采购价格等多重约束因素之间的矛盾。

C. 从采购程序的微观环节来看，对采购程序的每个环节、关键控制点、工作成果等均需要制定工作中的具体目标。

这些目标组合在一起，形成了招标采购活动不同权重决策目标的多重目标系统。

②相关性。招标采购目标系统内的多重目标存在对立统一的关系，互相矛盾、互相约束、互相联系。如提高使用功能需求势必需要增加采购价格且可能延长项目实施工期；反过来多重目标也存在统一的方面，如保持采购价格同时需要提高采购对象的质量标准和缩短实施工期等。

③层次性。把项目整体利益目标，采购的质量标准、采购时限、采购成本等具体目标，以及采购过程的各个控制点或工作环节的具体实施等，按不同的层级依次展开，可以划分出多个层次，形成目标系统的层次性特点。

④动态性。随着项目管理工作的不断推进和深化，项目环境是瞬息万变的，采购服务质量的不确定性和多变性，加上招标采购目标系统内的具体目标经常发生变化，决定了招标采购目标具有动态性特点。

（2）招标采购目标的制定步骤

招标采购目标的制定步骤如下：

1）落实经济技术和管理条件。制定项目管理目标需要具备一定的经济技术基础和管理条件。同样对于招标采购目标的制定而言，其前提就是熟悉掌握招标采购项目的特性、基础资料等有关信息，包括项目管理组织内外部的沟通和调查研究信息，并通过招标采购的需求分析得出有关成果，作为招标采购目标制定的经济技术和管理条件。

2）研究分析目标系统。根据招标采购目标的多重性，目标系统的相关性、层次性、动态性等特点，在项目管理整体目标的约束下，从全局利益出发，以招标采购整体利益最大化作为招标采购的总目标，以招标采购各项管理因素的协调与整合等为基础进行招标采购目标分解，研究分析招标采购目标系统，包括招标采购标的物的基本功能需求、满足项目关键利益相关方期望的程度、协调项目其他利益相关方的要求、进行实现目标的风险评估、识别相关技术和管理措施的可靠性，以及集成项目变更控制的管理方法等内容。

3）制定不同层级和范围的目标。根据招标采购目标动态性、多重性和层次性的特点，一是招标采购总目标应随着项目管理工作的不断推进同步分阶段不断深化，起初可能是初步目标方案，但有个逐步深化的过程。二是招标采购总目标自身也存在进行分层次的目标分解过程；依据项目的总体目标和任务，根据 WBS 所进行的目标详细分解，在与项目相关参与方充分沟通的基础上，实施整合管理，通过总目标的逐层分解，制定不同层级、不同范围的具体目标，建立符合招标活动从属关系和关联关系的目标体系，作为招标采购管理的多目标群。三是不同的目标是相互制约、相互影响的，同时存在逐层逐级的评价和互动的过程。

4）确定和排列招标采购目标的范围与重点。确定和排列招标采购目标的范围与重点是制定招标采购目标的核心内容。针对特定的采购活动，采购团队面临的首要工作就是结合项目本身的特性和采购人最关心的期望目标，对采购目标群进行鉴别、权衡和取舍，确定采购的主要目标、次要目标，排列招标采购所关注的重点需求，从而以此为基础，确定招标采购管理的目标和范围，进一步构思招标采购项目管理方案的编制路径，用于指导实施整个招标采购管理活动。例如，在确定某项质量标准要求特别严格的工业项目供方选择标准时，可根据需求分析的有关成果，以排列相关重点需求如高品质、保证措施、投标方案等为基础，对投标文件的相关因素，包括质量承诺及保证措施、施工方案、项目部管理团队、类似业绩、企业信誉、价格、工期等进行主次排序，赋予每个具体目标不同的权重值，从而建立科学的综合评价体系。

5）及时动态调整目标系统。采购团队的项目经理应根据招标采购的进展和招标采购目标的实现情况，掌握招标采购情况的具体变化，适时评价和反馈影响目标实现的相关信息，及时对相关变化和影响信息对招标采购目标，尤其是对重点目标的影响程度进行评估，不断发现问题、采取措施、纠正偏差，并依照项目管理系统启动有关“变更程序”，通过实施整体或局部变更，及时调整采购目标管理内容。

(3) 招标采购目标制定成果

招标采购目标制定成果包括：

1）招标采购项目管理方案的主要素材。招标采购项目管理方案是描述如何进行招标采购管理的全局性指导文件。从项目管理整体角度看，它属于整体项目管理方案中的采购管理分篇。其主要素材包括：

①项目总目标及招标采购总体设想。

②招标采购的标的物以及主要制约条件。

③招标采购管理的目标、范围、重点及难点分析，包括里程碑计划目标的分解以及质量、成本、进度等方面重点目标。

④招标采购的组织管理模式、资源和各种保障措施的基本要素及合理化配备标准，采购团队相关绩效考核的具体目标。

⑤确定可能的招标采购风险及对策目标。

2）采购工作说明书（SOW）。依据项目范围基准和 WBS，为每次采购编制 SOW，明确各次采购范围及详细技术需求等，以便潜在供应商能确定自己是否有能力提供这些产品、服务或成果。描述技术需求的详细程度应根据采购对象的性质、采购需要或拟采用的合同形式而异，考虑拟采购的产品、服务或成果的规格、数量、质量、性能参数、履约期限、工作地点和其他内容。同时，SOW 还会对采购流程的具体要求、采购具体工作安排、里程碑计划要求等内容提出明确和具体的操作性规定。汇总并经相关程序批准后的 SOW 是招标采购项目管理方案的重要组成部分。

3）招标采购文件和供方选择标准。招标采购文件的复杂和详细程度应与采购的价值和风险水平相适应，应尽量选用国家、行业、地方及采购实施人内部出台的标准招标文件。从法律层面来看，招标采购文件是为招标采购活动征集潜在供应商的要约邀请。不同类型的招标采购文件有不同的组成内容，如施工公开招标项目的招标文件内容一般包括招标公告、投标人须知及前附表、技术规范标准以及所需的主要合同条款、工程量清单、投标文件格式及评标办法等。拟定的招标采购文件应便于供应商做出准确、完整的投标，既要具有足够的灵活性，允许供应商为满足既定要求而提出更好的建议，又要便于对供应商的投标进行评价。

4）变更申请程序。制定招标采购目标的过程如出现与现有的项目管理整体方案、其他系统的子计划以及其他组成部分产生出入的情况，应依据变更申请程序提出有关变更申请，通过项目管理系统的整体变更控制过程，对变更请求进行审查和处理。

（4）招标采购目标制定过程中常用的项目管理工具和技术

招标采购目标制定过程中常用的项目管理工具和技术主要有：

1）里程碑计划。里程碑计划是以项目中某些重要任务的完成或开始的时间节点为基准形成的计划，是一个战略计划或项目框架，以中间产品或可实现的结果为依据。它显示了项目为达到最终目标而必须经过的条件或状态序列，描述了项目在每一阶段应达到的状态。招标采购工作里程碑计划属于阶段性目标计划，以招标工作中重要任务的完成或开始为基准形成工作目标，通过建立里程碑和检验各个里程碑的到达情况，来控制招标采购工作的进展，保证项目总进度目标的实现。

例如，某地启动滨河沿岸长达数公里的大型公共空间综合改造项目，建设内容包括沿岸市政道路、各类健身步道、廊道桥梁、绿化带、园桥、休闲、文体卫及社区配套建筑、地下车库、码头防汛、公用管线以及安全监控等，使滨水空间环境得到较大改善，成为当地高质量发展和精细化改造的样板。项目建设遇到问题主要有：

①项目在当地具有较高的社会关注度，工期较紧，必须在某重要国际会议开幕前投入使用，这是项目最重要的里程碑事件。

②建设内容涉及房建、市政、园林绿化、水利、人防和历史保护文物等类型，沿线相关企事业及机关产权众多，涉及不同建设主体和多个行业主管。

③不同建设主体各自界面存在紧邻、交叉、搭接、并行等复杂情形，若缺乏协调则难以完成既定任务。

针对以上难点，采购团队提出如下策划：

①目标总控，确保工期。严格以里程碑计划作为项目总控目标，设置如招标公告发布、评标定标、签订合同、开工、竣工验收等各阶段里程碑事件作为关键控制点，确保工期。

②创新管理，复合立项。作为重点项目，项目建设内容涉及多个政府项目，可争取政策，采用联合审批、建设内容合并等，复合立项。

③协调主体，统一建设。协调项目产权主体涉及的沿线企事业单位、机关等，建议均委托统一代建单位实施。

④创造条件，实行总包。以设计导则为指导，将各类专业的设计、勘察、施工及采购等打包合并，设置强调各专业资质组合或综合资质的投标资格条件，进行工程总承包模式建设。该项目以重要里程碑事件作为项目总进度目标，采用多管齐下措施，确保项目高质量按期完成。

2）SMART 原则。项目管理知识中的 SMART 原则包括明确性（Specific）、可考核性（Measurable）、可达到性（Attainable）、相关性（Relevant）和时限性（Time-based），可作为确定招标采购目标时遵循的原则。

例如，某企业原制定了引进“基于提升生产效率的人工智能辅助生产线”采购目标，经运用 SMART 原则分析，结合专家判断和市场调研等手段，认为国内外市场现有多个供应商提供的生产线可靠性均远超出既定性能，且已达到商业生产标准。依据 SMART 中的明确性和可达到性等原则判断后，决定重新修订采购目标，更改为采购国内外市场更先进的“全面采用人工智能的自动化设备生产线”。

3）假设条件和制约因素分析。假设条件是指当前不能确定的、未经验证但仍被视为正确、真实或确定的因素；制约因素是制约既定行为的状态或事件。招标采购的目标制定会受到假设条件和制约因素的影响，假设条件和制约因素的分析可以用于事先判断招标采购目标的有效性与优化的可能性。

例如，某高新企业计划从国外采购一批芯片材料，假设条件包括可能涉及的市场价格或供应商可靠性等；而制约因素可能涉及货币波动、地缘政治事件或者原材料供应链上的延迟等。这些假设条件和制约因素将会对该芯片材料采购的目标制定，包括采购时机、采购方式、采购预算及交易货币种类等产生影响。通过对假设条件和制约因素的分析，可以帮助判断拟采购芯片材料的来源国和供应商，也可以帮助确定技术参数、采购数量、交货方式、采购时机等，从而更合理地确定招标采购的目标系统。

6.2.3　招标采购项目管理方案

（1）招标采购项目管理方案的概念、特点和作用

围绕招标采购目标编制招标采购项目管理方案，是整个项目招标采购管理的宏观基础，也是招标采购规划阶段最重要的成果。

1）招标采购项目管理方案的概念。招标采购项目管理方案是在招标采购规划阶段，通过全面系统地分析招标采购的需求、目标以及技术特点、经济特性、管理特征等结论，编制的定义明确、要求清晰、可操作性强的招标采购管理总体规划文件。

招标采购项目管理方案需要确定采购任务、预测可能遇到的问题并提出解决措施和手段，以及考虑如何合理调配采购实施人的时间、资源和能力，是用于指导招标采购管理的初步纲领性文件。同时，招标采购项目管理方案又是综合性的、全面的、总体的全局规划，其内容包括招标采购管理涉及的项目及采购目标、组织形式、实施思路、工作程序、

控制手段、各种保障资源以及其他管理要素等。招标采购项目管理方案经过各方面专业人员针对项目的功能、规模、质量、价格、进度等需求目标进行研究和分析，使项目实施的组织、方法、手段等都更具系统性和可行性，避免随意性和盲目性，从而为下一步具体招标方案的制订和实施提供指导和依据。

关于招标采购项目管理方案需要厘清两个概念上的问题：

①招标采购项目管理方案和招标采购方案的关系。从项目管理的角度来看，招标采购项目管理方案和招标采购方案两者既有联系，又有区别，其区别主要表现在：

A. 层级不同。招标采购项目管理方案是指导整体项目招标采购工作开展的全局性指导文件，而招标采购方案是以招标采购项目管理方案所确定的有关总体目标和内容为指导，针对具体招标采购活动的实施计划和工作安排，属于项目管理方案的下级层面。

B. 作用不同。招标采购项目管理方案是从总体、宏观角度对整体招标采购任务的思考和谋划，而招标采购方案是从微观层面指导单次招标采购活动的具体操作。

C. 编制时期不同。招标采购项目管理方案是在招标采购规划阶段编制完成的，以后随着项目的进展逐步深化；而招标采购方案则在招标采购项目化管理的第二阶段即实施与控制阶段启动，通常在正式开展每次具体招标采购活动之前编制。

②招标采购项目管理方案和项目合同规划的关系。这类似于项目管理与其他管理任务之间的关系，招标采购项目管理方案和项目合同规划的关系表现在：

A. 层级相同。招标采购项目管理方案作为整体项目管理方案中采购管理的内容，其核心是保证采购活动的基本原则、基本要求和实现方法与整个项目建设的总体要求相一致，主要明确关于招标采购管理“做什么”“谁负责”“怎么做”“什么时间做”等基本内容；而项目合同规划是整体项目管理方案中合同管理的内容，主要通过合同分析和策划，制定合同的总体框架体系，并根据 WBS 明确“最小合同单元”。从项目管理知识体系的角度看，两者处于整体项目管理方案的同一层级。

B. 相互影响。项目合同规划中的订立原则和“最小合同单元”的策划应充分考虑招标采购项目管理方案制定过程中的关于招标采购需求分析和多目标性的成果；同样招标采购项目管理方案中关于招标采购的标的、批次、规格以及计价方式、合同文本及主要条件等重要内容均需要同步引入合同管理框架、原则及“最小合同单元”等一系列具体成果，并以此为依据，结合相关需求分析结论进行标段/标包的划分。从整体项目管理的角度看，两者相互作用、相互影响。

2）招标采购项目管理方案的特点。招标采购项目管理方案主要具备以下特点：

①多层次性。根据招标采购的目标设定，招标采购项目管理方案设计的控制范围可以分为三个层次：第一层次只针对招标采购活动进行规划；第二层次针对从项目筹备到交付使用期间进行规划；第三层次针对整个项目全生命周期进行规划。所以层次性也可理解为招标采购项目管理的深度。

②基础性。由于招标采购在上一层级项目实施中占有重要的地位，所以招标采购管理是项目管理重要的基础性任务。这不仅是因为采购费用往往占整体项目费用的很大一部分，还因为对项目决策有着重要影响的规划、设计等也需要通过采购完成。如果采购的标的不符合项目规划和设计的要求，则会影响项目的质量，甚至导致项目的失败。因招标采

购项目管理方案直接决定了实施采购的外部条件，制订具有预见性、兼顾相关需求的招标采购项目管理方案，就成为保证采购要求和实现项目目标的重要基础。

③集成性。招标采购项目管理方案涉及采购范围、成本、质量、时间、环境、资源和风险等多方面管理的协调与综合，是一项具有全局性与系统性的规划成果。招标采购项目管理方案的集成性就是从全局出发以项目整体利益最大化为目标，形成以招标采购各项管理任务相互协调为主要内容的整体管理规划。由于调整管理方案中任何一个目标或实施变更管理的活动可能会影响项目其他专项目标的实现，甚至改变其他管理活动的内容和要求，所以必须充分认识招标采购项目管理方案的集成性特点。

3）招标采购项目管理方案的作用。招标采购项目管理方案不仅是对招标采购活动进行总体规划的成果，还是招标采购活动实现风险预防的核心，其作用十分重要。招标采购项目管理方案的作用主要体现在：

①明确招标采购管理机制。规划并构建招标采购项目管理分项目标的协调结构，是实现招标采购总体管理目标的前提。招标采购项目管理方案可以通过项目的定位、分项目标系统的建立，形成有效满足招标采购活动需求的项目管理机制，以预防风险。

②确立组织保障资源。确立组织保障资源是招标采购项目管理方案的重要内容，应根据项目的特点、采购实施人组织结构的现状、以往招标采购项目管理经验和现有人力资源情况，确定项目管理的组织方式和项目经理的任命，这是项目实施的组织保证。

③全局指导招标采购活动实施。招标采购项目管理方案通过采购项目实施初期进行的管理规划，可以利用采购项目工作及管理目标的分解，围绕项目特点和目标形成计划、组织、控制、评价等基本职能，为具体招标方案的编制乃至实施提供全局性的指导。

(2）招标采购项目管理方案的内容

招标采购项目管理方案依据采购对象的不同，其内容侧重也不同。如在工程建设项目招标的管理方案中，工程承包方式（总承包或平行发包等）可能是考虑的主要因素，并将影响到标包的划分和供应商的资格条件的确定。在货物招标的管理方案中，成套设备集中或分散采购也对标包划分产生直接的影响。招标采购项目管理方案应根据标的物的特点和规模等实际情况相应编制，其内容一般包括：

1）项目概况、特征等背景材料。

2）招标采购工作总体规划，包括目标、任务、范围、进度、重难点分析及对策等。其中，项目采购范围、组织方式、采购交易方式以及重要采购里程碑节点等，可以按子项目划分对各批次的采购任务规定相应的起始时间，并用列表、横道图或网络图等进行表述以便执行和控制。

表 6-2 所示为某新建大型商业综合体项目招标采购工作的重要里程碑节点规划。

表 6-2　某新建大型商业综合体项目招标采购工作的重要里程碑节点规划

序号	重要里程碑节点	采购方式	拟开始时间	拟完成时间	责任单位/责任人
1	可行性研究	询比采购	2022.8	2022.9	略
2	工程设计	公开招标	2023.5	2023.7	略
3	施工总包	公开招标	2024.1	2024.2	略
4	运营管理	谈判采购	2025.11	2025.12	略

3）实现招标采购目标的相关内容，具体包括：

①招标采购标的、范围、技术标准和要求。

②标段/标包划分、批次、时机和顺序以及供应商资格条件。

③质量、成本、进度需求目标分解计划、重难点分析及对策，包括项目里程碑节点要求。

④采购交易方式、方法和原则。

⑤合同管理的规划、框架和原则，计价模式的选择和原则。

4）招标采购管理工作计划，具体包括：

①进度、组织管理体系、制度、人力资源及费用计划。

②沟通、标准化、信息、风险防范等计划。

③有关服务及保障措施。

5）其他事项等。如工作说明书（SOW）、各类招标采购文件和供方选择标准等，也是招标采购项目管理方案的组成部分。此外，工程建设项目中常常将合同包与标段的划分结果进行汇总，形成直观的采购合同网络图。图 6-3 为“某滨海旅游综合体项目合同网络图”，图 6-4 为“某工业技改项目合同网络图”，分别体现了项目从设计到专项施工等环节产生的各类合同采购关系。

(3）招标采购项目管理方案的编制原则

在编制招标采购项目管理方案时应掌握以下主要原则：

1）质量原则。质量标准是招标采购的基本要求，采购到符合质量要求的工程、货物和服务是招标活动的根本目的。招标采购项目管理方案对质量标准的设定是保证项目质量水平的基础。采购质量可分解为采购工作质量和采购标的实体质量，应合理设定采购的质量标准。采购质量标准的编制，不仅要充分满足项目质量特性的要求，还应当适应招标采购市场的现实。

2）经济原则。任何一个项目的实施都必须考虑经济性问题。招标采购项目的经济性既包括采购对象的经济性，又包括采购活动的经济性。采购成本是项目总成本的重要组成部分，项目采购成本的高低将直接影响项目的经济性。项目采购的经济性就是在坚持项目采购质量标准和互利供方关系的前提下，尽可能地降低项目采购成本，即在获得性价比最优的货物、工程和服务的同时，有效控制采购活动的成本。同时作为采购实施人，项目采购的经济性不仅要关注产品购买的成本，还要关注项目在采购活动中的采购费用支出，甚至要关注采购活动中的社会总成本。

3）效率原则。效率是项目管理的重要因素，采购效率会影响采购管理的成本，这就要求招标采购项目管理方案应充分考虑提高效率的问题。同时避免因缩短采购周期、仓促决策而导致采购到不符合质量标准的材料、设备或服务等情形，或者避免因合同文本存在缺陷而给后续实施埋下隐患的情况。

4）风险责任分配原则。招标采购过程存在多种风险与不确定性，能否合理分配风险，将直接影响采购合同的顺利履行，而初步确定风险责任分担机制是招标采购项目管理方案的重要内容。招标采购项目管理方案的风险责任分配一般从以下三个角度考量：

①可预见性。如果某风险是一个有经验的中标人可以合理预见的，则该风险分配至供应商承担。

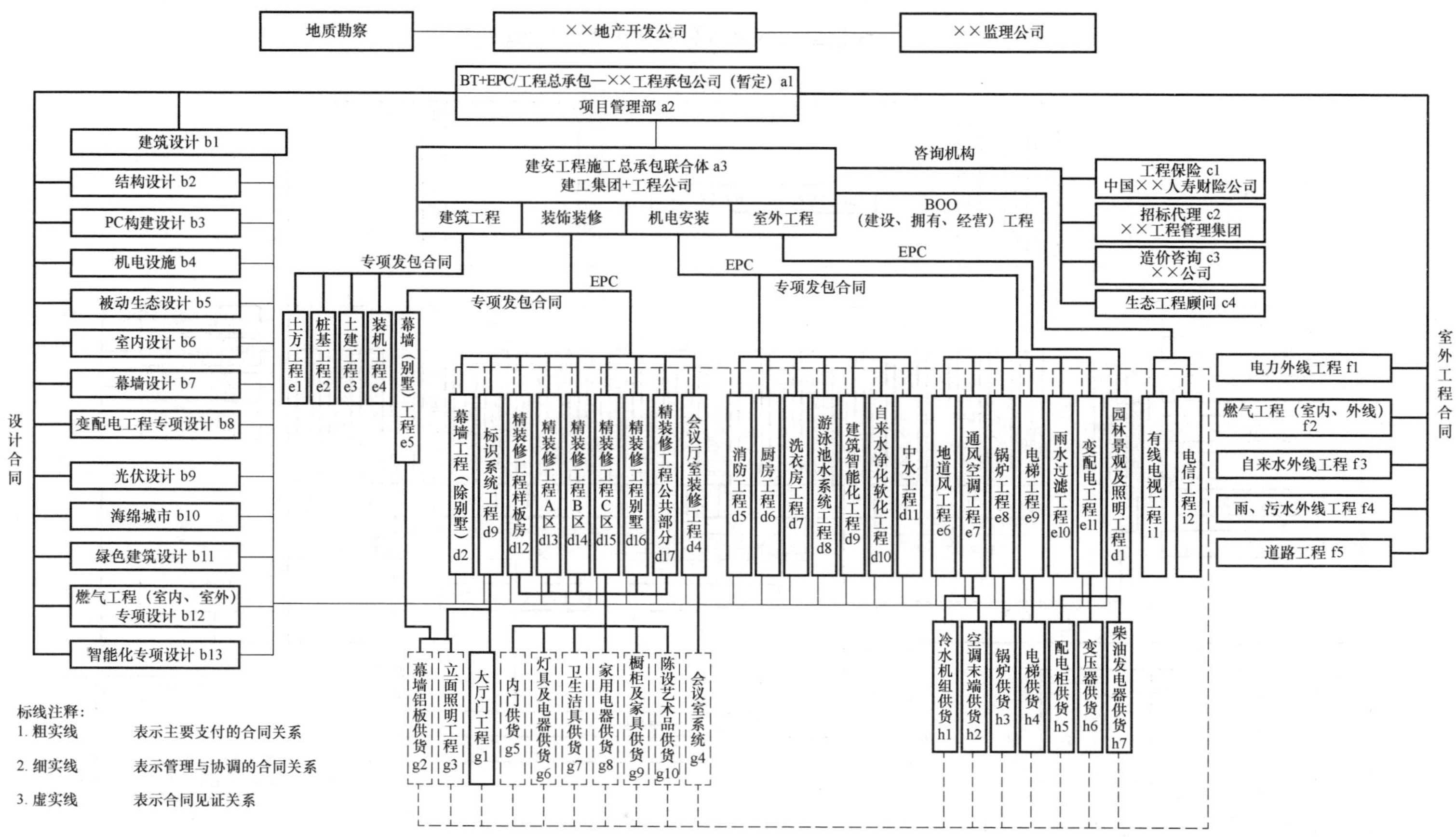

图6-3　某滨海旅游综合体项目合同网络图

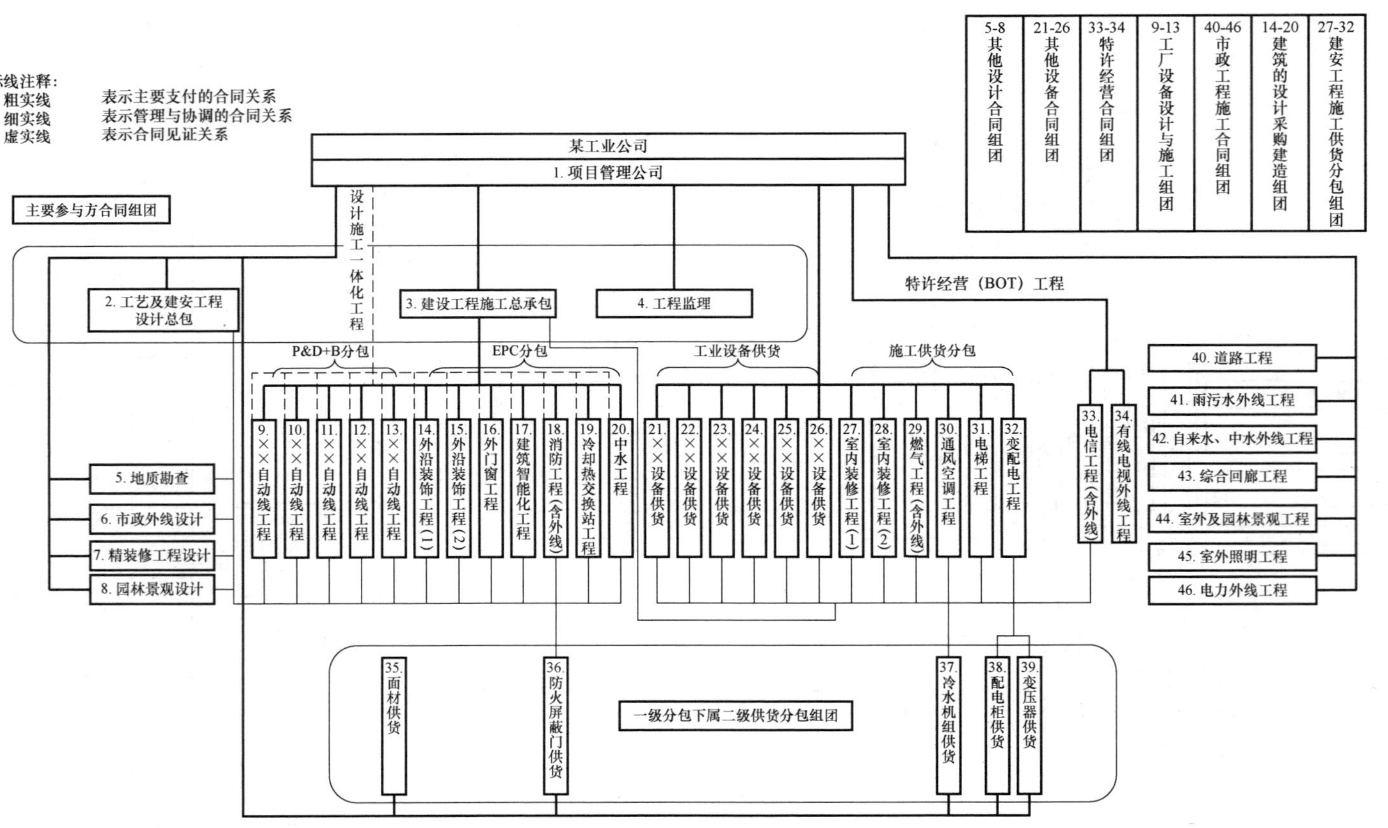

图6-4　某工业技改项目合同网络图

②可管理性。按“责权利对等”和“风险管理效率”的原则，将风险分配至能够最佳管理风险和减轻风险的一方。

③经济性。风险应当分配给在生产或服务过程中能够以最低成本承担风险者。

5）回避利益冲突原则。避免利益冲突是招标采购管理的基本原则。回避利益冲突原则主要是指招标采购过程的参与者应该避免利益冲突。采购实施人应该提供专业的、客观的、公正的意见，并且在实施招标采购活动的任何时候都将采购人的合法利益置于最高位置。

(4）招标采购项目管理方案的编制步骤

招标采购项目管理方案的编制工作一般应由采购团队的项目经理主持。招标采购项目管理方案的编制是一个经常反复的动态过程，主要按以下步骤进行：

1）熟悉项目信息。

2）梳理招标采购需求分析成果。

3）明确招标采购的目标重点和任务。

4）确定招标采购目标的有关实施思路。

5）落实招标采购管理有关保障措施。

6）文字撰写。

(5）招标采购项目管理方案的调整与批准

招标采购项目管理方案应该经过采购人审核和批准后方可实施，这是招标采购项目化管理工作的重要原则。

在招标采购项目管理方案的编制过程中，采购实施人需要不断地和内部、外部相关方面沟通和反馈，并随招标采购项目的进展不断地进行调整、补充和完善。招标采购项目管理方案虽经编制，仍然属于初步的项目管理计划。在实施过程中由于各种因素的变化，招标采购项目管理方案可能需要修改，应按照实际情况进行修改和调整，并且修改和调整后的内容仍需要经过采购人批准方可实施。

6.2.4　招标采购管理工作计划

招标采购管理工作计划也称为招标采购项目化管理配套计划，是根据招标采购项目管理方案确定的招标采购目标、方法和原则，通过对招标采购管理系统的详细分析，对招标采购活动的有关进度、组织保障、人力资源、费用以及质量、沟通、合同、风险等方面的具体管理做出的工作安排。招标采购管理工作计划是招标采购项目管理方案的重要组成部分，是依据招标采购项目管理方案的管理思路，细化成目标具体且具有详细操作方法的招标采购管理系统活动的筹划，是指导招标采购具体实施的重要文件。

招标采购管理工作计划主要包括进度计划、组织保障计划、人力资源计划、费用计划、采购成本计划、质量计划、沟通计划、合同规划或计划、风险防范计划等。这些计划与招标采购项目管理方案的其他内容一起，共同全面指导招标采购项目的具体实施。本小节将重点讨论进度计划、组织保障计划、人力资源计划、费用计划等有关内容的编制。

(1）招标采购的进度计划

1）确定招标采购工作逻辑关系。招标采购工作错综复杂，因此应围绕招标采购工作的逻辑关系，确定进度管理任务。

①分析工作先后关系。招标采购各项工作的执行安排需遵守工作之间制约关系的限制，进而决定工作的安排次序。任何工作的执行必须依赖于一定工作的完成，即它的执行必须在某些工作完成之后才能执行，这就是工作的先后依赖关系。工作先后依赖关系有两种：一种是工作之间本身存在的、无法改变的工艺关系，如设计与生产关系；另一种是人为确定的、两项工作可先可后的组织关系。一般而言，工作先后关系的确定首先应分析确定工作本身存在的工艺关系，在工艺关系确定的基础上，再加以充分分析以确定各工作之间的组织关系。

②确定招标采购工作排序。其基本步骤如下：

A. 明确项目招标采购工作内容。这是确定招标采购工作排序的基础性工作。

B. 研究项目特性。项目的特性通常会影响到工作排序的确定，在招标采购工作排序的确定过程中更应明确项目的特性。

C. 确定各项工作内容之间的工艺关系。工艺关系是招标采购工作之间所存在的内在关系，一般主要受技术方面的限制，通常是不可调整的。因此确定起来较为容易，通常通过采购实施人与技术人员之间交流就可明确。

D. 明确组织关系。招标采购工作组织关系的确定一般比较难，它通常取决于采购实施人的知识和经验，组织关系的确定对于招标采购项目的成功实施是至关重要的。

E. 研究实施条件和外部制约因素。确定招标采购工作排序时，还应考虑开展招标采购工作时所依赖的各项实施条件和制约因素。外部因素通常会对采购工作产生一定影响，只有充分考虑外部因素对采购工作的制约，才能主动把握招标采购活动的进展情况。

招标采购工作排序的确定，为编制招标采购进度计划提供了条件。

2）招标采购进度计划的制订。由于竞争的存在、采购人的要求或者其他的条件限制，导致某些招标采购工作必须在某些时刻完成，这就产生了所谓的强制日期或时限。此外，招标采购过程中总会有一些关键事件或者一些里程碑事件，这些都是进度计划中所必须考虑的限制因素。

①制订进度计划的依据。它主要包括：

A. 项目采购时间要求。

B. 项目采购的特点。

C. 项目采购的技术经济条件。

D. 招标采购各项工作的时间估计。

E. 限制和约束。

②编制进度计划。招标采购进度计划是表达招标采购工作中各项工作的开展顺序、开始和完成时间以及相互衔接关系的计划，具体编制步骤如下：

A. 根据招标采购工作内容的分解，确定各项工作的先后顺序。

B. 估计出各工作的延续时间。

C. 确定招标采购工作的时间进度。

D. 平衡各工作管理因素的相互关系。

表 6-3 列示了某新建大型商业综合体招标采购工作进度计划。

表 6-3　某新建大型商业综合体招标采购工作进度计划

序号	阶段名称	拟采购项目	时间（天）	开始时间	完成时间	拟交易方式（依据政策及企业内控制度确定）	备注：（服务内容、责任主体、目标要求等略）
1	决策阶段	法律服务（股改）	15	2021.3.6	2021.3.20	询比采购	
2		前期市场调研服务	35	2021.5.11	2021.6.14	直接采购	
3		全过程造价控制咨询服务	35	2021.3.7	2021.4.10	竞价采购	
4		技术咨询服务（编制工程可行性研究报告）	35	2021.3.17	2021.4.20	谈判采购	
5		项目建设管理服务（代建）	40	2021.6.11	2021.7.20	公开招标	
6		项目前期策划及设计配合	35	2021.5.11	2021.6.14	谈判采购	待工程可行性研究完成后再启动
7	设计准备阶段	招标代理	35	2021.1.20	2021.2.23	直接采购	
8		概念方案	40	2021.3.14	2021.4.22	国际方案公开征集	
9	设计阶段	勘察（含物探）工程	40	2021.4.26	2021.6.4	谈判采购	
10		交通设计及交通影响评价	35	2021.6.1	2021.7.5	询比采购	
11		防汛影响专项论证	35	2021.5.28	2021.7.1	询比采购	施工图编制前完成
12		卫生学预评价	35	2021.5.27	2021.6.30	询比采购	施工图编制前完成
13		雷电灾害风险评估	35	2021.5.27	2021.6.30	询比采购	施工图编制前完成
14		环境影响评价	35	2021.5.15	2021.6.18	谈判采购	工程规划许可证阶段，仅需承诺书，可行性研究报告编制阶段是否需要待定
15		地质灾害评估	35	2021.5.27	2021.6.30	竞价采购	施工图编制前完成
16		节水方案评估	35	2021.5.15	2021.6.18	谈判采购	待设计方案预征询结束后确定（可能不发生）
17		房屋、高架及管线监测	35	2021.12.18	2022.1.21	谈判采购	待设计方案预征询结束后确定
18		建筑节能技术服务	35	2021.12.18	2022.1.21	谈判采购	节能报告编制，总包开工前完成
19		商业顾问	35	2021.5.26	2021.6.29	直接采购	初步设计初稿编制期间完成

（续）

序号	阶段名称	拟采购项目	时间（天）	开始时间	完成时间	拟交易方式（依据政策及企业内控制度确定）	备注：（服务内容、责任主体、目标要求等略）
20	设计阶段	设计	60	2021.5.17	2021.7.15	公开招标	含日照分析、基坑围护、PC设计、人防设计、景观、室内精装修、泛光照明、智能化、标识系统、变配电设计、机房工程（气体消防、空调、供配电等）设计、燃气设计、厨房工艺设计、BIM设计、照明技术咨询、钢结构设计（含深化配合）、绿建和海绵城市设计、幕墙顾问及设计
21		施工图设计文件审查	40	2021.7.20	2021.8.30	直接采购	
22	施工准备阶段	临时道路工程	40	2021.10.7	2021.11.15	公开招标	总包开工前完成
23		临时用电工程	7	2021.11.9	2021.11.15	公开招标	总包开工前完成
24		临时用水工程	7	2021.11.9	2021.11.15	公开招标	总包开工前完成
25		临时供电容量费	7	2021.11.9	2021.11.15	直接采购	总包开工前完成
26		场地平整工程	40	2021.10.7	2021.11.15	公开招标	总包开工前完成
27		临时排水施工	7	2021.11.9	2021.11.15	直接采购	总包开工前完成
28	施工阶段	基坑设计方案评审	35	2021.8.12	2021.9.15	谈判采购	施工图审图前完成
29		基坑施工方案评审	35	2021.12.18	2022.1.21	谈判采购	总包开工前完成
30		施工监理	40	2021.7.14	2021.8.23	公开招标	
31		施工总承包	92	2021.9.3	2021.12.3	公开招标	含材料检测
32		专业工程暂估价	40	2021.12.7	2022.1.16	公开招标或谈判采购	按照实际进度提前开展，根据估算价确定招标方式
33		工程保险	7	2021.12.4	2021.12.10	公开招标	工程质量潜在缺陷保险
34		基坑监测	35	2021.12.18	2022.1.21	公开招标	

（续）

序号	阶段名称	拟采购项目	时间（天）	开始时间	完成时间	拟交易方式（依据政策及企业内控制度确定）	备注：（服务内容、责任主体、目标要求等略）
35	施工阶段	桩基检测	35	2021.12.18	2022.1.21	公开招标	
36		防雷检测	35	2021.12.18	2022.1.21	公开招标	
37		民防设备检测	35	2021.12.18	2022.1.21	询比采购	
38		照明照度检测	35	2023.8.18	2023.9.21	询比采购	
39		专项检测	35	2023.8.18	2023.9.21	公开招标	
40		沉降观测	35	2021.12.18	2022.1.21	询比采购	
41		上水管监测	35	2021.12.18	2022.1.21	询比采购	
42		消防检测	35	2021.12.18	2022.1.21	询比采购	
43		室内环境污染检测	35	2023.8.18	2023.9.21	询比采购	
44		CCTV 检测调查及结构性问题修复	35	2021.12.18	2022.1.21	询比采购	
45		工程质量评估咨询服务（第三方实测实量）	35	2023.8.18	2023.9.21	公开招标	
46		施工期间周边管线沉降第三方监测	35	2021.12.18	2022.1.21	公开招标	
47		接水	7	2023.7.24	2023.7.30	直接采购	
48		排水工程	7	2022.1.10	2022.1.16	直接采购	
49		污水检测井施工	40	2023.7.12	2023.8.20	公开招标	
50		燃气销售	7	2021.12.9	2021.12.15	直接采购	
51		电力排管工程施工	40	2021.12.8	2022.1.16	公开招标	
52		供电业扩工程费	7	2021.12.9	2021.12.15	直接采购	
53		燃气管线排管工程	7	2022.4.24	2022.4.30	直接采购	
54		卫生学评价	40	2022.3.22	2022.4.30	询比采购	
55		二次供水设备清洗	40	2022.3.22	2022.4.30	公开招标	

（续）

序号	阶段名称	拟采购项目	时间（天）	开始时间	完成时间	拟交易方式（依据政策及企业内控制度确定）	备注：（服务内容、责任主体、目标要求等略）
56	竣工验收及结算阶段	多测合一	35	2021.11.11	2021.12.15	询比采购	
57		职业病防治与评估	35	2023.11.27	2023.12.31	询比采购	
58		绿建咨询顾问	35	2023.11.27	2023.12.31	询比采购	绿建评级
59		环保监测和验收	35	2023.11.27	2023.12.31	询比采购	
60		城市联网自动报警监测系统服务	35	2024.1.17	2024.2.20	询比采购	
61		竣工规划验收测量	35	2023.11.27	2023.12.31	询比采购	
62		土地勘测定界	35	2023.11.27	2023.12.31	询比采购	
63		停车场（库）竣工测绘服务	35	2023.11.27	2023.12.31	询比采购	
64		工程竣工档案委托编制	35	2023.11.27	2023.12.31	询比采购	
65		民防档案委托编制	35	2023.11.27	2023.12.31	询比采购	
66		竣工结算造价复核	35	2024.1.2	2024.2.5	询比采购	
67		决算审计	35	2024.1.2	2024.2.5	公开招标	
68	营销运管阶段	招商策划	35	2023.11.27	2023.12.31	谈判采购	
69		运营管理	35	2023.11.27	2023.12.31	谈判采购	
70		营销推广平面广告设计	35	2024.3.1	2024.4.4	询比采购	
71		营销媒体代理	35	2024.3.1	2024.4.4	询比采购	
72		印刷公司	35	2024.3.1	2024.4.4	公开招标	
73		围挡制作发布	35	2024.3.1	2024.4.4	公开招标	
74		物料制作	35	2024.3.1	2024.4.4	公开招标	
75		售楼处总包工程	40	2023.10.15	2023.11.23	公开招标	
76		售楼处外立面工程	40	2023.11.1	2023.12.10	公开招标	
77		售楼处室外工程	40	2023.11.1	2023.12.10	公开招标	

(2) 招标采购的组织保障计划

1) 招标采购的组织方式与团队建设。采购实施人在接受招标任务后，应根据企业及项目特点，选择有经验的招标采购专业人员、技术人员和恰当的组织方式，成立采购团队。

①确定招标采购的组织方式。图 6-5 为某集团招标采购项目组织保障结构图。

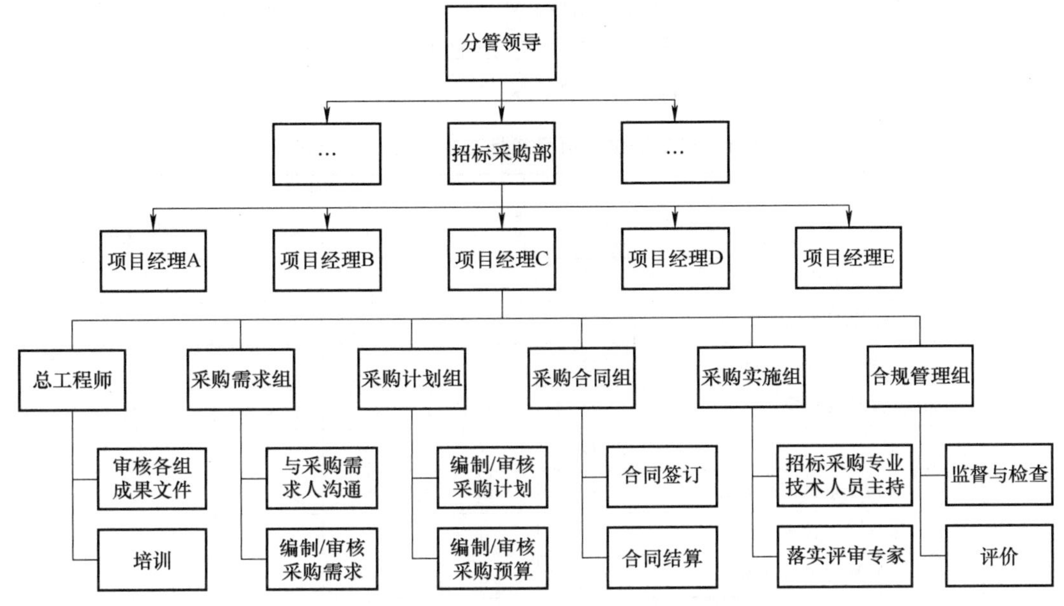

图 6-5　某集团招标采购项目组织保障结构图

②组建采购团队。采购团队是采购实施人为了成功完成采购任务而组建的项目人员组合。采购团队应当具有如下特征：

A. 称职的项目经理。项目经理是招标采购目标的把控人，应具有清晰明确的采购目标且经验丰富、工作称职。称职的项目经理是采购实施人有效开展工作的保障。

B. 明确的岗位分工。采购团队由不同部门、不同专业的员工组成，要求团队拥有专业知识且技能全面，规模合理，经验、素质与技能互补性强。团队成员应该有清晰的角色定位和分工，清楚地了解自己的定位与责任。

C. 顺畅的信息沟通。采购团队成员针对出现的问题应及时交流，沟通渠道应畅通。

D. 完善的考核机制。采购团队需要有完善的机制来对团队成员做出评价和考核，以合理的激励水平来保证项目的质量。

③明确招标采购项目经理的责任和权力。项目经理是采购团队的负责人，是项目管理团队的核心。在对项目主体实施终身责任追究制的大背景下，为使项目经理能够有效地把控招标项目管理的质量及合规性，采购实施人应授予招标采购项目经理以下基本权限：

A. 项目团队组建权。项目团队的组建权包括两个方面：一是项目管理团队的组建权，二是项目团队成员的选拔权。

B. 财务决策权。拥有财务决策权且个人得失与项目盈亏联系在一起的人，才能较周全地、负责地顾及自己的行为后果。因此，招标采购项目经理必须拥有与项目经理负责制相符的采购费用财务决策权，否则项目就难以顺利展开。一般来讲，这一权力包括采购费用的分配权和控制权。

C. 项目实施控制权。项目实施控制权包括在项目采购各阶段中向采购团队成员下达各类指令，审核各类文件（并予以批准）的权利。

2）根据招标采购的工作任务分解落实责任。根据招标采购工作的项目管理任务要求，采用招标采购的责任分配矩阵方法，明确有关部门或个人在招标工作中的关系、责任和地位。

表 6-4 所示为某工程建设项目招标工作责任分配矩阵，该表清楚列出与采购任务有关的责任人，并明确表示出他们在招标工作中的关系、责任和地位。

表 6-4　某工程建设项目招标工作责任分配矩阵

项目 WBS		责任人					
		项目经理	采购专员	成本专员	总工程师	信息技术专员	文员
招标准备	编制招标方案	D	X	C	C	—	—
	编制招标文件	D	X	C	C	I	—
	编制工程量清单	D	C	X	C	—	—
	编制最高投标限价	D	C	X	C	—	—
招标	招标公告	D	X	—	—	I	—
	资格预审文件（如有）	D	X	—	—	I	—
	资格预审评审（如有）	X	d	—	—	I	—
	现场踏勘（如有）	X	d	—	—	—	—
	编制并发布补充招标文件	D	X	C	C	I	d
开标与评标	开标	X	d	—	—	I	d
	组建评标委员会	D	X	—	—	—	—
	评标	X	d	—	—	I	d
定标	中标候选人公示	D	X	—	—	I	—
	定标	X	d	C	C	—	—
	发布中标结果公告及中标通知书	D	X	—	—	—	d
	向政府有关部门招标投标情况书面报告备案	D	X	—	—	I	d
签订合同	准备合同谈判资料	X	d	C	C	—	—
	合同谈判	X	d	C	C	—	—
	合同备案	D	X	—	—	—	—
	投标保证金与履约保证金	D	X	—	—	—	d

注：X 表示执行工作；D 表示单独或决定性决策；d 表示部分或参与决策；C 表示必须咨询；I 表示必须通报。

（3）招标采购的人力资源计划

根据 WBS 和责任分配矩阵的内容，可以编制具体的人力资源计划。

1）人力资源计划的编制依据。人力资源计划的编制依据主要有：

①招标采购 WBS 和责任分配矩阵。招标采购工作分解结构和责任分配矩阵明确了招标采购各阶段工作所需资源的基本情况，是人力资源计划的重要依据。

②招标采购工作进度计划。招标采购工作进度计划是制订人力资源计划的基础，通过招标采购工作进度计划可以明显看出每项工作何时需要多少人。

③同类项目信息。同类项目信息记录了先前类似招标采购工作使用资源的具体情况，这些资料一般是可以获得的。

④人力资源安排描述。明确什么人才是可以获得的，是招标采购工作计划所必须配备的。

2）招标采购工作人力资源计划示例。

①人力资源需求表。某工程建设项目招标工作人力资源需求表见表 6-5。

表 6-5　某工程建设项目招标工作人力资源需求表

工作	时间													
	项目经理		采购专员		成本专员		总工程师		信息技术专员		文员		小计	
	人数	天数	人数	天数	人数	天数	人数	天数	人数	天数	人数	天数	人数	天数
设计招标	1	10	1	30	—	—	1	5	1	5	1	5	5	55
勘察招标	1	10	1	30	—	—	1	5	1	5	1	5	5	55
监理招标	1	10	1	30	—	—	1	5	1	5	1	5	5	55
施工总包招标	1	40	2	70	2	62	1	15	1	5	1	5	8	197
暂估价招标	1	30	2	60	2	30	1	10	1	5	1	5	8	140
合计	5	100	7	220	4	92	5	40	5	25	5	25	31	502

②人力资源计划表。某工程建设项目施工总承包招标工作人力资源计划表见表 6-6。

表 6-6　某工程建设项目施工总承包招标工作人力资源计划表

工作内容		责任人					
		人力资源需求量（天）					
		项目经理	采购专员	成本专员	总工程师	信息技术专员	文员
1	编制招标方案	6	7	2	2	—	—
2	编制招标文件	6	7	2	2	1	—
3	编制工程量清单	5	5	20	3	—	—
4	编制最高投标限价	5	5	20	3	—	—
5	发布招标公告和招标文件	1	2	—	1	1	—
6	编制并发布补充招标文件	2	8	4	1	1	—
7	开标	1	4	—	—	1	1
8	评标	1	5	2	—	1	1
9	中标候选人公示	1	3	—	—	—	—
10	定标	3	6	5	1	—	—
11	发布中标结果公告及中标通知书	1	2	—	—	—	—
12	招标投标情况书面报告备案	1	3	—	—	—	2
13	准备合同谈判资料	1	2	2	1	—	1
14	合同谈判	5	9	5	1	—	—
15	合同备案	1	2	—	—	—	—
16	小计	40	70	62	15	5	5

③人力资源负荷图。某工程建设项目招标工作人力资源负荷图见图6-6。

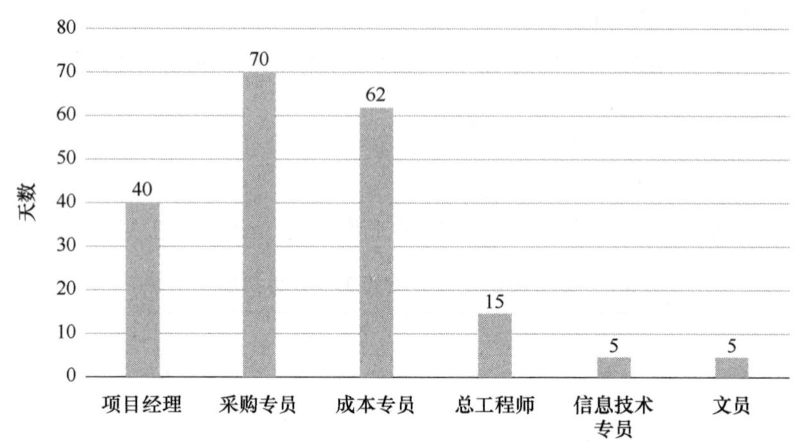

图6-6 某工程建设项目招标工作人力资源负荷图

(4)招标采购的费用计划

1)招标采购工作采购费用的估计。采购费用估计是指预估完成该类或该次招标采购活动所需资源(人、材料、设备等)费用的近似值。招标采购是在一定约束条件下实施的,因此采购费用的估计是一项重要的工作。招标采购具有明显的服务项目特点,采购费用的估计应该与招标工作的质量相联系。

2)招标采购工作采购费用估计的主要依据有:

①WBS。

②资源需求计划。资源需求计划主要是人力资源计划安排的结果。

③资源价格。

④工作的延续时间。工作的延续时间直接影响分配的资源数量,进而影响招标采购工作采购费用的估算。

⑤同类项目资料。同类项目的历史资料是项目招标过程中可以参考的最有价值的资料,包括项目文件、可共用的项目费用估计数据库及项目工作组的相关经验等。

3)招标采购工作的采购费用估计示例。某工程建设项目的采购费用采用自上而下估计法确定其采购费用计划表,如表6-7所示。

表6-7 某工程建设项目招标工作的采购费用计划表

(单位:元)

类别	分类别	数量(人/天)	单价(人/天)	小计(元)	按类计(元)
人力资源	项目经理	100	1000	100000	398300
	采购专员	220	700	154000	
	成本专员	92	900	82800	
	总工程师	40	1100	44000	
	信息技术专员	25	400	10000	
	文员	25	300	7500	

（续）

类别	分类别	数量（人/天）	单价（人/天）	小计（元）	按类计（元）
社保福利费	—	—	—	159320	按工资的 40%
专家评标	专家劳务费	30	800	24000	38100
	外地专家交通补贴	12	600	7200	
	外地专家住宿费	12	500	6000	
	专家午餐费	30	30	900	
办公费用	差旅费	按项计		5000	11000
	市内交通费用	按项计		1000	
	电子交易平台使用费	按项计		2000	
	其他	按项计		3000	
总成本	606720				

6.2.5　招标采购项目管理方案示例

实践中，工程建设项目的招标采购工作往往决定了项目的总进度计划能否得到贯彻执行，甚至影响到项目的成败，所以对于较为复杂的项目，一个精心策划的招标采购项目管理方案是确保其成功实施的关键。它不仅为项目提供了明确的指导方向，还确保了对资源的有效配置和对风险的合理控制。以下是某大型工业项目招标采购项目管理方案的大纲和部分内容节选，旨在提供一个清晰的招标采购项目管理方案框架，帮助读者理解和编写行之有效的招标采购项目管理方案。

示例 1：某大型工业项目招标采购项目管理方案大纲

某大型工业项目招标采购项目管理方案大纲

1. 项目概况

1.1 项目规模

1.2 项目背景、功能及主要技术指标

1.3 项目所在地情况，包括自然资源及气候特点等

2. 招标采购目标、范围以及重点和难点分析

2.1 招标采购目标及任务

2.2 招标采购范围

2.3 招标采购总体进度规划表

2.4 招标采购重点、难点分析，包括供应商市场分析等

3. 实现招标采购目标的工作要求

3.1 招标采购目标计划

3.2 招标采购成本控制目标、计价模式的选择和原则

3.3 采购时机、顺序、里程碑进度节点

4. 合同包划分和供应商资格设置
4.1 招标采购标的、技术标准和要求、批次
4.2 各合同包对应的投标人资格要求
4.3 合同网络图
5. 招标采购流程和管理
5.1 招标采购流程图
5.2 招标采购重点环节管理措施
5.3 招标采购的信息管理
6. 采购方式、招标采购文件及评审办法、合同
6.1 采购方式选择
6.2 招标采购文件版本及评审办法
6.3 合同版本及主要条款
7. 招标采购管理的任务和保障措施
7.1 招标采购任务分解
7.2 招标采购关键控制点
7.3 招标采购保障措施
8. 招标采购的组织管理及职责
8.1 招标组织机构配置
8.2 人员配备及基本职责
9. 招标采购项目的风险、问题和对策
10. 对进口机电设备国际招标的成本、质量、进度控制
10.1 成本控制
10.2 质量控制
10.3 进度控制
10.4 其他控制
11. 附件
11.1 组织保障结构图
11.2 招标各节点需要资料及完成内容
11.3 招标采购工作总体规划
11.4 投入人力资源计划
11.5 费用计划
11.6 项目经理及主要骨干基本情况

示例 2：某大型工业项目招标采购项目管理方案部分内容节选

某大型工业项目招标采购项目管理方案部分内容节选

……

8. 招标采购的组织管理及职责
8.1 招标组织机构配置

根据招标采购任务的复杂程度、标段情况、招标时间等各种因素，确定采购实施人的服务组织架构和人员数量配置。组织架构如下：

（1）招标采购领导小组：指定一名公司领导负责，公司各职能部门的派出机构为该项目提供行政、后勤支持。

（2）专家顾问组：由公司专家顾问组成，主要负责提供专家咨询意见及对招标采购文件、工程量清单和最高投标限价等进行审核把关。

（3）招标采购工作组：下设若干招标采购项目组、一个综合协调组和一个技术组，各招标采购项目组选派公司中参加过类似大型工业项目的招标采购项目经理负责，工程量清单和最高投标限价的编制主要由参加过类似项目的有着丰富经验的专业造价工程师负责；综合协调组负责与政府主管部门沟通和落实评标专家等工作；技术组的主要工作是解决招标工作中的有关技术问题，并参与投标文件的分析工作。

8.2 人员配备及基本职责

建立招标采购工作责任制，明确岗位责任，对架构中的各方工作予以明确，减少扯皮、推诿，分工有序地推进项目。各工作组部门职责见表 6-8。

表 6-8　各工作组部门职责

组织	职责
招标采购领导小组	• 总体决策 • 协调招标采购工作中遇到的困难，提供行政、后勤保障 • 对招标采购工作进行检查、督促和考核
专家顾问组	• 提供专家咨询意见 • 负责招标采购文件、工程量清单和最高投标限价的审查 • 在招标采购方案、标书分析等方面提供技术指导
招标采购工作组负责人（项目经理）	• 负责招标采购中各标段、各专业间的技术协调、组织管理、质量管理工作 • 组织编制项目招标采购实施方案 • 负责对各标段、各专业进行工作交底，负责统一招标采购的技术条件 • 动态掌握招标采购业务实施状况，负责审查及确定各专业界面，协调各标段、各专业进度及技术关系，研究解决存在的问题 • 督促编写招标采购成果文件如招标采购文件、澄清修改文件及其他相关文件最终稿，收集异议，协助有关部门处理投诉，签发最终成果文件和相关成果文件，直至资料归档 • 督促组织项目的开标、评标，协助采购人定标 • 负责解决工作中的疑难问题，确保招标采购活动质量、进度、造价控制目标的实现，确保招标采购结果得到业主满意
各标段招标采购项目经理	• 编制本标段招标采购方案 • 负责收集招标采购的技术条件 • 编写招标采购文件、澄清修改文件及其他相关文件 • 做好本标段的开标、评标，协助招标采购人定标 • 做好内勤管理与内部沟通工作 • 管理招标过程资料 • 做好资料归档
土建专业造价人员	• 计算土建工程量 • 混凝土、钢材、水泥、装饰材料等市场材料的询价 • 编制土建工程量清单 • 编制土建工程最高投标限价 • 协助项目经理完成最终成果文件和相关成果文件

（续）

组织	职责
安装专业造价人员	• 计算安装工程量 • 管材、洁具、保温材料、电缆、灯具市场材料的询价 • 编制安装工程量清单 • 编制安装工程最高投标限价 • 协助项目经理完成最终成果文件和相关成果文件
其余	（略）

9. 招标采购项目的风险、问题和对策

招标采购项目的风险管理是大型集群式招标采购项目的重要内容，首先需要对招标采购的特点和风险进行识别，进而采取针对性的措施。本招标采购项目的风险、问题和对策见表6-9。

表6-9 本招标采购项目的风险、问题和对策

风险和问题	可采取的对策
项目审批时间过长，影响项目按期实施	由于某项目庞杂并涉及多领域的协调，很容易因审批会签时间过长影响工期。建议提前向政府主管部门汇报，使有关领导尽早熟悉情况，最好邀请其参与进来，并按其指导速办前期工作，少走弯路，提高效率。采购实施人机构将积极协调，力争最大限度地减少审批时间
工程量清单编制的要求高	①根据工程特点和图纸设计深度，针对各单项工程灵活考虑固定综合单价计价、工程量按施工图调整和概算总费用计价等形式 ②对工程量清单项目特征要详细描述，工序要清楚，对工作内容要描述准确，防止缺项与漏项 ③在使用《建设工程工程量清单计价规范》的同时，结合《××工业建设工程工程量清单计价规则》编制招标工程量清单，才能完成整个工程量清单编制工作 ④参考其他已完工类似项目的有关经济指标进行工程量清单的编制
施工措施费闭口包干风险大	由于场地地质条件差，地下水位高，不能按常规操作进行降水，给深基坑施工带来一定难度。施工措施费的测算风险大，难以在方案不明确的情况下进行准确报价。建议采用闭口与部分适当开口相结合的方式
人工材料涨价风险大	需认真测算，确定风险调整系数，为工程竣工结算奠定基础
因责任不清导致合同执行出现问题	招标采购文件的各项条款必须含义精确。涉及专业问题，可请其他相似设备的正规厂家的专家对有关条款进行审核 招标采购文件中也应规定，如投标人由于自身原因不能在中标后签约履约，采购人可以扣罚投标保证金，取消其中标资格，并由第二名中标候选人接替
因价格过低导致合同执行出现问题	招标采购文件和合同的价格体系不够明确，出现不同的理解和计算方法，或由于中标人报价恶意偏低且采购人不同意增加预算而停工。对策： ①制订分类详细的价格条款。编写招标采购文件时聘请有丰富一线工作经验的专家报价并广泛询价、比价（包括设备、耗材、专用工具、检测仪器的到厂价，运保费、服务费、安装调试费，以及采购人纳入合适科目的急需备用金等） ②对投标人的报价应有理性认识 ③事先在合同中写明因价格异议违约的惩罚条款

（续）

风险和问题	可采取的对策
因技术能力导致合同执行出现问题	中标人因生产条件、设备状况、员工水平所限，无法达到招标采购文件与合同的要求，不得不停工。对策： ①加强对投标人资质的审查。有些无资质企业挂靠在有资质的企业上承揽业务，实际从业水平和能力较差，这需要加强企业信用考察并听取其同行的评论 ②加强对投标人业绩的考察。如有些企业，业绩虽多但技术力量薄弱。对此，采购人要重视对投标人业绩的综合考察评审 ③事先在合同中写明因技术能力不足而违约的惩罚条款

……

10. 对进口机电设备国际招标的成本、质量、进度控制

成本、质量、进度是由进口或国内设备采购合同定义的三大目标，合同控制则是其他控制的保证。通过合同控制可以使质量控制、进度控制和成本控制协调一致，形成一个有序的项目管理过程。现就进口设备采购管理进行如下分析：

10.1 成本控制

在设备采购中，拟通过下列途径降低设备和服务费用的支出，有效控制项目成本：

（1）利用授标前的澄清，降低中标后发生争议的风险

在××工程中，存在大量技术复杂、需求特殊的设备招标采购，业主很难在评标时就确定投标人是否可以完成招标采购文件规定的所有任务。在这种情况下，灵活运用授标前的澄清，是维护项目业主利益、招标采购各方利益和体现公平公正的一种选择。这时，采购实施人可安排授标前的澄清，通过与投标人的商讨，要求投标人最大限度地符合项目评标标准并具备相关实施条件，并将此作为是否授标的条件。实践证明，这种办法既符合招标法规的本质精神，又较好地解决了业主评价标准的最优实现问题，维护了业主合法合理的选择权和裁量权。价格方面，在对有关投标实质性内容进行谈判的前提下，通过授标前的澄清，确认投标报价可完成招标采购文件规定的所有内容，从而进一步降低中标后发生争议的风险。

（2）免税方案

充分利用有关部门关于××设备国产化的优惠规定，通过合理的招标方案和合同条件，实现进口设备享受免税政策。

除了在招标阶段，通过合理的招标方案，在保证设备性能高起点、高标准、高水平的前提下，努力实现国产化率70%的目标，在进口代理方面，也可通过以下方式进一步保障国产化率目标的实现。

①鼓励国外供货商安排合同设备在中国境内的独资或合资企业生产、与国内企业合作制造、国内分交等，提高国产化率，同时要求设备的国内制造部分，以人民币报价，以使有关部门根据原产地原则，确认有利的国产化程度。

②国外供货商培训、设计联络、检验、安装、调试、试运行、售后服务等技术服务应与进口设备分开报价（要求尽量以人民币报价），以降低进口设备的总报价。

③国内供货商需进口的零部件，应根据有关部门规定，协同业主办理免征关税和进口环节增值税免税手续，进一步降低进口零部件总价。

④采用半散件或全散件方式进口，利用技贸结合和合作生产的方法，高质量地购入部分机电设备，以确保工程质量的可靠性。

⑤在签订进口合同后，采购实施人将及时办理相关的进口备案手续，协助业主迅速、及时地办理国产化认证和免税手续，力争在进口设备到港前办妥相关免税手续，避免因向海关缴纳保证金而导致的项目资金占用和利息支出。

（3）汇率风险控制

由于××设备的进口合同的支付时间一般跨度较大，可能会遇到汇率变化带来的风险。为此，采购实施人提出以下解决方案：

①合同币种的选择：进口设备报价允许使用的币种为人民币、美元、欧元或日元或上述外币的组合。如果本项目部分资金来自境外融资，那么合同可以采用与融资币种相对应的币种，以减少汇兑成本和损失。另外，因汇率往往存在不可预见的波动，合同的价格也可以用某种较稳定的计价货币进行锚定，例如合同的报价是日元或欧元时，其汇率可按开标当日中国银行公布的中间价为基准折算成美元，合同以美元签订，相对固定成本，避免因其他币种外汇汇率波动导致的成本增加。在某些时段，如果签订合同时，欧元或日元汇率对公司有利，合同可以采用欧元或日元签订。在当前人民币出海的战略背景下，也可以使用人民币结算，以对抗汇率风险，减少结换汇费用。

②其他汇率风险规避措施：在业主资金许可的情况下，采购实施人可采用购买远期外汇、远期结汇或择期购汇的方式规避汇率风险；也可采用与合同卖方签订有利的合同货币汇率调整条款或汇率风险共担协议的方式，减少汇率风险对业主的影响。

③购汇方案：如业主对外支付资金来源为人民币，那么就须通过代理机构将人民币按照某日（一般为实际对外支付日）汇率兑换成合同货币，完成进口合同的对外支付。因此，在对外签订了进口合同即确定了合同总价后，业主需要根据合同的要求、支付金额、支付方式、权衡经济和风险两方面的利弊得失，选择有利的换汇金额和时机。

设备进口合同外汇支付一般分四个大的阶段进行，假定比例如下：预付款（10%）、设备价款（70%）、验收款（10%）、质量保证期满后付尾款（10%），假定合同货币采用美元。

10.2 质量控制

质量控制是项目管理的重要组成部分，在××项目这样的复杂系统中，质量控制尤其重要。通过质量控制，可以保证以合同规定的质量完成工程，只有“质量”达标，才能谈及“工期”和“造价”的有效调控，使工程顺利通过验收、交付使用，达到预定的功能要求。在本项目招标采购中，质量控制路线为设备技术标准规范→制造商资格审查→安装公司资格审查→设备制造、安装招标→严格具体的合同条款→设备制造质量控制和协调→设备安装质量控制和协调→质量担保。通过这条完整的设备质量控制路线，能很好地保证工程建设项目达成质量目标。作为买方，对于关键重要部分设备实施监理（监造）不仅有利于质量控制，还关联到“工期”和“造价”控制，这点也是采购实施人要和业主（买方）密切关注的一点。

（1）制订详细的技术标准、规范及严格的合同条款

采购实施人应通过技术支持，配合业主及设计单位，根据以往类似项目的经验，通过

技术交流、考察和调研等，确定有利于项目的各种技术规范，在力争达到国产化率要求的同时，保持技术的先进性和实用性，并根据不同设备复杂性的差异，选用不同的招标模式、合同格式和条款。在洽商和签署合同时，应特别注意就以下几方面内容做出严格规定，包括：设备检验、监理（造）、安装、测试、考核、验收和质量保证条款；对备件、工具、技术服务及培训的要求；质量保证期限和售后服务等。因为有关进口设备的安装、调试，备品备件的供应情况，操作人员的培训、技术支持等方面将直接关系到进口大型机电设备的平稳运行。设备验收是进口大型机电设备正常使用的首要条件，而质量保证期限及售后服务条款是维护和保养大型机电设备、维持设备稳定运行的必要手段。

由于上述条款在招标采购文件中已有明确规定，且排名第一的中标候选人在其投标文件中已响应招标采购文件要求并提交了相关的具体方案，在洽商、签署进口合同时，主要是将上述几方面内容细化。同时由于技术复杂，有时第一中标候选人在投标文件中无法满足全部评标标准和实施条件，这时，采购实施人可安排授标前的澄清，通过与第一中标候选人的商讨，在不对投标内容做实质性谈判的前提下，要求第一中标候选人最大限度地满足项目评标标准和实施条件，并将此作为是否授标的条件。实践证明，这种办法既符合招标法规的精神，又较好地解决了业主评价标准的最优实现，维护了采购人合法合理的选择权和裁量权。

（2）严格进行投标资格预审或采用两阶段招标方式

作为重点项目的××工程，除××、××等少量设备系统因国产化定点及可供选择的具备资格的投标人数量有限，经批准后可采取邀请招标外，其余均应选择公开招标的方式。考虑到××工程各类投标人众多，一般应选择对潜在投标人进行资格预审，并通过发售资格预审文件的方式，对潜在投标人的资格条件及履约能力进行初步审核，用综合比选的方式确定合适数量的投标人参加正式投标。在××工程的招标实践中，这种通过资格预审的公开招标还能解决许多操作中的难题。当然，对部分潜在投标人较少且招标需求明确的标段，也可采取随招标公告一次发售招标采购文件，并通过资格后审的方式对潜在中标人进行确认。另外根据实际情况适当采用两阶段招标模式。如××工程的许多标段在招标时很难确切地拟定技术需求及技术规格，或招标时业主想通过对拟采购货物、工程、服务的技术和商务条件等广泛地征求建议来完善招标需求，这在复杂的机电设备系统都是常见的，国外一般通过议标等其他方式解决。这时，采用两阶段的招标方式，就能通过第一阶段的技术方案评审及其相应的澄清活动，来确定有利于项目的各种技术规范或商务条件，并将此带入第二阶段的招标。

（3）通过合同实施动态控制、协调，实现质量的动态控制

××工程建设涉及众多领域，包括勘测设计、土建安装、机电运营设备等系统，工程规模巨大，系统复杂，建设周期较长。采购实施人参与的仅是其中的一环。因此，合同实施的动态控制和协调十分重要。采购实施人将在技术和项目管理专家组的支持下，配合业主和设计单位进行设备接口设计、设计联络、主要设备制造过程的中间检验、设备出厂检验、验收和设备供货管理；采购实施人还将配合工程监理，参与安装管理、设备内部接口处理、处理与其他系统接口的协调、协同供货商技术人员进行系统调试验收，并参加工程建设项目整体的综合联调及试运行。

10.3 进度控制

由于××项目工期较紧，采购实施人将通过多种途径保证供应商按预定进度计划提供设备和相关服务，防止交货期延误。

(1) 减免税和报关的时限管理

进口报关的基本程序是：申报、审核单证、查验货物、办理征税和结关放行。其核心问题就是报关单据和手续是否齐备、是否正确无误。针对上述问题，采购实施人拟采取以下实现管理措施：

①确保单证齐全。进口货物所需的报关单据包括合同（副本即可）、正本装箱单、正本发票、正本提货单、正本委托报关协议书、进口报关单及海关监管条件所涉及的各类证件。在进口合同中，采购实施人对供货商提交货运文件的清单、数量、文件形式、提交方式和时限将作严格具体的规定，并以此作为付款条件之一；如采用信用证付款方式，首先要协助开证行办理相关的付汇手续，以获得全套正本单据。就采购实施人应准备的文件而言，委托报关协议书的委托人处要有公司签章，且必须是正本，传真件、复印件报关无效，防止因疏忽而导致滞报；接到全套进口单据后，要确认出口商提供的正本发票、正本装箱单、提单、合同中的内容如货物名称、唛头、件数、毛重、尺码是否单单一致。正本发票和正本装箱单上要有签章。同时应确认货物的商品编码，查阅海关税则，确认进口税率，确认货物需要的监管条件，如需报检，则应在报关前向有关机构报验，并备齐报验所需单据，如报验申请单、箱单、发票、合同、进口报关单。

②在签订进口合同后，采购实施人将及时办理相关的进口备案手续，协助业主迅速、及时地办理国产化认证和免税手续，力争在进口设备到港前办妥相关免税手续，避免滞报或因向海关缴纳保证金而导致的资金占用和利息支出。

(2) 及时合理的运输、保险安排

①进口货物采用 CIF/CIP 价格条件交货，由卖方租船订仓投保，建议由采购实施人推荐或指定保险公司。

进口货物将采用 CIF/CIP 价格条件交货，海运方式采用 CIF 价格条件，由卖方负责按通常条件租船订仓，并办理从装运港到目的港的海运货物保险，支付保险费。考虑到供货商在当地租船定仓的便利性，这样可以避免 FOB 等价格条件下由买方租船订仓和办理保险而引起的不便和时间延误。CIP 则适用于包括多式联运在内的各种运输方式，保险亦为多种运输险，其他条件和 CIF 相同。

保险方面，选两家常做国际货运保险的，总部在项目所在地的保险公司。优选一家，做进口设备海陆运全程保险。此法好处有：业主清楚保险政策，择优录取，一家全保，理赔方便；国内保险公司可能还为其保险的海运货物提供免费的国内内陆运输保险服务，从而为项目节省资金。

进口货物的国内运输：选择有经验的货运代理公司安排海陆联运。

代理公司的选择：向业主提供多家货运公司的报价；由业主选择运输公司和付费方式（预付或到付）；如选择到付而货运公司不接受，公司将协助业主洽商；业主确认后，采购实施人与海运代理签署海运协议；合同规定向货运代理支付运费之前的七个工作日内，业主将全部运费转入采购实施人的银行账户。采购实施人在合同规定时间内向运输代理支付运费。此法优势为：业主掌控货运行情，选择运输公司并且后付钱。

②国内货物采用项目现场交货价格条件。

（3）系统各组成部分在时间上的协调

由各个合同所确定的设备制造、交付和相关技术服务不仅要与项目计划的时间要求一致，还需要在时间上相协调，即各种活动要形成一个有序的、有计划的实施过程。例如设计联络与详细设计、设备制造与运输、设备交付与安装、设备验收与运行等之间应合理搭配。而合同所定义的设备货物和服务之间应有明确的界面和合理的搭接。能解决这种协调的一个有效手段就是引进项目管理，在横道图或网络图上标出相关合同所定义的里程碑时间和它们的逻辑关系，以便计划、协调和控制。

（4）严格履行合同

在合同中通过设置延期交货罚款条款来控制供货商的交货进度，延期交货超过一定时限可能导致业主拒绝收货。

（其余略）。

6.3　招标采购实施与控制阶段管理

招标采购项目管理方案编制完成并经批准后，应针对每次招标采购任务实施。从制订采购方案开始，经过采购准备、发布采购公告和文件、供应商投标、评审、确定中标人及合同谈判等环节，直至采购合同正式签订，均属于招标采购实施阶段的管理内容。在招标采购实践中，每一项特定的招标采购活动通常都包含上述内容，并且根据招标采购项目管理方案安排，针对所有招标采购对象，需要反复实施上述采购活动所包含的程序和环节，直至所有招标采购任务全部完成。招标采购实施过程的主要任务是选定最优中标人并签署关于工程、货物或服务交付的法律协议，最终成果是签订正式合同。

招标采购的控制内容包括招标采购活动的质量、成本和进度管理，采购人或采购实施人内部对招标采购实施过程的检查和考核，以及政府对招标采购的行业监管。招标采购控制的方法主要分为主动控制和被动控制，这两种控制方法均是实现招标采购目标所必须采用的，两者有机地融合在一起，形成动态控制系统。

6.3.1　招标采购实施的管理要点

招标采购实施是指依据招标采购项目管理方案所确定的招标采购操作思路和设想，围绕项目管理的主要任务，针对招标采购任务的目标，推进招标采购的具体实施过程。由于组织设置、人员配备和有效的领导是实现招标采购目标控制的基础，招标采购的实施主体即招标采购项目经理及其领导下的采购团队应全权负责整个招标采购工作的组织、协调和管理事宜，在企业或项目管理组织层面的相关职能部门指导和帮助下，根据已批准的管理方案和实施目标，制订好采购方案，实行目标层层分解，直至顺利完成所有招标采购任务。其中招标采购项目经理是采购团队中最主要、最关键的因素，是管理的核心和灵魂。

招标采购实施的管理基础是招标采购规划阶段的工作成果以及实施过程中的阶段性成果。后者主要是每次招标采购活动结束后产生的采购合同，包括其他过程性文件如投标文件、招标采购活动过程记录等。

(1) 招标采购实施阶段的管理过程

1）制订招标采购方案。所谓招标采购方案，是指依据招标采购项目管理方案所确定的有关内容，针对每次启动的招标采购任务制订的具体实施计划和工作安排。招标采购方案即招标采购项目具体实施方案，每次招标采购实施启动前，必须制订可行的招标采购方案。

①招标采购方案的形式。招标采购方案应针对采购对象编制，可区分每次采购，也可区分采购类型或标段（合同包）划分等情况。对于一些简单项目的招标采购活动，招标采购方案也可以与招标采购项目管理方案合并；对于大、中型项目或技术复杂、专业性强的招标采购活动，应单独编制招标采购方案。

②变更程序。在招标采购方案的编制和具体实施的过程中，内外部条件发生重大变化并可能会对招标采购的实施产生影响时，应及时调整招标采购方案并启动项目管理的“变更程序”。

2）围绕主要管理任务实施招标采购。根据招标采购项目管理方案和招标采购方案，应分别围绕项目管理任务进行招标采购实施。招标采购实施阶段的主要管理任务及管理内容见表 6-10。

表 6-10 招标采购实施阶段的主要管理任务及管理内容

序号	任务	主要管理内容
1	质量管理	根据招标采购质量目标，在重要工作节点设立主要控制点，进行全过程质量的动态控制
2	进度管理	按照总体进度和主要节点进度进行全过程进度的动态控制
3	成本管理	按照成本计划，进行成本分解并进行全过程成本的动态控制
4	沟通、信息与标准化管理	编制沟通管理的措施，执行沟通计划；利用或建立信息体系，收集、发布和记录信息；推进措施及实施的标准化
5	风险管理	执行风险防范计划和风险过程管理
6	合同管理	合同草拟、签约前谈判、授予合同
7	采购管理	落实外部资源（价格信息、咨询专家、合作企业），实施采购计划

3）设置招标采购的主要控制点。招标采购实施阶段管理的最主要特点是在招标采购流程中设置主要控制点。招标采购的主要控制点是指依据项目管理的有关过程管理要求，在招标采购活动中设置的一系列影响招标采购实施的关键因素和重要过程节点。设置主要控制点的目的是不仅要保证招标采购程序中的每一个重要环节符合法律、法规和政策要求以及招标采购项目管理方案的规定，还要充分考虑招标采购实施过程中可能的影响因素以及风险预防需求。招标采购主要控制点管理的控制方法主要采用的是流程管理和 PDCA 循环管理。

4）采用项目群管理技术。依据项目管理知识，项目群是指经过协调管理以便获取单独管理这些项目时无法获得的收益和控制效果的一组相关联的项目。招标采购项目群管理是指采购实施人将一组相互关联并需要进行协调的招标采购项目组成合理的项目集合群并进行统一管理，从而实现招标采购整体目标，包括采购收益的最大化，获得分别实施单个项目所无法实现的利益。在招标采购实践中，采用批量招标是运用招标采购项目群管理技术的典型例子。批量招标是指采购实施人对于同一时期实施的类型相同、标的相对统一的若干招标采购项目，采取集中式的批量实施，通过整合项目统一操作，可以优化和集成相关资源，最终获得采购成本、质量和工期等方面综合性收益，同时降低招标采购活动中的采购费用。

5）运用招标采购项目组合管理技术。项目组合管理技术是指在可利用的资源和组织战略计划的指导下，进行多个项目或项目群的集中管理，以实现组织整体收益的最大化。招标采购项目组合管理是指在招标采购实施阶段中，由采购实施人层面发起，针对多个采购团队所负责的不同采购项目或项目群，综合运用项目组合管理技术进行优化组合实施，通过合理整合现有采购资源，确保招标采购的实施与采购实施人的战略目标保持一致，从而更好地取得经济效益和社会收益。如近年来，很多大型企业集团从企业采购的战略目标出发，借助集团层面的规模化集中采购组织方式加强招标采购管理。其优点体现在：一是实行项目优化组合，改变“一项目一招”，最大限度地发挥规模效益，降低采购成本；二是提高采购效率，节省采购费用；三是通过加强统一管理，减少招标采购环节腐败。目前集中采购已成为大型企业集团采购管理的趋势，从招标采购项目化管理的角度来看，也是具体运用招标采购项目组合管理技术的体现。

6）做好合同缔约谈判与合同授予。作为采购管理服务的延伸，采购实施人一定要高度重视合同缔约谈判工作。确定中标人后，合同缔约谈判的工作内容包括：

①合同签约前分析。合同签约前分析是指在正式签订采购合同前，采购人从履行合同的角度对合同文件进行一次全面的审查分析。如发现问题应及时予以纠正，使合同目标能落实到具体事件和工作上。合同签约前分析内容包括合同合法性分析、完备性分析、公平性分析、整体性分析、主要条款的选用分析、合同间的协调分析和合同应变性分析等。

②合同缔约谈判。合同缔约谈判是指合同双方在合同签订前进行认真仔细的会谈和商讨，将双方在招标采购过程中达成的协议具体化或做某些增补与删改，对价格和所有合同条款进行法律认证，最终订立一份对双方都有法律约束力的合同文件的过程。合同缔约谈判包括谈判准备、初步洽谈、正式谈判和协商一致等内容。合同谈判的重点是确保合同的合规性，即合同的主要内容不能违背招标采购文件、投标文件的有关实质性条款，此外还要兼顾合同的合法性与合理性原则。招标采购项目经理和管理团队的相关人员应出席谈判会议，以便提供协助，并在必要时澄清项目的技术、质量和管理要求。

③收集缔约缺陷。在前述合同分析和合同缔约谈判期间，采购人对采购过程中出现的各类问题和缺陷，包括招标采购文件、投标文件、合同条款的缺陷或不明确、不完善之处，应当给予必要的说明和解释，并配合处理有关修补和完善工作。在项目早期获取的与实施采购有关的经验教训，可用于项目后期阶段，以提高本过程的效率。此外还需将发现的问题缺陷汇总，记入招标采购收尾阶段的总结和评价中，为以后的招标采购工作积累经验。

④正式授予合同。在合同缔约谈判结束双方达成一致的基础上，应以书面形式正式签约合同。

（2）招标采购实施阶段的标志性成果

1）确定中标人。根据投标文件评价结果，满足采购文件各项实质性要求且综合评价最优的供应商，就是确定的中标人。对于较复杂、高价值和高风险的采购，在授予合同前需要得到采购人高级管理层的批准。

2）采购合同授予。向每个确定的中标人授予相应的采购合同。合同可以是简单的订购单或复杂的文件。无论合同文件的复杂程度如何，合同都是对双方具有约束力的法律协议。它强制中标人提供指定的产品、服务或成果，强制采购人向中标人支付相应的报酬。合同文件的主要内容会有所变化，但一般包括 SOW 或可交付成果描述、进度基准、绩效报告、履约期限、角色和责任、中标人履约地点、价格、支付条款、交付地点、检查和验收标准、担保、产品支持、责任限制、费用和保留金、罚款、奖励、保险和履约担保、对分包商的批准、变更请求的处理、合同终止和争议的解决方式等。

3）更新后的项目管理计划和项目文件。招标采购项目实施过程中会更新项目管理计划和项目文件，形成更新后的项目管理计划，包括成本、范围、招标采购项目管理方案等，以及形成更新后的项目文件，包括风险登记册、需求及需求跟踪文件等。

（3）招标采购实施阶段的项目管理工具和技术

招标采购实施阶段的项目管理工具和技术有：

1）供应商标前会议。供应商标前会议（又称投标答疑会）就是在投标文件提交之前，在采购人和供应商之间召开的会议。其目的是保证供应商对本次采购（包括技术要求和合同要求）有清楚一致的理解，并确保没有任何供应商会得到特别的优待或歧视。

如某国际港口扩建项目，采用建设—经营—移交（Build-Operate-Transfer，BOT）模式招标，采购人在招标文件中规定，自招标文件发布至召开标前会议的时间间隔是 4 周。由于该项目属于扩建工程，施工边界条件不清，同时采用较新的技术标准，投标人需了解项目技术条件、东道国环境条件以及国际市场行情等，据此进行商务报价。按照招标文件规定的时间召开标前会议之后，由于项目具有以上特殊情况，许多潜在投标人不断提出新的问题，最终采购人不得不延长问题澄清的时间，重新召开标前会议并调整开标时间。

2）投标文件评价技术。招标采购要基于供应商对招标采购文件的响应情况来选择中标人，应根据国家有关招标采购的法律法规及政策、采购人内部的采购政策等，确定正式的投标文件评审办法。在授予合同之前，评标委员会将做出评审，并由采购人依据评审结论按招标采购文件规定的方式确定中标人。本阶段常结合运用专家判断技术来评价投标文件，采购人组建一个有多学科背景的评审团队对投标文件进行评价，团队中应包括招标采购文件和相应招标采购合同所涉及领域的专家，如合同、法律、财务、会计、工程、设计、研究、开发、销售和制造等领域的专家。对于依法必须招标的项目，政府部门已提供了专家库，同时部分采购人也组建了专家库，可供依法必须招标的项目以外的项目使用。

如某蚕丝加工厂通过申请世界银行贷款，采用公开招标方式采购一批机电设备。考虑到项目技术特别复杂、专业性要求特别高，为提高评标工作质量，采购人组建了包含 2 位经济专家、1 位法律专家、4 位技术专家和 2 位采购人代表的评标团队。其中一位经济专家是批准世界银行贷款的银行工作人员，负责审核投资用款的效益和效率；一位法律专家负责所涉及法律领域的专业评审；技术专家中有人来自蚕丝加工设备设计和工艺研究单位，负责对投标设备的工艺情况、技术质量及投产运转状态进行全面评价；采购人代表则广泛听取意见，必要时反映地方和项目方面的愿望，全面参与评标过程中对经济、技术、商务、法律的评议，以确保实现可观的综合技术和经济效益。

3）谈判技能。谈判是为达成协议而进行的讨论。采购谈判是指在合同签署之前，对合同的结构、各方的权利和义务，以及其他条款加以澄清，以便各方达成共识。最终的文件措辞应该反映各方达成的全部一致意见。谈判以签署采购人或采购需求人和中标人均可执行的合同文件或其他正式协议告终。

4）项目群管理。项目群管理是矩阵式管理的特殊运用，既可以与项目式管理组织方式结合运用，又可以与矩阵式管理组织方式结合运用。

例如，某成片开发的大型居住区项目属于一个完整的城市社区，需同期启动多个组团保障住宅、商品住宅以及多个医院、学校、体育文化、社区服务、市政基础设施（道路、泵房）、商业等独立单体。针对各个项目在功能需求、设计方案、建设进度等方面相互关联和配合衔接等制约条件，采购实施人运用招标采购项目群管理技术，通过统一管理目标、采用矩阵式管理架构、优化组织资源配置、多方协同操作等手段，对同期各项招标采购活动在服务对象、专业属性、交付成果、资源调度等多方面实施集中管理，最终在实现高效采购、降低采购成本和提高服务质量的同时，还降低了采购费用，取得了较好的经济效益和社会效益。

5）项目组合管理。项目组合管理应根据项目、项目群和其他工作对组织战略和目标的支持和贡献程度进行评价选择、优先级排序及优化管理。

例如，某市启动城市更新领域中的成片区域雨污水合流整治工程，由于工期受环保限时达标要求限制，涉及辖区一大批不同的居住社区、企事业单位及公共设施等多个立项，点多面广。采购实施人经过分析，决定运用项目组合管理实施该类招标采购项目。即对所涉及的所有整治工程，在评价其工期、规模、施工作业面衔接等资源条件后，进行优先级排序，以此为基础采取单个项目或项目群组合、协同管理以及项目“打包”集中实施等各种优化措施，并合理安排采购时机及采购日程，做到资源调配平衡，同时运用企业招标采购信息化管理技术管理相关风险，如管理层级增加、沟通成本提高等的风险。通过合理运用项目组合管理技术，既使招标采购的结果更好地满足了项目预期目标，又使该采购实施人提高了企业的管理能级和经济效益。

6.3.2　招标采购质量、成本和进度管理

质量、成本、进度是项目管理的三大主要管理目标，招标采购的实施控制结果与项目本身的质量、成本、进度控制紧密相连。对项目的质量、成本和进度的控制结果不仅体现了采购团队的工作质量和水平，还是保证项目招标采购成功、降低项目风险的重要标志。

一般情况下，招标采购服务可以用功能性、经济性和时间性三个因素来衡量。这三个因素相互制约、相互作用，因此合理协调、统筹管理三者之间的关系，科学确定适宜的管理方法，是招标采购项目实施与控制的重要环节。

（1）招标采购质量、成本和进度控制的目标

1）招标采购质量控制的目标主要是功能性目标，包括：招标采购程序合法、满足法律法规及政策要求；采购对象符合项目功能要求和国家、行业等质量标准且价格合理；合同完善、无重大缺陷且执行无歧义；中标、合同、结算价格基本一致和采购人对服务质量满意等。

2）招标采购成本控制的目标主要是经济性目标，即在满足质量、进度要求的前提下，使招标采购成本最低，同时控制招标采购活动中的采购费用。

3）招标采购进度控制的目标主要是时间性目标，包括在规定的时间内完成全部招标工作、满足建设项目（生产经营）整体进度的里程碑要求等。

（2）招标采购质量控制的主要环节和内容

1）招标采购质量控制环节主要包括：

①质量目标：根据项目地要求和资源等因素，制订合理的质量目标和要求。

②质量控制计划：根据质量要求制订质量控制计划，并制订相应的质量控制措施。

③质量管理：按照质量控制计划执行质量管理和控制。

④质量检查：对采购物资和服务进行质量检查和测试，确保质量符合要求。

2）招标采购质量控制内容主要包括：

①健全招标采购质量保证体系。采购实施人在落实质量控制的质量保证体系方面应履行的职责主要有：

A. 建立相关招标采购管理制度。这包括：基础资料收集、整理制度；招标采购主要流程的质量内控程序；相关成果文件的审批制度；过程资料和成果资料的归档管理制度等。

B. 规范招标采购活动程序。招标采购活动的内容、程序及质量标准应符合法律法规要求以及委托人约定。

C. 严格主要成果文件的校审把关。招标采购活动的主要成果文件，包括采购方案、招标采购文件、补充招标采购文件、最高投标限价、合同文本以及招标采购投标活动中的其他重要成果文件等，均应通过编制人、审核人、审定人三级校审把关。

D. 建立招标采购事项保密制度。相关人员应对招标采购活动中需保密的重要事项，包括评标过程等采取措施，予以严格保密。

②落实质量控制的岗位责任体系。采购实施人在落实质量控制方面的重要职责就是建立明确清晰的岗位责任体系。根据采购对象的类型、技术、规模等要素，任命招标采购项目经理并配备招标采购项目团队人员，且专业方向、人员数量、经验水平等应满足招标采购工作的需要。项目组成员如项目经理、采购专员、造价师、审核总工程师、信息技术工程师、资料管理员等应有明确的岗位及工作职责。

③实行采购人项目经理负责制。在招标采购活动中，项目经理应履行的职责有：

A. 全面负责招标采购全过程活动。项目经理负责和履行招标采购委托合同约定的招标采购全过程事项，保持与采购人等招标采购活动各参与方的联系、沟通与协调，全面主持招标采购团队工作。

B. 主持招标采购活动中的重大事项。项目经理需要主持包括投标文件开启、投标文件评审、确定中标人等，主持或参与合同缔约谈判等重大事项。

C. 主持编制或审核招标采购各类主要成果文件。项目经理主持编制或审核招标采购各类主要成果文件，加盖执业或岗位印章，并承担相应责任。

④实施全过程的动态质量控制。由于招标采购质量具有质量标准难以预见、服务提供与使用同步、招标内容多样等特点，故需要对招标采购质量目标进行具体分解，并在重要工作节点设立主要控制点，实施全过程的动态质量控制，可以采取事前预测、事中检查、事后纠正的动态方法和绩效考核、总结、评价的管理思路等。

（3）招标采购成本控制的主要环节和内容

招标采购成本控制包括前期成本控制、中期成本控制和后期成本控制三个环节。

1）前期成本控制。其主要内容有：

①减少招标失败的概率。首先，应增强招标采购工作的计划性，避免因工作无序而导致招标失败；其次，应合理安排招标采购成本预算，既要实现低成本采购，又要让供应商有利可图，避免因预算过低而导致大多数供应商因报价超过最高投标限价被否决，有效投标竞争不足而导致招标失败；最后，在设置否决投标情形时，应集中单列有关条款，减少供应商误解或出错的可能性，从而降低否决概率，提高采购活动的竞争性，实现采购成本的合理化。

②提高招标采购文件的质量。招标采购文件是整个招标采购和合同执行过程中最重要的一份文件。同时，招标采购文件的编制也是招标采购实施过程中工作量最大且最为重要的工作。采购实施人应当提高招标采购文件的编制能力和水平，使得招标采购文件既能满足招标采购过程的需要，又不影响招标采购合同的制定和执行。

③丰富招标采购活动的媒介。全面推行电子招标采购交易手段，向供应商提供电子招标采购文件，供应商采用电子投标，可以减少相关管理成本、社会成本，并减少资源消耗。

2）中期成本控制。其主要内容有：

①招标采购费用控制。分工的专业化将促使采购人委托采购实施人开展招标采购活动。采购人应选择工作作风严谨、能力优秀的采购实施人办理招标采购事宜，并在充分信任的基础上，明确双方的合同或委托内容。同时，采购实施人应合理安排人力资源，避免间歇式工作，采用项目群管理方式，充分利用信息和共享资源，通过建立费用管理（申报、报销等）制度、标准及审核审批程序，厉行节约，减少额外的费用支出。

②招标采购成本控制。招标采购成本控制的内容包括以下三点。一是鼓励合理低价中标。对于标准化定制商品及通用服务项目，要以价格为主要因素确定中标人，即在满足招标采购文件实质性要求的前提下，依据统一的价格要素评定最低报价，以此确定中标人。使用综合评分法时，要合理设置价格分值所占权重，真正体现价格因素对招标采购的重要性。二是引入品牌竞争。因品牌竞争产生的巨大资金节约空间是单一品牌采购所无法实现的，品牌竞争符合市场经济的基本规律，既有利于促进自由竞争、公平竞争，又有利于采购人节约资金，做到质优价廉。三是控制资金成本。一方面要严格按照中标人投标报价签订合同，不得无故另行追加采购成本，防止供应商低价中标后高价索赔；另一方面要保持合理付款期限，分期付款时间越长，中标人的资金利息负担和机会成本就越大，而这些成本会转嫁给采购人，导致采购价格偏高。

③伴随服务成本控制。招标采购实践表明，采购人对伴随服务不合理的免费要求，或无法兑现，或影响产品质量。采购人应科学合理地设置服务要求，而不能通过免费要求来限制供应商的自由竞争，这样无益于招标采购目标的实现，最终也将难以实现节约支出的初衷，相反会增加招标采购的成本。

3）后期成本控制。招标采购成本控制应重视采购标的的后期成本控制，如对于技术复杂的设备采购，采购人应在需求书中要求供应商提供相关的培训和技术指导，并在后期使用过程中严格按照使用说明书操作，从而减少维修成本。对确因产品质量问题及因供应商安装问题造成的人身伤害及财物损坏事故的赔偿，应在合同中约定由供应商承担。

（4）招标采购进度控制的主要环节和内容

1）招标采购进度控制环节主要包括：

①制订进度计划。根据项目特点和要求，制订详细的招标采购进度计划。该计划包括

时间安排、工作流程、人员配置、物资采购等多个方面，确保各项工作按照计划进行。

②明确责任分工。在制订进度计划时，要明确各方的责任分工。采购人要负责提供采购清单和要求，承建方要制订具体的采购方案和时间安排，并明确各方的工作任务和责任。

③定期检查进度。定期对招标采购工作进行检查，确保各项工作按照计划进行。及时发现和解决存在的问题，避免影响整个项目的进度。

④建立沟通机制。建立有效的沟通机制，及时了解各方的工作进展，协调解决存在的问题。通过定期召开会议、电话沟通、电子邮件等方式，保持信息畅通，提高工作效率。

⑤合理调整计划。在项目实施过程中，可能会出现一些不可预见的情况，导致原计划无法如期推进。这时需要根据实际情况及时调整计划，合理安排各项任务的时间和资源，确保项目总体进度不受影响。

⑥强化风险管理。对于可能存在的风险因素，要提前进行预测和评估，并制订相应的应对措施。一旦出现风险，要及时采取措施加以应对，避免对整个项目造成不良影响。

2）招标采购进度控制内容主要包括：

①充分保持与各方的及时沟通。应准确、完整地理解委托人的意图，提供完整的成果资料，与采购人、供应商以及行政监督管理部门等充分沟通并及时反馈过程中的问题。

②制订简洁高效的工作流程。招标采购团队成立后，首先就是要制订简洁高效的招标采购工作流程，确保工作人员在流程的每个节点上都能高度重视招标采购的进度，这样才能确保整个工作的进度得到控制。

③掌控项目总体进度要求。参照项目总体进度要求，招标采购团队要合理地掌握项目总体进度对招标采购计划时间的要求，明确项目和子项目的时间顺序和搭接关系，用于指导招标采购管理工作。

④动态管理招标采购进度。招标采购团队要对招标采购进度实施详细的动态管理，对招标采购状态进行分析，如对里程碑计划和重要招标工作环节设置检查点等，定期考核进度计划的执行状况；通过举行各种分析论证会，判断招标采购的进度较之计划是提前了还是滞后了，找出主要原因与应对方案，并及时采取措施调整进度，以满足项目总体进度的要求。此外，还要编制招标采购履约管理进度计划状态表，满足动态进度计划制订和人力资源分配的要求。

⑤调整招标采购进度计划。招标采购项目经理要始终关注进度执行状态，可以根据项目的具体实施情况，在不影响项目进度的前提下，对项目招标采购进度计划进行补充修订，经报采购人批准后，予以实施。

6.3.3 招标采购的检查与考核

招标采购检查是指按照招标程序要求、招标采购管理方案的计划安排，对招标采购工作的实际进展和表现进行比较，发现存在的问题，从而为招标采购活动的过程控制提供依据。招标采购检查的目的在于确定招标采购工作所处的真实状态，以预防风险，实现招标采购的目标。

（1）招标采购检查的类型

招标采购检查包括采购实施人检查和采购团队检查等类型。

1）采购实施人检查：由采购实施人的相关职能部门如质量管理层面相关人员，根据采购实施人内部的 ISO 质量管理体系，制定一系列质量管理内控制度，并结合招标采购项目管理方案，对招标采购任务的执行情况进行检查。

2）采购团队检查：由招标采购项目经理根据已批准的项目管理方案和招标方案等，针对招标采购管理的任务，实行目标层层分解检查、关键节点检查，执行对项目实施阶段的全过程动态管理和流程管理，直至所有招标采购任务顺利完成。

（2）招标采购的检查范围

招标采购工作检查就是对招标采购工作的各个方面进行深入系统的核查。检查的内容包括招标采购的工作活动、招标采购工作进行过程中的各种记录、招标采购工作的预算和实际开支状况、招标采购工作的完成程度等。招标采购的检查范围如下：

1）工作现状。如检查招标采购工作是否按预定计划完成了相应的内容、工作实施与计划要求的偏差程度等。

2）进展时间。招标采购的进展时间表是否进行了重大修改，如果有修改，检查修改的性质和修改内容对招标采购工作的影响程度等。

3）里程碑事件。招标采购工作中里程碑事件的状况可能直接影响到招标采购活动的成败，检查其是否正在按计划的时间表进行等。

4）过程检查。招标采购检查并不仅限于事后，在招标采购工作最终完成之前，为保证招标采购工作始终处于受控状态，在招标采购过程中的不同阶段，对招标采购的实施过程的检查至少要进行若干次。招标采购的过程检查应该尽量做到能够充分地分析和考虑所有与项目有关的事实（或数据），全面、系统、客观地检查招标采购工作。

5）任务完成后的检查。每次招标采购任务完成后，应及时启动招标采购团队自查和项目组织对该团队的质量评价等。

（3）招标采购的检查内容

招标采购的检查内容比较复杂，不同阶段的检查重点和内容也不一样，归纳起来，招标采购检查的主要内容包括两大类。

1）具体内容方面的检查。它包括：

①招标采购管理方案内容及其相关影响因素。

②招标采购文件的使用情况。

③招标采购工作进度与计划的符合性。

④招标采购工作的人员组成与招标需求的衔接程度。

⑤招标采购过程的相关方信息反馈。

⑥招标采购项目面临的风险和不确定性的判别和控制。

2）程序方面的检查。它包括：

①招标采购前期。招标采购前期的检查重点是合法性。例如：采购条件是否具备、审批是否完成、资金来源是否落实；是否有规避招标的行为；采购交易方式和采购组织形式是否符合要求。

②招标采购文件编制阶段。招标采购文件编制阶段的检查重点是合法性、合理性。例如：招标采购文件是否以不合理条件限制、排斥供应商；电子招标采购文件编制工具的选择是否符合电子交易的数据标准。某工程建设项目电子招标文件检查表见表 6-11。

表 6-11　某工程建设项目电子招标文件检查表

<table>
<tr><th>序号</th><th>审查内容</th><th colspan="2">审查要点</th><th>审查结果</th></tr>
<tr><td>1</td><td>电子招标文件</td><td colspan="2">选用符合电子交易数据标准的招标文件制作工具生成的招标文件通过电子交易数据校验</td><td>□通过
□未通过</td></tr>
<tr><td>2</td><td>招标文件版本</td><td colspan="2">参考选用符合电子交易数据标准的示范招标文件</td><td>□通过
□未通过</td></tr>
<tr><td>3</td><td rowspan="6">招标公告</td><td colspan="2">电子招标公告中需要填写的信息与招标文件内招标公告内容相一致</td><td>□通过
□未通过</td></tr>
<tr><td>4</td><td>投标人资质要求</td><td>符合资质标准，未随意降低或提高等级</td><td>□通过
□未通过</td></tr>
<tr><td>5</td><td>项目负责人资质要求</td><td>符合《注册建造师执业工程规模标准》</td><td>□通过
□未通过</td></tr>
<tr><td>6</td><td>业绩要求</td><td>与招标采购项目需求和技术特点相适应</td><td>□通过
□未通过</td></tr>
<tr><td>7</td><td>获取招标文件</td><td>获取时间不少于 5 日</td><td>□通过
□未通过</td></tr>
<tr><td>8</td><td>投标担保</td><td>金额、有效期、格式等符合规定</td><td>□通过
□未通过</td></tr>
<tr><td>9</td><td rowspan="2">投标人须知</td><td>招标范围等项目基本信息</td><td>表述准确、清晰</td><td>□通过
□未通过</td></tr>
<tr><td>10</td><td>招标程序、时间安排</td><td>符合法律规定</td><td>□通过
□未通过</td></tr>
<tr><td>11</td><td rowspan="4">评标办法</td><td colspan="2">评标办法合理</td><td>□通过
□未通过</td></tr>
<tr><td>12</td><td>评标委员会</td><td>组成合法</td><td>□通过
□未通过</td></tr>
<tr><td>13</td><td>否决投标条款</td><td>符合法律法规等公平竞争原则</td><td>□通过
□未通过</td></tr>
<tr><td>14</td><td>评标标准</td><td>符合法律法规和公平竞争原则符合项目特征</td><td>□通过
□未通过</td></tr>
<tr><td>15</td><td>合同条款与格式</td><td colspan="2">内容完整、清晰、无歧义
工程款支付、合同价格调整、违约条款等合理合法</td><td>□通过
□未通过</td></tr>
<tr><td>16</td><td rowspan="3">工程量清单
最高投标限价</td><td>编制内容</td><td>符合现行《建设工程工程量清单计价规范》
工程量计算准确、完整
计价依据套用准确，组价科学合理</td><td>□通过
□未通过</td></tr>
<tr><td>17</td><td>编制人员</td><td>具备注册造价执业资格</td><td>□通过
□未通过</td></tr>
<tr><td>18</td><td>电子文件格式</td><td>符合数据标准</td><td>□通过
□未通过</td></tr>
<tr><td>19</td><td>图纸</td><td colspan="2">完整，格式符合数据标准</td><td>□通过
□未通过</td></tr>
</table>

（续）

序号	审查内容	审查要点	审查结果
20	技术标准和要求	符合项目特征；描述完整、准确、无歧义；列举的标准现行有效	□通过 □未通过
21	投标文件格式	完整、准确、精简；与评标办法相适应	□通过 □未通过

③招标采购文件获取阶段。招标采购文件获取阶段的检查重点是公开性、可靠性、合法性。例如：电子招标采购文件发布媒介是否公开可获得，下载通道是否畅通；电子交易平台是否有泄露机密的情况（供应商名称、数量等）；电子招标采购文件的下载时间是否满足最短时间要求；澄清或修改在内容和时限上是否符合规定。

④投标文件开启及评审阶段。投标文件开启及评审阶段的检查重点是公正性。例如：是否按招标文件规定的时间和准备要求公开组织开标；评标委员会的组成是否符合法律规定；评审过程中采购人代表是否有不公正的言辞；评审过程中否决投标是否有法律依据及证据链是否完整。某工程建设远程电子开标、评标准备情况检查表见表 6-12。

表 6-12　某工程建设远程电子开标、评标准备情况检查表

工程名称		某工程	施招 2023—某工程
序号	检查项目	检查内容	检查结论
1	开标、评标工作流程	熟悉远程电子开标、评标活动操作规程	落实□ 未落实□
2	开标系统	测试开标计算机和数字证书，确认开标系统可以顺利登录	落实□ 未落实□
3	开标时间	确认开标时间及开标人员	落实□ 未落实□
4	评标委员会	及时提交专家抽取申请，专家人数、专业与项目属性相匹配 及时确认专家抽取结果	落实□ 未落实□
5	采购人代表	安排采购人代表并及时通知其评标场所、时间	落实□ 未落实□
6	评标会议室	根据评标时间安排，预定网上会议室	落实□ 未落实□
7	评标资料	评标所需各项资料准备齐全	落实□ 未落实□
8	监督机构	已通知到位	落实□ 未落实□

⑤合同签约/执行和验收阶段。合同签约/执行和验收阶段的检查重点是合法性、合理性。例如：合同谈判是否合规（实质性条款一致原则）；合同执行和变更是否依据充分、合理。

⑥投诉异议处理阶段。投诉异议处理阶段的检查重点是合法性。例如：异议处理是否

以法律为依据，以项目安全为原则，兼顾项目进度；不但要处理目前问题，而且要通过调查研究，以治本重于治标的思路考虑今后如何防范类似问题。

(4) 招标采购的检查方法

招标采购检查主要依据流程管理和 PDCA 循环的动态管理方法，通过检查发现实施状态的有关信息，并将信息与原计划做比较，如发现偏差，则采取措施并纠正，从而保证计划的正常实施。

1）具体的检查方法。它主要包括：

①日常检查：也称作常规性检查，一般由采购实施人自己实施。

②专项检查：针对某一个专门问题或事件进行检查，由采购人某一部门单独实施或相关部门联合组成检查组实施。

③联合检查：在某一个固定的时期由相关部门实施的联合检查。

需要时，可以将上述检查方法组合使用。

2）检查结果的落实。在招标采购任务执行过程中，相关人员必须检查目标的落实情况。当发现计划实施偏离目标时，相关人员应及时分析偏离的原因，确定应采取的纠正措施。在纠正偏差的过程中，相关人员应继续实施情况检查，形成反复循环的动态控制过程，直至招标采购目标实现。

(5) 招标采购的管理要素及考核指标

招标采购管理中存在一系列重要的管理要素，在招标采购检查的基础上，应该及时对招标采购管理要素进行考核，根据检查与考核的结果形成检查分析报告，以有效实施招标采购管理改进和风险控制；同时这些管理要素可作为招标采购的评价和招标采购绩效评价中的相关评价指标。

招标采购管理要素及考核指标见表 6-13。

表 6-13 招标采购管理要素及考核指标

<table>
<tr><th>序号</th><th colspan="2">管理要素</th><th>考核指标</th></tr>
<tr><td rowspan="5">1</td><td rowspan="5">质量管理</td><td>管理方案</td><td>项目背景描述、组织机构、工作分解、责任分配、进度计划、费用计划、质量控制措施等</td></tr>
<tr><td>质量保证</td><td>质量保证体系、采购组织形式、采购交易方式、工作流程、项目机构人员、人员责任、管理制度</td></tr>
<tr><td>质量控制</td><td>手段、措施和方法、质量控制程序、过程、控制点设置</td></tr>
<tr><td>质量验收</td><td>验收标准、中间阶段验收</td></tr>
<tr><td>质量记录</td><td>招标采购公告、招标采购文件及所附合同、澄清与修改、备案</td></tr>
<tr><td rowspan="3">2</td><td rowspan="3">进度管理</td><td>工作分解</td><td>进度目标细化、成果分解或流程分解</td></tr>
<tr><td>工作排序</td><td>工作时间的相关性、工作顺序、工作搭接</td></tr>
<tr><td>进度安排</td><td>进度编制、时间估计、成本估计、项目的开始和结束日期</td></tr>
<tr><td rowspan="2">3</td><td rowspan="2">费用管理</td><td>费用预算</td><td>资源消耗、成本分类、资源分配</td></tr>
<tr><td>费用控制</td><td>费用计划、变更控制、费用调整</td></tr>
</table>

（续）

序号	管理要素		考核指标
4	人力资源	组织机构	分配任务、明确职责、建立制度
		团队建设	人员配置、专业结构、沟通
		绩效评价	激励、约束、考核指标

在检查及考核完成后，应编制检查分析报告，沟通相关的管理信息。检查分析报告的内容包括检查目的、时间、参加人员、检查范围、检查内容、检查方法、检查结果和改进建议等。检查分析报告应重点分析检查结果对于招标采购过程的影响，评估需要采取的改进措施。检查分析报告经过审核评审后，应传递到招标采购团队及其他有关部门，以指导招标采购团队及有关部门采取改进措施。

6.3.4　政府对招标采购的监管

政府对招标采购的监管是指相关政府管理部门依据国家招标采购相关法律法规和招标采购监督管理的分工，对依法必须招标的项目和政府采购项目的招标采购活动进行的监督和管理，以保证招标采购活动的公开、公平、公正和招标采购市场的有序、规范。

（1）政府对招标采购活动的监管分类

政府对招标采购活动的监管有多种分类：

1）按监管类型分类。按监管类型分类，政府对招标采购活动的监管可分为行政监督和行政监察两种。其中对招标采购活动的行政监督主要依据法律授权，由政府发展改革部门指导协调、各政府行政管理部门分工负责，财政部门依法对政府采购政策的执行情况实施监督；对招标采购活动的行政监察主要是指监察机关依法对与招标采购活动有关的监察对象实施监察。

2）按监督对象分类。按监督对象分类，政府对招标采购活动的监管可分为对招标采购活动的监督和对招标采购当事人的监督两种。对招标采购活动的监督主要是对招标采购操作程序执行过程和交易平台的检查和监督；对招标采购当事人的监督主要是对招标采购相关当事人，如采购人、采购代理机构、供应商和评审专家等的行为进行的监督。

3）按职责分工分类。国务院发展改革部门指导和协调全国招标投标工作，对国家重大建设项目的工程招标投标活动实施监督检查。工业和信息化部、住房和城乡建设部、交通运输部、水利部、商务部等部门按照规定的职责分工对有关招标投标活动实施监督。如房屋建筑和市政基础设施类项目招标投标活动由住房和城乡建设部实施监督；公路交通类项目招标投标活动由交通运输部实施监督；机电设备国家招标活动由商务部实施监督等。近年来，一些地方政府不断完善招标投标行政监督体制，积极探索建立综合监管与行业监管相结合的协同机制。依据《招标投标法实施条例》的相关规定，县级以上地方人民政府对其所属部门有关招标投标活动的监督职责分工另有规定的，从其规定。

4）按项目投资主体分类。按项目投资主体分类，政府对招标采购活动的监管可分为政府投资项目、国有企业投资项目、外商投资项目以及民营资金投资项目等。根据现行法律的相关规定，对不同主体投资的项目而言，招标采购活动适用的法律和监督重点、监督方式也不同。

（2）政府对招标采购活动的多层次立体监管方向

在当前的招标采购监管体系中，行业监管占据了主导地位，但随着社会经济的发展和采购活动的日益复杂，传统的单一监管模式已难以全面覆盖并应对各种挑战。目前，政府对招标采购的监管已经向多层次、综合化的方向发展。

1）强化立体监管。政府拓展监管渠道，引入巡视、审计、纪检等多元监管渠道，形成多部门协同、多角度审视的监管格局。巡视机制可以确保招标采购活动的规范性和透明度，审计能深入检查财务流程的合规性，纪检部门则可以从党风廉政建设的角度，对采购活动中的违规行为进行监督和惩处。将招标采购与投资决策、质量安全、竣工验收等环节进行有机衔接，打通审批和监管业务信息系统，提升一体化监管能力，强化招标采购交易市场与履约现场联动，完善事前、事中、事后全链条全领域监管。同时发挥行业组织作用，提升行业自律水平。

2）压实监管责任。近年来，各级政府都在创新招标采购行政监督体制，在梳理招标采购监管责任链条的基础上，分领域编制行政监督责任清单，明确了各类招标采购的主管部门和监管范围、程序、方式，消除了监管盲区，压实了招标采购监管部门的责任。

3）细化监管范围。政府将监管对象进一步拓展至经营主体、交易平台和交易系统等多个维度。经营主体作为招标采购活动的直接参与者，其行为的合规性直接影响到整个市场的健康发展，对经营主体的监管应包括对其资质、信用、经营状况等方面的全面审查，确保参与招标采购的各方都具备相应的能力和条件。交易平台作为中介机构，其运营状况和服务质量也关系到招标采购活动的公平性和效率，对交易平台的监管应关注其运营规则、服务标准、信息安全等方面，确保其能够为经营主体提供公平、透明、高效的交易环境。交易系统则是整个采购活动的技术支撑，其安全性和稳定性不容忽视，对交易系统的监管应注重系统的稳定性和安全性，防范因系统故障或外部攻击导致的风险。

4）创新监管机制。要实现更全面且符合当前形势的综合监管和行业监管模式，政府还需要加强监管机制的创新和完善。例如：建立信息共享机制，实现各部门之间的数据互通和资源共享；引入第三方评估机构，对招标采购活动进行客观、公正的评价；加强监管人员的培训和教育，提高其业务能力和专业水平。

5）推进智慧监管。随着数字化技术的不断发展，政府可以运用电子信息和人工智能技术对招标采购文件进行抽查，对同类项目开展分析比对，对异常招标采购文件进行重点核查等。数字化、智能化技术手段在招标采购监管领域的应用日渐广泛，推动了传统的现场监管向全流程数字化监管转变，非现场、物联感知、掌上移动、穿透式等新型监管手段的应用，大大提升了政府对招标采购活动的监管效能。

6.3.5 招标采购实施阶段主要控制点设置实例

某工程施工电子招标主要控制点管理细则见表 6-14。

表 6-14　某工程施工电子招标主要控制点管理细则

序号	工作阶段及节点	工作内容	工作依据（条件）	应达标准					
				质量要求	完成时限	责任落实			形成成果及文件
						经办人（部门）	审核人（部门）	审批人	
1	第一阶段	招标策划							
1.1	第一节点	组建招标工作小组		项目经理 1 人，由招标采购专业人员担任；造价、信息等专业人员若干	2～7 个工作日	项目部主办人员	项目经理	招标人	招标工作小组名单
1.2	第二节点	搜集招标采购法规和项目所在地政策	招标投标法等有关文件规定	了解法律法规，从而使本次招标全过程纳入依法办事、规范操作的轨道		项目部主办人员			
1.3	第三节点	熟悉建设意图	招标人的情况介绍、项目建议书、可行性研究报告、招标采购管理方案等	形成整个招标的工作思路，捋顺操作思路，产生策划初步打算		项目部主办人员	项目经理		
1.4	第四节点	制订招标方案	项目情况、招标人建设意图、设计、勘察文件及相关技术标准	结合招标采购项目管理方案，进行每次采购的招标策划，保证招标工作针对性强、计划清晰、措施有力		项目部主办人员	项目经理	总工	招标方案
	(1)	合理划分施工标段							
	(2)	发包模式及总分包界定							
	(3)	选定合同模式							
	(4)	选定计价方式							
	(5)	选定材料设备的采购方式							
	(6)	初步确定投标人资格条件							

（续）

序号	工作阶段及节点	工作内容	工作依据（条件）	应达标准					
				质量要求	完成时限	责任落实			形成成果及文件
						经办人（部门）	审核人（部门）	审批人	
2	第二阶段	招标准备							
2.1	第一节点	进行项目信息登记	招标投标法等有关文件规定	各项资料真实、合法、齐全	1～2个工作日	项目部办事员	项目部主办人员	项目经理	系统生成标段号
	(1)	收集整理需招标人提供的资料							
	(2)	完成委托合同信息报送							
	(3)	扫描上传相关资料，完成项目信息登记							
2.2	第二节点	草拟招标公告、资格预审（若采用，下同）公告	《招标公告和公示信息发布管理办法》（国家发展改革委令第10号）	1. 详细载明招标项目概况、招标范围、建设地点、质量要求，投标人资质要求等 2. 投标人资质条件以及投标项目负责人资格条件等应符合相关资质、资格的规定和工程要求 3. 采用资格预审的，应在公告中明确资格预审评审办法 4. 内容真实、准确和完整	1个工作日	项目部办事员	项目部主办人员	项目经理	资格预审公告或招标公告
2.3	第三节点	编制资格预审文件	根据工程项目概况做出相关资格预审评审标准的要求和程序性规定	1. 制订的资格预审条件合乎招标项目实际，无排斥、歧视潜在资格预审申请人的评审标准 2. 依据ISO质量保证体系，制订有效的质量控制流程，对成果文件实行编制、校核、审定三级复核制，责任落实到人	草拟资格预审文件一般需要1～2个工作日，招标工作小组商讨修改需要2～3个工作日，校核、审定需要1个工作日	项目部主办人员	项目经理	总工	资格预审文件
	(1)	草拟资格预审文件							
	(2)	招标工作小组商讨修改有关内容							
	(3)	定稿后用招标文件制作工具签章并生成资格预审文件							

（续）

<table>
<tr><th rowspan="3">序号</th><th rowspan="3">工作阶段及节点</th><th rowspan="3">工作内容</th><th rowspan="3">工作依据（条件）</th><th colspan="6">应达标准</th></tr>
<tr><th rowspan="2">质量要求</th><th rowspan="2">完成时限</th><th colspan="3">责任落实</th><th rowspan="2">形成成果及文件</th></tr>
<tr><th>经办人（部门）</th><th>审核人（部门）</th><th>审批人</th></tr>
<tr><td rowspan="5">2.4</td><td>第四节点</td><td>编制招标文件</td><td rowspan="5">招标文件示范文本、设计图纸、工程量清单计价规范</td><td rowspan="5">1. 必须针对工程的特点和需求编制
2. 应符合法律、法规和政策规定；内容完整，含义明确，数据准确，且逻辑严密、结构合理、前后一致、用词严谨
3. 应阐明招标工程的性质、范围和内容，明确招标采购活动的程序
4. 应兼顾招标人、投标人各方利益，不得造成对投标人的歧视
5. 评标办法应公平、公正、科学、择优
6. 工程量计算准确、无漏项，对工程项目特征和工程内容描述全面
7. 工程量清单符合电子交易数据标准
8. 电子招标文件符合电子交易数据标准</td><td rowspan="5">草拟招标文件一般需要2～4个工作日，编制工程量清单需要20～25个工作日，校核招标工作小组商讨修改需要2～3个工作日，校核、审定需要3个工作日（可交叉进行）</td><td rowspan="5">项目部主办人员，其中工程量清单由造价工程师负责</td><td rowspan="5">项目经理</td><td rowspan="5">总工</td><td rowspan="5">招标文件</td></tr>
<tr><td>（1）</td><td>草拟招标文件</td></tr>
<tr><td>（2）</td><td>编制工程量清单</td></tr>
<tr><td>（3）</td><td>招标工作小组商讨修改有关内容</td></tr>
<tr><td>（4）</td><td>定稿后用招标文件制作工具签章并生成招标文件</td></tr>
<tr><td>2.5</td><td>第五节点</td><td>编制最高投标限价文件</td><td>根据工程量清单，参照工程量清单计价规范或相关的工程预算定额、工程量计算规则、施工费用计算规则、市场要素价格等</td><td>1. 经过编、校、审三道程序，所套用计价依据、预算定额、施工费用计算规则正确，市场要素价格切合实际
2. 符合电子交易数据标准</td><td>编制最高投标限价一般需要5～10个工作日，校核、审定需要1～2个工作日（可交叉进行）</td><td>造价工程师</td><td>项目经理</td><td>总工</td><td>最高投标限价文件</td></tr>
</table>

（续）

序号	工作阶段及节点	工作内容	工作依据（条件）	应达标准					
				质量要求	完成时限	责任落实			形成成果及文件
						经办人（部门）	审核人（部门）	审批人	
3	第三阶段	招标							
采用公开招标方式 3.1	第一节点	发布招标公告（资格预审公告）	不少于5日	1. 发布在规定的媒介上 2. 招标信息内容真实、准确、完整 3. 在不同媒体发布的内容一致	1个工作日	项目部办事员	项目部主办人员	项目经理	
3.2	第二节点	获取资格预审文件（适用于资格预审公告）	不少于5日	在相应电子招标采购交易平台中下载	不少于5日	项目部办事员	项目部主办人员	项目经理	
3.3	第三节点	确定投标人			资格预审评审需要1～2个工作日；发放资格预审合格通知书需1个工作日	项目部办事员	项目部主办人员	项目经理	资格预审报告投标人名单
	（1）	开启资格预审申请文件	资格预审文件	测试计算机和数字证书，确认登录系统顺利					
	（2）	组建资格预审评审委员会		资格审查委员会由招标人代表和评审专家组成，人数符合规定，专业与项目属性相匹配					
	（3）	组织评审		评审所需资料是否准备齐全					
	（4）	发送资格预审结果		1. 向通过资格预审的申请人发放投标邀请书 2. 向未通过资格预审的申请人发放资格预审结果通知书					
4	第四阶段	发布招标文件和补充招标文件							

（续）

序号	工作阶段及节点	工作内容	工作依据（条件）	应达标准						
				质量要求	完成时限	责任落实			形成成果及文件
						经办人（部门）	审核人（部门）	审批人	
4.1	第一节点	发布招标文件	不少于 5 日	招标文件确认无误后，及时上传电子招标采购交易平台	不少于 5 日	项目部办事员	项目部主办人员	项目经理	招标文件
4.2	第二节点	组织踏勘现场	按招标文件规定	1. 应按招标文件约定的时间组织潜在投标人踏勘现场 2. 招标文件约定不集中组织现场踏勘的，应准确告知工程的具体位置和联系人，在工程现场宜设置识别标识	1 个工作日				补充招标文件
4.3	第三节点	发布补充招标文件	按招标文件规定	1. 及时在电子招标采购交易平台中收集、整理和回复投标人疑问 2. 及时上传补充招标文件	1 个工作日				
5	第五阶段	开标、评标、定标							
5.1	第一节点	开标	招标文件	1. 与投标截止时间同时举行 2. 投标截止时间前（宜提早 30 ～60min）登录电子开标室 3. 投标截止时间/开标时间单击开标，根据系统提示操作，直至开标结束	1 个工作日	项目部办事员	项目部主办人员	项目经理	开标记录表

（续）

序号	工作阶段及节点	工作内容	工作依据（条件）	应达标准					
				质量要求	完成时限	责任落实			形成成果及文件
						经办人（部门）	审核人（部门）	审批人	
5.2	第二节点	评标	参照行政监督管理部门有关规定		1个工作日	项目部办事员	项目部主办人员	项目经理	评标报告
	(1)	抽取评标专家		1. 评标前规定时间内，提交专家抽取申请 2. 适时关注专家抽取情况，以免发生专家抽取不足的情况，影响评标正常进行					
	(2)	评标准备工作		1. 准备评标所需资料 2. 提前抵达评标地点 3. 宣读评标纪律，介绍与会人员、项目概况及要求、评标办法等					
	(3)	评标收尾工作		1. 确认电子招标采购交易平台中评标环节已完成 2. 评标报告签署完成 3. 整理所有评标资料 4. 支付专家劳务费 5. 提示招标人及时审核评审报告					
5.3	第三节点	定标				项目部办事员	项目部主办人员	项目经理	
	(1)	审查评标报告		协助招标人对评审报告进行认真审查，对评审报告的公正性和提出的建议进行评价					
	(2)	协助定标		协助招标人对推荐的中标候选人进行履约能力审查，根据事先公布的定标原则和程序，确定综合能力最优的中标候选人					定标决议

（续）

序号	工作阶段及节点	工作内容	工作依据（条件）	应达标准					
				质量要求	完成时限	责任落实			形成成果及文件
						经办人（部门）	审核人（部门）	审批人	
5.3	（3）	公示中标候选人	不少于 3 日	1. 及时在电子招标采购交易平台完成相关操作，生成中标候选人公示、中标公告、中标及未中标通知书、招标采购情况书面报告等资料，并签章发布 2. 整理好中标备案资料后及时联系建设行政主管部门办理备案	3 个工作日	项目部办事员	项目部主办人员	项目经理	
	（4）	发布中标公告、中标及未中标通知书	在中标候选人公示期满后 30 日内确定		1 个工作日				中标结果公告，中标及未中标通知书
	（5）	提交招标采购情况书面报告	自中标通知书发出之日起 15 日内向行政监督管理部门备案招标采购情况		3 个工作日				招标采购情况书面报告
6	第六阶段	形成施工合同							
6.1	第一节点	草拟施工合同	招标工作结束，已下发中标通知书	1. 合同文本结构力求条理清晰，文字表述力求严谨周密 2. 明确相互的权利和义务关系，真实体现当事人意思表示	7 个工作日	项目部主办人员	项目经理	招标人	施工承发包合同初稿
6.2	第二节点	主持与中标人谈判	施工合同初稿及双方意思表示	以招标文件明确的合同条款为依据，把招标成果落实到合同条款中		项目部主办人员	项目经理	招标人	
6.3	第三节点	协助签订施工合同	在发出中标通知书后的 30 日内签订施工合同	协助做好有关施工合同签订工作		项目部主办人员	项目经理	招标人	施工承发包合同
6.4	第四节点	向未中标人退还投标保证金	按招标文件规定	在合同签订后 5 日内向未中标人退还投标保证金	1 个工作日	财务部	项目部主办人员	项目经理	退还投标保证金记录
6.5	第五节点	向中标人退还投标保证金	按招标文件规定	核实中标人履约保证金交纳情况后，办理退还投标保证金手续		财务部	项目部主办人员	项目经理	退还投标保证金记录

（续）

序号	工作阶段及节点	工作内容	工作依据（条件）	应达标准					
				质量要求	完成时限	责任落实			形成成果及文件
						经办人（部门）	审核人（部门）	审批人	
7	第七阶段	成果资料整理及交付							
7.1	第一节点	成果资料整理	招标任务完成	1. 对招标采购工作中的重要活动、主要过程和现状的记载，以及其他具有保存价值的各种载体、文件资料，均应收集齐全，确保资料齐全完整 2. 电子归档资料应符合下列条件：1）必须真实、准确，与招标采购活动实际情况相一致；2）字迹清晰、图表整洁、签字盖章手续完备；3）条理有序、目录清晰，能够反映招标采购活动的全过程；4）必须经过分类整理，组成符合档案要求的电子案卷	招标资料归档可分阶段进行，也可在整个招标采购活动完成后进行	项目部主办人员	项目经理	总工	采购实施人自留档案、送交招标人档案和提交建设行政主管部门备案档案
7.2	第二节点	成果资料交付		1. 送交招标人档案应编制档案移交清单，在招标人向中标人授予合同后30天内，交付招标人并办理交接手续 2. 采购实施人自留档案应上传至公司档案系统		项目部主办人员	项目经理	招标人	归档资料签收单
7.3	第三节点	归档保存	成果资料交付完成	应根据档案管理规定妥善保存自留档案，档案保存期应符合行业规定		项目部主办人员	档案室办事员	档案室主任	

6.4　招标采购合同履行阶段的管理

招标采购实施完成后最主要的成果就是产生中标人并授予中标合同。传统的招标采购工作范围一般止于招标采购实施完毕，产生中标人后即告结束。随着招标采购全过程管理的发展，对招标采购合同的履行管理等内容已越来越受到采购人关注。作为招标采购专业人员，应该熟悉和掌握招标采购合同履行阶段的管理内容。

6.4.1　招标采购合同履行管理的内容

(1) 招标采购合同履行管理的概念

招标采购合同履行管理是指签订采购合同后，管理每个采购中标合同的履行，同时对中标人合同执行的绩效情况进行检查、审计（包括阶段性考核在内），并把采购合同关系的完成成果和中标人的管理成果等内容整合到项目的整体管理体系中，确保所有采购都能满足项目的整体目标。采购合同因应用领域不同，可包括协议、一致意见、分包合同或订购单等，招标采购合同履行管理过程主要围绕采购合同进行。

(2) 招标采购合同履行管理的工作基础

招标采购合同履行管理的工作基础包括合同管理制度、合同基础性资料和合同履行保证体系等。

1）合同管理制度。招标采购合同管理制度对保证履约十分重要，主要的合同管理制度包括：

①合同管理的责任制度。它强调每个人在合同管理上的职责和权利。

②合同管理的系列制度和规定。它包括合同评审、变更、结算、现场签证、计量与支付、索赔及纠纷处理等制度和程序。

2）合同基础性资料。它包括：

①关于采购管理的有关信息和文件。如关于采购合同授予的规定和 SOW 等。

②整体项目管理计划。它包括采购管理计划等。

③采购合同。

④供应商编制的技术文件和显示其可交付成果绩效情况的材料。

⑤合同执行过程中经采购人批准的正式变更申请。

⑥其他内容。如合同执行过程中收集到的工作绩效信息，包括满足质量标准的程度、已发生或已承诺的成本，及已付讫的中标人发票等。

3）合同履行保证体系。合同履行保证体系是指为保证合同的有效执行，围绕质量、成本和进度等目标分解，从职责、过程、资源和程序等方面建立的合同管理体系。

(3) 招标采购合同履行的项目管理工具及技术

招标采购合同履行管理过程常用的项目管理工具及技术有：

1）合同变更控制系统。合同变更控制系统规定了修改合同的流程。它包括文书工作、跟踪系统、争议解决程序，以及各种变更所需的审批层次。合同变更控制系统应当与项目整体的变更控制系统整合起来。如某大型旅游度假区建设项目，包含房建、市政、园林绿化等十几个类型的近 300 个工程单体，也就是说该项目的完成是由一大批在时间和空间上相互影响、互相制约的活动构成的。为保证建设工作顺利进行，采购人制订了严密的合同变更控制系统，规定了修改合同的详细流程，所有的签证、工程变更和设计变更都要按照合同的变更流程，完成审批后才允许纳入合同变更。

2）采购绩效审查。采购绩效审查是一种结构化的审查，旨在依据合同来审查中标人在规定的成本和进度内完成项目范围和达到质量要求的情况。它可以包括采购人开展的检查、对中标人所编相关文件的审查，以及在中标人实施工作期间进行的质量审计。绩效审查的目标在于发现履约情况的好坏、相对于 SOW 的进展情况以及未遵循合同的情况，以便采购人能够量化评价中标人在履行工作时表现出来的能力。这些审查可能是项目状态审查的一部分。在项目状态审查时，通常要考虑关键供应商的绩效情况。

3）检查和审计。在项目执行过程中，应该根据合同规定，由采购人开展相关的检查和审计，中标人应对此提供支持。通过检查和审计，可以验证中标人的工作过程或其完成的可交付成果对合同的遵守程度。检查的量化工具主要为挣值分析技术，通过挣值分析可以对进度与成本进行动态监控与分析。

4）绩效报告。绩效报告是指向采购人决策层提供关于中标人正在如何完成合同目标的信息。

5）支付系统。首先证明中标人已经令人满意地完成了相关工作；然后按程序通过采购人的支付系统向中标人支付。最后所有支付都必须严格按照合同条款进行并加以记录。

6）索赔管理。如果采购人和中标人双方不能就变更补偿达成一致意见，甚至对变更是否已经发生都存在分歧，被请求的变更就成了有争议的变更或潜在的推定变更。有争议的变更也称为索赔、争议或诉求。在整个合同生命周期中，通常应该按照合同规定对索赔进行记录、处理、监督和管理。如果合同双方无法自行解决索赔问题，则需要按照合同规定的替代争议解决（ADR）程序进行处理。谈判是解决所有索赔和争议的首选方法。

7）记录管理系统。项目经理采用记录管理系统来管理合同、采购文件和相关记录。它包含一套特定的流程、相关的控制功能以及作为项目管理信息系统一部分的自动化工具。该系统中包含可检索的合同文件和往来函件档案。

（4）招标采购合同履行的实施要点

招标采购合同履行阶段的实施要点包括：

1）合同目标分解与合同交底。合同目标分解是指依据 WBS 分解成果，结合项目的进度、质量、成本、安全等控制计划，对采购合同控制的具体目标进行分解，将合同目标落实到合同履约执行的具体活动中，为合同管理提供具体对策和措施。合同交底就是在合同目标分解的基础上，由项目经理负责组织，管理团队全体人员参与的围绕合同主要内容、规定管理程序、合同责任、工作责任和法律后果等涉及合同履行的相关内容的学习和培训，使有关人员熟悉合同，避免执行出现差错。

2）合同的变更管理、索赔管理及支付管理。其中，合同的变更管理主要涉及合同变更的流程，包括：变更提出、变更审核、变更确认及变更签署的相关文件；合同变更的批准权限；合同变更的监督，如该不该变、有没有变、数量变更是否准确、价格变更是否合适等；变更对项目各方利益的影响等。合同的索赔管理主要涉及合同因各种原因引起的索赔及反索赔。合同的支付管理主要涉及合同款支付的有关事项，如支付的确认、支付的审批权限及流程、支付的具体操作程序等。

3）对供应商的阶段性绩效考核和阶段性检查与审计。对供应商的阶段性绩效考核和阶段性检查与审计的目的是通过对供应商的指导、监督、控制等，将其纳入整体项目管理的范围、质量、时间、成本、风险控制体系中，以保证有效达成合同目的。其中，阶段性绩效考核是通过绩效审查进行的，其内容包括依据合同目标，确定审查方法，制定审查标准，量化标准数据，进行多方面评估，最终形成绩效报告。绩效报告的内容可分为状态报告、进展报告（挣值分析）和预测等。阶段性检查与审计主要包括日常检查、里程碑检查、检验与验收、采购后评估检查等。

4）合同履行与供应链管理的协调与优化。在招标采购合同履行阶段，与企业整体的供应链管理协调是确保合同目标与供应链策略高效对接的基础，越来越受到项目采购人的高度重视。首先，应该建立一个通畅的沟通系统，保证项目管理团队与供应链各环节之间的信息实时流通和准确传递，包括对供应时间表、物料质量标准和交付要求的及时更新与共享。其次，协调工作还涉及风险沟通管理，要求识别并评估合同履行中可能出现的风险，如供应延迟、质量问题或成本增加等，并制定应对措施来保证供应链的稳定。最后，项目管理团队还应定期跟踪供应链的商流、物流、信息流、资金流，以便及时调整招标采购合同履行的管理策略，应对供应链的变化，从而提升合同履行的效率和效果，优化供应链。

（5）招标采购合同履行的成果

1）采购合同系列文档。采购合同系列文档中包括（但不限于）采购合同以及全部支持性进度计划、未获批准的合同变更资料和已获批准的合同变更资料。采购文档中还包括由中标人编制的技术文件和其他工作绩效信息，例如可交付成果、中标人绩效报告、担保、包括发票和付款记录在内的财务文件，以及与合同相关的检查结果等。

2）合同管理过程的相关资料。它包括：

①往来函件。合同条款和条件往往要求采购人与中标人之间的某些沟通采用书面形式，例如，对不良绩效提出警告、提出合同变更请求或进行合同澄清等。往来函件中可能包括关于采购人审计与检查结果的报告，该报告会指出中标人需纠正的不足之处。除了合同规定应保留的文档外，双方还应完整、准确地保存关于全部书面和口头沟通以及全部行动和决定的书面记录。

②支付计划和请求。所有支付都应按合同条款和条件进行。

③中标人绩效评估文件。中标人绩效评估文件是由采购人准备的。该文件记录中标人继续实施现有合同工作的能力，说明是否允许中标人继续实施未来项目的工作，或对中标人执行项目工作的绩效进行评级。这些文件可成为提前终止合同、收缴合同罚款，以及支付合同费用或奖金的依据。这些绩效评估的结果也可纳入相关的合格中标人清单。

3）招标采购情况记录。合同执行组织还要注意对招标采购过程和结果的有关情况，特别是有关合同的争议、问题和缺陷以及相应处理意见等进行记录并反馈至原招标采购团队，以便吸取有关经验和教训，做好下一次招标采购工作。

6.4.2 招标采购合同履行的跟踪

根据招标采购的服务要求，采购实施人在完成每次招标采购实施任务后，还应进行招标采购合同履行的跟踪。招标采购合同履行的跟踪是指采购实施人对整个项目每次合同履约执行情况的调查，以项目目标为依据，对实际进展信息进行收集，以项目合同为准绳进行比较，主动协助合同履约执行部门，及时处理合同履行过程中可能存在的关于招标采购过程和结果的争议，最终确保项目管理目标的实现。合同履行跟踪的实施者，可以是采购团队的实际操作者，也可以是采购人的专业管理部门。

(1) 合同跟踪的内容及作用

1）合同跟踪的内容。合同跟踪的内容一般包括以下几个方面：

①项目计划和目标的实现情况。一方面是项目计划的实施情况，如生产作业实施情况、工程量完成情况等；另一方面是项目目标的实现情况，如项目的变更、调整与索赔等。项目的计划、跟踪和控制的对象，一般包括进度、成本、质量等目标。

②项目的外部因素。项目的外部因素主要包括合同履行的政治、经济、社会、法规、政策制度、自然环境等方面，这些因素一般是不可控的。跟踪项目的外部因素的主要目的是应对环境的变化，了解并分析其影响，并协助确定最终解决方案。

③项目的内部因素。项目的内部因素主要包括合同履行当事人的人员投入、资金使用情况、资源到位程度、设备运行情况、组织责任落实情况等。跟踪项目的内部因素的主要目的是了解并分析实际偏差对合同履行的影响，必要时向项目管理者提出预警信号。

④对招标采购过程或结果的反馈。它主要包括项目履行执行管理中暴露出来的关于招标采购过程或结果的正、反两方面的信息，尤其是可能存在的关于招标采购过程和结果的争议、问题和缺陷等。对招标采购过程或结果的反馈的主要目的是为其他同类项目的招标采购活动，包括供应商资格要求设置、招标采购文件制定、投标文件评审、确定中标人、合同谈判及合同订立等提供有价值的补充信息和资料，为以后的类似招标采购活动积累经验，避免同样问题发生。

2）合同跟踪的作用。由于合同的履行与合同缔约过程密切相关，因此跟踪了解合同的履约执行以及实施过程的调整情况，可以做到：

①协助合同履约执行部门，迅速处理好跟踪中发现的关于招标采购过程及结果的争议、问题和缺陷等。

②及时反馈有关信息，对提升后续的招标采购管理有重要意义。

(2) 合同跟踪的策划

合同履行的跟踪需要进行有效的策划。因为在进行合同跟踪时，要综合考虑大量的问题，比如收集哪些信息、如何收集、何时收集、谁去收集、需要哪些技术支持和管理支持、收集过程中可能出现什么问题、如何处理等，这些问题需要通过合同履行的跟踪策划来解决。

合同跟踪的策划内容一般包括以下几方面：

1）确定跟踪对象。它包括项目计划内容、内部环境因素、外部环境因素、风险等方面；其具体内容有项目范围、主要里程碑、资源、进度、质量、资金、安全、环保、变更、组织等。

2）确定收集信息范围。它包括项目现场的活动信息、投入信息、项目产出信息等，及项目与外部环境交流的信息。

3）确定项目跟踪过程。它是跟踪项目，获得及时、准确、全面信息的活动过程，一般包括四个步骤：

①观察：包括设立观察点、确定观察时间或频率以及选择观察手段等。

②测量：根据不同的信息内容、形式等，采用科学合理的测量方式进行测量。

③分析：对测量的结果进行初步分析，判定其准确性、可靠性、真实性等。

④记录和报告：对项目过程进行记录并形成报告。

4）跟踪的组织和人员。由采购团队选派或指定人员，或设立专门的组织负责跟踪工作。

5）确定跟踪的工作制度。完善的跟踪工作制度是跟踪工作有效进行的基本保障。

（3）合同跟踪的方法及注意事项

1）合同跟踪方法。合同履行的跟踪过程中可以应用的管理方法和技术比较多，包括检查表法、关键指标法、专业访谈以及挣值分析等。

①检查表法：检查表法是将具体的数据用比较容易让人理解的形式制成图形或表格，为其他统计方法提供基础数据的一种方法。在合同履行的跟踪过程中，跟踪工作的负责人员应按合同规定的具体权利义务制定检查项目。

②关键指标法：关键指标反映合同在履行过程中的绩效，负责跟踪工作的团队可以通过监控该指标来确保实现预期的项目成果。关键指标的选取需要基于合同中乙方的义务，但是关键指标自身并不作为合同标的。

③专业访谈：负责跟踪工作的团队在合同履行的过程中应定期与合同方进行访谈沟通，了解合同履行进度，及时识别履行进度滞后或风险预兆，并立刻采取纠偏措施。

④挣值分析：挣值分析主要用于合同成本和进度的监控。挣值是指将合同开始时的计划与所完成的工作进行比较，估计出完成合同的时间点以及合同最终的花费，以此推断合同能否按时保质完成。

2）在选择采用合同跟踪方法时，应注意以下几点：

①合同跟踪的协调性。注意与信息管理的总体规划相协调。实践中，大量的项目跟踪活动不完善，或信息收集和信息管理不协调，使项目跟踪和信息管理的效率比较低，项目管理的整体绩效不高。

②合同跟踪的及时性。实践中，及时收集信息可以防止有用信息的丢失或扭曲，应注意根据信息的紧迫程度、重要程度等进行分类，确定跟踪的强度和报告的频率。

③信息的标准化和报表的规范化。对应项目管理和信息管理的需要，要对信息进行专门的设计，如代码设计等，另外报表的规范设计也非常重要。信息的标准化和报表的规范化，可以大大提高合同跟踪和信息管理的效率。

④应用先进的信息技术。尤其是对于大型复杂项目，一方面工期较长，跟踪时间长，信息量大；另一方面项目的空间跨度大，交通成本高。采用大型数据库管理技术、网络数据交换技术等，可以提高跟踪进展和管理信息的效率。

(4) 合同跟踪分析报告

在合同履行的跟踪完成后，应及时编制合同跟踪分析报告。合同跟踪分析报告的内容主要包括跟踪目的、起止时间、参加人员、跟踪范围、跟踪内容、跟踪方法、跟踪结果、合同履行中的偏差、变更原因和改进建议等。合同跟踪分析报告重点应分析跟踪结果对招标采购活动的影响，评估可能需要采取的改进措施。合同跟踪分析报告应经过采购人审核评审后，传递到原采购团队及其有关部门，以供参考。

6.5 招标采购收尾阶段管理

根据招标采购项目管理全生命周期理论，招标采购的收尾阶段的具体工作内容包括三项：一是确认招标采购合同内的全部工作和可交付成果通过验收，处理未决索赔、更新记录以反映最后的结果；二是招标采购的档案整理、招标采购的总结；三是招标采购的评价。本节主要介绍前两个内容，第三项招标采购的评价在本章最后介绍。

就上述第一项工作，采购实施人应根据项目管理组织内部分工或委托合同的约定，主持或协助合同履行部门完成相应工作。例如，《中华人民共和国政府采购法实施条例》规定“采购人或者采购代理机构应当按照政府采购合同规定的技术、服务、安全标准组织对供应商履约情况进行验收，并出具验收书。验收书应当包括每一项技术、服务、安全标准的履约情况”，明确采购人或采购代理机构应当按照政府采购合同的规定，对政府采购合同的供应商履约情况进行验收。

6.5.1 招标采购收尾工作

招标采购的收尾工作是确认每次采购的全部工作和可交付成果通过验收，完成单次采购的过程。采购实施人应针对项目中的每个合同做好收尾工作，如合同条款可能仅适用于项目的某个特定阶段，则收尾工作应在该阶段结束后进行。

合同提前终止是结束采购的一个特例。合同可由双方协商一致而提前终止，或因一方违约而提前终止，或者由于其他原因而提前终止等。根据合同终止条款规定的双方对提前终止合同的权利和责任等内容，采购实施人应就合同对方为该合同所做的准备或已经完成、验收的工作，按照合同约定支付相应款项。

(1) 招标采购收尾的基础资料

招标采购收尾的基础资料主要有招标采购项目管理方案以及相关文档资料。如有关合同进度、范围、质量和成本绩效的信息，全部合同及合同变更文件，支付记录和检查结果等。

(2) 招标采购收尾的方法

1) 采购审计。采购审计是指对从规划采购过程到采购合同履行管理过程的所有采购过程进行审查，其目的是确认以上程序和内容是否符合政府相关法律、法规及企业内部的采购政策，同时找出经验与教训供其他项目借鉴。

2) 协商解决。协商解决是指通过谈判解决每个采购合同的遗留事项、索赔和争议，是一项重要工作。如果直接谈判无法解决采购合同中的遗留事项、索赔、争议等，除了通过诉讼解决争议，还可以尝试 ADR 方法，如调解或调停、中立听者协议、小型审理、简易陪审团审判、租借法官、事实发现法等多种方式。

(3) 招标采购收尾的工作成果

1）可交付成果验收。合同履行部门根据合同中对可交付成果的正式验收要求，包括数量、质量、技术参数、服务、安全标准等以及如何处理不合格产品的有关规定，向合同对方发出关于可交付成果已通过或未通过验收的正式书面通知。如果属于合同提前终止的情形，可交付成果应为合同双方所约定的部分成果和相应的费用补偿协议。

2）招标采购电子档案归档。在招标采购收尾阶段，相关人员应对招标采购项目过程中的电子档案进行归档。

3）总结与评价。招标采购相关部门应该编制经验教训文件、工作体会和过程改进建议，作为项目档案的一部分，用于改进未来的采购。

6.5.2　招标采购档案

招标采购档案是招标项目总结、评价的基础条件和主要依据。采购实施人应建立完善的招标采购业务档案管理制度。

(1) 招标采购档案概述

招标采购档案是反映招标采购活动的重要记录。采购实施人在组织实施招标采购活动中形成的文件材料，都应归入招标采购项目档案管理，以保证档案资料的真实性、完整性。采购实施人应当妥善保管招标过程中的文件资料，以存档备查，保存期根据有关规定执行。招标采购档案管理工作应由招标采购项目经理主持。

(2) 招标采购资料归集

在招标采购管理中形成的大量文件资料，需要按照一定的原则和方法，将有保存价值的招标采购资料加以系统地归集整理，包括对招标采购工作中的重要活动、主要过程和现状的记载，以及其他有保存价值的载体、文件资料等。文件资料应包括纸质原件、复印件和电子文件、影像资料等，归集时应做到：

1）记录必须真实准确，与招标采购活动实际情况相符合。

2）纸质原件应采用耐久性强的书写材料，不得使用易褪色的书写材料。

3）字迹清晰、图表整洁、签字盖章手续完备。

4）必须完整、系统，确保资料真实性并能够反映招标采购活动的全过程。

(3) 招标采购档案立卷

招标采购资料按有关档案管理规定收集齐全后，必须经过分类整理。整理的最终结果是把单份文件组合在一起，形成一个个数量不等的集合体，这些由互有联系的若干文件组成的集合体称为案卷。把零散文件归集、组合成案卷，并使之条理有序、目录清晰的工作就是组卷，也称为立卷。立卷完成后，经检查核对并由相关人员签字，按纸质档案数字化有关规范对纸质档案进行数字化处理，送有关档案管理部门存档。

对于依法必须招标的项目，通常情况下采购实施人应按自留档案、送交采购人档案和送政府有关行业主管部门备案档案三类情况分别整理。其中，纸质招标采购档案的份数应根据项目情况和有关要求准备。

某工程建设项目招标采购资料归档清单目录式样见表 6-15。

表 6-15　某工程建设项目招标采购资料归档清单目录式样

<table>
<tr><th>序号</th><th>资料名称</th><th>资料形式</th><th>归档情况</th></tr>
<tr><td>1</td><td>招标前期资料</td><td>原件扫描件</td><td>□有□无</td></tr>
<tr><td>2</td><td>招标方案</td><td>原件扫描件</td><td>□有□无</td></tr>
<tr><td>3</td><td>招标公告</td><td>电子签章文件</td><td>□有□无</td></tr>
<tr><td>4</td><td>招标文件（含工程量清单）</td><td>电子签章文件</td><td>□有□无</td></tr>
<tr><td>5</td><td>最高投标限价文件</td><td>电子签章文件</td><td>□有□无</td></tr>
<tr><td>6</td><td>招标投标情况书面报告</td><td rowspan="9">电子签章文件</td><td>□有□无</td></tr>
<tr><td>6.1</td><td>招标基本信息表</td><td>□有□无</td></tr>
<tr><td>6.2</td><td>获取招标文件的情况</td><td>□有□无</td></tr>
<tr><td>6.3</td><td>开标情况表</td><td>□有□无</td></tr>
<tr><td>6.4</td><td>评标情况</td><td>□有□无</td></tr>
<tr><td>6.4.1</td><td>评标报告</td><td>□有□无</td></tr>
<tr><td>6.4.2</td><td>技术标评审意见表</td><td>□有□无</td></tr>
<tr><td>6.4.3</td><td>商务标、经济标评审意见表</td><td>□有□无</td></tr>
<tr><td>6.4.4</td><td>评标委员会决议（含否决投标决议等）</td><td>□有□无</td></tr>
<tr><td>6.5</td><td>中标候选人公示及异议情况</td><td>电子签章文件</td><td>□有□无</td></tr>
<tr><td>6.6</td><td>附件资料</td><td>原件扫描件</td><td>□有□无</td></tr>
<tr><td>7</td><td>中标结果公告</td><td>电子签章文件</td><td>□有□无</td></tr>
<tr><td>8</td><td>中标通知书/未中标通知书</td><td>电子签章文件</td><td>□有□无</td></tr>
<tr><td>9</td><td>中标人投标文件</td><td>电子签章文件</td><td>□有□无</td></tr>
<tr><td>10</td><td>未中标人投标文件</td><td>电子签章文件</td><td>□有□无</td></tr>
<tr><td>11</td><td>资料移交回执</td><td>原件扫描件</td><td>□有□无</td></tr>
<tr><td>12</td><td>电子版图纸</td><td>电子文件</td><td>□有□无</td></tr>
<tr><td colspan="4">移交人签字：　　　　项目经理签字：　　　　档案室签字：
日期：　　　　日期：　　　　日期：</td></tr>
</table>

（4）招标采购电子档案

随着电子招标采购交易平台的推广应用，招标采购档案的电子化逐步成为招标采购资料归档的主要形式。招标采购项目的归集、立卷一般由电子交易平台自动生成，采购团队经检查无误后，确认归档到电子档案管理系统。

1）招标采购电子档案收集。采购实施人为加强对招标采购电子档案的收集与整理使用，应建立符合要求的电子档案管理系统，以满足招标采购电子档案日常管理的需求。电子档案管理系统应具备以下功能：

①电子文件和电子档案在线接收。电子档案管理系统可以对电子文件和电子档案实施在线接收，既有从本业务系统接收电子文件及其元数据的接口，也有从其他电子档案管理系统接收电子档案的功能。

②电子文件和电子档案离线接收。电子档案管理系统可以实现电子文件、电子档案和其他数字资源的离线批量导入，包括 XLS、DBF、MDB、XML、TXT 等格式的元数据文件等，实现元数据、目录数据与对应电子文件、电子档案的自动关联。

③电子文件和电子档案接收检测。电子档案管理系统可以对收到的电子文件和电子档案进行属性检测，并对检测到的不符合要求的电子文件或电子档案进行标记。

④传统载体档案信息上传。利用信息上传挂接功能，电子档案管理系统可以将传统载体的档案全文信息上传挂接，并支持单个、批量文件上传等方式，建立目录与其对应全文间的关联关系，保持关联关系稳定。

2）招标采购电子档案的保存。电子档案管理系统可以将电子档案的存储格式转换为可满足长期保存要求的存储格式，采用迁移、仿真、封装、检测等方式保障数字档案信息的长期保存，对阅读非通用格式电子档案所需要的原始软硬件在系统中进行标识。电子档案管理系统有以下关键点：

①建立数据库。电子档案管理系统可以依据电子档案保管和利用的业务要求分别建立相应数据库，根据全宗归属、分类号、保管单位序号及其整理规则、件号、件内文档排列规则等将电子档案排列定位和呈现。

②做好档案备份。电子档案管理系统可以根据数据重要程度选择在线、离线等不同的备份方式，包括软件系统备份、数据库备份和电子档案备份。

③设置相应存储介质。由系统管理员根据介质保管的实际需求，为相应电子档案设置相应的存储介质。当剩余容量达到设定阈值时，电子档案管理系统可以自动发出介质预警，通知系统管理员。

3）招标采购电子档案的统计。招标采购电子档案可以按照卷宗、分类、时间、文件格式、利用情况等设定规则进行统计、显示结果和打印，并以电子文件形式输出统计数据，支持自定义报表功能。

6.5.3 招标采购总结

招标采购总结是每个招标采购程序全过程结束后或若干个招标采购程序完成后，招标采购团队对招标采购活动自我评价的一种形式，目的是完善、改进并提高自身招标采购管理的能力和水平。

（1）招标采购总结的内容

项目总结一般由招标采购项目经理主持，招标采购团队主要人员参加。招标采购总结的内容主要有两个方面：

1）招标采购工作的满意度。它包括采购人、供应商及所涉及利益相关方等对招标采购工作的满意程度和意见等。对如招标采购团队在实施招标采购活动中的表现给予评价，包括执行程序是否有瑕疵，为评审专家提供的服务、对采购活动各阶段突发事件的处理、对供应商异议的答复以及向有关部门报送资料备案（如需）等方面是否有需要改进完善的地方。

2）对招标采购文件的再评价。评审过程和结果是检验招标采购文件编制质量的试金石，如果评审专家意见分歧较大，采购团队应当反思招标采购文件中的商务和技术条款是否设置恰当，评审办法是否选用适当，评审因素的内容、权重是否设置准确、合理，在该类项目招标采购文件的编制中有哪些收获和教训等。

(2) 招标采购总结的方法

招标采购团队应总结出自身在长期采购活动中的实践经验并加以恰当使用。招标采购团队在总结自己的实践经验时，可采用以下思路与方法：

1) 将个案调查与以往案例研究结合：既弄清楚情况，又厘清头绪。

2) 将每次招标采购活动中的经验与教训结合：成功的经验固然重要，但失败的教训更加可贵。

3) 采购数据搜集、整理的定量分析与定性分析结合：既要有丰富的案例材料，又要找出本质。

4) 将采购案例的经验教训与总结相结合：既要善于集中正确的意见并形成科学的决策，又要持之以恒地抓好落实。

6.6 招标采购风险管理

6.6.1 招标采购风险管理概述

(1) 招标采购风险管理的概念

招标采购风险管理是对招标采购全过程的外部及内部风险予以识别，对其做出定性或定量的衡量和评估，制定风险规避或控制措施，以控制或减少各种意外损失，实现招标采购预期目标的活动。招标采购风险管理属于事前风险管理范畴。

(2) 招标采购风险管理的内容

项目的风险管理包括规划风险管理、识别风险、开展风险分析、规划风险应对、实施风险应对和监督风险的各个过程。项目风险管理的目标在于提高正面不确定性事件的概率和（或）影响，降低负面不确定性事件的概率和（或）影响，从而提高项目成功的可能性。

具体到招标采购活动，在招标采购过程中由于各种不确定性事件的出现，使招标采购的实际结果与预期目标有不同程度的偏离和各种可能性。各种事件的不确定性是客观存在的，实质上就是一种信息不完备状态，而招标采购主体具有完备的信息，可以消除某种不确定性。因此如果其具备的信息增多，招标采购的不确定性就会减少，风险也会相应地降低。

信息不对称是招标采购主体行为风险产生的根源。在经济交易行为中，根据交易双方在信息占有方面的地位不同，可以将不完备信息状态区分为信息对称和信息不对称两种情况。对招标采购风险，同样可以将其分为信息对称条件下的和信息不对称条件下的风险两种情况：

1) 信息对称条件下的风险。信息对称条件下的风险往往指的是经济风险、政治风险等，其中经济风险包括利率风险、汇率风险等。这些都属于通常所说的客观事件风险，正常情况下交易双方都不能确切预知未来市场价格的变动情况从而占据优势，而只能根据公开的信息和市场供求状况做出预测，因而信息是对称的。

2) 信息不对称条件下的风险。信息不对称条件下的风险指的是项目各相关方行为决策所引起的风险，即项目相关方行为风险。招标采购现实中信息对称是相对的，信息不对称是绝对的。所谓“信息不对称”，是指一方在某一方面拥有私密信息，这些信息只有当事人自己了解，别人不了解或因信息获取成本过高等因素无法了解。从采购人角度出发，招标采购过程中的信息不对称主要是指招标采购人对供应商的技术实力、管理水平、财务状况、人员素质、服务质量等信息掌握得不充分，其风险主要来自供应商的行为。

（3）招标采购风险管理的目标

招标采购风险管理最主要的目标是控制与处置风险，以防止或减少损失，保障社会生产及各项活动的顺利进行。招标采购风险管理的目标通常被分为两部分：一部分是损失前的目标，另一部分是损失后的目标。损失前的目标是避免或减少损失的发生，损失后的目标是尽快恢复到损失前的状态，两者构成了风险管理的完整目标。

6.6.2　招标采购风险管理过程

招标采购风险管理由招标采购风险规划、招标采购风险识别、招标采购风险评估（定性分析和定量分析）、招标采购风险应对和招标采购风险监控等工作过程组成。

（1）招标采购风险规划

招标采购风险规划是规划和指导如何实施招标采购风险管理活动的过程。本过程应与项目的招标采购规划阶段同步启动，并在项目的早期完成，工作成果就是招标采购风险防范计划，在招标采购项目生命周期的后期，也可能有必要重新展开本过程，如在采购项目发生重大变更时、在采购内容发生显著变化时等。

1）招标采购风险规划的意义。招标采购风险规划是招标采购风险管理重要的基础性工作。通过认真、明确地进行招标采购风险管理规划，可以做到：

①对招标采购风险管理的具体实施过程提供指导。通过指导招标采购风险管理的具体实施过程，大大提高招标采购风险管理过程的成功概率。

②为风险管理有关活动安排充足的资源和时间。招标采购风险规划的意义还在于为风险管理有关活动安排充足的资源和时间，并为评估风险奠定一个共同认可的基础，以保证招标采购预期目标的顺利实现。

2）招标采购风险规划的作用。招标采购风险规划的作用：一是确定指导实施风险管理活动的总体计划，确定用于风险管理的成本的种类和管理的进度，并将其分别纳入项目的预算和进度计划中；二是建立或评估风险应急储备的使用方法，分配招标采购团队的风险管理职责，并根据具体项目的需要，统一定义有关风险类别和术语定义等的通用模板，如风险级别、不同风险的概率、对不同目标的影响等；三是确保风险管理可控，即确保风险管理的水平、方法和可见度与招标采购项目的风险，以及项目对组织和其他相关方的重要程度相匹配。

3）招标采购风险防范计划的内容。风险防范计划属于招标采购风险规划的最主要的工作成果，包括以下内容：

①风险管理方法。这包括确定招标采购风险管理将使用的方法、工具及数据来源。

②角色与职责。这包括确定风险管理计划中每项活动的领导者和支持者，以及风险管理团队的成员，并明确其职责。

③预算。这包括分配资源、估算风险管理所需的资金，将其纳入成本绩效基准，并建

立应急储备的使用方案。

④时间安排。这包括确定在招标采购活动生命周期中实施风险管理的时间和频率，建立进度应急储备的使用方案，确定应纳入招标采购进度计划的风险管理活动。

⑤风险类别。这包括确定对单个项目风险进行分类的方式，通常借助风险分解结构（RBS）来构建风险类别。RBS 是潜在风险来源的层级展现。RBS 有助于项目团队考虑单个项目风险的全部可能来源，对识别风险或归类已识别风险特别有用。组织可能有适用于所有项目的通用 RBS，也可能针对不同类型的项目使用几种不同的 RBS 框架，或者允许项目量身定制专用的 RBS。如果未使用 RBS，组织则可能采用某种常见的风险分类框架，既可以是简单的类别清单，又可以是基于项目目标的某种类别结构。

（2）招标采购风险识别

招标采购风险识别是指对影响招标采购过程的各种风险按其各自特征进行分类并记录到风险登记簿的过程。本过程的工作成果就是记录各类风险的风险登记簿。招标采购由于受到客观和人为因素的影响，实施过程中存在很多风险，包括招标各环节的风险，以及招标采购项目整体的风险，对采购人而言最大的风险莫过于付出较高的费用，得到与期望不符甚至是质量低劣的产品和服务，所以对招标采购有关风险进行识别和分类，是评估和应对招标采购风险的一项基础性工作。

招标采购活动涉及的风险有很多种，可根据不同的标准分类：

1）根据风险产生的范围。根据风险产生的范围分类，招标采购风险分为内部风险和外部风险。其中内部风险主要指人为风险和管理风险，而外部风险主要指经济风险、政策风险等，具体见图 6-7。

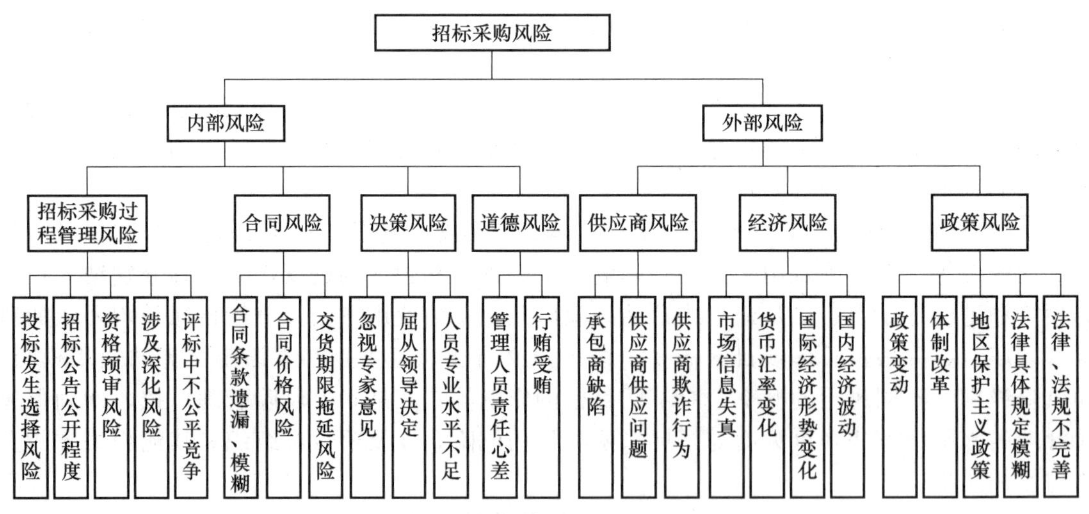

图 6-7 招标采购风险分解结构图

2）根据风险处置方式。根据风险处置方式分类，招标采购风险分为可转移风险和不可转移风险。其中供应商产品的缺陷风险、安全生产风险、信誉风险等属于可转移风险；而采购内容变更、索赔及政策风险等属于不可转移风险。不可转移风险可能导致实际成本的增加以及与竞争性招标采购的初衷不一致。

3）根据采购市场需求和供给主体及相互影响。从采购市场需求和供给主体及相互影响的角度出发，招标采购风险分为来自采购人的风险、来自供应商的风险及供需市场的风险。

①来自采购人的风险。项目实施招标采购是一个复杂而有序的系统工程，由于我国市场经济体制不健全，采购人承担的招标采购风险主要包括招标过程组织缺陷风险、人员道德风险、合同风险等。招标过程组织缺陷风险是指在项目招标采购程序中由组织管理的疏漏和缺陷导致的采购失败的风险。人员道德风险是指在采购过程中，由于人为的责任或道德素质的问题，例如：收受贿赂、徇私舞弊、渎职等，致使采购不利甚至失败的风险。合同风险是指发生在确定中标人后，因与中标人签订协议确定采购渠道、采购单价、价款结算及支付办法、违约责任及其他相关事宜时的疏漏、权责不清等原因造成纠纷的风险。

②来自供应商的风险。来自供应商的风险是指由于供应商与采购人利益不同，供应商为了自身利益可能采取对采购人不利的行为而造成的风险。此类风险主要包括供应商产品的隐性缺陷、信誉问题、技术创新问题、产能限制、质量问题等。

③供需市场的风险。供需市场的风险是指在采购市场上，由供需关系失衡而导致的价格波动、质量差异、供应商数量、信誉和实力强弱等因素产生的风险。

（3）招标采购风险评估

招标采购风险评估主要针对以下几个方面：风险事件发生的可能性大小、可能的结果范围和危害程度、预期发生的时间等。招标采购产生的风险主要是人为因素造成的，且事件的发生具有隐匿性，如道德风险等，其损失很难用具体数字衡量，因此招标采购风险评估主要选择定性和定量风险分析相结合的主观概率估计法。应根据风险事件对招标采购目标的影响程度确定风险等级，这是因为在招标采购实施过程中，风险因素有很多，如果对所有的风险予以同等的关注及应对，会使风险管理成本显著提高，这与提高项目管理投资效益的原则是相悖的。因此在风险管理中，采购人需要识别和量化影响招标采购主要目标的重要风险。进行风险管理时，根据风险对招标采购主要目标的影响来评估、确定风险管理的等级尤为重要，这样才能有效地制定风险控制的相关措施。

（4）招标采购风险应对

招标采购的风险应对措施应根据前面招标采购风险管理有关过程的工作成果确定。常用的风险应对方法包括规避风险、减轻风险、转移风险、接受风险，以及这些方法的组合。由于对风险的敏感度不同，不同的采购人对于同一类风险所采取的方法也不同，需要根据招标的具体情况和风险管理者的心理承受能力以及抗风险能力来确定风险应对策略。具体的招标采购风险应对措施见表 6-16。

表 6-16　招标采购风险应对措施

招标风险的因素	风险分类	应对措施	实施要点
1. 管理风险 2. 决策风险 3. 人员道德风险	内部风险	减轻风险	1. 加强内部管理和监督 2. 制订完善的招标文件和招标程序 3. 提高专业人员道德与教育水平
合同风险	内部风险	减轻风险 转移风险	1. 完善项目招标采购合同管理 2. 合同条款清楚，明确双方责任 3. 采用风险转移手段，如收取保证金、购买保险或要求提供担保等

（续）

招标风险的因素	风险分类	应对措施	实施要点
1. 市场风险 2. 政策风险 3. 经济风险	外部风险	规避风险 接受风险	1. 做好市场调查，选择一条可靠的采购渠道 2. 选择适当的招标采购组织形式 3. 建立经常性物资价格、市场政策信息档案体系
供应商风险	外部风险	减轻风险 转移风险	1. 采用严格资格预审策略和招标策略 2. 采用风险转移手段，如收取保证金、购买保险或要求提供担保等
采购阶段支付结算风险	外部风险	规避风险 减轻风险	1. 保持一定的备用供应（一到两个其他供应商） 2. 对物资质量、数量、规格、型号等进行认真验收 3. 加强与财务部门的沟通，保证支付能力

（5）招标采购风险监控

招标采购的风险监控需要根据招标采购活动投标前阶段和投标后阶段分别实施。

1）投标前的风险监控。投标前，采购人需要对风险较大的因素，包括外部风险（经济风险、政策风险和地区保护主义的风险）和供应商风险等因素进行有效监控，主要内容包括：

①严格资格预审。资格预审可以规避不具备采购文件规定的资格的供应商投标及不正当竞争造成的风险，严格资格预审是降低投标阶段风险的重要保证。采购人首先应对有意向的供应商进行资格预审，对供应商的资格提出明确而合理的要求，确保投标供应商都是具有资格、信誉优良、业绩突出的企业，从理论上先排除供应商采取不正当竞争行为的隐患。

②科学策划和编制招标采购文件。科学策划和编制招标采购文件可以规避采购过程风险、人为风险、决策风险，减少采购人可能的损失。

③投标担保。通过投标担保可以有效控制招标采购活动中供应商撤销投标的风险，是转移违规行为风险、保证采购人采购活动成功进行的有效方式。

2）投标后的风险监控。投标后，采购人需要对人员道德风险和决策风险进行有效控制，应根据风险特点制订和实施措施，确保按照招标采购文件制订的评审办法进行评审。定标后，采购人要与中标人签订合同，采购人面临的风险主要是合同风险和中标人的履约风险，采购人可以将这些无法规避的风险部分转移给中标人或其他方。投标后采购人监控风险的主要措施包括：

①评审策略。合理的评审策略可以确定有实力的供应商中标，以规避投标过程中出现的行贿受贿、屈从领导决定、人员专业水平不足等情况。对在评审过程中发生的异常现象，如评委与供应商存在利益关系而没有回避等，要及时向监督部门报告，并及时评估相关评审结果的公正性，避免可能的人为恶意操作的风险。

②合理确定中标人。合理确定中标人是采购人的权利，是防止资格审查和评审失误的关键环节，采购人应当在定标前，对评审委员会提交的评审报告进行认真严格的审查，对

评审报告的公正性和提出的建议进行评价，对推荐的中标候选人进行履约能力审查。

③合同履约担保或合同履约保证保险。合同履约担保是指担保人（第三方）为被保证人（供应商）向权利人（采购人）提供风险担保。采购人为保证中标人能够按合同要求承担招标合同规定的义务，要求中标人提供履约担保，履约担保可以将中标人违反合同的风险转移给担保人。

而合同履约保证保险则是指保险人为被保证人（供应商）向权利人（采购人）提供风险担保。保险标的是被保证人的信用风险，当被保证人的作为或者不作为致使权利人遭受经济损失时，保险人承担经济赔偿责任。在招标采购过程中可采用合同保证保险和商业信用保证保险来转移供应商行为可能带来的信用风险和所提供的商品质量风险。

④合同主要条款的设置策略。通过对合同设置针对性的策略，可防止合同的漏洞给采购人带来的损失，并利用合同条款进一步明确双方当事人的权利和义务，转移部分采购风险。

6.6.3　招标采购风险管理与合同制订

(1) 招标采购风险与合同制订的关系

招标采购过程是按照采购人的要求确定中标人的活动，其自身充满不确定性，但同时，它也是对未来项目实施风险的预防性安排。招标采购风险与合同制订的关系非常密切，项目合同是招标采购活动具体的采购成果，是规避和控制风险的重要手段。

一般来说，合同管理风险可以分为合同制订和合同实施两个阶段的风险。其中合同制订阶段就是招标采购的具体实施环节，所以合同制订的风险与招标采购的风险有可能相互叠加，也有可能相互减弱，但如果出现叠加，潜在风险损失很大，例如在招标采购的合同签订阶段合理准确地确定采购项目的价格、交货期、质量标准，就可以降低合同实施管理的风险。因此在招标采购阶段建立完善的风险防范机制，减少合同制订过程中的风险，降低合同履行风险，是招标采购风险管理与合同制订的基本思路。

(2) 招标采购与合同制订风险控制的常用方法

招标项目风险应对的常用方法以及这些方法的组合，不仅在招标采购过程中使用，还常常在合同履行管理中使用。

1）规避风险。规避风险并不意味着完全消除风险，而是要规避风险可能造成的损失。在招标采购过程中，规避风险的方式主要有资格预审、保证招标采购文件的质量、制定合理的评审办法、科学严密地设置合同主要条款等。

2）减轻风险。减轻风险包括风险分散、风险分离、风险监测、后备应急措施等。例如，在招标采购过程中，委托有同类项目采购经验的采购实施人进行招标，就属于减轻风险的有效方式。

3）转移风险。转移风险是指将采购人无法避免的风险部分转移给中标人或其他方，各方共同承担风险。在招标采购过程中，风险转移的方式主要有合同的履约担保、投标担保和保证保险等。

4）接受风险。接受风险是指采购人面临的不可避免的风险，只能自己承担，或因转移风险成本太高而由自己承担。例如，在招标采购过程中，对价格模糊的原材料通过采购人自行供应的方式体现接受风险。

5）上报风险。如果采购团队或招标采购项目经理认为某风险的威胁不在招标采购活动的范围内，或提议的应对措施超出了采购团队的权限，就应上报风险。被上报的风险将在项目集层面、项目组合层面或由组织的其他相关部门加以管理，而不在采购团队层面的管理范围。

（3）招标采购实施和合同制订的关系

招标采购的实施与合同制订是相互联系、彼此支持的管理过程，也是招标采购活动的核心工作内容。

1）招标采购方案应充分满足项目实施的风险预防需求。招标采购的关键是招标采购方案，策划正确的项目不一定成功，但是策划失误的项目一定失败，招标采购方案的基点是充分满足项目实施的风险预防需求。合同是招标采购文件的重要组成部分，应确保合同条款的质量符合项目目标要求。采购人应围绕项目实施过程的各种管理需求，展开对合同制订中各种管理因素的分析与评价，融入合同条款的设置策划，同步考虑中标人履行合同的整体能力：一方面通过合理策划招标采购文件、准备供应商资格预审文件、供应商调查等手段，衔接合同条款和中标人的选择过程；另一方面在考虑市场变化、政策趋势的基础上，应重点关注供应商的能力与利益需求，分析项目实施阶段中标人、市场、国家政策等因素产生的各种风险及其应对措施，保证供应商的竞争能力与采购结果之间的合理匹配，预测项目实施阶段可能产生的质量、进度、价格等纠纷风险及其处理的方法，综合各种因素后确定招标采购方案，以确保项目合同实施的风险预防要求。

由于采购人与中标人对项目的理解不同、诉求不同，对采购人关注的项目风险，可以通过合适的合同专用条款引起中标人的重视。例如，在一个工期对整个项目成败具有关键影响的采购项目中，工期延误是项目的重大风险，如果在采购合同中加入并加大采购合同延期罚则，中标人就会努力地采取措施防止工期的延误。反之，若在一个高科技新产品应用项目中，项目质量是否达到预期是最大的风险，上述工期延误罚则可能反而会导致中标人为争取时间而降低质量，此时合同专用条款就需要加大对质量验收不达标的罚则。

2）招标采购成果应充分体现采购人、中标人双方的利益需求。招标采购的成果主要是确定中标人和项目合同，一方面中标人应具备兑现合同要求的履约能力和诚信，另一方面采购人与中标人都有各自的利益诉求，因此合同应该与采购人和中标人的能力、诚信及其利益需求有机衔接，能够构建确保采购人与中标人一起顺利完成合同要求的工作平台。在协调采购人与中标人的利益时应注意以下几点：

①识别采购人与中标人的利益诉求的不同点。

②评价采购人与中标人之间的利益平衡的条件和可行性。

③评估、确定、平衡利益诉求措施的有效性和风险。

④制订合理科学、具有预见性的管理措施。

⑤将相关管理措施与招标采购方案结合实施。

⑥对各方利益诉求的平衡应在最终的合同中得到有效体现。

上述活动体现了项目采购人、中标人在招标采购过程中预见性的策划、系统的实施运行和反复协调沟通的过程。

3）合同制订过程应充分满足项目实施的风险预防需求。招标采购的目的是通过合同的制订使采购人与供应商共同确保项目目标的实现。招标采购程序与合同条款的制订是相互关联、相互作用的，充满了各种不确定性，因此项目的合同制订必须以项目实施过程的风险预防为基点。

表 6-17 所示内容体现了围绕风险预防，招标采购阶段与合同制订的相互关系。

表 6-17　招标采购阶段与合同制订的相互关系

招标采购阶段	合同制订中关于风险预防的工作内容
采购策划	考虑招标采购实施阶段可能出现的各种风险（包括履行合同和变更控制的风险）
采购准备	根据对供应商在项目实施阶段的风险预测和能力需求，确定供应商的资格和其他要求
采购实施	围绕招标采购的项目实施内容，细化实施阶段的风险对策
确定中标人	初步评估供应商综合能力及其满足采购风险预防要求的程度，根据评审准则，确定满足项目实施阶段各项要求的中标人
合同缔约谈判及签约	依据招标采购文件和中标结果，细化合同条款，保证合同在实施阶段的应变性和前瞻性
履行合同	按照合同约定实施项目管理，根据需要及时协调合同相关条件

6.7　招标采购数字化管理

招标采购数字化管理是招标采购项目化管理的一项重要内容，涉及整个项目招标采购管理的各个环节，其具体内容包括招标采购沟通管理、招标采购信息化管理以及招标采购标准化管理、新时期下的招标采购行业数智化转型等。

6.7.1　招标采购沟通管理

沟通是为了一个既定的目标，让信息在个人或群体间传递和交换，并且力图形成共识的过程。沟通既是人际的交流，又涉及组织间的交流。沟通的目的是与对方达成一致，或使对方理解信息发送者所传达的意思，发送者凭借一定的渠道将信息传递给接收者，并寻求反馈以达到相互理解。沟通的效果取决于对方的回应，没有有效的沟通，很难有有效地管理。招标采购过程涉及采购人、采购需求人、采购团队、评审专家、供应商和各级行政监督管理部门等，若沟通不畅，必然会造成严重的后果。

招标采购的沟通管理属于招标采购项目化管理的一部分，其内容包括制订沟通计划和沟通计划的实施管理等。

（1）制订沟通计划

在招标采购过程中，制订沟通计划是项目管理者选择项目参与人员及项目外部环境之间的信息沟通渠道、沟通模式和沟通内容的过程。沟通管理一般以沟通管理计划表的方式表达。

1）编制沟通计划的工作基础。这包括：

①招标采购项目管理方案。

②招标采购各类利益相关方的登记册。

③可能对招标采购产生影响的各种环境事业因素。

④招标采购活动过程中产生的有关信息及资源等。

2）编制沟通计划所运用的项目管理工具和技术。这主要包括：

①沟通需求分析。通过沟通需求分析，确定项目利益相关方的信息需求，包括信息的类型和格式，以及信息对利益相关方的价值。

②沟通技术。沟通技术包括正式、非正式、手写、口头、打印、电子邮件、相关管理协同平台等技术手段。

③沟通模式。沟通模式分为外部沟通和内部沟通两个方面：

A. 外部沟通。外部沟通是指组织与环境之间的沟通，是群体间的沟通。招标采购公告、招标文件、评审结果公示等是采购人对外沟通的重要信息平台。

B. 内部沟通。内部沟通是指组织内部的信息传递和交换，招标采购组织应建立健全内部沟通机制，如各种会议制度、合理化建议制度以及其他特定沟通制度等，使招标采购过程中的各种指令、计划信息能上传下达，相互协调，围绕各项指标的完成统筹执行，使招标采购工作能够按计划有条不紊地进行，提高工作效率和效能，保障目标的完成。

④沟通方式。沟通方式包括：

A. 交互式沟通。交互式沟通是指在双方或多方之间进行多向信息交换。这是确保全体参与者就某一话题达成共识的最有效的方法，包括会谈、电话会议、视频会议等。

B. 推式沟通。推式沟通是指把信息发送给需要了解信息的特定接收方，这种方法能确保信息发布，但不能确保信息到达目标对象或信息已被目标对象理解。推式沟通包括信件、备忘录、报告、电子邮件、微信、传真、语音邮件、新闻稿等。

C. 拉式沟通。在信息量很大或受众很多的情况下常使用拉式沟通。它要求接收方自主自行地获取信息内容。这种方法包括网站、电子在线课程、知识库等。

采购团队应该根据沟通需求，决定在项目中使用何种沟通方式，并决定如何使用以及何时使用。

3）招标采购沟通计划的内容与重点。沟通管理以信息为载体，信息来源的有效性、可靠性、时效性对于采购实施人的沟通管理至关重要。招标采购沟通计划应包括的内容有：需要提供的信息、提供信息的来源、提供信息的时间和方式、收集信息的方式和方法、传递信息的方式、沟通信息等。招标采购沟通计划的重点体现在三个方面，即潜在委托项目的信息收集、招标采购内容的发布和评价总结等。

（2）沟通计划的实施管理

1）沟通计划实施管理的工作基础。它主要包括：

①招标采购项目管理方案以及沟通计划。

②各种环境影响因素。

③有关信息及资源。

④工作绩效数据等。

2）沟通计划管理的实施内容。沟通计划管理的实施内容主要包括编制沟通计划的具体措施、利用或建立信息管理系统、执行情况报告等。

①编制沟通计划的具体措施。根据沟通计划，编制实施沟通的具体措施和流程，如公开信息发布实施流程、组织内部文档审批流程、与利益相关方的信息传送流程等。

②利用或建立信息管理系统。应以充分利用或重新建立组织体系的信息管理系统作为

沟通计划实施管理的基础。另外要特别重视采购团队成员之间的交流与沟通，减少配合差错。

③执行情况报告。结合对招标采购过程的检查与考核，对沟通计划的执行情况进行动态检查和考核，并进行绩效报告。

6.7.2 招标采购信息化管理

招标采购信息化管理是招标采购项目化管理的一项重要内容，涉及整个项目招标采购管理的各个环节，并通过标准化和数字化措施，运用招标采购电子平台、云平台、大数据、AI 技术等实现。

(1) 招标采购信息化管理的特点

沟通的基础在于信息，同样招标采购信息化管理是招标采购沟通管理的基础前提，具有如下特点：

1）时间跨度长。关注招标采购信息化管理的生命周期可以发现，信息不仅涉及招标采购全过程，还涉及项目中标合同履行的整个过程。

2）影响范围大。招标采购信息化管理是项目管理中信息管理的组成部分，招标采购信息化管理不是单一的信息处理，而是必然影响和涉及项目信息管理的其他部分。

3）涉及对象多。招标采购信息涉及各个项目相关方，招标采购是一个复杂的利益协调过程，因此各方的信息必然需要大量的传递、交换、汇总、整合。

4）动态变化强。招标采购活动涉及的风险因素较多，导致信息的动态性较强，需要与沟通管理等相互协调。

(2) 招标采购信息化管理的意义

1）规范管理行为。信息是下达管理指令的桥梁，是规范管理行为的依据，没有信息的传递和利用，项目管理的规范化也就无从谈起。

2）预防运行风险。信息是预防和管理项目风险的有效手段，各种风险的演变特征往往通过信息体现，根据信息反映的项目趋势，可以顺利规避项目及其管理方面的各种风险。

3）提高工作效率。信息的快捷性决定了工作效率的提升空间，工作效率本身就包涵了信息快捷性的需要，利用信息及时传递需要的管理内容，可以明显提高有关人员项目管理工作的反应能力和工作节奏。

4）完善管理绩效。信息不仅是体现管理成果的重要载体，还是改进管理绩效的有效手段。管理绩效改进是确保管理竞争力的核心，要完善管理绩效，就必须依靠信息作为提升管理的手段。

5）沟通工作基础。沟通是消除运行障碍的渠道，信息是沟通的主要管理基础，没有沟通就没有通畅的管理过程，没有信息就没有沟通的实际意义，信息与沟通是不能分离的一对管理要素。

(3) 招标采购信息化管理的内容

1）招标采购信息的收集。需要收集的招标采购信息主要有：

①法律政策信息收集。法律政策信息收集主要指与招标采购活动相关的法律法规、国家政策、标准规范和项目所在地政府相关规定等资料的收集。

②项目和产品信息收集。项目和产品信息收集指对产业类别、产品的类别、功能、成本、生命周期、发展状态等内容进行统计和记录，并建立项目和产品跟踪信息系统，及时掌握有效信息。

③供应商信息收集。作为项目招标采购的供应商，其经营资格、提供产品和服务的履约能力、市场资信程度等，都直接关系到招标采购的成败。因此，为了保障项目采购的良好效果，需要建立供应商信息库，该信息库应包括供应商的分类、供应商实力调查、业绩、供应商是否转产破产、供应商的资信记录等信息。

④采购案例信息的收集。项目招标采购过程同时也是一个经验积累的过程，通过将各种类型的项目采购案例存档，项目团队可以不断从案例中吸取成功经验，避免不必要的失误。

2）招标采购信息的发布。信息公开发布是招标采购活动中的一项重要管理内容。项目采购信息公开发布，就是将招标采购的信息以公开的方式告知社会公众和供应商，依法必须进行招标的项目的招标公告，应当通过指定的报刊、信息网络或者其他媒介发布。

3）招标采购信息的记录。招标采购信息记录主要包括招标采购文件与招标采购过程记录两方面。在整个招标采购进程中，必定会产生大量程序、过程方面的具有法律效力的文件与资料，如公开招标中，其招标公告、资格审查文件、招标文件、投标文件、评标报告、定标文件、合同文件、验收证明、异议答复、投诉处理及其他与采购活动记录有关的文件、资料等。这些文件和资料反映了招标采购活动的实质性内容，具有法律效力。招标采购活动中产生的各种文件与资料应当依法保存，以备监督检查、处理纠纷、履行合同和进行评估时使用。

(4) 招标采购信息化管理的措施

为达到信息管理的目的，招标采购信息化管理的常用方法和措施包括了解和掌握信息来源、对信息进行分类、掌握信息管理的手段（如大数据等）、掌握信息流程的不同环节、建立信息管理系统等。

招标采购项目产生的信息数量巨大、种类繁多，为便于信息的搜集、处理、储存、传递和利用，招标采购信息化管理应采用的措施包括：

1）标准化措施。由于各种招标采购数据和信息的收集有不同的来源、不同的角度、不同的处理方法，但对招标采购项目相同的数据和信息应该规范化处理，将得到的数据和信息进行鉴别、选择、核对、合并、排序、更新、计算、汇总，生成不同形式的数据和信息，最终形成招标采购信息系统的业务流程图、数据流程图，建立统一的数据库，使各类数据以文件的形式组织在一起。

2）制度化措施。招标采购信息资料只有全面反映招标采购项目的各类信息，才更具有实用价值，必须形成一个完整的系统。该系统的形成需要大量的数据和信息做支撑，这些数据和信息的收集、加工、整理、存储只有通过长期的积累才能达到，必须通过建立有效的信息管理制度才能实现。

3）数字化措施。招标采购信息只有通过数字化管理，才能发挥其应有价值，实现高效、便捷及共享的性能。目前运用的具体技术有：

①电子招标采购交易平台。电子招标采购交易平台是一种综合化的数字化工具，在系

统底层、平台层、应用层三个层面运用，使得招标采购的整个流程更精确、高效、透明，并具备数据存储、共享和协同合作的能力。不仅采购相关方可以实现协同，监管人员也能与采购相关方实现线上协同。举例来说，基于云平台构建的数字交易智能系统，能够满足场地运行总控、视音频监管、远程分散评标、见证等活动的多端联动和线上调度，相关监管部门可以实时检查或事后调取数据，实现更高效的管理。在平台的应用层，通过 ERP（企业资源计划）系统对接平台，采购人可以在企业的管理层面将电子招标采购交易平台纳入日常运营，包括行政服务、采购团队、财务、采购绩效、信息档案、质量评定以及检查评估等。比如，采购团队可以在企业的财务系统中直接对接电子招标采购交易平台储存的项目基本信息，以获得准确、实时、全面的财务信息。而项目管理辅助软件则能够为采购人定制管理工具，增强企业内部监管和控制，如采购团队的开标、评标日历和招标采购文件的多级审批等，这将进一步提升招标采购流程的效率和智能化水平。

②云平台技术。云平台技术是指基于互联网提供的计算、存储和服务资源，使用户按需获取、使用和管理这些资源的技术。它通过虚拟化技术将计算资源、存储资源和服务资源整合到一个统一的平台上。在招标采购信息化管理中，云平台可以促进数据的存储与共享、协助招标人员的同步或异步协同合作、加强信息安全性与可控性、提升流程灵活性与效率、支持大数据分析并加强招标人的决策能力。

③人工智能技术。目前人工智能技术发展迅猛，其中的大语言模型（Large Language Model）类产品对招标采购有极大帮助。大语言模型技术是基于深度学习的模型，它们能够分析、理解和生成自然语言文本。这些模型通过对大量文本数据进行预训练，学习语言的结构、语法和语义，从而能够生成连贯、上下文相关的文本。基于其强大的文本处理能力，它可以智能化地帮助处理大量招标采购相关事宜，比如招标文件撰写、专家辅助评标、归档资料、合同审查等。模型的语言理解和信息提取能力可以加速文档的分析、归类和提取重要信息的过程，提高管理效率。

④项目管理辅助工具。项目管理需要借助相应的计算机辅助工具，招标工作涉及的许多项目管理活动，可以使用功能强大的项目管理软件来辅助实现。例如，目前在市场上普遍使用的 BIM 工具主要包括 BIM 核心建模软件、BIM 方案设计软件、与 BIM 接口的几何造型软件、可持续分析软件、可视化软件、模型检查软件等。使用项目管理软件，可进行招标项目计划制订，如制作采购日历、任务日历、资源日历、树状 WBS，设置里程碑、关键路径等；项目资源分配，如建立资源、导入资源信息、资源分配、共享资源库等；采购过程视图报表管理，如横道图、网络图等。

6.7.3　招标采购标准化管理

招标采购的标准化管理是招标采购数字化管理的另一项重要的基础性工作。

（1）招标采购标准化管理的特点

1）复合性。制定标准化政策融政策性、技术性为一体，既涉及招标采购管理的政策内容，又涉及相关技术内容，是招标采购管理经验和业务的提炼和归纳。

2）整体性。标准化管理不仅体现在招标采购过程中，还贯穿整体项目管理的全过程，招标采购的标准化工作是项目管理标准化工作的一个组成部分。

3）连续性。标准化管理不仅适用于某次单个招标采购，还适用于招标采购组织所涉及的各个项目，并且对以后的类似项目仍然具有指导作用。

4）动态性。招标采购组织的内外部的政策的不断变化以及标准和要求的提高，导致招标采购的标准化工作具有一定的动态性。

（2）招标采购标准化管理的意义

招标采购标准化管理的意义主要表现在以下四个方面：

1）促进科学管理。所谓科学管理，就是依据生产技术的内在发展规律和客观经济规律进行管理。而招标采购流程化各种管理制度的形式，都以标准化为基础，保证招标采购各参与部门的活动在技术上保持高度的统一和协调，使招标采购正常进行。标准化为科学管理招标采购活动创造了条件。

2）提高工作效率。标准化应用于招标采购活动，可以避免许多重复劳动，实现统一、协调、高效率，规范工作流程，避免返工，对提高管理绩效具有明显效果。

3）保证采购质量。标准化是对招标采购活动经验和成果的提炼，通过确立招标采购活动共同遵循的准则和标准，建立稳定的质量秩序，从而保证招标采购过程及成果的质量，维护采购组织的职业声誉。

4）有效预防风险。标准化是预防和管理招标采购内部风险的有效手段之一，通过标准化工作，提前对风险进行预防和控制，有效减少工作差错，可以规避企业内部管理的一些风险。

（3）招标采购标准化管理的内容

招标采购标准化管理的内容具体归纳为以下几个方面：

1）招标采购流程的标准化管理。招标采购流程管理的主要特点是招标采购工作程序的规范性，而标准化管理正为招标采购工作程序的规范创造了条件。虽然相关法律政策等已规定了招标采购程序，但在实际采购过程中还需要依据项目特点和情况，在规范的采购程序下对不同环节的操作细节做出标准化的要求，如有些招标采购企业根据不同的项目类型分别制定了技术服务规范，包括共性规定和操作规程等，体现了差异化服务的特点，使相关方感到满意，避免了无谓失误。此外采购流程的各关键环节、各重要节点的操作思路、工作标准、管理文件等还应结合企业内部管理的 ERP 系统，制定统一管理制度、统一工作标准和统一实施方法，实行标准化管理。

2）基础数据收集的标准化制定。在信息管理中需要采集大量的基础型数据，需要通过基础数据收集的标准化制定，为建立统一的数据库打好基础。

3）招标采购文档体系的标准化管理。招标采购文档体系是招标采购过程成果最重要的载体，应结合企业 ISO 质量管理体系，建立科学的招标采购文档体系的标准化管理。招标采购文档体系包括招标采购文件体系（如系列招标采购标准化文件和评审办法等）、招标采购过程资料文件体系（如各类表格、文档的标准格式等）、招标采购成果文件体系（如有关评审意见、评审报告、工作报告、中标结果通知书等）、系列合同条件体系等，均可统一格式及要求。文档资料涉及种类多、时间跨度长，采用标准化的格式、标准化的审批流程以及标准化的文档资料收集、保管制度等，可为招标采购工作的顺利实施提供保证。

4）招标采购检查、评价体系的标准化管理。招标采购的检查、评价，包括绩效考核等属于招标采购实施和控制范畴的工作，应按有关检查、评价的实施步骤、内容、方法及检查评价体系进行标准化管理，并应在有关管理制度和文档资料成果中体现。

6.7.4 新时期下的招标采购行业的数智化转型

新时期下的招标采购行业的数智化转型应以促进行业高质量发展和招标采购高质量效益为目标，精准匹配数字化专业服务能力，贯通招标采购项目全生命周期一体化，实施共治共享管理，通过招标采购全过程管理及服务的数字化、网络化、平台化、工具化，实现招标采购管理的模型化、智能化。

（1）建立招标采购数字化标准体系

积极研发和推广应用数字化服务平台、模型、工具、数据技术规范以及运营环境系统，促进建立招标采购服务、数字和网络技术等软硬件建设的标准体系，为招标采购行业的数字化转型升级奠定可靠的基础。

（2）系统整合大数据资源

通过广泛融合应用数字化技术，系统整合共享来源于政府、行业组织、咨询单位、项目业主以及投标供应商的大数据资源，推动招标采购数字化成果的持续沉淀积累，共建数字化生态网络，培育招标采购行业数字化创新业态。

（3）推广运用人工智能大模型技术

1）顶层设计运用大模型技术，创新应用各类大数据、人工智能、算力算法技术，立足互联共建、汇聚共享、动态共维，分类供给各种资源，提供行业通用的项目数据接口与数据库、项目编码技术结构、咨询专家资源库、各类市场主体与专业人员资格信用信息库、全国统一的投标供应商信用评价系统等，实现招标采购行业的智能化立体协同与精准闭环服务与监管。

2）运用相关行业属性的专用大模型，按照专业需求服务的差异，由各行业提供具有行业积累的数据资源，满足行业共性需求，解决行业共性问题，包括贯通行业服务标准、数据规范、接口标准、模型标准，支持前台工具定制专业化个性服务产品，同时可以沉淀积累数据分类仓库、基础工具仓库、模型分类仓库、区块可信联盟等。

3）运用大型招标采购企业、市场第三方企业或者联合互联网企业建设运营的各种条线化数字化工具模型，结合自身优势和需求，研发运营数字化模块工具，输出转化成市场化、专业化和标准化租赁服务产品（SaaS），为社会提供招标采购数字化服务应用，例如提供智能化招标采购评审服务等一系列数字模块工具产品的研发与运营维护服务，弥补小型企业科技投资能力不足的短板，引导其共享数字化转型成果。

（4）培育招标采购行业数字化产业创新业态

作为行业数字化新质生产力的体现，激发建立招标采购数字化多元化创新服务模式，培育招标采购行业数字产业化创新业态，精准匹配数字化专业服务能力，将招标采购中大量共性与重复性工作以创新业态替代，实施共治共享管理，实现招标采购项目全生命周期一体化服务的智能化，有效促进招标采购行业的全面转型升级。

6.8 招标采购的评价

招标采购的评价主要包括招标采购过程评价和招标采购绩效评价。

6.8.1 招标采购过程评价

(1) 招标采购过程评价的概念

招标采购过程评价主要是指招标采购完成后评估招标采购管理实施的满意度，是在招标采购合同履行管理或跟踪的基础上，对整个招标采购实施的全过程或某一阶段的效果与项目管理成果的评价。招标采购过程评价可以单独进行，也可作为采购人在整体项目完成后的评估活动的一项内容。近年来，随着招标采购活动在提高市场资源配置效率方面的作用愈显突出，招标采购过程评价在整个招标采购活动中的作用也越来越受采购人的重视，评价节点已由在招标采购活动全部结束开展评价，提前到在招标采购活动的某项阶段性任务完成后立刻启动，意在通过及时评价现有工作效果，并与同类项目的历史数据等进行对比，总结经验，发现问题，为整个招标采购任务的顺利完成提供指导。

招标采购过程评价一般是由本次招标采购活动的第三方负责的，如采购需求人、采购实施人的上级管理部门、独立的第三方专业评估机构等。

(2) 招标采购过程评价的特点

招标采购过程评价的特点包括：

1）事后评价。招标采购过程评价本质上是一种对招标采购活动过程的总结和评价，这种总结是指评估招标采购管理实施的满意度，是在项目跟踪的基础上对整个招标采购实施全过程或某一阶段的招标采购项目化管理成果的总结评价，属于事后评价。

2）评价的层次性。招标采购过程评价包括对招标采购操作层面的评价和对采购实施人内部管理的评价两个层面：一是对招标采购操作层面，如招标采购自身的时间节点、流程控制等的评价，这方面的评价着眼于招标采购流程中潜在的合规及执行问题；二是对采购实施人内部管理层面的评价，如组织方式、廉洁自律水平、工作效率、专业人员队伍建设情况等，这方面的评价有利于采购实施人发现管理中隐藏的问题。

(3) 招标采购过程评价的作用

招标采购过程评价不仅包括对采购行为和采购结果的评价，还侧重于评价招标采购管理过程及管理体系的有效性。所以招标采购过程评价能在多个层面发挥作用。

1）完善招标采购程序与制度。工程、货物和服务项目是常见的招标采购客体，不同性质的采购客体对招标采购的程序是有不同要求的。通过招标采购过程评价，可以逐步厘清有形产品与无形产品，以及货物设备、一次性的服务与工程、持续性的服务对招标采购程序的不同要求，总结和提炼经验，为完善企业招标采购制度、加强对招标采购活动的管理提供可靠的依据，进一步强化对招标采购活动的监督。

2）提高招标采购队伍的管理水平。各类招标采购人员加入招标采购队伍，给企业的发展和改革带来新的活力，但是，有一部分招标采购人员不能适应招标采购全过程服务的需要，亟须通过招标采购过程评价，在实践中学习、总结。成功的招标采购过程评价可以对招标采购人员的专业素养和队伍整体素质起到提升作用。

（4）招标采购过程评价的原则

招标采购过程评价应确保按照项目评价的原则实施。其需要遵循的原则主要有：

1）现实性。招标采购过程评价是招标采购活动实施后一段时间对实施过程所发生情况的一种总体评价，分析研究的是采购的实际情况，所依据的数据资料是现实发生的真实数据或根据实际情况重新预测的数据，总结的是现实存在的经验教训，提出的是实际可行的对策措施。评价的现实性决定了其评价结论的客观可靠，可用于指导、改善后续的招标采购活动。

2）公正性。公正性标志着招标采购过程评价以及评价者的信誉，它要求在评价的全过程中，评价者以客观的态度和标准开展评价工作。评价者不应在发现问题、分析原因和做出结论时避重就轻，做出不客观的评价。同时招标采购过程评价应从项目投资者或项目采购人以外的第三者的角度出发，独立地进行。为增强评价者的责任感和可信度，评价报告要注明评价者的姓名和职位。评价报告要说明所用资料的来源或出处，报告的分析和结论应有充分可靠的依据，评价报告还应说明评价所采用的方法。

3）可信性。评价的可信性取决于评价者的独立性和经验知识，取决于资料信息的可靠性和评价方法的科学性。可信性的一个重要标志是评价应同时反映项目的成功经验和失败教训，这就要求评价者具有广泛的阅历和丰富的经验与专业知识。同时，评价也提出了“参与”的原则，要求采购执行者和管理者参与评价，以利于收集资料和查明情况。

4）全面性。招标采购过程评价的内容具有全面性，即不仅要分析招标采购过程，还要分析其合同履行过程；不仅要分析通过招标采购的实施，整体项目产生的经济效益，还要分析整个项目的实际成本，包括社会成本和环境成本等。此外，招标采购过程评价的内容还包括分析中标人的履约能力和管理水平等。

5）反馈性。招标采购过程评价的目的在于对现有情况的总结，为以后的招标采购方案和计划制订提供依据和借鉴，因此，招标采购过程评价的最主要特点是具有反馈性。评价结果需要反馈到决策部门，作为新项目制订招标采购方案和计划的基础，同样也作为调整招标采购方案和计划的依据，这是评价的最终目的。因此，招标采购过程评价的结论的扩散，以及反馈机制、手段和方法，成为招标采购评价成败的关键环节。

（5）招标采购过程评价的内容

招标采购过程评价的内容主要包括对已完成的全部招标采购活动的回顾。例如：评价程序方面是否公平、公正，分析采购方式的选择是否合理，判断供应商资格审查是否严格；分析招标文件编制是否符合基本规定、内容是否完备、有无前后矛盾之处，最高投标限价是否合理，招标采购程序是否合规等。根据需要，有时评价的内容还包括合同履行过程和成果、中标人的履约能力和管理水平等。

依据评价内容，评价人还需设置相应指标。招标采购过程评价指标一般包含对效率及效能两个方面的评价。其中，效率是针对过程而言的，是实现目标所需的资源利用程度；而效能则是针对结果而言的，是目标的正确性及实现的程度。在这两个层面，评价指标可细分为总体评价、招标采购过程质量、招标采购质量、招标采购数量、招标采购价格、招标采购时间、招标采购费用和采购成本、评审活动、中标人的合同履行及履约信用状况、相关人员的廉洁自律水平等。

具体评价内容包括：

①总体评价。它包括整个招标采购方案和计划执行情况、项目合同履行情况、组织方式、采购人或采购需求人的满意度、资金节约率、社会影响以及最后决算支付金额与预算金额的差异等。

②招标采购过程质量。它包括：招标采购信息发布公开、及时，内容完整规范；供应商资格审查及异议投诉制度完备；对供应商资格审查是否合理；获取资格预审文件人数与实际参加资格预审的人数的差异；招标采购文件中的技术规范、合同条款及评审标准准确、公正、合理；采购活动的程序符合法律法规和标准规范；工程量清单编制准确，项目特征描述清晰；因供应商不足等原因造成招标采购失败次数；合格供应商与响应供应商的差异数；投标文件被否决的情况；经常性采购所建立的合格供应商数量；供应商提出异议或投诉的次数；有无违反招标采购法律规定或不符合国家、行业标准的其他行为等。

③招标采购质量。它包括是否依合同执行全部验收标准、验收结果中不合格品的比例、采购人的满意度、中标人放弃中标的情况、对供应商自主创新的促进作用、对民族工业的促进作用等。

④招标采购数量。它包括采购国货的比例、采购中小企业产品的比例、延迟到货率、实际采购数量与合同数量的差异等。

⑤招标采购价格。它包括招标采购项目预算和最高投标限价调整次数、市场行情收集的多元性与客观性、中标价格与最高限价的差异率、合同价格与市场价格的差异率（与市场价格比较的资金节约率）等。

⑥招标采购时间。它包括完成招标采购活动各环节的全部时间，对验收不合格品的处理时间，处理投诉异议的时间。

⑦招标采购费用和采购成本。它包括组织招标采购活动、订立合同耗费的费用、因招标失败增加的费用和采购成本、因未能如期验收损失的权益成本、因处理投诉异议发生的费用、发生的返修及退货成本等。

⑧评审活动。即是否符合公平、公正、科学、择优原则。

⑨中标人的合同履行及履约信用状况。

⑩相关人员的廉洁自律水平。它包括反腐倡廉制度是否健全，是否发生腐败案件，是否及时、有效处理供应商异议投诉的情况，采购实施人诚信情况等。

（6）招标采购过程评价的方法

常见的招标采购过程评价方法有打分法、比较评估法、因果分析法等。这些评价方法的应用总体上应该是将定量分析与定性分析相结合，一般要求如下：

1）定量分析与定性分析相结合，以定量分析为主。

2）宏观投资效果分析与微观投资效果分析相结合，以微观投资效果分析为主。

3）坚持将评价时间点以前的实际效果评价分析与评价时间点以后的预测效果评价分析相结合的原则。

4）坚持效益监测评价分析与服务项目决策、实施管理分析相结合的原则。

表 6-18 所示为某工程建设项目招标采购过程评价表。

表 6-18 某工程建设项目招标采购过程评价表

<table>
<tr><td colspan="2">项目名称</td><td colspan="6">某工程建设项目</td></tr>
<tr><td rowspan="2">阶段</td><td rowspan="2" colspan="2">内容</td><td colspan="3">采购团队自评</td><td colspan="2">部门考评</td></tr>
<tr><td>满分</td><td>扣减分</td><td>实得分</td><td>扣减分</td><td>实得分</td></tr>
<tr><td rowspan="3">招标策划阶段</td><td colspan="2">项目经理不具备招标采购专业人员相应资格证书的，扣 2 分</td><td rowspan="3">10 分</td><td></td><td rowspan="3"></td><td></td><td rowspan="3"></td></tr>
<tr><td colspan="2">采购团队人员分工不明确的，扣 4 分</td><td></td><td></td></tr>
<tr><td colspan="2">招标方案存在明显不合理的，扣 4 分</td><td></td><td></td></tr>
<tr><td rowspan="8">招标采购阶段</td><td rowspan="2">招标采购公告</td><td>内容存在明显错误的，扣 2 分</td><td rowspan="8">30 分</td><td></td><td rowspan="8"></td><td></td><td rowspan="8"></td></tr>
<tr><td>未在规定媒介发布的，扣 2 分</td><td></td><td></td></tr>
<tr><td rowspan="3">招标采购文件</td><td>未经过审核程序即发布招标采购文件的，扣 2 分</td><td></td><td></td></tr>
<tr><td>存在不合理条款或者明显错误的，扣 4 分</td><td></td><td></td></tr>
<tr><td>合同主要内容缺失的，扣 5 分</td><td></td><td></td></tr>
<tr><td>最高投标限价</td><td>计价依据套用错误，价格偏离市场实际，严重失实的，扣 5 分</td><td></td><td></td></tr>
<tr><td colspan="2">被监管部门暂停招标采购活动的，扣 10 分</td><td></td><td></td></tr>
<tr><td rowspan="3">开标、评标阶段</td><td colspan="2">不熟悉电子开标、评标流程的，扣 5 分</td><td rowspan="3">30 分</td><td></td><td rowspan="3"></td><td></td><td rowspan="3"></td></tr>
<tr><td colspan="2">开标、评标活动组织不力的，扣 10 分</td><td></td><td></td></tr>
<tr><td colspan="2">因自身原因导致开标、评标活动延期的，扣 15 分</td><td></td><td></td></tr>
<tr><td rowspan="4">定标阶段</td><td colspan="2">未及时发布中标候选人公示的，扣 3 分</td><td rowspan="4">12 分</td><td></td><td rowspan="4"></td><td></td><td rowspan="4"></td></tr>
<tr><td colspan="2">未协助做好定标程序的，扣 3 分</td><td></td><td></td></tr>
<tr><td colspan="2">未及时发布中标结果公告和中标通知书的，扣 3 分</td><td></td><td></td></tr>
<tr><td colspan="2">未及时备案招标采购书面情况报告的，扣 3 分</td><td></td><td></td></tr>
<tr><td rowspan="2">合同签订阶段</td><td colspan="2">合同实质性条款与招标文件和投标文件不一致的，扣 5 分</td><td rowspan="2">8 分</td><td></td><td rowspan="2"></td><td></td><td rowspan="2"></td></tr>
<tr><td colspan="2">未做好合同签订辅助工作的，扣 3 分</td><td></td><td></td></tr>
<tr><td rowspan="2">资料归档阶段</td><td colspan="2">监管部门归档资料未及时移交的，扣 3 分</td><td rowspan="2">6 分</td><td></td><td rowspan="2"></td><td></td><td rowspan="2"></td></tr>
<tr><td colspan="2">归档资料未及时归档的，扣 3 分</td><td></td><td></td></tr>
</table>

（续）

项目名称	某工程建设项目					
阶段	内容	采购团队自评			部门考评	
		满分	扣减分	实得分	扣减分	实得分
合同履约阶段	未积极参与履约验收的，扣 2 分	4 分				
	合同整体履约评价为不合格的，扣 2 分					
总评分		100 分				
采购团队评定人		日期				
部门评考人		日期				

6.8.2 招标采购绩效评价

（1）招标采购绩效评价的概念

招标采购绩效评价是指采购实施人采用项目管理知识体系中的绩效管理工具，围绕招标采购项目化管理体系，将企业层面的战略规划分解到具体招标采购活动的系列核心因素，建立相应绩效评价指标体系进行评价，并将结论应用于提升企业管理能级的业务活动。

招标采购绩效评价是一段时间内采购实施人招标采购工作的最后评估环节，绩效是“绩”与“效”的组合，“绩”就是业绩，体现企业层面招标采购业务的利润、产出、质量等目标；“效”就是所涉及的效率、效果、态度、品行、行为、方法、方式等。类似于项目绩效管理，招标采购绩效评价同样是一个完整的系统，需要将具体招标采购活动的绩效与采购实施人层面的绩效相融合，将日常绩效管理提升到采购实施人的战略管理层面。采购实施人的管理者和招标采购业务部门及项目经理需要共同参与，通过持续沟通，传递企业的战略，界定招标采购项目化管理过程中各参与者的职责，明确工作绩效目标，建立高层管理者与项目经理之间的伙伴关系。

一般来说，招标采购过程评价侧重于具体招标采购活动的流程以及管理层面，而招标采购绩效评价则主要侧重于反映采购实施人企业层面的业绩与效益。在实践中，招标采购评价与招标采购绩效评价可以根据实际需要合并或分开进行，目前很多综合性工程咨询机构越来越多地采用招标采购绩效评价，为企业长期发展规划提供支撑。

招标采购绩效评价一般委托第三方负责进行，如采购实施人的上级管理部门、独立的第三方专业评估机构等。

（2）招标采购绩效评价的特点

招标采购绩效评价除了具有项目绩效管理的系统性、过程性、强调沟通及以人为本等一般特点外，还具有自身的一些特点：

1）兼具前瞻与回顾，招标采购绩效评价可以预测采购实施人的内部效益、组织构架的变化或趋势，具有前瞻预测的作用，采购实施人可以通过前瞻来扭转不利趋势。同时，招标采购绩效评价也反映了采购实施人过去的绩效或状况，具有回顾总结的作用，采购实施人可以通过有效回顾来优化企业的管理流程。另外，招标采购绩效评价的一些指标，例如当前招标采购项目的利润率，既是对当前项目的总结与回顾，又可用于预测下一次招标采购项目的利润。

2）采用定期与不定期相结合。在实践中，采购实施人往往同时开展定期绩效评价与不定期绩效评价，以期获得一个客观全面的评价。定期绩效评价一般是跨项目的评估。以年度评估为例，一般而言，如果能以目标管理的方式，在各种工作绩效指标中，从年度重要性比较高的若干个项目中选择定量目标，年终按实际达到的程度加以考核，将可能提升个人或部门绩效。并且这种方式的考核重点对事不对人，比较客观公正。不定期绩效评价是以专案的方式进行的。比如，采购实施人要求某项招标的采购费用降低 5%。当项目结束，评价实际的成果是否达到了 5%，并以此成果给予招标执行业务部门、人员适当的奖励或处分。此种评价方法反馈迅速，在合理运用的前提下，可以提升团队士气。

3）评价体系需衡量非经济属性。近年来，随着企业管理理念的现代化，越来越多的咨询服务企业从单纯逐利的价值理念逐步向 ESG 转型，即更重视环境（Environment）、社会（Social）和公司治理（Governance）方面的责任。区别于传统财务指标仅从财务绩效进行评估，ESG 指标从环境、社会、公司治理的角度，评估企业经营的可持续性及其对社会价值观的影响。采购实施人在转向现代化经营的过程中，也应注重 ESG 理念，对招标采购项目的非经济属性进行评价。

（3）招标采购绩效评价的作用

1）帮助采购实施人实现效益目标。合理的绩效评价可以客观反映特定项目的营利情况，并督促下属各采购团队在招标采购管理中注意与企业目标的契合度，从而确保采购实施人实现定期效益目标。

2）提供改进绩效的依据。绩效评价制度可以提供客观的标准，来衡量项目目标是否达成、完成度如何。正确合理的绩效评价有助于指出招标采购管理中的实际问题所在，而据此制定改善措施。同时，还可以将某招标采购业务部门的绩效独立于其他业务部门而凸显出来，并反映招标采购业务人员的个人表现。采购实施人根据绩效评价结果，可以制定合理的奖惩制度来激励部门或者个人改进绩效。

3）促进采购实施人的管理能级提升。绩效评价在企业可持续发展中扮演着关键角色，它确保员工或部门目标与公司长期战略一致，促进资源的优化分配，识别组织内部的改进领域。此外，它还起到了风险管理的作用，帮助企业识别并应对潜在的风险，从而提升采购实施人的管理能级，为企业的长期稳定和可持续发展奠定基础。

（4）招标采购绩效评价的原则

结合招标采购活动本身的特点，招标采购绩效评价的原则具有与招标采购评价相似但不完全相同的原则，主要体现在：

1）客观性。招标采购绩效评价工作的实施应遵循“客观、真实、可靠”的原则，根据确定的指标体系、评分标准，针对客观考评资料进行评价，如实反映评价结果。

2）持续性。招标采购绩效评价必须持续不断地长期进行，要定期审视目标达成的程度。

3）整体性。因为招标采购的绩效评价是采购实施人企业战略或目标的一部分，所以要从采购实施人自身企业整体目标的角度出发，确定招标采购绩效评价的维度。

4）尺度性。招标采购绩效评价的尺度可以多样，要结合组织实际，既要注重结果，又要注意对过程的把握，还要考虑评价的层次性和战略高度。

(5)招标采购绩效评价指标的设置

招标采购绩效评价指标的设置应考虑以下环节：

1）选择指标体系。招标采购绩效评价一般为多级指标，具体可围绕招标采购活动的目标、过程、产出及效益等大类要素，将其作为一级考核评价指标。其中在设置效益大类指标时，应考虑其企业效益、社会效益以及生态效益等。分解大类一级、二级乃至三级指标，逐级展开，如绩效目标可分为绩效目标合理性和绩效指标明确性等，过程包括费用管理和组织实施等，产出应重点包括相关的产出数量、产出质量和产出时效等。

2）设定合理目标。选择考核指标体系后，对考核指标设计合理的目标值也是绩效考核的关键构成要素。合理目标的设定可以参考：

①历史绩效。以采购实施人以往的绩效作为评估目前绩效的基础。适用于项目相似性高、招标机构内部环境稳定的情况。此外，通过审查过去项目的成功或失败的原因，并结合当前项目的具体情况，可以对历史绩效进行微调，进行更精细化的合理设定。

②标准绩效。如果历史绩效标准难以确定，机构内部环境波动大，项目差异或者变化明显，则可以使用标准绩效作为衡量依据。这个标准的制定需要依据采购实施人企业的具体情况予以设定。

③同业绩效。一是以行业中的其他组织作为绩效比较的对象，以此判断在招标采购工作成效上的差异；二是以行业平均绩效水平作为比较对象，来判断招标采购工作成效上的差异；三是如果采购实施人对自身有更高的标准，可以采用行业最佳实践作为参考，通过对行业领先组织的成功经验和管理模式进行学习和借鉴，为设定目标值提供更加明确的方向和依据。这有助于采购实施人提高对行业发展趋势和标杆水平的了解，进而提升自身的绩效水平和竞争力。

3）设定指标标准。指标是一个期望值，代表采购实施人在现有条件下认为招标采购管理应达到的要求。因此指标标准设定应把握以下三点原则：

①方向性。在设定指标标准过程中需要把握好项目的方向，这在具有现实性的同时也具有一定难度，是采购团队经过不断努力才能达到的要求。

②可行性。对于指标标准，需要在设定过程中考虑项目的具体特点和可行性，这包括评估项目的资源限制、技术要求、市场环境等因素，确保设定的目标不至于过高到无法实现。

③有效性。设定指标标准需要与采购团队成员充分沟通，确保目标的制定能够得到广泛认可并使团队达成共识，以提高实施目标的有效性和成功率。

表 6-19 所示为某企业集团下属招标采购业务部门全年度绩效评价表，是一个从企业层面为下属招标采购业务部门设定多维度绩效评价指标的示例。

表 6-19　某企业集团下属招标采购业务部门全年度绩效评价表

一级指标	二级指标	三级指标	指标解释	目标值	目标值来源
目标	绩效目标	绩效目标合理性	招标采购部门所设定的绩效目标是否依据充分、是否符合客观实际，用以反映和考核项目绩效目标与项目实施的相符情况	合理	计划目标
		绩效指标明确性	依据绩效目标设定的绩效指标是否清晰、细化、可衡量等，用以反映和考核项目绩效目标的明细化情况	明确	计划目标

（续）

一级指标	二级指标	三级指标	指标解释	目标值	目标值来源
过程	费用管理	资金使用合规性	招标采购工作中的费用使用是否符合公司相关的财务管理制度规定，用以反映资金的规范运行情况	合规	管理方案
		财务信息质量	考察所涉及的财务会计信息是否真实、准确、完整	真实、准确、完整	管理方案
	组织实施	管理制度健全性	考察针对招标采购工作制定的管理制度是否健全	健全	管理方案
		管理制度执行有效性	考察招标采购部门在开展招标采购工作中是否按照相关制度执行、是否进行风险控制等	有效执行	管理方案
		采购工作组织规范性	考察全年度招标采购工作组织的规范性，包括采购组织形式的合理性、采购流程的规范性、供应商确定的规范性等	规范	管理方案
		队伍建设完善情况	考察招标采购人员配备情况，是否满足公司招标采购项目的业务开展	完善	管理方案
产出	产出数量	招标采购项目计划完成率	考察全年度招标采购项目按计划完成的情况： 计划完成率＝全年度实际完成的招标采购项目数量/全年度应完成的招标采购项目数量×100%	100%	计划目标
	产出质量	招标采购项目成功率	考察全年度招标采购项目一次采购成功情况： 一次采购成功率＝一次采购成功的招标采购项目数量/全年度招标采购项目的数量×100%	100%	计划目标
	产出时效	招标采购项目完成及时率	考察全年度招标采购项目是否按照合同约定及时完成：完成及时率＝全年度及时完成的招标采购项目数量/全年度招标采购项目的数量×100%	100%	计划目标
效益	经济效益	采购资金节约率	考察全年度招标采购为企业的采购资金节约情况：采购资金节约率＝(全年度各招标采购项目的预算金额－全年度招标采购项目中标金额)/全年度各招标采购项目的预算金额×100%	≥10%	经验标准
	社会效益	采购效率提升情况	考察招标采购管理对于需求方提高招标采购效率的满意度情况： 满意度＝(选择“很满意”样本数＋“较满意”样本数×0.8＋“一般满意”样本数×0.6)/总样本数×100%	≥85%	行业标准

（续）

一级指标	二级指标	三级指标	指标解释	目标值	目标值来源
效益	社会效益	采购有责投诉情况	考察全年度招标采购项目有责投诉的发生以及处理情况	0	经验标准
		招标采购人员培育情况	考察全年度培育招标采购人员如学历、职称以及招标采购专业人员持证上岗情况	≥1	经验标准
	生态效益	绿色低碳	考察招标采购活动中是否做到绿色低碳，例如全流程管理的电子化等	实现	经验标准
	可持续发展	长效管理机制情况	考察部门在资金保障、人员配备、长效管理制度等方面的机制是否建立健全	健全	行业标准
		采购创造价值	考察全年度组织开展招标采购领域课题研究、实践活动、创新活动等情况	≥1	计划目标
		信息化平台建设与使用	考察对招标采购信息化平台建设支持情况，功能建设完善且满足使用需求	完善且满足使用需求	计划目标
	满意度	需求方满意度	考察需求方对招标采购项目实施的总体满意度： 需求方满意度＝(选择“很满意”样本数＋“较满意”样本数×0.8＋“一般满意”样本数×0.6)/总样本数×100%	≥85%	行业标准
		供应商满意度	考察供应商对所参与招标采购项目的总体满意度： 供应商满意度＝(选择“很满意”样本数＋“较满意”样本数×0.8＋“一般满意”样本数×0.6)/总样本数×100%	≥85%	行业标准

（6）招标采购绩效评价方法的选择

招标采购的绩效评价包括主观评价和客观评价。其中，主观评价多是定性评价，定性评价是一种基于评价者的主观判断，通过描述性语言来评价绩效。评价者根据自己的观察和体验，将绩效进行定性描述，从而形成评价意见。然而，定性评价容易受到主观偏见的影响，因此需要评价者具备较高的专业素养和客观性。客观评价多是定量评价，即通过具体的数据来评价绩效，这种方法的优势在于其客观性和可量化性，能够更准确地反映相关人员的工作成果和业绩水平，然而定量评价可能无法全面覆盖全部工作内容，需要搭配主观维度一起使用。

招标采购绩效评价方法的具体选择应以上述主客观评价相结合为基础，评价者可以使用多种方法来细化绩效评价，具体评价方法包括：

1）两两比较法。两两比较法是将当前的绩效与选定的比较值进行比较，从而评价招标采购工作的相对表现。

2）标准评分法。标准评分法是通过设定一组标准，根据在各个标准上的表现进行评分。这些标准可以涵盖工作质量、工作效率等方面。评价者根据实际情况，在每个标准上给予相应的分数，最终得出综合评分。

3）等级分配法。等级分配法是主观测量中运用比较程序的方法之一。按事先拟订的评价项目、等级标准及其分配比例，将绩效划分到相应的等级中去。

4）360°评估。360°评估是一种多维度的评价方法，综合了来自不同角度的反馈。通过多方面的反馈，评价者可以获得全面客观的绩效评价。

由于招标采购的绩效会受到外部环境因素的影响，若评价方法一成不变，绩效则会呈现出忽上忽下的变化，因此评价时可以考虑适时选择不同的评价方法，来顺应外部环境的变化。

（7）招标采购绩效评价的过程

一般来说，招标采购绩效评价的过程包括以下基本步骤：

1）确定招标采购绩效评价的评价指标。运用招标采购绩效评价的评价指标设置方法，合理确定评价指标。评价指标一般包括被考核部门或项目组的所有招标采购项目执行情况、招标采购业务的活动开展情况、效益以及可能的 ESG 考量等。例如：合同实际履行时的人员、费用、资源等与招标采购工作计划的差异，招标采购活动的组织保障体系、进度、质量控制等与招标采购项目管理方案的差异，招标采购活动风险控制情况，采购结果与项目总体目标要求的差异及对社会、企业层面的影响等。

2）制定适用的招标采购绩效评价方法。招标采购绩效评价需要制定适用的评价标准，包括设置一部分量化指标对招标采购活动进行综合性评价，合理的量化指标有助于确保对招标采购活动的全面掌握。确定评价方法的关键在于：一是要根据 SMART 原则选择适用的评价指标；二是绩效评价指标的目标值要合理；三是确定绩效指标要符合招标采购绩效评价原则。

3）编制招标采购绩效评价计划。编制招标采购绩效评价计划应围绕已确定的评价指标内容和具体评价方法开展。编制时应强调通过互动式的沟通手段，使高层管理者和项目团队成员就如何实现招标采购的预期绩效达成共识，形成书面的招标采购绩效评价计划，作为招标采购绩效评价的起点。

4）进行招标采购绩效考核与评价。在固定的考核周期内，针对考核指标，采购实施人的高层管理者按照招标采购绩效评价计划，结合招标采购业务部门以及招标采购项目经理工作的实际情况，实时对整个业务部门以及项目团队完成管理任务的过程与绩效情况进行评价考核，同时应当将考核的结果反馈给被考核者，进行面对面的交谈反馈。

5）完成招标采购绩效评价报告。招标采购绩效评价报告是指根据对招标采购活动执行期间的关键指标、目标、风险和设想等因素的监控结果，对招标采购活动的现状及预测情况所做的描述性和分析性的报告。招标采购绩效评价报告一般根据绩效评价计划和工作成果进行编制，能够及时反映在某一时间节点上的招标采购活动的执行状态，针对存在的问题提出改进方法，为采购实施人战略目标的顺利实现发挥预警作用和进行方向性指导。

参考文献

[1] 项目管理协会．项目管理标准和项目管理知识体系指南 [M].7版．纽敦斯奎尔：项目管理协会，2021.

[2] 沈建明．项目风险管理 [M].3版．北京：机械工业出版社，2018.

[3] 丁齐英，魏玫长．项目风险管理 [M]. 北京：经济管理出版社，2022.

[4] 全国一级建造师执业资格考试用书编写委员会．建设工程项目管理 [M].6版．北京：中国建筑工业出版社，2023.

[5] 全国造价工程师执业资格考试培训教材编审委员会．建设工程计价 [M]. 北京：中国计划出版社，2023.

[6] 全国招标师职业水平考试辅导教材指导委员会．项目管理与招标采购 [M]. 北京：中国计划出版社，2012.

[7] 全国招标师职业资格考试辅导教材指导委员会．招标采购项目管理 [M]. 北京：中国计划出版社，2015.

[8] 上海市住房和城乡建设管理委员会．建设工程招标代理标准：DG/TJ 08—2072—2022 [S]. 上海：同济大学出版社，2023.

[9] 张笑君．项目管理与招标采购研究 [M]. 长春：吉林人民出版社，2021.

[10] 中国（双法）项目管理研究委员会．中国项目管理知识体系 [M]. 北京：电子工业出版社，2006.

[11] 中国对外承包商会．国际工程总承包项目管理导则 [M]. 北京：中国建筑工业出版社，2013.

[12] 中华人民共和国住房和城乡建设部，中华人民共和国国家质量监督检验检疫总局．建设工程工程量清单计价规范：GB 50500—2013 [S]. 北京：中国计划出版社，2013.

[13] 中国国家标准化管理委员会．电子采购交易规范 非招标方式：GB/T 43711—2024 [S]. 北京：中国标准出版社，2024.

[14] 国家市场监督管理总局，国家标准化管理委员会．招标代理服务规范：GB/T 38357—2019 [S]. 北京：中国标准出版社，2019.

[15] 中国招标投标协会．非招标方式采购代理服务规范：ZBTB/T 01—2018 [S]. 北京：中国计划出版社，2018.

[16] 成虎，陈群．工程项目管理 [M]. 北京：中国建筑工业出版社，2015.

[17] 丁士昭．工程项目管理 [M]. 北京：中国建筑工业出版社，2006.

[18] 何伯森．工程项目管理的国际惯例 [M]. 北京：中国建筑工业出版社，2007.

[19] 乐云，朱盛波．建设项目前期策划与设计过程项目管理 [M]. 北京：中国建筑工业出版社，2010.

[20] 英国政府商务办公室．追求卓越：建设项目采购指南 [M]. 谢琳琳，乐云，李萍，编译．上海：同济大学出版社，2011.

[21] 全国咨询工程师（投资）职业资格考试参考教材编写委员会．项目决策分析与评价 [M]. 北京：中国统计出版社，2024.

[22] 全国咨询工程师（投资）职业资格考试参考教材编写委员会．现代咨询方法与实务 [M]. 北京：中国统计出版社，2024.

[23] 全国咨询工程师（投资）职业资格考试参考教材编写委员会．工程项目组织与管理 [M]. 北京：中国统计出版社，2024.

[24] 全国咨询工程师（投资）职业资格考试参考教材编写委员会．宏观经济政策与发展规划 [M]. 北京：中国统计出版社，2024.

[25] 中华人民共和国住房和城乡建设部，中华人民共和国国家质量监督检验检疫总局．建设工程监理规范：GB/T 50319—2013 [S]. 北京：中国建筑工业出版社，2013.

[26] 中华人民共和国住房和城乡建设部，中华人民共和国国家工商行政管理总局．建设工程监理合同（示范文本）：GF—2012—0202 [S]. 北京：中国建筑工业出版社，2012.

[27] 中华人民共和国住房和城乡建设部，中华人民共和国质量监督检验检疫总局．建设工程造价咨询规范：GB/T 51095—2015 [S]. 北京：中国建筑工业出版社，2015.

[28] 中国建筑业协会．全过程工程咨询服务管理标准：T/CCIAT 0024—2020 [S]. 北京：中国建筑工业出版社，2021.

[29] 韩志峰，赵成峰．投资项目管理中国指南 [M]. 北京：人民出版社，2023.

[30] 洪竞科．工程项目环境管理 [M]. 北京：中国建筑工业出版社，2022.

[31] 国际商会．国际贸易术语解释通则 2020 [M]. 北京：对外经济贸易大学出版社，2020.